法學方法論

Methodenlehre der Rechtswissenschaft

| 第二版 |

Karl Larenz / 著

陳愛娥 / 譯

五南圖書出版公司 印行

獻給我長年的討論夥伴們：

Claus-Wilhelm Canaris, Joachim Hruschka,

Detlef Leenen, Jürgen Prölss

　　本書所持基本見解並未變更。但就若干部分的陳述使其更爲清晰，或加以補充，有時也稍作精簡。前版刊行以來的文獻，在我認爲必要的範圍內，亦已納入處理。

　　連結在第一篇第三章之凱爾生（Hans Kelsen）「純粹法學」的論述之後，我對溫伯格（Ota Weinberger）的理論稍作論述，因其相當程度地改變了凱爾生的理論。

Karl Larenz

在慕尼黑的奧爾興（Olching），1991年1月

I

　　本書的書名必須在幾個方向上加以限制。其處理對象為：包含法官之案件判斷的「釋義性」法學；其並非法理論學、法社會學與比較法學之方法。此外，於此涉及的「法學」是法學的一種特定類型，即當代的德國法學。這是一種主要取向於法律，或更確切地說，取向於「法條」的法學，而非取向於決定之前的案件。雖然法官的案件判斷在吾人今天已經享有與此前截然不同的地位，但不改變前述法學的特質。法官的案件判斷在當代已不僅是單純的「涵攝」，毋寧是一種多樣的思考過程，思考的結果對法條內涵也並非無所影響。就此將詳予說明。最後，此一方法的論述雖非完全，但主要將取向於民法。就作者的專業領域而言，此可謂事屬當然。然而，這也具有事理上的意義。假使我沒有誤解的話，方法在民法領域的發展尤為強大。一則因為，相較於其他領域，「實證主義」在民法維持得更久；此外，二戰以後，它更深入地觸及「個案法」的方法。因此，方法上的釐清，在民法的需求更為迫切。

　　科學的方法論是對自身行動的反省。它不僅要描述科學運用的方法，毋寧也要加以理解，質言之，要審視其必要性、正當性與其限制。方法的必要性與正當性源自其對象的意義與結構特性，藉助方法，應使其對象得以理解。因此，不可能處理法學，卻不同時處理法本身。每種法學方法論都植基於，或至少包含一種法理論。它必然顯示兩種面貌：一方面轉向法釋義學與方法的實務運用，另一方面轉向法理論，最後則為法哲學。方法論的困難正在於這雙重方向，但也正是其吸引力所在。

　　只有認識法理論與方法論在近150年來的發展，才能完全理解法學方法論的當代問題情境。因此我在「歷史性」部分說明此一發展。對有些人來說，此一部分或許並無太多新意。然而，我幾經思量，認為不適合將其納入註腳或列為附件。以現在的型態，它可以滿足雙重目標：一方面它減

輕了體系性部分否則不得不然的論辯負擔，另一方面，對於就此並不熟悉者，尤其是學生，它提供了比較簡單的進路。本書的閱讀要求讀者有能力與意願，獨立地共同思考這些並非總是簡單的思路。然而，除了每個學生在學習的中段已取得的認識外，並不要求其他特別的知識。

Karl Larenz

在慕尼黑，1960年8月

「歷史性批判部分」導讀

　　《法學方法論》譯本第一版刊行已久，當時採取的原文是刪減全文版中「歷史性批判部分」之學生版。逾20年後，出版社擬刊行《法學方法論》譯本第二版，原文究應採用其間刊行之學生版的新版（第3版），抑或原全文版的第6版（1991年），譯者與出版社幾經討論，決定採用後者。此一決定的考量首先是：學生版第3版於1995年出版，與全文版第6版相隔的時間有限，並且依學生版第3版新加入作者卡納里斯的序言，新版仍盡可能保留拉倫茨原著的形式與表達方式，與原著意見不同而爲修改之處，極爲有限。此外，正如作者在「導論」述及的，「爲完整理解問題，需要追溯過去180年的學術史」，雖然縮減過的學生版由全文版的第五章（「現代方法上的論辯」）開始，亦屬可行。然而，藉由追溯過去法學方法論的探討，可以貫串下述根本性問題：法的效力與實效性，法的規範性與實存關聯性，立法、司法與學理對於法之建構的參與（見「導論」末段）；這些問題在今日法學方法論上的重要性，不言可喻。這是《法學方法論》譯本改版時，採用原全文版而非新版的學生版的首要考量。

　　此外，《法學方法論》譯本第一版的譯序，譯者以「導讀」代替一般的譯序，出發點是希望能以提綱挈領的方式，指出主要的脈絡，冀以減輕讀者理解上的困難。此次譯本改版，除就原譯本內容作文字潤飾外，主要是增加「歷史性批判部分」（共四章），此部分牽涉到180年的相關學術論辯，因此更需要提升概觀性的協助，使讀者易於掌握發展的脈絡。因此，除保留譯本第一版的「導讀」（代譯序）外，第二版的譯序，仍以導讀「歷史性批判部分」之方式以代第二版譯序。譯者同時也要表達對出版社（尤其責編呂伊眞小姐）多方協助的感謝。

第一章　薩維尼的方法論

作者明確指出，選擇由薩維尼來開始「歷史性批判部分」的論述，非出於偶然，薩維尼之前並非沒有法學方法，此一選擇的主要考量在於：薩維尼的方法論是近代自然法謝幕後的第一人。其方法論的論述有兩個版本：一是源自1802冬季學期，由格林記錄的課堂文本，另一則是1840年之《今日羅馬法體系》（簡稱《體系》）第一卷中的處理。

課堂文本的方法論以實定法為出發點，強調法之「歷史性」與「體系性」要求，將法律解釋的任務界定為「將法律內的想法重構出來」，並基於法律實證主義的立場，否定擴張、限縮與目的論解釋；然而，其認可一定方式之類推的可能性。

相對於此，薩維尼在《體系》中是以「法制度」為出發點，後者不同於一般抽象的「法規則」，其具「有機的」性質。薩維尼希望藉由法學來克服法制度之直觀與法規則之抽象形式間的不調和。然而，其未能成功；因法制度的統合僅能存在於直觀，無法做學術性的掌握，而抽象的法規則一旦建構完成，亦無從再回到直觀。然而，薩維尼在此晚期之作中，仍然將法律解釋的任務界定為「重構內在於法律內的思想」，指出解釋包含文法的、邏輯的、歷史的與體系的要素；但其論述的重點已由表達思想之「表述」，移轉到「思想」及取向直觀的「精神活動」。此外，有別於其早期立場，薩維尼於此容許，為修正有瑕疵的表示而為擴張或限縮解釋，並且以回歸相關法制度的總體關照方式，藉類推適用以填補漏洞。薩維尼晚期方法論上的努力並未獲得適當的重視，其早期強調，僅能以形式邏輯的方式來掌握抽象概念，則為普赫塔之形式的「概念法學」指引方向。

第二章　十九世紀的「概念法學」

19世紀重要的德意志法學家主要以羅馬法之法源為素材，後者的體系化正是此一時期之學說彙編學的主要貢獻。「體系」係指一種意義脈絡，至於其建構可有兩種方式：「有機體」的統一方式、依形式邏輯規則構成的概念體系。普赫塔為其時代之法學指出「概念金字塔」意義下的邏輯體

系，並藉此決定「形式之概念法學」的發展。他的《法學階梯講座》顯示，個別法條處於「有機的」脈絡，但其突然轉變成概念的邏輯性脈絡，後者成爲（先前未被意識到之）法條的認識淵源。普赫塔所稱的「概念系譜」，與依形式邏輯建構之「概念金字塔」無異，於此，最高概念爲所有較低階層概念之所由來，至於最高概念的內涵則來自康德的自由概念。然而，普赫塔受唯心論哲學的影響亦僅限於此；他建構其他概念、邏輯的、演繹的方式，則源於沃爾夫。因傾向抽象的概念建構，並且以概念法學的邏輯演繹程序取代所有方法，普赫塔爲「形式主義」鋪設道路，並於超過百年間處於支配地位；對此的反對運動，則由新興的社會學開其端緒。

耶林在其創作的第一個時期（以《羅馬法的精神》爲代表），不僅支持普赫塔之形式的概念與建構法學，甚至將其推演至極端；所以如此，因其背離唯心論哲學的倫理範疇，取向當時之自然科學的思考方式。耶林重視法學的體系性任務，後者意指：拆卸個別法制度與其相關法條爲「邏輯性要素」，由它們又可組合成已知或新的法條（耶林稱此思想操作爲「自然史的方法」）；然而，耶林未能說明，此等邏輯上可能的法條，何以可稱爲現行法？「法之推論的結果與必要性」只是特定陳述之邏輯上的推論結果，由此不能得出相關誡命在實踐上的有效性。

多數19世紀的法律家並未跟隨耶林前述偏自然科學的歧途，但形式概念的思想方式仍維持其典範地位。溫德賽這位「普通法」的最後體系家，基本上仍繼續普赫塔的路徑，雖然帶有其特殊之「心理學至上論」的傾向。溫德賽認爲法是歷史性的，但同時也是理性的事物；然而，其理解的理性不再是客觀的，毋寧是主觀的，即立法者的「合理」意志。溫德賽之特殊的中間立場表現在：其一方面將立法者的意志理解爲歷史的、心理學上的事實，另一方面又尋求，賦予合理意志以空間，藉此使法律解釋得依客觀的合理性或「事物本質」行之。此外，溫德賽與普赫塔雖均將主觀權利置於概念金字塔的頂端；然而，溫德賽對主觀權利的定義是心理學式的：法秩序賦予人格一種「意志權力」，且於此的「意志」並非倫理上的理解，毋寧視其爲心理學的範疇。

19世紀法學的支配性要素爲「歷史主義」與「理性主義」；依據前

者，所有的法是歷史發展的結果，因此是「實證的」，但此「實證法」本身又是「合理的」秩序，因此得對其爲概念的掌握與體系化。如是，法律得以生效非取決於立法者「經驗上的」意志，而是其「合理的」意志；適合此一思考方式者爲「客觀的」解釋理論。客觀解釋之目標在於釐清法律的合理意義，立法者的主觀想法並非重點。於此所稱之「合理性」，並非僅指涉概念的邏輯脈絡，毋寧爲目的之合理性。假使法條的目的確定，則其實際上之合目的性問題，就必須考量法條影響的實際關係來答覆，後者又將隨時間而演變，法條的解釋亦應相應配合，質言之，法條解釋始終必須連結到當代。客觀解釋理論與利益法學的不同在於：前者認爲目的論之法律解釋方法可與概念邏輯演繹相調和。對概念法學之形式邏輯思考方式的批評，須留待後期耶林導入之「經驗主義的」方向。

第三章　實證主義之學術概念影響下的法理論與方法論

在19世紀之三分之二的時期，「實證主義」在德意志影響了所有人文科學，法學也參與其間。法學之實證主義認爲，學術應嚴格限制在「事實」與經驗得以觀察的「事實法則」，此思考角度是以「精確的」自然科學典範爲標準；然而，這並不排除，實證主義者爲其自身，肯定特定的倫理價值與要求。實證主義法學認爲，可察覺之事實可分爲兩大範圍：感官可掌握之「外在世界」的事實、心靈之「內在世界」的事實；前者將法歸屬社會生活的事實，由社會學來處理（此爲社會學的法理論），後者則視法爲一種心理事實（此爲心理學的法理論）。二者均適用因果法則，亦均有其相對的正當性；然而，二者均錯失了法學的本質，質言之，其當爲要素。正因法學的獨立性被犧牲的感受，其後凱爾生乃於其「純粹法學」中嘗試還給法學純粹理想性的標的；然而，凱爾生仍是實證主義者，其排斥任何評價性的觀察。

比林提出一個澈底建構之心理學的法理論，包含其於方法論上的適用。比林將法概念界定爲：「所有在任何一種團體內共同生活者，均相互承認其爲共同生活之規範與規則」，其本質要素爲「規範」與「相互承認」；比林進一步對「規範」、「相互承認」的界定則顯示，其認定法源

自心理的事實。此外，他也基於心理學的角度來界定「法律關係」、「請求權」等概念。然而，當比林認爲，「間接的承認」（意指：「直接之法規範承認的，絕對必要的邏輯性結論」）亦可作爲法規範之效力根據時，他就不僅是做純粹心理學的觀察。無論如何，基於心理學的法理論，比林認定法律解釋的任務僅能是：探求立法者眞正的意志，法律類推亦係基於「規則本身未表達出來的，更廣泛之立法者的意向」。比林在其終卷對利益法學的見解已納入考量；然而，耶林後期之轉向社會學的實證主義，則爲利益法學提供準備。

耶林的歷史貢獻在於：相較於其同輩，耶林很早就感受到當時之學説彙編學的不足，並指出法學的當代任務；其侷限則在於：主要停留在批評，其嘗試提出之新的法理論基礎（社會學的實證主義）則承載能力不足。耶林於《法學的詼諧面與嚴肅面》譏笑法之建構的操作，在1864年之《羅馬法的精神》第四卷則強調，法條與法概念均須與時俱轉，其指出：「羅馬法概念之最後根源，應求諸心理學與實踐性的、倫理與歷史性的理由」，「法辯證理論」即使在「應發現既存概念與原則的結論之處，基本上亦應受結論之實踐上適當性的引導」，由此顯示其轉向「實用主義」的立場。「實用主義」法學更致力於「生活的價值」，耶林嘗試以《法之目的》來答覆相關問題。於此，耶林設想的是個別法條的實踐性目的，爲此乃制定法條，亦應依此解釋法條；然而，此著作的重點在於：尋找藉法條發生作用之目的主體爲誰，耶林認其爲社會，而非立法者。然而，他仍認定，「法」僅是國家提出的強制規範，惟其內容須與特定社會目的相關，因此，爲理解法規範，需要社會學的分析；但他並未提出社會目的之客觀階層秩序。耶林基本上並未將其理論適用於法學方法，此主要係由赫克爲之。

赫克對方法論（尤其在民法）的影響極爲重大。他指出，概念法學要求「邏輯優先」，相對於此，利益法學則致力於「生活探討與生活評價」。利益法學的特徵在於：始終關注「法社會中存在的渴望與渴望傾向」，即「利益」。法律的命令「不僅取向於劃定利益之間的界限」，「它本身就是利益的產物」。基此，赫克之方法上的基本要求爲：「歷

史上正確地認識，促成法律之真正的利益」，並且在個案裁判中加以考量；於此，重點從立法者的個人決定，轉移到其動機及促成其動機的「因果性因素」。由此因果性因素導致立法者的「當為想法」，後者又轉換為命令，赫克稱此過程為「遺傳學的利益理論」。基此，法律解釋對赫克而言，主要亦是「說明原因」，要求以「歷史性的利益研究」為法律解釋的方法，並嚴拒客觀的解釋理論。此外，同樣基於法官應理解法律中的價值判斷，赫克承認法律漏洞及其填補，但僅於實證主義的界限內為之；於此，「法律漏洞」係指欠缺「某些被希望或被期待者」，作為漏洞填補手段的「類推」，其正當性在於：「利益情境相同，藉由法律社會之利益，要求相同的評價」。然而，赫克將「利益」的概念亦應用於利益評價的標準；如是，「利益」既是評價的客體，也是評價標準，也是因果性因素，此種不清晰的狀況在方法論述中帶來困擾。此外，因於法律中引入價值判斷的考量，利益法學已離開其出發點——法學作為事實性或因果性科學，因果性科學與價值科學間的差異，又再度模糊不清。再者，赫克對法之概念建構與體系建構的論述，亦未竟其功；其區分「秩序概念」與「利益概念」、「外部體系」與「內部體系」，然而，赫克對「內部體系」的說明，基本上與「外部體系」並無差別。總結以言，利益法學在理論基礎上雖有嚴重缺失，但在德國法律實務上卻取得非同尋常的成果。藉由對複雜的案件事實做權衡判斷、依法秩序的評價標準來評量相關利益，其逐漸取代僵化之法律概念的涵攝方法，達成其關注的實踐性目標。

19世紀初，「非理性主義」的反對潮流在法學領域以「自由法運動」之姿出現。比洛夫係此運動的先驅，其代表著作為《法律與法官職務》。「自由法理論」的說法則來自埃利希1903年的演講，他於此指出，「自由之法的發現」的重要性；惟其藉此僅係強調：每個法官判決都具有（受知識指引的）創造性成果，但非意指法官的個人裁量之法。轉向（狹義之「自由法理論特徵的」）主觀主義，則是到坎托羅維茲與福克斯才達成；於此，「自由之法」與國家之法同樣重要，前者是由法律成員的法判斷、司法與法學所創造。自由法運動的追隨者正確地認識到，判斷法律案件所要求者絕非僅邏輯性演繹；然而，個案裁判或法律解釋與續造，亦絕

非僅是感情的表述或意志的過程。相對於此，利益法學雖賦予法官較大的判決空間，但並非強調依法官之感覺為裁判的自由。法律實務主要追隨的也是利益法學，而非自由法學。

埃利希在1913年出版的《法之社會學的基礎》中主張，法社會學乃是法之唯一可能的科學，因其將注意力轉向（作為法之基礎的）事實，並採取歸納的方法（耶路撒冷亦持類似見解，惟其另基於強調法之傳統的立場，批判法釋義學）。依埃利希之見，作為社會實際上秩序之法，是由人在社會生活中實際據以行止之規則所構成，且並非藉由法條，毋寧是直接由「社會」所創造；法不那麼是來自法條，毋寧更存在於「法制度」，法社會學家的任務在於：「尋找法制度的推動力量」。社會學的考察對於僅取向於規則的規範性考察，可認係正當且有意義的補充。然而，社會學之實證主義忽略法之規範性意義，但「有效之法」始終包含規範性與實際上的效力二者；應認法社會學僅是法之科學之一，而非法之唯一可能的、真正的科學。

面對視法社會學為「真正之」法學的見解，法學亟需進行方法上的反省，凱爾生的「純粹法學」可謂是20世紀中論證法學為一種科學的最偉大嘗試。（一）凱爾生據以證立法學在方法上的獨立性者係：區分實存判斷與當為判斷；前者是否正確，取決於其與事實是否相符，後者之正確性則繫諸：所主張之「當為」能否由現存「有效的」誡命推導而得。凱爾生認為，法學是規範科學，且僅於其能自限於其任務，且方法上免於任何本質上不同之要素，始能稱為科學，符合此一「方法上純粹性」的法學，即「純粹法學」。（二）「純粹法學」係基於實證法之一般性理論基礎，提供法解釋的理論，因此與致力於認識特定實證法之特殊內容的法釋義學不同。「純粹法學」牽涉的是法學的邏輯特徵與其方法上的獨立性，致力於「使法學擺脫所有外來因素」；其反對法與社會學觀察的混淆，反對法學與倫理學的連結，同樣也反對任何一種自然法論，因其僅處理實證法，「作為科學，它僅就下述事項負有義務：掌握實證法的本質、藉由分析瞭解其架構」。凱爾生強調，法規範係因其以特定（最終由基本規範正當化的）方式被創造使然，而非關其內容，「法可以是任意的內容」。（三）

對於「純粹法學」的最重要異議是：凱爾生未能堅持其「實存與當爲截然不同」的出發點；因其借道於「基本規範」之認識理論上的假定，使「當爲」的效力實際上源自「實存」（即實效性）。其次，凱爾生的「當爲」概念亦未能經得起檢驗；「當爲」之於他，非如倫理性的要求係因其內容故予遵從，毋寧只須其係依（經基本規範正當化的）特定方式被命令，即爲已足。法規範的概念亦未能免於意義轉換；之於凱爾生，法規範是「命令、許可與授權」，且其僅植基於制定規範之意志行爲與（正當化此制定行爲之）更高位階規範的結合。法律義務的概念意涵也經歷轉換：「藉由對違反行爲連結以制裁的方式，命令個人爲特定行爲」。人格的概念也被形式化：「法律義務與主觀權利的集合，其統一性藉由人格概念得以形象地表達」；如是，人格的理解非關倫理，而僅係法律關係之座標體系的連結點，國家亦僅是「法秩序的人格化」。（四）關於法學方法部分，凱爾生發展的法解釋理論與其「法秩序階層理論」緊密相關。後者指出，下位階法規範始終包含較高位階規範的適用與較低位階規範的創造；因較高位階規範僅具框架性質，假使將解釋理解爲一種認知活動，其僅能確認此框架，在框架之內的多種可能性中選擇其一做出決定，則係規範適用者基於權責的意志行爲。然而，此種將解釋任務限於單純文義解釋，由規範適用者基於意志，於多種字義可能中爲選擇，此一見解恐難符合憲政國家中之司法功能。總結以觀，「純粹法學」在理論上雖極具吸引力，但在實務上卻成果有限。

凱爾生的「純粹法學」透過溫伯格經歷了重要的改造。溫伯格保留了凱爾生的法實證主義與法秩序階層理論。惟其並未追隨凱爾生以基本規範爲所有規範最終效力根據的理論，他認爲：「作爲法秩序之規範體系的效力，毋寧是一個社會學的、制度性的事實，僅能藉社會學的觀察來認識」；「法的實存乃是一種（存在於社會眞實之內的）制度性事實」，其理論因此名爲「制度性的法實證主義」。此外，與凱爾生不同，溫伯格認爲，縱使未能客觀、終局地證明何爲正義，然而，「不討論正義問題的法律生活」是不可想像的。最後，關於法律解釋的問題，溫伯格亦並未追隨凱爾生，前者由傳統的解釋標準出發，但提醒勿過度高估此等標準。總結

以觀，溫伯格雖與凱爾生具有內在的連結，惟其較高程度地滿足了法律實務的需求。

第四章　二十世紀上半葉法哲學的背離實證主義

在20世紀開端更新德意志法哲學者，首推施塔姆勒；他引進一個法哲學運動，其整體特徵可認係實證主義的背離。（一）施塔姆勒在《法學理論》中嘗試，「將法學作為科學來掌握」，並認為適於達成此目標者只有：法的基本概念及「以可靠且澈底的方式闡明這些基本概念」。他指出，「用以統一既存意識內容之特殊性」者乃是思考意識的「形式」，其須與「素材」相區分；「形式」可進一步分為「純粹的」與「有條件的」形式，後者存有取決於素材的內容，前者則具有「絕對的一般有效性」。法概念即是法思想的「純粹形式」，係「認定特殊問題具法性質的所有可能性之前提」；發現它，並藉此發現法的「純粹基本概念」是「批判性法哲學」的首要任務。施塔姆勒用以確保法學在方法上之獨立性者，主要是藉由劃分自然科學（或因果性科學）與目的性科學，依其見解，法是一種意願的類型，法學因此是目的性科學；然而，與耶林稱目的為「法的創造者」意義全然不同，施塔姆勒之「目的科學」的概念，涉及的是法之考量的邏輯特徵。「意願」、「設定目的」之於施塔姆勒不是一種行動，毋寧是特定的思考方式。施塔姆勒於其著作中名為「法之方法」的部分，處理法的概念建構，並區分（作為「純粹的形式」之）「純粹的」法概念，以及「有條件的」法概念（其透過歷史上存在之法的有限內容抽象而得）。（二）此外，施塔姆勒還承認一種由科學方法引導的「正確之法的實務」，即其「正確之法」的理論。其所稱「正確性」，與其所述「意識之完美統一」並無不同：特殊的法之意願（例如一特定法條）因此是「正確的」，只要它能不矛盾地納入到（所有可想像之）法之意願的整體內；惟應留意，「正確之法」所指涉者仍係實證法。在實證法之內，施塔姆勒又進一步區分「形式化」與「未形式化」之法；前者對於未來案件的決定，已提前確立，後者則對於決定保持開放，僅指示法官，「在諸多供其選擇的不同法條中，視取向法之理念的法條為重點而加以選擇」；在法官須選

擇裁判規範時，應如何進行「原則上正確」的選擇，施塔姆勒發展出「正確之法」的原則，惟此僅係認識「符合法全然和諧之理念」的思想上輔助手段。

（一）李凱爾特在1902年發表的《自然科學之概念建構的界限》中證實，「精神科學」方法的正當性與必要性，由此成爲「西南德」新康德主義的主導性理論家；其思想對刑法方法論的影響，類似利益法學之於民法。李凱爾特認爲，自然科學概念建構的本質在於：藉建構一般性概念以「簡化既存事實」。與自然科學不同，最廣義的「歷史性」科學則處理個別的人、精神創作、行爲與事件。歷史學家必須在諸多個別者中做出選擇，於此，主導性觀點乃是：特定對象與價值的關係。藉此，李凱爾特使「價值」概念進入精神科學的方法論之內。在其較晚期著作中，「文化」的概念更爲突顯，與價值相關聯，因此有意義地進行考察者，爲文化科學。（二）拉斯克則是第一位將前述思想運用於法學者，之於他，法學是「經驗性文化科學」的分支。於此，法或者被理解爲「眞實的文化因素」，由此產生「法的社會理論」；或者被理解爲，擺脫發生之事實之外的「諸多意義的整體」，由此產生「釋義學式的法學」，其試圖將規範「安排進一個體系脈絡內」。他強調，所有落入法之領域者，均不能免於價值關聯的特徵。他也認識到，法學並非如施塔姆勒所稱，完全是「重製」，毋寧亦包含「創造」，但其尚未深入探究法律解釋、漏洞塡補與「自由之法的創造」等問題。（三）拉德布魯赫繼續拉斯克的工作。藉由提出三種不同的，幾乎是理念型的價值體系，拉德布魯赫由僅是「形式的」過渡到「實體的」價值哲學，至於不同價值體系間的選擇，依其見解，應由個人爲之。之於他，事實始終是免於意義與價值的現實，直到評價的意識，才賦予事物以價值（或無價值）；此外，人會考量其追求的價值，對事實進行改造，文化就是如此產生的。他認爲，作爲「文化現象」的法，是「一種具有實現法理念之意義的事實」，「法理念」則是：所有法最終有意義地相關聯的核心價值（實即正義）。拉德布魯赫將釋義學式的法學理解爲：「客觀意義之實證法秩序的科學」，由此可知其追隨「客觀」解釋理論。此外，對個別法條不僅由其本身，亦應由整體法秩序的意

義脈絡出發而爲理解，如是亦需要法的建構，所謂「建構」則指：「由其先前人爲拆解的部分，事後製造出整體，藉此使吾人意識到此等部分的必要關聯、其相互間或共同的取決性」。（四）最後，由價值概念出發的法哲家亦包括紹爾。他透過一種眞實之「價值追求」的假定，來弱化新康德主義之事實與價值的二元論。這種「價值追求」在文化（法律亦屬之）中持續展示與實現。法以判斷實現自我，因此，法學方法論主要涉及法之判斷的特質；法之判斷是經由認知而爲的形塑行爲，它是「爲做出評價，透過概念性思考，對生活構成事實的形塑行爲」。關於實證法規範的解釋，紹爾認爲，解釋與法的續造僅有程度之別；此外，他雖嘗試統合主觀與客觀的解釋理論，但仍賦予後者優先地位。

（一）法哲學領域裡新黑格爾主義的代言人爲賓德爾，其原本出自新康德主義；其核心關懷爲：實證法與法學之取向倫理性原則，即法理念。賓德爾1925年出版之《法的哲學》屬其中期之作，賓德爾稱此爲「客觀唯心論」的立場。其藉此表達：「理念」不僅是意識的「先驗原則」，同時亦爲實存的內在原則；法理念表現在（存在於歷史中之）法與其演變中，法賦予其（或多或少適當的）表達與實踐性效力。法雖存在於時間中，但並非物理性或心理性的事物，毋寧歸屬「精神的、意義的王國」，法學乃是一種「充滿意義的」科學。賓德爾堅持，由法學構成的概念是歷史的或個別的概念；然而，諸如所有權或契約等概念，法學感興趣的毋寧是彼等對規制人之關係的「一般性」意義。關於法律適用，賓德爾強調，其最終取向於法理念的實現；「解釋的任務毋寧是：在考量活生生的事實、直接當下的經驗性關係與目的理念下，來掌握法規範。唯有如此，法規範才能維持與法理念的一致性」。此外，賓德爾指出，一個時代裡的實證法從未終結而「無漏洞」；漏洞的填補，如同法律解釋，「應依法的精神、法律的目的，加以填補」。（二）賓德爾的方法論又導向，將法律與法院實務的關係設想爲一種辯證的關係，首先提出此一認識者爲舍鈉菲爾德。他認爲，法律只有在適用於「案件」、藉此成爲判決，才是「眞正的法」；假使與適用分離，僅將其設想爲一般性規則，法律就只是一種抽象化。舍鈉菲爾德前述思想，在今天的方法論仍扮演重要角色。他指出，法院之法的

發現必然是既受拘束又同時自由；並不存在全然「自由」之法的發現，因此等恣意完全背離了法，同樣亦不存在完全受拘束者，因規範之構成要件無法「適當地」掌握個案的特殊性與複雜性；另一方面，假使法官僅見其特殊性，未將其與同類他案相比較，並藉此連結到一般標準，法官亦無法審判，法官在判斷個案時，不僅將其「一般化」，另一方面亦將此標準「個別化」。

（一）新康德主義之觀察「事實」，視其為一種改造過程的產物，此過程之基本條件存在於我們的思想結構。維爾采則逆轉前述觀點：「學術性概念並非……材料的不同改造，……實存本身就內含法律的結構與價值上的差異，而非由學術所提供」，「並非方法決定認識的標的，相反地，方法依其本質毋寧取向……其研究標的」。法律家亦不能自由地支配其概念，毋寧應努力理解事實的本體性結構。（二）維爾采前述意見，在基本思想上可連結到胡賽爾的「現象學」，然而，第一位將現象學的方法應用於法領域者為萊納赫。萊納赫論及，諸如請求權、所有權等法之形象有其意義，且此意義獨立於實證法之外；法之形象的「本質結構」，以某種方式作為相應之實證法現象的基礎。（三）胡賽爾的著作同樣以「法中存有實體之先驗者」的確信為基礎，他表示：實證法的形象乃是「先驗預先規定之可能性的實現與特殊化」。「關於本質脈絡之先驗語句」的邏輯性效力，應與法條之規範性效力明確區分；「每個可能之法的基本結構」，涉及的並非「更高位階的行為規範」，毋寧是「法的真理，此本身不擁有規範性效力」。由此顯示，現象學分析的目標並非要發現何等「自然法性質的」規範，毋寧是要揭示實證法中之「超實證的」意義核心。此外，胡賽爾指出，法具有「歷史性的時間結構」，會參與歷史之流，會隨著環境與其適用之人而改變。將此應用於法解釋的結論為：法規範首先會在特定歷史時間，基於特定立法者的角度被創造，然而，這只是開端，「法條意義的解讀最終取決於：法條對生活於此法秩序下的『今人』意義為何」。

回顧從施塔姆勒以來法哲學的發展，新康德主義者、新黑格爾主義者、現象學者由完全不同之認識理論的前提出發，各自以不同的角度觀察法與法學，並且使用不同的名詞。然而，他們一致認為：法涉及的是一

種特殊的認識標的，既不可理解爲「自然」，亦非可理解爲「心理上的實存」。這些不同的學理方向既顯示，實證主義的學術概念對法學之自我理解的重大影響，也指出實證主義之眞實性概念的過於狹隘。只有掌握此等法之理解的背景，才能理解今天的方法論辯。

陳愛娥　謹識

2022年9月5日　台北

《法學方法論》導讀

　　經典學術著作的作者常具有説理明暢的能力，因此通常不須導讀爲其蛇足，讀者只須具有一定的耐力，平心靜氣讀去，自能有得。K. Larenz 的《法學方法論》就屬於這種經典之作。然則何以有此導讀？一則因國內對此學科陌生，普遍有視爲畏途的傾向，導讀式的説明或許有助於緩減這種情況。二則因本書篇幅不小（雖然譯本並非全文版，而是所謂的學生版），加上前述的陌生狀態，初讀者恐怕一時難以掌握要點，導讀希望能指出主要的脈絡。最後（但不是最不重要）的原因是：讀者面對的並非行文流暢的原文，而是由一位（絕對算不上老練的）翻譯者奮鬥完成的譯作，因此，讀者恐怕需要更大的耐心，也需要更進一步的協助。雖然，導讀之目的只在概述原作之主要意旨，譯者並未參雜己意於其中，此宜先述明者。

導論

　　作者一開始就點明，書名所謂的「法學」是指：以特定法秩序爲基礎及界限，藉以探求法律問題之答案的學問。這種學問的基本問題在於，在法律判斷中經常包含價值判斷，而一般認爲，對於價值判斷不能以科學方法來審查，它只是判斷者個人確信的表達。然而，法律家仍須以一定的方法來處理法律問題，作者希望藉本書指出，法學針對「價值取向」的思考也發展出一些方法，藉助它們可以理解及轉述既定的價值判斷，對這些價值判斷也可以做合理的批評。另一個考慮的重點是「法」本身。假使應該由法的特質出發來確定法學、法學方法論及其思考方式的特徵，就必須對法學的研究客體有更詳盡的認識。事實上，每種法學方法論都取決於其

對法的理解。再者，因爲法學必然涉及文字內容的理解，因此詮釋學（即關於理解的理論）對於法學具有重大意義。藉著簡短的「導論」，讀者已經可以發現，法學方法論涉及的問題或許比剛開始想像的要廣泛得多。

第一章　現代方法上的論辯（本版第一篇第五章）

作者在本文的第一章描述並評論現代方法上的論辯，以此作爲發展其本身理論的基礎。作者首先指出，因本世紀初赫克倡導之「利益法學」的影響，「評價法學」的正當性在今日已無人爭議。然而，「評價法學」也帶來許多問題：

- 在許多案件，法官的價值判斷可能會取代立法者的價值判斷，再者，可能無從依客觀標準對這些價值判斷做事後審查。就此，作者重點式地評介了齊普利烏斯、哈布曼、柯因、比德林斯基的見解。其各自分別訴諸「在社會中具支配力的法倫理」、「符合人性自然之法」、「顯現在法律原則中的，超越時代的價值內容」、「通過法的範疇篩選之通行的社會評價」，以之作爲審查價值判斷的客觀標準。

- 在許多案件中，案件事實所擬歸向的法規範本身須先經解釋，質言之，須先確定該當法規範就該當案件的精確意義爲何。於此即涉及「規範內涵及事實結構」間的關係。換言之，於此必須面對「當爲與實存、價值與事實」能否截然劃分的問題，或更進一步言之，「事物本質」究竟能否（或者在何種程度上）有規範的作用。作者指出，穆勒及克里斯滕森在探討，針對個案來具體化規範的一般結構時，應係以「眼光往返流轉」之方式媒介規範與個案，惟其似有過分輕視法律本身的規範作用之嫌。考夫曼則以爲，實存與當爲間有著不可分割的「結構交織」，其關鍵概念即係「事物本質」，以此出發來思考，就必然會同時觸及案件事實及價值。再者，「事物本質」會指示我們留意——與抽象、一般的概念適相反對的——「類型」的思考形式，因爲「類型」乃是相對比較具體的、事物的普遍性質。作者認爲，考夫曼就「事物本質」的說明，有過分一般化之病。

- 另一項聚訟的焦點是如何尋找正當的個案裁判。於此，作者評介兩位都

曾經深入研究英美法思考方法（即判例法）的著者：埃瑟及菲肯徹。埃瑟認為，為發現個案適法的解決方式，法官並非隨即求助於法律文字，毋寧已先以其他方式發現解答，法律文字只是該解答的適當論據而已。而此之所謂「其他方式」則可求之於未實證化之法律原則以及法律外的評價標準。相對於此，菲肯徹顯然較為強調法律本文的界限功能。他將真正的裁判規範稱為「個案規範」，法律固然不能直接適用，但對於如何獲得個案規範，它劃定界限並提供指引。

· 關於應如何證明，在特定案件中此項決定恰恰是「正當的」，菲韋格認為，就此不能只憑藉邏輯推論來達成，毋寧應採取「類觀點」的方式：對法律問題從各種不同的方向，將由法律本身，由法律以外的領域中獲得的，對問題的正當解答有所助益的全部觀點都納入考量，希望藉此使有關當事人能獲致合意的討論方式。「類觀點」的思考中心是各該問題本身，「觀點」的抉擇標準為其作用：有助於問題的討論。作者以為，單純地蒐集法律上重要的看法，或者單純的「觀點目錄」尚不足以滿足裁判附具理由的要求。無論如何，菲韋格的「類觀點學」導致日益增多的，對於法學論證的前提要件及規則的探究。克里爾認為，每件裁判在法律上及理性上都必須正當化，討論有助於此。理性上正當與否取決於：其是否優先保護「明顯比較重要的利益」。相較於克里爾，阿列克西對於各種傳統的解釋方法比較不抱猜疑的態度，他認為，藉助論證理論可以指出，應以何種方式合理應用這些不同的解釋準則。各解釋準則在當下個案中，分別有何等的重要性，其最後必須取決於「合理的理由」，而唯有透過社會倫理性的討論，才能獲得這些理由。

· 對「評價法學」的轉向、對邏輯涵攝模式的批評，促使學者關切法律拘束與涵攝模型之間的關係。為維持法律的拘束力，科赫與魯斯曼希望能盡可能堅守「古典的」涵攝模型，並使之更精緻化。帕夫洛夫斯基則不然，他認為，對於作出正確裁判一事，涵攝模式幫助不大；毋寧應依據法律的不同作用，區分法院所受拘束及其從事法的續造之權限範圍。

· 對「評價法學」的轉向、對邏輯涵攝模式的批評，以及偏向於考量個案正義及針對問題而進行的「論證」程序，它們在法學中重新燃起對體系

建構之可能性及其益處的討論興趣。作者指出，恩吉斯、埃瑟及柯因均明確要求應建構「開放的」，絕不可能是終結的法學體系，但其均未說明，應該用何等要素才能構築一個這樣的體系。卡納里斯則明白區分以法律原則構成之內部體系，以及由抽象概念構成之外部體系；體系的「開放性」只有藉助內部體系才能達成。帕夫洛夫斯基亦將規範構成的，以及原則構成的體系加以區分，惟其用語與卡納里斯適相反對。佩恩則對可否將法秩序解為一種統一的體系表示懷疑。

· 法官如何獲得一項「正當的」裁判，這個問題在現代方法的論辯上占中心地位。然則，什麼是「正當的」裁判，其取決於對「正義」一詞的理解。關於能否以合理討論的方式獲得對正義的適切認識，在此項論辯中，佩雷爾曼居關鍵地位，其最終認定：應以論證的理論來達成這項任務。考夫曼基本上亦同此見解。就此持懷疑論者有：恩吉斯、齊普利烏斯。瑞菲爾則渴望能獲得一種足以超越「絕對論」與嚴格的相對主義之對立的看法。他認為，關於正當性之陳述，固然絕不能主張其具有絕對的正確性，卻可能可以主張：其較他種陳述更接近絕對的正確性。關於正義的內容，塔梅洛研擬出一系列「正義的標準」。柯因提出之「正義原則」的內容，則包括傳統的交換正義、分配正義以及──其所提出，用以限制權力之──保護正義。亨可則強調，正義原則絕非空洞的公式，假使由社會關係最一般的範疇逐步跨向比較特殊的範疇，於此，正義公式的內涵就會逐漸特定化，最後，針對具體的法律問題，方針就能具有一定的內容，雖然個案決定未必因此即完全確定。

第二章　導論：法學的一般特徵（本版第二篇第一章）

作者自第二章起開展本身的理論。在第二章作者分七節來說明法學的一般特徵，作者首先指出，學者可以從不同的角度，因此也用不同的觀察方法來研究法規範，由此可以產生一系列不同的學科。法社會學研究的客體是作為社會現象的法規範。法（釋義）學上的法則屬規範意義（＝具有準則性及拘束性）層面。法史學的課題則是過往對於法的持續影響。法哲學則應探討規範效力主張之根據及其界限何在的問題。目下具有爭議的

是，法理論學的具體涵義爲何，尤其它與法哲學應如何區分的問題。法理論學究應如何理解，迄今仍屬懸而未決的問題。在前述各種與法有關的學科中，法學居特殊地位，因其與法實務領域密切相關，法學原則上係針對當時、特定的法秩序，其論述的直接意義僅與該當法秩序有關。

法學係以處理——規範性意義下的——法規範爲其主要任務的學問，其主要探討的是規範意義。規範性效力係指：（據以衡量人的行爲之）行爲要求或標準具有之準則性及拘束性。它與規範的實際效力不同。與法規範的有效與否及其內容有關的陳述，其並非針對——可察覺的，透過觀察及實驗可予證實的——事實所做的陳述。以理解事實上的牽連關係爲目標的觀察方式，與以掌握規範性意義爲目的之考察方式，兩者的不同表現在語言之中。同一詞彙，視其出現於規範性陳述的脈絡中，抑或出現在事實性陳述之內，可能會有不同的涵義。

法學要「理解」「既存」的法規範，及隱含其中的意義關聯。「作爲理解之學問的法學」是透過解釋來理解語言的表達方式，及其規範性意義。解釋某一文字係指：在諸多的說明可能性中，基於各種考量，認爲其中一種於此恰恰是適當的，因此決定選擇此種。適當與否的標準取決於解釋該文字的目的爲何。此外，因此等文字之爲法律、法院裁判，抑或是法律行爲，其於解釋上將有重大不同。此種理解程序中有所謂的「詮釋學上的循環」之特點。簡要言之，其意指：每個語詞當下的意義只能透過整個文字的意義關聯來取得，後者最後又須藉助——構成它的——個別語詞及語詞組織的適切意義才得以確定。理解是以對向交流的步驟（「眼光之交互流轉」於規範之構成要件及案件事實間——恩吉斯）來開展的。其開端通常是一種意義期待。解釋者帶著「先前理解」來面對各該文字，亦唯有藉助「先前理解」才能獲得前述的意義期待。「先前理解」則涉及文字擬處理的事物，以及言說事物時運用的語言。「先前理解」是一種長期學習過程的成果。依埃瑟的見解，「先前理解」亦可形成法官關於正當性的確信。作者反對此種看法，因其易使法官欠缺——必要時——修正自己先前見解的意願。

伽達默爾特別強調，所有「理解」都包含「適用」的要素，理解常已

經是適用。作者則指出，伽達默爾忽略了規範本身的準則作用。法律家視規範爲一種準則，憑此可以衡量「案件」。問題在於：假使準則本身的内容直到「適用」程序始能終局確定，其如何能發生衡量的作用。假使想真切掌握法規範適用的辯證程序，就必須同時考量規範的準則作用、一再更新出現的解釋需求，以及已然作成之解釋或其具體化對未來的規範適用之「返作用」。

立法者藉規範來規制特定生活領域時，通常受規制的企圖、正義或合目的性考量的指引，而它們最後又以評價爲基礎。如是，要理解法規範就必須發掘其中包含的評價以及該評價的作用範圍；在適用規範時，應依據規範來評價待判斷的事件。作者指出，特別是當立法者──相對於應用「概念」──運用「類型」來描述構成事實時，適用規範者具有的評價空間更大。因爲具體案件事實是否屬此「類型」，並非──像在概念的情況──僅視其是否包含該當類型通常具備之全部要素；毋寧取決於：這些「典型」的因素在數量及強度上的結合程度，是否足以使該案件事實「整體看來」符合類型的形象表現。而促成類型成爲統一整體的結合因素則是：立法者聯結此種類型與該當法效的價值觀點。在針對具體個案作類型的歸屬時，必須一直同時考量此價值觀點。在法律運用須填補的評價標準來描述構成要件或法效時，特別需要運用價值導向的思考方式。「誠實信用」、「重大事由」都是此種標準的適例。作者並且認爲，不僅在法適用領域，在法釋義學的範圍，法學涉及的主要還是價值導向的思考方式。埃瑟描述的釋義學特徵，及其認爲的釋義學主張的「嚴密不可侵的權威性」，其只對「概念法學」的抽象概念體系有其適用，而不能完全適用於今日的法釋義學。

關於法釋義學在──作爲社會之部分體系的──法體系中的作用，盧曼曾提出下述問題：在既存社會結構的條件下，法釋義學以及應藉助它建成的法體系之細分，究竟還可能與否，如果可能，以何種方式。就此，作者認爲，當而且僅當法釋義學能夠更成功地發展並應用價值導向的思考形式以及對流的思考方法，才能維持其地位並實現其作用。

關於法學對於法律實務的意義，作者分別就法釋義學及法院實務之相

互關係，以及法學對立法準備工作的三項任務來說明。在前者，一方面釋義學提供實務界許多裁判基準，另一方面，司法裁判提供釋義學大量的材料，由這些材料法學才能發展出新的基準。在後者，其應執行的三項任務是：其一，將待決之務當做法律問題清楚地顯現出來，並且指出因此將產生的牽連情事；其二，它必須與其他學科合作，研擬出一些能配合現行法的解決建議，供作立法者選擇的方案；最後，它必須在起草技術上提供協助。

就法學（或法釋義學）能否提供知識貢獻的問題，作者傾向採取肯定的答覆。透過解釋或具體化的程序，澄清吾人既存的評價準則，使其可以應用並繼續發展，此事仍屬可能。再者，法學研究之客體（即實證法）雖然具有短暫性，但其擬解決的問題卻經常——稍微改變其型態而——一再出現。因此，的確有一些法這個事物的固有問題存在，或者更一般地說，確有法這個事物的存在。

在本章的最後，作者致力探討法學方法論的任務及其地位；它是否是法學的部分，因此像法學一樣受特定實證法的拘束，或者它是獨立於法學之上的基礎？作者認為，法學方法論藉其與詮釋學的聯繫，可以對法學適用的方法提出批判。依此，方法論之特徵即在於，以詮釋學的眼光對法學作自我反省。此外，方法論亦應考量，法秩序本身對法院的活動會有一定的要求。然而，反省必須與學科本身緊密相關，因此，法學方法論亦不能離法學而獨存。

第三章　法條的理論（本版第二篇第二章）

在第二章導論部分結束後，作者開始落實下來說明「法條的理論」。法條係指：要求受規制之人，應依其規定而為行為的法律語句（＝法律規則）。法條具有規範性意義（意指：之於行為人，其係有拘束力之行為要求；之於裁判者，其係有拘束力之判斷標準），因此，其與主張或確定事實的陳述語句不同。結合構成要件與法律效果的完全法條不是一種主張，毋寧是一種適用命令。制定法規範不是在陳述事實上如何如何，而是在指出法律上應如是，應予適用。但此僅意味法條必然都包含適用規定，而非

意指法條必然都包含令行或禁止的命令（這是「命令說」的主張）。作者於此指出，關於規定權利得喪變更的法條、關於法定代理權、意定代理權等「法律上之力」的法律規則，以及關於人的權利能力、行為能力等法律地位之法規範，命令說都不能作適當的說明。

法條未必均係——結合構成要件與法律效果的——完全法條。它可能是「不完全的法條」。有些不完全的法條是用來詳細描述應用於其他法條的概念或類型（描述性法條），或者在考量不同的案件類型下，將一般用語特殊化，或者更進一步充實其內容（填補性法條）；作者將這一類法條稱為「說明性法條」。法條的構成要件有時規定得太寬，以致其字義含括一些本不應適用其法效果的案件事實。這樣的構成要件就必須透過第二個法條加以限制：「限制性的法條」。只有將積極性的適用規定與——對其加以限制的——限制性的法條結合在一起，才能獲得完全的法條。再有一些法條，它們就構成要件，或就法效果的部分，指示參照另一法條：「指示參照性的法條」。作者在本節的最後指出，法定擬制（＝將針對一構成要件T^{1}所作的規定，適用於另一構成要件T^2）是一種表達工具，其既可以實現指示參照的作用，也可以用來作限制或說明。該當的指示參照及限制之意義及範圍如何，必須由各該意義脈絡及法律的目的來探求，並加以限制。

在規制特定事項時。立法者不只是把不同的法條單純並列、串連起來，反之，他形成許多構成要件，基於特定指導觀點賦予其法效果，只有透過這諸多法條的彼此交織及相互合作才能產生一個「規制」。而唯有透過前述的指導觀點，才能理解諸多法條的意義及相互作用。法學的最重要任務之一，正是要清楚指出那些由此而生的意義關聯。由法學的眼光看來，個別的法條是一個更廣泛的規制之組成部分。

許多法條的構成要件彼此全部或部分重合，因此，同一案件事實可以被多數法條指涉。一般稱之為法條的相會（競合）。不僅個別的法條會有適用範圍相互重疊的情形，整個的規制總體與其他規制總體也會發生這種情況。在這種競合的情形特別會顯示出：只有從個別法條與其所屬規制的關係，經常還必須由其與其他規制，及各該規制之間的關係，才能真正理

解各該法條的真正作用範圍。

作者進一步說明法條應如何適用。他將法條適用的邏輯模式稱為「確定法效果的三段論法」，在其中，一個完全的法條構成大前提，將某具體的案件事實視為一個事例，而將之劃屬於法條構成要件之下的過程，則是小前提。結論則意指：對此案件事實應賦予該法條規定的法效果。作者進一步指出，前述推論程序的主要問題在於：如何正確地形成前提。作者先說明形成小前提的困難，關於大前提部分的說明，則見於第五、六兩章中。形成小前提的困難首先發生在：案件事實是以日常用語來描述，而法律用語則包含許多抽象的專業用語及概念。此外，假使法條的構成要件係以類型或須填補的概念所建構，則其常不能做窮盡的定義，因此亦不能做真正的涵攝。前述三段論法，在「藉結論導出法效果」的部分也會產生疑義。主要的困難在於，大前提中的法效果意指——被一般地描述的——抽象的法效果，反之，結論中的法效果則是該當案件事實的具體法效果，媒介兩者，有時並非易事。總結來說，作者在本節希望清晰地交代法條適用的邏輯模式，藉此指出此種模式的作用及界限。

第四章　案件事實的形成及其法律判斷（本版第二篇第三章）

關於如何形成「確定法效果的三段論法」中的小前提，除了前述的困難外，當然還存在許多根本的問題，就此，作者集中在第四章來處理。法條要適用在實際發生的案件事實上。為了能與法定構成要件要素比較，對於事實上發生的事件（＝實際事件），判斷者必須配合法律的用語將之表達出來（＝作為陳述的案件事實）。時間上，不是形成（作為陳述的）案件事實以後，才開始評斷案件事實是否符合法定構成要件要素，兩者毋寧是同時進行的，因為在形成案件事實之時，就必須考量個別事實的可能意義。只有在考慮（可能是判斷依據的）法條之下，作為陳述的案件事實才能獲得最終的形式；而法條的選擇乃至必要的具體化，又必須考量被判斷的案件事實（恩吉斯：「在大前提與生活事實間的眼光往返流轉」）。於此「未經加工的案件事實」逐漸轉化為最終的（作為陳述的）案件事實，而「未經加工」的規範本文也轉化為足夠具體，而適宜判斷案件事實的規

範形式。

作者進一步分別觀察前述過程的個別階段。就如何選擇作爲形成案件事實基礎的法條，作者特別強調——由抽象的一般概念，依形式的歸類觀點構成的——「外部」體系於此的重大實用意義。只有依靠這種體系，我們才能在某種程度上依據一定的方法，尋求可能應該援引的法條；熟悉體系的判斷者能隨即將案件劃定範圍，因爲他能認識，可得適用的規範所屬之領域。

作者指出，仍然很少人留意到，在判斷案件是否符合法條的構成要件時，判斷者需要做各種不同種類的斷定。即使涵攝也是以一些單純的（即：不能再透過推論求得的）判斷（＝斷定）爲前提，這些判斷指出，規範構成要件中的某要素存在於此。法律上重要的事實，有些可以透過感知來確證。此外，大部分的人類行爲是目的取向的作爲，因此，在很多情況，還必須對有目的取向的事件作一註解。判斷特定事實是否爲法律構成要件所指稱者，經常更需要藉助社會經驗，於此，「一般經驗法則」常能幫助法官作成此類判斷。

假使在將案件事實涵攝於法律規範的構成要件之前，必須先依據需填補的標準來判斷案件事實的話，判斷者於此就必須做價值判斷了。於此，作者先澄清價值判斷的意義。這一類的判斷不只是要陳述，判斷者個人的評價如何，主要毋寧想指出：基於法律的觀點，依法秩序的要求及評價標準，該當案件事實應當如何判斷。問題只是：如何以及到何種程度，可以藉著他人能夠明瞭的，取向於法秩序的考量，來正當化這些主張。作者強調，「事件比較」及「類型化」的方法將有助於具體化此等標準。

不僅在具體化需填補的標準時，有時在依社會經驗判斷案件事實，在將案件歸屬某一類型時，都會有判斷餘地留給法官，就此法官不能再透過一些——足以說服所有人的——考量來填補，作者認爲這是必須接受的「不確定的危險」。於此，作者並比較法官的判斷餘地、行政機關的行爲裁量以及刑庭法官的量刑權之間的差異。

作者爲民法學者，因此，其特別著力於意思表示之解釋，應無足怪。其指出，意思表示不僅是——法律可賦予一定法效果的——案件事實，反

之，其內容本身亦同時指出：應發生此種或彼種法效果。意思表示依其意義，係以一種適用的表示，一種以法效果被適用爲目標的行爲；因此，它和其他有法律意義的案件事實有重大的不同。在探求意思表示的內容時，法律性的判斷已經有一定的影響，因爲當事人雙方係合意，在他們彼此的關係上，應適用特定法效果。作者進一步探討，假使當事人對意思表示在法律上的標準意義有爭議時，「法律行爲的解釋」應考量哪些因素。更進而強調，將債權契約歸屬法定的契約類型時，只要債權契約偏離法定契約類型的情事顯然可見，或者法定契約類型的定義不夠精確，以致不能發揮作用，類型化的方法就必須出而取代概念的方法。

此外，還必須確認，作爲陳述的案件事實，其恰當地反映了事實上發生的事件（＝實際事件）。於此，作者分別說明在訴訟程序中的事實確定之困難，以及，「事實問題」及「法律問題」的區分之不易。

第五章　法律的解釋（本版第二篇第四章）

關於如何形成「確定法效果的三段論法」中的大前提，作者以兩章來處理。其分別討論對既存法規範的意義及效力範圍的掌握（「法律的解釋」），以及在欠缺法規範時，「法官從事法的續造之方法」。在探討法律解釋時，作者先指明法律解釋的任務在於澄清文字疑義、解明有競合關係之多數法規範各自的適用範圍如何界定，要之，其希冀適切的陳述規範的內容及其適用範圍。然而，何謂「適切的陳述」，此則取決於解釋的目標爲何。就此，學說上有解釋的目標爲立法者的意志，抑或規範性之法律意義的討論。作者認爲，法律解釋的最終目標只能是：探求法律在今日法秩序的標準意義，而只有同時考慮歷史上之立法者的規定意向及其具體的規範想法，才有可能達成此目標。

假使不應任由解釋者個人自由解釋，而應以確實、可事後審查的方式來從事，那就必須提供解釋者一些可作爲準則的解釋標準。法學方法論也確實發展出一些標準。第一種標準是「字義」。其意指一種表達方式的意義，依普通語言用法構成之語詞組合的意義，或者，依特殊語言用法組成之語句的意義，於此，尤指該當法律的特殊語法。此處涉及的問題主要

是：應以一般語言用法或特殊語言用法，應以立法當時的語言用法，或現時的用法為準？當一種表達方式依其語言用法有多種意義可能性時，通常可由其使用脈絡推知，具體情況下究竟應考慮何種可能性。法律的意義脈絡除可幫助理解外，亦有助於促成個別規定間事理上的一致性。在探討法律的意義脈絡時，體系上的安排固然可以有所助益，但是促成最終脈絡關聯之理解的，卻經常是法律的目的。假使探求「法律的意義脈絡」後仍有多種解釋可能性，就必須追問「歷史上的立法者之規定意向、目標及規範想法」為何。此處的困難是「立法者」究係何人？其規範想法如何確定？此外，當迄至目前討論的各種標準不能獲致毫無疑義的解答時，「客觀之目的論的標準」亦係解釋的準則。客觀之目的論的標準主要包含「事物本質」以及「法倫理性的原則」。再者，因為憲法規範的位階高於其他法規範，因此，在多數解釋可能中，應始終優先選用最能符合憲法原則者。因此，合憲性也是一種解釋標準。於此，作者同時也——適切地——強調合憲性解釋亦有其界限。在介紹各種解釋標準之後，作者總括地說明了各種解釋標準之間的關係。作為民法學者，作者於此也不忘比較解釋法律與解釋法律行為之不同。

除各種解釋標準外，尚有其他「影響解釋的因素」存在。例如，法官追求正當之案件裁判的目標。作者認為：只須此項目標係，在現行法以及普遍承認之法律原則的範圍內來追求，其並無不可。此外，規範環境演變也常會導致重新審查乃至改變迄今的解釋。

最後，作者選擇若干解釋上的特殊問題作進一步的討論：「狹義」及「廣義」解釋；「例外規定」的解釋、習慣法與判例法的解釋，以及關於憲法解釋——相對於一般法規範的解釋——是否有其特殊性的問題。

第六章　法官之法的續造的方法（本版第二篇第五章）

不論如何審慎將事的法律，其仍必然有漏洞。長久以來，大家也承認法院有填補漏洞的權限。再者，法官之法的續造，有時不僅在填補法律漏洞，毋寧在採納乃至發展一些新的法律思想，於此，司法裁判已超越法律原本的計畫，而對之作或多或少的修正。這種「超越法律之法的續造」當

然也必須符合整體法秩序的基本原則，實際上，常是為了使這些原則能更普遍適用，才有法之續造的努力。

作者首先處理「法律漏洞的填補（法律內之法的續造）」。於此，作者先說明法律漏洞的概念及種類。作者指出，「法律漏洞」並非「法律的沉默」，毋寧是「法律違反計畫的不圓滿性」。因其為個別法條之不圓滿性，抑或整個規制的不圓滿性，作者分別名之為「規範漏洞」及「規制漏洞」。就特定類型事件，法律欠缺——依其目的本應包含之——適用規則時，即有「開放的漏洞」存在。就此類事件，法律雖然含有得以適用的規則，惟該規則在評價上並未慮及此類事件的特質，因此，依其意義及目的而言，對此類事件而言並不適宜，於此即有「隱藏的漏洞」存在。漏洞存在於限制的欠缺。考慮到時間的因素，可以區分自始和嗣後的漏洞。因技術、經濟的演變而發生新的問題，其係立法者立法當時尚未見及的問題，如是即發生嗣後的漏洞。

填補「開放的漏洞」，尤其是透過類推適用來進行。類推適用係指：將法律針對某構成要件（A）或多數彼此相類的構成要件而賦予之規則，轉用於與前述構成要件相類的構成要件（B）。轉用的基礎在於：二構成要件——在與法律相關的重要觀點上——彼此相類，因此，兩者應作相同的評價。將針對一個構成要件而定的規則轉用於類似的案件事實上，作者稱之為「個別類推」；將由多數針對不同構成要件而賦予相同法效果的法律規定得出之「一般的法律原則」，轉而適用於法律未規制的案件事實上，作者稱之為「整體類推」。就後者，作者有詳細的論述。於此，作者更清晰界定何謂「舉重以明輕的推論」、「反面推論」，以便進一步說明兩者與類推適用的關係。

填補「隱藏的漏洞」，特別是透過目的論的限縮來進行。填補「隱藏的漏洞」的方式是添加——合於意義要求的——限制。藉此，因定義過寬以致適用範圍過大的法定規則，將被限制僅適用於——依法律規制目的或其意義脈絡——宜於適用的範圍，質言之，其適用範圍即被「限縮」，因此，吾人稱之為「目的論的限縮」。目的論的限縮有時是為配合規定的目的，有時是為了使另一法規範的目的得以達成，或是應法秩序中的原則

之要求而爲者。有時，法律文字的修正也藉其他方式來達成。例如，擴充過窄的字義，而非出之以類推適用的方式者，稱爲「目的論的擴張」。此外，假使規定的字義本身隱含矛盾，司法裁判即依規定的目的加以修正。作者並進一步說明，在不同的情況，漏洞的確認與漏洞的填補之間有不同的關係。

在探討「超越法律之法的續造」前，作者別闢一節來說明藉「法益衡量」解決原則衝突及規範衝突的問題。作者藉諸多實例來說明進行法益衡量時應遵守的原則：首先取決於，於此涉及的一種法益較他種法益是否有明顯的價值優越性，假使根本無從作抽象的比較，於此種情況，一方面取決於應受保護法益被影響程度，另一方面取決於：假使某種利益須讓步時，其受害程度如何。最後尚須適用比例原則、最輕微侵害手段或盡可能微小限制的原則。即使遵守上述原則，法官仍然有很大的自爲評價的判斷餘地。

在某些實在不能再認爲是「違反計畫的不圓滿」之情形，司法裁判仍舊從事法秩序的續造。其或是鑑於法律交易上（無可反駁）的需要而從事法的續造，例如擔保讓與、期待權等法制度的發展。有的是鑑於「事物本質」而從事法的續造；於此特須留意的是：在具體細節上，事物本質仍然保留有作不同規制的可能性。因此，可不能輕率地在事物本質與其中一種規制可能之間劃上等號。最後也會鑑於法倫理性原則而從事法的續造。通常是因爲法倫理性原則（或其新的適用領域）首次被發現，並且以具有說服力的方式被表達出來，才會鑑於此項原則作超越法律之法的續造。作者最後指出，只有在依單純的法解釋及法律內之法的續造的方式，不能滿足交易需求上、事物本質上及法倫理上的最低需求時，才能從事超越法律之法的續造。而超越法律之法的續造的界限則源自立法權與司法權的功能劃分。

作者在本章的最後一節處理「判決先例」對形成「法官法」的意義。作者指出，判決先例在法院實務中扮演重要角色。然而，即使是法院，其受判決先例之「拘束」，無疑絕不同於其受法律之拘束。然而，只要它變成習慣法的基礎，固定的司法裁判也可以具有如同法律的拘束力。

第七章　法學中概念及體系的形成（本版第二篇第六章）

　　法規範並非彼此無關地平行並存，其間有各種脈絡關聯。發現個別法規範、規制之間，及其與法秩序主導原則間的意義脈絡，並得以概觀的方式，質言之，以體系的形式將之表現出來，乃是法學最重要的任務之一。為實現這個任務，法學上有各種可能性。依形式邏輯規則建構之抽象、一般概念的體系（即外部體系）只是其中之一。此種體系之形成有賴於：由——作為規制客體的——構成事實中分離出若干要素，並將此等要素一般化。由此等要素可形成類別概念，而藉著增、減若干——規定類別的——要素，可以形成不同抽象程度的概念，並因此構成體系。此種體系可以保障，由之推演出來的所有結論，其彼此不相矛盾。至於要選擇何種要素以定義抽象概念，其主要取決於該當學術形成概念時擬追求的目的。藉著——屬於（外部的）體系，或可毫不困難地植入體系中的——概念來掌握規制或契約模式的規制內容，此之謂法律上的「建構」。長期以來，它是法學努力的中心，並且是法學學術性的證據。於此，作者藉諸多實例來說明其具體的形成過程。

　　許多法律建構具有「理論」的型態，然而，只有當「正當的」建構有爭議時，才會用「理論」一詞；另一方面，「理論」的提出也不只是用來解決建構的問題。實在很難說明法律「理論」意指為何；可以確定的是：理論之建構、批評及防衛乃是法學的主要工作，也總是涉及體系的形成。學術理論是由多數——彼此具有推論關係，而此種關係本身又可滿足起碼的一致性及可檢驗性的要求之——陳述構成的體系。法學理論是由具規範性適用效力的陳述構成的，其是否亦適用前述學術理論的定義？作者以為，其不僅須具備邏輯上之無矛盾性（即一致性），更要求其無評價矛盾存在。有問題的是另一要求：可檢驗性。就此，作者指出，因法學理論所指涉者係具有規範性效力之事物，因此，必須以現行法規範、被承認的法律原則以及部分體系為根據，對之為審查。

　　此種外部體系自亦有其缺陷：依邏輯法則，抽象概念的外延（即適用範圍）愈寬，則內涵（即陳述的意涵）愈少，如是，抽象概念抽象化

程度愈高，則其由法規範、法規範所生的規制、法制度能採納的意義內涵愈少。被抽象化（即被略而不顧的）不僅是該當生活現象中的諸多個別特徵，被忽略的還包括用以結合當下個別特徵者，而此正是該當生活事實之法律重要性及規制之意義脈絡的基礎。為了提綱挈領付出的代價是：由——作為規制之基礎的——價值標準及法律原則所生的意義脈絡不復可見，而其正係理解規制所必要者。在詳細探討——除抽象概念外——其他日益被應用的思考形式前，作者並旁論黑格爾對抽象及具體概念的區分，因黑格爾藉此也嘗試以適宜事物關聯之豐盈性來思考有意義的事物。再者，其「具體概念」與嗣後將探討之「類型」、「規定功能的概念」有若干共通之處。

　　當抽象一般概念及邏輯體系不足以掌握某生活現象或意義脈絡的多樣表現型態時，通常會想到的輔助思考型態是類型。作者首先對「類型」此種思考形式作一般的說明，並介紹不同種類的類型：一、恩吉斯的「平均類型或經常性類型」及「整體性類型或型態類型」的區分。二、經驗性類型、邏輯的理念類型、規範的理念類型的分別。作者進而探討前述各種「類型」在法學上的應用。例如，假使法規範指示參照交易倫理或商業習慣時，其涉及者係經驗性的經常性類型。在所謂的表面證據上，平均的或經常性的類型也扮演重要角色。動物占有人、占有輔助人等詞彙則屬類型描述，在形成此種類型及從事此種類型的歸屬時，均同時有經驗性及規範性因素參與其中，因此作者稱之為「規範性的真實類型」。法律關係的類型（特別是契約類型）是發生在法現實中之「法的結構類型」，因為它涉及的正是法律創造的特殊結構。作為民法學者，作者對於「法的結構類型」應如何掌握，特予詳述，此外更進一步以「法的結構類型」為例來說明「類型系列」對形成體系的意義：因構成類型之要素的可變性，藉著若干要素的全然消退、新要素的加入或居於重要地位，一種類型可以交錯地過渡到另一種類型，而類型間的過渡又是「流動的」。在類型系列中，其順序之安排應足以彰顯其同、異及其過渡現象。然而，對於認識法秩序的內在脈絡，類型建構的價值仍屬有限。這點和類型與具體事物的迫近有關。

於既存的規制中多少已具體化，惟仍須進一步精確化的主導原則，其足以作為「內部體系」的基石，其承擔顯示並表達規範基本評價的任務。法律原則並不是一種規則（即案件事實可以涵攝其下的法規範）。其毋寧須被具體化。諸多原則可能彼此矛盾。因此，與規則的適用不同，原則只能以或多或少的方式被實現。原則與其具體化之各階段的關係不是「直線式」的，毋寧總是「對流」的：原則惟藉其具體化階段，後者又惟與前者作有意義的聯繫，始能明瞭。該體系的基準點在於「開放的」原則，以及原則中顯現的評價基準。只有在考慮其不同程度的具體化形式，並且使這些形式彼此間有一定的關係，如是才能由之建構出「體系」來。

原則及抽象概念之間的媒介者是「規定功能的概念」。這些概念必須可以將──作為規制基礎的──其與決定性原則間的意義關聯，以濃縮但仍可辨識的方式表達出來。至於抽象概念與「規定功能的概念」之關係可概括說明如次：前者係可供為涵攝目的之技術性概念，後者雖不適宜涵攝，惟足以說明其實質基礎及結構。

由前面的說明可知，內部體系絕非是封閉的，毋寧是一種「開放的」體系。作為「開放的」體系，它總是未完成的，也是不能完成的。此外，因為內部體系不能將所有規範或規制集合成一體，就此意義來說，它也是「不完全的」。

在翻譯的最後階段，譯者正好讀到莎士比亞的一句話：「我們歷盡了千辛萬苦，終於在亂麻中採獲了這朵鮮花」，感受極深。深恐譯文晦澀，阻止讀者尋求原作馨香的勇氣，此導讀所以作的主因之一，現在但願導讀本身不是另一團亂麻。最後，願將這本譯著獻給譯者擔任教職以來結識的一群年輕夥伴；和他們一起學習、問難，才使譯者真正體會學術的嚴肅及溫馨。

陳愛娥 謹識

1996年11月

contents 目錄

導　論

　　每種學問都運用一定的方法，或遵循特定的方式來答覆自己提出的問題。然則法學是運用何種方法呢？本書所稱的「法學」是指：以某個特定的，在歷史中逐漸形成的法秩序爲基礎及界限，藉以探求法律問題之答案的學問，即向來所稱之法學（Jurisprudenz）。以法秩序爲研究客體的學問尚有其他，例如法史學及法社會學。顯然，不言可喻，法史學運用歷史學的方法，法社會學則應用社會學的方法。然則狹義的法學又如何呢？

　　大概在一百年以前曾經有過那麼一個時代，當時不論就法律事件的解決，或是就研究整個現行法而言，法學家們根本不懷疑他們擁有適當的方法，他們相信，以對於法學的要求爲標準，他們的方法相較於其他學問的方法毫不遜色。今日則不然。大家會提及「法學思考的確信之喪失」[1]，會認爲選擇何種方法多少具有任意性，不再要求恰當的答案，只要「尚可接受」或「可被同意」就夠了，有些法學家甚至認爲，只有社會學才能提供他們有關的知識。這些主張一方面隱含下述認識：在法律判斷中經常包括價值判斷，例如決定特定行爲是否有過失。當法官決定採納類推適用的方式與否時，當法官「衡量」相互衝突的法益或利益時，或者，當法官考量生活關係的新發展及改變時（與以前相比，法官做此種考量的機會要來得多），他們都須要以價值判斷爲基礎。而一般認爲，對於價值判斷不能以科學的方法來審查，其僅是判斷者個人確信的表達，因爲它們不像事實判斷是以感官的知覺爲基礎，因此也不能以觀察及實驗的方法來證明。假使推論過程中含有一些以價值判斷爲基礎的前提，那麼正確的邏輯推論也不能保證結論在內容上的正當性。此外，大家也揚棄了長久以來的通說見解——法規範如果不是全數，至少也是主要存在於法律之中。假設大家還採取此見解，那麼對於法律解釋、將被「恰當地」解釋的法律適用於個別案件，以及由法律素材中塑造出概念並予應用等方法，法律家們應該就可

1　哈弗卡特（G. Haverkate）於1977年所發表著作之書名。

以滿意了。但是我們今天已經瞭解，大部分的法律都是經過不斷的司法裁判過程才得以具體化、獲得最後清晰的形象，然後才能適用於個案，許多法條事實上是藉裁判才成為現行法的一部分。無論如何，法規範的發現並不僅是法律適用。法學方法論必須把這項認識列入考量。

但這並不是說，法律家可以不依一定的方法來處理問題，也不是意指，迄今被用過的方法全都變得不堪使用[2]。一如往昔，法律在我們的法律生活中仍扮演重要的角色；當案件事實符合法律規定時，法官必須將法律適用於該案件。如若不然，則法律將不能「貫徹」，亦無法達成其於團體中之引導任務。因此，仍然須要解釋法律；而因為藉解釋是希望，使立法者——在考量規定的目的及受規範的事實關係之下——合理的意願或命令得以實現，所以解釋者不應恣意而為。我們不能輕率地接受法官的裁判，特別是當它們含有價值判斷時，我們必須審查它們與其他裁判以及一般承認的原則是否相符，以及在事理上是否恰當。然而，這些要求全都無法達成，假使我們不尊重一定的方法的話。就評價、解釋以及說明人的行為（例如：將之解釋為意思表示、同意或捨棄）而言，認為只有在邏輯學和數學的領域，或者只有對可以藉經驗來證實的事實才能作「恰當的」陳述，這種學術概念不僅是對法學，對其他涉及人之行為的釋義與意義之人文科學來說，同樣也是太狹隘了。本書將指出，法學針對「價值取向」的思考也發展出一些方法，藉助它們可以理解及轉述既定的價值判斷，進一步地評價行為，則至少在一定界限內，必須以此等先決的價值判斷為準則。就此而論，評價行為是可審查的，對之亦得為合理的批評。然而大家必須瞭解，以此種方式獲得的結論，其可靠性以及精確性，絕不可能達到像數學上的證明及精確的測量那樣的程度。雖然如此，還是可以認定法學是一門學問，只要我們把學問理解為：一種為獲得知識而進行的，有計畫的活動。與其不假思索地將一種——對於其他學科而言或者是恰當的——狹隘的學術概念轉嫁到法學上，進一步因其不能滿足此概念的要求而否定

2　對於依循一定方法，從事法律思考的必要性及其界限，比德林斯基（Bydlinsky）有適切的說明：AcP 1988, S. 447 ff。

法學有獲得知識的能力，「倒不如嘗試由法的特質出發，來確定法學的特徵」[3]。

　　假使應該由法的特質出發來確定法學、法學方法及其思考方式的特徵的話，就必須對法學的研究客體有更詳盡的認識。顯然，每種法學方法論事實上都取決於其對法的理解。「法」是一種極為複雜的標的，它不只是不同的個別學科研究的客體，哲學也研究它。如果不考慮法哲學，就根本無法研究法學方法論。例如，方法論根本不能迴避下述問題：法官是否只須「正確」（姑不論其意義為何）適用既定規則，或者他還應該努力作出一項「正當」的紛爭裁判；再者，我們憑藉什麼來決定裁判的「正當性」。此外，因為法學至少也涉及文字內容（例如：法律、法官的裁判、私人的契約及意思表示）的理解，因此，詮釋學（即：關於理解的理論）對於法學家這部分活動的理解，即使不能說是唯一的法定因素，至少具有重大意義。另一方面，如果想掌握法律工作中呈現的思考方式，就必須密切追尋其軌跡。只有藉助司法裁判及法釋義學中的許多例子，才能充分理解、審查，並且在實務上應用法學方法論的陳述。因此，讀者必須跟著作者不時走入不同的法律領域，就此，讀者需要一點耐心。對讀者的期待則不僅是消極的接受，也希望能一起跟著思考。

　　此外，關於歷史性的部分，亦應略為述及。如由第一部分第五章（即當代學理的概觀）來開始本書的論述，想來亦屬可行。縮減過的學生版就如此呈現。但為完整理解問題，需要追溯過去180年的學術史。薩維尼（Savigny）、耶林（Jhering）與赫克（Heck）、比洛夫（Oskar Bülow）與埃利希（Eugen Ehrlich）、凱爾生（Kelsen）、施塔姆勒（Stammler）、賓德爾（Binder）與拉德布魯赫（Radbruch），這些人名足以代表，迄今仍流傳、經常只有輕微改變的思考出發點。雖然這些觀點

3　穆勒（Friedrich Müller）評凱爾生（Hans Kelsen）的法理論時如是說：Normstruktur und Normativität, 1966, S. 19。同此見解者有：Coing, Grundzüge der Rechtsphilosoplie, 4. Aufl. S. 103。他認為，「認定除藉演繹及實驗外，別無認識的可能，逾此界限即屬恣意、主觀見解的領域，這種想法是錯的」。

仍存有差異，然而藉此仍足以貫串相同的問題。這些問題包括：法的效力
與實證性等概念，法的規範性與實存關聯性，立法、司法與學理對於法之
建構的參與，以及學術的概念。當然還有新的問題加入，觀點也有多方轉
移。然而，整體而言，諸多提問之下，其深層的持續性卻相當驚人[4]。其
植基於事理本身，因此應向讀者揭示。此外，我恰恰選擇由薩維尼開始，
亦非出於偶然。不是因為在他之前沒有法學方法[5]，前此也存在關乎此[6]的
學術論述。薩維尼關於法典化問題的著名對手蒂博（Thibaut），稍早於
薩維尼之前就發表過關於法解釋的考量[7]。然而，薩維尼的方法論是（近
代）自然法謝幕後的第一人；對此，薩維尼不僅多次論述，並且自己予以
適用；他的方法論持續影響19世紀整個法學文獻，甚至及於其反對者。

4　然而，迪・喬治（Raffaele Di Giorgi）在其《真理與法內之正當化》（Wahrheit und Legitimation
　　im Recht, 1980）一書中所採，後自然法之法理論與方法論之持續性的認定，依我的看法，似嫌太
　　過。他相信，此等持續性僅歸因於：自薩維尼起迄至當代，所有作者均係由法之實證性出發。

5　關於註釋學派與早期人文主義之方法的最佳說明：WIEACKER, Privatrechtsgeschichte der Neuzeit,
　　2. Aufl., S. 52 ff., 66 f., 88 ff。

6　例如萊布尼茲（Leibnitz）在其早期之作：Nova methodus discendae docendaeque
　　Jurisprudentiae。

7　就此可見：KITZLER, Die Auslegungslehre des Anton Friedrich Justus Thibaut, 1986。

第一篇

歷史性批判部分

德國自薩維尼以來之
法理論與方法論

第一章　薩維尼的方法論

　　慣於對薩維尼共同創建的「歷史法學派」，主要由其與晚期自然法之「哲學性」學派的對立而爲觀察者，在讀到源自1820年冬季課堂文本（Kollegschrift）的下述開頭部分時[1]，應該會覺得驚訝：「立法學」（於此，法學被如此稱呼）「首先是歷史性的，其次同時也是哲學性的學術」；二者應結合爲一，法學必須「同時全然是歷史性與哲學性的」。然則，於此涉及的是薩維尼思想中的自然法「殘餘」，其後將予以克服，抑或薩維尼始終維持著此一連結？薩維尼在課堂文本中使用「哲學性」一詞時，與「體系性」同義；「體系性」的要素在《體系》一書的方法論中也扮演重要角色。薩維尼早期之作，某種意義上，將「體系性」與「哲學性」等視同觀，顯示在下述語句：「所有體系均導向哲學。一種單純歷史性的論述將導向統一，以及後者植基的理想。這就是哲學」（第48頁）。於此，薩維尼將哲學性之法理論本身（即自然法），與（實證）法學之哲學性或體系性要素加以區分：後者「既得無自然法，亦得連結自然法而爲研討」（第50頁）。之於法律家，哲學「縱使僅是作爲前理解，亦絕非必要」。至於法學的「哲學性」要素，並非採取何等自然法的學理語句，毋寧只是法學本身固有的，一種取向於被假定存在其內之統一方向；依薩維

---

[1]　我們擁有兩個薩維尼法學方法論的論述：一則是由雅克布・格林（Jakob Grimm）記錄，韋森貝格（Wesenberg）於1951年編輯，源自1802年3月冬季學期課堂的「早期文本」，另一則是1840年之《今日羅馬法體系》第一卷中的處理。在二者之間，時間上有相當距離的論述則是著名的綱領文章〈當代立法與法學之任務〉（1814年）；然而，此文包含的方法論述不足以構成一完足的整體：其論述足以顯示，薩維尼藉由其完整建構出來的歷史性、有機性看法，已經遠離「早期文本」的若干見解，然而，相對於後期的《體系》一書，則不具有獨立的意義，因此不須就此別爲論述。本文裡在括弧中顯示的頁數，首先是韋森貝格編輯之課堂文本的版本，其後則是1840年《體系》一書的版本。關於薩維尼早期方法論文本的文獻，我想特別強調：SCHULTE, Die juristische Methodenlehre des jungen SAVIGNY, ungedr. Kieler Diss. 1954; KIEFNER, Der junge SAVIGNY, in: Akademische Feier aus Anlaß der 200. Wiederkehr des Geburtstages des F. C. von SAVIGNY, als Manuskript herausgegeben von LESER (für den Fachbereich Rechtswissenschaft der Universität Marburg), 1979。

尼之見，法學與哲學均同此方向。以此意義，《體系》一書表示（第46頁），內存於素材（Stoff）的學術性形式（Form）追求，「揭露並完善其內存的統一性」，此追求過程以體系性的方式進行，就此，法學與哲學是相似的。

　　與薩維尼稍後主張的習慣法優先截然不同，在課堂文本，他仍然將實定法與實證法等視同觀。然而，立法施行於時代中，這就導向「法歷史的概念，而法歷史與國家、各民族的歷史緊密相關；因立法乃是一種國家行為」（第17頁）。薩維尼進一步區分法之解釋的、歷史的、哲學的（體系的）處理。他將解釋的任務界定為：「將法律內的想法重構出來，只要它從法律還能認識得到」。解釋者必須「站在立法者的出發點，人為地使其所述出現」。為達此目的，解釋須具備三個部分：「邏輯的、文法的、歷史的」（第19頁）。為「能認識法律的想法」，必須考慮其產生時的歷史情境。此外，解釋必須認識到個別文本所在的特性，以及其對整體的意義（第25頁）。因為「立法只能整體來表達」。法的「整體」只能在體系中顯示。因此，在任何法律解釋都可以發現歷史與體系的要素（第18頁）。然而，同時其各自也構成個別的法學處理。歷史的處理應「掌握體系整體，體系則應持續演進，質言之，應掌握法學體系的歷史整體」（第32頁）。反之，體系的處理之任務在於：觀照出眾多不同者之間的連結關係。於此涉及：依其內在脈絡來發展法條的概念與其表述，最後並藉由類推來填補法律漏洞（然而，薩維尼尚未運用此表達方式）。

　　足以顯示薩維尼早期文章之「法律實證主義的」特徵者[2]，應係其否

2　呂克特（Joachim Rückert）於其規模宏大的，1984年的專論《薩維尼與唯心論、法學及政治》（Idealismus, Jurisprudenz und Politik bei F. C. von SAVIGNY）論證，薩維尼完全遵循一種，就當代哲學的意義而言可謂係廣義唯心論的觀點，但並未訴諸特定哲學體系。此一觀點已顯現於其早期文章。在此脈絡下，呂克特反對我前面使用的「法律實證主義的」一詞；然而，我添加引號並非無由。假使將此一詞語與薩維尼絕未採納的，認為立法者得任意（恣意）決定法律內涵之想法相連結，即確有未當。然而，此一詞語僅應指出，為薩維尼所採取的，解釋者受法律文本的嚴格拘束。奧戈雷克（R. Ogorek）於其1986年的文章〈法官國王與涵攝自動販賣機〉（Richterkönig und Subsumtionsautomat）第149頁也指出，薩維尼「早期偏實證主義取向的方法論綱領」。

定他提及的「擴張」與「限縮」解釋。他將此二者理解爲：依法律的目的或根據，對法律文義爲擴張或限縮的解釋。薩維尼指出：前者通常並未成爲法律的內涵；因此必須由解釋者「藉由人爲的方式加以發現、予以添加」（第40頁）。即使立法者有給出根據，亦未將其「視爲一般規則提出」，毋寧只是據此來說明已被提出的規則。因此，根據無法如同一項規則加以適用。於此，薩維尼駁斥了「目的論」解釋；不是立法者的目的，而是其實際上已下命者，精確地說，必須是以法律文義顯示的命令內涵，其邏輯的、文法的，以及由體系脈絡得以探求的意義，法官始應遵守。法官只容許以理解法律，而非以創造法律的方式進行續造：「完善法律固然是可能的，但只能透過立法者，絕非由法官來採取」（第43頁）。雖然如此，薩維尼還是認可類推。他指出，類推的基礎爲：在法律中發現一項規定類似案件的特別規則，此規則經簡化爲「較高層的規則」，即得依此較高層的規則，決定未被特別規定的案件。此一程序與爲其否定之限縮與擴張解釋的差異在於：於此，法律並未有所添加，毋寧只是「立法出於自身的補充」（第42頁）。然而，前提是：法律已表述之特別規則幾乎可被視爲，雖未被表述，但依其意義已包含於法律之一般性規則的代表；就此前提，薩維尼並未詳爲論證。然而，其基礎應係可溯至後期自然法的[3]下述見解：法律包含的「特別」規則，完全可理解係更一般的、包含更廣之原則的推論結果，藉由去除特殊部分即可回歸於原則，一如藉由添加特殊者即可於立法者精神中產生規則。

　　當薩維尼首先在其關於「當代使命」的文章，不再視法律，毋寧認爲民族共通的法之確信，亦即「民族精神」才是所有法之原始根源時，前述構想於此經歷深刻的轉變。得以形成此共通確信的形式，顯然不是邏輯性的演繹，毋寧是直接的感受與直觀。後者原本指涉的不可能是抽象一般的規範或「規則」，因其只能是理性思考的產物；法之確信僅能以具體的、

3　關於（近代理性主義之）自然法在歷史法學派的持續影響，可參見：Beyerle, DRWiss. IV, S. 15 ff.; Koschacker, Europa und das römische Recht, S. 279; Thieme, Das Naturrecht und die europäische Pivatrechtsgeschichte, S. 46; Wieacker, Pivatrechtsgeschichte, S. 372 ff。

典型的，法律成員基於「內在必要性」的意識，一般性地遵守之行為方式為標的，質言之，其法律意義已被認識之類型化的生活關係本身。諸如婚姻、父權、對於土地的財產權、買賣等生活關係，被設想並形塑為一種具有法律上拘束力的秩序，亦即「法制度」，之於薩維尼乃成為法律發展之出發點與基礎。因此，薩維尼在《體系》一書亦由法制度的概念出發。他表示，法制度不論是「在其構成部分彼此的生動脈絡，抑或由其之持續發展」（第9頁），均顯示出「有機的性質」（第9頁）。作為一種類型化理解的人之關係，法制度是一種在時代之內演進的、有意義的整體，其本身絕不能僅由個別的，與其相關聯之法規則的加總，即得窮盡表述。並非法規則以其綜整即得產生法制度，一如薩維尼強調的，法規則毋寧只能透過其「抽象化」（第11頁），藉由一種「人為的程序」，才能由法制度（「於其有機脈絡」）的「全面觀點」中脫離（第16頁）。無損於其所有的概念形塑與澈底建構，規則仍「在法制度的直觀中保有更深層的基礎」（第9頁）。

　　對於法律內之規則的解釋，認定規則（與薩維尼早期文章所持見解相反）不能僅由其本身，毋寧須由法制度的直觀出發而為理解，立法者在形成條文時亦受此指引。依薩維尼之見，在直觀與（只能聯繫到整體關係之個別的、人為分割的面向之）規則的抽象形式間始終存在著不調和，須由法學持續加以克服。一如立法者「對有機的法制度有完整的直觀」，必須由此「藉由人為的程序建構出抽象的法律規定」一樣，假使法律要符合其目的，另一方的法律適用者就必須「藉由相反的程序，納入有機的脈絡，而法律幾乎可謂只是由來於彼的片段」（第44頁）。這意味著：法律思考不能侷限在一個層級，毋寧始終必須聯繫直觀與概念，於此，直觀代表整體，相對於此，概念及藉其建構的規則各自只能掌握部分角度，亦因此始終必須藉由直觀予以補充，必要時甚至加以修正。可以說：假使薩維尼對此完全嚴肅地加以處理，其追隨者亦遵從此學說的話，他們應該就不會步上「形式之概念法學」的途徑。

　　然而，薩維尼未能成功地說明，他所要求的，由制度的「直觀」過渡到「規則的抽象形式」，以及由此回歸到原本的直觀，究應以何種方式進

行，亦因此，如吾人之見，其方法論實際上影響有限。我們必須問：假使被直觀者事先未經範疇式的形塑，真能「直觀」法制度嗎？另一方面，假使個別規則事先已經「抽象化」，質言之，藉由制度的分割、有意地忽視整體加以建構，考量到「有機的脈絡」只能存在於直觀之中並且無法作概念的掌握，那麼還能在個別規則上添加「有機的脈絡」嗎？事實上，假使法制度的統合只能存在於直觀，就無法作學術性的掌握；並且一旦抽象規則已經建構完成，並且已經做了學術性的處理，就無從再回歸到直觀。由本身抽象的規則，學術只能再抽象出概念，後者將更加遠離制度的「全然直觀」。薩維尼本身如何建構其私法的體系，足以顯示此點[4]。他建構法律關係的抽象概念爲「意志支配」，植基於此，並且依可想像之「意志支配的主要標的」（第335頁），對私法關係做了形式邏輯的劃分，並循此而採取「權利的三種主要類別」（第345頁）。因此，建構體系的並非制度的「有機」脈絡，毋寧是（抽象一般）概念的邏輯關係。法制度的「全然直觀」無法事後納入到此等概念內。假使將法制度（及法本身）的意義脈絡理解爲黑格爾哲學意義下的具體一般概念，即有不同；如是則因規則而要求的抽象概念，將被視爲必要的片面化，如此理解並得於（將導致意義扭曲的）邊界案例，基於此（具體一般概念的）意義脈絡加以修正。正是藉此，在正確強調法制度相對於個別規則的主要特徵、（作爲意義整體之）制度以直觀始能適當掌握，並且概念思考只能基於必要之抽象概念的掌握，以形式邏輯的方式爲之，薩維尼指示了普赫塔（Puchta）之形式的「概念法學」的道路。

　　在《體系》一書的解釋論中，我們再次發現若干早期文章的想法。於此亦將法律解釋的任務描述爲「重構內在於法律之內的思想」（第213頁）。爲此目的必須「在想法上將自己置於立法者的出發點，人爲地重複其行動，亦即在思想上重新讓法律產生」。作爲解釋的四「要素」，於

4　W. WILHELM, Zur juristischen Methodenlehre im 19. Jahrhundert (1958), S. 61 對薩維尼的法體系學理論做了正確的評論：「在學說理論上宣示的，斷然地捨棄所有自然法的體系學，在學術實務上並未實現」。

此亦被再次指出：文法的、邏輯的、歷史的與體系的。然而，於此涉及
的並非解釋的四種類型，毋寧是「不同的活動，並須統合地發揮作用，解
釋始能成功」（第215頁）。體系性的要素涉及，「將所有法制度與法規
則連結成巨大統一的內在脈絡」。解釋的成果取決於：「首先，在我們面
前之個別的思想表述，其所由來的精神活動，必須生動地將之重現；其
次，對於歷史的、釋義學的整體之直觀（個別者僅能由此得以理解），
我們必須擁有足夠的意願，以便能隨即掌握整體與現存文本的關係」（第
215頁）。與早期文章的不同則顯現在：於此，重點由「表述」移轉到
「思想」以及（最終取向「直觀」，並且是法規則所由來的）「精神活
動」[5]。

　　假使我們將薩維尼關於法律之目的或（如其所稱的）法律之根據的論
述納入考量，重點的挪移會更顯著。雖然在此他仍強調，法律的根據「與
法律之內涵分離」，不應被視為法律之構成部分（第218頁）。其應用僅
係基於法律解釋之需，並「僅許極為審慎為之」（第220頁）。在法律應
用之表述不確定的情況，不論是「立法的內在脈絡」或法律的特殊目的
均應加以援引，前提是其可得證實（第228頁）。假使特殊的目的無法證
實，就容許訴諸「一般性的根據」（第228頁），以今天的用語則是：一

5　雖然如此，我仍然認為，將薩維尼歸屬「主觀」解釋理論之代表人物的多數見解並不正確；此一
　見解認為：解釋的任務在於探求，歷史上之立法者（心理學上理解）的「意志」，或者以赫克
　（Heck）的變形而言，作為立法者動機的「因果關係上的利益」。因薩維尼要求，解釋者應在
　其精神中，重視立法者產生法律的活動，使法律在其思想中重新產生，他對解釋者的要求遠多於
　單純確認特定的事實，毋寧係要求其本身的精神活動，此必然超越歷史上之立法者就其文字實際
　上曾經思考過的。他〔在《體系》第一卷（System, I），第207頁〕提及，解釋中包含的「自由
　之精神活動」可界定為：「我們認識法律的真理」。解釋者在此精神活動中，一如立法者本身，
　應受「法制度之直觀」的指引，質言之，應追溯立法者思想背後的，在法制度中實現之客觀的
　法思想。其後發展，並由溫德賽（Windscheid）與比林（Bierling）代表的「主觀解釋理論」以
　一種心理學之意志概念為前提，薩維尼之遠離此者，一如其並未採取賓丁格（Binding）、瓦哈
　（Wach）、柯勒（Kohler）等「客觀解釋理論」所植基之理性主義的法律概念。此二理論以其各
　自的片面性，均屬實證主義時代的表述，因薩維尼仍以法與受法安排之生活關係（法制度）、
　事物理性與立法者意志二者之內在統一為前提，對前者尚未能掌握。將薩維尼的見解與此種或彼
　種（受時代侷限）理論等視同觀，必然將誤解其見解的特殊性與其偉大。

般法律思想。與早期文章相反，於此，爲修正有瑕疵的表述，薩維尼容許擴張與限縮解釋。於此種情形，我們「藉由歷史性途徑」（第231頁），才認識到立法者以不完美的表述聯繫何等思想。爲此，除了「內在的脈絡」，又再次運用法律的特殊目的。假使「法律的眞實思想」藉此方式可得認識，則可據此修正其表述（第233頁）。此等修正可以避免，以違反其目的之方式適用規範，此外亦可「發現適用之眞實界限」，藉此「其不致以過與不及之方式爲之」（第234頁）。相對於此，薩維尼於此仍拒絕，僅基於「一般性的根據」（即「一般法律思想」）對法律的表述加以修正，因「其包含與解釋截然不同的，法之續造的性質」（第238頁）。

　　最後，薩維尼發展的，與其早期文章顯然有別的見解，涉及藉由類推適用填補漏洞的程序。取代由特別法條追溯到，包含於其內但並未明示之「較高層規則」的方式，於此則回歸所涉之法制度的總體觀照。薩維尼區分兩種情況。第一種情況是：「出現一種新的，迄今未被認識的法律關係，爲此，作爲原始圖像之法制度，並未包含於迄今建構出來的實證法中」。於此，「與此等原始圖像的法制度具有內在關聯之法律，應重新形塑」（第291頁）。於此涉及的是全新的創造，其應盡可能與現存者連結。更常見的是第二種情況，質言之，「在已知的法制度中產生新的法律問題」。就此的回答是：「應依歸屬此制度之法條的內在關聯」，在此尤其是取決於對此等理由（即法條之特別目的）的正確認識。任何類推均植基於「作爲法之前提的內在一貫性」；後者並非始終僅意指一種邏輯性的，例如「純粹結果與推論的關係」，毋寧同時也指涉一種有機的，質言之，「由法律關係及其原始圖像之實踐性本質的整體觀照所生者」（第292頁）。

　　綜整言之：薩維尼自始就要求，連結「歷史性」與「體系性」的方法。前者考量任何法律產生時之特定歷史情境。後者的目標則在於：將法規範與作爲其基礎之法制度的全部，理解爲脈絡相關的整體。其早期文章僅將法體系理解爲一種法規則之體系，其彼此處於一種邏輯性的連結，特別規則被設想爲源自一般規則並得回歸於彼；相對於此，其晚期作品則係以在一般意識中生動之「法制度」的「有機」脈絡爲出發點。薩維尼

認爲，個別的法規則是由制度，事後藉「抽象化」推論出來的；假使解釋者想正確理解個別規範的話，就必須始終在「直觀」中掌握制度。此外，薩維尼的晚期作品遠離其早期文章所持，受法律文字嚴格拘束之見，傾向於更強烈地考量法律目的與（在制度整體觀照下顯示出來的）意義脈絡。薩維尼未清楚說明的是：既然法制度只能以直觀的方式獲致，無法作概念性的思考，那麼藉由「抽象化」產生的個別法規則，又如何能回歸法制度的意義整體，並由後者加以界定。因爲存在此等不清晰，相當程度地導致其晚期作品之方法論上的努力未能獲得重視；以薩維尼發揮的重大影響而言，原本可期待其獲得重視。除了歷史的觀點，其後持續發揮影響的是：體系思想在（由法概念構成之）「學術性」體系中的重要性，他建構了「概念法學」的觀點，雖然薩維尼本身不能，或僅在有所保留下，才能歸屬於此[6]。

---

6 克里爾（KRIELE, Theorie der Rechtsgewinnung, 2. Aufl. 1976, S. 71）適切地指出，雖然薩維尼（藉由「概念法學」）自己參與了「法學的絕育」，然而，這只是一項並非有意的、間接的後果，「他的關切仍是有機之法的續造」。

第二章 十九世紀的「概念法學」

第一節 普赫塔的「概念系譜學」

在法學領域，體系思想乃是自然法論的繼承人。它也深深植根於德意志唯心論的哲學中。費希特（Fichte）、謝林（Schelling）嘗試，幾乎是由一個點，亦即一項最後的、「先驗的」根據來建構（亦即事後思索性地掌握）世界。黑格爾（Hegel）將「真實」理解為「整體」，質言之，一種「具體」概念本身循環的，既包含對立者又予以克服的運動。在法哲學的前言出現，國家之「理性的建築」的話語，它被視為「倫理本身的豐碩劃分」。因此，「體系」於此的意涵絕非僅是素材的概觀性或比較容易掌握；其意指一種唯一可能的，可確保真理之認知精神的方式：內在「理性」的標準、真實科學必不可少的要求。因此，受其所處時代哲學影響的薩維尼自始就強調，除了法學的「歷史性」特徵，其「哲學性」或體系性特徵也同樣重要。就高度評價學術之體系的價值一事，幾乎所有19世紀重要的德意志法學家都追隨他。他們主要由羅馬法法源的重要部分獲取素材；此等素材的體系化正是19世紀「學說彙編學」的主要關懷與重大貢獻[1]。

「體系」思想意指：在多樣中發展出統一，藉此前者可被視為一個意義脈絡。然而，應顯示出體系的統一，可以兩種不同的方式來設想，因此以不同的途徑來取得[2]。其一係「有機體」之統一的方式，將其設想為一種存在於多樣之內，僅得依憑此多樣加以描述之意義的統一。黑格爾之「具體概念」的統一即屬此類。基此意義，謝林對「有機體」概念的應用並不限於生物學上的範疇[3]。薩維尼僅在《體系》一書提及，法制度與其

----

1 關於學說彙編體系的產生，可參見：Schwarz, SavZRomA 42, 578的文章。

2 關於其差異，亦可參見：Stahl, Die Philosophie des Rechts, Bd. II, 2. Abt. (1833), S. 146 ff。

3 參見我對德意志唯心論之法哲學與國家哲學的說明：Handb. d. Philosophie IV, S. 132。

脈絡之「有機的」特徵，僅能如此理解。在唯心論哲學提出之「有機」體系中，個別的體系環節幾乎是環繞著中心。體系的「統一」在於：所有環節與（本身靜止的）中心之間，不可消除的關係，以及中心與（藉其地位而規定之）環節的關係，可比擬爲一種環狀。反之，依據形式邏輯規則的概念體系，可比擬爲金字塔[4]。作爲整體金字塔頂端的「最高」概念高懸於基礎之上，也正因此可以最廣泛地俯瞰，假使我們設想金字塔是顯而易見的。假使從基礎往上走，透過每一步就越過一個階層。從一個階層到一個階層，金字塔失去寬度，同時得到高度。寬度（即素材的豐富）愈廣，高度（即概觀的可能性）就愈低，反之亦然。寬度相當於「抽象」概念的內涵，高度則相當於其外延（即適用範圍）。邏輯性體系的理想得以完成，假使最一般的概念處於頂端，所有其他概念（作爲類別與次類別）均得歸屬其下，由基礎的每一點開始，經一系列中間環節，每次藉由捨棄特殊者，即可達到頂端。

正是普赫塔爲其所處時代之法學明確指出，「概念金字塔」意義下之邏輯體系的途徑，並藉此決定其向「形式的概念法學」發展[5]。在法之發生理論上，普赫塔追隨薩維尼，並與之相同地運用與謝林、浪漫主義者之「有機體」思想相符的語言。然而，其實質上教的是形式的——概念的思想方法。我們在他的《法學階梯講座》（Cursus der Institutionen）（I 第35頁）讀到：「構成民族之法的個別法條」「彼此處於一種有機的脈絡關係，後者首先可由其源自民族精神來說明，於此，此淵源之統一性可擴及於由其所產生者」。此一法條（而非薩維尼的「法制度」）之「有機的」

---

[4] FRANZ JERUSALEM, Kritik d. Rechtswissenschaft, 1948, S. 133 ff 稱此等「概念金字塔」爲「不眞正體系」。

[5] 無論如何，普赫塔之於法學方法論的意義正在於此。維亞克（WIEACKER, Privatrechtsgeschichte, S. 400）正確地視其爲19世紀古典概念法學的創始者。威廉（W. WILHELM, a.a.O., S. 86）正確地評論：「薩維尼始終考量到，法的邏輯與有機要素在體系學中維持均衡，以避免邏輯的唯一支配。他還存有對邏輯確定性之假象的警覺。相反地，邏輯學支配了普赫塔的體系學。法的『歷史的體系的整體』自此限縮到釋義學的，質言之，邏輯的部分」。反對於此主張的，邏輯在普赫塔理論的優先性者：R. OGOREK, Richterkönig oder Subsumtionsautomat, 1986, S. 208, Anm. 38。

脈絡[6]，突然且理所當然似的轉變成概念的邏輯性脈絡，此外，此一邏輯性脈絡尚可成為（先前未被意識到之）法條的認識淵源。「學術的任務在於：由其體系脈絡，質言之，其彼此互為條件且互為來源的關係來認識法條，藉此，個別者之系譜可向上追溯至其原則，同樣地，由原則出發亦可下達於最終的後裔。作此等處理時，原本隱含在國族之法的精神中，既未出現在民族成員之直接的確信與行動中，亦未出現在立法者的表述中之法條，會被意識到並顯露出來，質言之，作為學術性演繹的成果，始經察覺而產生。如是，除前二者外，學術成為第三種法源；藉此產生的法是學術之法，或者，因其係法律家使其得以顯現，可稱為法律家之法」（第36頁）。

　　普赫塔於此或在他處（第101頁）所稱「概念的系譜」，其實與（依形式邏輯的規則建構之）概念金字塔並無差別。普赫塔認為，擁有其要求之「體系性知識」者，就能「藉助曾參與概念建構的所有環節，往上或往下求得概念的身世」（第101頁）。他以道路使用權為例說明此「概念之梯」。它首先是一項主觀權利，「亦即一種支配標的之權力」[7]；其次，它是「對物」的權利，我們會說：是一項物權；此外，「是一項對他人之物的權利，即物的部分從屬」；此種物之特殊從屬類型為使用，質言之，道路使用權歸屬「用益物權的類別」等等。對諸如使用權之類的法概念可以前述方式加以分解並定義，此自然具有一定的正確性。然而，以此等方式如何能認識到前此尚未意識到的法條？普赫塔的見解如下：任何更高階層的概念均容許特定的陳述（例如主觀權利的概念：它是「一種支配標的之權力」）；因為較低階層的概念從屬於較高階層者之下，因此所有對較高階層者所為陳述「必然」亦適用於較低階層者。例如，作為一種主觀權利類型的請求權，這意味著它是一種「支配標的之權力」，因此必須有一

6　普赫塔提及，雖然也存在法律關係的體系，然而，法律關係「僅係一些權利的組合，由此等權利之概念始可推導出法體系」。此一論斷如何獲致，將隨即於本文中指出。

7　普赫塔（Lehrb. d. Pandekten I, S. 28）定義如下：「當標的藉由（主觀意義的）權利存在於一個人的權力中，就存在（主觀意義的）權利」。

個客體，其從屬於債權人的意志，此一客體則或者係債務人之人格或者係其承擔之債務行為。因此「概念的系譜」表示：最高概念為所有較低階層概念所由來，前者的內涵同時規定了後者的內涵。然而，最高概念的內涵又來自何處？此概念必須有內涵，應該能由此得出特定陳述；並且此一內涵不能由其所從出之概念取得，否則整個就成為循環論證。之於普赫塔，它來自法哲學；他以此方式取得堅固的出發點，並由此出發演繹式地建構體系，並能由此推論出新的法條。普赫塔體系之法哲學上的先驗之理則是康德（Kant）的自由概念。由此概念，普赫塔於其《法學階梯講座》第一節到第六節推導出，作為（倫理意義上之）人格的權利主體概念，以及作為人格支配標的之法律上權力的主觀權利的概念。只有當他以此方式升高到作為概念金字塔頂端的倫理蒼穹後，普赫塔由此下降到實證法與（最終之）法律下位概念的低谷，在此過程中，出發點概念的倫理內涵當然逐步消退，直到不復可辨。於此出現形式之概念法學的最重大錯誤：例如關於使用權或任何其他法制度的個別法條，並非根據其特殊目的或更一般性的規制，毋寧僅依其歸屬於概念金字塔的哪個階層來判斷。

　　對普赫塔的理解，以及與之相應的，形式概念法學在精神文明史上的定位，由此可以得出兩項結論：首先，演繹式的體系建構，其存廢取決於具特定實質內容的基本概念，後者並非由實證法推導而得，毋寧係藉由法哲學，先於實證法學而存在。能歸屬此基本概念之下者，僅能是「法」。於此範圍內，普赫塔不能免除超實證的基礎[8]。事實上，德意志唯心論

----

[8] 因此，將概念法學與實證主義等視同觀的通常做法，是不正確的。耶路撒冷（JERUSALEM, Kritik der Rechtswissenschaft, S. 149）正確指出：關於普赫塔之類的概念法學，「即使是立法者本身提出的概念，亦須由體系的概念取得正當性，由此而論，概念法學與實證主義可謂極端對立」。此一體系的最高概念指定最基本的，每個法概念均須落實的內涵，唯有如此，始具有「法」概念的性質。如是，則立法者不再可以任意立法（在「事實上可能的範圍內」，立法者原則上可以任意立法，此卻正是「實證主義」的基本命題），毋寧僅能在被給定之基本概念的框架內立法。然而，僅在此一體系的最高概念本身不是由實證法律的經驗素材歸納而得，毋寧必須清晰可信地藉其他途徑取得，前述要求才具有意義。一旦追隨實證主義的學術概念（普赫塔則離此尚遠），認為由經驗素材進行歸納係唯一的概念建構途徑時，概念法學就低落成邏輯性的虛假爭論，其反對者，例如耶林，特別是赫克，對此的批評就難認無據。

（尤其是康德）的基本概念，縱然是以昇華、稀薄的形式，仍持續存在於溫德賽（Windscheid）或馮·圖爾（v. Tuhr）的概念體系，以及我們民法典的基本概念中，雖然到此世紀末就此關聯已少所知悉，並且已完全遠離此一法哲學的論述途徑。只要諸如人、責任、責任能力等法概念的內涵還會聯想到此等概念的倫理意涵，或者「權利主體」非如凱爾生（Kelsen）之「純粹法學」所主張的，僅被設想爲一種「關係概念」[9]，毋寧還具有實質內涵的性質，只要法學與倫理學的連結尚未完全解消。此外必須強調，普赫塔受（唯心論）哲學的影響，亦僅限於：其基本概念的內涵界定。至於他建構其他概念的方式，質言之，邏輯的、演繹的程序，則非源自唯心論哲學（亦非黑格爾哲學），一如今日周知的[10]，係源於18世紀的理性主義，尤其是沃爾夫（Christian Wolff）的思想方式。

　　關於普赫塔及「概念法學」的方法與黑格爾的方法，不能因二者均涉及「演繹式的」程序，就忽略彼等之不可相提並論[11]。因其等之「演繹」的意涵截然不同。普赫塔（薩維尼亦同）劃分（作爲出發點之）上位概念的適用範圍，係藉由增加（建構類型之）要素的方式行之，其盡可能建構出邏輯性的對立，藉此窮盡所有可得想像的適用案例（例如：主觀權利或者是對物的權利，或者針對人，不存在第三種可能）。每個「被推導出的」概念包含其上位概念的全部要素（並至少外加一個要素）：因此可以「涵攝」於其下。因此，上位概念藉由指定僅歸屬於彼之要素（即其「定義」）而始終確定下來；後續也不會再改變其規定，其內涵維持不變。相反地，之於黑格爾，「演繹」意指：概念藉由經歷內含其內之概念要素的發展[12]。經此，概念爲其意識取得豐富的內涵，後者首先向其展示，概

9　就此可參見：Marck, Substanz- und Funktionsbegriff in der Rechtsphilosophie, 1925, besonders S. 83 ff。

10　Koschaker, Europa und das römischeRecht, S. 278 f.; Wieacker, Privatrechtsgeschichte der Neuzeit, S. 373 f., 400 f.；亦參見：Fr. Jerusalem, Kritik der Rechtswissenschaft, S. 146 f。

11　關於普赫塔與黑格爾的關係，可參見：Schönfeld in Festschr. f. Binder, 1930, S. 1 ff。

12　因此，杜爾凱特·馮·阿尼姆（Christa Dulckeit-v. Arnim, Phil. Jb., Jg. 66, S. 80）適切地指出，

念本身則集合之爲新的概念。然而，此等「發展的」（具體的）概念，不能藉由定義（透過指出確定的要素）來確定，因此無從將類型概念，甚至法規則「涵攝」於其下。因此，黑格爾哲學不包含（或幾乎不包含）任何類型、種類、下位類型之類的法概念劃分，其毋寧係以一種「具體概念」的形式，來陳述法規則（及必要之法制度）的意義內涵。爲了在法規則與決定中實現此等意義內涵，依黑格爾之見，始終需要（藉由立法者或法官的）形塑，後者所涉非僅邏輯性的涵攝，毋寧是一種與意義相關的行爲，其存在於時代中，因此具有歷史性[13]。概念法學的下述看法完全排除了形塑的因素：最終所有法的現象均得涵攝於確定不移的法概念之下，並賦予它們確定不移的位置，質言之，在由彼此截然劃分之概念組成的隔板箱裡，一次性地指定其「邏輯性地點」。

藉著放棄薩維尼強調的「法規則」與（爲其基礎之）「法制度」之間的關係，而傾向抽象的概念建構，以及以「概念法學」的邏輯演繹程序取代所有其他方法（包括取向法律之目的與法制度之意義脈絡的解釋與法的續造），普赫塔爲「形式主義」鋪設道路，後者在超過百年期間處於支配地位，由耶林開始的反對思潮長期未能貫徹。一如維亞克（Wieacker）[14]強調的，形式主義意味著，「法學與法之社會性、政治性與倫理性事實的澈底疏離」。對此的反對運動不是來自哲學，毋寧是由關於社會現實之新興經驗科學（即社會學）開其端緒，實非偶然。

　　黑格爾的方法「不是演繹式的」，辯證法並不進行推論，毋寧是「直觀、感受、因應事物本身內在動力的配合運動」。

[13] 參見：§§ 3, 212, 214, 216 der Hegelschen Rechtsphilosophie und GERHARD DULCKEIT, Philosophie der Rechtsgeschichte, S. 26 ff。

[14] Privatrechtsgeschichte, S. 401.

第二節　耶林早期之「自然史的方法」

除了薩維尼，對於法學方法論的發展，恐無其他法思想家具有如同耶林（Rudolf v. Jhering）那樣的重要性。對各種不同的刺激抱持開放態度，耶林與其他少數人一樣，有意地經歷了19世紀精神上的撕裂狀態。眾所周知，耶林在法學上的畢生之作經歷過深刻的轉折[15]：在他創作的第一個時期，特別是在《羅馬法的精神》（Geist des römischen Rechts）以及《耶林年鑑》（Jherings Jahrbüchern）的導論文章，他對於普赫塔之形式的概念與建構法學不僅支持，甚至將其推演至極端；相對於此，在第二個時期，他以辛辣的嘲諷密切注視，並嘗試藉由另一角度取代之。於此，我們首先要處理耶林的第一個時期，觀察他對形式之概念法學的貢獻。然而，於此即應指出，第一個時期即已顯示出耶林思想的下述特徵，後者在第二個時期將具有決定性：背離了（無論是薩維尼或普赫塔都堅持的）唯心論哲學的倫理範疇，以及取向於當時之自然科學的思考方式。正是藉此，他才會將形式邏輯的思想誇張到如此程度，以致其後（在耶林自己）引起強烈的反對，並轉向以社會學為基礎的實用論法學。

然而，針對《羅馬法的精神》[16]之引言性評論完全未顯示此等特徵。耶林提到，「我們的出發點是：將法視為人之自由的客觀有機體的，今日之支配性見解」。這聽來像普赫塔，或者也像史塔爾（Stahl）[17]。然而，下述的表達方式（I 第13頁）馬上令人起疑：藉由使用有機體的圖像，「我們賦予法一種自然產物的特徵」。這並非隨意說說，耶林是確如其文義來理解的，這顯現在他稍後關於其所稱法學之「自然史」方法的論述。

15　反之，菲肯徹（Fikentscher, Methoden des Rechts, Bd. III, S. 202 f）則強調，耶林整體著作中持續的觀點。奧戈雷克（oben Anm. 5, S. 221, Anm. 90 und S. 228）則指出，雖然耶林關於法之內涵的見解有所轉變，然而，關於法學就建構新法條具有創造性力量的設想，則始終維持。然而，重要的是：在耶林的各該立場，「創造性力量」存在何處。

16　引用的版本：1. Auflage (Teil I, 1852, Teil II, 2, 1858)。

17　依普萊斯特（W. Pleister, Persönlichkeit, Wille und Freiheit im Werke Jherings, 1982, S. 186）之見，耶林《精神》一書中關於人格的構想，主要歸功於史塔爾。

更令人詫異的是：耶林隨後馬上（Ⅰ第40頁與第41頁）兩次將法與「機器」相提並論。之於浪漫主義者（薩維尼亦必然屬此）的思考方式，「有機體」受內存其內之「生成力量」的形塑，與（其形成與運動受制於他人之手的）「機器」實屬對立。如此無所選擇地運用彼此相互排斥的「有機體」與「機器」的圖像，顯示耶林在哲學上的無所顧慮。然而，整體而言，他主要仍然維持在「自然主義」理解之「有機體」的圖像，（比較符合其第二時期思想方式之）機器的圖像，於此時期僅是偶然出現。

　　相較於歷史性與解釋的任務，耶林賦予法學之體系性任務以「較高等級」，依其見解，體系性任務在於：拆卸個別法制度與其相關法條為其「邏輯性要素」，它們被蒸餾出來，之後由它們又可組合成已知或新的法條。此一邏輯性拆卸與重新組合的結果是：「取代無數不同法條，學術取得其單純軀體（！）之可概觀的數量，依要求，由彼等可再組成個別法條」。好處不僅限於單純化，取得之概念不僅是既有法條的分解，由此等概念又可重建法條；更高層次的優點在於：藉此可使法由本身增益成長。「藉由不同要素的組合，學術可以建構新的概念與法條：概念具有創造性，可以相互結合、創造」（Ⅰ第29頁）。此一語句後段的圖像顯然非如文義所示，因此可姑捨不論，此等文字的疑義在於：只要其彼此邏輯上不相排斥，藉由或多或少任意地組合個別法條，理論上或者可以提出新的（符合邏輯形式的）法條，然而，此等法條基於何等理由可稱為現行法？耶林並未嘗試說明，此等邏輯上可能之法條的實際效力；他也無能從事於此，因其與普赫塔不同，其並未以先於實證法、對其具建構性意義的基本概念為前提，其概念建構程序毋寧與「精確的」自然科學類似，屬歸納性質。然而，還沒有任何自然科學家會想到，藉由組合從歸納所得之概念要素（例如在植物體系中所運用的），就能創造出新的植物，可僅因其想像上可能，即可證實其存在！

　　耶林偏好的，將藉由分析與抽象化發現的基本概念，與字母表的字母相比較（Ⅰ第30頁；Ⅱ, 2 第359頁以下），也不會更好。在此，他提到：「在人類精神領域做出的最偉大、最豐富，同時也最簡單的發現就是字母表……在語言的領域，字母表包含了下述任務的解答：我們先前稱之為

法技術上的主要問題，即藉由簡化素材而易於支配素材；很容易可以聯想到，可否將前述解答運用於此，將字母表的理念轉用於法？字母的理念植基於其要素的拆卸、回溯與組合，字母表則源自下述觀察：透過特定基本發音的不同組合，語言可以建構其整體豐富的字彙，藉由這些發音的組合可以創造出任意的字彙……字彙之於語言，就如法律關係之於法……於此之任務亦如彼處，即發現此等要素，提出字母表」。於此，耶林未留意到（由此也清楚顯示耶林是實證主義之子），只有透過人的精神聯繫於彼的意義，發音才能成為字彙，組合字母固然可以重現一種發音的連結，但由此不能表達其意義。

　　此外，耶林還將法釋義學與其他科學相比，即化學。體系性法學是「一種法的劃分藝術，它尋求單純的軀體」。藉著將「被賦予的素材」（即法規則）揮發成概念，法的建構促成，「法由較低層的過渡到較高層的聚集狀態」。由此進入的演變在於：「素材完全擺脫其直接實踐性的、命令的形式」，並且採取「法之軀體的形式」[18]。耶林用以稱呼藉邏輯分析與抽象化而得之單純的基本概念，被他賦予特定性質，並設想能發生特定的作用[19]。在思想上操作此等幾乎是化學般創造出來的「軀體」，耶林極為罕見地稱之為法學之「自然史的方法」。先前已提及，耶林認為此種方法不僅能簡化素材的支配，並且還能發現先前未知的法條。許多新法條的來源不是某種實務上的需求，毋寧是「法學推論的結果或必然性」；其「存在」，因其「不能不存在」[20]。此等錯誤推論應該很容易發現。透過他「存在的軀體」此等偽自然科學的說法，耶林未能認識到，所謂的「法之推論的結果或必要性」僅只是特定陳述之邏輯上的推論結果，由此絕不能得出相應之誡命在實踐上的有效性或拘束力。確實，根本性法概念的「存在」與法規範之「存在」（藉由其「適用」）不同，前者（連同由其

18　如是顯示在：Jher. Jb. Bd. 1, S. 10的導論文章。

19　因此，在前註提及的導論文章接著說到，「法的整體內容」如今看來「不再是語句、思想的體系，毋寧是法之存在（可謂是有生命之物，服務之精靈）的整體（！）」

20　Geist. d. röm. Rechts II, 2, S. 392; Jher. Jb. Bd. 1, S. 18.

推論而得之語句）僅具有理論性陳述的價值；無論人們對其如何高度評價，但不能由此賦予此等語句以命令規範的效力。耶林自己其後，乃至目的法學代表們對「概念法學」的批評，正是在此點上[21]。

第三節　溫德賽之理性主義的法律實證主義

多數19世紀的法律家並未跟隨耶林之僞自然科學的歧途，然而，形式概念的思考方式，以及對普赫塔理解之概念封閉體系的追求，仍維持其典範地位。於其學說彙編教科書的註腳中[22]，溫德賽（Bernhard Windscheid）這位「普通法」的最後體系家整體上也認同耶林對於法學建構方法的描述；他認爲，後者並未獲得應有的承認。然而，基本上溫德賽是在繼續普赫塔的路徑，雖然帶有他（及其時代）特殊的「心理學至上論」的轉向。一如沃夫（Erik Wolf）所述，他仍活在「康德的精神世界與歌德的文化之最後餘暉中」[23]。這意指：他仍然理解法的倫理意義。他認爲，法的價值與尊嚴在於：它「爲倫理的世界秩序預備道路，使其得以實現」[24]。雖然「自然法的夢想已盡」[25]，然而，實證法終究「不僅是任風吹散的秕糠或氣息」。因此，之於溫德賽，法律並非單純是立法者的權力話語，不僅是「事實」，毋寧是「在我們之前存在的，多個世紀的智慧」；在法律之內被稱爲法者，法律社會先前即「已視其爲法」[26]。因此，之於他，作爲（直接者僅能係習慣法，間接則可藉由立法之）實證法的最後淵源者並非意志，毋寧是「民族的理性」（第40頁）[27]。縱使考量

---

[21] 關於針對耶林之「自然史的方法」的批評，參見：Ekelöf（S. 27）、Hommes（S. 101）與 Losano（S. 142）的文章：Jherings Erbe, herausgeg. von Wieacker u. Wollschläger, 1970。

[22] 我們引用的是由他自己親手處理的最後版本，即第七版，註腳60。

[23] Erik Wolf, Große Rechtsdenker, S. 591.

[24] Ges. Reden u. Abhandl., S. 6.

[25] Ebenda, S. 9.

[26] Ebenda, S. 105.

[27] 頁數指的是學說彙編的教科書。

所有歷史性條件，法之於他仍是合乎理性的，因此為學術性（不僅是歷史性，毋寧也是體系性）的處理所可及。

在他認為法是歷史性的，同時也是有理性的事物時，可以認為溫德賽仍採取薩維尼與普赫塔的基本見解，然而，其理解之理性不再是非常客觀的，例如法制度的內在意義、根本性法原則的整體（這些法原則雖然在歷史中演變，然而，客觀精神的內在權力卻自始就廣泛決定了一個文化時期的法思想），毋寧是主觀的，即立法者的「合理的意志」。這是藉由對立法者之理性的信仰得以緩和的，理性主義的法律實證主義，它顯現在溫德賽以及他影響的法律家世代。法基本上與法律等視同觀，然而，法律不僅是單純恣意的表述，毋寧是由合理的考量引導、以合理的認識為基礎之歷史性的，同時也是理想性的立法者意志的表述。溫德賽之特殊的中間立場尤其顯現在：他一方面將立法者的「意志」理解為歷史的、心理學的事實，另一方面又尋求除立法者的「事實上」意志外，藉由心理學上的表面論述，賦予「合理的」意志以空間，並藉此使法律解釋得依客觀的合理性或「事物本質」行之，雖然他明白否定此等解釋[28]，但卻藉此開了後門。此外，因為他遠離耶林（在第一時期）的過度極端化，溫德賽在概念分析、抽象化、邏輯性的體系化與法之「建構」等方法上，展現其權威性的大師技藝。

依溫德賽之見，法律解釋在於確定「立法者對其使用之用語賦予的意義」（第51頁）。與薩維尼相似，溫德賽要求，解釋者應置身於立法者的情境，重新設想立法者的思想。其應考量，法律公布時立法者當時所處的法狀態，以及立法者追求的目的。雖然由此看來，解釋只是一種歷史性、經驗性的意志探索，然而，藉由下述說明，溫德賽還是為依據事理之解釋開了小小的裂縫：「最後應該考量結果的價值，就此可以假定，相較於空洞、不當，立法者最後還是會說一些有意義的、適當的結果」（第52頁）。然而，僅此尚有未足，解釋的任務應該是：「將隱藏於後的，立法

28　參見第57頁的註腳：「何謂符合事物本質、符合交易的需求，大家可以有不同的看法；就此，重點不是我們怎麼想，毋寧是立法者怎麼想」。

者想表達的意義，質言之，他的真正想法表達出來」（第54頁）。不僅應根據立法者真正考量的意義來修正法律不完善的表述，毋寧應「完成」立法者未澈底思考的想法，亦即不停留在立法者經驗上的意志，毋寧應認識其合理的意志。溫德賽向反對意見表示：藉此尋求出立法者「真正的」意志，只要它在法律文字中存在其表述，就還是解釋。溫德賽沒有察覺到，藉此與他著名的「前提」理論相類似，從經驗的、心理學之意志探討的領域轉換到客觀意志理解的範圍，心理學的意志概念已經被規範性的意志概念取代。

　　溫德賽提出的漏洞填補的方法，亦無不同。就此取決於：認識「法之整體的真正思想」。漏洞不是由所謂的「自然法」，毋寧是由「法之整體的精神」來填補；必須發現的是：「法之整體」意義下的正確決定（第58頁）。於此，顯然的前提要件是：法不僅是命令的集合，同時也是一個客觀的意義脈絡，由此出發藉由推論（尤其是類推適用）可以獲得欠缺的構成部分。依溫德賽之見，如此獲得之法條的效力根據，乃是被假定的，立法者的「真正」意志，其作為合理的意志應包含：觀察已有之規範，於其意義脈絡（即「法之整體」的意義或「真正的思想」）理當產生者。實際上隱含的是：（作為精神上的「有機體」、客觀的意義整體之）法內在理性的思想，此種思想很難配合溫德賽表面上的心理學至上論與法律實證主義。

　　區分實際的、有意識的，與「真正的」（存在於其思想之合理推論結果的）立法者之意志，同時可以連結溫德賽的解釋論與其體系思想。他表示，一個法條的「真正」思想顯示在法概念中，「質言之，在思想要素的綜整中」（第59頁）。只有透過完全掌握（可分解為其思想要素，又可由此重新組合的）法概念，才能產生法條的內在從屬性，亦即法體系（第61頁）。藉此，溫德賽認同「邏輯性」體系的思想。證立法條之「內在從屬性」的不是一項規制的目標，也不是一個法制度或一整個法領域的倫理或社會政策上的意義，毋寧是法條之內一再出現之概念要素的共通性。藉由發現單純的基本概念，以及將所有組合起來的概念回歸於前者，產生一種吸引人的，無處不在的「邏輯上的必要性」，犧牲的則是倫理性目的論的

與社會學上的意義關聯。

　　溫德賽與普赫塔均將主觀權利的概念置於私法之概念金字塔的頂端。然而，取代概念的倫理性推導，溫德賽提供的是心理學式的定義。眾所周知，他將主觀權利界定為：法秩序賦予人格之一種「意志權力」。藉此，他在表達方式上並未偏離普赫塔。然而，普赫塔考量到人格的可能性或能力，其倫理上的自由（即作為人格本身）得以在（唯獨歸屬於他的）對標的之支配中實現。之於溫德賽，這點多少還存在背景中[29]。然而，因其並未將「意志」理解為倫理的，毋寧比較視其為心理學的範疇，因此他必須應付下述的「困難」：主觀權利的存在可以「不取決於有權者的真實意願」[30]。因為不能為意志決定者仍可享有權利，而且雖有權利，但可能不知。溫德賽認為，在主觀權利中命令（其他人，假使是請求權的話就是債務人）的意志，並非有權者的意志，毋寧是法秩序的意志（好像這是真實心理學上的意志）；法秩序使有權利者（或其代理人）得以決定的，限於有利於有權利者之命令的貫徹。藉此，之於他，重點就由支配標的之可能性（例如財產權人個別的物之支配），移轉到對他人在法院貫徹法秩序之誡命（他稱之為「請求權」）的可能性。邏輯一貫地，他比較不是將財產權視為財產權人依其意志決定事物的權限（對此為事實上或法律上的處分），毋寧只是使他人遠離物的可能性：財產權人對抗可能之妨害者之請求權的集合[31]。基此見解，不僅如馮‧圖爾認定的[32]，財產權概念已喪失其「清晰性」（「清楚易懂」不被認為是概念的任務），毋寧特別明白顯示意義的抽離，其必然導向形式概念的思想。財產權原本、首先的意義必然不是對妨害者貫徹請求權，毋寧是下述的可能性：人格藉由提供給他的物，創造並維護適合其個人的生存空間[33]，藉此，其可以證實作為人的

---

[29] 有一次他完全還在唯心論哲學的意義上提及，法首先不是限制，毋寧是承認人的自由（Reden, S. 101）。

[30] 參見學說彙編教科書第89頁的註腳。

[31] 參見：Pandekten I, S. 91, Anm. 3; S. 99; S. 491, Anm. 1a。

[32] Der Allgemeiner Teil des deutschen Bürgerlichen Rechts I, S. 93 u. 134.

[33] 在此意義上，哈特曼（NICOLAI HARTMANN, Das Problem des geistigen Seins, S. 121 f）認為財產

自由。在此意義上，黑格爾提到[34]：「由自由的角度出發，財產權作為第一個存在，本身就是重要的目標」，質言之，個人必須擁有財產權，方能以個別的人格與他人共存於社會。最終還是與人格相關聯的，財產權之法倫理上的意義，在普赫塔的論述還隱約可見，相反地，在溫德賽的財產權定義則已渺不可聞。然而，這正是抽象概念思想本身的特徵：被抽空的概念僅能確定表象；核心，質言之，（法制度，或者法本身的）意義內涵幾乎已被完全去除。此體系最能符合形式邏輯的要求；然而，從事物的角度來說，它完全缺少本質，即精神上的「實質」。然而，正因此一實質，溫德賽並未明言卻廣泛地以之為前提，質言之，其自身與讀者（超越定義所述地）將其連結於（諸如主觀權利與法制度等）概念，因此將素材納入體系，看來難以成功。

第四節　「客觀的」解釋理論

　　「歷史主義」與「理性主義」不僅是溫德賽思想的支配性要素，對19世紀法學而言，亦同。這意指：所有的法雖然是歷史發展的結果，因此是「實證的」，然而，此「實證法」本身又被認為是一種「合理的」秩序，因此才能對其進行概念的掌握與體系化。「法律」，尤其是羅馬私法，比較不是基於「意志」，毋寧是視其為「理性的手稿」而得適用。相信實證法內在的合理性或理性，此一見解明顯有別於偽自然科學的或社會學的實證主義，之於後者，個別法律僅是經驗性事實，可由其出現之時代的既存條件作「因果性的、科學的」說明，但無法逾此「被解釋」為特殊之法理性的表達。與此相反，19世紀法學家尚認定自己有下述任務與能力：使隱藏在法律中或多或少的理性顯示出來，使個別法律規範擺脫其經驗上的

　　權的淵源在於：人格藉其財產創造「生活範圍」或「禁區」，其歸屬於此個別人格，並賦予其形象。

[34] Rechtsphilosophie, § 45.

個別化，藉由回歸更高原則或一般概念以去除素材，並藉此使「實證者」超凡脫俗。除「邏輯」與「體系」解釋外，概念的建構與（被後期之耶林如此責難之）法的「建構」亦服務於前述目標。迄至溫德賽的大多數學者支持的，認為解釋僅係求得歷史上之立法者「經驗上的」意志，與前述見解實難調和。假使法律最終得以生效，比較不取決於其係「實證的」，而更取決於其係「合理的」，那麼它就不那麼取決於立法者「經驗上的」意志，而是其「合理的」意志，質言之，包含在法律之內的法理性。適合此一要求與思考方式（相較於歷史主義甚至實證主義，毋寧更強烈受理性主義支配）[35]的是「客觀的」解釋理論，在1885年與1886年間幾乎同時由當時最重要的法學者提出，即：賓丁格（Binding）、瓦哈（Wach）與柯勒（Kohler）[36]。一個學術構想同時出現在不同學者中，通常意味其符合此一時代的支配性學術趨勢[37]。於此無疑正是如此。

　　「客觀的」解釋理論不僅指：法律一旦公布，如同每個被說出或寫下的字，對其他人可能具有一種其創造者根本未曾想過的意義，這僅是常識；其毋寧進一步意指：非創造者所想，獨立於彼而探求之「客觀的」、內含於法律的意義，應作為法律上的標準。它尤其主張，法解釋與語言學、歷史學之解釋的截然對立[38]。後者致力於認識創造者連結到文字的意義，相對於此，法解釋的目標則在於釐清作為客觀之意義整體（柯勒則稱為「精神上之有機體」）的法律之合理的意義。於此，立法者、法律編輯者或參與立法之個人的主觀想法與意圖並非重點。因法律較其創造者「更合理」，並且一旦生效，可謂幾乎已獨立存在。因此僅能由其本身，

35　馬尼格（MANIGK, Handw. d. Rechtsw., S. 433）適當地評論到，在「主觀的」與「客觀的」解釋理論裡，體現了實證主義與理性主義間的對立。

36　BINDING, Handbuch des Strafrechts I, S. 450 ff.; WACH, Handbuch des deutschen Zivilprozeßrechts I, S. 254 ff.; KOHLER, Grünhuts Ztschr., Bd. 13, S. 1 ff.

37　客觀解釋理論的先驅：HEINRICH THÖL, Einleitung in das Deutsche Privatrechts, 1851, S. 144 ff., bes. S. 150。相反地，在此脈絡中也經常被提及的文章（SCHAFFRATH, Theorie der Auslegung constitutioneller Gesetze, 1842）則僅強調：被明白稱為「經驗性事實」的，立法者之「真實的」意志（第33頁），僅當其已於法律中表明，始有效力。

38　BINDING, S. 451; WACH, S. 257.

由其意義脈絡出發而為解釋。客觀解釋理論的三位代表人均認定：法始終是「實證的」，依其本質亦同時是一種「合理的」秩序。我們在賓丁格處（第13頁）讀到：「在秩序的概念中存在合理性的概念」。法律依其本質是法律社會之「合理的意志」，並以此為「精神上的有機體」（柯勒，第2頁）、「不變的活力」（瓦哈，第257頁）、「客觀的力量」（賓丁格，第455頁）。因此乃推得：不取決於「法律之作者的意願為何」，毋寧取決於「法律的意願」（柯勒，第2頁）；不是「立法者的意志」，毋寧是（「在作為整體法秩序之環節的法條中被發現的」）「法之意志」被稱為解釋的目標（賓丁格，第456頁）。

前述作者不僅在形式意義上理解法律的「合理性」，即非僅視其為概念的邏輯性脈絡，於此顯示開始偏離形式的「概念法學」；其毋寧同時以實質的意義來理解，質言之，視其為目的之合理性，即內在的目的論。柯勒對此作最清楚的表達。依其見解，法秩序內在的統一植基於一般法原則的效力，後者作為秩序的準則，並不僅被理解為抽象概念的綜整。解釋的工作應該「徹底探究」法律，使內存於其內的原則顯現出來，「依原則的標準賦予之定性與功能地位」，使個別法律規定被證實為「原則的分支」（第7頁）。然而，作為標準之原則並非始終能「完全清晰地呈現」在法律中。如是，則解釋的任務並非如溫德賽所想，相對於在法律中已表達的，使立法者「真正的」意志生效，毋寧應「由法律的表達中去除不可避免的模糊之處」（第19頁），亦即：將本身有缺點、不完美的法律，依其原則而為續造。此外，解釋應取向法律的「目的追求」。為能認識此者，法律家一方面必須「研究（法律應予彌縫之）社會情境」，另一方面必須審視，「依時代理念，何者為最佳與最充分之協助手段」。在諸多依文義可能的解釋中，應選擇在此意義上「最符合目的者」（第35頁）。柯勒明白稱此程序為「目的論的」程序（第37頁）。瓦哈也要求（第257頁），法律「解釋應盡可能配合其可認識之目的與正義的要求」。最後，除了文義，賓丁格稱為「澄清之要素」者尚包括：「與其他法條之關聯的要素」與「目的要素」（第467頁）。「目的要素」又以三種形式出現，即個別法條之目的、法制度之目的，以及「一些法條」之目的。

　　假使一個法條的目的確定，其實際上之合目的性的問題，就必須考量（法條本應影響之各該）實際關係來答覆。因此等關係將隨時間演變，法條的解釋亦應配合其演變。它始終必須「連結到當代」。主要是基此推論結果，使「客觀」理論贏得許多支持者[39]。此外，相較於主觀理論，在判斷合目的性、「原則」之作用範圍等問題上，客觀理論必然會賦予法官更廣泛的空間[40]。

　　「客觀解釋理論」的創始者與後期的耶林及「利益法學」的追隨者不同，他們不認爲考量法規範的目的與「概念法學」的方法間存在原則上的對立關係。柯勒甚至可以使用耶林早期運用過之化學分析的比較，來說明法之概念分析的本質[41]。他只批評，「先前」採用的概念要素爲數太少，無法符合今日法律生活「豐富多樣的連結」。假使要問何以與稍後之「利益法學」的代表不同，柯勒與賓丁格認爲，「目的論」之法律解釋的方法完全可與概念邏輯演繹不相矛盾，就不能忽略，耶林與「利益法學」將應予考量之目的理解爲：立法者經驗上的目的或隱於其後之社會權力，即「實質的」利益或「因果性因素」；反之，於賓丁格與柯勒則是：法的客觀目的，即法之內在的合理性要求的目標。前提是：法學發現之法概念適合法的客觀目的，因此適合加以掌握。然而，他們並未由此概念建構

------

39 歸屬於此者包括：Bekker, Jher. Jb. 34, S. 71 ff.; Brütt, Die Kunst der Rechtsanwendung, 1907, S. 50 ff.; Burckhardt, Die Lücken des Gesetzes, S. 64 ff.; Methode und System des Rechts, S. 278; Esser, Einführung in die Grundbegriffe, S. 183 f.; Kretschmar, Über die Methode der Privatrechtswissenschaft, S. 38; Radbruch, Rechtsphilosophie, 3. Aufl., S. 110 f.; Reichel, Gesetz und Richterspruch, S. 67 ff.; Rumpf, Gesetz und Richter, S. 120 ff.; Schwinge, Teleologische Begriffsbildung im Strafrecht, S. 57 f等。意義相同者尚有：Germann, Schweiz. Ztschr. f. Strafrecht, 1941, S. 147 f.; Betti, Allgemeine Auslegungslehre § 55。反對者：Enneccerus-Nipperdey, § 54, II; Nawiasky, Allgemeine Rechtslehre, S. 128；調和的見解：Baumgarten, Grundzüge der jur. Methodenlehre, S. 35; Binder, Philosophie des Rechts, S. 913 f. 976; Sauer, Jur. Methodenlehre, S. 292 ff.; Coing, Grundzüge der Rechtsphilosophie, 4. Aufl., S. 322 ff（客觀要素具「某程度的優先性」，第330頁）。對正反見解爲深入探討者：Engisch, Einführung, S. 88 ff., u. Liver, Der Wille des Gesetzes, 1954。

40 參見：E. I. Bekker, Jher. Jb. 34, S. 75 ff。

41 In seinem Lehrbuch des Bürgerlichen Rechts (1904), Bd. I, S. 24 f.

理論推導出結論。「目的論」思想之邏輯性特徵的問題，並未被提出。因此，對所謂的「概念法學」之形式邏輯思考方式的批評，就留待（由後期耶林導入之）「經驗主義的」方向爲之。後者據以成長的精神基礎，與形諸歷史主義的外觀卻完全「理性主義」的19世紀法學不同，因其觀察並嘗試視「實證的」法爲「合理之有機體」，因此其隱晦地保留了若干「自然法的」思考方式。努力澈底「清除」自然法的「遺緒」者[42]，則係實證主義。

---

[42]　由此而論，其發言人爲：BERGBOHM, Jurisprudenz und Rechtsphilosophie, 1982。

第三章　實證主義之學術概念影響下的法理論與方法論

　　作爲一般性的（歐洲的）精神運動，「實證主義」在19世紀之三分之二的時期，在德意志或多或少地影響所有人文科學[1]。於此，孔德（Auguste Comtes）之「實證主義的」社會哲學、英國哲學家邊沁（Bentham）與彌爾（J. St. Mill）[2]或各種自然科學，特別是達爾文（Darwin）的「進化論」，其分別在何等程度發揮直接的影響？或者，在何種程度上是重拾古老的「經驗主義」、洛克（Locke）的聯想心理學，以及法學領域中托馬斯烏斯（Thomasius）的效益倫理學[3]？於此不須深究。只須指出：法學全然參與了一般性的，對實證主義的轉向。作爲一種反對運動，其反對理性推理的自然法、唯心論德意志哲學的形上學基本立場、浪漫主義與晚期的「歷史學派」，法學中之實證主義[4]（一如其學術理解）的特徵在於：不僅是所有的「形上學」，毋寧認爲所有關於倫理上的正確性、「價值」或「有效」的提問，均無法回答，應排除於學術之外，學術嚴格限制在「事實」與其藉由經驗得以觀察之法則[5]。就此，在自然科學領域，實證主義某程度尚可訴諸康德的認識理論，於倫理學與法理論則不然。

1　參見如：ROTHACKER, Einleitung in die Geisteswissenschaft, 2. Aufl., 1930, S. 190 ff；特別是關於實證主義的學術概念：ERNST v. HIPPEL, Mechanisches und moralische Rechtsdenken, S. 196 ff。

2　關於邊沁對晚期耶林與赫克之「利益法學」的影響，可參見：COING in ARSP 1968, S. 69 ff.; PLEISTER, Persönlichkeit, Wille und Freiheit im Werke JHERINGS, 1982, S. 397 ff。

3　關於托馬斯烏斯，參見我的論文："Sittlichkeit und Recht" in "Reich und Recht in der deutschen Philosophie", 1943, Bd. I, S. 202 ff.; ERIK WOLF, Das Problem der Naturrechtslehre, 3. Aufl., 1964, S. 137 ff。

4　關於法實證主義的不同類型：OTT, Der Rechtspositivismus, 1976。

5　關於此一立場及其對法理論之影響的適當說明：COING, Grundzüge der Rechtsphilosophie, 4. Aufl., 1985, S. 59 ff。

　　正因為法實證主義首先且最強調的要求是：將客觀有效之「意義」或「價值」的提問排除於法學之外，作為一種「主要是否定性的」精神方向，因此被描述為「否定主義」[6]。然而，於此學術倫理亦不容忽視，其經常決定實證主義者的立場；他認為「永恆的理念」或「絕對的價值」難以合理掌握，因此憚於提出「未經證實的」陳述或要件。此等學術上自我克制的實證主義者並不排斥，為其自身肯定特定的倫理價值與要求。只是他將此歸屬個人信仰與倫理性確信的範圍，蓋依其見解，就此無法為學術性的表述。例如：他不否認，正義的要求對個人的倫理意識具有效力，然而，其認為：此非學術認知可及，因此不存在實證法學的可能原則。萬不得已時，他可以承認「正義的經歷」是一種「人類學上的事實」，其本身「不可能由法思考中消除」[7]；反之，之於他，正義理念並非可客觀化、一般有效（對實證法的認識具重要性）之原則的認識[8]。

　　依實證主義之見，除邏輯學與數學外，學術性認識可及者僅限於：可察覺的「事實」，以及於此出現、可藉由實驗予以證實的「法則」。這個思考角度應係以「精確的」自然科學典範為標準。由此而論，實證主義是「自然主義」[9]。法學應如同自然科學一般，植基於不可置疑的事實之上，藉此提升為「真正的科學」。但應於何處發現此等「事實」？在此問題上出現不同的方向。依支配性見解，可察覺之事實可劃分為兩大範圍：其一是可藉由感官加以掌握之「外在世界」的事實或事件，它們看得到、聽得見或可以量測；另一類則是心靈之「內在世界」的事實或事件，亦即心理事實。然而，依實證主義的見解，此二範圍亦適用各處皆同的因果

---

[6]　Welzel, Naturalismus und Wertphilosophie im Strafrecht, 1935, S. 2; Schönfeld, Grundlegung, S. 63 u. 524.

[7]　如是：Brusiin, Über das juristische Denken, 1951, S. 156 ff。

[8]　如是，凱爾生清楚表達於其著作："Was ist Gerechtigkeit ?" 1953。

[9]　Welzel, Naturalismus und Wertphilosophie im Strafrecht (1935); Wieacker, Privatrechtsgeschichte, S. 563〔他在註腳16-18也指出，「自然主義之」倫理及法理論與尼采（Nietzsche）之「權力意志」的關聯性〕；Erik Wolf, Große Rechtsdenker, S. 623 ff。

法則；如同自然事件，心靈的事件亦有其「原因」，全然由後者決定[10]。
依實證主義之見，無生命之自然的因果連結、有機的發展過程、心理上的
決定、動機，其間不存在原則性的差異。下述語句適用於各處：任何在時
間裡可掌握的改變，均須有其先前的原因，後者依自然法則又必然會作用
出後果。原則上的他種連結，即充分的理由與思想上必然的結論之間的連
結，並不取決於出現的時間先後，其僅適用於（作為唯一科學之）邏輯學
與數學，其與（不論何種）「事實」無關，毋寧僅涉及純粹思想上的脈絡
（或思考上的空間關係）。由此等前提出發，或者因其不涉及外在的事
實，而係於人的意識中發現法的存在，故視法為一種心理事實；或者因法
涉及人的社會行止，故將其歸屬社會生活的事實，由新興之經驗性的社會
學來處理。由前者發展出心理學的法理論，其嘗試由心理學理解的意志概
念出發，解釋最重要的法現象，包括：法律、法律行為、主觀權利，甚至
法的義務。後者發展出來的主要是社會學的法理論，其主要探究特定法制
度，但亦包含（作為服務於社會目的之手段的）法本身之社會的，尤其是
經濟的原因與影響。於此應即強調，前述兩種觀察方式均有相對的正當
性；然而，二者都錯失了法的特性與本質，即其固有的效力要求，即當為
要素[11]。基此理由，亦因法學的獨立性將因取向其他科學（即心理學或社
會學）而被犧牲的感受，最終凱爾生乃於其「純粹法學」中嘗試，與邏輯
學、數學相類地要求還給法學純粹理想性的標的，並將其限制在思想法則
所必要者。然而，雖然他部分借用了「新康德主義」，但他仍是「實證主
義者」，因其排斥任何評價性的觀察，與此相應的，認為任何關於「適當
之」評價的問題都無法作學術性的答覆，因此應排除於法學之外。前述三
個彼此相異之實證主義的法理論，卻有下述的共通點：均認為法只能是
「實證的」法，任何關於「超實證的」法原則、自然法或（作為全部之法

10　19世紀的實證主義採取一種，因果性、機械性世界圖像之意義下的嚴格的決定論。此一立場在現
　　代已弱化成統計上的法則。

11　參見我的文章：Das Problem der Rechtsgeltung, 1929 (Neudruck mit einem Nachwort, 1967);
　　HENKEL, Einführung in die Rechtsphilosophie, 2. Aufl., S. 543 ff. u. Festschr. f. MARCIC, 1974, S. 63; RYFFEL,
　　Grundprobleme der Rechts- u. Staatsphilosophie, S. 371 ff。

的，實質之先驗意義的）法理念之類的問題，均被認係「不科學」而予駁斥。然而，前述不同的法理論還是會對法的方法論帶來截然不同的結果。

第一節　比林之心理學的法理論

在溫德賽我們就已經發現，界定主觀權利的概念時，於其法律行為與「前提要件」的理論中，心理學的考量顯得很重要。這也適用於同一時期的其他法律家，例如齊特爾曼（Zitelmann）與稍後的厄爾特曼（Oertmann）[12]。於此涉及時代的支配性路徑。比林（Ernst Rudolf Bierling）提出一個澈底建構的、心理學的法理論，還包含其於方法論上的適用[13]。

比林指出，其學術上關注的是：「發現，並體系性地說明，所有實證法所共通者，或者換言之，屬於『法』此一類型者為何，而非所有具體的個別法」（I 第3頁）[14]。因此，法概念之於他自始就是一種類型概念，一種形式邏輯學意義下的抽象一般概念，既非黑格爾意義下的具體一般概念，亦非新康德主義之先驗的基本概念。藉以發現此一般概念的程序則是：由經驗性材料（亦即個別的實證法）出發的「歸納」（I 第14頁），循此，特殊者可回歸到（於彼等重複出現之）一般者，即此「類型」，僅屬於個別實證法者，則應排除於外。比林以此方式獲得之法概念為：「法學意義上之法，係指所有在任何一種團體內共同生活者均相互承認其為共同生活之規範與規則」（I 第19頁）。此一法概念的本質要素為「規範」與「相互承認」。比林進一步界定規範的概念為：「期待他人執行之意願的表達」（I 第29頁）。「承認」於他則意指：「一種持續性的、習慣性

---

[12] 其心理學取向的法律行為基礎理論，非屬偶然地連結到溫德賽的「前提要件」。

[13] 在他的主要著作：Juristische Prinzipienlehre, 5 Bände, 1894-1917，以及在他的：Kritik der juristische Grundbegriffe, 2 Bände, 1877 u. 1883。

[14] 下文就《原則論》（Prinzipienlehre）僅指出卷數與頁數，就《法之基本概念的批評》（Kritik der juristische Grundbegriffe）則標示「批評」、卷數與頁數。

的行止」（批評 I 第82頁），「對特定規範之習慣性的、持續性的尊重」
（I 第43頁）。就此還進一步說明：規範幾乎是「存在於」「我們精神之
內，因此不僅是因精神明確的呼喚，毋寧也是非任意性的，依理念聯想的
法則，重複出現在我們意識中，發揮其驅動力量，直到它被相反的規範排
除，或者完全消失在我們的精神（但不僅是當下的意識）中」。尤其因其
提及「理念聯想」與規範的「驅動力量」，顯示比林認定，法源自心理的
事件或事實。

　　然而，當比林認為，「間接的承認」亦可作為法規範的效力根據時，
他就並未止步於純粹的心理學觀察。他將「間接的承認」理解為：「其他
的，當然最後必然是直接之法規範承認的，絕對必要的邏輯性結論」（I
第46頁）。如是，則合憲成立之法律的所有規範，「均可認係被間接承
認的法規範，只要對相關憲法或與法律之公布與拘束力有關的規定存在真
正的法之承認」。雖然比林也認識到，於此涉及的僅是「一種特殊型態的
理念上承認」，但其認為：對於任何「通常思考的」人而言，將結果規範
理解為，「被直接承認之規範邏輯上必然的結果」，「事屬當然」。事實
上，當比林將真正被承認的規範與個人應承認（其真正承認之基本規範）
的「邏輯上必然結果」等視同觀時，其顯然已離開純心理學之法理論的基
礎[15]。與一開始的表象相反，就其所為之「法效力的概念分析」（I 第47
頁），比林的理論就終究不能沒有「當為」的概念；他只是藉助邏輯上的
當為、思想上的必然性，來取代他排除之倫理上的當為，基本上這也是實
證主義者承認（與自然之必要性有別的）當為之唯一可能性。

　　比林進一步指出，作為「共同生活之交互承認的規則」，法規範創
設了法律關係，後者呈現為：對特定人或所有其他法成員之主觀權利或請
求權。亦只在義務人承認時，法律關係才存在。比林因此得出下述語句：
「所有法規範，一方面為法定請求權的意願，另一方面則為法定義務的承
認」（I 第145頁）。與溫德賽相同，比林視任何主觀權利為一種「請求
權」（I 第160頁以下）。之於他，「請求權」（再次由心理學來思考）

15　此亦見：Oᴛᴛ, a.a.O., S. 59。

是一種「要求」，其內涵爲：其所指向之人，視之爲義務而予承認（I 第161頁）。他亦由心理學出發來理解「法定義務」，既不是倫理性，亦非稍後由凱爾生提出之「規範邏輯」的角度。他提到（I 第171頁）：「法規範在法成員面前顯現」「爲其法定義務的內涵，只要他一方面理解，此規範係由其他法成員針對他所爲，另一方面本於自身意志予以承認」。簡言之，法定義務即：義務人知悉並承認之他人的請求。「此一概念已包含，法定義務乃是法定請求權的必然且完全相關者；後者乃是：在特定關係中，針對他人提出規範之意志的表達；相對地，法定義務則是相應地在同一特定關係中，從他人接受規範之意志的表達」。

　　關於純粹心理學的法理論必須面對的困難，比林對下述顯而易見之問題的回答，很有啓發性：一項法義務的存在不能取決於個案的義務人知悉且實際上承認此其義務。他承認，在很多情況，就假定是存在兩人間的法律關係，他們「依其本質，部分甚至依概念而言，根本不能作眞正之法承認，因其根本不能有眞正的意願」。於此，法律關係是「擬制的，假使法定請求或法定義務或二者，權利人或義務人實際上不能以適當的方式所願，毋寧只是由對方或第三人假定或擬制其存在的話」（I 第172頁）。至於另一方或第三人何以有權爲此等顯然不符的假定，則並未答覆。

　　相同情形也出現在法主體的概念。依比林的基本構想，一個法律關係的主體，「以文字眞實且完全的意義而言，必須能作爲法成員，向其他法成員承認一項規範爲法規範」（I 第201頁）。然而，無論是法人或「小孩與瘋子」均無能爲此。比林的答覆是：他們均被擬制爲法主體。無意願能力之人「本身」，質言之，依「擁有權利或義務通常取決的，應具有之自然特質」並無「權利能力」，毋寧「多少是以單純擬制之方式」而有「權利能力」（I 第216頁）。於此就清楚顯示，比林已經遠離薩維尼與普赫塔的法理論，他們認定人（包括無意願能力者）有權利能力，是因視其爲人，亦即（依其作爲人的性質）係具有「自身目的」之倫理人格，因此應爲所有人所尊重。從比林主張之「小孩與瘋子」的擬制權利主體性，到凱爾生將「法主體」概念界定爲被思考出來的歸屬主體，僅一步之遙而

已。另一方面，由此返顧，也可以清楚顯示溫德賽的中間地位，因其轉向心理學至上論固已具有實證主義色彩，但其並未完全脫離自然法與理性主義的觀察方式。

現在我們回到比林之「規範」的定義，其界定如下：任何規範均係「期待他人執行的意願之表達」。規範「以無可置疑的意向被公布，由其所指向之人如此理解與觀察，一如規範制定機關實際所想與所意願者」（IV 第256頁）。法律乃是立法者之意志的表達，因此，依比林之見，法律解釋的任務僅能是：探求立法者眞正的，藉由其使用之文字想表達的意志。比林認爲，作爲此目的的優秀手段，爲關於法律發生史的知識（IV第275頁）。具決定性的首先是：「合憲參與之個人與多數一致同意的，連結於法律使用之文字」的，法律的意義或目的（IV 第280頁）。僅於就此無法可靠確認時，始應「考量法律公布當時存在之法與生活的見解，依誠實與信用」而爲法律解釋（IV 第281頁）。於此，僅關於「誠實與信用」的提示令人詫異，蓋於其餘部分屬嚴格「主觀」理解之比林的解釋理論中，不知應如何納入此「客觀」要素。反之，其明白否定「依當下之精神或需求的法律解釋，質言之，不考量原本想要的法律內涵」（IV 第290頁），則可謂邏輯一貫。後者確實無法與比林的法律概念、其心理學理解的「意志理論」相互協調。因此，比林可謂係所有「客觀」解釋理論之激烈反對者（IV 第257頁以下）。另一方面，正因取向於立法者經驗性的「意志」，使比林更強烈考量目的要素。對立法者之意志的探討並不侷限在「藉法律特定文字所指」之意志，毋寧亦及於其「藉由法律整體所意向者」（IV 第275頁）。雖然由立法者之目的的認知不能得出關於法律文字的「直接說明」，惟其就「多個被認爲可能之解釋中，何者可認爲符合法律的目的，因此應優先選擇」一事，可得出結論（IV 第286頁）。

依比林之見，法律類推亦非植基於：在法律中已表達出來的規則可回歸到邏輯上更一般者，毋寧是基於：其可由「規則本身未表達出來的，更廣泛之立法者的意向」、一個更寬廣的意圖、一項更廣泛的立法者之目的推論而得（IV 第408頁）。比林對耶林的「自然史的方法」提出適當的

批評（V 第104頁）：耶林要求，使法條回歸法概念，後者又拆卸成其要素，再藉由「組合」推導出新的法條，這「是邏輯上不可能之事」。因為只有包含分析判斷的陳述語句可以回歸於概念。然而法條並非陳述語句，毋寧是表述特定意願的誡命。此甚至亦適用於，包含「法律定義」的法條；其唯如此方可成為法條：「除概念定義本身外，始終都還包含權威性的規定，當定義性語句出現在法律中，其應以法律規定之意義被理解」。事實上，19世紀法學確曾推展過的法之建構，並非植基於耶林所描述的，概念分解與概念要素之組合，毋寧是由較特殊的法之誡命得出更一般的法原則，再嘗試援用後者以建構新的個別法條（V 第105頁）。他不認為須對此方法加以非難。因為發現更一般之法原則時，「須廣泛考量個別法條所植基的利益」；此外，由一般原則推導出新的個別法條之界限為：與法律明白承認之個別法條相矛盾，或「其他因此相互交錯的法原則」陷於矛盾。依比林之見，一如在類推，建構方法的正確適用，並非關涉純粹形式邏輯的操作，毋寧牽涉不同目的觀點、立法者意向之範圍的價值判斷與評估。比林稱為任何補充性法律解釋之「引導性觀點」者係：「在評估實證法本身提供的方針下，盡可能考量全部的利益」（IV 第427頁）。於此已清楚顯示，其間在法學出現之新方法取向，即所謂之「利益法學」的影響；比林在其著作的終卷（V 第95頁以下），對該學派主要代表人赫克之見解部分同意，部分則有批判性的論辯。在我們轉向此學派前，必須再回到耶林，他藉由後期之轉向社會學的實證主義，為利益法學提供準備，並幾乎是提供了關鍵詞。

第二節　耶林之轉向實用主義法學

當檢察官馮·基希曼（v. Kirchmann）在1847年發表其基本上相當雜亂的「法學作為學術之無價值性」的演講時，其受到的迴響顯示，其已

將實務家對過於沾沾自喜之理論的廣泛不滿表達出來[16]。基希曼不僅要表達法學「作爲學術」是無價值的，對於擴展知識而言，它不能提供重要的貢獻，因其標的（實證法）是「偶然性的、有缺陷的」，就如他的名言所述，「立法者修改了三個字，整個藏書就變成廢紙」；他毋寧更是要表達，法學對法律實務也是無用的。尤其是因爲它，相對於關注法的續造，毋寧更過分堅守傳統；其傾向於（於此，被攻擊的對象應是普赫塔與耶林早期風格的「概念法學」）「將當代的建構，勉強納入到已消逝形象的已知範疇中」。事實上，一種以忠於歷史地掌握（被認爲對當代仍然有效之）羅馬法源、將其置入邏輯上無可爭辯的概念體系（這同樣也是重點），作爲主要關懷的法學，很難滿足法律實務的需求，後者每天都要面對此等法源無法提供滿意答案的問題。經濟與社會關係在持續發展之工業社會中的演變，使立法與法律實務加劇地面對新的任務，此外，因法國大革命導致之政治思想世界的突破，同樣需要法律上的承認與鞏固，雖然後者首先涉及的比較是公法與訴訟法，而非民法。1848年以後，保守勢力〔作爲其代言人，史塔爾（Stahl）以反對基希曼之姿出現〕，即使在德國，整體而言處於消退之勢。因羅馬法作爲高度發展的交易社會之法，其固有的，確保個人擁有不受限制之「意志支配」的範圍，並盡可能減少對「私法自治」的限制，均與支配性的時代潮流（自由主義）不相牴觸，前述的對立因此長久被掩蓋。直到此世紀末，法學才提出「私法之社會任務」的問題[17]；對民法典草案提出之法政策的表態中，馮‧基爾克（Otto v. Gierke）的批評[18]與孟格（Anton Menger）[19]就民法典對「無產者階級」之地位的影響之研究，最爲顯著。法典最終的修改不多；其後，新的法思

16　此演講首先於1848年付印。如今可得之版本爲：Wissenschaftliche Buchgesellschaft, 1956。關於馮‧基希曼可參見：Stinzing-Landsberg, Geschichte der deutschen Rechtswissenschaft III, 2, S. 737 ff.; Wieacker, Privatrechtsgeschichte, S. 415；我的演講："Über die Unentbehrlichkeit der Jurisprudenz als Wissenschaft", Berlin 1966。

17　馮‧基爾克在1889年發表同名的文章。

18　Der Entwurf eines Bürgerlichen Gesetzbuchs und das deutsche Recht, 1889.

19　A. Menger, Das Bürgerliche Recht und die besitzlosen Volksklassen, 1890 (Neudruck der wissenschaftl. Buchgesellschaft, 1968)。就此：Wieacker, Privatrechtsgeschichte, S. 457.

想（例如：危險責任、權利濫用理論、法律行爲基礎理論、財產權之「社會界限」的產生、在團體與勞動關係中之誠實與照顧義務、債之關係及訂約階段中已存在的「保護義務」）才獲得較大的空間，就前述新的法思想，民法典最多僅作附隨的處理。耶林的歷史性貢獻在於：相較於其職業上的同伴，很早就感受到當時之學說彙編學的不足，並指出其當代任務。他的侷限則在於：其主要停留在批評、否定，至於其嘗試提出的新的法理論基礎（社會學的實證主義），其承載能力不足[20]。

1861年，在《普魯士法院報》（Preußische Gerichtszeitung）刊登了〈關於今日法學〉（Über die heutige Jurisprudenz）的第一封投書，但作者不具名，實則爲耶林。他在1884年將這些投書連同其他說明（包含諷刺作品〈在法的概念天堂〉），以「法學的詼諧面與嚴肅面」爲題發表。其內包含對（耶林幾年前還高度評價的）法之建構的譏笑，他舉許多例子來證明，法之建構的結論對實務不可用，經常還違背健康之人的理解。這些書信還不能帶來新的學術定位；對於耶林特別強調的句子[21]——「必須完全喪失對理論的信仰，才能沒有危險地運用它們」，我們會認爲，它比較是其當時懷疑心境的表達，而非學術信念的表示。

更清楚地顯現耶林新思想的是，早在1864年發表之《羅馬法的精神》（Geist des römischen Rechts）的第四卷。當耶林強調（第305頁），不僅法條，由法條透過「濃縮」取得之法概念均須與時俱轉，其不過是歷史性觀點之邏輯一貫的思考。「相信羅馬法概念是不可變易的，乃是完全不成熟，全然不具批判性地研讀歷史造成的想法」。在法的基本概念中可以發現幾乎是法的最終建材（化學要素），由此藉由「組合」可以推得所有法條，此等信仰與前述想法顯然無法協調。耶林由此認識到，邏輯的一貫性不等同於法條實踐上的效力。他反對「嘗試賦予實證主義者邏輯

---

20 參見賴歇爾（Reichel）在其關於Harry Lange, Die Wandlungen Jherings, 1927之導論中極爲批判性的評論。關於耶林在文明史上的定位可參見：W. PLEISTER, Persönlichkeit, Wille und Freiheit im Werke JHERINGS, 1982, S. 1 ff., 41 ff., 148 ff., 295 ff., 358 ff., 397 ff。

21 Scherz und Ernst, 10. Aufl., S. 54 u. 57.

性光環的法辯證論的假象」（第308頁）；反對「將法學擰緊成法的數學的、邏輯的文化」（第312頁）。然而，應取代此「幻想」者爲何？耶林認爲：「並非生活爲概念而存在，毋寧是概念爲生活而存在。並非是邏輯學所假定者，毋寧是生活、交易、法的感覺所假定者應該發生，不論其是邏輯所必要或所不可能者」。在「學理運用」上可能「極爲簡便」，「假使不詳細說明（法條實際上之根源所在的）關係或實踐上的緣由，毋寧只是想出一種邏輯一貫的觀點」。然而，不應視此爲「法條與概念的眞正根據」。因此，他在其後之羅馬法研究的出發點爲：「羅馬法概念之最後根源，應求諸心理學與實踐性的、倫理與歷史性的理由」，「法辯證理論」本身即使在「應發現既存概念與原則的結論之處，基本上亦應受結論之實踐上適當性的引導」（第315頁）。甚至某些外表看來「是單純推論的結果，實際上包含生活上自明的正當性」。

前面引述的句子包含一種「實用主義之」法學的綱領，它關心的不那麼是對法的更深刻認知，毋寧更致力於「生活的價值」。問題是：構成此法學之「生活價值」者爲何？是其結論之適合於法律交易之需求？該當社會狀態？或其「法的感受」？對前述種種又應如何理解？在耶林嚴肅地提出法學的新取向時，其清楚感受到，應對此等問題提出確切的答覆。然而，答覆此等問題並非易事。爲答覆此等問題，他中斷了《羅馬法的精神》的工作（他未再重拾此工作），而轉向（同樣未能完成的）新作，即他在1877年以《法之目的》（Der Zweck im Recht）爲題發表的著作[22]。

「此一著作的基本思想在於：整個法創作者乃是目的，任何法條均有其目的，法條源自於此一實踐上的動機」（I 第VIII頁）。就如「此一實踐上的動機」的補充顯示的，耶林設想的，並非（作爲意義整體之）法固有的，置於其內的目的，質言之，法之客觀的、內存的目的；毋寧是個別法條的實踐性目的，正係爲此乃制定法條，因此亦應依此解釋法條。於此自始就很清楚，目的並非可幾乎自動地爲法的「創造者」；毋寧是主體設定了目的，並在法的執行中追求它。因此，此一著作的重點實際上在於：

22　下文的引述，第一卷依第三版（1893年）、第二卷依第二版（1886年）。

尋求隱於法條之後，藉法條發生作用的目的主體。

　　耶林不能滿足於容易聯想到的答案（應該是立法者），因為他當然知道，立法者本身不那麼以個人，毋寧是作為（法成員共通的，並將彼等聯繫起來之）意願或追求的代表而出現。耶林認為，此等意願或追求僅能在社會發現。因為一般而言，社會乃是「為共通目的之協作，於此，任何人藉由為他人，同時為自己，藉由為自己，同時為他人」（I 第87頁）。所有成員的目的之相互助長，乃是任何型態社會的本質，無論是私社團、國家或更廣泛的交換或交往的團體均無不同。最廣義的社會「為確保其生存條件」，都需要個人行為應持續遵守的規則，此外，為貫徹後者，並於國家創設強制力。此一規則——「藉由國家強制力獲取的，確保社會之生存條件的形式」（I 第443頁），就是法。耶林由此推得：「所有法條都是以確保社會之生存條件為目的」，社會就是所有法條的目的主體（I 第462頁）。

　　於此無須詳述耶林法理論的細節、指出其內包含的多方矛盾[23]。對我們來說，下述才是重點。第一，耶林將重點由（作為人的）立法者轉移到社會，後者是規定前者的人物，幾乎被當作真正的行動者[24]。然而，他並未克服其時代對法律的信仰，以致他甚至明白採取國家享有立法獨占的基

---

23 沃夫（Erik Wolf, Große Rechtsdenker, S. 651）提出很嚴厲的批評。他指責耶林「持續變換觀點與論述方式」、欠缺概念清晰性（目的有時被當作單純的事實，有時被視為心理的或社會心理的原因，有時被當作法的內在意義），並且「專斷地處理文化遺產」，「有時幾乎顯得粗暴」，以及不由自主地提示建築風格在同一時期的混亂。前述批評確實是適當的，耶林完全是此一時代之子，他以突然的激情面對諸多新興問題（包括：自然科學與技術對人類生活帶來的重要意義，以及由「工業革命」衍生的階級建構，連同它帶來的社會問題），卻還沒有能力在精神上掌握它們。於此情境，人們無從選擇地採用（他認為還堪用的）傳統思想財富，同樣無從選擇且匆匆放棄很多實際上不可或缺者。耶林無可置疑的偉大處在於：其充分接納新事物，至於他的侷限，主要不是因他自身，原因毋寧更在其時代。赫爾弗（Christian Helfer）在他的文章（Jherings Gesellschaftsanalyse im Urteil der heutigen Sozialwissenschaft, in: "Jherings Erbe", herausgeg. von Wieacker und Wollschläger, S. 79 ff）也得出非常批判性的論斷。他提到：耶林之社會學取向的晚期作品也顯示，「具有藝術家氣質，在極端的意見之間搖擺，輕率地否定對立的存在」。

24 關於將重點由（作為「創造性人格」之）個人（在精神上）轉移到作為集體的社會，其後果參見：W. Pleister, a.a.O., S. 304 ff；關於耶林之社會概念與黑格爾之概念的比較：Pleister, S. 316 ff。

本命題。之於他，「法」僅是由國家提出之強制規範（I 第320頁）[25]。第二，除須係國家所定之強制規範此一形式資格外，耶林對任何法規範都要求，其內容須與特定有助於社會之目的相關，質言之，係為此目的而存在。如是，他仍植基於實證主義，但貫徹了對形式的概念法學、法概念之心理學解釋的背離。之於他，法乃是為社會目的服務之國家強制規範。因此，為理解法規範，不那麼需要邏輯的或心理學的，毋寧更需要社會學的分析。第三，耶林並未提出社會目的之客觀階層秩序[26]。依其見解，社會目的毋寧僅源自各該歷史上既存社會的不同「生活需求」。特定人類社會認為，何者對其幸福有益或生活上重要，僅取決於其自身的，歷史上會變化的「快樂要求」（II 第204頁以下）。如是，耶林可謂係近代將法之標準完全相對化的第一位法思想家。這也適用於倫理標準，因依其見解，倫理規範乃是「以社會的存續與繁榮為目的」之「社會誡命」（I 第331頁；II 第177頁以下）。其使法與倫理均回歸對各該社會有益者，此可能推演出之結果，耶林本身幾乎不可能完全忽略。事實上，「社會的功利主義」（這是耶林給自己理論的名稱）藉由否定倫理在範疇上的獨立性，同時否定了法的固有價值，因此使法成為支配社會之利益的玩物[27]。

　　其後法學發展未能繼續思考的，耶林的重要貢獻，不應被忽視。這涉及如下的認識：必須看到每個法條的社會功能，質言之，法條就其部分要形塑社會的存在，因此依其意義應連結到社會目的。由此對法學產生目的

----

[25] 利益法學在這兩方面都追隨了他。將重點由立法者的人格、其自由的決斷，移轉到作為真正行動者的社會，與赫克「遺傳學之利益法學」的下述要求相符：應探討「作為（法律之）原因」的利益；堅持對法律的信仰，則與下述意見相符：法官僅能由法律本身獲取評價的標準，而非由法之法律外的基礎，諸如「事物本質」、法倫理性原則（只要它們並未在法律中表達出來）、自然法或法理念。

[26] 關於之於耶林的價值問題，參見：Langemeijer in: Wieacker-Wollschläger, Das Erbe Jherings, S. 127 ff。

[27] 亦參見：Schönfeld, Grundlegung der Rechtswissenschaft, S. 519; Wieacker, Privatrechtsgeschichte, S. 453。沃夫（Erik Wolf, a.a.O., S. 654）指出，使法植基於偶然的存在與「社會有機體」之權力的發展，「雖然有助於推動法之批判與法之新建，然而，同樣也將破壞法秩序之實質與法的信念」。耶林未能預見，在法完全去倫理化的最後，法律將只是權力政治的單純手段，法律家也只是「執行權力的技師」。

論思考的要求。另一個問題是：社會目的本身是否從屬於一個客觀的階層與價值秩序，後者又可以表現在（作爲意義整體之）法秩序中。這問題遠非耶林考量所及。除了零星說明外，耶林並未將其理論適用於法學方法。這發生在很久之後，尤其是透過赫克。

第三節　較老的「利益法學」

耶林之轉向實用主義法學成爲「利益法學」的出發點，此學派的主要代表包括：赫克（Philipp Heck）[28]、斯托爾（Heinrich Stoll）[29]與穆勒－埃爾茲巴赫（Rudolf Müller-Erzbach）[30]。下文主要就赫克而爲論述，他首先創設了學派、面對批評者來捍衛，並且持續實踐性地運用在其釋義學的工作上[31]。也是他將普赫塔、耶林早期與溫德賽之方法上思考方式稱爲「概念法學」。赫克對方法論（尤其在民法）的影響，無論如何強調都不爲過。

赫克重複指出的，耶林與利益法學之關聯性[32]，馬上就會變得很清楚，當我們在赫克讀到（概念建構，第2頁）：「方法爭議的核心」涉及「法對生活的作用，其藉由法官的個案裁判產生」。「比較古老的方

---

[28] 其方法論主要著作將以下述方式引用：Gesetzesauslegung und Interessenjurisprudenz, AcP 112, S. 1, zit. GA（隨文註部分：法律解釋）；Das Problem der Rechtsgewinnung, 1912, zit. RG（隨文註的部分：法之獲取）；Begriffsbildung und Interessenjurisprudenz, 1932, zit. B（隨文註部分：概念建構）。此外參見：den Anhang über "Begriffsjurisprudenz und Interessenjurisprudenz" in seinem Grundriß des Schuldrechts, 1929, und die Aufsätze in AcP 122, 173; 142, 129 und 297。

[29] 參見其論文："Begriff und Konstruktion in der Lehre der Interessenjurisprudenz", in Festsch. f. HECK, RÜMELIN u. A. B. SCHMIDT, 1931, S. 60。

[30] Reichsgericht und Interessenjurisprudenz, RG-Festsch., Bd. I, S. 161; Wohin führt die Interessenjurisprudenz? 1932; Die Hinwendung der Rechtswissenschaft zum Leben, 1939; Die Rechtswissenschaft im Umbau, 1950.

[31] 主要運用於其債法與物權法概論（Grundriß des Schuldrechts und des Sachenrechts）。

[32] RG 1; B 31, 51.

向，即概念法學」中，法官「限於將事實情境，邏輯性地涵攝於法概念之下」，並因此將法秩序理解爲法概念之封閉體系，因此，對法學工作要求「邏輯優先」；相對於此，利益法學致力於「生活探討與生活評價優先」。赫克明確強調，他爲「實踐性法學」支持利益法學的方法，前者即指「傳統」所謂的「釋義學的法學」（概念建構，第17頁）。學術探討「一條通往唯一之終局目的（即作用於生活）的途徑」；它不服務於「第二種、不同的，例如純理論的目的」。它唯一的任務是：「透過對法律與生活關係的研究，準備符合事理的裁判，藉此減輕法官職務上的負擔」（概念建構，第4頁）。司法與法官之個案裁判的終局目的也是：「滿足生活的需求、在法社會中存在的渴望與渴望的傾向，不論是物質的或精神的」。赫克說明，此等「渴望與渴望的傾向」被稱爲利益，利益法學的特徵在於：「在任何個別選擇，在任何概念建構，都嘗試關注此終局目的」（法律解釋，第11頁）。

　　爲清楚確定其正當性之界限所在，必須對前揭論述做進一步的探究。正確的是：大多數釋義學研究的意圖在於，針對有疑義或（依研究者之見）迄今錯誤裁判的案件，爲法官預備可用的答案。這確實是任何法學工作的正當目的。然而，同樣確定的是：許多釋義學的研究首先是爲了更清楚理解法之意義與結構脈絡，例如爲更清楚理解契約自由、法律交易中之信賴保護、作爲財產權標的之請求權的意義、債之關係的結構、「共有」、「企業」之複雜的法律意義、「物之整體」、「信託關係」等之意義與界限，更不用提關於法定擬制之意義、構成要件與法律效果（「溯及效力」與「雙重作用」）等。於此，實踐上可運用的結論或許是值得期待的附加物，然而，第一且首要的目的應該是知識的增益，質言之，純「理論的」目的。此類研究因此就不應被算入「釋義學式的法學」嗎？那麼除了「實踐性的」以外，赫克就必須承認第二種，即「理論性的」法學，於此，大家可以爭論，哪一種值得「法釋義學」之名。然而，赫克明白表示，第二種，即「理論性」法學的可能性，無法說服他（概念建構，第22頁）。他只承認一種法學，這的確是對的，假使「實踐性」法學是一種

「科學」，即其運用科學的方法的話。研究者或者主要關心對法官之個案裁判的影響（即關注他認爲「正確的」結果），或者主要關心理論性知識的取得（然而，這同樣要經得起實踐性後果的檢驗），一項研究的學術性特徵始終取決於：採行的途徑是否是學術性地處理問題的道路。

　　利益法學是由「利益保護」出發來觀察法，這也是其法理論上的主要表述。這意指：法律的命令（之於赫克，法基本上由此構成）「不僅取向於劃定利益之間的界限，就如所有其他積極性命令，它本身就是利益的產物」（法律解釋，第17頁）。法律是「在任何法社會中，彼此對立並爭取認可的，實體、國族、宗教與倫理等方向之利益的結論」。赫克強調，此一認識即「利益法學的核心」。他也藉此證立其方法上的基本要求：「歷史上正確地認識，促成法律之眞正的利益，並且在個案裁判中考量此被認識到的利益」（法律解釋，第60頁）。因此，之於赫克（如同在耶林），作爲人格的立法者隱退於社會力量（於此稱爲「利益」，這已經具有昇華的意味）之後，後者藉助立法者在法律中取得效力。重點從立法者的個人決定、其心理學意義下的意志，轉移到其動機及促成其動機的「因果性因素」。赫克要求，解釋不應限制在立法者的想法，毋寧應「追溯到作爲法律原因的利益」。如是，立法者被看成「變壓器」；之於赫克，立法者僅是「具因果性利益之綜整的名稱」（法律解釋，第8頁、第64頁），此一表達形式亦爲斯托爾所採[33]。

　　認爲每一法規範各有其「具因果性」的利益，後者導致立法者產生「當爲想法」，此等想法又轉換爲命令；赫克稱前述見解爲「遺傳學的利益理論」（概念建構，第73頁）。此一名稱讓人聯想到普赫塔的「概念系譜學」。然而，普赫塔設想的是精神內涵的發展、邏輯上的關聯性，而非赫克所指之「法概念的因果性」；由赫克持續使用「因果性」一語顯示，其設想者無疑是事實上的關聯性[34]。他觀察對法之建構具決定性的利

---

[33] Festgabe für HECK, RÜMELIN u. A. B. SCHMIDT, S. 72.

[34] 穆勒－埃爾茲巴赫（MÜLLER-ERZBACH, Die Rechtswissenschaft in Umbau, S. 15）亦顯然如此：

益（亦包含諸如法律社會之一般性的「和平與秩序之利益」），好像其本身未被抽象化，毋寧是（實證主義之學術概念意義下的）「事實」，是在事件發展中「發生作用的原因」。因此可以清楚理解，何以赫克嚴峻否定所有「客觀的」解釋理論，要求以「歷史性的利益研究」作為法律解釋的方法（法律解釋，第59頁以下；概念建構，第107頁）。赫克作為基礎之實證主義的學術概念（就此，赫克或者並未意識到），除純粹邏輯學與數學外，僅承認「因果性科學」。「事實」在學術上被認識，如可追溯其心理、生物或歷史上的原因。法律解釋對赫克而言，主要亦是「說明原因」（法律解釋，第50頁）。假使立法者追求的（無論何種）利益是法律命令的「眞正」原因，就必須發現此等原因，以便能適當地理解（作為其「作用」的）命令。

假使赫克限制其見解於其所稱「遺傳學的利益理論」，則利益法學不過是邏輯一貫地將學術性實證主義與19世紀的「自然主義」轉載到「釋義學的」法學，此於今日不具現實性。雖然赫克強調「法的獨立性」（法律解釋，第25頁），獨立於特定哲學體系、「世界觀」，仍無改於利益法學之精神上淵源為實證主義的事實[35]。無論何種類型的學術理論，均不能獨立於（至少默示為其前提之）學術概念，當赫克對於作為其基礎之實證主義的學術概念從未提問，這只證實，其本身就其理論的特殊文明史條件，未做交代[36]。其取決性也顯示在文字的選擇，就此不能認其僅屬「偶

「只有當廣泛的因果思想在各處取得堅實基礎，才有能力獲得客觀的認識價值，將法學提升為原因研究」。對此的批評：HUBMANN, AcP 155, S. 92 f.; ENGISCH, Einführung, S. 187; WIEACKER, Privatrechtsgeschichte, S. 568。

[35] 柯因（COING in ARSP, 1968, S. 69 ff）卻證實，「利益法學」的根本思想甚至其名稱，前已由哲學家貝內克（Eduard Beneke, in seiner 1830 erschienenen Einleitung zu einer Schrift von J. BENTHAM）加以建構。

[36] 依其內在條件，赫克的法理論植基於哲學上的實證主義，就此，我在1937年（in AcP 143, S. 271 ff）已加以說明。另亦參見：WIEACKER, Privatrechtsgeschichte der Neuzeit, S. 575 f.; SCHÖNFELD, Grundlegung der Rechtswissenschaft, S. 516。

然」。布魯辛（Brusiin）正確地評論道[37]：赫克希望同時考量「理想性」
與「物質性」利益，如是，「利益概念本身已是一經濟思考之時代文化的
結果」。此外，在其將「理想性」利益（例如自由、安全、正義、責任）
與「物質性」利益置於同一階層，認二者均源自「渴望的傾向」時，正顯
示出赫克之「自然主義的」思考角度[38]。

　　然而，在赫克已發現，到斯托爾則更強化的，超越「遺傳學之利益
理論」的第二個思想路徑，直到今天才有效開展。在非常多處，「利益」
顯示為「因果性因素」，其造成立法者的命令想法，後者又成為法律命令
本身的「原因」；此外，「利益」在他處毋寧意指：立法者之評價所及的
標的。赫克提到，立法者想「在彼此競爭的生活利益之間劃定界限」（法
律解釋，第41頁）。因此，他對這些利益做價值判斷，此判斷本身又「源
自所追求之秩序的想像，質言之，社會理想」。此一決定將影響參與其間
的利益，因此具有「利益作用」（法律解釋，第41頁）。斯托爾表達得
更清楚[39]：每個法條都間接地包含「為其基礎之利益衝突的價值判斷」。
然而，因為任何正確理解的價值判斷都是評價者之自由表態的行動，此行
動取向於一價值標準，但不能認後者係前者的「原因」；如是，藉由引進
價值概念，實際上已不僅是對法規範的「因果性」考察。然而，很遺憾，
赫克與斯托爾卻藉由將「利益」的概念亦應用於利益評價的標準，以此掩
蓋前述結論。例如斯托爾就認為[40]，「一般抽象的目的理念，例如法安定
性、衡平等」，「本身亦與利益無別，即在立法者形塑規範時參與作用的
理想性的利益」。與此類似，赫克認定，彼此對立之利益的權衡亦植基於
「決定性利益」，即「決定價值判斷之更深層之團體利益」的介入，因此
「又是一種利益考量」[41]。「利益」因此既是評價客體，也是評價標準，

---

[37] O. Brusiin, Über das juristische Denken, S. 124, Anm. 54.

[38] 類似的判斷：Wieacker, a.a.O., und Fechner, Rechtsphilosophie, S. 29 und 35, Anm. 41。

[39] Festgabe für Heck, Rümelin u. A. B. Schmidt, S. 67.

[40] Ebenda, Anm. 1.

[41] GA, S. 232, Anm. 357.

也是「因果性因素」，這不僅是用語上不清晰，也是基於「遺傳學之利益理論」的思考角度導致的，事理上的不清晰，它在方法論述中一再帶來干擾。

　　藉著提示法官，在考量應判斷的個案下，理解包含在法律中的價值判斷，利益法學使受形式思想與嚴格法律實證主義教育的法律家世代得以自由，並豐富其內涵，然而，其實際上仍未能突破實證主義的界限[42]。當其建議，將相同程序應用於填補法律漏洞，因此為法官開啓了，「忠於法律」但仍符合生活需求之續造法的可能性時，更是如此。關於「法律漏洞」及其填補之可能性的問題，對赫克而言，乃是「法學方法論的中心」（法之獲取，第7頁）。他在1912年的校長就職演說以此一問題為題[43]，並非偶然。赫克正確地拒絕下述見解：為任何能想像的案件，法律已準備好（藉由涵攝於既存規範之下而取得之）決定，亦即「並無漏洞」。他同樣反對，被他稱為「顛倒程序」之「概念法學」的下述方法：以邏輯推論的方式，由一般法概念推導出（未表述於法律的）新法條。然而，因其僅將法學「由個別法律命令抽象而得」之法概念納入考察，因此易受批評（法之獲取，第13頁；法律解釋，第71頁；概念建構，第92頁、第166頁）。於此，他忽略許多法概念的內涵別有淵源，而非源自一個既存的規範整體；所以如此，又是因其實證主義的基本取向。例如民法典意義下之連帶債務的概念，僅能由民法典關於連帶債務關係之規定整體推論而得。此一概念所能表達者，不能多於由前述規定所生者，僅係體系性地加以綜整，使其得以「理解」。然而，前述論斷不能適用於諸如「人格」、「行為」、「因果性」、「歸責」等概念。不受意識控制的反射動作並非「行

42　它在德意志發揮的作用，不少於傑尼（Fr. Gény）的著作（Méthode d Interprétation et Sources en Droit Privé Positif）之於法國。但應強調，傑尼與德國之社會主義的法理論、較老的利益法學仍然有別：他不僅引領法律家的眼光到社會事實，同時要求，應以（既存於人之「倫理本質」的）原則的角度予以評價（參見尤其2. Aufl., Bd. II, S. 88 ff）。將法完全從屬於事實，因此犧牲了法，此種理論被他稱為「理論的虛無主義」（第98頁）；對此，他提出反命題：「正義原則應優先於事實的強制」（第101頁）。倫理性原則指示法解釋以方向：事實與事物本質的觀察只能在內容上實現此等原則。關於傑尼，亦參見：Fikentscher, Methoden des Rechts, Bd. III, S. 403 u. 639 f。

43　題目是：「法之獲取的問題」。

為」；因果系列一旦開始將無止境持續下去；判斷一行為相隔甚遠之影響的責任，除確定因果性外尚需「歸責」；前述這些認識均無法僅從法律規範中獲得，對於法適用卻極為重要。對此，「顛倒程序」的批評並不適當，因前述概念實際上並非藉由（對特定實證法規範之）抽象化而得的法之類型概念，毋寧或者是實質本體論的，或者是倫理的範疇，就其內涵，藉助實證法規定，我們最多只能意識到，而不能說源自此等規定。

假使「顛倒程序」的批評只針對由（歸納既存規範而建構之）類型概念推得新法條而發，在此範圍內，此批評可謂正當。取代由上位概念進行形式邏輯的推論，赫克正當地要求，存在法律漏洞時，應進行「評價性之命令建構」（法律解釋，第100頁）。他適當地強調，「漏洞」概念本身就具有「規範的，甚至是批判性的意義」；此一概念指出，「欠缺某些，其存在係被希望或被期待者」（法律解釋，第163頁）。確認法律漏洞本身亦已是批判性、評價性考察的結果。赫克要求，法官在填補漏洞時，應設想參與其間之利益，依包含於法律之評價標準為獨立之評價。類推的正當性在於：「利益情境相同，藉由法律社會之利益，要求相同的評價」（法律解釋，第195頁）。利益情境不同時，就輪到法律限縮解釋或「反面推論」上場。無論如何，重要的是：法官不僅是「邏輯性地將事實涵攝於既存之命令想法之下」，假使此一途徑不能達到目的，法官即應「依價值判斷而為補充」（法之獲取，第36頁）。於此，其原則上應「受可認知之立法者的價值判斷拘束」，並且僅在無法發現此判斷時，「可訴諸自身的評價」（法律解釋，第160頁）。由此可推知：應為法官預為準備的實踐性法學，縱使不自為評價，亦應「探求立法者的價值判斷」，「提供」法官為價值判斷時重要的考量（法之獲取，第36頁）。

姑且不論，（包含價值判斷之）判斷不能適用，最多只能重複或加以理解，並且「價值判斷」經常與價值內涵或評價標準混淆，法學於此將被視為「價值探討」（概念建構，第132頁）。大家應該認為，藉此已離開其出發點，即下述見解：法學為事實或因果科學。然而，斯托爾到1934

年還提出[44]，法條係「由利益作用而產生」的命題（即「遺傳學的利益理論」），並與下述命題並列：任何法條都表達出（「依特定價值理念」）對其認識之利益的價值判斷，好像此二陳述表達的是同一內容一般！然而，並非出於偶然的，不論赫克或斯托爾均未採用「價值」與「價值標準」等（具客觀性意涵的）用語，毋寧優先選擇「價值判斷」此（指稱主體思想行動的）用語。在確認任何法條都間接地包含（為其基礎之）利益對立的價值判斷後，斯托爾繼續論道：「立法者的渴望想像決定了法條的內涵」[45]。如是，「價值判斷」又被標示為（心理學的）事實，因果性科學（其由原因出發來「說明」實際事件）與價值科學（其解釋性地「理解」既存的價值）之間的差異，又再度模糊不清。因此最後必須確認，無論是赫克或斯托爾，最終均不能擺脫實證主義學術概念的魔力，雖然其本身的認識最終應得以超越此限制[46]。

　　赫克與斯托爾對法之概念建構與體系建構等問題的論述，亦未竟其功[47]。他們主要關注於，說明抽象一般概念之形式邏輯體系（普赫塔的「概念金字塔」）不得用作獲取新法條的認識根源。因此，他們只賦予此體系（「外部體系」）以說明的價值，而非認識的價值。此體系連同其構成要素（「命令或秩序概念」）僅用於法素材的「表述與外部秩序」[48]。

----

[44] In einer Abhandlung über "Juristische Methode" in "Leben in der Justiz", S. 8 u. 11 des Sonderdrucks.

[45] 赫克用以反對，以「評價性法學」之名取代「利益法學」之名的論述（概念建構，第50頁至第51頁），亦可顯示其特色。之於他，一則是要維持與耶林的關聯性，「因此改革運動本質上源自耶林的倡議」。耶林以利益作為基本概念，「並未提及評價」。另一方面，研究者「通常只考察立法者的價值判斷」（赫克將其視為一種因果研究，因為之於他，立法者只是「因果性利益」之綜整性指稱而已！）「僅在例外情況始自為評價」。相對地，斯托爾則優先選擇「評價法學」之名（Festgabe, S. 67, Anm. 1; 75, Anm. 5）。然而，他認為這僅涉及名稱，而非內容上的差異。

[46] 彼等之理論與傑尼之理論（見註42）有重大差異，後者擺脫作為學術概念之實證主義。尤其清楚顯示在傑尼反對下述實證主義見解之處：「絕對的正義」僅係純粹信仰的對象，應絕對排除於科學視野之外（Bd. II, S. 98 f）。

[47] 就此的批評，尤其參見：BINDER , ZHR 100, S. 4 ff。

[48] STOLL, Festgabe, S. 81; vgl. auch S. 87; ferner HECK, Grundriß des Schuldrechts, Anhang § 1 unter 1 b.

法學則是以現存實證的法秩序爲基礎,「藉由略去次要者,強調共通與主要者」,質言之,藉歸納與抽象化的途徑,來建構諸如「主觀權利、侵權行爲」等「秩序概念」。於此,學術並不主導「社會的目的想像」,其重點毋寧「只是掌握法律素材並安排其秩序」。與此等概念相對立的是「利益概念」,亦即在概念上掌握被認爲重要的利益,例如「利益情境、續造的利益、穩定性的利益」。然而,其「不適於」體系建構[49]。反之,相對於秩序概念,利益概念對利益研究,因此亦對法律解釋與法適用意義重大。因此,一如赫克強調的[50],產生兩種概念序列。此一對立貫穿在整個法領域,因此亦反映在所有個別的考察上。例如,依赫克之見,請求權的「秩序概念」意指:一個人(即債權人),向另一個人(即債務人),請求爲一定行爲或給付的主觀權利。反之,義務此一「利益概念」,則源自藉由課予債務人以犧牲,以助成滿足債權人的目的[51]。赫克拒絕兩種概念的融合。他認爲[52],作爲「法概念」,「依穩定的用語方式,僅描述命令概念而非利益方面的概念,雖然後者當然也是法學所建構與運用者」。

　　與概念建構的雙軌性相應地,體系亦具有雙重意涵。「藉由對秩序概念的編排,可以建構出外部體系意義的學術體系」。我們在赫克處讀到(概念建構,第176頁),就此一體系的建構而言,具決定性的是表述的利益,亦即「一方面求其清晰,另一方面期待其簡短且得以概觀」。斯托爾在「表述的利益」外,增加(「外部體系」之所以必要的)其他目的:減輕法官進行邏輯涵攝時的負擔,此基於「司法之持續性與快速」的要求,是不可或缺的,「如其遵守正確的界限,也是沒有疑慮且合乎目的」[53]。此見解基本上是適當的,就此,下文會再提及。與外部體系相對立,赫克提出「內部體系」,後者是由(藉利益研究而發現之)問題解答的事理脈絡產生的。因爲個別的基本要素與爭議決定,並非「(存在於)

---

[49]　STOLL, Festgabe, S. 80.

[50]　Grundriß des Schuldrechts, Anhang § 1 unter 3.

[51]　Grundriß des Schuldrechts, S. 1.

[52]　Grundriß des Schuldrechts, Anhang § 1 unter 3.

[53]　Festgabe, S. 90.

眞空空間的個別現象」，毋寧與「藉多種脈絡與協調彼此連結之生活部分」相關聯（概念建構，第150頁）。於此，讓人聯想到下述想法：獨立於學術活動之外，「內在體系」已存在於生活脈絡關係裡[54]，因此爲獲得此體系，只須描繪此等脈絡[55]；然而，赫克卻隨即引向另一想法：視規範體系爲一般性爭議決定的體系，並且只能以分類性概念之體系的邏輯形象來設想。他說到，「法秩序的整體內涵（能）介入」到所有的爭議決定。問題「是以問題複合體，決定則以決定群組面對我們」。假使認識到共通的要素「並在說明中加以綜整」，就會產生「愈來愈一般化的群組概念」。綜整是藉由分類來進行的，它使「內部體系」，即規範與（包含其內之）爭議決定的脈絡關聯清晰可見。據此以觀，之於赫克，以抽象一般的分類概念來說明的「內部體系」，基本上與（「迄今支配立法與法學之法的劃分」，即）「外部體系」並無差別，這無須感到詫異。更令人詫異的是：縱使如此，赫克還是堅持劃分此兩種體系，並區分（爲秩序目的而建構之）「命令概念」與「利益概念」。

赫克忽略了，在正確地涵攝於規範的命令概念之前，必須先「正確地」掌握此概念，質言之，必須先理解爲其基礎的價值標準。因此，解釋的結果決定了「命令概念」的詳細內涵。同樣地，立法者在採用（法學準備好的，爲所謂之「秩序目的」而建構的）概念，用以或描述構成要件要素，或規定法律效果之前，也必須先審查，是否適宜藉此得出其意圖的劃分與評價。因此，在此牽涉的並非思考概念時完全擺脫（藉由概念所追求或實現的）評價[56]。當法律規定債權人「依債之關係」有權向債務人要求某一給付，這並非如赫克所相信的，僅是一項爲秩序目的而採行的劃分，

---

54 與此相反，許萊爾（SCHREIER, Die Interpretation der Gesetze und Rechtsgeschäfte, S. 25）雖然也支持概念與體系的二元論，但其認爲，「內部體系」乃是「價值與意志判斷」的體系，反之，赫克稱爲「外部體系」者，則是「認知之判斷」的體系。

55 赫克（很典型地，再次利用源於自然科學的圖像）認爲，就如地理學家一樣，他想描述先前曾研究過的山脈體系（B 151, Anm. 1）。就此應指出：始終流動的生活關係並非如山脈體系一般處於平靜處境，尤其法的「內部體系」並非既存於法學之內，毋寧須加以開展而一再給出；「內部體系」以一貫的意義統一體爲前提，只能在法理念中發現。

56 就此正確地強調者：Oertmann, Interesse u. Begriff in der Rechtswissenschaft, S. 42 ff。

其隱含了：法秩序承認債權人享有請求給付的權利，因此，債權人提出要求時，他「是正當的」，債務人不爲給付時，他「是不正當的」。至少請求權的此一意義，可說藉由抽象一般的描述已顯示出來。因此亦不能由適用者任意決定，是否自足於就（對其而言已清楚顯示的）命令概念進行涵攝，抑或是否擺脫概念，以「符合利益」的方式（更好的說法：依爲其基礎的評價標準）而爲裁判。法官毋寧應致力於：藉由「正確」掌握的概念，執行（已置於法秩序內之）「正確的」評價。

利益法學在德國法律實務取得非同尋常的成果[57]。藉由對複雜的案件事實做權衡判斷、依法秩序固有的評價標準來評量相關的利益，以此等方法，它逐漸取代僅以形式邏輯爲基礎的，僵化法律概念的涵攝方法，以此，它事實上符合時代潮流，澈底改變了法的適用[58]。藉此，法官得以心安理得，表面理由也變得多餘。只須比較一下（直到一次大戰之）較老的帝國法院裁判與其後，乃至今日之最高法院裁判的思考風格與論證方式，就能認識到其間的差異，此主要應歸功於赫克、斯托爾、穆勒－埃爾茲巴赫及其他多人的影響，在刑法領域還包括「西南德新康德學派」之追隨者的作用[59]。司法逐漸對生活過程開放，在方法上愈來愈有意識、愈自由、也愈區分地處理。這同樣（甚至更強烈地）適用於我們有能力判斷的（民法）領域。於此，只須比較老的「恩內賽魯斯」（Enneccerus）版本與今日對民法的處理，即可明白。今天可以確認，姑不論其理論基礎上的嚴重缺失，但其關注的實踐性目標可謂已大體達成。

第四節 自由法運動之轉向唯意志論

在18世紀，主要表現在沃夫哲學與自然法的理性主義，在19世紀，

---

[57] 菲肯徹（FIKENTSCHER, Methoden des Rechts, Bd. III, S. 380）也認爲，之於利益法學，重要的不是「其理論的意義」，毋寧是「它在實務上的勝利」。

[58] 裁判上的引證：HUBMANN, AcP 155, S. 88。

[59] 見下文第四章第二節。

信仰自然法則牢不可破的效力與可認識性亦適用於人的共同生活，因此在極端情境，甚至可預見法院的走向；除此之外，在歐洲文明史中，「非理性主義」主要以唯意志論的形式作為潛流與反對潮流出現。後者在19世紀的主要代表為：叔本華（Schopenhauer）[60]、尼采（Nietzsche）與伯格森（Bergson）。19世紀初，此一反對潮流在法學領域係以所謂的「自由法運動」之姿出現。比洛夫（Oskar Bülow）在1885年出版的《法律與法官職務》（Gesetz und Richteramt），可謂係此運動的先驅。

　　此受普遍重視之文章的基本想法是：每件法官的判決都不僅是一個已完成之規範的適用而已，毋寧是具有法創造性的成果。法律無法創造直接的法；它只為「獲致一法的秩序安排之嘗試預作準備」（第45頁）。每個法律爭議「都顯示出特殊的法律問題，其適當的法規定不能現成地在法律中發現，而且……無法絕對可靠地由法律規定推得必然的、邏輯性的結論」（第32頁）。在「相同法律文字的虛假掩蓋下」，隱藏了多樣的解釋可能性。留給法官去選擇，「他認為一般而言最正確者」（第36頁）。比洛夫並未提及，法官應依何等標準做出選擇；是否依客觀的、某程度可事後審查的（例如法律的目的、「事物本質」、與法律原則的一致性），或者依純粹的主觀標準（例如其法感情）。因此，其論述可以在目的論之解釋理論的意義下，亦可更進一步地在「自由法理論」的意義下來理解，也的確被解為此種或彼種意涵。

　　「自由法理論」的說法來自埃利希（Eugen Ehrlich）1903年的一篇演講[61]。反對純粹機械式地將法律命令適用於生活事實，埃利希於此強調，「自由之法的發現」的重要性。他並非將此理解為：依（有權裁判之）法官的個人裁量之司法，毋寧是由法的傳統出發，並且追求施塔姆勒理解之「正確之法」的司法[62]。他完全正確地指出，將一般性規則適用於個別案件必然有個人的功績，因此，想要將法官的個別性完全排除，必然是「徒

60　關於耶林與叔本華的關係，參見：PLEISTER, a.a.O., S. 20 ff., 228 f., 245 f., 400 ff。

61　Freie Rechtsfindung und Freie Rechtswissenschaft, S. 5.

62　第28頁。

勞無功的開始」[63]；然而，他同時也努力指出，法之發現應取向的，法律之外的客觀標準。埃利希所說的，基本上並未超過比洛夫前此已經表述過的，也是今天已普遍認可的：每個法官的判決都具有（受知識指引的）創造性成果[64]。

　　轉向（須視爲狹義之自由法理論特徵的[65]）主觀主義，是直到1906年，以弗拉維烏斯〔Gnaeus Favius，眞名：坎托羅維茲（Hermann Kantorowicz）〕之名發表的論戰與綱領文章[66]，伴以一系列福克斯（Ernst Fuchs）充滿激情的論戰文章[67]才達成的。除了國家的法，與其同等重要的「自由之法」是由法律成員之法的判斷、司法與法學所創造。一如所有的法，它也是意志的成品。「藉此認識，法學連結到19世紀人文科學的軌道，並進入唯意志論的階段」（第20頁）。（想取得前已作成之決定的）

63　第29頁。

64　同此基本想法：Max Rumpf, Gesetz und Richter, 1906。

65　以此語作爲所有反對形式概念之法學者的集合名詞〔例如Kanigs, 25 Jahre Freirechtsbewegung, 1932（爲其博士論文）〕，意義不大。認爲法律有「漏洞」者，自然不限於「自由法運動」之追隨者；然而，似乎採此見解者：Stampe, Die Freirechtsbeweg, 1911, S. 25。假使要將這個令人捉摸不定的詞語用來指稱特定（學術上應嚴肅以對的）方向，則其最適合指稱：反對任何一種以推論、合理取得個案決定的方式，毋寧強調意志、感覺或「直觀」優先，因此，假使法官不能「直接」由法律取得決定，則不是訴諸思想上的考量，毋寧是其法感。「自由法運動」所以與其他相關潮流（例如利益法學、社會學之法的發現方法）產生劃分上的困難，是源於「自由法」用語的不清晰。「自由法學者」基本上任由考量此概念者的喜好爲之。關於此困難：Moench, Die methodologischen Bestrebungen der Freirechtsbewegung auf dem Wege zur Methodenlehre der Gegenwart, 1971, S. 14 ff。

66　Der Kampf um die Rechtswissenschaft。同一作者，但緩和得多：Aus der Vorgeschichte der Freirechtsbewegung, 1925。此外：Zur Lehre vom richtigen Recht, 1909（對施塔姆勒的批評）；Rechtswissenschaft und Soziologie, 1911; The Definition of Law, Cambridge, 1958。這些文章絕大多數連同其他，現可見於符騰堡（Würtenberger）1962年編輯的選集：《Rechtswissenschaft und Soziologie》（Freiburger Rechts- u. Staatswissenschaftl. Abh., Bd. 19）。

67　Schreibjustiz und Richterkönigtum, 1907; Die Gemeinschädlichkeit der konstruktiven Jurisprudenz, 1909; Juristischer Kulturkampf, 1912; Was will die Freirechtsschule?, 1929。福爾克斯（Foulkes）由這些文章選編成，以「正義科學」（Gerechtigkeitswissenschaft）爲題，並由考夫曼（Arthur Kaufmann）導讀的著作。因爲福克斯以沒有節制的語詞批評其同時代法學，以致對其批評也超過必要的程度。考夫曼的適度批評，應可認同。

意志引導了（證立此決定之）法律規定的選擇。讓我們在此案擴張解釋或類推適用，在他案則依其文義，甚至限縮解釋的「並非法律與邏輯」，毋寧是「自由的法與意志」（第24頁）。在所有的案件裡，「眞正的行動者是意志」；邏輯演繹只是「空洞的表象」。它「並非服務於眞理，毋寧是利益」（第37頁）。此一見解以昇華的形式再次出現在伊賽（Hermann Isay），他將法官的裁判（與一般性規範相反地）定性爲一個「意願」，「作爲一種追求，其植基於價值感受」[68]。因爲依伊賽之見，正義價值「是理解所無法掌握的」（第59頁），然而作爲法之行爲的裁判又必須取向於正義，因此，裁判的產生必然是「非理性的」，質言之，「是藉由法感情所創造」[69]。在法官向法律求教前，取向正義的「價值感受」已經決定了法官的裁判[69a]。然而，因爲他要求依感覺發現的裁判必須「受規範的審查，一定情況下可以根據規範加以修正」，藉此伊賽又限縮其原本的命題[70]。假使伊賽據此所言僅是：很多案件裡，發現裁判的實際過程中，法感情會先做出結論，但後者必須受到方法引導之考量的驗證（假使它經得起檢驗的話），則伊賽所論可得認同[71]。然而不能由此推得，取向規範的考量（與伊賽的見解相反，此等考量自得將正義價值納入）即屬次等級且非必要者。

　　比洛夫、埃利希與自由法運動的追隨者正確地認識到，判斷法律案件所要求者，絕非僅「邏輯性演繹」，質言之，涵攝的推論。無論個案的裁判發現，或法學的法律解釋與續造，實際上均具創造性成果。但此並非意謂，其僅是法感情的表述或意志過程，而非認識的過程。此等「輕率」認定僅基於：不正確地將認識過程與（最終植基於實證主義之學術概念的）形式邏輯的推論過程、「機械性的」涵攝技術[72]等視同觀。然而，其仍具

68　H. ISAY, Rechtsnorm und Entscheidung, 1929, S. 56.

69　第18頁與第28頁。

69a　關於依賽的理論，參見：NIERWETBERG in ARSP 1983, S. 529 ff。

70　第94頁至第95頁與第154頁以下。

71　就此參考下述部分同意、部分批判的評論：FORSTHOFF, Recht und Sprache, S. 27。

72　孟許（MOENCH, a.a.O., S. 165）恰當地説到：「只要不能以形式邏輯手段處理者，之於他們都是不合

創造性貢獻。此貢獻植基於對於目的脈絡、評價標準（此可藉由例示、可比較的案件來顯示）、「事物本質」及其他可認識的脈絡。所有這些都是「體系性部分」的論述對象。參與完成解釋與個案判斷之認識者，遠遠超過單純的邏輯。對於超越實證主義之學術概念的認識，利益法學先於「自由法學理論」。亦因此，利益法學的代表重複強調[73]，其理論與「自由法運動」具有本質上的差異。因爲姑且不論少數例外情況，他們認爲法官之法的發現受合理性考量的引導。利益法學用以取代形式邏輯演繹的並非意志或感覺，毋寧是利益的探究，以及依據作爲法律基礎的評價標準對利益的評價。藉此，他們賦予法官比較大的判決空間，但並非強調依其感覺爲裁判的自由。法律實務主要也是追隨利益法學，而非自由法的理論。

「自由法理論」的追隨者，以及支持法官享有更廣泛的（獨立於法律的）自主評價的自由者，喜歡援引瑞士民法典第1條第2項；後者指示法官：如法律有漏洞，且無習慣法時，應依「其作爲立法者將提出的規則」而爲裁判。許多人或許認爲，藉此，法官在前述條件下享有如同立法者一般的建立規則之自由。然而，瑞士法學的主要代表者持不同見解。他們說到：誰要是如此理解前述規定，「就完全誤解」其意涵[74]。法官之法的發現應取向（作爲法秩序之基礎的）法律原則；進行漏洞塡補時，法官「應以整體現存體系具有拘束力爲其前提」[75]。其任務並非作成「法政策性的意志裁判」。瑞士民法典第1條賦予法官的地位與任務，「與我們鄰國的法官們並無本質上的差異」（所稱鄰國，即法國與德國）[76]。因此，雖然

理的」。對於「自由法理論」與其在當代法思想中相近潮流的適當批評，參見：Rupp, Grundfragen der heutigen Verwaltungsrechtslehre, 1965, S. 190 ff。雖包含所有批評，但整體評價卻是肯定的：A. Kaufmann, Freirechtsbewegung – lebendig oder tot? in: Rechtsphilosophie im Wandel, S. 251 ff。

73　參見：Heck, Gesetzesauslegung, S. 230 ff.; Rechtsgewinnung, S. 25 ff.; Begriffsbildung, S. 9 u. 105; Stoll, Festschr. für Heck usw., S. 70 f.; Müller-Erzbach, Wohin führt die Interessenjurisprudenz?, S. 5 ff., 125 ff。

74　Liver, Der Begriff der Rechtsquelle, S. 44.

75　Merz, AcP 163, S. 335.

76　Liver, a.a.O., S. 45.

「自由法理論」似乎在瑞士甚至取得法律的承認，然而，其在此亦未能貫徹。

第五節　轉向法社會學

　　從實證主義的學術概念出發，很容易聯想到，將法社會學視爲關於法的眞正「科學」，它探究作爲法秩序基礎的社會事實，並未馬上考量到，其結論在司法的實踐性應用。反之，一般所稱之法學（即法釋義學）則不被視爲科學，因其不能提供眞正的知識。此一在今日經驗分析方向的社會學家[77]中廣爲流傳的見解，首先以埃利希爲代表。

　　埃利希在他1913年出版的《法之社會學的基礎》中論述到：「關於法之獨立的科學，其無意服務於實踐性的目的，毋寧致力於純粹的知識，後者所涉並非文字，毋寧爲事實」，此科學即法社會學（第1頁）。實踐性法學毋寧是「一種（使法服務於法律生活之特別需求的）藝術」，因此「其與關於法的科學全然不同」（第198頁）。未來的社會學的法學將提供實踐性法學以科學的基礎（第273頁）；它將「揭下抽象之概念形成與建構的假面」，並藉此將其澈底改變（第274頁）。因此，法社會學乃是關於法之唯一可能的科學，因其不止步於「文字」，毋寧將其注意力轉向（作爲法之基礎的）事實；亦因其「如同任何眞正的科學」，係藉由「歸納的」方法，質言之，「透過觀察事實、蒐集經驗，嘗試深化我們對事物本質的認知」（第6頁）。於此，實證主義之科學概念的影響，清晰地顯現出來。埃利希很自然地視社會學爲一種純粹的事實科學，根本沒有提出社會學中「理解性」方法的問題[78]。因此，像法釋義學這樣一種只涉及

77　關於此方向與其在法社會學的界限，參見：Ryffel, Rechtssoziologie, 1974, S. 183 ff., 211 ff。

78　韋伯（Max Weber）在一篇論文裡（im "Logos", Band 4, abgedr. In: "Gesammelte Aufsätze zur Wissenschaftslehre", 1922, S. 403 ff）提到「理解的」社會學。他藉此指稱得是一種社會學，其認爲人的，廣義的社會舉措是「有意義的」，並藉此「想因果性地說明其過程與其作用」（參見：關於「社會學之方法上基礎」的論述，a.a.O., S. 503）。韋伯認爲人的舉措是「有意義」且因此

（法規範、法律行為、行為之）意義的理解之學，埃利希根本不視其為一種科學，亦無須詫異。

　　至少在歐陸，實踐性法學主要處裡（由法院與國家公務員「適用」的）決定規範。依埃利希之見，此等法學所願者，不外是使規範得以適用[79]。然而，一如埃利希所論，作為社會之實際上秩序的法，不是由決定規範，毋寧是由（社會生活中，人實際據以行止之）規則所構成。他繼續論到：「行為的規則」、「事實上的法規範」並非源自法院的判決與法律，毋寧來自「法的最初事實」，亦即：習慣、支配與占有關係、意思表示的最重要形式（自治規章、契約與遺囑）（第155頁）。由此產生「法律關係」，後者並非藉由法條，毋寧是直接由「社會」所創造（第287頁）。「家庭、社團、財產權、物權、買賣、農地租佃、租賃、借貸，這

　　「可理解的」，假使其或者被目的引導，或者合理地取向特定的期待（例如他人的配合行為）（a.a.O., S. 416）。於此，「意義」指涉的是：行動者（於個案為真實，在諸多案件則係「通常與大約」）所想像的「主觀」意義，而與任何一種「釋義學式的科學：法學、邏輯學、倫理學、美學想探究之」「客觀的」意義不同（S. 503；亦參見：Wirtschaft u. Gesellschaft, 4. Aufl., 1956, erster Halbbd. S. 1, unter § 1, I, 1）。然而，從這些論述顯示，韋伯最終也是將社會學視為一種，以探究因果脈絡關係為任務的學術。然而，在關乎人之態度的範圍內，行動者所想的意義是一個「因果性」的因素，社會學首先也會將此因素納入考察，並為此目的運用「理解的方法」。就此參見：盧斯的說明（Fritz Loos, Zur Wert- und Rechtslehre Max Webers, 1970, S. 17 ff.）。他提到：韋伯之社會學的方法論雖然「取向實證主義學術概念的客觀性理想」，然而，「藉由將（始終只能質性掌握之）主觀想像的意義，納入經驗性研究的範圍內」，其已超越前述理想。關於韋伯之截然劃分主觀意想的與客觀有效的意義，以及由此而來之法社會學與法釋義學的劃分，就此的批評可參見：謝爾廷（A. v. Schelting, Max Webers Wissenschaftslehre, 1934）就韋伯對施塔姆勒（Stammler）之批評的評論（第400頁至第401頁）。依我之見，謝爾廷正確地質疑，韋伯在自己的方法論著（而非其歷史的社會學的分析本身），並因此在對施塔姆勒的批評中，「傾向於否認，（規範性）意義形象（尤其是法）之內在意義脈絡的意義，以及其學術性掌握對於經驗性文化認知的意義」。事實上，「人類真實的社會行為、真實社會關係的類型，也受到理念性因素（規範性想法）的拘束與形塑，這些因素的根源可以求諸純粹意義形象之更廣泛的、非現實的脈絡，也由此而能理解」。誠如瑞菲爾（Ryffel, a.a.O., S. 186 ff., 211 ff）所述，「理解的社會學」（他則稱為：社會學之「理解與後建構的」方向）必須視法制度、法的結構類型等客觀意義內涵為共同形塑社會生活的因素，將其納入考察。

79　如埃利希所述，普通法法學廣泛運用的「建構」，其目的亦不外乎此：Die juristische Logik, 1918, S. 66 ff。

些法律關係在羅馬法律家將其第一次一般化之前即已存在」。即使到今天，「法」不那麼是來自法條（決定規範），毋寧更存在於「法制度」中；法社會學的任務在於：「尋找法制度的推動力量」（第68頁）。之後，法學方始以「法律生活事實的掌握，以及將此等掌握的結果一般化為基礎，而建構法條」（第289頁）。雖然就此而論，其程序「與真正科學的方法具有顯而易見的類似性」。然而，其並非「真正的科學」，因為法律家的觀察與一般化並非「自然地基於科學的精神」，毋寧自始就「受制於權力關係、合目的性考量與正義思潮的魔力」，「它們決定了規範的發現」（第290頁）。法律家的觀察與一般化「並不止於不具實踐上重要性之處」，其最後的頂點止於「完全非科學性的程序：作為規範發現之基礎的利益衡量」（第292頁）。

　　只要不侷限在做決定之法官的眼光，下述見解是正確的：視法秩序為一種歷史的、社會的狀態，質言之，在法律團體中實際上有效，即被認為有拘束力、受普遍遵行之「生活秩序」。與其他「秩序」不同之處則在於：其與法理念之特殊的意義關聯性。埃利希之社會學的實證主義無從評價的正是此關聯性，與其對立者（即：凱爾生之「純粹法學」的形式法實證主義）相同，其欠缺進入精神存在領域（理念，及其在精神之客觀化中的實現）的路徑。此外，社會學之實證主義，忽略了在法之效力中併同考量的拘束性要求，質言之，所有法之規範性意義。「法」不僅是通常如此作為，毋寧是在意識其「正確性」、其內在的要求下，所為之行為[80]。法可以推導出此等要求，係因其整體取向於正義的主導圖像。法作為生活秩序與規範秩序，不僅未排除，毋寧更要求，「有效之法」始終包含二者：規範性與實際上的效力都是必要的。

　　下面的論述或許是適當的：作為生活秩序的法，整體而言，歷史上早於由此出發藉抽象化始取得（或有意識的規定）之行為與決定規範。一如我們先前已見，薩維尼也認為，「法制度」作為在法律生活中已實現之秩序構造，係與此相關之法規則的基礎，而非由此推導而得。在此範圍

80　亦採此見：RYFFEL, Rechtssoziologie, 1974, S. 57, 117, 132。

內，我們認爲：社會學的考察對僅取向於規則的規範性考察（釋義學式的法學最接近此方式）而言，可認係正當且有意義的補充。埃利希也適當地反對，對訴訟可能性與法之強制（例如在確定主觀權利時）的過度高估：「僅由表象即可知，任何人處於無數的法律關係中，並且（除少數例外）其大多出於自願，爲其於各該法律關係中所應爲」（第15頁）；「人類社會的秩序植基於：法義務一般均被履行，而非基於其可起訴請求」（第17頁）。「利益法學」尤其易於僅思考到爭議案件，而非更加常見的，依法秩序各自分別和平地生活[81]。此一態度顯然源自法官的特殊情境，質言之，其須對爭議案件作出決定。然而，此對立法者而言已屬過窄。學術則更應擺脫此片面性。就此，視規範爲（藉其之一再重新執行而有效之）生活秩序的表達，此一社會學的觀點將有所助益。

然而，無論是法哲學[82]或是法釋義學都不能免於（不僅是因果科學式的，毋寧也包含理解性的）社會學之補充，此一見解固然正確，然而，埃利希卻完全誤解了法釋義學的期望與關注。此已顯示於其將「文字」與「事實」區分對立。因法學所涉自然非僅「文字」，毋寧亦涉及（表達於其內的）意義，且此一意義亦非僅由事實取得。特定時期與特定群體之人，就共同生活中何者「正確」的想法，雖然又可僅視其爲（社會心理學上的）「事實」，然而，法學所關注者恰並非此（作爲社會心理學現象的）想法，毋寧係其規範性的意義內涵。此並非因果科學式的社會學所能及。此種社會學僅能提供立法者，爲進行合目的規制所需的事實知識。反之，處理法在社會過程中之角色與其社會功能的法社會學，預期可爲釋義學式的法學發揮更大的效益。因此，我們反對的也只是埃利希的下述見解：（因果科學式的）社會學是關於法之唯一可能的、眞正的科學，而不是多種法之科學之一。

---

81 埃瑟（ESSER, Einführung in die Grundbegriffe des Rechts und des Staates, S. 117）適當地指出：「法不僅是爭議案件的標準，毋寧首先是健康之社會關係的規制，質言之，生活秩序」。另參見：埃利希的演講："Freie Rechtsfindung und freie Rechtswissenschaft", S. 9。

82 就此：FECHNERS, Rechtsphilosophie, S. 265 ff。

　　於其稍後幾年發表的《法之邏輯學》的著作中，埃利希對於19世紀法學的下述意見，提出深入並有理據的批評：由確定的條文，藉由邏輯推論，可以發現法律案件的決定[83]。然而，如其因此要求，只要其裁判無法明確由法律獲得，質言之，基本上只要法律尚需解釋，法官即得獨立評價牽涉其中的利益[84]，如是，其使評價標準隱而未顯。他明白否定，法官應受立法者之價值判斷拘束的意見，因為「在現代國家法律中包含的諸多價值判斷中，對任何決定，總可以選出其一」[85]。社會學的法理論，基本上限於對19世紀的法適用理論提出正確的批評，卻未能指出埃利希所要求的新的法之發現方法。

　　耶路撒冷（Franz Jerusalem）於1948年出版的，規模遠為宏大的《法學之批評》（Kritik der Rechtswissenschaft），以及他在1968年出版的，繼續前書的方向並擴及其間之釋義學的《法思考之瓦解》（Die Zersetzung im Rechtsdenken），也都是由法與法學之社會學的觀點出發。之於他，真正的法學也是法社會學。他將社會學理解為一種運用經驗性素材，嘗試「確認社會事實之法則」的科學，前述法則係社會行為的基礎，並構成（作為社會因素的）法。發現社會實存的基本形式（包括：支配與共同生活、契約、私有財產、共同體與公司等形式）也是近代自然法，如普芬多夫（Pufendorf）的期望，因此耶路撒冷可以說到，社會學乃是「我們時代的自然法」[86]。

　　就此而言，耶路撒冷與埃利希之看法的關聯性非常顯著，然而，相較於埃利希，耶路撒冷與釋義學之法學的關係更為緊密。他的確認識到，法學涉及的不僅是「文字」，毋寧也牽涉法之行為的意義[87]；他適當地視其為精神科學。然而他也認為，其並非真正的科學，依其本質毋寧僅是司

---

[83] Die juristische Logik, 1918.

[84] 參見第312頁。

[85] S. 163 f.

[86] Vorwort zur "Kritik der Rechtswissenschaft".

[87] 參見：Kritik, S. 7 ff., 71 ff。

法，其基礎爲「法律家關於法的集體認識」[88]。由此一知識社會學的基本立場出發，他批評現代法釋義學的諸多面向。此一批評的主軸是：因爲法釋義學讓法條、法概念脫離（其原應加以陳述之）社會事實而獨立化，因此未忠於其社會功能。法釋義學並未將法視爲「外在的事實」，即「法之行爲的總體」，毋寧視「概念與想法之精神王國」爲其標的，「於此僅能反映法之事實」[89]。

在他的第二本著作裡，耶路撒冷嘗試詳細顯示他所觀察之「法思考瓦解」的過程。他在前言說到，「法思考之瓦解」存在於「未能一般性的考量。於此範圍內，法思考消解於逐案決疑之中，且與英國法不同，其未能再植基於傳統。法乃符合具體情況與事物情境者。向來之秩序因此被否定。所有的安定性均不復存在」。他進一步指出，概念與價值之解消始於概念法學的沒落。「傳統概念喪失其堅實的結構；它們變成（不再具有堅實內涵之）外在的思考形式」[90]。法概念的瓦解，導致類型概念取而代之。之後，菲韋格（Viehweg）就嘗試「爲（概念的一般性爲其讓位之）具體案件原則奠定哲學上的基礎」。與法思考之概念解消相應的是：價值的轉變。法律問題變得無解，因爲答案取決於相對立的價值觀[91]。應該爲法思考之瓦解負責的，首先是理性主義[92]。法思考之解消清楚顯示於耶林之功利主義的目的思想。新康德主義仍與理性主義密切相連；此在凱爾生尤其明顯。依所謂的（以赫克爲代表的）利益法學，民事司法存在於「確定當事人在彼此關係上的各該利益情境」。藉此，下述思想已一去不返：個人「在諸多法律關係中相互聯繫，諸多法律關係則藉法社會的共通精神而具有統一性」[93]。

耶路撒冷的批評最後指向：將法學理解爲法之合理、有創造性認識

---

[88] Kritik, S. 46 ff.

[89] Kritik, S. 75.

[90] Zersetzung, S. 78.

[91] Zersetzung, S. 82.

[92] Zersetzung, S. 82 ff.

[93] Zersetzung, S. 90.

的努力。耶路撒冷認爲，這是對其社會功能的誤解。依其見解，法之正當化既非基於立法者的權威，亦非因其內容的合理性，毋寧因其爲傳統（或稱：藉由平等地位者之集體承認的傳統）。法釋義學意義的法學，其任務爲：探求、表述並維護傳統之法本身。法學應使新事物配合此傳統之法[94]：

大家不會爭執，千百年來，法主要因其爲傳統，因其以此被認係「正確」，藉此推導出其效力。然而，在歐洲大陸，從近代自然法與偉大的法典化以來，對傳統之法的「正確性」之信仰，就不再是法的唯一支柱。經歷過理性主義不能再回頭的現代人，愈來愈不會自足於法規則或決定與傳統相符，毋寧要求其合理、有意義，以合理方式得以證立。法學所涉者正在於此，而非僅蒐集、轉遞相傳下來的知識。

第六節　凱爾生的「純粹法學」

面對視法社會學爲「眞正之」法學的見解，傳統法學又僅扮演技術性的技藝理論或司法之輔助手段的角色，法學亟需進行方法上的自我省思。正是凱爾生，以令人欽敬的精力與思想上無情的嚴謹，執行此項任務。他的「純粹法學」，可謂是我們這個世紀所見，論證法學作爲一種科學的最偉大嘗試，雖然它仍植基於實證主義的學術概念並受其限制。然而，大家嘗試進一步指出：就如利益法學作爲理論有所缺憾，但對實務大有助益，相對於此，「純粹法學」在理論上具強烈的吸引力，但其實務上的成果有限。然而，後者之緣由仍在於其理論上的缺憾。

凱爾生的出發點，並藉以證立法學在方法上之獨立性者乃是：實存判斷與當爲判斷的區分。他提到，當我說：在此等關係下契約通常（質言之：在案件的多數情況）會被遵守（或不被遵守），與我說：契約「依法」應被遵守，乃是截然不同之事。前者是關於被觀察到之事實的陳述，

94　就此參見：Zersetzung, S. 184 f。

即事實判斷；後者則是關於某事應爲的陳述（無論其事實上是否發生），質言之，關於當爲或要求如是的判斷。前者是「正確的」，如其與事實相符；相對於此，後者之正確與否則繫諸：於此主張之「當爲」能由現存「有效」的誡命「推導」而得。兩個語句具有截然不同的陳述價值或意義，並分別植基於截然不同的考察方式。凱爾生明白強調，混淆此二種考察方式，無論是從行爲之要求如此推論到其事實上的作爲，或是由被觀察到的事實推論到要求如此，都是不正確的。反之，凱爾生稱爲「解釋的」，亦即描述事實與解釋其原因的觀察方式，與「規範性的」，即由規範認識到當爲內涵的方式，二者相互獨立並遵從各自的方法。

依凱爾生之見，法學非關人的實際行止，毋寧僅與法律上之要求如此有關。其並非事實科學（如社會學），毋寧係規範科學；其標的並非實存者或已發生者，毋寧是規範整體。僅在其能嚴格自限於其任務，且方法能免於任何本質上不同之要素，亦即不借用任何「事實科學」（例如社會學、心理學），並且免於（倫理或宗教性質之）「信仰語句」的影響，始能維持其學術上的特徵。作爲「純粹的」認識，其不追求直接的實踐性目的，毋寧將所有與（作爲其標的之）規範整體特質無關者排除於考察範圍之外。唯有如此，它才能免於爲特定政治、經濟、世界觀之利益、激情或成見服務的批評，亦唯如此才能稱爲科學。符合此一「方法純粹性」的法學，凱爾生稱之爲「純粹法學」[95]。

----

[95] 在他龐大的著作中，我將引用：Hauptprobleme der Staatsrechtslehre, 1911(zit. H); Über Grenzen zwischen juristischer und soziologischer Methode, 1911; Allgemeine Staatslehre, 1925; Der juristische und der soziologische Staatsbegriff, 2. Aufl., 1928; Reine Rechtslehre, 1934, 2. Aufl., 1960 (zit. RR); Was ist Gerechtigkeit? 1953; Was is die Reine Rechtslehre? Festschr. f. Z. GIACOMETTI, 1953, S. 143 (zit. FG)。第二版的「純粹法學」包含了依時序排列的，凱爾生迄至1959年發表之著作的目錄，計483篇。關於純粹法學今日的情況：Walter in RTh, Bd. 1, S. 69。關於其批評參見：ERICH KAUFMANN, Kritik der neukantischen Rechtsphilosophie, 1921; W. JÖCKEL, H. KELSENS rechtstheoretische Methode, 1930; S. MARCK, Substanz- und Funktionsbegriff in der Rechtsphilosophie, 1925; ERNST v. HIPPEL, Mechanisches und moralisches Rechtsdenken, 1959, S. 15 ff., 180 ff.; RUPERT HOFMANN, Logisches und metaphysisches Rechtsverständnis (Zum Rechtsbegriff HANS KESLSENS), 1967; KARL LEIMINGER, Die Problematik der Reinen Rechtslehre, 1967; W. SCHILD, Die zwei Systeme der Reinen Rechtslehre, Wiener Jahrb. f. Philosophie, Bd.

　　詳言之，凱爾生將「純粹法學」理解爲一種「實證法的理論」，並基此意義視其爲一種「一般性的法理論」（RR 第1頁；FG 第144頁）。其「並非內國或國際法規範的解釋」，毋寧係基於實證法之一般性理論的基礎，提供一種法解釋的理論。藉此，「純粹法學」明顯有別於向來所謂之釋義學式的法學，後者想認識特定實證法的特殊內容與其體系脈絡，並簡化其適用。反之，「純粹法學」並不處理內容，毋寧只探討法規範之邏輯結構；其審視法之陳述本身（而非特定法之陳述）的意義、可能性與界限，以及其成立的方式。就此而言，「純粹法學」乃是一種法學認知的理論，其探討法學的「可能性」與方法，因此應與法學本身全然不同。然而，其又以法學之姿出現，因此，至少無法清楚顯示，在何等範圍內，凱爾生還承認（不處理形式，毋寧探討特定實證法之特殊內容的）「釋義學式的」法學爲一種科學。

　　凱爾生的基本命題是：「實存與當爲截然不同」的主張（H 第7頁）。之於他，「當爲」與「實存」都是一種「思想模式」，一種「終局的，不能再推論的範疇」（H 第70頁）。質言之，「當爲」既不能歸因於制定規範者之「意願」（因爲「意願」是一種事實的、心理上的過程，其歸屬「實存」層面），亦不能訴諸應爲者的行止。其並非眞實的心理現象，毋寧是「行動的意義，藉此禁止或容許一行爲，尤其是授權爲之」（RR 第5頁）。凱爾生表示，實存與當爲的不同不能再進一步說明；其「直接源自我們的意識」。無人能否認，「由某事存在，無法推導出其應存在，同樣地，由某事應如此，亦無法推導出其實際存在」（RR 第5頁）。法學牽涉的是規範（即當爲），於此，「當爲」一詞亦應包含「容許」、「能夠」。然而，因其係被制定者，實證法的規範以行爲，即「人之行止的外在過程」爲基礎，後者（作爲法之行爲）的意義並非源自自身，毋寧是透過（作爲「意義成規」的）規範適用於彼而取得（RR 第

IV, 1971, S. 150。嘗試聯繫純粹法學與（爲凱爾生所拒絕之）本體論的自然法論：RENÉ MARCIC, Österr. Ztschr. f. Öffentl R., Bd. 11, S. 395; Bd. 13, S. 69; Verfassungsgerichtsbarkeit und Reine Rechtslehre, 1966。

3頁）。實存事件本身（例如國會的決議、契約）在空間與時間中有一定的位置；其可藉由因果科學加以解釋。法學關心之過程的意義僅是：規範已被制定。然而，此過程具有制定規範之行為的意義，係源自另一邏輯上前置的規範，其賦予該過程此一意義。例如特定書信往返被理解為契約，「此僅僅是因為：案件事實符合民法典的特定要件」（RR 第4頁）。國會的決議被理解為立法，則基於憲法中關於立法的規範。因此，「純粹法學」掌握某事件（其本身係「自然的一部分」，因此受制於因果法則）之法的意義內涵，係藉由將其涵攝於一法規範之下，此法規範之效力則源自：其係依據其他更高的規範所「產生」。反之，其將事件的事實層面（例如立法者的意向與動機、其命令之作用等）留給其他科學，即作為「事實科學」的法社會學。假使將其納入考量，其並非法本身，「其某程度是自然界的類似現象」（RR 第108頁）。反之，作為「特殊法學的」純粹法學僅處理（非以其為既存事實，毋寧關注其意義內涵的）法規範。「其問題為意義範圍的特徵」（RR 第108頁）。

「純粹法學」牽涉的是法學之邏輯特徵與其方法上的獨立性。它「想使法學擺脫所有外來因素」（RR 第1頁）。因此，其一方面反對法與社會學觀察的混淆。雖然凱爾生在他的第一本著作（H 第42頁）中容許法律家也作心理學與社會學的考量，但他絕不容許，「將其解說性觀察的成果，納入到規範性的概念建構之內」。另一方面，他同樣尖銳地反對法學與倫理學的連結，也反對法形上學。倫理的規範與法規範同樣都是實證規範，質言之，其係「由習慣與（先知或宗教創始者，如耶穌）有意的規章所創造」（RR 第64頁）。然而，相對於倫理是一種「不具強制特徵的實證秩序」，法是一種強制秩序，質言之，一種規範性秩序，其「藉由對違反之行止連結以社會組織的強制行為，以獲致人的特定行為」。如果人們要求法應取向倫理性規範，就必須問到：是何種倫理秩序的規範。因為「從科學認知的立場，對於採納一般性的絕對價值，或特別的絕對倫理價值」，均應予否定（RR 第65頁），因為，「決定在所有情況下的對或錯、正義或不正義」，是不可能的（RR 第67頁），因此，法無從主張，因其為「正義的」秩序，因此有別於其他強制秩序，例如強盜集團的內部

秩序（RR 第50頁）[96]。

　　出於相同理由，凱爾生也否定任何一種自然法論（RR 第402頁以下）。「純粹法學」僅處理實證法。「在此意義上，它是極端的、現實的法理論。它拒絕評價實證法。作為科學，它僅就下述事項負有義務：掌握實證法的本質、藉由分析瞭解其架構」（RR 第112頁）。因此，它是法實證主義，可謂是「法實證主義的理論」（FG 第153頁）。「透過使法擺脫形上學的迷霧（籠罩於此迷霧中，自然法論認為，法之根源或理念具有某種神聖性質），純粹法學希望全然實際地將法理解為一種特殊的社會技術」（FG 第154頁）。這再次顯示，之於純粹法學，法僅是一種邏輯形式，僅涉及一種特殊的「規範邏輯學」。法規範的內涵並未以任何方式受制於理性、倫理法則或內存的目的，毋寧是任意的。凱爾生強調，法規範並非因其有特定內容而有效，毋寧是因其以特定（最終由被假定其存在的基本規範所正當化的）方式被創造使然。他繼續指出：「因此，法可以是任意的內容。沒有任何一種人的行為本身，依其內涵不能成為法規範的內容」。法實證主義的表達，大概沒有比這兩個句子更清楚的了。

　　凱爾生正確地認識到，法學涉及的並非，或者首先並非，人事實上的行止或心理過程本身，毋寧是法規範與其意義內涵。因此，它不可能是（描述事實、探討其因果連結的）自然科學。如是，只要它還是科學的話，它只能是法之「純粹形式」的理論。凱爾生在此意義下提到（H 第92頁），法學「只能考量現象的形式，至於其內容，則應由社會學、歷史性學科來處理」；打個比方，可以「將其稱為全部現象的幾何學」（H 第93頁）。如果因其概念必然是純粹形式的，就宣稱其無價值，那麼同樣地，亦將批評幾何學的概念，「因其僅掌握物體的形式，而未表述其內容」。

---

96 在〈什麼是正義？〉一文，凱爾生對此詳為論述。他獲致如下的結論（第40頁）：「假使人之認識的歷史能教導我們些什麼，那就是：以合理的方式來發現正當行為之絕對有效規範，此種嘗試是徒勞無功的，質言之，亦排除認定相反之行為為正當的可能性」。然而，或許「正義」並非規範，毋寧是一種（建構特定規範之意義的）範疇？

然而，凱爾生反對將「純粹法學」僅視爲法邏輯學。一如圓形、正方形的定義是幾何學（而非邏輯學）的功能，法概念的定義也是「一般性法理論的功能」，並非邏輯學的功能（FG 第150頁）。然而，事實上凱爾生對其高舉爲「純粹法學」的法學，僅視其爲法之形式性基本概念的理論，其內容，僅能由其（在此法理論之幾乎是自由、懸而未決的體系之內的）邏輯性功能產生。「純粹法學」當然不僅是（思考理論意義下的）邏輯學，它是所有法學中（無礙其源自經驗的內容）之「思考上必要者」的科學。

對於「純粹法學」最重要的異議是：凱爾生未能堅持作爲其出發點的「實存與當爲截然不同」的命題[97]。假使凱爾生是以黑格爾哲學的意義作辯證論的思考，亦即：他所作的劃分只是暫時性的，在思考的進程中將提升到「具體的統一」，那麼前述異議就不成立。然而，凱爾生絕未採此見解。對他而言，他所作的劃分應予維持，如未遵守此一劃分，就要受到「混用方法」的非難。他強調，一個當爲始終只能源自另一個當爲（即更高位階的規範），由此才能產生此一事件（契約、行政處分、命令或法律）之特殊的法的意義。統一性（質言之，實證法之所有規範的形式上歸屬性）植基於：其均源於足以作爲其效力之最後根據的唯一規範（RR 第209頁）。此最高規範，「作爲共通性淵源，構成此秩序之多種規範的統一性」者，爲該當法秩序的「基本規範」。其包含者「不外係：置入創造規範的構成要件、創造規範之權威的授權，或者意義相同的下述規則：其規定，植基於此基本規範之秩序的一般與個別規範應如何創造」（RR 第199頁）。因爲「基本規範」是客觀效力（其呈現實證法秩序的

---

97 凱爾生經常面對此批評，依我之見，其亦未能澈底擺脫。就此參見：ERICH KAUFMANN, Kritik der neukantischen Rechtsphilosophie, S. 31; SIEGFRIED MARCK, Substanz- und Funktionsbegriff in der Rechtsphilosophie, S. 28 f., und *meine* Rechts- und Staatsphilosophie der Gegenwart, 2. Aufl., S. 46。施賴伯（HANS-LUDWIG SCHREIBER, Der Begriff der Rechtspflicht, 1966, S. 144）完全正確地評論：純粹法學以當爲不能由實存推得爲其前提，但終結於實效性。關於凱爾生之截然劃分實存與當爲的批評，亦見於：WINKLER in RTh, Beiheft 1, 1979, S. 177 ff。於今更深入者見於：Rechtstheorie und Erkenntnislehre, 1990, S. 126 ff., 175 ff。

當爲性質）的最終基礎，其本身不能再由一個權威來制定，後者的「權限又必須植基於更高位階的規範」（RR 第197頁）。「基本規範」不是被制定，毋寧是法學必然的假定，以便能將其處理之規範素材理解爲一個法秩序。類推康德之認識論的概念，可稱其爲「此等理解之先驗的、邏輯性的條件」（RR 第205頁）。然而，我們又從何知悉某特定行爲（例如立法行爲）必須被理解爲創造規範的行爲？就此，凱爾生答覆如下：假使涉及「整體而言有實效之強制秩序」的話，規範秩序必須被理解爲「有效之法規範的體系」，並且採取與體系相應的基本規範（RR 第204頁、第208頁）。此正當化法秩序的思考行動（RR 第206頁），即基本規範之假定，其實質的正當化最終在於：特定強制秩序本身可以運作，如是，借道於「基本規範」之認識理論上的假定，「當爲」實際上源自（對凱爾生而言，在意義與價值上均屬異物的）實存，即實效性！

　　然而，不僅是凱爾生主張的，當爲與實存之「截然不同」，包括其「當爲」的概念，均未能經得起批評的檢驗。凱爾生將「當爲」定性爲形式邏輯的範疇、一種「思考模式」。然而，何謂範疇？凱爾生開始提到「當爲」時，視其爲對受規範者「有拘束力」、「課予其義務」的規範（RR 第7頁、第8頁）。因此，他運用一些（其意義在倫理學、義務理論中可作相同理解的）表達。然而，無可置疑地，他不想對「當爲」作如斯理解。首先，「當爲」之於他，並非如同倫理上的要求，係因其內容故予遵從，因感受此要求者認其「正確」，認相反之行止爲「不正確」使然。規範內容之「正確性」或「不正確性」對凱爾生而言並不重要；只須其係依循（經基本規範正當化的）方式實際上被命令，即爲已足。此外，之於凱爾生，法規範比較不是令行（或禁止），毋寧更是一種授權，質言之，規範「授權特定個人，得針對另一人採取作爲制裁的強制行爲」（RR 第35頁）。這是凱爾生將法理解爲強制秩序的結果之一。他提到（RR 第51頁）：「爲了客觀地說明其爲法規範」，「規範必須……規定一項強制行爲，或者必須與此等規範具有本質上的連結」。依哲學家雅各比（F. H. Jacobi）的著名語句，假使不先假定「物自身」爲可想像之「某物」，就無法進入康德的認識理論，然而，如不放棄它，又不能停留於此；同樣

地，只有將「當爲」依其原本的倫理意義理解爲要求，始能進入凱爾生的思想建築之內，然而，如不否認此意義，亦不能停留於此[98]。爲了法學的「純粹性」，於此情境即：爲維護其相對於任何倫理學的獨立性，凱爾生對「當爲」概念做了澈底的意義轉換。

　　法規範的概念也未能免於意義轉換。原本凱爾生視（包含規範之）法的語句爲立法者所爲關於國家機關之未來行爲的陳述，即下述內容的陳述：當某一主體（S）顯示某一行爲（V）時，特定國家機關將對S採取或執行某一制裁（H 第189頁以下）。凱爾生稍後則僅視法學中的語句（「法的語句」的表述亦僅指此）爲：關於當爲內容的陳述。據此而不再是「法的語句」之法規範，其包含者不再是陳述，毋寧是「命令、許可與授權」（RR 第73頁）。除「基本規範」外，法規範不再植基於思考的行爲，毋寧基於意志行爲與更高位階規範的結合，後者用以正當化此規範制定行爲。因法規範最終具有下述意義：對顯示出某一行爲V的主體S，處以作爲制裁措施的強制行爲，因此，之於凱爾生，要求個人採取某一行止的命令，完全隱沒於「制裁」之後。這使得凱爾生對不法也（如同對法的向來意義）進行意義的轉換。某一行爲之「不法」並非因其（依何種「超越」實證法的標準或其「內在的性質」）違反價值，因此不被認可，毋寧「完全僅因其被實證法規定爲某強制行爲，質言之，強制的條件」（RR 第117頁）。「不法」並非法之否定並因此被課以制裁，並非其不被認可；被稱爲「不法」，並未包含任何評價，毋寧僅因實證法對其連結以強制行爲，作爲其後果。規定強制行爲者爲原始規範，作爲制裁之條件的行爲被稱爲「不法」，則是從屬規範。如是，必須說這在語言上是錯的。

---

[98] 批判性地強調，凱爾生並未對「當爲」作定義者：Osvi Lathinen, Zum Aufbau der rechtlichen Grundlagen (Helsinki 1951), S. 52 f。他認爲，就此必須進行定義，因爲「凱爾生主張之差異是否存在」，取決於此詞語的意義。認爲凱爾生關於「當爲」有不少於18種不同意涵者：Leiminger, a.a.O., S. 63 ff。此外參見：Hofmann, a.a.O., S. 23 ff。德萊爾（Dreier, in: Argumentation und Hermeneutik in der Jurisprudenz, RTh, Beiheft 1, S. 96）適當地指出，如果回歸到康德，「當爲的概念，尤其是當其適用於實證法時，與倫理或者理性法的拘束性是密不可分的」。因此，凱爾生藉由其基本規範理論，「違反其明示的意圖，恰正表述出實證法之倫理的或理性法的效力與認識根據的問題」。

　　法律義務的概念也經歷相同的意義轉換。「它與下述實證法規範無異：其藉由對違反行為連結以制裁的方式，命令個人為特定行為」（RR第121頁）。然而，凱爾生也承認，尤其自康德以來，德語上「義務」一詞與「絕對之倫理價值」的想法實相關聯。但他仍使法律義務的概念「僅與實證法秩序」相關，並且「不包含任何倫理上的聯想」（RR　第123頁）。依此，主觀權利或者是（對他人存在之）法律義務的反射，或者是（或直接或間接地，如藉由參與立法團體之選舉）參與個別或一般法規範之創造的「法律權力」（RR　第149頁）。最後，人格的概念也被形式化。作為「純粹之法概念」，其與實存者無涉，既非物理的，亦非心理的或精神的生物（後者係凱爾生未認識的概念），毋寧是「法律義務與主觀權利的集合，其統一性藉由人格的概念得以形象地表達」（RR　第177頁）。之於「純粹」法學，「所謂之物理上的人」並非「人」，「對同一人課以義務、賦予權力之法規範的人格化之統一體」毋寧才是人，質言之，其並非「自然的事實」，毋寧是「法律的，由法學創造的建構，陳述與法相關之構成要件的輔助手段」（RR　第178頁）。此亦適用於「法人」。其既非社會事實，亦非一種「法的創造」，毋寧是一輔助概念，「一個描述法之科學（而非法）的產物」（RR　第194頁）。在此意義下，「所謂的物理上之人也是法人」（RR　第178頁），質言之，其亦不過是一種思考手段，藉此以表達一「規範集合」的統一性。

　　重要的是：依此，之於法學，人格並非依其倫理意義被理解（亦即：作為一種自己規定其行為，受制於當為要求，因此須負責的生物，其要求受「尊重」，亦應「尊重」他人），毋寧僅以形式邏輯的方式來理解，即作為法律關係之座標體系的連結點。然而，凱爾生還是不得不提及「人的行為」，然而，一個應如此或如彼行為之人（例如藉由起訴行使權利或履行義務）只能是事實上的人，而非「人為的思考手段」，因此，「純粹法學」為貫徹其構想，所採取（與被迫採取）之所有的概念意義轉換，未能達成其目標，亦即：將所有來自實存範圍與倫理學領域的內容「排除」於法學概念建構之外。事實上，法學而未引入所有這些內容者，根本無法完

成其任務，亦即：視法爲有意義者加以掌握[99]。

　　關於凱爾生之論述主要針對的國家概念，我們放棄對其意義轉換爲深入說明。據前文所述，依「純粹法學」之「規範邏輯的」觀察，想當然爾，國家亦不過是規範的集合體；不論依因果科學的、歷史的或社會學的觀察，國家如何展示均無不同。之於凱爾生，國家等同法秩序，後者「爲創造與適用（構成法秩序之）規範而設置分工的機關」（RR 第298頁）。透過「國家」創造或擔保法律此一陳述，「只是以形象的方式描繪下述事實：由法秩序規定的特定人，依法秩序規定的程序，因此依法秩序賦予的特質，作爲（透過法秩序建構之）法律社會的機關，創造與適用法規範，並執行強制權力」（FG 第155頁）。據此，國家作爲權利與義務的「承擔者」，被設想爲「法人」，就如同個人一樣不屬於實存領域，毋寧如同個人，「僅是一規範集合體的統一性表述」，亦即「法秩序的人格化」（RR 第319頁、FG 第156頁）。應注意的是：藉此並不使國家與任何價值（諸如正義）有內在的連結。因爲「由邏輯一貫的法實證主義的角度出發，法（國家亦無不同）不外是人之行爲的強制秩序，而不論及其倫理或正義的價值」（RR 第320頁）。

　　反之，我們應注意的是凱爾生發展的法解釋理論。此與其「法秩序階層理論」緊密相關。凱爾生表示，法規範由此產生：特定行爲依其他（先於其存在的）規範，具有創造法之行爲的意義。因此，除創造它的行爲外，每個下位階規範均以更高位階之法規範爲前提，依據後者，創造它的行爲才能被解釋爲法的行爲。更高位階之法規範的「適用」顯現在：據此創造了下位階規範。因此，「法適用同時亦是法的創造」（RR 第240頁）。創造憲法是以基本規範的適用行之，基本規範是唯一非藉由意志行爲所創造，毋寧是在思想上假定其存在者。「藉由立法與習慣法創造一般規範，以適用憲法的方式行之；藉由法官裁判與行政裁決之個案規範的創造，則以適用一般規範的方式行之」。此階層秩序終結於「由個案規範規

----

[99] 就此參見：馬克（S. Marck, Substanz- und Funktionsbegriff in der Rechtsphilosophie, S. 73 ff）就「法學與理解性社會學」之具啓發性的論述。

定之強制行為的遂行」。

較高位階之規範不僅可以規定應創造下位階規範的機關與於此應遵守之程序，其亦可以或多或少完整的方式，規定下位階規範的內容。為了最終歸結到具體的執行行為，一般規範必須在一個（「幾乎是法本身一再重新創造的」）程序中（RR 第242頁）個別化或具體化，轉化成一個案規範。此藉由法官的判決發生，其創造了個案規範，後者最終可被執行。因此，法官判決的功能不僅是宣示性的，毋寧是建構性的。它是一項法創造行為，與法律並無不同，惟其屬一般規範之個別化或具體化的階層。一如法律是藉意志行為成立，而非藉由認知行為，法官的判決亦無不同。由較高位階之法的創造轉化到較低位階者，始終包含二者：較高規範的適用與法的創造（即較低規範的創造）。法官的判決與法律、法規命令、行政處分、法律行為均同樣具有雙重性質。

凱爾生繼續說到：較高位階的規範從未全然、由所有面向規定其執行行為（即制定較低規範）。被委以制定較低規範的機關始終保有自由裁量的空間，因此較高規範「相對於適用它的（規範創造或執行）行為，始終僅具有（藉前述行為加以填補的）框架性質」（RR 第347頁）。假使將解釋理解為一種認知性活動，其僅能指出此框架，但不能填補之。假使應適用之規範非僅具有單一意義，其適用者即須面對多種可能的理解。解釋無法告訴他何者是「正確的」；每種解釋都同樣正確。「假使將解釋理解為：依認識以確認應解釋之標的之意義，則法解釋的結果僅能是（應予解釋之法顯示的）框架之確認，並認識到（在此框架內之）多種可能性」（RR 第349頁）。藉其意志行為，在多種可能性中選擇其一作出決定，乃是規範適用者的權責；此被選出之可能性（藉由法適用機關，尤其是法院的行為）即「成為實證法」。此外，其以前述方式所為決定無論如何都創設了法，即使此決定「不屬於任何一種，由法學角度而言，應予適用之法規範的可能解釋」（FG 第151頁）。

在此，凱爾生再次反對「傳統法學」。後者認定：「將法律適用於具體的個案，只能有一個正確的決定，此決定之實證法上的正確性植基於法律本身」。其認為，解釋僅牽涉「解釋者或理解者的一項知性行為」，

似乎藉此「可在多種現存可能性中，作出符合實證法、在實證法意義下正確的選擇」（RR 第349頁）。然而，這是錯的。由取向實證法的角度出發，對應適用之規範框架內的多種可能性，不存在任何可據以決定何者優先的標準。「就如同無法藉由解釋，由憲法獲得唯一正確的法律，亦無法透過解釋，由法律取得唯一正確的判決」（RR 第350頁）。在立法者受憲法拘束與法官受法律拘束二者間，僅存在量的差別。差別僅在於：就法的創造，立法者相較於法官，「相對較爲自由」。法律機關之法的適用，始終都包含：對應予適用之法的認知性解釋，以及適用機關藉由意志行爲在（透過解釋指出之）各種可能性中作出選擇。透過適用機關的解釋，在此意義下是「有效的」：法官判決縱使僅針對具體個案，他創造了法。透過法學之法的解釋則明顯有別。與法律機關之解釋不同，其並非法的創造，毋寧是「純粹依認知，確認法規範的意義」（RR 第352頁）。因此，其可能性受有限制；其尤其「不能填補法律中的漏洞」（RR 第353頁）。法學僅能指出一具體法規範的多種可能意義；「在法學上同樣可能的多種解釋中，只能透過政治考量決定的選擇須保留給適用的權威」（FG 第152頁）。從事解釋的法律家（由其個人的世界觀出發），在多種可能意義中推薦其一，則不得以學術之名行之，雖然這經常出現。僅取向於眞理價值的法學，應與「取向於實現其他價值（特別是正義），依意志形塑社會秩序的法律政治」嚴加區別（FG 第152頁）。

　　最後的論述中再次顯示，凱爾生最終關心的是：確保法學不被濫用爲純粹個人意見、政治或意識形態追求的託詞。由學術倫理而言，自應承認此一願望的正當性。相較於任何另一種學科，法學更易陷於此濫用的危險，因此更需要一再批判性地自省，就此，「純粹法學」有高度貢獻。然而，當凱爾生爲使其遠離任何價值判斷，而宣稱法學不能藉由「解釋」取得「正確的」判決，則不無過於一概而論之嫌。正確的是：因爲法官的判決取向於在當事人之間促成不可再爭執的法律狀態，其始終是一項意志行爲。同樣正確的是：無論是解釋或將規範適用於具體個案，所要求者遠逾邏輯上無誤的演繹與涵攝。其主要要求，以社會經驗、價值理解、意義脈絡之正確理解等爲基礎的判斷行爲。在極端案例，判斷者的個人價值

理解可能會發揮決定性的影響。然而，在大部分情形，涉及的是可客觀化的、對他人而言可事後審查的思考程序，並非純粹的「意志行爲」或「制定」。凱爾生認爲，立法、司法、行政活動與「私法自治」的進行，原則上並無差異。之於他，均涉及：在更高位階規範的框架內，制定較低位階之規範。這是因其邏輯上的單純而吸引人，但未能滿足事理上差異的見解。它將法解釋的任務限制在單純文義解釋，指出依其字義的多種可能意涵，規範適用者則於其中選擇其一。至於如何選擇，則由他決斷。在憲政國家中，此一見解難以符合司法的功能。因此，對此亦不乏批判之聲[100]。

　　儘管凱爾生的解釋理論不能讓那些除文義解釋外，認爲「歷史的」、「體系的」與「目的論的」解釋乃通常思考程序的法律家滿意，因爲凱爾生否認後三種解釋的認識價值（參見RR 第349頁至350頁）；但不能忽略，由實證主義的學術概念來看，凱爾生的解釋理論完全是邏輯一貫的，假使同意此學術概念，它也是無可置疑的。因爲根據此學術概念，只有當思考的每一步驟均植基於邏輯上（或數學上）的顯然無疑或無可置疑的事實之上，始能稱爲「學術」。法律解釋或任何他種解釋均非屬此種思考。只要（法學與司法中無可避免要做出的）價值判斷（在一定界限內）無法充分藉認知行爲來取得，質言之，無法爲合理的、可事後審查的論證的話；只要無法認識到事實科學的邏輯與說明性或解釋性科學之目的邏輯的差異的話；只要法學還或者被認爲是對（作爲法律生活基礎之）事實的因果性探討，即法社會學，或者被認爲是一種關於法律關係之邏輯形式的理論，即「純粹法學」。法律家視爲其根本任務者——法條與法制度的解釋、「依其意義」藉由事理脈絡要求的法之續造（例如透過「類推適用」

---

[100] 針對凱爾生之解釋理論的批評，參見：Betti, Festschrift für Raape (1948), S. 383 ff.; Allgemeine Auslegungslehre, S. 629 ff.; Nawiasy, Allgemeine Rechtslehre, S. 149 f.; Rupp, Grundfragen der heutigen Verwaltungsrechtslehre, 1965, S. 193 (zu Anm. 84); Leiminger, a.a.O., S. 82 ff.; Krey, Studien zum Gesetzesvorbehalt im Strafrecht, 1977, S. 121 ff。反之，類似凱爾生之見解：Less, Vom Wesen und Wert des Richterrechts, 1954, S. 7 ff。關於凱爾生對美國法實證主義的影響：Fikentscher, Methoden des Rechts, Bd. II, S. 334 ff。

或法律原則的開展），至多可被視爲（依特定規則執行的）技術或「法適用的藝術」，無論如何不能到達「學術」的位階。

第七節　溫伯格之「制度性的法實證主義」

　　凱爾生的「純粹法學」在全世界存在諸多追隨者[101]。近期，它透過溫伯格（Ota Weinberger）經歷了重要的改造[102]。至少在原則上，溫伯格保留了凱爾生的法實證主義與法秩序階層構造理論。他將後者理解爲：每個法規範均可源自另一個前已規定之規範，此一規範授權各該規範制定者，在一定界限內，制定由其創造之規範。「法秩序的階層構造係透過授權所創造，其構想爲：法應可被理解爲功能上的統一體」[103]。司法與行政也被納入到此階層構造內。例如個別法院裁判被解爲：「依規定的程序，權威性創造的個別法規範」[104]。以此方式（如同凱爾生），創造出由憲法，經一般法律與命令，直到根據法令作成之判決與行政處分的不中斷的脈絡。人們可能會認爲，前述階層順序的頂點，同時也是所有（在此一規範體系內有效之）規範的效力之最終根據者，應該是凱爾生理解的基本規範。然而，溫伯格並未跟隨這最後一步。他懷疑，「法效力的客觀性與法事實的客觀描述，可以藉助單純的假定來達成」。他認爲：「作爲法秩序之規範體系的效力，毋寧是一個社會學的、制度性的事實，僅能藉社會學的觀察來認識」[105]。

　　藉此，溫伯格將法之效力的問題由（凱爾生僅認可之）規範層面，移

[101] O. WEINBERGER, W. KRAWIETZ, Reine Rechtslehre im Spiegel ihrer Fortsetzer und Kritiker, 1988.

[102] DONALD NEIL MAC CORMICK und OTA WEINBERGER, Grundlagen des institutionalistischen Rechtspositivismus, 1985; OTA WEINBERGER, Recht, Institution und Rechtspolitik, 1987; Norm und Institution, 1988; s. auch MAYER-MALY, WEINBERGER und STRASSER (Herausgeber), Objektivierung des Rechtsdenkens, 1984.

[103] Norm und Institution, S. 109.

[104] Norm und Institution, S. 110.

[105] Norm und Institution, S. 125.

轉到社會學的層面。依溫伯格之見，法在此層面上的特徵爲：與社會制度（諸如國家、家庭、私有財產權等）的緊密關聯。其因此稱其理論爲「制度性的法實證主義」。據此，「法的實存乃是一種（存在於社會眞實之內的）制度性事實，雖然法規範作爲理念性的存在，不能透過直接觀察，毋寧僅能透過理解來掌握」[106]。這些制度「功能上與實踐性資訊（尤其是規範性規定）之眞實存在的體系相連結」；制度性事實及其可觀察的過程，只能將其「置於規範性規定的脈絡來解釋，最終即在行動脈絡中掌握」，才能理解。如其爲制度的構成部分，規範體系即可被承認爲眞實的存在[107]。依溫伯格之見，法「具有雙重面貌：它是規範性思考的存在，也是社會生活的事實」[108]。

然而，依我之見，溫伯格未能清楚說明，根據實證法在社會學上可觀察到的實際效力，如何能證立其在當爲意義上的規範性效力。「效力」一詞可有雙重意義。其可理解爲，規範在特定人群中被絕大部分人所遵循，或其應被遵循，亦即以要求遵循的方式出現。第一種不能用來正當化第二種。要正當化第二種意義，規範的效力要求必須植基於一種倫理性當爲或一項理性命令。假使否定自然法或內含於實證法的法理念，又放棄凱爾生理解的基本規範，那麼實證法之規範性效力要求（就此，溫伯格亦不爭執）就欠缺基礎。社會學意義的法秩序，亦即其事實上「適用」，無法替代規範性意義的效力基礎。

然而，遁入社會學的效力概念，還不是溫柏格的最後結論。他提及：「不討論正義問題的法律生活」是不可想像的[109]。縱使沒有人能客觀、終局地知悉或證明何爲正義。然而，他確信，「就正義的問題應可合理論證」，他並且認爲，有時應可證明某事是不正義的[110]。何者應被認爲正當或不正當，當可進行合理分析。正義分析乃是社會批判性的研究；「這

---

[106] Grundlagen des institutionalistischen Rechtspositivismus, S. 35.

[107] Recht, Institution und Rechtspolitik, S. 149 f.

[108] Norm und Institution, S. 79.

[109] Norm und Institution, S. 217.

[110] Norm und Institution, S. 218.

些研究經常可以獲得何者爲不正的認知，只是不能得到人之關係之正確形塑的積極性決定」[111]。溫伯格還指出正義問題的某種類型學，並發展正當之法適用的要求。因此，他並未如同凱爾生那樣，將關於正義問題的討論排除於法學之外，毋寧對此提出明確要求。只是他對討論結果之確實性的要求，尚未達到嚴格學術研究要求的程度。然而，他並不因此否定其認知價值。藉此，他相當程度地與凱爾生之嚴格的實證主義保持距離。

關於法律解釋的問題，溫伯格亦未追隨凱爾生。於此，他由傳統的解釋標準出發，但提醒勿過度高估此等標準；因其僅表達可能的論證型態，但並未提供方法上可清楚決定之解釋的基礎[112]。於此，價值判斷又將產生影響，因此必須「澈底區分，詮釋學論證中的認知性要素與價值決定」[113]。於此，主要牽涉到：於可疑案件，法規範應以「符合相關制度與社會需求的方式」而爲解釋。然而，何謂「社會需求」，又可有截然不同的解釋方式。

溫伯格的作品雖然與凱爾生具有內在的連結性，然而卻避免了後者的片面性，因此相較於凱爾生，非常高程度地滿足了法律實務的需求。

---

[111] Norm und Institution, S. 219.

[112] Norm und Institution, S. 186.

[113] Norm und Institution, S. 187.

第四章　二十世紀上半葉法哲學的背離實證主義

在我們這個世紀的開端更新德意志法哲學者，首推施塔姆勒（Rudolf Stammler）的著作[1]。他引進了一個法哲學的運動，運動的個別路徑多元且交織纏繞[2]，惟其整體特徵可謂係實證主義的背離。於此，背離實證主義始終與肯定法的歷史性緊密連結；其追求，將兩大精神潮流——「自然法」與「歷史主義」予以綜合[3]。大約是1920年代開端，源自新康德主義的運動〔在李凱爾特（H. Rickert）之後，藉由賓德爾（Binder）的早期著作，以及拉斯克（Lask）、拉德布魯赫（Radbruch）、麥耶（Max Ernst Mayer）等〕達到顛峰；其部分得於「新黑格爾主義」〔賓德爾、舍納菲爾德（Schönfeld）、杜爾凱特（Dulckeit）〕中得到延續。與其並進，同樣在1920年代的另一方向為現象學的運動〔萊納赫（Reinach）、胡賽爾（G. Husserl）、維爾采（Welzel）〕。這些方向對同時期的法釋義學，除刑法外，影響甚微，因法釋義學長期以來主要受實證主義支配[4]。考量

1　主要著作：Wirtschaft und Recht nach der materialistischen Geschichtsauffassung, 1896, 5. Aufl., 1924; Theorie der Rechtswissenschaft, 1911(2. Aufl., 1923; zit. nach der 1. Aufl.); Die Lehre von dem Richtigen Recht(zit. RR), 3. Aufl., 1926; Lehrbuch der Rechtsphilosophie, 3. Aufl., 1928。特別適合作為導論的論文："Wesen des Rechts und der Rechtswissenschaft" in: Rechtsphilosophische Abhandlungen und Vorträge, Bd. I, 1925, S. 395。

2　關於此等路徑，我由當時之「新黑格爾主義的」立場出發，在我的著作《當代之法哲學與國家哲學》（Rechts- und Staatsphilosophie der Gegenwart, 2. Aufl., 1935）做了介紹。因為相隔至今已超過一個世代，也因為其後的經驗，應該不須特別強調，今天我的看法在很多地方已與當時不同。

3　因此，此一法哲學運動中，前者的著作是唯物主義歷史觀之批評（施塔姆勒），後者則是基於黑格爾精神之「法歷史的哲學」（杜爾凱特），即非屬偶然。

4　原因之一應該是：至少直到一次世界大戰結束，德意志民法學完全受到（無法抗拒之）法典化，以及（與此相關的）對法律完美主義之信仰的影響，大概只有法史學能免於此一信仰。另一個原因是耶林與利益法學的影響，因其似乎完全可以滿足法律實務的需求。民法釋義學的逐步演變源自社會組織在通貨膨脹與二次世界大戰後的動搖、經濟生活（特別是勞動關係）的演變，簡言之，新的社會世界對傳統概念架構的突破。於此，與刑法及部分公法領域〔考夫曼（Erich

到其出發點（即康德的認識論），前述情形更令人驚訝，蓋新康德主義的法哲學本身原本被廣泛理解爲法學的方法論。這尤其適用於施塔姆勒本身。直到後續的進展，才達到法倫理學，最後到法本體論。然而，時至今日，許多前一世紀法哲學運動中取得的知識，已進入到法方法論與釋義學的文獻中。只是人們不再意識到它們所來自之特定法哲學思想脈絡的根源，以及某些表述的特殊意涵。因此，爲理解當今的方法論，於此對法哲學的運動（在其對方法論有意義的範圍內）至少描述其主要特徵，是必不可少的[5]。

第一節　施塔姆勒之《法學理論》與其《正確之法》的理論

　　依他自己的用語，施塔姆勒在他的《法學理論》（Theorie der Rechtswissenschaft）中，嘗試「將法學作爲科學來掌握，使其免於科學上之無價值性的非難」（第185頁）。他認爲，適於達成此目標者只有：法的基本概念，以及「以可靠且澈底的方式闡明這些基本概念」，因此這是「所有致力於法與法學者的主要任務」。科學、認知乃是：以一種一般有效的思考方式，連結個別的意識內容彼此，由此可顯示施塔姆勒與康德的認識批判、藉由「新康德主義」對後者的理解之間的關聯性。施塔姆勒提及：「連結到批判哲學的用語」，「用以統一既存意識內容之特殊性的一般方式」者，乃是思考意識的「形式」，其須與由其加以安排的「素材」

Kaufmann）、斯門德（Rudolf Smend）〕不同，法哲學的考量影響甚微。就如歷史部分的最後一章即將指出的，它們要到最近，並且是在思考利益法學之界限、將其改造爲「評價法學」，以及強調法倫理性原則（例如「實質正義」，參見：WIEACKER, Privatrechtsgeschichte, S. 603 ff）的脈絡裡，才再次突顯。

5　我們的論述僅限於，與法方法論有直接關聯的法哲學理論。這些理論的一般性哲學前提要件，只有當其爲理解方法論述必不可少的部分，才會提及。限制在我們這個世紀之法哲學對法方法論而言重要的片段，其後果是：許多在法哲學歷史上有一席之地的法哲學家，將不被提及。這當然無涉價值判斷。

明白劃分，後者來自意識內容中源於「感知」的因素（第7頁）。思想之形式與素材的關係乃是：邏輯上作為前提者與被取決者。我們不能將考量取向於已「被形式化者」，即已以思想之特有方式加以規定者，反之，形式應獨立於（藉其掌握之）所有特殊的素材之外。因此，所有「經驗」均置於一（從屬於思考之）要素內。「素材」本身從未能成為意識的內容，相對於此，「形式」在思想上獨立於（取決於它的）素材，並可就其本身來觀察。施塔姆勒進一步區分思想之「純粹的」與「有條件的」形式：後者才存有取決於素材的內容，前者則具有「絕對的一般有效性」，即新康德主義意義下的先驗原則。

　　法思想也始終是以特定方式被安排，質言之，以被形式化的方式出現在意識內。因此，依施塔姆勒之見，必須有法思想的「純粹形式」，它們「依其性質，完全不包含更替變化之素材的特殊性，根本就是統一安排的決定性形式」（第113頁）。其最終即是「法思想所取決的法之路徑」。此等「純粹形式」的整體是所有特殊之法認知邏輯上的前提，其本身不受限於任何特殊素材，又可在法概念本身發現其「前提上的統一性」（第14頁）。法概念是「為安排意願性意識的，一種純粹的，作為前提的方式，其本身係認定特殊問題具法性質的所有可能性之前提」（第19頁）。發現它，並藉此發現法的「純粹基本概念」，是「批判性法哲學」的首要任務。

　　到此為止，施塔姆勒的理論基本上只是將康德指向自然科學的認識理論（以新康德主義的解釋）轉用於法學。他相信可藉以確保法學在方法上之獨立性的重大轉變，主要是透過劃分兩種截然不同的思想方式，但施塔姆勒卻引人誤解地將此二者稱為「感知」與「意願」。關於現象，前者是依原因與結果，後者則是依目的與手段的思考形式來安排。在原因與結果的連結上，時間上較後者（結果）看來取決於較前者，相對於此，目的與手段的連結則使得「（作為目的之）時間上較後者決定了時間上較前者（手段）」（第49頁）。依施塔姆勒之見，兩種連結方式「是價值相同的方法，都是為了統一掌握特殊的影響，將我們思想中多樣的內容，以各該根本性的方式安排其先後順序」。任何一種都並非源自另一種；於此涉

及的，各自均係「我們意識內容的最終的形式性方向」。就此兩種「基本上」不同方法的體系性論述，產生了兩種完全獨立的科學：一方面是自然科學或因果性科學，另一方面是目的性科學。依施塔姆勒之見，法是一種意願的類型，法學因此是目的性科學。因此，法學完全自主，以「獨立於自然科學認識的語句」建構其概念（第291頁）。

這些陳述的意義在於，施塔姆勒係藉此反對其所處時代的下述主流見解：爲了成爲「科學」，法學或者應與自然科學相同，研究因果關聯並使用自然科學的概念，或者應與邏輯學與數學相同，自限於形式的理論。依施塔姆勒之見，科學的概念即「我們思想世界中根本性、統一性之安排」的概念。自然科學將在空間與時間中可感知的現象，統一地安排到因果性的範疇裡。只是「自然的科學並不等同於我們思想世界的統一」（第57頁）。因爲在我們藉以安排「自然」之個別現象的基本概念中，「不能發現規定目的與手段」的概念。此等概念「存在於感知得以科學性地認識的思想順序之外」（第55頁）。然而，對於不僅能感知，亦能有所意願的人而言，依目的與手段而爲連結，與依原因與結果所爲的連結，同樣必要。因此，除了自然科學，並且獨立於它，「應該要求並建構一種關於人之目的的科學。後者的內容應依既存的、得以清楚理解其特徵的提綱，普遍、統一地加以掌握、予以校準」（第60頁）。除一般的邏輯、自然科學之認識邏輯外，「還應該要求一種目的科學的邏輯」（第63頁）。由此產生法學方法上的獨立性。

耶林稱目的爲「法的創造者」。然而，就此他並未設想到一種思考的特殊方法類型，毋寧是藉由作爲「目的主體」的社會，連結到法規範「眞正的」促成原因。藉此，他開啓了道路，循此經由赫克的「遺傳學之利益法學」，達到法學與經驗性社會學的等視同觀。施塔姆勒之「目的科學」的概念，其意義全然不同。他關心的，不是由社會的目的出發，因果式地說明法規範的產生。於此涉及的是：法之考量的邏輯性特徵本身。此特徵在於：目的與手段的特定連結方式。只要問到法或個別法規範的產生，邏輯上就以（被理解爲，以特定方式設定目的與手段之）法的概念爲前提。法因此不能再作因果科學式的「解說」。法的概念是：設定目的之特定方

式。於此應留意，「意願」、「設定目的」之於施塔姆勒，並非是一種行動，毋寧被解爲特定的思考方式。藉此可進一步界定法的特徵如下：於此，多種目的可以特定方式，彼此互爲手段而爲運用。施塔姆勒稱此種多數目的之連結方式爲「連結性的意願」。

　　就施塔姆勒之法理論的多方交織網絡，於此我們只能選擇若干線路。我們將跳過法概念的進一步發展，其最後認定：法是「不能違反的、專斷的、連結性的意願」。同樣，我們也跳過施塔姆勒由法概念推導而得的法之「純粹」（單純的與集合的）基本概念之列表，依其意見，只要我們想到任何一種特殊的法內容，均以此等概念爲前提，因於此法內容亦必思考及之。我們直接轉向其著作中名爲「法之方法」的部分。施塔姆勒於此處理法的概念建構。「純粹」的法概念是「絕對確定之法概念不會變化的顯露」，且其作爲「純粹的形式」（即先驗的認識原則）不能由「有條件之法的意願的特殊性推導」而得；相對於此，「有條件的法概念」則是透過歷史上存在之法的有限內容抽象而得（第276頁）。它們是：「特殊意志內容，以一種由法之基本概念促成之方式的收斂」（第269頁）。「收斂」，則是藉由強調多數現象的共通處、忽略其不同處的方式來達成。由特定實證法既存的豐盈出發，法學藉由不斷地抽象化，建構出較高位階與較低位階之法概念的順序，於此，「抽象化的正當方向」（第272頁）則由法概念、法之「純粹的基本概念」來給定。爲了維持「法概念上下彼此的統一建構」，下位階的概念必須以下述方式來建構：「作爲規定，上位階概念必須證實，其本身亦遵守法之純粹的基本概念的條件」。所有「人之目的設定之有限的素材」必須如斯安排：「其可靠的上升，將引向法的目的概念」（第272頁）。如是，施塔姆勒藉此要求的概念體系，使人聯想到普赫塔的概念金字塔；然而，相對於金字塔的形象，施塔姆勒優先選擇「同心圓之圓圈」的圖像，其中心爲法的概念。

　　假使視施塔姆勒之法學理論爲回歸「形式之概念法學」的話，就有所誤解了。普赫塔相信，所有「下位階的」概念均可由上位階者推導而得，而且不區分法律概念與法律規則，因此，新的法條亦可由概念推導而得；

相對於此，之於施塔姆勒，由法律概念進行推論必須止於法之「純粹的基本概念」。依其見解，所有「有條件的」概念均以特定「素材」為前提，此素材存在於實證法（即歷史）中，法學須由此藉抽象化以建構概念。然而，選擇（對建構概念而言的）「本質性」要素時，則須始終取向於法概念，以及（由法概念推導出來之）有條件的概念應涵攝於其下的基本概念。然而，依施塔姆勒的理解，「有條件之概念」的包含「素材」，僅限於其建構時須以後者為前提。然而，由此將導致「特殊的法之活動不能創造新的素材」（第341頁）。對實證法作學術性的澈底研究，能提供的貢獻不外是「將既存之法的內容分離為其思想要素」；其「於各處均僅能以忠實重現為目標」。因此，它在內容上從未超過實證法；施塔姆勒明白反對下述見解：法學為一種「法源」、法學可以創造迄至當時所無的法條。之於他，「法的建構」「不過是澄清在法的意志內容裡原已包含者」（第358頁）。如是，法學只是將實證法已提供的內容，安排進其適合的體系形式，對內容無所增益變更。它完全是重製（第358頁），而非創造。

　　然而，只有將其任務限於就實證法提供的內容，依其適合之思想上的一般性與概念性加以認識的，體系性、建構性法學，始會自限於「重製性的」活動。但除此之外，施塔姆勒還承認一種由科學方法引導的「正確之法的實務」，對此，無從否認其具有「創造性」特質。於此涉及施塔姆勒的另一理論，其與施塔姆勒之名尤其緊密相連：「正確之法」的理論。

　　所有思想均從屬於「正確性」的要求，之於施塔姆勒，法亦無不同，前已論及，作為「連結性的意願」，法也是一種思想類型。施塔姆勒論及：對於「正確」與「不正確」思考的區分，沒有人能「宣稱其不正確，或僅是質疑其正確性，本身卻不以此為前提」（RR第12頁）。如是，任何一種法之意願的正確性問題，亦將被提起。然而，「正確性」的思想，其所述與「意識之完美統一」的思想並無不同，質言之：「所有可想像之意識內容的完全一致」。特殊的法之意願，例如一特定法條因此就是「正確的」，只要它能不矛盾地納入到（所有可想像之）法之意願的整體內。由此產生（作為「社會理想」的）「正確之法」的思想。其意指：「將所

有可想像之社會意願，以一種澈底的和諧加以安排」（RR 第141頁）。
這不能誤解爲：依施塔姆勒之見，存在一種「理想的」，唯一「正確」的
法。「任何」法毋寧均需要經驗性素材，就此而言亦必然是「實證的」。
因此並不存在「正確之法本身」，毋寧只有正確或不正確的（部分正確，
部分不正確的）實證法。「實證法之意願內容具有正確性特徵者，即是正
確之法」（RR 第52頁）。據此，之於施塔姆勒，正確之法的理念亦不過
是判斷任何實證法的「標準」。每個實證法「依其一般性意義」地追求正
當性。在個別情形可能被認爲「不正確」，但作爲法，其始終「嘗試成爲
正確之法」（RR 第57頁）。

　　在實證法或「被制定的」法之內，施塔姆勒又進一步區分「形式化」
與「未形式化」（才要選出）之法。他將「形式化」之法理解爲：對於未
來案件的決定，現已提前確立。反之，「未形式化」之法對於決定首先保
持開放，其僅指示法官，當某事件發生時，「在諸多供其選擇的不同法條
中，視取向法之理念的法條爲重點而加以選擇」（第579頁）。依施塔姆
勒之見，前述指示的事例如：對法官的裁判，法律指示其參照「誠信原
則」、「善良風俗」，依其「合理裁量」或類似的引導思想。於此種情
況，法官不能就在法律裡發現，其用以涵攝個案的規則，必須依法之意願
的「正當性」思想，選出此「適合的」規則。當「形式化」之法存在漏
洞，且無法藉由澄清其思想來填補時，法官就會面對如同前述的任務。前
述的漏洞是不可避免的，因爲形式化之法的概念，「本身必然包含有限性
的要素」（第641頁）。因爲「藉助技術性地制定固定法條的手段，要窮
盡處理（在特定時點可能出現之）所有法律問題，是不可能的」；沒有立
法者是全知全能的，也不存在如此龐大數量的法條，足以窮盡答覆無數可
能的問題。因此，「形塑在法條之內的法」，在所有時代都只構成法或多
或少的部分。「這部分必然是有限的，而且絕不可能擴展到所有可想像之
法的全部」（第644頁）。因此，存在「以有根據的方式來填補」法漏洞
的任務。施塔姆勒表示，認爲可藉由類推來填補任何形式化之法的漏洞，
是「站不住腳的主張」。因爲對特定問題進行類推的可能性，繫諸下述偶
然的條件：「在形式化之法內，對於現在被提問的，與法有關的前提要

件，存在部分的相同性」（第645頁）。因此始終存在，「對於法未予掌握之問題，嘗試以其他方式取得答案」的任務（第647頁）。然而，因為「法的路徑（只要它前後一貫地依其基本思想進行）將導向原則上正確之內容的追求」（第649頁），則前述的漏洞填補，亦應以一種導向（依既存情境）「正確之」決定的方式行之。這又意味著：在眾多可能的或可設想的法條中，法官應選擇在此情境中「原則上正確者」（第651頁）。

　　或者因實證法如此指示，或者因形式化之法有漏洞且不能（以類推方式）由其本身加以填補，以致法官在具體個案須自行選擇裁判規範時，就如何進行「原則上正確」的選擇，即需要指引。由施塔姆勒發展的「正確之法」的原則，即係此等指引，質言之，「進行原則性選擇的方法上準則」（第679頁）。施塔姆勒將前述原則區分為「尊重」與「參與」之原則，但其本身並非個案得以「涵攝」其下的原則，毋寧只是準則，即方法上的輔助手段，藉此之助，法官對（「形式化」之法未提供答案的）特定法律問題得以發現正確的法條。為此目的，法官須設想，其考量的法條與前述原則是否一致。施塔姆勒的意見，並非由此等原則得以直接推論出特定內容的法條。因為此等法條均需要（受限於經驗的）素材。施塔姆勒的見解是：經驗提供（我們可以將法律案件涵攝於其下的）「可能的大前提」。據此可能的，符合歷史經驗的法條，其或者是經「形式化」之法所規定，或者將由法官「以原則上正確的意義」選出。進行的方式則是：由法官審查，「在諸多可能的法條中，何者顯示，符合法全然和諧之理念的方向」。據此選出的實證法條，在應依「誠實信用」或「其他類似表達」而為之判決，提供了涵攝推論中的「大前提」。「然而，正確之法的原則不外是：再次認識此理念的思想上輔助手段、有條件之法的意願之形式性基本思想」（RR 第153頁）。

　　不適合於此對施塔姆勒與其法理論的哲學性，特別是認識論上之前提要件進行批判[6]。其新康德主義的基本立場就已經有問題：將統一的經驗

6　就此請參見我的著作："Rechts- und Staatsphilosophie der Gegenwart", 2. Aufl., S. 28。深
　　入的討論可參見：Binder, Rechtsbegriff und Rechtsidee, 1915; Erich Kaufmann, Kritik der

拆解為源自思考的形式，以及透過感覺來媒介的「素材」，尤其是將此劃分轉用於法學。同樣有問題的是：讓「感知」與「意願」相對立，視其為兩種不同的「思想形式」。施塔姆勒關於法概念與法之概念建構的理論尚有未足，因其僅認識到一般抽象的類型概念，既不認識李凱爾特意義下之「歷史性的個別概念」，亦不知黑格爾意義下的具體一般的概念，最後亦不及於（我們將稱之為）功能決定的概念。姑不論對其理論應為之批判，施塔姆勒的兩項認識對方法論具有重大的意義，於此須加以確認。首先是法學相對於自然科學在方法上之獨立性的認識，其論據為：法釋義學追問的不是法條或制度的「原因」，毋寧是其「目的」與意義。第二項更重要的認識是：在具體情境中存在的，雖然有限，但仍然相互衝突之目的，應取向更高的標準（即法的理念）而為安排，此乃法之本質。此一認識促成實證主義（尤其是耶林與赫克採取的型態）之克服，並完成法學中之目的論的方法。藉此，施塔姆勒相對於「利益法學」向前邁進一大步。除此之外，重要的是：施塔姆勒並未將（法理念之內容於其內開展的）「正確之法」的原則，理解為法律案件可「涵攝」其下的（被解為一般性法條的）規範；其毋寧被視為：發現正確之法的方法指引，即引導思想或「原則」。然而，他又將原則理解為形式的思想方式，因為他截然劃分「法概念」與「法理念」，尤其不容許其認為，前述原則在實證的、「形式化的」法本身發生作用，因此在解釋與學術性地處理「形式化之」法時應加以考量。施塔姆勒尚未認識到，就如我們在第二篇第五章將論述的，在法條的解釋、由法律本身的意義內涵（透過「類推」）進行的漏洞填補，以及將決定取向於「正確之法」的原則，其間存在的並非種類，毋寧是量的區別。

---

neukantischen Rechtsphilosophie, 1927。精神史上最有趣的應該是，韋伯在一篇未完成的論文（MAX WEBER, Gesammelte Schriften zur Wissenschaftslehre, 1922, S. 291 ff., 556 ff）裡對施塔姆勒的批判。他在很多細節的批評上是對的（例如批評施塔姆勒「概念混淆」），但整體而言可說有重大誤解，因韋伯本身仍囿於實證主義的學術概念，因此不能正確地評價，施塔姆勒想克服實證主義之學術概念的期望。就此參見：v. SCHELTING, MAX WEBERS Wissenschaftslehre, 1934, S. 400 ff. und oben S. 63 Anm. 78。

第二節　「西南德」新康德主義與價值理論

　　除邏輯學與數學此二例外，實證主義之學術概念認可之科學，僅限於運用自然科學之方法者，質言之，須植基於事實的觀察、試驗與蒐集的因果性研究。不僅是法學，所謂的精神科學，例如語言研究，藝術、哲學與文學史，尤其是哲學與神學顯然都不能滿足於此等方法。假使不應將所有這些學門都排除於被認可之科學之外，前述實證主義的學術概念就必須予以檢討。假使將科學的任務限於對經驗中存在之事實的認識，就必須將形上學與神學放在一旁（宗教與教義史除外），如此就要問到：「精確之」自然科學的方法實際上是否能掌握可掌握之事實的整體。假使答案是否定的，就證實了另一種類科學（亦即「精神科學」）與另一種不同於自然科學之方法的正當性與必要性。哲學家李凱爾特（Heinrich Rickert）於其1902年發表的《自然科學之概念建構的界限》提出此等證實[7]。於此，連結到前此由哲學家文德爾班（Wilhelm Windelband）提出的思想[8]，他探討了首先是「歷史性科學」，其後則及於更一般之「文化科學」的認識論與方法論之基礎，以及此等科學因此在方法論之自我意識上（相對於自然科學）的獨立性。透過此等研究，他不僅成為「新康德主義」，即所謂的「西南德」新康德主義[9]此特殊哲學方向的主導性理論家，也對精神科學之自我理解直接產生重大的影響。沒有他的話，以新康德主義（及逾此者）為基礎的法哲學發展即無從想像；此外，其思想對刑法方法論的影響力，有時類似利益法學之於民法[10]。

　　李凱爾特認為，自然科學的概念建構（更精確地說，「物體世界的概念性認識」）之本質在於：藉由建構一般性概念（即：藉由少數共通

---

[7]　僅以頁數而為引用。

[8]　出現在他的演講："Geschichte und Naturwissenschaft", 1894 (abgedr. in "Präludien", 3. Aufl., 1907, S. 359)。

[9]　與所謂的馬堡新康德主義（主要代表：Hermann Cohen）相對立。就此參見我的著作：Rechts- und Staatsphilosophie der Gegenwart", 2. Aufl., S. 35 ff；此外：Lübbe in ARSP 1958, S. 333 ff。

[10]　就此參見：E. Schwinge, Teleologische Begriffsbildung im Strafrecht, S. 8 ff。

性「要素」統一掌握盡可能多的現象），來「簡化既存事實」。此概念建構，應促成自然脈絡之一般有效法則的認識。自然科學愈是在此道路上前進，易言之，概念愈是一般、廣泛，就離直接經驗中存在之特殊性與個別（單一）性愈遠。然而，李凱爾特指出，直接經驗的事實始終同時包含著單一的、特殊的、相同形式的再現者，因此，自然科學以其「一般化的概念建構」，始終只能掌握事實的一個面向，即事實中之相同的再現者。但這意味著，以自然科學的理解，「作爲」自然的事實並非「整個」事實，毋寧只是「考量到一般性的事實」（第248頁）。自然科學（及依相同方法進行的科學）爲達其目標必須付出的代價是：「排除既存事實中之個別特徵」（第236頁）。由此產生「所有自然科學之概念建構的限制」：這是「經驗性事實本身」（第239頁），以其個別形塑與建構之多樣性本身已包含的。

依李凱爾特之見，只有那些認爲知識存在於盡可能精確描繪「既存的」眞實「本身」（即獨立於認識過程之外）者，才會對此結論感到詫異。然而，「新康德主義」的基本思想（也是李凱爾特的出發點）正是：知識的對象（在自然科學就是「自然」）是認識過程的結果，在此過程中，思想的結構作爲前提要件也進入到結果之內。因此，自然科學也無法描繪世界「本身」，毋寧「始終僅是對眞實的處理與變換」。「世界整體」本身是無法描繪的（第246頁）。因此，不能將其無法掌握眞實的整體當作自然科學的缺點。作爲「自然」的世界，質言之，作爲一般性之相同形式的再現，只是一個角度，作爲豐盈之個別型態與事件的世界，則是另一個角度，我們可以，也必須由此二角度來認識眞實。每個「角度」都是必要且正當的。

與自然科學不同，最廣義的「歷史性」科學，如李凱爾特所述，不那麼是處理相同形式的再現（無論是以一種類型，或是以一種一般性的自然法則），毋寧是處理個別的人、精神創作、行爲與事件。我們對「歷史上」的人感興趣，不是因其可涵攝於一般性概念之下，毋寧因其獨一

的「形象」[11]。但這並不意味，歷史學家對此人的所有事項，包括「無關緊要」的事項都有相同的興趣。歷史學家必須在諸多的細節中做出選擇；他認爲部分是「重要的」，而略去其他「不重要的」。然而，其據以做出選擇的觀點，與自然研究者不同。之於歷史家，重要的不是其對象（不論是特定人，諸如法國大革命或維也納會議等特定事件，或諸如歌德之「浮士德」等精神創作）與其他盡可能多數同類者之共通處，重要的毋寧是因其「個別性」、特殊性，甚至獨一性，因此可得識別、顯得「重要」。歷史學家當然也只有藉助（本身爲一般性想法或甚至一般性概念的）「概念要素」，才能建構其對象的「個別之概念」，因爲完全個別者本身從來就無法言說或傳達。然而，即使「思想的要素本身是一般性的」，然而這些要素卻可以如斯組合：「由一般性要素產生的複合整體，其內容只在單一特殊的客體得以發現，且因此使此客體有別於其他所有客體」（第339頁）。一種「個別化的」概念建構是可能的，只要對眞實之特定部分涉及的是「歷史性」的掌握，而非「自然科學性」的，它實際上也到處被運用。

　　據此，在一個歷史性的個別概念（例如「文藝復興」、「法國大革命」、「日內瓦國際聯盟」）中，一系列的事件被認爲彼此相關，並且以一種「由眞實中突顯出對歷史具重要性者，並將其連結」的方式來表述（第328頁）。然而，哪些事件「對歷史具重要性」？就此可以簡單答覆：不能是所有個別者，因爲如前所述，歷史學家必須在諸多個別者（與所有眞實，不論是個別或一般）中做出選擇。於此，如李凱爾特所述，主導性觀點乃是：特定事件或對象與（歷史學家認爲重要之）價值的關係。至於於此涉及何種價值，在方法論的角度上是無關緊要的。李凱爾特關切的僅僅是下述認識：假使不存在任何一種被認爲「重要」、與我們相關的價值的話，歷史性的「興趣」無從產生，歷史學亦不可能。李凱爾特的意見，並非歷史學家本身應對事件進行「評價」，質言之，對其採取肯定或

11　文德爾班即已指出（a.a.O., S. 364）：「經驗性科學尋找眞實的知識，其或者是自然法則形式之一般性者，或者是歷史上特定形象之個別者」。

否定的立場。但其必須使此等事件「與價值相關聯」，亦即：必須認識到，對象可被評價、在價值觀點下值得注意。李凱爾特稱此種與價值相關聯的概念建構爲「目的論的概念建構」，此尚未包含事件的評價，但已爲評價做準備並使其可行（第371頁以下）。

　　這些論述的意義主要在於：藉此，李凱爾特使「價值」的概念得以進入精神科學的方法論之內，並且是以一種對「新康德主義」而言唯一能容許的方式，亦即：他視此等概念爲此等科學認識理論上之先驗者，但並未答覆「價值」爲何的問題。藉此，李凱爾特也同時往前邁進一步。當歷史學家使眞正發生的事件與價值「相關聯」，並且當他發現，對此等事件應具有一般性的興趣時，作爲基礎的重要性就不能只對他，而須對其他人也存在。因此，在此涉及的，必須至少在歷史學家所屬此一文化社會係實際上一般承認的價值。此「原則上可藉由經驗來確認」（第627頁），即爲經驗性事實。然而，價值之事實上的承認，並不等同具有「規範性的一般效力」。只有當其承認可期待於任何人，被任何人所要求，價值才具規範性的一般效力。正是在此等（在特定社會實際上被承認之）價值的關係內，存在某種「任意性的行爲」（第629頁）。然而，即使採取的只是「實際上有效」的價值，其內還是包含了進一步的前提要件，亦即：在此涉及的是「價值」，並且「包含下述超經驗的前提要件：某種價值是絕對有效的，並且人類的價值與其存在某種關係」（第640頁）。我們可以如斯理解李凱爾特：在實際有效的價值中，「絕對的」價值（即使僅是以接近的方式）得以主張，此何以「實際上」有效的價值，習於以某種請求承認、主張「規範性」效力之姿出現。藉此同時也引進了另一個極爲重要的概念——「文化社會」的概念，它是透過價值之實際上效力被建構的社會。

　　李凱爾特進一步稱「歷史性科學」的概念爲「歷史性的文化科學」。在其較晚期著作[12]，「文化」的概念更爲突顯。最廣義的「文化」是：所

12　主要是《Kulturwissenschaft und Naturwissenschaft》一書的較新版本。於此引用於1926年出版的第六版與第七版（K. u. N.）。

有藉由其與價值的關係，而對（承認此價值之）人有意義與重要性者。除
了在邏輯上將科學區分爲一般化者與個別化者外，又出現一種事物上的劃
分，即：依其標的係免於價值與意義者（自然科學），或與價值相關聯，
因此可有意義地進行考察者（文化科學）。對於價值、意義與重要性，
我們無法「感知」，毋寧只能透過對感知到的客體賦予意義、加以「理
解」。據此，自然是「免於意義，僅能感知，而非加以理解」者，相反
地，文化是「富有意義，可得理解的實存」（K. u. N. 第20頁）。然而，
作爲「意義結構之事實上承載者」的，「可表述之歷史的個別性」概念，
只有藉由與（「附著」於文化事件之）價值的關聯性才能被建構，因此，
歷史性觀察始終涉及文化客體，而每個文化客體都只能以其歷史上的單一
性來掌握。但這並不排除，若干文化科學某程度還是會運用一般化的概念
建構，一如李凱爾特明確指出的，在法學就是如此。

　　在我們這個世紀之初，拉斯克是第一位將此思想適用於法學的哲
學家，雖然還有些粗略[13]。之於他，法學是「經驗性文化科學的一個分
支」[14]。它處理的是：在諸多發生的事情中，因其就特定文化價值的重要
性，而被特別強調的事件或關係。於此，法或者被理解爲「眞實的文化因
素」，或者被理解爲，擺脫發生的事實之外的「諸多意義的整體」。第一
種觀察方式產生「法的社會理論」，就此，拉斯克並未視其爲經驗性社會
學意義下的「自然科學」，毋寧已視其爲一種（李凱爾特意義下的）「文
化科學」；第二種方式產生的則是「釋義學式的法學」。詳言之，釋義
學式的法學，涉及「將（依社會理論的判斷，認知爲「法」的）規範之
思考上的內容，安排進一個體系性脈絡內」（第313頁）。規範之「合於
思想的內容」，則源自其與（社會承認之）價值與目標的關係。拉斯克
因此提及「與價值、目標相關聯的法學方法」（第316頁）。他適當地強
調，「所有落入法領域者，均須犧牲其自然主義的，免於價值觀關聯的特

13　In der 1905 – in der Festschrift für Kuno Fischer, Bd. 2 – erschienenen "Rechtsphilosophie".
　　Zitiert wird der Abdruck in den Gesammelten Schriften von Lask, Bd. 1.
14　社會學的經驗性方向（至少在形式上）是以一種自然科學的方式，即一般化的方式來進行。

徵」。這適用於法意義上的「物」與人。法的概念建構總是「帶有目的論的色彩」。在這個認識上，拉斯克明顯近似於施塔姆勒。他也認識到，法學並非單純發現並僅是分析其標的，即現行有效之法的整體；毋寧部分必須由法律、習慣法與法官法等「素材」，以創造性的工作來取得（第326頁）。因此，法學並非如施塔姆勒所稱，完全是「重製」，毋寧亦有「創造」。遺憾的是，拉斯克就在這點上結束，而未進一步深入探究法律解釋、漏洞填補與「自由之法的創造」。

這項由拉斯克開始的工作，由拉德布魯赫繼續。依後者自己的說法[15]，文德爾班、李凱爾特與拉斯克的哲學理論，構成其法哲學的背景[16]。然而，他遠遠超過前人的提問。因為之於他，涉及的不僅是「與價值相關之」科學形式上的思考結構而已，毋寧還特別牽涉到（對於法而言重要之）價值本身的內容與有意義的脈絡。藉由提出三種不同的，幾乎是理念型的價值體系，拉德布魯赫基本上執行了，由僅是形式的到「實體的」價值哲學的過渡；然而，在前述不同價值體系間為選擇，依其見解，應由個人為之。因為他僅是將三個價值體系連同相同之內在的法彼此並列，幾乎掩蓋了前述的過渡。他藉此似乎還停留在可疑的，價值相對主義的基礎上。然而，對拉德布魯赫亦可以下述方式來理解：其最終涉及三個彼此相互要求與補充的面向，雖然我們還未能使它們彼此相互支援[17]。如是，保留給我們的選擇只在於：在一個特定歷史情境下，或多或少地突顯此種或彼種面向，即只牽涉重點的安置。假使如此理解拉德布魯赫的話（而且這應該是正確的解讀[18]），其法哲學就絕非放棄關於最終有效之價

----

15 Rechtsphilosophie, 3. Aufl., S. 1, Anm. 1.

16 我們引用的是，由拉德布魯赫自己最後處理的第三版（1932年）。由沃夫（Erik Wolf）、施奈德（Hans Peter Schneider）處理的第八版，於1973年發行。

17 拉德布魯赫提到（Vorschule der Rechtsphilosophie, 2. Aufl., S. 32），這三個價值理念彼此要求，同時相互牴觸。此種表達易於使人聯想到，它們處於一種辯證的關係。然而，拉德布魯赫從未採取（「具體」概念的）辯證邏輯。

18 就此參見：FRITZ v. HIPPEL, G. RADBRUCH als rechtsphilosophischer Denker, 1951, S. 16 ff., insbes. S. 20, und ERIK WOLF, ARSP 59, S. 498 f。

值的任何內容認識[19]，毋寧更是一種取得此種認識的嘗試。至少拉德布魯赫在學術思考上的相對主義，並未排除他個人在倫理性評價問題上的決斷[19a]。

拉德布魯赫方法論上的論述，當時受到刑法學的強烈重視[20]，主要仍植基於（「西南德的」）新康德學派。之於拉德布魯赫，事實本身始終是免於意義與價值的現實；範疇上，它被歸屬於「自然的王國」。直到評價的意識才賦予事物以價值或無價值。此外，人會考量其追求的價值，對事實進行改造。文化「作為一種具有實現價值之意義的事實」，就是如此產生的（第4頁）。拉德布魯赫跟隨新康德主義的用語方式，將最終的、無法再推論的價值稱為「理念」。之於他，作為「文化現象」的法，是「一種具有實現法理念之意義的事實」（第4頁）。法理念是：所有法最終有意義地相關聯的核心價值。而因法理念不外是正義（第30頁），因此拉德布魯赫可以說法是一種事實，其具有服務於正義的意義（第32頁）。這並不意味著，所有的實證法必然是正當的法。然而，作為「法」，依其意義應從屬於正義的要求，應「取向」此一理念。施塔姆勒固然也提及此點，然而，之於他，法理念只是一個判斷標準，但之於拉德布魯赫，則同時是「建構性的」，質言之，「乃是賦予實證法意義的基本原則」（參見第4頁）。因為法之於拉德布魯赫與拉斯克不僅僅是範疇上被形式化的「素材」，毋寧是一種「具有意義的」事實，亦即有意義地與價值相關聯，因此，為掌握實證法（而不是直到要判斷其「正確性」）就需要一個最終的、核心的連結點，這只有法理念能提供。因此，只有當不再能由實證的、「形式化的」法得到答案時，施塔姆勒才會依「正確之法」的原則進行判斷；相對於此，依拉德布魯赫之見，在實證法的解釋，尤其在其充滿

----

19 前此，我對拉德布魯赫的「相對主義」作如此的理解（Rechts- und Staatsphilosophie der Gegenwart, 1931, 2. Aufl., 1935）。基於希佩爾（F. v. Hippel）有說服力的論述，我的前此主張不能維持。

19a 就此參見：Arthur Kaufmann, Gustav Radbruch, 1987, S. 130。

20 就此作為代表者：Erik Wolf, Strafrechtliche Schuldlehre, 1928; Erich Schwinge, Teleologische Begriffsbildung im Strafrecht, 1930。

意義的續造時，法理念就已經發生影響。

拉德布魯赫將釋義學式的法學界定為：「客觀意義之實證法秩序的科學」（第109頁）。由此證實他是「客觀」解釋理論的追隨者。法律的作者在法律裡要放進的思想，並非（作為理解性文化科學之）法學的標的，其毋寧是某些「真實者」，是「法之社會理論」的標的。依拉德布魯赫之見，在法釋義學中提及「立法者的意志」時，所涉並非特定人經驗上──心理上的意志，此用語意指「立法之整體內容的人格化，法律內容反映在被擬制之統一意識內」。這種表述方式讓人聯想到凱爾生，拉德布魯赫（與賓德爾）和前者一樣，實際上拒絕任何「心理學至上論」，某種程度傾向於（作為其表達之意義內涵的承載者之）法條邏輯上的獨立性。釋義學式的法學應該探求，法條在法秩序的意義結構內，依其內在的意義內涵，應具有之意義。因此，依拉德布魯赫之見，法解釋不是對（立法者或法律撰寫者實際上之）先前所想的事後思考，毋寧是「對已思考者的徹底思考」（第111頁）[21]。質言之，解釋應發展法條或法概念之內在的意義內涵，並使其顯現。然而，只有使法條（或法概念）連結到為其基礎的目標，最終連結到法理念，於此並始終考量到不斷演變的法之需求，才能真正理解法條（或法概念）；拉德布魯赫的此一見解，與凱爾生截然不同。如是，法解釋「從基於立法者之精神的解釋，以不顯著的方式，過渡到解釋者本身作為立法者提出的規則」。法解釋因此是「理論的與實務的、認知的與創造性的、重製的與創造的、科學的與超科學的、客觀的與主觀的要素的，不可解消的混合體」（第111頁）。

對個別法條不僅由其本身，毋寧亦由整體法秩序的意義脈絡出發而為理解，就此不僅需要解釋，毋寧也需要法的建構。拉德布魯赫將「建構」理解為：「由其先前人為拆解的部分，事後製造出整體，藉此使吾人意識到此等部分的必要關聯、其相互間或共同的取決性」[22]。耶林後期與利益

---

[21] 拉德布魯赫兩次提及此表達方式：Einführung in die Rechtswissenschaft, 9. Aufl., 1952, S. 243; Vorschule der Rechtsphilosophie, 2. Aufl., 1959, S. 9。

[22] Einführung in die Rechtswissenschaft, 9. Aufl., S. 245.

法學之追隨者對於法之建構的批評，拉德布魯赫明白表示反對；他認為，這些攻擊實際上針對的不是建構本身，毋寧是針對從（藉抽象化構成之）形式化概念出發的，錯誤的建構。真正的建構是「目的論的建構」，其追求「將個別法制度的目的理解並表述為，尋求更高的、進一步更高的，最後達到法之最高目的之手段」[23]。然而，這個目標無法達成；此外，依形式觀點構成的體系亦將阻撓此目的論體系。例如公法與私法、物權與人格性權利的劃分，「並非由法的目的，毋寧純粹是由法的形式推導而得」。訴訟既可「法目的論式地由其目的原則出發」，然而亦可「法形式性地出發」，質言之，「視為一種在變換的法律情境中發展之法律關係」來建構[24]。然而，下述問題還存而未論：法制度的「形式」是否須配合其「目的」，或者假使前者無法做到，兩種觀察方式彼此的關係如何。拉德布魯赫提及，透過法學對法素材做「雙重處理」，一則是「範疇性的」，亦即「將法表述為法概念與（內含於其內之）法範疇的實現」，另一種是「目的論式的」，亦即「將法描述為法理念之嘗試性的實現」（第117頁）。然而，因為拉德布魯赫（反對施塔姆勒，而與賓德爾意見一致地）強調（第29頁），法概念應取向法理念，因此，「範疇性的」（或「形式性的」）與「目的論的」體系構成之截然劃分的假定，至少就此而言難以證立。拉德布魯赫事實上也超越了此二元論。

此外，由價值概念出發的法哲學家中，還應該提到紹爾（Wilhelm Sauer），他也寫了《法學方法論》的專書[25]。他透過一種真實之「價值追求」的假定，弱化了新康德主義之事實與價值的二元論，這種「價值追求」在文化（因此也在法律中）持續展示與實現。法以判斷實現自我。判

---

[23] a.a.O., S. 246.

[24] An der Gleichen Stelle.

[25] Juristische Methodenlehre, 1940。此外，就紹爾之法哲學的論述尚應提及：Das juristische Grundgesetz, 1923; Grundlagen der Gesellschaft, 1924; Rechts- und Staatsphilosophie, 1936; Grundlagen der Wissenschaft und der Wissenschaften. 2. Aufl., 1949; Lehrbuch der Rechts- und Sozialphilosophie, 1929; 2. Aufl., unter dem Titel: System der Rechts- und Sozialphilosophie, 1949。

斷（何者正確或正當）係由法學、立法者，尤其是司法來落實。因此，法學方法論主要涉及法之判斷的特質（第8頁以下）。法之判斷係「依一般性的（國家—社會的）規範，為盡可能實現（取向正義之）公益的基本法則，對具體但典型（與法有關之）生活事實」所為（第31頁）。它不是尋求確認一個意義脈絡，毋寧是根據給定的規範，衡量已確認的事實，使其取向最終有效的標準或價值，依此加以形塑。據此，法之判斷不僅是一項認知行為，毋寧是經由認知而為的形塑行為。它是「為做出評價，透過概念性思考，對生活構成事實的形塑」（第56頁）。於此，這種認知的特殊方式以下述方式行之：「透過判斷，我們將經歷過的對象導向（作為判斷之規則的）更高法則與價值」（第71頁）。價值是「規則」，這意指：「價值雖然不是生活與追求的具體目標，但確實是抽象的標準，在所屬的文化領域內，生活中的所有現象，均應取向於彼而為衡量」（第60頁）。其一方面「只能同時藉由（應受真實之價值判斷的）具體案件，即個別生活事實、個別的價值追求，始得以認識」，另一方面必須「與其他更高的與並列的規則，共同構成完整統一的體系」（第62頁）。據此，所有完整之法的評價，均完成於一「完整的行動」，後者則由下述四個階段構成：一、掌握生活的片段；二、突顯法重要者；三、安排入具體的法規範；以及四、「導向」或取向（作為最高法價值之）法理念（第225頁）。

　　據此，依紹爾之見，實證法規範的解釋，尤其是司法創造性地對法的續造，最終均應取向（作為「規制性原則」之）法理念。紹爾認識到，解釋與法的續造僅有程度之別。解釋「透過徹底改變或詳細論述，將規範轉換為一種（可以更清楚顯現其真正內涵，更可靠地達到法之實現的目標之）型態」（第293頁）。對（包括法律在內的）所有法規範，依紹爾之見，「均非視其為實際上的意志表達而為解釋」，毋寧「應探究其意義內涵」（第294頁）。此內涵一方面由其來源，另一方面由其目標與目的而產生。法律的來源在立法者的意志。因此，首先應探求「立法機關的意見」（第297頁）。但解釋不能止於此，假使法律不應「被非難為僵化、無生命」的話，就必須隨生活關係與生活見解的演變俱進。因此，最終具決定性的是「此等意志，即判斷當時之法律的客觀意義」，然而，前

提是：以此方式，「不能與法律原本的精神完全決裂」。藉此，紹爾希望統合主觀與「客觀」的解釋理論（第298頁），然而，當紹爾最終再次強調，不是「要解釋一個所謂的意志」，毋寧「是要探究（透過法律而具體化之）法秩序的精神」時，其顯然賦予客觀理論優先地位（第299頁）。重點「不是一個神祕意志的解釋，毋寧在探究（規範與任務所由生之）各種創造性的生活力量」（第300頁）。因為法律乃是「為了考量正義的價值，對生活力量的形塑」。因為法律不可能完全實現此一任務，解釋本身始終是法律的進一步續造，因此，其將被比較廣義的，（法官之）法的創造的概念所吸收。

第三節　客觀的唯心論與辯證法

　　新康德主義在一般哲學長期以來已經被其他方向，諸如胡賽爾（Edmund Husserl）的「現象學」、舍勒（Max Scheler）與哈特曼（Nicolai Hartmann）的「實體價值理論」與「本體論」所取代；考夫曼（Erich Kaufmann）1921年出版的《新康德主義法哲學之批判》則顯示，新康德主義在法哲學也越過了它的高點。考夫曼對法哲學上之新康德主義的批評在於：其未能實現，「確保高於事實並作為事實之立足點與標準的，絕對價值王國」的目標，因「其停滯在認識論上的——形式的理性主義」，亦因其「對經驗性實證主義不敢提出實證的形上學」[26]。其基本立場為：「逃避事實那令人沮喪的、壓倒性的、無盡的多樣性，相對於此，得以安息的避難所僅僅還是抽象的、形式的、單面向的概念建構，排除所有素材的、形象的」。

　　考夫曼的批評，對於「西南德新康德主義」未必全然適當，並且他雖然清楚顯示其缺點，但尚未予以補救。在考夫曼的批評背後隱含著積極性的因素，即轉向黑格爾哲學。在考夫曼的《新康德主義法哲學之批

----

[26] Kritik der neukantischen Rechtsphilosophie, S. 98.

判》出版的同一年，1920年代「新黑格爾主義」的根本性著作，即克羅納（Richard Kroner）的《從康德到黑格爾》[27]首卷也出版了。緊接其後，幾年內出版了一系列重要的黑格爾論述[28]；大家稱此為「黑格爾文藝復興」。格洛克納（Hermann Glockner）依原始版本，安排了《黑格爾全集》的新版；霍夫邁斯特（Johannes Hofmeister）則在《哲學叢書》的框架裡尋求，依演講的底稿，重新出版黑格爾的文本。

　　法哲學領域裡「新黑格爾主義」的代言人為賓德爾（Julius Binder）。他原本出自新康德主義；然而，在與施塔姆勒，特別是與李凱爾特、拉斯克的論辯中，他發現了非常有特色的哲學之路，然而，其始終未能達到其追求的終點。使其著作如此難以理解的原因在於：過度論戰式的論辯、獨特的用語，以及經常變換自身的立場。最後，賓德爾的哲學探討愈益採取一種深奧形式，以致只有「知曉內情者」才能追隨其思想。其核心關懷為：實證法與法學之取向於倫理性原則，即法理念。他向任何將法視為手段的見解宣戰，此見解不承認法的固有價值，認其可作為任何目的之手段；他也反對盲目的非理性主義，後者可以下述語句來表達：「因為我希望，因此我命令；我的意志取代理智」。這尤其清楚顯現在其《法哲學之基礎》的前言。

　　賓德爾在1925年出版之《法的哲學》中，對法學與其方法做了深入的論述。此書屬賓德爾的中期之作：於此，賓德爾擺脫了第一個完全由新康德主義影響之發展階段[29]的見解，然而尚未達到被他稱為「絕對唯心論」的，屬最後階段的深奧哲學立場[30]。賓德爾稱其中期的立場為「客觀

27　Kroner, Von Kant bis Hegel, Bd. 1, 1921; Bd. 2, 1924.

28　例如哈特曼（1929年）、海林（Theodor Haering, 1929與1938年）、格洛克納（1929與1940年）。與「黑格爾文藝復興」有一定關聯的也包括：霍夫邁斯特之《哲學概念字典》（Wörterbuch der philosophischen Begriffe）的重新處理（第二版，1955年）。

29　下述著作歸屬此階段：Rechtsnorm und Rechtspflicht, 1912; Rechtsbegriff und Rechtsidee, 1915; auch noch Prozeß und Recht, 1927。

30　顯示此最後階段特色的是1935年出版的《法哲學之基礎》（Grundlegung zur Rechtsphilosophie）。反之，1937年，以《法哲學的體系》（System der Rechtsphilosophie）為題出版，係對《法的哲學》（Philosophie des Rechts）大幅刪減的二版，則應歸屬中期。於此，賓德爾恰正係將涉及法

唯心論」。藉此，其表達下述見解：其不僅視（最終的、絕對的，質言之，源於自身的）「理念」爲意識的「先驗」原則，同時亦爲實存的內在原則。因此，賓德爾藉以反對施塔姆勒的主要命題乃是：法理念表現在（存在於歷史中的）法與其演變之中，法賦予其（或多或少適當的）表達與實踐性效力。這包含了（我們在拉德布魯赫也已經發現的）下述命題：只有藉由其內存的，與法理念的關聯，才能理解實存的，歷史中之法的固有意義。下一個結論是：假使法學只是爲了配合「精確的」自然科學，或爲了達到「形式邏輯」的嚴格要求（就此等要求，其必然無法達成），忽略了法條與法制度前述有意義的連結性的話，就未能正確認識其對象。

於此關心的，其創作階段的中心概念是「法理念」。一方面，他將此理解爲（康德意義下的）倫理性假定，一項始終必須重新實現的「任務」；另一方面則視其爲一項建構性原則，即實證法或歷史上之法的先驗意義。以此，其不僅是一項「形式的」思考原則，毋寧必然充滿內容；就其影響或特徵（直到1937年，賓德爾還借用新康德主義的用語，稱其爲「範疇」）而言，其乃是在實證法中（或多或少）被實現的，法倫理與社會哲學意義的豐富內容。以此，其與黑格爾哲學之具體──一般概念相近，並促使賓德爾在其發展的最後階段，以「概念」取代「理念」的用語，這對大多數的讀者而言，一定程度上會導致誤解。

作爲歷史性的事實、在歷史中不斷演變者，法雖然存在於時間之內，但並不因此爲物理性或心理性的事物。賓德爾提及，其毋寧歸屬「事實的第三王國，即精神的、意義的王國」（第886頁）。法學是一種「充滿意義」的科學，亦即解釋性的科學（第887頁）。然而，因實證法乃是在各該歷史中特殊者，因此，賓德爾將法學歸屬於李凱爾特理解之「個別化的」科學。其不在特殊者中尋求一般者，毋寧僅以一般性概念爲輔助概念加以應用，「藉助於此，透過比較與劃分（歷史事實之）特殊者，以此自我顯示」（第888頁）。因此，所有權、用益物權、請求權等，其各自

學方法部分刪除，以便嗣後重新處理，且擬以《科學理論》（Wissenschaftslehre）爲題。但其最終未能完成此作；其摘要見於：P. FLITSCH, ARSP 43 (1957), S. 531。

「以民法典的意義」而言並非一般性概念，毋寧爲個別概念；彼等本身爲「法規範概念，其統一要素首先是目的思想，此外則最終爲法理念」（第894頁）。因此，「形式邏輯地」處理法律是不夠的；法的概念建構毋寧必須「目的論式地」進行，質言之，必須清楚指出法條與法制度的目的，以及其與法理念間有意義的連結。據此，賓德爾表示同意地引用拉德布魯赫的話：一如法的概念應取向法理念，每個個別法制度的概念亦必須由其「特殊理念」的關聯來獲取（第897頁）。

然而，依賓德爾之見，「技術性的法學」也會使用（抽象性的）一般概念；例如將其建構之（民法典意義下的所有權、用益物權等）個別概念，藉由略去其特殊者，將其歸屬於（例如「物權」的）「更高概念」。此等「更高概念」，「作爲特定法秩序之概念表述」雖然始終還是具有個別的——歷史的意義，惟就其與下位概念之關係而言，其亦爲一般概念（第896頁）。賓德爾並未忽略，此等一般概念（正因其係由，從特殊理念來理解之法制度的意涵內容抽象而得）並非導向法理念，毋寧正是由此離開；由此導致的，多種概念建構的問題，賓德爾並未續爲處理。在1934年發表的，關於私法學之方法爭議的論文[31]，他毋寧主張，縱使法學「曾一度」建構一般抽象的、純粹分類式的概念，此程序「整體而言只扮演極爲有限的角色」；然而，考量到當時實際上的程序操作，此一主張的正確性是可疑的。

即使在他最後的，嚴格黑格爾主義的階段，賓德爾還是堅持：由法學構成的概念是歷史的，或個別概念[32]。就此不應認同。例如，法釋義學研究「民法典意義」的所有權或契約概念，並不那麼是依其歷史上的特殊性（這是法史學的任務，雖然法釋義學從未完全脫離它），毋寧更視其爲一

---

[31] In ZHR 100, S. 4 ff. (zum Text vgl. S. 77).

[32] 參見他在ZHR 100, S. 77的論述，以及賓德爾遺留之《科學理論》的摘要（P. FLITSCH in ARSP 43, S. 531 ff., besonders S. 542）。

種（可於多樣的生活關係中，以相同方式發生作用的）秩序構造，於此，個別的法律關係可安排於其內、歸屬於其下。法釋義學感興趣的正好不是此等制度歷史上曾經如何，毋寧是彼等對於規制人之關係的「一般性」意義。賓德爾之質疑，此等法制度的意義能否藉由抽象概念，質言之，藉由指出個別獨立出來的「要素」，得以適當重現，應認是適當的。此外，建構「愈高層的」，內容必然愈貧乏的抽象概念，會導致意義內涵的持續喪失，此一見解也是正確的[33]。因此，其須回歸連結於法律原則、運用類型，及尋繹出建構類型的要素，以爲補充。然而，賓德爾未能及此。

　　賓德爾一再將法學稱爲歷史的——解釋性的科學[34]，並非要藉此表示，法解釋只應依立法者之歷史上的——心理學的意志而爲探究。賓德爾認爲，語言學的解釋自足於闡明，原作者想表達的想法，法律家必須超越此範圍，因其「係爲了法律的實踐性適用而爲解釋」（第914頁）。法律適用最終取向於法理念的實現，藉此，法理念（之於賓德爾）乃成爲法官進行解釋與法之續造時共通的主導原則。對於考量立法者的經驗性意志，賓德爾並不非難，但其要求，應由經驗性意志認識到客觀的、「合理的」意志[35]。他認此爲「所謂之客觀解釋理論的核心」。就如立法者始終必須由法理念引導一般，解釋者「亦應嘗試，發展出內含於法律中的理性」（第976頁）。因此，解釋首先「應探究相關規定之經驗性目的」，但在之後「對此結果，應依法的理念予以審視、修正」。這意指：「對確定法規範之內涵與效力範圍而言，重點不僅僅是立法者在公布其規定當時有過的目的想法，解釋的任務毋寧是：在考量活生生的事實、直接當下的經驗性關係與目的理念下，來掌握法規範。唯有如此，法規範才能維持與法理念的一致性，並作爲客觀理性的表達」（第977頁）。也只有留意到，與

---

33 關於抽象概念的建構會導致「法之概念的精神內涵的去除」，考夫曼前已提及：Kritik der neu kantischen Rechtsphilosophie, 1921, S. 75。

34 亦見於其遺留之《科學理論》（a.a.O., S. 542）。

35 如我們先前所見，溫德賽（Windscheid）亦已要求及此。只是溫德賽所謂的「合理」是指邏輯一貫之澈底思考所得（即僅是黑格爾與稍後之賓德爾意義下的「可理解者」），但之於賓德爾，「合理」意味著目的論上之正確者，亦即：與（在歷史上之法的整體所實證化之）法理念相符。

施塔姆勒不同，「法理念」之於賓德爾不僅只是形式性的「角度」，毋寧是（在作爲生動的、精神與歷史性之過程的法之中，不斷重新發展、形塑之）意義的豐富內涵[36]，才能正確理解前揭論述。如此看來，其要求對於個別法規範始終應如斯解釋，俾其得以符合整體法秩序的「精神」，亦即在法秩序顯現、確認的基本價值與基本原則。

　　然而，假使法被視爲歷史性過程的整體，並且法秩序的統一並非抽象概念體系之形式邏輯上的統一，毋寧是目的論的（與考量主導價值與原則下一再重新出現之目的，非「既有的」，毋寧是「被給予的」一致之）統一，由此可得出下述結論：一個時代裡實證的，「被形式化之」法從來不曾終結而「無漏洞」，毋寧必須一再加以補充。因此，無論立法者是否承認，依「事物本質」，法官不僅被委以法的適用，毋寧亦須爲法的續造。在這一點上，賓德爾與（被其稱爲「自然主義」加以反對的）「利益法學」極爲接近，對後者「實踐性的結論」，亦廣泛同意[37]。如同赫克一樣，他認識到，在具體案件中是否存在「法律漏洞」的問題，也必須透過價值判斷才能回答，因此以目的論的思考方式爲前提。「漏洞」的存在並非意指：無法依據法律（透過形式邏輯的涵攝）來獲得決定，毋寧是指：以此方式可能的決定不「符合事理」，即目的論上無法證成（第980頁）。賓德爾說到：正因「法之目的論的性質」，詢問法律規定的完整或不完整，也才具有意義：「對物理學家、化學家、天文學家而言，自然並無漏洞」（第983頁）。法律漏洞的認定意味著，「法整體，或社會之經濟或倫理關係要求的，質言之，應存在的法條或法制度，有所欠缺」（第983頁）。一旦確定如此理解的「漏洞」存在，法官「即應依法的精神、法律的目的，加以填補」（第985頁）。這意指：漏洞的填補應遵循相同的原則，一如法律解釋時即應如此，漏洞填補其實是解釋繼續進行到另一

36　亦參見賓德爾的論文：Zur Lehre vom Rechtsbegriff, Logos, Bd. 18 (1929), S. 1 ff., besonders S. 18 f。

37　ZHR 100, S. 58。賓德爾的批評主要是針對理論基礎，即赫克的「遺傳學之利益理論」（vgl. ZHR 100, S. 65, Anm. 59），以及由此而來之個別利益的絕對化、對理念與具體——一般概念的欠缺理解。這些批評即使在今天，仍然值得留意。

個階段。於此，個別的法律規定被「補充」，同時，作為整體的法律被「解釋」，此外，法被視為適於規範建構之原則的整體。

　　據此，賓德爾明確地反對，視法官之法適用活動僅是「機械性涵攝」的見解；此「僅在極少數個案中始有可能」（第993頁）。就此角度而言，賓德爾已廣泛完成今日方法論討論的成果。然而，他認為，法官還是要進行涵攝；只是在此涉及的並非「形式邏輯的操作」。假使大家視法官的活動僅係如此，只是因為，「當今缺乏下述的認知：數學應用的形式邏輯，並非意識內涵的唯一方法，除形式邏輯外，還可以並且也實際存在目的論的邏輯」（第992頁）。因為自由法學派對此一無所悉，因此為使法官能「擺脫（自由法學派認為的）法律（實際上是形式邏輯的專制）帶來的枷鎖」，而要求「法官的完全自由」。法官真正的自由只能存在於「主觀主義的克服」，亦即法官在思想中使「法秩序的精神」變為己有，並據此而為判斷。賓德爾認為，藉由前述認識，「不僅可以克服實證主義與自由法學派之間的對立」，「類推是屬於法的適用或法的創造」的問題亦將喪失意義。「就法官受法律拘束而言，類推為法的適用，但應以符合法律的理念與其經驗性目的之方式，進行法律的適用」；然而，基本上「所有法律適用，依其本質均為創造性活動」，因其僅能被設想為「其素材的改造」，這又再次顯示新康德主義的思考方式。

　　藉此，賓德爾的方法論又導向下述認識：法律（或者也是：客觀的法）與法院實務的關係被設想為一種辯證論的關係。此一認識首先是由法哲學家舍納菲爾德（Walter Schönfeld）提出。這點最清楚顯示在他關於《法秩序之邏輯結構》的論著，以及他題為〈實證法之夢〉[38]的論文。

　　一如賓德爾，舍納菲爾德關心的是：同時在理論與法律實務中，克服實證主義的精神世界。他在1920年代也是首先連結到黑格爾，稍後則連結到謝林（Schelling）。然而，與賓德爾不同，他並非經由新康德主義到達黑格爾；因此，他比賓德爾更早也更清楚地認識到，黑格爾辯證法之實質的本體論面向。他的提問自始就比較不是認識論的，而更是倫理形上

---

[38]　In AcP 135 (1932), S. 1 ff.

學的，最終則是目的論的。由其用語亦可顯示此點：在賓德爾，「理性」的表述多少顯示其受康德之「範疇」（施塔姆勒之「純粹的基本概念」）之固定性的影響，相對於此，舍納菲爾德則由「理念」出發[39]，後者自始就是會變動的、創造性的、難以捉摸的「精神」。它既是統一且一般者（指「普遍者」，而非相同形式者），同時也是不能再推論者、個別者、個人者。其作為生動的創造者，乃是相對立者「辯證—具體的」統一，一者包含於他者，與他者共同，在此意義上即整體[40]。將此連結到法適用的過程，就意味著：法律只有在適用於「案件」、藉此成為「判決」，才是「真正的法」。假使與適用分離，僅將其設想為一般性規則（就如賓德爾基本上的做法），法律就只是一種抽象化。只有在（作為負責地思考並決定之個人的）法官將其適用於個案，質言之，透過判決，規範才取得現實；另一方面，藉由「符合事理」或「依法」審判個案，法官也給予個案「它的法」。「法只有在（對其進行思考，並以其客觀性而為思考的）法官那裡，才是客觀的」[41]。「法以其客觀性（擺脫了實務家及其主觀性），就只是沒有生命的、無望的抽象化」，「只有在主觀性中，客觀性才能實現，反之亦然」[42]。這意味著：「只有在解釋裡，法才能具體化為真實的法」[43]。

舍納菲爾德於此所述思想（排除其於舍納菲爾德之哲學背景），在今天方法討論中仍扮演重要角色。「具體化」的用語亦出現於此，並非偶然，關於它對我們這個時代之法學的意義，恩吉斯（Karl Engisch）在1953年出版了深入且廣泛的專著[44]。直到今天在德國法律家之間仍占支配性的見解為：存在一個已經完成的法秩序，法官只須將其「適用」於個案，質言之，由此藉由「涵攝」即可推導出正確的決定。只有當法律本身

---

[39] Logische Struktur, S. 1 ff.

[40] 就此參見：SCHÖNFELD, Über den Begriff einer dialektischen Jurisprudenz, 1929。

[41] AcP 135, S. 42.

[42] Ebenda, S. 47.

[43] Ebenda, S. 43.

[44] Die Idee der Konkretisierung in Recht und Rechtswissenschaft unserer Zeit.

運用了所謂的不確定概念或需具體化的價值標準時，始有不同。相反地，在我們法律生活的現實中，「法官法」（「法官造法」）卻日益廣泛。在某些領域（例如在勞動法），幾乎沒有限制的「衡平式司法」，取代了過分謹小慎微地受制於法律、「傳統學說」與概念的確定。因此，今天某些人不由得產生下述相反的見解：法僅僅是由法院來規定，換言之，法官不再是法的「僕人」或「喉舌」，毋寧是法唯一的創造者。於此只需提到艾瑟（Esser）[45]。凱爾生之階層式的法創造理論，亦將法官的任務視為（在較高規範之框架範圍內的）規範制定。雷斯（Less）也認為[46]，每個法律解釋都包含「一個立法行動」。事實上，這兩種極端的見解都同樣是片面且錯誤的。錯誤在於：對於「規範」與「決定」的關係〔於此採用伊賽（H. Isay）的用語〕，僅由對立的，而未由辯證的角度來觀察。「決定」既非單純的規範「適用」，藉此，規範本身並未有所改變，另一方面，「決定」亦非純粹的「意志」行動；其毋寧是對內含於一般規範之意涵的意識、清晰化，因此更詳細的規定，以及藉此或多或少的續造或進一步的形塑（「具體化」）。而且，因為每項決定都提出對規範為「正確」掌握的要求，因此，其本身對依據該規範的未來決定，亦具有指示方向的意義。假使如此，則此一規範嗣後即以此（於裁判中取得之）意義或修正發生效力。因此，規範需要由決定來繼續，俾規範（即標準、一般性的法律）能以特定方式發生作用，「決定」本身則需要規範或一項原則，俾其本身得以取向於此，如若不然，則其無從主張法的效力[47]。透過法官「決定」之「規範適用」的過程，乃是一種事後與重新創造的程序，於此，「客觀」之法，透過主觀的（但本身又取向於規範的）法官之法意識，作為「客觀精神」得以實現。如斯亦可理解，（作為決定之規範內涵）持續性之司法裁判的結果本身變成客觀的法，雖然個別決定本身尚未能「制

---

[45] 參見第五章第三節。

[46] Less, Vom Wesen und Wert des Richterrechts, 1954, S. 9.

[47] 因為只有當一項決定的基礎是可適用於所有法律上相同價值案件的相同標準時，此決定才是「正當的」。正確地強調此點者：Fikentscher, Methoden des Rechts, Bd. IV, S. 188 ff. (Gerechtigkeit)。

定」一般有拘束力的規範，毋寧只能對個案「說出」什麼是「對的」。

讓我們回到舍納菲爾德。我們會讀到（Log. Str. 52），藉由法院之法的發現，必然是既受拘束又同時自由，「於此，自由的標準可能大小有別」。並不存在全然「自由」之法的發現，因此等恣意完全背離於法；然而，同樣亦不存在完全受拘束者，因爲「應受裁判的案件與據以裁判之法，彼此並非種與屬之關係，既非可涵攝於其下，亦非可演繹而得」。如是，我們可以如此理解舍納菲爾德：個案之於規範的「構成要件」，並非如種（下位類別）之於屬（上位類別）的關係，因個案之特殊性與複雜性，包含於屬之概念的個別要素對之無法「適當地」掌握。換言之，作爲特定歷史性事件的單一性與特殊性，以致不能僅視其爲與其他類似事件無顯然差異的「事件」，得僅依一般抽象規則而爲處理。另一方面，假使法官僅見其特殊性，甚至單一性，而未將其與同類他案「相比較」，並藉此連結到一般標準，法官就無法審判。個案當中之一般性與特殊性、單一性的緊張，是無法解消的[48]。法官在判斷具體個案時，不僅將其「一般化」，另一方面（在一定程度上）亦將此標準「個別化」，因此，其活動非僅限於「涵攝」而已。接受判斷之個案的特性「愈複雜」，「法官的工作就愈困難也愈自由，距離單純涵攝的表面就愈遠」[49]。邊界案件一方面是：案件僅無關緊要地偏離一般類型，因此，法官的判決「幾乎等同於簡單的涵攝」；另一方面的邊界案件則是：其距離將其歸屬法律規範之下如此之遠，因此可稱此爲「法律的漏洞」。漏洞須「依（其所在之）法律的意義與精神」加以塡補，於此，法官代理立法者而行動。依舍納菲爾德之見，這意味著，「法院實務亦係法源」[50]；埃瑟與克里爾（Kriele）亦同此見解，但下文將指出，其源自不同的前提。

----

[48] 因此，亨可（Henkel）論及正義之「個別化」與「一般化」傾向：Recht und Individualität, 1957, S. 16 f。

[49] Log. Struktur, S. 53.

[50] S. 54.

第四節 現象學之法理論

　　新康德主義之觀察「事實」，係視其為一種改造過程的產物，此過程之基本條件則存在於我們思想的結構。作為改造過程之開端的，相同的「材料事實」，依其適用之範疇形式的組合，其結果或為「自然」，或為「文化」，或為受制於因果法則的社會事件，或為法律上重要的案件事實。許多法律家認為此見解是適當的，因為法律上相關的「案件事實」，相對於（其所由來的）整體情事，乃是思考性改造（亦即：依法的標準而為判斷）的結果。然而，我們以極為不同的方式來面對無生命的自然事物、有機的生命、心靈上的感受與經歷、人的精神創作或有意義的舉止，是否僅基於觀察者的不同理解方式？抑或實存的類型、「既存事實」的「客觀」構造本身，即已包含不同處理方式的理由？例如，某一特定事件，是否因我們將它與（先於它存在的）意義（例如某一法規範）相連結，它因此才成為人的行為？或者作為行為的意義自始即以此方式存在其內，其本身即與自然事件不同？換言之：認識的意識面對的「事實」只是沒有型態的，因為未加區分的「素材」？或者其本身是已區分的，有型態的實存？假使大家（如同新近哲學大多傾向的）採取第二種理解方式，必然導致反於新康德主義之觀點的逆轉[51]。可為此觀點逆轉之代表的是：維爾采[52]在1935年主要針對「西南德」新康德主義及其在刑法釋義學的追隨者所為批判。最精彩的是這一句：「學術性概念並非（同一與價值無涉之）材料的不同改造，毋寧是複雜的本體性實存之構成部分的再製，實存本身就內含法律的結構與價值上的差異，而非由學術所提供」（第49頁）。由此可獲致下述結論：「並非方法決定認識的標的，相反地，方法依其本質毋寧須取向（作為本體性實存之部分的），其研究標的」（第50頁）。取代將「先驗者」視為「賦予形式之理解活動」，毋寧必須理解物

---

[51] 但在此「逆轉」中，認識論上的提問（亦即：「超越」意識的實存如何才能適當地認知），也因此喪失。然而，縱然新康德主義對此的回答尚有未足，此一提問仍是正當的。

[52] Naturalismus und Wertphilosophie im Strafrecht, 1935.

體本身「內存的，事物上的本質結構」（第44頁）。法律家亦不能自由地
支配其概念，毋寧應努力理解事實的本體性結構，於此涉及事實之法的掌
握。眾所周知，維爾采主要就行為概念詳為論述[53]，藉此對刑法釋義學產
生持續的影響。

　　維爾采對新康德主義學術理論的批評，至少在基本思想上可以連結到
胡賽爾的「現象學」，特別是哈特曼的本體論。二人對於法學只有間接的
影響。第一位將現象學的方法應用於法的世界者是哲學家萊納赫（Adolf
Reinach）[54]。他說到：諸如請求權、拘束性、所有權及其他權利等法的形
象，「就如數字、樹木或房屋一樣」，有其意義；此意義「不取決於人是
否掌握到它」，尤其獨立於實證法之外。實證法發現進入其內的法概念；
但「絕不能創造它」（第14頁）。法概念擁有其固有結構，就此為先驗的
陳述是可能的。實證法能將其「納入範圍或偏離之」，但「不能擾動其固
有的存在」（第17頁）。「（毋寧）須透過實證法外之範圍的結構，才能
理解實證法結構」（第19頁）。我們在此範圍認識到，有其固有類型的標
的，此等標的「不屬於真正意義的自然，既非物理的，亦非心理的，同時
（因其時間性）亦與所有精神上的標的有別」。因為「請求權、拘束性產
生、持續一段特定時間，之後又消逝」。

　　萊納赫關注之法的形象，在特定人的關係上雖然僅存在於特定時間；
然而，依其見解，此等形象的結構形式卻擁有超越時間的實存，因此必然
先於實證法而存在。德國民法意義下的所有權則不同，萊納赫視此等所有
權為一種人與物的關係，將其界定為「歸屬關係」。萊納赫的見解應該
是：法之形象的「本質結構」，以某種方式作為相應之實證法現象的基
礎。然而，或許還受到當時具支配性之實證主義的影響，他還是非常強調
實證法的全然自由，可「依其喜好」偏離前述「本質結構」。即使在填

---

[53] Naturalismus und Wertphilosophie im Strafrecht, S. 77 ff.; Das neue Bild des Strafrechtssystems, 3. Aufl., 1957; Das deutsche Strafrecht, 11. Aufl., 1969, S. 30 ff.

[54] Die apriorischen Grundlagen des bürgerlichen Rechts, 1913。於此引用的是1953年以「法的現象學」（Zur Phänomenologie des Rechts）為標題的新版。

補實證法的漏洞時，由「本質法則」推導而得的語句，也只在最後才被援引。在所有情況，「各該實證法之倫理性與目的性原則」均優先於前述語句（第174頁、第218頁至第219頁）。雖然由此觀之，「先驗的法理論」對特定實證法的認識，直接的影響有限，然而，下述理解仍然非常重要：法的範圍內存在著特殊的「本質法則」關聯性，對此加以研究乃是法學的任務。

　　萊納赫的意見是：（諸如請求權、拘束性等）法的形象，以及法之標的範圍的改變（例如所有權歸屬變換），可獨立於某實證法的規定，藉由下述方式產生：參與者採取某種行動，此行動對行為人本身或其指涉之人具有（產生此種法律效果的）意義。例如承諾、移轉某一權利、拋棄或授權，均屬此等行動。假使不存在採取一種（依其自身意義）取向於將特定效果導入法領域的，人之行為的可能性的話，實證法就不能以實證法之效力的意義，命此等行動「有效」。除法之形象（法律關係）的結構理論外，萊納赫還提出法律行為與（作為「規定語句」之）法條的結構理論[55]，前者對於法律行為之意思表示的理解，尤其具有重大意義。

　　胡賽爾的著作[56]同樣以「法中存有實體之先驗者」的確信為基礎。萊納赫並未清楚規定先驗之本質法律與「實證法」的關係，相對於此，胡賽爾則以下述語句予以說明：實證法的形象乃是「先驗預先規定之可能性的實現與特殊化」（RG 第IV頁）。由「本質—分析」揭示之「理想之法的標的」，其之於實證法，就如可能與事實，或者「可能實存」與（真實的）實存。由此可以推得：實證法雖然可以多方「改變」法的「本質案件事實」，但不能澈底忽略無視，否則其命令將喪失「特殊的法之意

55　就此參見下文第二篇第二章第一節二、。

56　我們納入考察的包括以下彼此緊密關聯的著作：Rechtskraft und Rechtsgeltung (RKr.), 1925; Rechtssubjekt und Rechtsperson, AcP 127, S. 129; Recht und Welt, Festschr. f. EDMUND HUSSERL, 1929, S. 111; Negatives Sollen, Festschrift für MAX PAPPEMHEIM, 1931, S. 87; Der Rechtsgegenstand (RG), 1933; Bemerkungen zur Lehre von den sogenannten Doppelwirkungen im Recht, Archives de Drorit Privé (Athen), 1934, S. 690; Recht und Zeit (RZ), 1955; Person, Sache, Verhalten, 1969。幾篇比較老的論文重新刊印於《法與世界》（Recht und Welt, 1964）。

義」[57]。與萊納赫的前述意見不同，胡賽爾明確地否定，規範內容的完全任意性（這是實證主義的基本命題）。

「關於本質脈絡之先驗語句」的邏輯性效力，必須與法條的規範性效力明確區分。法規範「非以認識語句，毋寧是作爲意志語句而生效」（RKr 第8頁）。反之，「每個可能之法的基本結構」（此顯示於：現實上遭遇之法的形象，思想上回歸於其永遠的「意義核心」），涉及的並非「更高位階的行爲規範」，毋寧是「法的眞理，此本身不擁有規範性效力」（RZ 第14頁）。由此清楚顯示，現象學分析的目標並非要發現何等「自然法性質的」規範，毋寧是要揭示實證法中之「超實證的」意義核心。假使我們正確理解的話，意義「核心」的圖像表明：（諸如占有或拘束性之）最終同一的意義，在不同的實證法秩序中雖然會多方改變，會與其他意義關係相互交織，或多或少被掩蓋；然而，實證法的形象，正因其係有特殊的法之意義的意義形象，其始終以（作爲其可能性之條件的）「意義核心」爲基礎。由此可以推得：「意義核心」與（對其加以「具體化」的）實證法之意義圖像之間的關係，並非一般性種類與下位種類的關係，亦並非（新康德主義意義下的）形式與素材的關係。因爲「意義核心」無論如何並非抽空內容，毋寧是充滿內容的[58]；它並非（如同種類的概念）由個別獨立要素所組成，毋寧與「類型」概念類似，是一種充滿意義的脈絡，可以多種方式來「變化」。最後必須強調，「意義核心」涉及的是一個「理想之」標的的範圍，相對於此，依胡賽爾之見，實證法的規範澈底是眞實的，其具有現行法之特殊的實存方式。

（實證）法之實存方式乃是其效力。法的效力是「一種特殊型態的實存」（RKr 第8頁）。它是「受時間空間限制」，「歷史上一次意志過

57　亦參見：RZ, S. 14：於此涉及的是，「社會秩序如應具有法秩序的意義，就必須滿足的邏輯性（但絕非僅是形式邏輯的）前提要件」。

58　參見：RG, S. IV：「所有（具超越時間之一般有效性之）法的基本結構，必須具抽空內容之空洞形式的特質，其內容的填補乃是實證立法的工作，此一廣爲流傳的理論，植基於欠缺理據的成見」。胡賽爾在同處提及：必須將「可依其時代法律演變的，法之本質的案件事實」，「各該既存法律事實受限於時代的、外於法的糾葛中，突顯出其純粹性」。

程的產物」，且「扎根並存在於其所由來的時代事實中」。法依其「效力」，拘束所有歸屬於其歷史性效力範圍者。法「有效」首先意指：針對規範所涉之權利主體的意志行爲，表達作爲標準的法準則。此外，其意味：其具有力量，「針對有意的反抗行爲，主張其之存在」（RKr 第13頁）。法一旦生效，「於其效力範圍內，即屬客觀的（作爲規範可對抗個別意志的）社會事實之一部分。相對於自然的事物，其眞實性並未較少，只是不同而已」（RKr 第11頁）。於此涉及的並非純粹之（實證主義之社會學意義下的）「事實」，並非心理上的實存，也不是（非眞實之）意義的世界。法的「效力」毋寧表達一種具有（在其「效力範圍」內係作爲標準之規範的）意義者的特殊存在。

對於（實證）法之存在方式的進一步說明，也出現在胡賽爾關於法之時代結構的研究[59]。這些研究直接得出對解釋而言重要的結論，因此在此可評價爲方法論的文章。人的世界是「歷史性的世界」。他在世界的位置，取決於其所處之歷史性時代。他在其環境中遭遇之物，「亦被納入到人之歷史性的生活節奏中」。存在著由人創造之物（文化作品），由其來源雖顯示「其被創造之歷史—時期的特徵」，惟其一旦產生，即「永遠」以其所是而存在。其顯示出一種「相對於歷史性時間之消逝的，特有的堅固性」。然而，也存在著「由人創造之物」，其「相對於歷史性時間之消逝，欠缺此等堅固性」，法秩序即屬此類。其一旦被創造，則不僅是「在歷史之中」，其「本身亦爲歷史；同樣具有歷史性的時間結構」（RZ 第21頁至第22頁）。

法具有「歷史性的時間結構」，意味著法不僅在（歷史性的）時間裡「產生」與「消逝」，毋寧也參與歷史之流，換言之，會隨著歷史情境與其適用之人而改變。假使認爲法秩序不過是「言語形塑之法條（法之語句）的體系」，前文所述將不可理解。因爲作爲「語句」，法規範「既被」如此形塑，即脫離時間之流（胡賽爾因此在其早期作品裡提及法的「去時間性」）。然而，「法條（僅能）藉由具體的適用，來開展其內

---

[59] Recht und Zeit, S. 10 ff.

含的規範性效力」。在此，我們發現，舍納菲爾德已經表達過的下述認識：透過司法對規範的「適用」（或者也藉由法律社會成員顯示同意的舉措），影響了規範，持續地進一步規定其具體的意義（即規範內涵）。胡賽爾表達此思想如下：「與其他人類的創造物（例如物理性使用之物）不同，法規範（一旦存在於彼後）就不可能獨立於（其關涉之）人的行為」；「法規範跨入歷史性的時間裡。時間不會止息，法規範也與之並行」（RZ 第23頁）。

將此應用於法解釋的結論如下：法規範首先會在特定歷史時期，基於特定立法者的角度被創造。「他的問題觀點、聯繫其上的立場，就構成我們所謂之『立法者意志』的建構性要素」。就如胡賽爾強調的，於此所稱的意志並不等同於「參與立法之人進行的，意願之心理性行動」，毋寧是在法律作品中獲得其「多少清晰且終局的表達」。因此，此意志「在解讀（源自立法行動之）法規範的意義時，始終扮演一個（雖然是有限的）角色」。然而，「關於法律解釋問題的最終決定，最終並非取決於立法者的意志」。因為「法條意義的解讀最終取決於：法條對生活於此法秩序下的『今人』意義為何」。因此，法律解釋首先「還是必須連結到法律藉由創造行為被安置其內的歷史脈絡」。然而，這只是解釋過程的開端。解釋的進一步任務在於：「將法律由其產生時之時代關聯取出，使其在思想上持續轉向當代」（RZ 第26頁）。

重述就止於此。胡賽爾已適當地指出，僅歷史性（依立法者之「意志」）的解釋，或僅取向於當代意義的解釋，其（相對的）正當與不正當。立法者一方面是法律的創造者（並不僅是「因果性利益」的「簡化描述」，亦並非其單純的「人格化」），但他本身又受限於既存的脈絡關聯與其具體的歷史情境。然而，作為法秩序的一部分，法律亦分享法秩序之整體意義與其在歷史上的持續發展；此外，它的意義也受到「適用」者之理解的影響。透過歷史，也藉由法學進行的法律解釋，乃是一個過程，於此，在法律中表達的思想會繼續思考、持續進行[60]。此一過程之堅固的出

---

[60] 亦參見：RZ, S. 58 u. 60。

發點是法律,但只要法律還有效,它就不是終點。這個過程的各該結果則是「當下有效的」法。它是立法者、司法裁判、法律往來中「默然作用」的力量,以及於其內形成的法律習慣與共通確信(即「常識」)的共同作品。法學也參與到此一過程,參與法秩序在思想上的持續進行,並且使法律連結到當代的意識。

　　回顧從施塔姆勒以來法哲學的發展,當時被認為非常重要的,不同學理方向上的對立,今天已喪失其重要性。新康德主義者、新黑格爾主義者、現象學者確定係由完全不同的認識理論的前提出發,各自以不同的角度觀察法與法學,並且使用不同的,有時是相反的名詞。然而,他們在下述這點上是相同的:法涉及的是一種特殊的認識標的,其既不可理解為「自然」,亦非可理解為「心理上的實存」。他們一致認為,「自然論」與「心理學至上論」是對於法之現象的錯誤理解。

　　姑且不論所有學理方向上的對立,前述法哲學上的進展還是為法的方法論帶來成果[61]。首先,其引導出下述認識:實證主義的學術概念對法學之自我理解產生的影響,在一段時間裡如此重大,乃至到今天猶然如此,至少是某一類型科學(即:歷史性的科學與精神科學)所難以企及的。新康德主義仍包含更深刻的根據為:實證主義的真實性──概念過於狹隘。客觀的唯心論與現象學的法理論雖然出發點不同,但存在下述共通之見:有效之法秩序所歸屬的,精神性的形象亦具有「真實性」的特徵。「實證

61　但這幾乎不適用於所謂的存在哲學。關於它,以及其內包含之法哲學的運用可能性,參見:費希納(Erich Fechner)之《法哲學》(Rechtsphilosophie)中非常富有啟發性的,關於「法哲學之基礎問題與存在哲學」的章節(S. 223 ff),以及齊佩利烏斯(Zippelius)的《法之本質》(Das Wesen des Rechts, S. 104 ff)。凱爾生採全然否定的立場(ARSP, Bd. 43, S. 161 ff. zu dem Buch Georg Cohn, Existentialismus und Rechtswissenschaft, 1955)。符騰堡(Th. Würtenberger, Die geistige Situation der deutschen Strafrechtswissenschaft)也正確地認為,此一問題未獲解答:「由此角度出發能否開啓通往法之世界的入口」。存在哲學主要處理「極限情境」。然而,在法律,尤其在民法涉及的遠非極限情境,毋寧更是典型與通常者。於此需要的是裁判的一致性。就此適切指出者:Arthur Kaufmann, in: Existenz und Ordnung, Festschr. für Erik Wolf, 1962, S. 372 ff. 至於麥霍費爾(Maihofer)的著作《法與實存》(Recht und Sein, 1954),因其更取向於典型的生活情境與生存方式,因此(依我之見)更應歸屬「本體論」,而非存在哲學。

法」縱使不存在於空間，亦存在於時間，並且是歷史性的時間之內。它具
有效力的實存方式[62]。因此不能將其限縮為物質性的或心理性的過程。在
此脈絡裡，首先應提及哈特曼的「層級理論」[63]。精神性實存的特質是：
我們能視其為「充滿意義」，其具有意義形象的結構。雖然新康德主義仍
包含此意義形象特有的真實性方式，但其僅視後者為（「安排秩序的」或
「連結價值的」）學術性事後思考的產物，相對於此，施塔姆勒則已經認
識到，法依其意義包含對「正確性」（應該說是「正義」）的要求，其必
須被衡量，在多大範圍裡已實現此要求。無論如何，各種不同形式的法實
證主義之後，法的理解存在若干重要要素。只有掌握此等法之理解的背
景，才能理解我們以下要處理的，今天的方法論辯。

---

[62] 法之效力的概念是複雜的。它包含規範性要素（即：當為的要求）與事實性的要素（即：在此
法秩序之效力領域內，前述要求之實際上的權威性）。就此參見：HENKEL, Einführung in die
Rechtsphilosophie, 2. Aufl., S. 543 ff. und das dort angegebene Schriftum。

[63] 參見其下述作品："Zur Grundlegung der Ontologie", "Der Aufbau der realen Welt" und "Das
Problem des geistigen Seins"。

第五章　現代方法上的論辯

第一節　由「利益法學」到「評價法學」

　　本世紀之初，赫克（Philipp Heck）倡導的「利益法學」至少在私法領域上獲得不凡的成就。依其見解，法律規定主要涉及：為保護特定社會上的利益而犧牲其他利益。然而，他對於利益的見解時有不同，有時是促使立法者立法的原因，有時是立法者評價的對象，有時甚至是其評價準則。利益法學的追隨者也逐漸承認此種多義性的存在。韋斯特曼（Harry Westermann）就強調，必須將利益此一概念「限制在指稱——努力想取得有利的法律結論之——爭訟當事人所具有（或必須具有）的追求欲望」，此意義的利益概念，應與法律規定之評價準則嚴格區別[1]。他認為後者已經不是利益，而是立法者「根據正義的理念作一連串推論」的終點。司法裁判「依其本質應適用法律規定的評價準則，（法官）不得自為獨立之評斷」[2]。依其見解，至少在私法的領域中，法律的目的只在於：以賦予特定利益優先地位，他種利益相對必須作一定程度退讓的方式，來規制個人或社會團體之間可能發生，並且已經被類型化的利益衝突。「賦予優先地位」本身即是一種評價的表現，對此，立法者可以有各種不同的動機。除了被評價的個人利益或團體利益外，立法者無疑尚須考慮一般的秩序觀點（例如在規定法定方式，或確定期限時）、交易上的需求及法安定性的要求。在該當規範脈絡中，立法者如何評價不同的利益、需求，其賦予何者優先地位，凡此種種都落實在他的規定中，亦均可透過其規定，以及參與立法程序之人的言論，得以認識。藉此認識之立法者的評價，無論是對於

---

[1]　H. WESTERMANN, Wesen und, Grenzen der richterlichen Streitentscheidung im Zivilrecht, 1955, S. 14 ff.

[2]　WESTERMANN, a.a.O., S. 21. 原則上同此者尚有：GERMANN, Probleme und Methoden der Rechtsfindung, 1965; REINHARDT/KÖNIG, Richter und Rechtsfindung, 1957, S. 17 ff.; KRONSTEIN, Rechtsauslegung im wertgebundenen Recht, 1957。

法律解釋，或是對於法律未直接規定但應爲相同評價之案件的裁判，均可供作推論的基礎。

前述見解乃是一種「評價法學」[3]，時至今日，已無人再爭議其正當性，司法裁判尤予認可。但是它也產生一些問題。在很多案件，法官顯然不能僅由法律，或僅藉由法律可得認識之立法者的評價決定，就可以獲得裁判。一旦法律應用所謂的不確定概念或概括條款，就會發生此種情形。於此，法律只界定一般的框架，在個案中法官必須另爲評價以塡補框架的空隙。與此類似的情況尙有：立法者尙未表達立場的新問題出現；立法評價的前提要件消失；規範與規則競合，而對於法官必須裁判的案件類型，立法者欲賦予何者優先地位實無從認識。於此，法官是否必須訴諸個人的價值感受、他在司法經驗中獲得的判斷力（其司法感受），或者他的「意見」；或者，還有法律之外，或超越法律的價值標準存在，其足以並且也應該作爲法官的裁判基準？如果大家認識到下述事實，則問題將更形嚴重：很多我們以往認爲，只須以單純涵攝的方法，將已經確定的案件事實，歸屬到先經必要解釋的法律規範之構成要件下，即可解決的案件，事實上，當我們將該當案件事實理解爲法律構成要件指涉的事實時，已經帶有價值判斷的性質，或者，其本身已然是一種有評價性質的歸類行爲。將「評價」視爲一種個人立場抉擇的行爲，對之無從爲合理的論證，這種意見在學界迄今仍居支配地位。依此見解，將不能避免下述結論：在很多（而不僅是在若干臨界）案件，法官的價值判斷會取代立法者的價值判斷，對之亦無從依客觀標準做事後審查。對法學而言，其意謂：在許多案件中，法學只能在有限的範圍內以「科學的方法」做事後審查，一旦法官必須做價值判斷時，法學不能提供許多助力。

問題還不只是這樣。如前所述，在許多（假使不是大多數的）案件中，案件事實應涵攝其下之法規範本身須先經解釋，質言之，須先確定，

3　這可說是一種「形式的評價法學」（以PAWLOWSKI Methodenlehre, Rdz. 120 ff的說法），關於下述「評價法學」中不得不出現的問題，其尙未有任何說明：法律是否以特定（「客觀的」）法價值爲基礎？憲法是否包含一種價值秩序？以及價值（或「價值性的事物」）應如何認識？

該法規範就該案件之精確意義爲何。與所有理解他人見解的過程相同，法律解釋的過程，也不能完全滿足實證科學概念的嚴格要求。解釋亦須確定事實；例如須確定文字內容或其他與解釋有關的情事。此外，它還必須遵守邏輯法則。解釋如不符合邏輯法則，其因此已是錯誤的解釋。但是解釋的特點——掌握一個規範脈絡中特定文字或語句的意義，對於解釋的要求尙非僅此。明智的考量亦屬必要；經驗上的確證或反證，其至多只能在極小的範圍內可行，有時根本做不到。就此而論，「主觀的」因素的確不可能完全排除。然而，解釋畢竟是一種思想上可得理解，因此也是事後可得審查的思慮，因此，嘗試將解釋過程盡可能「客觀化」的努力，其並非自始全無希望，由是，那些應依——「被正確理解之」——法律來裁判的法律家們也一再提出這項要求。但是有些作者主張，法學方法論承認有多種解釋標準存在，而且它未能確定其彼此之上下位階關係，因此，解釋多少是「任意」或「恣意」的。如果大家追隨這種見解，並且認爲對價值判斷本身不能做合理的論證，那麼法學可以協助引導出「正確」裁判的希望，可說是完全破碎了。如是，則大家將獲得如下的結論：法律的內容取決於法官在個案中的裁判，在我們的法律傳統中建立並且規定在憲法中的要求——法官受法律的拘束，根本無法實現，所謂的法律支配，只是一種幻想[4]。因此，方法論上的論辯，在憲法意義上就包含爆炸性的因素。假使最終得出如下的結果：或者因法律必須被解釋，而解釋多少是任意性的；或者因法律本身要求法官爲價值判斷，而對價值判斷又不能做客觀論證；因此，在大多數案件中，法官根本不能「嚴格地依法律」獲致裁判結論，那麼就只能探究，法官爲裁判時，其事實上之動機爲何。如是，則事實科學（諸如法官心理學或法官社會學）將取代規範性法學，後者係以研究法官應如何裁判爲任務。

　　只有當大家毫不保留地認定，對評價行爲根本不能做合理的論證，因此也根本不能做事後審查，轉向「評價法學」才會導致前述的結果。然而大多數「評價法學」追隨者並未採此見解。他們認爲，在法秩序的意

---

[4]　正採此見解者：D. Simon, Die Unabhängigkeit des Richters, 1975, S. 88。

義上，對適當的價值判斷仍然可以做合理的說明，即使有關的理由未必
具有邏輯上的必然性。法哲學家瑞菲爾（Hans Ryffel）很恰當地指出，韋
伯（Max Weber）下述主張已經包含對法學的反對立場：科學不能爲價值
判斷的正確性提供說明。因爲「以其傳統的、正確的自明之性質，法學與
正當性問題可否爲——得證實其當否的——討論一事，實相依存，雖然討
論須依據有效的法秩序來進行」[5]。法學工作是依據——本書將詳細說明
的——類推適用、事件比較、類型塑造，以及「具體化」具「開放性」之
價值標準等方法來進行的，藉此足以促成前述之正當性的討論。因轉向
「評價法學」，方法論本身必須澄清此種思考方法的特質，並釐清其與傳
統之思考工具（形成概念、法律上的建構、涵攝）間的關係。

　　當大多數的作者將「評價法學」與承認「超越法律」的，或「先於
實證的」價值或價值標準結合時，「評價法學」的意義才充分開展，因爲
這些價值（或價值標準）是法定規則的基礎，在解釋或補充此等規則時，
至少在特定情況下，必須援引它們。可供作援引之根據者有：明定在基本
權中的價值，特別是基本法第1條至第3條、長期的法哲學傳統、語言上的
論據，及大多數法官認爲的自明之理——法官的職務本在於發現「正當」
的裁判。幾乎所有參加新近方法論論戰的作者都一致認爲，「法」與「正
義」、社會倫理上正當的行爲，有一定的關聯[6]。令人驚異的是，他們大
都只考量，或首先考慮法律爭議的正當決定，更精確地說，只考量個案正
義的問題。例如帕夫洛夫斯基（Pawlowski）的書[7]就提及，他關於方法論
說明的目標只在於，「希望藉分析今日普遍認可的法學工具及工作方法，
可以得知，在何種意義下，此等工具、方法足以幫助認知『正當』的決
定」。對於藉邏輯涵攝獲取決定的模式加以批評，其目標亦在於提升個案

---

[5]　H. Ryffel, Rechtssoziologie, 1974, S. 66.

[6]　如是認爲者有：Coing, Grundzüge der Rechtsphilosophie, 4. Aufl. S. 150; Fikentscher, Methoden
　　des Rechts, Bd. III, S. 426 f., 650 f., Bd. IV, S. 6, 188 ff.; Kriele, Recht und praktische Vernunft
　　（有深入的論述）；Mayer-Maly, Rechtswissenschaft, S. 97 ff.; Pawlowski, Methodenlehre für
　　Juristen, Rdz. 4; Zippelius, Das Wesen des Rechts, S. 67, 72 ff。

[7]　a.a.O., Rdz. 5.

的正義。菲肯徹（Fikentscher）認為涵攝過程是不可放棄的，因此，他在一般的法律規範以及個案的裁判之間插入——假使判決先例未預為規定，則必須——由法官自己形成的「個案規範」；法官只能將事件涵攝於此等「個案規範」之下。將眼光完全集中於個案裁判這種情形之所以發生，或者是因利益法學的影響所致。

　　若干作者〔例如埃瑟（Esser）及克里爾（Kriele）〕更進一步認為，法官在選擇並決定適用何種解釋標準時，可任意決定。其主張，假使可資適用的法定規則本身需要解釋，則法官可以運用——與嚴格地適用法律——不同的方式，獲取「正當」的裁判，嗣後為控制的目的，再探討如何藉法律來正當化其結論。如是，則係藉先得的結論，來選擇方法及必要的評價。然而，法官是如何獨立於法律之外來獲取「正當的」裁判呢？

　　判斷某項決定是否「正當」，第一種可能的認識根據是法感。然而，此種感覺的內容為何，究竟要「感受」什麼，這些問題本身就有爭議[8]。於此，對之不能再深入論述[9]。無論如何，作為感覺它是一種心理過程，包含有立場抉擇或評價，評價則表現在對於——被建議或作成的——決定之認可或拒絕，這種表現只是一種內在心理過程的告知。然而，大多數為此種告知者卻同時主張，藉此，已就其判斷之案件事實作出恰當的決定。其主張，該決定「是」正當的（或不正當的），質言之，該決定可以得到「正當」（或「不正當」）的評價。假使有人懷疑其主張的正確性，則其必須就其主張說明理由[10]；僅訴諸法感是不夠的。因為這是他個人的感覺，別人可能有相同的感受，也可能沒有；沒有人可以主張，他的感覺比

---

[8]　就此參見：HENKEL, Einführung in die Rechtsphilosophie, 2. Aufl. 1977, S. 533 ff; BIHLER, Rechtsgefühl, System und Wertung, 1979, S. 1 ff。

[9]　比勒（Rechtsgefühl, System und Wertung, 1979, S. 35 ff）與通說異其見解，其認為：法感本身與正義並無如何的關係，必須藉「此為正當」的語句，才能建立與正義的關聯，法感毋寧只是法律爭訟中的第三人，基於對一方當事人的「部分認同」，形成有利於此方當事人之「自發性的立場抉擇」（參見其第59頁的定義）。此種「部分認同」可以個人的印象、利益情境或其他因素為基礎（第39頁）。我認為，即使感受者與其感覺有利的一方當事人之間沒有任何關係，也可以有法感；再者，只限制在法律爭訟中之第三人的立場抉擇，我認為過於狹隘。

[10]　就此，我同意比勒（BIHLER, a.a.O., S. 54 ff）的見解。

別人的確實可靠。僅以法感爲基礎的判斷，只有對感覺者而言是顯然可靠的，對與之無同感之人，則否。因此，法感並非法的認識根源；它至多只是使認識程序開始的因素[11]，它促使我們去探究，起初「憑感覺」發現的結論，其所以看來「正當」的原因何在。即使不考慮強制記載理由的法律技術性規定，法官如果不想遭受偏頗或「恣意」裁判的非難，他就不能迴避此問題，而必須對之做出答覆。

應如何證明，在該當案件此一決定恰恰是「正當的」，藉著提出這個問題，我們又再次面對下述疑問：能否合理地認識價值或有價值者？即使承認，就「正義」爲何，吾人仍可做若干有根據的說明，然而，顯然不能由這些說明直接認識到，在該當具體案件中，正義之要求爲何，質言之，「正當」的判決爲何。有些人認爲菲韋格（Viehweg）爲法學提出的「類觀點學」對此可提供若干貢獻；一般而言，類觀點學乃是一種與個別案件結合的討論程序，質言之，以獲致參與討論者之合意爲目標（抽象的說法：以最後建議之解決方案的「可同意性」爲目標），對環繞個案周遭的所有問題併予討論的程序。在此種討論過程中，可以提出很多不同的，可用以支持或反對——正被考量之——解決方案的論據（觀點）。在諸般觀點中，結果考量的論據（假使選擇此種或彼種解決方案，將發生何種情況）扮演特殊的角色。然而，究竟是此種抑或彼種（可能或必然的）結果較好，此本身又需要討論。此種討論原則上是沒有止境的，因爲我們永遠不知道，是否仍有迄未慮及，但事實上應予考慮的觀點存在。這倒不是要反對**學術上**的討論，因爲學術依其本質原無「止境」。然而法官卻必須作出決定。他必須面對下述問題，他何時可以（或必須）中斷——必要時與自己本身進行的——意見交換的程序。

假使探求法律問題的解答，主要是以「論證的方式」來進行（其未必是「類觀點學」的程序），就必須追問，在法學討論中，究竟何種論點是可容許的，其各自之重要性如何，此種或彼種論點所得主張之「價值」如何，這些問題正在尋找一種可以提出答覆的法學論證理論。假使理論只處

11　此外，它使個人能進入法的領域。

理實際上提出的論點，則「傳統」方法論中的大多數問題（諸如：法律解釋、法律之外的評價標準、判決先例之意義以及「結果考量的論據」等問題），於此等理論範疇內亦將再度出現[12]，這些問題是無可迴避的。

　　對「評價法學」的轉向、對涵攝模式的批評，以及偏向於考量個案正義及「論證」程序，它們在法學中重新燃起對體系建構之可能性及其益處的討論興趣。赫克就已經區別「外部」及「內部」體系，前者是將法素材歸類整理成一個概念性的類別體系；後者則涉及一般法律思想的發現、避免評價矛盾，以及將法律原則具體落實為法規則的內容及司法裁判。主張類觀點思考方式的學者，否認體系對個別案件的決定有何關聯；僅關心個案正義，最多只考慮到裁判間之一致性的法官，對於體系性關聯或許不會過於重視。事實上，今日法學無處不應用體系思考的方式，即使在應用「類觀點」論證方式之處亦然。其實質理由在於：法規則存在於一特定的規制脈絡中；多數規定彼此必須相互協調、邏輯一貫，以避免產生相互矛盾的決定。如果不想將法學工作侷限為登錄及註解個別規則和裁判，就不能不注意上述問題，質言之，必須做體系性的研究[13]。

　　下文將簡要敘述若干——在方法學討論上占主導地位的——作者對前述問題的主張。在本章的最後，我們將稍微觀察一下，同時期的法哲學家就正義概念的討論，因為正義與方法學的討論在一個核心問題上彼此相關，質言之：對於價值（或倫理性原則）究竟能否做合理的、可認識並且可論證的說明，或者它們只是一些「空洞的言詞」。此外，此一討論亦將對其他問題的檢討產生影響，尤其在涉及同一作者的部分。

第二節　關於超越法律之評價標準的問題

　　假使在許多事件中需要一個評價性的判斷（例如：斷定某行為是否出

12　例如：阿列克西（Robert Alexy）的《法的論證理論》（Throrie der Juristischen Argumentation）。
13　關於體系建構的功能，參見：MAYER-MALY, a.a.O., S. 67 ff。

於「重大過失」），或需要「衡量」不同的利益，才能對爭議作出裁判，
那麼必須進一步追問，足以作爲法官判決指南的準則是否存在，或者他只
能依憑其──必屬「主觀」的──感受或「主張」。就此，齊普利烏斯
（Zippelius）很久以前就針對基本權做過研究，因爲基本權被界定成「需
要填補」的概念，在適用基本權時必須做價值判斷[14]。他提出下述問題：
「依據什麼來作價值決定；在何種程度上，我們可以，而且必須取決於一
個縱然是超越法律，但仍屬客觀的規範秩序；還保留有多大的空間，讓裁
判者可以依個人的價值觀來做決定；或者還有即使藉個人的價值觀也無法
填補的空間存在」[15]。在其稍後的著作[16]中，他強調，每個人都有些「價
值經驗」，其作爲意識的內容是可重複、可傳達，並且可以被他人接受
（或不接受）的。然而，人類的價值經驗經常並不一致，「一致的價值經
驗是認識正義的基礎，認可此種主張並不困難，難處正在於實際獲得一種
廣泛一致的價值經驗」[17]。

　　齊普利烏斯認爲，法官或行政官員應以「社會中具支配力的法倫
理」、「通行的正義觀」爲其評價行爲的標準[18]。「具支配力的法倫理」
並非眾多意識過程的總合，而是以許多人的共同意識爲內容，也就是哈特
曼（Nicolai Hartmann）的階層理論中所指的「客觀精神」[19]。「具支配力
的法倫理」之來源有：（仍在蓬勃發展中之）憲法中的基本權條款、其他
法規範，以及「支配司法及行政行爲的法律原則、交易倫理及社會生活中
的各種制度」；最後，「向來的慣行」也是來源之一，「只要它是支配性
之價值觀的表現」[20]。齊普利烏斯主張，具支配力的法倫理所以可作爲評
價標準，係因其可保障「最廣泛的同意」[21]。這個主張必須承受帕夫洛夫

---

[14] ZIPPELIUS, Wertungsprobleme im System der Grundrechte, 1962.

[15] a.a.O., S. 11.

[16] Das Wesen des Rechts, 4. Aufl. 1978, S. 114 ff.; Juristische Methodenlehre, 4. Aufl. 1985, S. 12 ff.;
Rechtsphilosophie, 2. Aufl. 1989, S. 129 ff.

[17] Das Wesen des Rechts, S. 116.

[18] Wertungsprobleme, S. 131 ff.; Wesen des Rechts, S. 123 ff.; Juristische Methodenlehre, S. 12 f., 21.

[19] Wertungsprobleme, S. 135 ff.

[20] Wesen des Rechts, S. 128 f.; Wertungsprobleme, S. 155; Rechtsphilosophie, S. 149 ff.

[21] Wesen des Rechts, S. 119 f.; Juristische Methodenlehre, S. 21.

斯基下述異議：多數人同意特定行為，並不能使此種價值判斷對少數人發生拘束力[22]。雖然多數決原則本身不能作正當性的標準，然而，齊普利烏斯所指的「法倫理」乃是一些具體化**法律思想**、具體化社會生活中的倫理原則之觀念，此等觀念預期可以獲得社會的認同。法官既係以法社會的名義來執法，他就只能遵守——適用於該社會，多少生動地刻劃社會成員之行止及判斷的——社會倫理。就此而論，我認為齊普利烏斯的主張是正確的。「法倫理」這個概念包含了經驗性**及**規範性的成分，它不僅是問卷調查的結果而已。

　　齊普利烏斯同時也認識到此種做法的界限。在眾多法條（包括基本法的條文）中顯現出來的評價，「並不能結合成一種沒有漏洞的價值秩序」[23]。通行的價值觀念一直在變動中；它們也可以被操縱[24]。在觀念變遷極為嚴重的時代，「某種意見是否已然，或其是否仍然具支配力」[25]，有時難以決定。對於許多問題，具支配力的倫理並未提供明確答案。那麼法官就只能依據「其個人的正義觀」為判斷，假使此種正義觀也不能有所助益，就只有依「合目的性的考量」來做決定[26]。這個結論或許會讓許多人失望。然而，依齊普利烏斯之見，法官只有在窮盡做有根據的裁判之一切可能後，才能做此類決定。重要並且確實的認識是：作為意識內容的「價值」，並不等同於感受價值的行為，因此，「評價」本身是可傳達、可理解的；此外，我們可以補充：藉類推適用的方式，「評價」可以轉用到類似的、可相比擬的行為或情事上。於此指涉的並非評價的行為，行為本身是唯一的，不能重複，因此也不能轉嫁，這裡所指的乃是內容——「評價」。

　　藉許多文章，哈布曼（Heinrich Hubmann）希望指出，價值不僅存在感覺之中，「價值也可以藉理性來認識」；他將這些文章匯總成書，題為

------

22 PAWLOWSKI, Methodenlehre für Juristen, Rdz. 152 ff.

23 Wertungsprobleme, S. 157.

24 Wesen des Rechts, S. 133.

25 Wertungsprobleme, S. 195.

26 Wertungsprobleme, S. 196; Juristische Methodenlehre, S. 76; Rechtsphilosophie, S. 156.

《法秩序中的評價及衡量》[27]。他認為，「假使不僅若干個人認定這些價值是寶貴的，反之，其可以滿足所有——具有人類本質之——人的需求，並實現他們的希望」，那麼這些價值就是「客觀的」（一般有效的）[28]。因此，可以「透過研究並認識人類的本質」，來推論價值。假使這些價值與人類共同生活有關，則可以由此推得倫理性規範，這些規範先於法規範而存在，後者更應以前者為準則[29]。哈布曼認為，這些倫理規範可以構成——依其字面意義來理解的——自然法，即符合人性自然之法。然而，哈布曼並未將自然法視為一種——由許多可直接適用的規則構成的——封閉體系。各種價值不僅有不同的「高低階層」，其於個案中是否應優先考量，亦完全視具體情況而定。因此，一種「較高」價值可能必須對另一「較低」價值讓步，假使後者關涉一種基本生活需要，而假使不為前述退讓，此生活需要即不能滿足的話[30]。然而，依哈布曼的見解，我們仍然能夠——事實上也是如此——認識到「自然法的部分真理」[31]。哈布曼顯然認為，如果法官不能由法律、具支配力的法倫理，以及——可以由許多法院判決中發掘出來的——價值經驗獲得必要的評價標準，他可以求助於前述認識的部分真理[32]。此外，哈布曼也提出若干規則，據此可以從某價值或「優先規則」引申出其他價值。

　　柯因（Helmut Coing）則於其法哲學中提及，「顯現在法律原則中的」「超越時代的價值內容」，因此，他所說的自然法是「一些正義定理的總合」[33]。至於他是如何得到這些定理，對於這些定理如何理解，我們將在關於正義的法哲學上的討論（下文第八節的部分）再予說明。其法哲學中處理法學方法論的部分（第二篇第一章），對於這些定理也只是附

----

[27] Hubmann, Wertung und Abwägung im Recht, 1977.

[28] a.a.O., S. 8, 14.

[29] a.a.O., S. 112 f.

[30] S. 20 f, 118 ff.

[31] S. 140 ff.

[32] a.a.O., S. 13.

[33] H. Coing, Grundzüge der Rechtsphilosophie, 4. Aufl. 1985, S. 214.

帶提及而已。在法官之法的續造一節中，他首先討論漏洞的問題。關於漏洞填補的程序，他主張應該先釐清牽涉的利益有哪些。然後「應該努力發現可能的規制觀點，將之相互比較、衡量」。他認爲，法制比較就此可提供重大幫助。同時也應該審視，「是否在固有法制中的某處，已經包含了一些解決問題的適當觀點」。最後，可以「援引大家熟知的正義觀點，質言之，一些正義原則」[34]。然而，依其見解，這些正義原則對於單純的法律適用也很重要。因爲法律適用的任務是：「在解決個案之時，將隱含在法律中的正義思想、目的考量付諸實現，並據之爲裁判」[35]。涵攝的程序尚不足以滿足此要求。因爲法律的構成要件本身就是根據評價性的觀點被塑造的，僅就此而論，單純的涵攝即尚有未足。因此，在適用法律時，法官即應針對個案複製前述評價，並依之爲裁判。爲使法官判斷案件事實時能自我審查而不流於恣意，就必須合理地取得法律的基礎價值[36]。柯因明白拒絕，評價始終是一種「非理性」之過程的主張[37]。他不懷疑價值內容的可認知性，爲認識價值所從事的評價行爲，是他人可理解的，法官並應以其所認識的法律評價爲標準，依此評價該當案件事實的諸要素。總結來說，可以認爲柯因是一位——已經完全由利益法學脫離出來的——評價法學的標準代言人。

　　對比德林斯基（Bydlinski）而言，「假使不能清楚地由實定法規範中得到應予適用的評價標準，應由何處獲致這些標準」的問題，不僅是評價法學的一項問題，毋寧爲其根本問題[38]。在特定法社會中一般承認的，或主要的價值觀念，諸如此類的提示還不能使他滿意。它們還必須「通過法範疇的篩選」。他認爲，這些標準應該來自一些——媒介法理念（或最高的法價值）與實證法的具體規定之間的——法律原則，本書也認爲法律

----

[34] a.a.O., S. 346 f.

[35] a.a.O., S. 337.

[36] a.a.O., S. 338.

[37] a.a.O., S. 112 ff., 336.

[38] Bydlinski, Juristische Methodenlehre und Rechtsbegriff, 1982, S. 128. 就此補充説明：RTh 1985, S. 1。

原則的確具有決定性的意義。之所以尚應考量通行的社會評價,而爲必要的篩選,「一則須『向上』審查,其內容是否的確具體化某特定社會中的法理念,二則須『向下』檢視,其能否被識別爲實證之具體規定的指導思想」[39]。以此爲出發點,比德林斯基嘗試繼續發展「評價法學」以追求下述目標:指出用以認識價值及轉用評價(到應爲相同評價的案件事實之上)的合理方法,藉此盡可能縮小「純粹依法官的意志」爲裁判的剩餘空間。他極爲重視法學思考方式、方法的多樣性:由嚴格依邏輯規則進行的涵攝技巧,經過不同階段、步驟的法律解釋及補充,到尋找法律原則並將之具體化〔以上就構成威爾伯格(Wilburg)所說的「可變的體系」[39a]〕,以至於作類型比較。他一再反對,將前述各種方法之一解爲唯一的法學方法。在這種情況下,決定各種方法間的高低階層關係的問題,對他而言就具有中心意義。比德林斯基堅持,在解決法律問題時,法官應透過法律,藉法律解釋及其續造來尋找答案。對於那些建議法官採取不同解決方式的學者,他提出強烈的批評。然而,除應先採取法律取向的方式,他也要求法官「依法理念的標準,對前述方式做附隨的審查」。假使第一種方法步驟(例如依文義及體系脈絡所做的法律解釋)已經幫助他取得清楚的結論,並且也經得起前述的附隨審查,法官於此就可以中止他的工作,不須做進一步——通常更困難——的探討。反之,他就必須進一步做歷史性考量,如果還不能獲得答案,就必須做客觀的、目的論的考慮,必要時更須以類推適用或目的論限縮的方法,或藉助一般法律原則來塡補法律的漏洞。比德林斯基稱之爲:「依照需要,逐級補充地運用方法」。他認爲,「假使可以證實,對該當案件的問題所作的裁判,其一方面符合實證法的規定,另一方面與法理念不相牴觸」,就可以認定,等待裁判的法律案件對法官提出的問題至此已經解決[40]。在發現此種答案之前,法官必須繼續努力下去;反之,除非有嚴重之法律的不法的情形,其不得動輒

----

[39] a.a.O., S. 133.

[39a] 參照最後一章第二節第四項以及第三節第一項。

[40] a.a.O., S. 559.

基於法理念修改實證法。然而，鑑於規範領域內有關情事的變更，可能會導致法規範的「功能變遷」，後者有時可以正當化對迄今解釋之偏離。

比德林斯基由其說明的評價法學之方法出發，嘗試由此推論出——作爲評價法學基礎的——「具有價值意義」的法概念。他不像其他大多數人那樣，由一種——無論係依何種方式獲致之——法的認識出發，來推演方法上的要求，他是由事實上被應用的法學方法出發，希望藉助它們重新規定法的概念，這是一種正當的途徑，但是它不能讓那些輕視方法，甚至輕視法學的人信服。即使依其方式，他同樣不能迴避當爲與實存的關係、法的強制理論，以及法的命令理論等法哲學上的基本問題；對於這些問題，他同樣必須採取立場。藉此又再次證實：所有這些問題，其彼此間有不可分離的關係，比德林斯基這本著作特別指明這種脈絡關聯。

在另一本書中[40a]，比德林斯基指出，「有主導性的法倫理原則是法秩序的構成部分，因此也是法學應該處理的客體，它們是法之內容的根本部分」[40b]。這些原則的效力並非來自立法者，它們根本是法的前提要件。它們與傳統意義的自然法不同之處在於：其並非不可變更者。它們並不依附立法者的意志，而是在社會本身發展出來，並且「在一定意義下自主地」演變著[40c]。假使這些原則彼此相互衝突，則位階較高者應優先適用；如彼此位階相同，則視情況之必要，決定何者應退讓。雖然愈根本的原則也愈一般化、愈模糊，然而，其仍可提供一些內容上的陳述，因此仍可對立法行爲及法律適用發生規範效果。雖然這些原則應用之後，仍然會有多種可能的選擇，但是它們也排除了一些其他的可能性，因此，其不僅是「空洞的形式」，對於各階段的法律工作，它們都做了一些規定。比德林斯基列舉了一系列——依其見解——具有根本意義的法律原則，惟其並未主張，其已窮盡列舉。

在關於法之概念的一篇文章，德雷爾（Ralf Dreier）強調，法倫理原

[40a] BYDLINSKI, Fundamentale Rechtsgrundsätze, 1988.

[40b] S. 115.

[40c] a.a.O., S. 3.

則乃是現行法之必要的組成部分[40d]。他舉出兩項理由來支持此種看法，並藉此反對實證主義。一方面，澈底牴觸倫理命令的、嚴重不正的規範，根本不能主張其具有法效力。在針對納粹時期種種歧視種族的法律所作的裁判中，聯邦憲法法院亦採此立場。另一方面，他認爲所有已發展的法秩序都包含一些原則，後者「依其效力根據及其結構必將突破實證主義的法概念」。因爲它們「使盡力實現某一倫理理想變爲法義務」[40e]。因此，法的概念除了規範性、最低程度的社會實效性兩項要求外，尚須包含倫理上最低程度的可正當化之性質。反之，霍爾斯特（Hoerster）[40f]則欲堅守實證主義的法概念。然而他認爲，實證法可以透過相應的法律規定及習慣法，將倫理上的要求容納進來。依此見解，倫理固然不能逕以其內容而有法效力，但可以透過立法行爲來取得。反之，比德林斯基及德雷爾則認爲，實證法中之所以有此等規範並非出於偶然，其係法的概念所要求者。

　　法學作爲一種目的性運作的學問，這也是米滕茲維（Ingo Mittenzwei）一本著作的論題[40g]。法規範始終在追尋特定目的，且不僅是各該立法者所定之目的，其亦追求「法秩序的客觀目的，後者是基於法秩序內在的合理性提出的要求」[40h]。這些目的彼此必須有一階層秩序存在，且其高低秩序又非全然取決於立法者的好惡。目的性思考是由目標出發的思考；它同時也是一種由較高位階之總體出發，所做的思考。因此，對於法條所做的目的論解釋乃是「鑑於被思量出來的，有機的（指功能上相互關聯的）整體，將部分的意義及目的推演出來」[40i]。

　　說到正義，依米滕茲維的見解，不應該在一獨立於實證法之外，另被構想出來的——「自然法」中尋找正義，只要實證法還算是正當的秩序，就只能在實證法內發現正義。他一方面反對，「利用任何所謂的人性自然

[40d] In NJW 86, 890. 就此參照後註中提及的霍爾斯特的文章，以及 Krawietz, in RTh 1987, S. 209 ff。

[40e] a.a.O., S. 892.

[40f] NJW 86, 2480; JuS 87, 181.

[40g] Ingo Mittenzwei, Teleologisches Rechtsverständnis.

[40h] a.a.O., S. 272.

[40i] a.a.O., S. 46.

之要素，來對抗實證法秩序」，同樣也反對，「試圖藉一種自然的秩序結構，來正當化具體實證的法秩序」[40k]。依其見解，「正法」只能是一種實證法的整體，其依其主導性原則，以其整體的脈絡關聯，在考慮當下一切情事下，可認爲其符合正當秩序之理念者。米滕茲維多次恰當引述黑格爾（Hegel）以支持己見[401]。依黑格爾之見，法的理念乃是一種能以協調的方式，實現所有成員自由之團體的理念。

第三節　規範的內涵及事實的結構

　　不論是由利益法學發展出來的，抑或是以舍勒（Max Scheler）及哈特曼的價值哲學爲出發點，評價法學的追隨者都習於區分實際的利益及權力關係，與——立法者或法官做評價時取向的——理想的價值或評價標準。此項主張的基礎在於嚴格劃分當爲與實存，價值與事實的領域，這種劃分是新康德主義所闡明的，它雖然不是最後的眞理，但是假使少了它，法學就不足以應付其問題。然而，也不可過度強調此種劃分，以致認爲，不須考慮當爲規範應適用之實存關係，即可確定前者的內涵。這種做法之不可行，幾乎是眾所公認的。亨可（Heinrich Henkel）[41]雖然是價值哲學的擁護者，卻也詳細論述法在本體論——人類學，以及法在文化——社會學上的既存狀態，齊普利烏斯[42]則提及法的事物相關性，以及法「原則上受事實的拘束」。他強調，法的大部分內容已經被其擬規制，或與其有關的自然或社會關係所預先規定。然而他又同時強調，「不能由事實推論出當爲規範」。假使「事物本質」意指，在事物的結構中「包含有應該實現的正當基準」，對這樣的概念他就抱持懷疑的態度[43]。恩吉斯

[40k] a.a.O., S. 36.

[401] a.a.O., S. 167 ff., 176.

[41] Henkel, Einführung in die Rechtsphilosophie, 2. Aufl. 1977, S. 234 ff.

[42] Zippelius, Rechtsphilosophie, 2. Aufl. 1989, S. 46 ff.

[43] a.a.O., S. 95.

（Engisch）[44]也只願意採納如下理解之「事物本質」的概念：作為法的評價或規制「對象」的「既存狀態」；任何認為「受規範的生活關係中已包含，並預示某種法律思想」的概念，他都一律排斥。依此，即不能由被規範的生活關係之事物結構本身，推論出任何規定，或任何規範性問題的具體決定。但這卻正是穆勒（Friedrich Müller）所要求的，他認為這是法官所承擔的，具體化規範之任務的部分。

　　穆勒認為，當為與實存，規範與規範所指涉的事實，並非處於嚴格的對立關係。他探討「針對個案來具體化規範的一般結構」[45]，對他而言，「具體化」不僅指壓縮既存規範，使它「更具體」些，而是一種求得——作為該當案件裁判基準之——規範的努力過程[46]。用穆勒自己的話來說：「這個概念不是要描述，將既存一般性的法規範侷限到特定個案的過程，毋寧想指稱，在解決某特定案件的範圍內，創造出一項一般性法規範的程序」[47]。穆勒一再強調，規定在法律中的規範（規範本文）並非最終個案裁判基準的規範（裁判規範），前者只是法官形成後者的出發點而已。裁判本身不得牴觸規範本文；換言之，規範本文係具體化規範的界限。依穆勒的見解，這是憲法要求的結論。除此之外，「規範本身尚未完成，亦不能逕行適用，其意義必待具體化後始能完全顯現」[48]。一直要等到進入法律論證程序，規範本文才取得其重要性，也只有藉此程序才能形成裁判要旨[49]。

　　穆勒進一步說明，等著被塑造出來的法規範是由兩個要素所構成的：「規範領域」及「規範綱領」[50]。「規範領域」是由那些「在議題上與有關之法規範相牽連的」事實[51]，或換言之，由法規範可能牽涉之生活

---

[44] ENGISCH, Auf der Suche nach der Gerechtigkeit, 1971, S. 238.

[45] FRIEDRICH MÜLLER, Juristische Methodenlehre, 3. Aufl. 1989, S. 20.

[46] 參見前書S. 27。

[47] FRIEDRICH MÜLLER, Richterrecht, 1986, S. 47.

[48] FRIEDRICH MÜLLER, Strukturierende Rechtslehre, 1984, S. 66.

[49] Juristische Methodenlehre, 3. Aufl. S. 157.

[50] Strukturierende Rechtslehre, S. 232, 263, 270. 且經常出現。

[51] a.a.O., S. 252.

事實的片段所構成者；規範綱領則是藉解釋規範本文而取得之「秩序標準」[52]。究竟應如何結合二者以構成法規範，則並不清楚。穆勒所考慮的方式應該是「眼光之往返流轉」，首先是往返於案件事實與有關的規範本文之間，其次則流轉於——藉前述過程而被縮小範圍的——案件事實與相關的規範之間。之後，裁判者就可以形成適當的規範。最後，「個案裁判者的眼光往返於（透過規範綱領及規範領域而研擬出來的）法規範以及（個別化之後的）案件事實之間」[52a]。

　　法定的規範必須經過澄清、精確化之後才能適用，此點正是法官所應提供的貢獻，因此，穆勒這部分的論述是正確的。但這並不意指，法官應該自己形成其裁判案件時適用的基準。規範解釋不容許此次如此做法，他次又是另一種做法。法官不應只為當下的個案尋找規範，他必須將既存的規範，以其認為正當的方式，適用到每件由其負責裁判的個案上。依穆勒的見解，裁判始終是以法官塑造出來的規範為基礎，因此，所有法院適用的法規範都是「法官法」[52b]，這樣一般化的主張是不能成立的。司法權對於形成被適用之法規範的貢獻固然不容否認，惟依吾人之見，穆勒似乎也過分輕視立法權對比的作用了。

　　前述評論同樣可適用於克里斯滕森（Ralph Christensen）關於法律拘束的著作[52c]，在這本書裡，他將穆勒的思想特別在語言學上加以引申，克里斯滕森同樣將規範適用，想像為將個案歸屬到一般性規範之下的過程（涵攝），而不是對規範作進一步填充或具體化的程序。因為他正確地認識到，只有在這種過程中，法官才能履行其任務，他因此認為，個案所歸屬的規範必須由法官自己來形成。法律中的規範（規範本文）只是裁判活動的出發點。除少數例外，規範本文大都過分不確定或具有多義性，以致不能直接將個案涵攝其下。為裁判個案，必須先形成一意義較為嚴密的規

---

[52] a.a.O., S. 263.

[52a] a.a.O., S. 336.

[52b] 他在《法官之法的續造》（Richterliche Rechtsfortbildung, 1986）文集中的一篇文章〈法官法—法理論式的描述〉（Richterrecht-rechtstheoretisch formuliert, S. 65 ff., 80 ff）就如此主張。

[52c] RALPH CHRISTENSEN, Was heißt Gesetzesbindung? Eine rechtslinguistische Untersuchung, 1989.

範（裁判規範），它表現在法官的判決要旨中，唯藉助於它，個案始獲裁決。他主張。相信「作爲裁判要旨之法規範已存在於規範本文之中」[52d]者犯了錯誤，克里斯滕森並明白引述穆勒的話以支持其見解。根據他們的見解，裁判要旨並非既存於規範本文之中，藉助法官，它才被整理出來[52e]。於此他們忽略了下述情事：規範適用不能僅藉單純涵攝的方法來完成。

假使法律本文尚非法官據以作成裁判之規範，則其有何意義？克里斯滕森對此答覆如下：法官的裁判必須「可歸屬」立法者制定的規範本文之中。這種歸屬必須「依憲法要求的方法水準得以審查」[52f]。這項答覆的意指爲何，並不明朗。假使這意味，法官雖然不受法律本文的拘束，但仍須遵守解釋法律本文的諸原則，則其間接仍受法律的拘束。如是，則與其堅決否認法律本文有任何拘束力的態度不能相容。

考夫曼（Arthur Kaufmann）的出發點則是：法規範指涉的生活關係乃是一種本身已經組構過的事實，因其涉及人與人之間的關係，因此其本身已內含一定的意義。這項見解是在一個牽涉較廣的，哲學上的論題（指：本體論）範圍內發展出來的，此本體論的立場與亞里斯多德（Aristoteles）、亞奎那（Thomas v. Aquin）以迄黑格爾的傳統相連結[53]。依此，則「當爲」與「實存」，或「價值」與「事實」並非兩個截然分隔的個別領域，反之，在規範「制定」之前，兩者已相互連結、彼此相關，思考時兩者須相互「適應」。因此，「事物本質」[54]變成關鍵概念；惟此處「事物本質」之意義，卻正是——屬於新康德主義的——恩吉斯及齊普利烏斯所排斥的。依考夫曼之見，立法及所有發現法規範之行爲，均致力於當爲與實存之「彼此適應調和」。這項工作不能藉邏輯三段論法的方

[52d] a.a.O., S. 68.

[52e] a.a.O., S. 38, 參照S. 20 f。

[52f] a.a.O., S. 300.

[53] KAUFMANN, Analogie und "Natur der Sache", 2. Aufl. 1982, S. 19 ff.; 詳見Die ontologische Struktur des Rechts, in: Rechtsphilosophie im Wandel, 1972, S. 104 ff。

[54] Analogie und "Natur der Sache", S. 44 ff.

式來完成，毋寧須依類推的方法[55]。因為規範與案件事實兩者從未完全一致，經常只是——在賦予其意義上——彼此相似。法律的意義並非——如傳統的方法論假定的——「存在於抽象的，因此意義相當空洞的法律概念中」，反之，應「求助於比較形象的，相關的具體生活事實。如果不參照應受判斷之生活關係的『本質』、意義，幾乎就無法得到『法律的意義』」[56]。考夫曼所說的生活關係之「本質」，是指內存於生活關係中的意義或價值，其應與法律指涉的意義或價值「彼此適應調和」。「只要我們由『事物本質』出發來思考，我們就必然會同時觸及案件事實及價值，由此，我們體會到實存與當為間不可分割的『結構交織』」[57]。

　　然而，依考夫曼之見，「事物本質」指示吾人應留意類型的思考形式，因為類型乃是「相對比較具體的，事物的普遍性質」[58]。與抽象、一般的概念相反，對於類型「不能定義，只能說明」，並非「封閉性的，反是開放的」，藉著「聯繫諸多因素，其可以使大家意識到意義脈絡的連結關係」。在法秩序的層面上，類型被證實是「法理念與生活事實間的中介，所有法律思想最後都環繞在這個中介周圍：它是規範正義與事物正義之間的中介」[59]。對於立法者而言，類型是既存的，「前者對於後者負有描述的任務」。如立法者嘗試，盡可能精確地以概念來容納典型的生活事實，司法裁判「為適當解決生活事實，就必須再度突破這些概念」。然而，「逆向的發展過程」隨即開始，其結果是對概念重新做「改良」的定義，而其不久之後又會顯得過於狹隘。由是，在法秩序的實現過程中，我們所做的是「一再地閉闔、開放及再次地閉闔法律概念」[60]。「我們不可能將類型無所遺漏地概念化，因此，在尋找具體的法規範時，我們必須一再求助於法律意指的類型，求助於類型賴以存在之模型的想法」。

----

[55] a.a.O., S. 18 ff., 37 ff.

[56] a.a.O., S. 39.

[57] a.a.O., S. 46.

[58] a.a.O., S. 47.

[59] a.a.O., S. 48.

[60] a.a.O., S. 51 f.

　　考夫曼自己也附帶提及[61]，他認為法的知識「始終是一種類似的認識」，這項命題似乎「與今日對於法及法知識的理解，極端反對」。在他的《類推與事物的本質》一書二版的跋文[62]，他深究刑法的類推適用之禁止。他並不是想質疑此項禁止命令，只是認為，於此不應是──其所理解的──廣義的類推思考方式之禁止，反之，只是禁止作過分廣泛的類推適用，質言之，「劃定類推之內的界限」。依其立場而言，其論述是邏輯一貫的。於此須特別留意，考夫曼藉──依其見解係任何規範適用之基礎的──類推一詞所指稱者，其與通說及本書對「類推」的理解大異其趣。依一般的見解，「類推」適用是一種將兩件情事相互比較的程序。於此要探究的是：兩者間是否確有足夠的共通性存在，以致吾人──在法律上之類推適用的情形──得忽視二者的歧異，認賦予其相同的法效果為恰當。由是，在一般所謂的法律上之類推適用中，有兩件生活事實被相互比較，其一是可以毫無疑義地歸屬於法定構成要件下的事實，反之，另一事實則（似乎）未被規範及之。假使兩者間具有足夠的類似性，則後者就法效果一點──並且僅就此點──應與前者做相同處理；這兩件事實關係的「類似性」便正當化其法效果上的相同處理。刑法中類推適用的禁止，其所指的乃是**此等意義**的類推。反之，考夫曼所說的「法學上的類推思考」，意指的並非兩件事實關係的比較，而是案件事實與規範的構成要件之間的比較，他關切的是：規範所意指的意義內容與案件事實所表現的意義內涵是否一致。有關的意義內涵並非自始確定，直到相互比較的程序中，它們才會顯現出來並可得認識，亦必藉此程序始能判斷，該當案件事實是否適合該當規範。於此，不擬亦不能將二者完全等視同觀；一如任何類推，能夠達到的只是──為肯定其「適合性」所要求的──足夠的一致性。必要的一致性之程度如何，須個別認定之，因此，任何類推──如其後將予說明的，亦包括法學上的類推──都需要做價值判斷。因此，考夫曼所理解的類推思考，也是一種價值取向的思考方式。

------

[61]　a.a.O., S. 19.

[62]　S. 60 ff.

　　我認為考夫曼的主張和穆勒一樣包含正確的核心內涵，但是當他將這個核心內涵一般化時，他做得太過火了。在若干典型的（即：以類似方式一再重演的）社會關係中，例如婚姻與家庭、雙親與子女間，以及教師與學生之間的關係、所有權（以「非技術」意義來理解的「為我所有」）、契約，這些關係本身已包含其特有的意義，因此並已隱含其秩序的基本特徵，於此，訴諸「事物本質」不但是可能的，在一定界限內並且是正當的。然而，有無數與此相反的法規範存在，彼等指涉的或是為特定目的而創設的機制，或是一些「雜亂無章地生長出來的」交易形式或社會事實（諸如今日的「環境污染」），規制這些生活關係的規定並未內含於生活關係本身。這些規定不是直接得之於本身已包含意義、價值內涵的事實產物，反之，它們附加在一些尚未完全規制的事實之上，或者藉助它們才創設出一些符合其規定的社會產物出來。因此，類型的思考有其事物上必至的界限。至於類型，其指涉的事實上是一些以類似的——而非總是以相同的——方式出現之生活現象，對此現象之適當規定，其與現象本身是不可分割的。於此，立法者必須接受既存的類型，雖然他仍可做更具體的規定，或者嘗試重新界定類型的界限。如擬以定義概念的方式來掌握類型，則其必然要歸於失敗。考夫曼的下述說法是正確的[63]：「語言上的極端精確，其只能以內容及意義上的極端空洞為代價」。這是過度抽象化不可避免的後果。因此，只有當法官遵循類型思考時，才能期待他得到「與生活接近」的裁判。有些人認為，相較於藉概念來形成構成要件（並配合以涵攝的技術），類型的思考方式比較不能保障法的安定性；這種見解未必正確。考夫曼就正確指出，司法裁判在經過一段時間後會突破過分狹隘的概念，那麼就會發生對司法失去控制的危險[64]。

---

[63] a.a.O., S. 73, 詳見：Rechtsphilosophie im Wandel, S. 338 ff。

[64] 於此，我想到的例子是：因聯邦最高法院的裁判所致之「財產上損害」概念的氾濫，因該院之裁判，依民法典始終可以金錢填補的財產上的損害，其與非財產上的損害之間的界限愈來愈模糊。

第四節　尋求正當的個案裁判

　　對於法官如何藉助法律（或者在沒有法律的情況下）獲取正當個案裁判的問題，所有現代法學方法論的作者無不加以討論。然而，特別是那些將注意力主要放在裁決爭端（即法官的實務）上的作者，此一問題更是討論的中心。這些作者中，我們特別要提到兩位，他們——非出於偶然地——均曾深入研究英美法的思考方法（判例法）：埃瑟及菲肯徹。

　　埃瑟是反對嚴格法律實證主義的先驅者之一，他們指出，司法裁判是有創意的活動，其亦參與逐步自我實現的法秩序（即作用中之法）的發展及續造[65]。司法裁判逾越法律本文劃定的界限時，它經常求助於由法律推得（或據稱可由法律推得）的「一般法律思想」或「原則」。埃瑟認為，「返求一般法律思想的根據於個別的法律規定」（此係德國法院及德國法學界習用的論證方式），多少是一種託詞。依其見解，「一般法律思想」作為「原則」，其事實上本得獨立於法律之外而有其效力。其正當性之根據在於「事物或相關制度的本質」，這些「一般思想」，是「每個其所涉及之共通問題的個別解答，在功能上的必要部分」[66]。埃瑟就指出，在「締約上過失」的理論發展歷程中，時或認此理論之根據在於此等，時或又認其根據在於彼等法律規定，此均係暫時性的解決辦法，一旦此新的法律思想獲得法律實務界的普遍支持，前述解決辦法均可放棄。他描述真實的過程如下：「特定真實、實質的問題要求我們必須發展出解決方案；起初的做法只是尋求個案解決，並不追求或證實原則的存在，之後便實事求是地以此條或彼條適當規定為其根據，當體系上的矛盾不容掩飾時，就必須承認：之所以利用這些規定，只是為了在體系上支持一超越此等規定的法律原則」[67]。對於法律原則是如何發展出來，如何被認可的問題，埃

---

[65] 於其下述著作中："Grundsatz und Norm in der richterlichen Fortbildung des Privatrechts", 1956。

[66] a.a.O., S. 5.

[67] a.a.O., S. 164.

瑟深入探究並主張：這些原則既非由──依其內含的意義被「正確」理解的──法律「歸納」所得，亦非由不須憑藉法律即有其效力的自然法體系，或「本身存在」之價值的固定階層秩序「演繹」所得。於此，除訴諸事物或特定制度的本質，換言之，人際關係中內含之──吾人至少可掌握其部分之──事物的意義，埃瑟也求助於「法倫理上的原則及一般確信等前實證領域」[68]。這些原則起初是無意識的，在一個「長期於潛意識中發展的過程裡逐漸形成……，直到終於恍然大悟，終於發現迄今尚未成形的思想，直到獲致一種不再算是實證規定的解釋或構想，並且具有說服力的表達形式」。尤其當它構成固定的實務見解時，法官的裁判就變成「將前實證的原則，轉變爲實證法條及法律制度的轉化機制」[69]。

　　埃瑟無疑適切地描繪了新的法律思想進入現行法的過程；於此，現行法非指法律的總合，毋寧是所有有效的法條及裁判原則的集合。埃瑟理解的法律原則既非「法條」（規範），亦非邏輯意義上的「語句」（即具有公理性質的語句，由此可合理地推論出具體的當爲語句）。假使認爲埃瑟的法律原則屬於上述二者，就完全誤解其本意了。他的法律原則起初是在具體的個案中「發現的」，隨後，它變成「代替一系列──在標準情況下──適當觀點的簡單公式」[70]。這意味著：「在非典型的案例中，或者當──在歷史中賦予法律原則以生命之──文化評價準則有些許轉變時，可能就必須作相反的答覆」。即使已發現法律原則，其後它在司法裁判中的發展亦非單純的「適用」可比，毋寧是一種持續不斷的「塑造形象」的過程[71]。爲使法律原則在實務上確有實效，必須藉助司法或立法行爲將其清楚表達出來，使其成爲具拘束力的「指示」[72]；通常法律原則本身並未包含此等「指示」，因其欠缺──作爲「法條」特徵的──「應適用案件的可確定性」。單純由「被發現」的原則不能就推論出個別的裁判，然

---

[68] a.a.O., S. 53 f.

[69] a.a.O., S. 52.

[70] a.a.O., S. 267.

[71] a.a.O., S. 268.

[72] a.a.O., S. 50 f.

而，它可以作爲法官形成具體規範的「出發點」或憑據。「下述按語才指出真正的事實：規範並非藉解釋原則而發現的，毋寧是藉裁判的統合過程被創造出來的。只有判例法才能告訴我們，什麼是真正的法」[73]。假使欠缺明文的法律構成要件規定，則即使在歐陸的法秩序中，「判例法也是事實上的法源」[74]。

埃瑟所論尤甚於此。依其見解，不僅在法律並未規定，或法律藉概括條款、空白規範或指示參照其他（諸如「善良風俗」或「交易倫理」等）「標準」，使法官事實上負有形成規範責任之時，藉司法裁判才創造出真正有效的法規範；「雖然法官於此仍應考量未成文化的價值原則，仍應受法律之外的──以一再變易的經驗事實爲基礎，並且具有變動不居的規範密度之──客觀的傳統規則之拘束」[75]。依其見解，每次的法律「適用」就已經是一種解釋，一種法規範的發現，「絕對不僅是單純的涵攝」[76]。擴張解釋與藉類推適用所作的漏洞填補間，並無根本的差異[77]。解釋經常已經是一種法的續造。「漏洞填補及『補充性』的解釋並非法官額外的造法任務，其與一般解釋的重製性質相同，假使沒有一種典範、一種──足以將相互歧異者統合爲體系之──原則的想法，一般解釋也無法進行」[78]。由此可以推得：「根本沒有傳統意義之『法的適用』」[79]。「每次解釋都是一種成文法律及未成文法的結合，藉此才能創造出真正實證的規範：『作用中的法』」[80]。

每次解釋都需要注入積極的精神活動，相對於解釋的出發點：「法律的」文字，解釋的結果（＝以一定意義來理解的文字）經常包含一些新事物，埃瑟並非此種主張的創始人。有疑問的只是，埃瑟是否過分低估法

---

[73] a.a.O., S. 151.

[74] a.a.O., S. 268.

[75] a.a.O., S. 150.

[76] a.a.O., S. 253 f.

[77] a.a.O., S. 255.

[78] a.a.O., S. 259.

[79] a.a.O., S. 261.

[80] a.a.O., S. 287.

律本文的意義，因此也過分輕視立法者對於「作用中的法」之影響，因爲
他一再強調，決定什麼是眞正的現行法者乃是司法裁判。爲發現個案適法
的解決方式，法官是否隨即求助於法律文字，或者，他已經以其他方式發
現解答，法律文字只是該解答的「適當」論據。在他的──重大影響法學
方法討論的──《在法之發現中的先前理解與方法選擇》[81]一書中，埃瑟
斷定，司法裁判通常是以前述第二種方式來進行的，顯然他也認爲這種
做法是恰當的。此種做法之所以可行，乃是因爲薩維尼（Savigny）所發
展出來的，具有支配力的解釋理論雖然提供了不同的解釋觀點（即語言上
的、體系上的、歷史的及目的論的觀點），卻未能指出，假使依據不同觀
點會得到相互矛盾的結論時，應以何者爲優先。因此，當適用某種觀點可
以獲致一種解釋，而其恰可正當化法官自始認爲「正當」的個案裁判方式
時，法官即可優先選用此一觀點。「於此，『理解』法律本文顯然不是最
重要的問題，而這個問題也不是以嚴格運用文法、體系及歷史等『解釋方
法』而處理或解決的」[82]。埃瑟將裁判的發現與其嗣後的說理加以區別；
前者主要涉及個案的適當裁判，後者主要在證實事先取得的裁判與實定法
一致，於此，法官得運用所有他認爲對此有益的「方法」。「實務並非以
學理上發現法規範的『方法』作出發點，毋寧只是藉助它們，在法律上正
當化其──依其對法的認識及對事物的理解──認爲適當的裁判」[83]。假
使最後證實，其預擬的裁判在法律上不能獲得適當的根據，那麼法官就必
須放棄此種裁判方式；就此而論，則此處之論證說明尙具有控制的功能。
然而，因爲法官擁有各種解釋及漏洞補充的可能性，前述情況發生的機會
極小。埃瑟認爲，法官最重視的並非其理由在邏輯上的一貫性，毋寧是：
「爭訟案件中，正當並且又能適法的裁判究竟爲何」[84]。

　　也許很多法官的確是以埃瑟描述的方式從事裁判工作，即使如此，

81　2. Aufl. 1972.

82　a.a.O., S. 8.

83　a.a.O., S. 7.

84　a.a.O., S. 7.

也不意味依吾人的法律見解此等做法係正確的。重要的是下述問題：假使直到第二步驟才考慮透過法律來說理，那麼法官在第一階段究竟是藉何種——可指出，因此也可審查的——途徑發現其認爲正當的裁判。就此，埃瑟在他的《原則與規範》一書中已指出兩種可能的途徑：未實證化的法律原則及法律外的評價標準。他認爲應「斷然採取先於體系的評價」，「間主觀認可的優先規則」、「共同認可的價值」、「先於法律的規制模式及典範」以及「外於法律的期待和確信立場」[85]。這等「斷然採取」，以及「法官在訴訟程序中從爭訟的問題本身獲得，並且被他併入其規範理解中的一些標準及事理上的論據」[86]，兩者共同決定了法官的認識，他憑此面對個案的問題。這項認識引領他選擇並理解規範。「先於法律的，或者前實證的價值判斷」，同時也確定了釋義學工作的方向；「深入觀察，假使欠缺此等涵義的價值判斷，根本不能理解任何一種法律思考活動，尤其是具有根本性的思考」[87]。這些價值判斷當然不是顛撲不破的；在工作進展中，在尋求正當而「可得同意」的裁判之際，這些價值判斷必須一再地被檢驗。然而，埃瑟畢竟未曾指出一種足以審查——不憑藉法律而僅以上述方式獲取的——裁判之正當性的途徑[88]；因此，這些判斷仍只是裁判法官個人的價值判斷。

菲肯徹也認爲，如何適當解決個案糾紛是所有法律人努力的焦點。其方法論上的宏構[89]是一種——擴及各種不同文化及法律社會之——普遍性的法認識論，一種以最寬廣的基礎來進行的比較方法論；於此，只能選擇其中的少數內容來討論。菲肯徹極力強調，正義具有兩種構成部分；其名之爲「平等的正義」及「事理的正義」。平等的正義是指：對於應爲相同評價的事物應做相同處理，質言之，應以相同的標準來衡量可相提並論的

---

[85] a.a.O., S. 162 ff.

[86] a.a.O., S. 144.

[87] a.a.O., S. 168.

[88] 此正係其構想之主要缺點。同此見者：FIKENTSCHER, Methoden des Rechts, Bd. IV, S. 181; KOCH/RÜSSMANN, Juristische Begründungslehre, S. 175 f。

[89] FIKENTSCHER, Methoden des Rechts, 5 Bämde. 1975-1977.

案件；事理的正義則涉及適用於該當案件事實之裁判規範的適當性。「綜合事理上的及平等性的評價，才能獲得正當的裁判」[90]。為滿足平等正義的要求，每件裁判均須以得一體適用的規範為準則。而依菲肯徹之見，只有在藉邏輯的方式，可將具體的案件事實歸屬到該規範的構成要件之下時，始能滿足前述要求。因為該規範已精確地描述、確定其涵攝的案件事實，換言之，它已經規定，法律上何等事物應視為「相同」的事物，而應賦予相同的法律效果。因此，菲肯徹與考夫曼及埃瑟適相反對，他支持涵攝的模式[91]。然而，他也認識到，以大部分法定規則的規定方式來看，法官不能僅藉單純涵攝的方式來適用它們，其尚須做進一步的具體化，而此僅藉邏輯推論的方式不能濟事；因此，他得到如下的結論：法官憑以涵攝個案的規範大多並非法定規則本身，毋寧是由法官依據法定規則，考量受裁判個案的情況，而形成的規範。他將這個真正的裁判規範稱為「個案規範」。藉此規範，受裁判的案件事實被賦予適合它的法效果，因此該規範即是「技術意義的法條」[92]。

　　依菲肯徹之見，法官又是如何獲得其裁判所需的個案規範呢？與埃瑟相反，他比較不重視「斷然採取」前實證的價值，比較不傾向直觀的做法，反之，他要求一種可合理審查的，按步就班的做法。對之可簡述如下：法官一方面應該考量等待判斷的具體案件事實，憑此以具體化及特殊化其由法律或法官法中取得之標準及評價觀點；與前述做法同步，法官亦應以其認為適切的法律觀點為據，以補充必要的案件事實，使之更趨精確；兩者必須一直持續進行，直到不能再為正當的個案裁判尋獲任何新觀點為止。菲肯徹將這種規範與案件事實間的相互接近、交互澄清的程序稱為「詮釋的程序」，中斷此程序的時點則名為「詮釋的轉折點」。「以事理及平等的正義為標準，假使進一步的壓縮不能使規範更特殊化，表達案

---

[90] a.a.O., Bd. IV, S. 190.

[91] a.a.O., S. 181.

[92] a.a.O., S. 202.

件事實的概念也不能再細分，我們就達到前述的轉折點了」[93]。透過這個程序最後達到的壓縮作用，它「既提供了個案規範，也確定了待判的個案事實，並因此能對此事實爲評價」[94]。

那麼，法律在這個過程中——依菲肯徹之見——又扮演何種角色呢？只有在少數情況，例如以數字來確定期限或年齡的界限，法律規範已經壓縮到實際可立即涵攝於其下的程度；如是，則法律規範本身即是個案規範。於此，法官須受此法定規則的嚴格拘束。在其他情況，法律固然不能直接適用，「但是對於如何獲得個案規範，它劃定界限並提供指引」[95]。就法律本文，菲肯徹區分「字義上的界限」及「規範意義上的界限」。「字義上的界限」是指「法規範本文的語言意義」，「藉助它，我們對於指涉法規範的語句，至少可以獲得或許並不完整的初步理解」[96]。在字義的界限內，法官有充分的自由來創造個案規範；創造依循的方式就是一般所說的「解釋」[97]。假使「法律文字本身可作不同的解釋，則所有在字義界限內的解釋可能性都可被視爲『法律』」。這段文字可能會被理解爲：菲肯徹認爲，**任何**尚符合字義的解釋都一律許可。此恐未必然，因爲菲肯徹在他處提及，法律的拘束力正在於：「在形成及發展個案規範時，法官必須受法律確定之目的、法律包含之評價、法律的體系及其——於一特定歷史時點中之——思考模式的拘束」[98]。這個拘束的界限是藉法律的文字來劃定的。依此，只有那些在字義界限內，並且也尚能符合前述進一步要求的解釋可能性，才能「被視爲法律來適用」，並且具有拘束力。於此，菲肯徹爲那種以歷史、目的及體系爲出發點之解釋方法辯護。「規範意義上的界限」則係指：當被尋求的個案規範不能由法律文義，至少可由法律的目的所含括之界限，質言之，類推適用的可能界限。假使在形成個案規

---

[93]　a.a.O., S. 198.

[94]　a.a.O., S. 199.

[95]　a.a.O., S. 289.

[96]　a.a.O., S. 293.

[97]　a.a.O., S. 294.

[98]　a.a.O., S. 337.

範時，法官擬逾越字義的界限，那麼他「必須明示，他準備離開法律的文字，而且準備應用超越法律的，尋求個案規範的方法」[99]。

然而，以此種方式創造出來的個案規範不能分享法律的拘束力，因此——依菲肯徹的見解——在這些案例中，個案規範本身就有拘束力。「一旦離開法律的字義，先例拘束及嚴格的個案法之程序就開始了」，菲肯徹自己也說：「此處主張的方法論，主要在於確認：在字義界限內是法律的拘束力，在該界限之外則是先例拘束力占支配性地位，事實亦必須如此」[100]。據此，則法官受雙重的拘束：於形成個案規範方面受法律的拘束，於個別案件的裁判方面則受之前形成的個案規範的拘束。這兩種「拘束」顯然是不同的。菲肯徹廣義地將法律的拘束解爲：「預先規定應如何裁判案件的評價準則」[101]，個案規範的拘束則係指：當下案件可涵攝於先前形成的個案規範之下。

依菲肯徹的見解，客觀法規範是由個案規範的總合所構成的，因爲案件裁判實際上是依據它們作成的。對於個案規範的形成而言，涵義較個案規範寬鬆的法律規定（依菲肯徹之見，其占法律規定之絕大部分）只是「被證實有效的輔助工具」之一，現存的法官法亦可發揮同樣的作用[102]。據此，則法律及習慣法尚非「現行法」，毋寧只是「（文字上的）法源，客觀法規範（＝個案規範）尚須由此等法源中被創造出來」[103]，如是的說法應該會引致疑慮。依菲肯徹自己的看法，「規範」亦具有如下功能：透過其之適用於——滿足其要求的——多數案件，同時確保「平等的正義」。然而，「個案規範」本身已如是特殊化，大家不禁要問，它是否還能發揮此種作用。菲肯徹自己也曾附帶提及：「因爲幾乎每個個案都異於其他，因此，個案規範很大的部分都落在事實的領域中，質言之，落在應

---

[99]　a.a.O., S. 295.

[100]　a.a.O., S. 296.

[101]　見於：Ztschr. für Rechtsvergleichung, 1985, S. 175。

[102]　a.a.O., S. 220.

[103]　a.a.O., S. 323.

被涵攝的案件事實的部分」[104]。例如，要決定某行爲在特定情況下是否爲「過失」行爲，在個案規範的構成要件部分，我們就必須容納所有——與其評斷有關之情況——的細節；再者，因爲沒有人能夠預知，哪些細節在未來也是重要的，例如一個新的案件可能恰好在此等細節上不同，因此也許應做不同的評斷，因此，構成要件即應盡可能包含完整的案件事實之描述。如是，則固然可以毫無困難地將案件事實涵攝到——正好依照它複製出來的——個案規範的構成要件之下，但是大概不會再有其他正好可以涵攝到這個個案規範之下的案件事實存在。

因此，我們與有力說的見解相同，寧可認爲發生法效果的裁判規範是法律規範，例如：民法典第280條配合同法典第276條第1項。然而，大多數法律規範的確都多少有其「頻寬」，對此做澈底研究正是菲肯徹所描述之「接近」程序的目的所在。此「接近」程序的結論可歸結爲下述的判斷：受評斷的案件事實（尙）屬於規範的頻寬範圍內（指：尙在規範的合法適用範圍內），或者，其已在該範圍之外。假使規範的構成要件已經足夠明確，那麼藉邏輯涵攝方式即可完成前述「接近」程序；否則即須針對個案，分別透過具體化、事件比較、歸屬到特定類型，或者說明法定的評價標準，或者澄清作爲法律基礎的原則等方式來進行此「接近」程序。

第五節　類觀點學與論證程序

假使「正當」地裁判已發生的爭議是法院的任務，並且僅依涵攝的方法來「適用法律的程序」，不能保證可以獲得正當的裁判，大家自然會想尋找一種不須依憑法律，逕以「事物」本身爲考量之出發點，以解決法律問題的程序。對於法律問題，從各種不同方向，將由法律本身，或是由法律以外的領域所獲得，對於問題的正當解決有所助益的全部觀點都納入考量，希望藉此使有關當事人能獲致合意，這種「遍及周遭的討論」方

---

[104]　a.a.O., S. 382.

式，或許就是我們想尋找的程序。菲韋格在其1952年出版的著作中[105]，為法學提供了一種「遍及周遭之討論」程序的歷史性典範：類觀點學。19世紀的法學嘗試由概念組成的法條來推得裁判，這些概念又是從一個藉少數上位概念（＝公理）構成的體系，以邏輯推演的方法演繹而得者；菲韋格認為，這種做法根本是誤入歧途。依其見解，法學如欲滿足其原本的希望——答覆此時此地如何是正當行止的問題，即須以類觀點學的方法來進行。

然而菲韋格所說的「類觀點學」為何？以亞里斯多德、修辭學者，特別是西塞羅（Cicero）為榜樣，他把類觀點學界定為：一種「特殊的問題討論程序」，其特徵在於：應用若干被假定已確定的一般性觀點、提問及論據，質言之，即「觀點」的應用。觀點是一些「可多方應用且廣被接受的看法，它們被用以支持或反對特定意見，並且指示通往真實的途徑」。應用此種程序的目的在於：從各種不同方向，使問題的討論開始進行，最後它還能夠發現問題在理解上的脈絡關聯。就理解上的脈絡關聯而論，演繹——體系式的思考將之想像為一種廣泛的體系，一種邏輯的推論脈絡；類觀點的思考方式則不會離開問題本身劃定的範圍，一直在問題的周遭致力，並且將之引向問題本身。因此「類觀點」的推論脈絡只能是「小規模或最小規模的」，類觀點的思考方式不會導向一個（廣泛的）體系，反之，它會導向「體系的多元化，並且它也不嘗試，由一個更廣泛的體系來證實各體系間的相容性」。可以說，類觀點的思考「中心」乃是各該問題本身，而非一種可以含括多數個別問題的問題脈絡或事物關聯。

菲韋格更進而將類觀點學分為兩階段。在第一個草創階段，只是「任意地揀擇一些偶然發現的觀點」，然後將之應用到問題上。人們在日常生活中幾乎一直在進行這種程序。第二階段則要尋找「適合」特定問題的觀點，並且將其匯編成所謂的「觀點目錄」。這些目錄可以任意編排，例如

---

[105] VIEHWEG, Topik und Jurisprudenz, 5. Aufl. 1974 (1. Auflage 1953).追隨其說者：STRUCK, Topische Jurisprudenz, 1971。在後者可以發現一個——不知依何種選擇原則整理出來之——法律觀點的目錄。

用字母順序來安排，可能之觀點的數量也幾乎沒有限制。它是「以概念，或是以語句的方式出現」並不重要；重要的只是它的作用：「有助於問題的討論」。觀點的意義來自其所欲澄清的問題本身，它必須是「指引思想的可能性或思想的主要方向」。

　　菲韋格進一步闡明，不僅有「亞里斯多德、西塞羅及其追隨者所致力的，可共通應用於各領域的觀點存在，也有僅適用於某特定個案的觀點」。據此，**法律觀點**乃是可用以解決法律問題，並且預期可獲得普遍認可的論據。它們可以極端不同的型態出現，在羅馬民法中，它們採取一種——已經從被裁判的個案中極端抽象化之——案件裁判的型態，因此可「輕易將之改寫爲一項定理」。中世紀晚期的法學也採取類觀點的方式。在現代民法中，藉著提出「利益」這個基本概念，耶林也引進一種「觀點」，其「重要性還在持續增加中」。透過利益概念的細分，發現了「大量新的法學論據」，「其大部分亦均受到承認」。此外，有一些概念（諸如「意思表示」、「主要構成部分」），以及一些具有實質內容的法律原則、足以正當化實證規定的理由（例如「信賴保護」以及損害歸責的理由），也被菲韋格稱爲法律觀點。因其所指涉者顯然極端不同，因此，實在無從精確地說明，菲韋格所說的法律觀點所指爲何。任何在法律討論中曾扮演過一角的思想或看法，菲韋格似乎都將之視爲一種「觀點」。因其應用可能性如此多面，無怪乎所有應用這個——曾一度變成時髦話——用語之人都可以將原有的想法與之結合，對這些意見採取立場時，對此種情形不能棄置不問。

　　菲韋格的著作非常受重視，法律人經常「類觀點式」地進行論證，這點大概不容置疑，例如合議庭的法官進行評議時，就採取這種方式。法律人運用到的論據或觀點，其重要程度各不相同。論據觀點並非被單純拾起並列，它們各有一定的價值，並且在一定脈絡中各有其重要意義。在法律討論中，某些觀點被提出、被審查，然後被揚棄或被保留，就此而論，討論的確是「類觀點式」的；然而，因強制裁判應附理由，因此需要一種井然有序的思考進程，於此，論據獲得其應有的位置，最後則以結論來終結此過程。因此，單純地蒐集法律上重要的看法，或者單純的觀點目錄，均

尚不足以達成此項任務。假使「類觀點學」的作用僅止於此，那麼對它的訴求，價值也就極爲有限[106]。

如同菲韋格，克里爾也確信：單純藉助涵攝方式的法律適用，或者僅憑向來的解釋「方法」，不能找到對個案而言「正當」，同時又符合現行法的裁判。依其見解，每件裁判在法律上及理性上都必須可正當化，討論則有助於此。假使法律家先以實證法爲準則，那是因爲他「假定，實證法上及理性上的可正當化二者間有一種內在的聯繫」[107]。這種被假定存在的聯繫之「實際意義」在於：「只有預設法律文字含有合理性以及無所偏倚的意向，法律文字才能被正確地解釋」[108]。以此而論，在法官發現法規範的過程中，忠於法律及追求正義兩者並不衝突，毋寧是互爲條件的[108a]。被如斯合理解釋的法律本文可拘束法官，並可停止對於問題做進一步的討論。但是也還有一些法律尚未解答的問題存在，對於這些問題的裁判則需要一些「實踐理性」本身認可的正當化事由。克里爾的《獲致法規範的理論》一書主要即在討論此等事由。

爲幫助理解克里爾在這本書的論述，或許有必要探究，他稍後的著作[109]對這本書之哲學背景的說明。克里爾反對19世紀實證主義法學嚴格劃分法規範與倫理規範的要求，這種劃分與——直到自然法時代結束之前的——西歐法哲學傳統背道而馳。它「切斷了法規範與其正當性根據之間的聯繫，使法規範不須做倫理上的說明」[110]。無論是倫理或是法規範，

---

106 對類觀點式的方法抱持懷疑態度者有：DIEDENCHSEN, NJW 66, 697; ZIPPELIUS, NJW 67, 2229; FR. MÜLLER, Juristische Methodik, 3. Aufl. S. 97 ff.; WEINBERGER, Rechtslogik, 2. Aufl. 1989, S. 400; PAWLOWSKI, Methodenlehre, Rdz. 93; DREIER, Recht, Moral, Ideologie, 1981, S. 116 f.; ALEXY, Theorie der Juristische Argumentation, S. 39 ff.對之做適當的評述如：Schlüchter, Mittlerfunktion der Präjudizien, 1986, S. 11：其並未指出，何以恰是此種，而非彼種觀點（亦）足以保障此結論的正確性。

107 KRIELE, Theorie der Rechtsgewinnung, 2. Autl. 1976, S. 167.

108 a.a.O., S. 169.

108a 就此曾更爲詳論者：Kriele, Festschrift der Rechtswissenschaftlichen Fakultät zur 600-Jahr-Feier der Universität zu Köln, 1988, S. 707 ff。

109 KRIELE, Recht und praktische Vernunft, 1979.

110 a.a.O., S. 15.

其最終都涉及具體行動或決定的正當化。倫理規範涉及的是「事實上支配一個民族的一些標準」，「其根本原則爲何，其落實之實際條件又如何」[111]。依其見解，法哲學也是「應用在法律問題上的倫理學」。藉此，克里爾使法律政策的討論與新的哲學思潮取得聯繫，後者的出發點是：透過合理的論據，對於人之合理行爲**應**如何的問題，可以取得一致的意見。克里爾認爲，在一種特定（理想的）條件下進行的討論可以達成此種合意。「論證理論喚起對下述蘇格拉底思想的回憶：假使每個人都能就事論事、坦率、明智並出於樂意地參與討論，且討論可以無止境地，在沒有必須做出行爲決定的壓力下持續下去，那麼牽涉行爲實踐性的問題，也可以透過論據及反對論據而獲得『理想』的一致意見」[112]。政治及法律等實踐性問題的討論已經進行了數千年，並且還要繼續下去。進行討論的前提乃是：假使在實際上不能，至少在理想上有獲致一致意見的可能性，「並且不是一種虛假的同意，而是一種有充分根據的見解一致」[113]。法律討論是倫理學討論的一種特殊型態，其特色在於進行法律討論時，法律家面對之既存有效的法規範是有拘束力的；易言之，於此，法規範被推定是合理而正確的。此外，我們不能忘記，依克里爾之見，只有以正確的倫理認識爲基礎才能解釋法律，或爲法的續造，因爲——至少在民主國家——可以假定，立法者應有追求理性及正義的意向。

我們回到克里爾獲致法規範的理論上，現在可以清楚看出，他主要想探討的是：如何在倫理上正當化實證法、實證法整體的效力主張以及個別裁判，這也是法官主要的工作所在。即使法官先是到法律中尋找案件的解答，然而，獲得一個倫理上可正當化的結論，對他來說恐怕才是最重要的。法官是在兼顧這個結論之下來解釋法律的，「主導觀點乃是：只有當它能正確地（指：用可以被正當化的方式）解決具體的問題時，才能

---

[111] a.a.O., S. 10.

[112] a.a.O., S. 30.

[113] a.a.O., S. 33.

認爲此種文字解釋是正確的」[114]。無論是立法者的決定，抑或是法官的決定，如果在多數有關的各種利益中，它優先選擇保護「明顯比較重要」的利益，它就可以被正當化[115]。爲做出此種決定，必須預測各種決定的可能後果，及其對其他利益的可能影響。克里爾的前述說明首先是針對法律政策的討論提出的，他想指出，法律政策的討論及狹義的法學討論，二者在結構上並無截然不同之處[116]。於此，他舉出一段原告與被告在法院進行的法律對話爲例。原告先提出一項對其有利的規範，並且嘗試說服法院採納此「規範建議」。被告則嘗試反對此規範建議，例如主張該規範通常固可適用，但在諸如目前這樣的案例，則應適用例外規範。「質言之，被告探討其攻擊的法規範，或其建議的例外規範各將導致何種情況，各自將影響何種利益，必要時並應指出何種利益較爲重要」[117]。法官這方面則先是提出一種「規範假定」，被假定可資適用的規範將可獲致法官認爲正當的結論。之後，他比較「規範假定」與實證的法規範，因「法官固然像立法權一樣，應考慮採納或不採納『規範假定』各自可能導致的後果，但是他也必須接受立法權的全部決定」[118]。除這項限制外，克里爾採取之判決先例的正確性推定及其因此產生的拘束力，亦將發生一定的限制作用。然而，證實其不正確的空間，仍應予以保留。

　　本書基本上也認爲，嚴格區分法規範與倫理規範的實證主義的立場，實在不能維持。「應爲」與「得爲」、請求權與義務、責任與歸責，它們在法律脈絡中雖然各有其特殊意義，但其最終都是倫理學上的基本概念。倫理規範與法規範最終都涉及「正當」的行爲。但是因爲與法律有關的決定均與「正義」相關聯，因此需要一個**相同的準則**，此準則又非輕易可得，因此，這類決定就需要透過現行有效的法秩序來正當化。雖然法秩序還不是一個完美的、爲任何法律問題都預備好答案的法典，毋寧還需要明

---

[114] Theorie der Rechtsgewinnung, S. 215.

[115] a.a.O., S. 179; 並參S. 217。

[116] a.a.O., S. 195 ff.

[117] a.a.O., S. 199; 並參Recht und praktische Vernunft, S. 68。

[118] a.a.O., S. 204.

智的解釋，「適用」時也需要藉助法院，基於法倫理原則及正義的考量來繼續發展。然而，除少數例外，法院不能直接提出其認爲正當之結論。而克里爾提出的，應優先保護當下「較爲重要」之利益的原則——依我的看法——對此的幫助也不大。相對於財產利益，每個人對其生命的利益自然「較爲重要」，個人對其健康的利益，在多數情況下亦同。然而，個人在經濟上獨立自主的利益，及其在社會安全上的利益，二者孰輕孰重就不易決定了。克里爾在他處[119]也承認，「重要性關係」本身極爲複雜，它取決於多種「交互作用的條件關係」。在很多案件中，根本不能期待就此可獲得一致的見解；因爲人類的需求及興趣委實過於分歧。值得一提的有個人的生活情況、年齡、職業及其他類似的條件。法官也不能一直等待，直到在「理想」的條件下進行的對話獲致結論，甚至連立法者也不能。就結果考量的論據而言，法官對其裁判可能產生之後果的判斷，不論就事實上的可能性或是就訴訟法的規定而論，均遠遜於立法者。因此，諸如考量開始一件破產程序可能導致的經濟後果，法官應將之讓由立法者來承擔，只有在例外的情況（例如：當法官決定作「超越法律」之法的續造時），法官才能將此類後果納入考量[120]。只有在那些直接介入政治或經濟脈絡之中的、聯邦憲法法院的裁判，情況容或不同；於此——在法院能力所及的範圍內——對可能的後果亦須考慮。就此，吾人將於他處更深論之。

　　克里爾（在其《獲致法規範的理論》二版跋語中）批評我及其他作者（例如穆勒），認爲我們企圖「透過將傳統的四項解釋方法精微化，來盡可能地壓抑法律家做決定的責任」，使他們免於（爲其決定及其決定的後果）承擔倫理上的責任[121]。然而，穆勒和我都未曾主張法官只須單純地

119　Recht und praktische Vernunft, S. 58.

120　主此見，並附有詳細理由者如：Pawlowski, Methodenlehre, Rdz. 75 ff。只有在（逾越了法律拘束的）較爲有限的情況，才贊成考量後果者：Koch/Rüssmann, Juristische Begründungslehre, S. 227 ff. 此外參照：Achterbers, Theorie und Dogmatik des öffenltichen Rechts, 1980, S. 195：法官「只有在法律之內，或在法律之旁，但絕對不能夠牴觸法律」地考量社會上的後果。關於我個人的見解，請見下文第四章第四節第三項。

121　a.a.O., S. 312, 314 ff.

遵守解釋規則，透過邏輯上必然的推論，就能夠——像簡單的數學計算那樣——由法律推得裁判。我們主張的是：法律家通常不可以採取可疑的、直接訴諸最終、最一般之原則的方法，以獲致其尋求的正當決定，反之，他必須採取循序漸進的方式；首先他必須努力確定有關的法律規定（事實上克里爾也認為，追求正義的意向正是藉著它們表達出來的），以及隱含於規定之中的法律思想之正確意義，以便他能針對待判案件做進一步的徹底思考。被提及的「解釋規則」，不過是標示思想進程中的一些重要步驟或階段，假使我們不想遺漏一些本質性事物的話，它們確實是不容忽視的。因為有這種循序漸進的方法，事後的審查才能夠進行，雖然於此仍不免要做價值判斷。我們的見解是：以此種方式最能夠獲得符合正義要求的個案裁判，特別在我們考量到——菲肯徹所說的——「平等的正義」時尤然。當法律不能幫助法官發現一種多少符合「事理上的正義」之裁判時，他還有做「超越法律」之法的續造的可能性，然而，就此他必須提出事理上的根據。由是，法官必須為其裁判承擔沉重的責任，沒有一種方法論能夠或想要免除他這項責任，但是我們同樣也不能對法官做過度的要求。

　　哈弗卡特（Haverkate）也關切裁判在倫理上之正當化的問題[122]。他援引埃瑟而提及，「在法學及司法的法條創造工作中，（作為確認認識的手段之）法學方法論的末日」。他指的是演繹的推論程序，不管它是由一般的法概念，或是——「更接近實證化思想的」——由法律本身所做的推論。他認為，「向來的方法論」「不能說明，發生在法秩序之內容演變的現象」。他更進一步批評，「這種方法混合論使大家可以在所有可能的解釋標準中自由選擇，並宣示其中之一係當下個案中具拘束力的標準」[123]。因此，「嘗試覆蓋形式之方法學的神聖外衣於——事實上係依個案的事物情況選用不同觀點的——司法解釋之上，其勢必歸於失敗」。然而，法學方法論雖然在「確認認識」的作用上達於末日，此尚非全部方法之

---

[122] Götz Haverkate, Gewißheitsverluste im junstischen Denken, 1977, S. 163.

[123] a.a.O., S. 149.

末日[124]。依其見解，迄今被應用過的方法都只具有負面的作用；它們排斥「坦率依據作成決定時的主要考量，以正當化裁判」的做法，因此也阻止「決定性的正義標準出現在裁判理由中」。事實上，重要的是裁判「實質上的正當理由」，而不是裁判之形式邏輯上的推論。因此就產生下述問題：「解釋者本身之實質正當性的意向，以及其受法律拘束的義務，兩者間應如何調和」[125]。法官首先嘗試，以「認識、發展並汲取包含於法律中之實質的合理性」來調和二者。假使此種方式尚不能滿足要求時，法官就必須面對「法規範的可正當化與否」之問題。「法規範及其應用均取決於『正當』標準為何的問題，因此亦須留意——作為研究『正當行為』的基本學問之——實踐哲學提出的解釋觀點」[126]。然而，必須作裁判的法官不能一直等待哲學討論上的進展，因此至少必須擬定若干足以「保障在法秩序中有獲致真理之可能性的條件」；哈弗卡特認為，這些條件在憲政國家中已經實現。

　　認為法律問題的解答並非藉邏輯推論來達成，而是透過對周遭有關論據的討論，這種想法主要是由菲韋格引介的，它導致日益增多的，對法學論證之前提要件及規則的探究[127]。於此涉及的是論證的邏輯結構（特別是對價值判斷賦予理由之可能性的問題）、論證規則，以及在諸如法律解釋、先例應用及釋義學等範圍內的，特殊法律論據的運用。因其處理的問題與法學方法論處理的議題並無不同，不免會產生方法論與論證理論兩者

---

[124] a.a.O., S. 169.

[125] a.a.O., S. 164.

[126] a.a.O., S. 220.

[127] 於此，我要指出下列著作：Robert Alexy, Theorie der juristischen Argumentation, 1978; Ch. Clemens, Strukturen junstischer Argumentation, 1977; Gröschner, Dialogik und Jurisprudenz, 1982; Fritjof Haft, Juristische Rhetorik, 3. Aufl. 1985; Perelmann, Logik und Argumentation, 1979（並參照以下註218）; A. Podlech (Hrsg.), Rechnen und Entscheiden, 1977; Schreiner, Die Intersubjektiviät von Wertungen, 1980; G. Struck, Zur Theorie der Juristischen Argumentation, 1977; Chr. Westermann, Argumentationen und Begründungen in der Ethik und Rechtslehre, 1977; Ferner Argumentation und Hermeneutik in der Jurisprudenz, RTh Beiheft 1, 1979, 在所舉的文獻中，阿列克西的著作或可作為代表。

之差異何在的問題。「論證」是指：提出一些似乎可以正當化某項主張，或使其至少看來值得討論的理由。爲滿足前述目的，這些理由必須具備以下性質：必須能夠說服預期的討論夥伴，克服其可能提出的反對理由。企圖勾劃一種法律論證理論者，其主要的考量是：在法院前面、在合議庭的評議室內，以及在文獻中對於法律問題的討論。法官判決之作成，以及法律意見在法學文獻中之貫徹，顯然均須透過討論。因此容易認爲，法律說理乃是一些論證型態及一系列的論證。相對於此，「方法論」比較是爲從事法學研究、提供專家鑑定意見以及說明判決理由的程序而設計的。於此，具決定性的不僅是「比較強勢」的論據，有序的思考進程也同樣重要，後者可以保證重要的觀點不致遺漏。然而，論證者採用的論據，以及依循「方法」探討問題者不能避免的思想步驟，二者涉及的觀點畢竟大半雷同，因此，只要後者的思想步驟不限於合理討論的形式規則，則二者實際上是由不同的角度來處理同一事物的方式。

　　阿列克西的《法的論證理論》就清楚顯示此點，他強調，法律討論是「一般實踐性討論的特殊型態」[128]。法律討論以及一般實踐性討論之共通處在於：兩者均提出規範性的陳述，並均主張其陳述的正確性。然而，法律討論仍不失爲一種特殊型態，「因法律論證的進行必須受到一系列條件的限制」。這些條件包括：「受法律拘束、對判決先例作必要的考量，置入──由制度性運作的法學發展出來的──釋義學之中」，除法學討論外，並應受「訴訟法規定的限制」[129]。依此，相較於「一般實踐性討論」所主張者，法律性陳述主張的正確性亦較爲狹隘。「其並未主張，其提出、建議的規範性陳述或判決是絕對合理的；反之，僅認爲：該陳述在現行法秩序的範圍內有合理的根據」[130]。阿列克西邏輯一貫地提出下述問題：「在現行法秩序範圍內之合理的根據爲何？[131]」

---

[128] ALEXY, Theorie der juristischen Argumentation, 1978, S. 32 f.

[129] a.a.O., S. 34.

[130] a.a.O., S. 264.

[131] a.a.O., S. 272.

　　爲答覆此問題，阿列克西致力於下述──長久以來已經是法學方法論研究標的之──議題：關於法條以及規定法效果的三段論法之理論、法律解釋的不同方法（阿列克西名之爲「論證形式」）、關於法釋義學的工作方法及其研究成果之應用的理論、判決先例的應用。與埃瑟、克里爾及哈弗卡特不同，阿列克西對於多種解釋方法並未抱持絕對猜疑的態度。依其見解，論證理論雖然不能提供一種確定的高低秩序或前後順序，然而它可以指出，「以何種方式可以合理地應用這些不同的論證形式」[132]。各個論證形式在當下的個案中分別有何等重要性，其最後必須取決於「合理的理由」。主要必須透過「一般實踐性討論」；質言之，社會倫理的討論，才能獲得這些理由。他最後總結如下：這四項解釋準則（＝解釋方法）固然不能保證，「能夠相當確定地發現唯一正確的結論」，但是它們卻也「不僅是附隨地正當化一種──以他種方式取得，以他種方式得其根據之──結論的工具[133]。假使法律論證要主張其陳述正確的話，它們就是法律論證必須應用的形式，因爲與一般實踐性討論不同，法律論證之正當性主張與法律拘束有關」。對於以上說明，我們只能表示同意。

　　對於類觀點學，阿列克西只贊成其下述確信：在討論有爭議的法律問題時，重要的是誰的論據比較好，解決此疑問的適當手段則是：在遵守合理的（形式的）規則下進行的討論。然而他也清楚地認識到類觀點學的缺點，並且將之分別列舉[134]。他認爲該理論主要的缺陷「在於錯估了法律、釋義學及判決先例的意義」，再者，「對於法律說理中援引之不同的前提要件，其亦未做充分的劃分」。他認爲，一種法律論證理論必須受下述標準的檢驗：「它是否，以及在何種程度上能避免前述缺陷」。阿列克西並不諱言，法律討論主要涉及**規範性陳述的正確性**。藉此可以清楚地看出，他與那些以修辭學爲出發點的作者〔例如佩雷爾曼（Perelmann）以及菲韋格〕截然不同之處；後者認爲，討論參與者致力於發現「可被

---

[132] a.a.O., S. 304.

[133] a.a.O., S. 306 f.

[134] Theorie der juristischen Argumentation, S. 39 ff.

接受」的論據，因此其關心的不是陳述的「正確性」，而是其「可同意性」。

　　關於法釋義學中的語句可否、應否，以及在何種程度上得或應被用爲法律討論（指：關於正確決定個別案件之討論）的論據，阿列克西的論述值得吾人特別留意。他的答案是：「只要它與一般實踐性論證的聯繫並未散失，釋義學中的論證就是合理的」[135]。於此，他排斥菲韋格對體系的敵意，他也拒絕片面地否定所謂的概念法學。然而，釋義學中的語句可否應用於法律討論中，這項問題僅涉及部分角度，其並未窮盡（釋義學性）法學之認識價值的全部疑問。

第六節　法律拘束與涵攝模型

　　迄今提及的作者們在一點上倒是意見一致，質言之，對於藉助邏輯涵攝（即：將案件事實歸屬一法規範的構成要件之下），由法律推得裁判的程序，他們或者認爲根本無法做到，或者認爲其意義並非如想像般重大。依據他們的見解，至少在法規範的發現上，但同時也在裁判的正當化時，其重心均是在法官的其他——總是包含有價值判斷的——考量上。就此，菲肯徹也不算例外，雖然他明確支持涵攝模型，然而，涵攝之於他不過是程序的最後步驟，在大多數的案件中，法官直到程序的終點才自己塑造出一個法規範，之後才將案件事實歸屬於此法規範下。毫無疑義，新近的方法論賦予法官較大的權限以塑造、續造被適用的法規範（＝作用中的法），任何人如果嘗試僅由民法典來認識今日的債法，其經驗將使他贊同前述新近方法論的見解。有時似乎連法官受法律拘束的原則都被放棄了。例如，我們會在哈塞梅爾（Hassemer）的文章[135a]讀到：法官即使想要，

---

[135] a.a.O., S. 334.

[135a] 見於：KAUFMANN/ HASSEMER (Hrsg.), Einführung in die Rechtsphilosophie und Rechtstheorie, 5. Aufl. 1989, S. 223。

他也不能嚴格地遵守法律。法律一旦公布，其適用即「須受法官行為的支配」[135b]。雖然如此，對哈塞梅爾而言，「法律拘束的基本假定對法官行為仍是具規範效力的要求」[135c]。然而，依其見解，此亦僅是一種不可能履行的要求。對於法官，只有法官法及法釋義學至少還多少有事實上的拘束力。假使大家甚至認為，只有司法裁判才真正決定，在今日什麼是合法的、什麼是今天真正有效的法律內涵，那麼法院依憲法應受法律拘束云云，看來不過是一種擬制。如是，則吾人的法律見解，以及民主法治國的基本規定之一就完全落空了，而藉法律以保障標準一致的作用，也就完全不可能達成了（因此，有些人想到以判決先例拘束作為其代用品），由是，法安定性亦受到嚴重的損害。任何人如果不想接受此種見解，另一方面又相信，非以嚴格邏輯推論為基礎之考量，在法學及實踐倫理學領域，不能為各該決定取得可能且必要的可理解性及可審查性，那麼他將努力在可能的範圍內堅守「古典的」涵攝模型。科赫（Koch）與魯斯曼（Rüssmann）在他們合著的《法律說理學》[136]一書中正係從事於此，該書是以現代邏輯學及語義學的認識為基礎而完成的。

　　科赫和魯斯曼關切的不是法官事實上如何獲得他覺得「正當」的裁判（對於擁護埃瑟者而言，這恰是其考慮重心所在），他們關心的是：「法律決定的好理由是哪些」[137]。他們的出發點是：說理的最主要任務是證實裁判與法律的一致性。最能達到此目的者係「演繹的說理模式」，質言之，以邏輯涵攝的方式（將案件事實的描述歸屬於該法規範之下）來適用法律。當立法者賦予法律適用者，對於不同的可能性有自由選擇的權限時，前述模型就遇到界限，然而，在到達界限前，還是可以遵守法律拘束的要求[138]。其要求盡可能選擇一項法律規範作為演繹模式的大前提，該規範之詳細意義則藉解釋得之。於此，應**優先**以法律的內容及立法者的目標

[135b] a.a.O., S. 224.

[135c] a.a.O., S. 230.

[136] KOCH/RÜSSMANN, Juristische Begründungslehre, 1982.

[137] a.a.O., S. 1.

[138] a.a.O., S. 112.

爲準則。易言之，「法官對於法律用語不可任意賦加意義，毋寧須以受法律及立法者拘束的方式，**發現**法律的語義內涵」[139]。由這些語句可以看得出來，他們明白反對下述說法：選擇用以說理的解釋「方法」，取決於何種方法可獲致適用者認爲正當的結論。科赫和魯斯曼特別強調演繹的說理模式具有如下的優點：它可以保障，所有實現規範所定條件的案件事實均將受相同處理，前述條件又必然係以一般形式來表達；它並且可以——在可能的範圍內——保障法安定性。最後，它使我們以最可靠的方法審查推論各環節的準確性，因此也可以做有根據的批評。關於類觀點學，他們說[140]：「針對如同觀點大雜燴那樣的裁判說理，根本無法批評」。就此而論，其回頭轉向——已經被一些人宣告死刑之——「古典的」方法論已昭彰甚著，若干新作（亦包括恩吉斯）[141]亦持此見解。

科赫及魯斯曼將此「演繹的說理模式」精緻化。關於其藉助形式邏輯的部分，於此只能請大家參閱兩位前述的著作。他們強調，如斯的邏輯形式化之收獲在於：藉此比較容易控制必要的推論環節是否並無漏洞。對他們而言，涵攝主要是爲了克服在（通常以非常一般性的用語表達之）法定構成要件與（比較強調待判案件之個別特徵的）案件事實描述兩者間語言上的鴻溝[142]。於此，解釋法律規範的結論，以及由之前的前提推得的結論，兩者共同構成的前提應置入推論的環節中。假使依法定構成要件，關鍵問題在於行爲人是否攜帶式器。依案件事實的描述，他帶了一把刀，於此應不難藉下述——不容置疑的——陳述以彌補二者在語言上的「鴻溝」：刀確實是這項規定所指的「武器」。於此，涵攝並無任何困難。假使行爲人沒有刀，他隨身攜帶的是指甲刀，大家就會懷疑，這是（該規定

---

139 a.a.O., S. 7.

140 a.a.O., S. 115.

141 ENGISCH, Einführung in das juristische Denken, 7. Aufl. 1977; 特別參見其第二章、第三章。

142 KOCH/RÜSSMANN, a,a.O., S. 15 ff., 24 ff. 亦參見：KOCH, Rechtsdogmatik und praktische Vernunft, Festschr. für WIEACKER, 1990, S. 69 ff。他提及：「相較於法律規範的形式」，判決中的案件事實描述「是以比較具體的語言來表現的」。藉著將案件事實與法律所意旨者等視齊觀，即得以克服此等語言上的鴻溝。

所指的）「武器」嗎？爲回答此問題，我們必須指出該規定所謂的武器之
重要性質爲何，以便更詳盡掌握其特徵。解釋的結果構成推論的大前提，
小前提則是：確定行爲人攜帶的指甲刀是否具備「武器」的重要性質。結
論是下述判斷：行爲人的確（或並未）攜有武器，由此更可推得：被描述
的案件事實合致（或並未符合）法定的構成要件。多數推論（其前提一
則是法律本文，然後是──藉著對它的解釋取得之──比較詳細的概念界
定，以及案件事實描述）其間的相互嚙合，此確係「演繹之說理模式」的
特徵，因爲它令人產生嚴格的、符合邏輯思想順序的印象，所以它才如此
具吸引力。

　　科赫和魯斯曼認爲，即使在法律應用「模糊概念」或類型描述的情
況，藉解釋之助，涵攝依然可行[143]，對此我可不能同意。諸如「輕微」、
「無關緊要」或「主要」之類的「模糊」概念都有著「搖擺不定」的頻
寬，在不定的寬度之中，尚不能確定指出，某特定案件是否的確落入其所
屬範圍。只有當我們能夠將此等概念轉化爲固定的數量大小或時間範圍，
才能將事實歸屬其下，這正是立法者要避免的；他想保留一定的判斷餘
地。也許我們可以造出下述語句：如果逾期超過一週，就不能認爲是無關
緊要的，而假使確有如是逾越期限的情事存在，即可將之歸屬於前述語句
之下。然而，前述語句那樣的判斷是危險的；可能在某個個案中應做不同
的判斷。怯於承認事實不能涵攝於「模糊概念」之下的原因在於：認爲
因此將使裁判變爲非理性的決定，一種單純的決定。依作者之見實未必
然，很多案件事實可無疑歸屬於此等概念之下，因其係典型的、範例性的
案例。即使在其他情況，將之與此類案例以及已決的案例相互比較，亦常
能有所助益。假使認爲相互比較的案例間並無──與判斷有關的──不同
存在，就可以類推適用；如認爲有此等不同點，則否。只有極少數的案例
是那樣困難地「正好在邊界上」，因此就只能做單純的決定；就此，我們
也必須接受。前述說明同樣也適用於類型描述，以及需要補充的標準，例
如，於此時此地被要求的謹慎程度。因此，並不會立即、到處都變成由單

----

[143]　a.a.O., S. 67 ff.

純的決定來支配的領域；取涵攝而代之者乃是：以比較、含有評價性質的衡量爲基礎的歸類。就其出發點仍是一項法律規範，且其法效果亦須由此推得而論，對此等案件進行的程序仍具有「演繹」的性質；然而，其中間的種種步驟則與涵攝模式所要求者不同。於此，說理亦未被放棄；只是它不像涵攝模式那樣會使人產生「必然性」的印象。

　　演繹的說理模式本身有助於確保法官恪遵法律拘束及平等處理原則，而科赫和魯斯曼又賦予此模式中的法律解釋以重要功能，因此他們自然不能將法律解釋任由解釋者藉「方法選擇」來任意支配[144]。依其見解，法官必須遵守一定的解釋規則。他們特別重視語言（語義）解釋。假使體系解釋僅要求，應注意被解釋的規定在法律中的脈絡，那麼它的作用就完全被語言解釋所吸收。文義之外，（歷史上的）立法者之規範意圖也具有決定性。反之，科赫和魯斯曼對於與此不同的「法律的理念」、「客觀的──目的論的」解釋則抱持懷疑的態度。依其見解，此類解釋目的之階層順序來自國家論的考量，而非基於詮釋學或哲學的思維。語義解釋具有優越性；不得基於其他解釋目的的考量來修正清晰的字義。就此而論，除被認可之法的續造外，科赫和魯斯曼認爲法官應受字義的拘束。假使文字具有多義性，在第二個步驟上應取決於立法者的目的觀。只有當立法者就此未做出決定時，「才能以『合理的目的』爲準，來補充法律的語義解釋」[145]。依此應足以明瞭，與一些迄今提及的作者不同，科赫和魯斯曼（基於國家論及憲法上的理由）賦予法律拘束之要求以優越的地位，即使相較於個案正義時亦同。與克里爾適相反對，他們明白地說：以各種解釋方法可能獲致之結論的合理性爲依據，憑此以選擇此種或彼種解釋方式，此種做法並不可行，「因結論評價的間主觀性經常並不存在」[146]。追求正當的個案決定，只有「在法律拘束的範圍內」始能獲得認可[147]。

----

[144] 明確採此見解：a.a.O., S. 163 f。

[145] a.a.O., S. 182.

[146] a.a.O., S. 183.

[147] a.a.O., S. 176.

　　雖然如此，科赫和魯斯曼並不否認，在一定範圍內，法官之法的續造是容許的，並且在實務上亦有其重大意義。其之容許與否更是一個憲法問題。對此，在不同的法律領域應做不同的答覆。例如，司法權絕不可自行擴張國家對人民干預的權力範圍[148]。在私法的領域，法的續造毋寧是較可容許的。科赫和魯斯曼拒絕以漏洞的概念作為容許性的標準。法的續造之容許根據在於：透過它，「立法者所意欲者，可以對抗立法者所言說者而獲施行」[149]。於此，他們努力以其認為適當的邏輯形式，來表達類推適用及目的論的限縮這兩種論證形式。

　　最後，科赫和魯斯曼也承認，特別是在裁量規範以及原則的情況，還是有一些裁判的活動空間存在，「僅僅訴諸立法者所意欲者，並不足以解決此問題」[150]。於此，當下的裁判者應該為「他——鑑於其他可能性，本亦得為他種做法下——所做的選擇」提出說明。假使他應該「提出說明」，那麼他必須為其裁判陳述理由，即使不是「必然」的理由，而是應由其自負其責的理由，亦同。這些理由可能只是一些倫理性的正當化事由。與佩雷爾曼及其他新近倫理哲學家相同，他們認為：只有當所有關係人，在對某項決定預期將發生的後果（不管是對他們自己，或是對人類社會共同生活的影響）有正確的認識，並且為正確的評價時，其亦能夠同意該決定時，始能認為該決定是「正當」的。因此，必須說明的包括：可供選擇的各種規範可能性，其影響的利益分別為何；對於這些利益的重要性之評斷，為此更須發展出一些「分配原則及優劣規則」。「然而，假使我們將選擇可能性侷限在立法者的規範計畫範圍內，那麼即使每位法官在作成裁判時都願意就前述情況提出貢獻，其仍不免要流於虛幻，或發生無能作出裁判的後果」[151]。法官首先必須倚賴——判決先例及釋義學的建議包含的——「先前貢獻」。假使連它們都付之闕如，法官仍然不能免於自為

---

[148] a.a.O., S. 256.

[149] a.a.O., S. 257 f.

[150] a.a.O., S. 346 f.

[151] a.a.O., S. 373.

考量的義務。於此，大家不能要求，「在有限的認識手段與作成裁判的壓力下，法官所爲省思的正確性程度，仍然足以與經學術性準備及檢驗而爲之後果考量相提並論」[152]。

科赫和魯斯曼希望將裁判應附具──得事後審查之──理由一事確定下來，他們保留給法官向法感、衡平或模糊的一般觀念訴求的空間很小。對於案件事實的確認，尤其當它僅以概然性判斷爲基礎時，兩位也要求最高程度的合理性[153]。依涵攝模型具「邏輯必然性」根據的裁判，與法官僅以倫理性論據爲基礎自由地作出裁判，二者間的界限，被他們盡可能地朝有利於前者的方向推移，依吾人的見解，甚至已超越可能的範圍。在某些人對涵攝模式，甚至對依循方法論的程序過度的批評後，這種反彈是可預期的。它在某些部分也的確發揮了矯正的作用。然而，科赫和魯斯曼的研究完全集中在法官裁判的說理上，以獲得法秩序的一般認識爲目標之法學工作、法學中的體系成分，均未成爲其議題。因此，他們之不承認體系標準，在各種解釋準則中有其固有價值，乃至使語言解釋完全吸收體系解釋，均非出於偶然。

帕夫洛夫斯基[154]則不然。他主要關切法學如何在現行法的範圍內，藉助現行法及被適當解釋的法律，來取得規範上正確的認識。他雖然認爲，在說明裁判理由時，不能棄置涵攝模式[155]，但是對作出正確的裁判一事，其幫助不大[156]。因此，「提供正在作裁判的法官其他方法，使他們的眼光轉向更寬廣的脈絡，這不僅是可理解的，也是事理上必要的」。

雖然沒有使用菲肯徹發展出來的用語，帕夫洛夫斯基也區分正義的兩種要素，質言之，即「平等的正義」及「事理上的正義」。我們在帕夫洛夫斯基的書中讀到[157]：西歐的法秩序「長久以來，因其以羅馬法爲基

---

[152] a.a.O., S. 375.

[153] a.a.O., S. 271 ff. 關於概然性判斷：S. 287 ff。

[154] HANS-MARTIN PAWLOWSKI, Methodenlehre für Junsten, 1981. 以下依編碼而爲引證。

[155] a.a.O., Rdz. 394.

[156] a.a.O., Rdz. 393.

[157] a.a.O., Rdz. 341.

礎，並且受希臘法哲學的影響，因此其基本的出發點係：法秩序及正義的特徵均在於其『合法律性』（質言之，對相同事物爲同等處理），因此，法秩序及正義均與『規範性』的（指：合法律的、可重複的）裁判取得聯繫，就此而論，其並非取決於關係人之直接同意」。平等是透過抽象化產生的。何者爲同，何者爲異，必須藉助先前的決定（規定、法律）才能確立。「從這個角度來說，法學比較是一種探討人們如何最佳地**確立**平等性的學問，其首務反不是研究什麼是**平等**的」[158]。假使已經做出必要的先前決定，而且其內容——在必要時——已由法學詳予確定或更予發展，那麼涵攝模式就表示：「當下被尋得的裁判符合合法律性原則」，質言之，已對相同事物爲相同的處理[159]。然而，「法秩序的規範性只是（實質的）正義的第一項先決條件，而非其唯一條件」[160]。第二個條件是：包含在判決先例或法律中的先前決定必須是「正確的」，正確係指：「依據它們包含的『構成要件要素』，在考慮其規制的問題及其規定的法效果之下，可以做出『可理解的』（即：由事物的角度說得過去，卻足以劃定不同之處的）區分」[161]。這裡所說的顯然是菲肯徹所謂的「事理上的正義」。帕夫洛夫斯基[162]甚至說，即使是國家的法律，只有當「大家可以指出何以並且在何種程度上，它確定的構成要件與規範性命令間的關聯是『正確的』（合理的，就事物的觀點來看適當的）」，它才能被認識並被理解爲現行法秩序的組成部分。

　　假使認爲法律的主要任務在於決定何者應做相同處理，何者應作不同處理，質言之，在於保障相同事物受到相同的處理，那麼它與法律的另一種作用（帕夫洛夫斯基稱之爲法律的「調控作用」）似乎有些矛盾。現在許多法律的作用正在於變更目前的法狀態，並創設新法。依此，則今日相同的事物，明日可能須做不同的處理。依帕夫洛夫斯基的見解，之所以可

---

[158] a.a.O., Rdz. 345.

[159] a.a.O., Rdz. 394.

[160] a.a.O., Rdz. 344.

[161] a.a.O., Rdz. 359.

[162] a.a.O., Rdz. 369.

正當化此類不同的處理，係因新規制的主要關係其改變如此重大，以致由
事物的角度來看，原有的規制不復恰當，質言之，雖然「外觀上相同」，
但已不再是「相同的案件事實」[163]。此外，一般法律關係或生活關係的改
變，亦可能導致——並未變更之——法律規定的意義全然不同，由是，相
應地其解釋亦必須與先前不同[164]。個別法律規定本身或其解釋的變更，可
能會導致法秩序的矛盾衝突。「因爲不能保證，立法者、法院或其他法定
機關，他們在發布『新的（先前）決定』時，始終會考慮到他們的決定是
否，或在哪方面將影響其他案件事實」。「因此，每項『新的（先前）決
定』都促使我們去審查目前現存的（先前）決定彼此是否相互協調」[165]。
這只能依靠體系性的考量。「因爲只有藉助多數先前決定構成的牢固體
系，才能確定什麼是本質上相同，什麼是本質上不同的」[166]。假使這些決
定本身就不協調，就無法確保對相同的事物作相同的處理。在不一致的情
況發生時，應遵守新法優於舊法的規則。「由是，當新的法律與既存的法
體系矛盾時，則（至少在一般情況）應變更（或改組）此體系，而非放棄
該法律」[167]。

　　關於帕夫洛夫斯基的體系概念，我們稍後還要再討論。現在我們先轉
向他的法律，以及與此相關之法律拘束的理論，在他的方法論中，它們占
相當重要的地位，帕夫洛夫斯基將法律的任務或作用分爲三種，他名之爲
「規範性作用」、「改良的作用」以及「計畫的作用」。法律的「規範性
作用」係指：藉助其「規範」的特質以確保平等處理的要求。

　　在規範性作用方面，帕夫洛夫斯基認爲法院受法律拘束的種類有三
種：「技術性的」、「釋義學的」及「法的」拘束。「技術性的」拘束純
粹是基於目的性考量而來的：大家可以預期，法院全體均將遵守國家確立

---

[163] a.a.O., Rdz. 375.

[164] a.a.O., Rdz. 383.

[165] a.a.O., Rdz. 400.

[166] a.a O., Rdz. 402.

[167] a.a.O., Rdz. 404.

的規範，以及立法者對此提出的理由，因如此最可確保平等的處理。這種
「技術性的」拘束還不是有義務性的法的拘束。「釋義學的」拘束關心的
是：法律選擇的釋義學上的構想。如果我沒有誤解帕夫洛夫斯基的話，它
也還不是「法的」拘束，毋寧同樣也是目的性的問題：只要還沒有更好的
構想存在或被承認，那麼遵循法律選擇的構想是合目的的，因為其他法院
亦將如此，如是，則又最能確保平等處理了。於此，訴諸在法律，或者國
家機關對法律的進一步解釋中具最堅強論據的理論（或體系化建議），是
正確的，所以然者，「不是因為法律在這方面具有『法的』拘束力，或因
為大家對法律必須作『主觀』解釋」，毋寧是因為法律「是統一法規範的
最佳手段」[168]。因此，國家的法律同時也是「法的認識手段」[169]，但是法
認識本身的進展亦可使法律被超越[170]。

　　依帕夫洛夫斯基之見，就算不是所有的法律，至少也有許多法律具有
第二種作用，即前述調控的或改良的作用。在這種作用裡，「正確內容」
的問題，以及——與此相關的——正義的第二種要素（即：規範在事理上
的適當性）又重新出現在眼前。當「法外的，或超越法的認識，或者社
會關係的演變，促使大家想制定『新的』法律時」，大家就會重視國家法
律的調控作用[171]。於是國家的法律就變成「一種工具，我們藉助它以聯繫
法的知識以及法外的或超越法的認識」。由此可以推得：國家法律對於法
官（也）有法的拘束力——就認識現行法而言，其亦拘束法理論家[172]。假
使裁判不遵守法律，則其不僅牴觸平等處理原則，同時還「放棄，依據現
行的認識程度來確定——對於任何法秩序而言均屬必要的——先前決定，
因此也違反了第二種正義（實質的正義）之要求」。法官必須受——國家
用以實現其改良及調控作用的——法律之法的拘束，「因為唯有如此才能

168　a.a.O., Rdz. 535.

169　a.a.O., Rdz. 537.

170　a.a.O., Rdz. 540.

171　a.a.O., Rdz. 586.

172　a.a.O., Rdz. 592.

作出正當的判決，質言之，符合平等處理原則，並且——在考量今日可能的所有知識下——對本質上的同異予以區分的判決」[173]。前提是：「我們的立法程序足以保障，藉助國家的法律可以『改善』法秩序」，法律「是一種適宜使吾人的法秩序配合法外的，以及超越法的認識而發展之工具」[174]。依其見解，情況也的確如此[175]。

可以幫助改良法秩序的法律，其具有之法的拘束力並非毫無界限。法官雖然不能僅因其認爲，作爲該法律基礎之法外的認識是錯誤的，便背離該法律。他必須將重新適應的工作留給立法者，因爲「在改良法秩序這方面」，後者有較好的認識可能性。然而，假使由（「狹義的」）法認識而論，法律被證實是錯誤的，例如，「依現存（有效）的先前決定，本質上相同的事物，法律作了不同的處理」[176]，於此即發生如下的問題：前面的論述應如何與——帕夫洛夫斯基之前主張的——新法相較於既存先前決定之優越性，相互調和。於此非指，法律因牴觸具優越性的法規範（例如牴觸憲法）而無效，並因此而不具拘束力的情形。帕夫洛夫斯基並指出，法的拘束力亦可因時間的經過而受影響。假使作爲法律基礎的，當時「新的」法外的認識，此時「已經變成現行法毫無爭議的（自明的）組成部分，變爲普遍的知識財產」[177]，則先前爲改良法秩序而公布的法律，亦可喪失其改良作用並因此喪失其法的拘束力。法律家們還有什麼理由可以拒絕服從此等法律呢？正如帕夫洛夫斯基[178]承認的，「對於個別法律，我們既無法自始，也無法一次就確定，其內容中的哪部分具有調控或改良的作用，哪部分則僅具有規範性的，或平等處理的作用」，因此，法的拘束力範圍如何的問題就變得更加困難。

最後的「計畫的作用」涉及的是：「團體社會的組織、權限規範、國

---

[173] a.a.O., Rdz. 604.

[174] a.a.O., Rdz. 605.

[175] a.a.O., Rdz. 621 ff.

[176] a.a.O., Rdz. 607.

[177] a.a.O., Rdz. 609.

[178] a.a.O., Rdz. 608.

家權力的限定、擔任公職者的合法行爲、法院的組織，最後還包括確定個
人地位（指法秩序中的「各種能力」）的規範——仔細觀察，其包含大部
分的公法規範、一些私法規範，特別還涉及刑法。依帕夫洛夫斯基之見，
這些規範的特質在於：「各該法律對構成要件的形式上的描述，具有嚴格
的拘束力」[179]。基於國家政治及憲法政策上的理由，這個範圍內的所有重
要決定均應保留給立法者。因此，此處適用「嚴格的實證主義」，其將導
致「形式的拘束力」；它「不容許再訴諸現在可能之法的認識」[180]。假使
這段話意指，在這個範圍內本質上的不同必須容忍，那可眞令人驚奇[181]。
況且，這種理解也與——作爲較高位階的法規範——基本法第3條的平等
要求牴觸。帕夫洛夫斯基甚至認爲，在這範圍內，不但類推適用，甚至
連限縮解釋或擴張解釋都在禁止之列[182]。剩下的看來只有嚴格的文字解釋
了；帕夫洛夫斯基是否眞要如此，我相當存疑。雖然有這些疑慮，他依據
法律的不同作用來區分法院所受拘束的範圍及其從事法的續造的權限，這
種想法還是值得進一步深思。

很多作者以憲法的角度來研究法官受法律拘束之意義及其範圍[183]。他
們一致認爲，拘束力的意義不應如此狹隘，以致法院根本不能進行法的續
造，但是他們要求，「法院應尊重立法者塑造法規範的優先地位」，「並
且在尋找正當的裁判時，應該藉法律論證及說理的手段，使憲法預定的法
律功能得以確實發揮」。由是，相較於今日的許多學者，他們更強調法律
對法官的拘束力。關於此點，尚請參照本書關於憲法解釋的說明（下文第

---

[179] a.a.O., Rdz. 650.

[180] a.a.O., Rdz. 672.

[181] 即使在刑法中也容許對行爲人有利的類推適用。

[182] a.a.O., Rdz. 744. 於此，其前後不相連貫，因爲帕夫洛夫斯基在Rdz. 693曾提及「在適用公法規定
以規制國家性的事務範圍時，不能只採用形式的（實證的）論據，毋寧更應藉助牽涉事物本身的
論據來確定、擴張或限制法律的內容」。而Rdz. 693所指的規定則具備「計畫的特質」，此點由
帕夫洛夫斯基於Rdz. 744中亦引述Rdz. 691 ff更可得其明證。

[183] BADURA, Grenzen und Möglichkeiten des Richterrechts, in: Schriftenreihe des deutschen
Sozialgerichtsverbandes, Bd. X, 1973; KREY, Studien zum Gesetzesvorbehalt im Strafrecht, 1977;
JZ 78, S. 361, 428, 465; WANK, Grenzen nchterlicher Rechtsfortbildung, 1978.

四章第四節第三項）。

第七節　關於體系的問題

　　在很大的程度上，19世紀的法學籠罩在所謂的概念法學中。後者的貢獻在於形成一種——以較特殊的概念應隸屬於適用範圍較廣，表達內容較少的概念之下爲原則，而構成之——抽象的概念體系。它不僅能指示概念在整個體系中應有的位置，也能將具體的案件事實涵攝於法律規範的構成要件之下[183a]。這種體系表現在我們法律的外在規定形式，以及許多概念性的劃分中，例如，公法與私法的區分、「絕對權」與「相對權」、「當事人之間」的效力及「對世」的效力、法律行爲之無效及可得廢止等。因此直至今日，在很大的範圍上，它對於法律的理解工作仍然可以有所助益，雖然在很多地方它的確也不再「適宜」了。反之，沒有人會期待，可以由**此種**體系獲得解決問題的答案，它至多只能使我們比較容易找到相關的法規範而已。然而，它在這方面的意義卻也不容輕視；但是僅此尚不足以正當化法學對體系性認識的努力。然而，這一類的努力卻仍在持續中；因此，這些努力意義何在的問題，又被重新提起。

　　恩吉斯[184]是首先對法學的體系思想做批判性討論的學者之一。他首先說明，法學何以不可能構成，像數學或其他可精確計算之科學那樣嚴格的「公理式」體系。那種嚴格的體系首先需要定量的基本概念或「公理」；這些公理彼此在邏輯上必須能夠相容，並且必須是「最終的」，質言之，不能再由其他公理導出。恩吉斯論及：假使大家嘗試將屬於特定法秩序的一大堆概念還原爲少數幾個類似公理的基本概念，大家或許會得到〔如施塔姆勒（Stammler）的「基本範疇表」所示的〕一些不能表達任何法條內容的，純粹形式的概念，或許大家會尋得若干「最終的、經驗性的觀念要

[183a] 就此參見下文第二篇第六章第一節第二項。

[184] In Studium Generale, Bd. 10 (1957), S. 173 ff. 重印於1984, S. 181。

素」，但其「數量之多，將一如自然以及社會的世界能夠提供給吾人者一般」，因此，其本身不能構成一個封閉完結的概念群。此外，在由較一般概念得出較特殊概念的程序中，法學「有這樣多亟待處理的素材，因此，與對此而言必要的認識行爲相較，純粹演繹居於劣後的地位」。最後，似乎可以演繹出具體決定的法律原則，其本身會「被其他原則影響而落空或受到限制，因此不可能有單純的推論，毋寧尙須決定，何項原則優先於其他原則」。

恩吉斯雖然因此認爲，「公理式演繹的方法在法學中絕不可行」，但他並不因此以爲可以放棄體系思想。依其見解，只要我們仍然應該研究「眞正的法秩序」及其在思想上的滲透影響，就不能放棄體系思想。即使是「由個案到個案，由個別規定到個別規定這樣摸索出來的」法秩序，它依然是「依照一些——以其整體足以構成一個體系之——內含的原則」而發展出來的。由此看來，恩吉斯想像的是一種由若干——彼此有意義地相互結合之——法律指導原則所構成的體系，其運用某些概念及分類觀點，惟並未主張彼等具有一般有效性或完足性。體系絕不應「像網一樣地覆蓋」在法秩序之上，我們更可以補充說：法學毋寧應不斷地由法秩序整體、其內含的意義脈絡出發，賡續發展，藉此顯示出作爲一種意義脈絡的法秩序整體，並使其可得明瞭。一如恩吉斯在1935年正確指出的[185]，實證法秩序內在的一致性，其一方面是法學體系化工作的成果，另一方面則是一種先決規定，「藉此，（作爲人類精神活動產物之）法秩序內的一些規範性及目的性關係，彼此才至於混沌一片」。固然在任何時候都不能主張，法秩序已如此完足，因此，只要照本宣科地將法律決定讀出即可——總還是會有些不一致的情況、尙未處理完結的剩餘部分，或甚至有意地突破脈絡關聯的情形。另一方面也不能反過來主張，法秩序純粹是由學術依一定的前提所形成，因此，現存秩序多少是學術所強加的。恩吉斯說：「凡隱含於法秩序中者，將藉法的認識被明白發展出來」。只要該當法秩序的基本思想及主要價值決定彼此協調一致（這也是法思想要求的），法

---

[185] Die Einheit der Rechtsordnung, S. 83.

學就應該將此等一致性顯示出來，並由此得出應有的結論——在這個意義上，必須體系性地從事法學研究[186]。

雖然埃瑟明白傾向於判例法及「問題思考」，但他並未完全放棄在法學中構築體系。由此可以清楚地區分他與菲韋格的立場，後者主張其類觀點學是唯一可行的方法。埃瑟區分「封閉的體系」及「開放的體系」；前者由法典化理念來代表，後者則是在個案法中逐漸形成，因爲「如果長期欠缺依照概念、價值而形成的推論脈絡」，個案法畢竟不能維持，蓋唯藉助此等推論脈絡，才能對個案決定做合理的事後審查，並將所有的決定組成一個「體系」[187]。埃瑟認爲，具歷史性的法律正是如此發展出來的；他提及[188]：在所有的法文化中均一再重複，「發現問題、形成原則及鞏固體系三者間的循環」。依此，構築體系的眞正要素乃是法律原則而非抽象概念。如前已述，埃瑟認爲這些法律原則是藉著有疑問的個案被發掘出來的；它們可以說是被一般化的問題解答。因此，今日經常發現判例法及成文法兩種思想方式有相互接近的情況，其原因在於：前者正在形成並鞏固原則的階段，因此已開始構築體系；而後者則正在鬆解體系，重新轉向問題思考的階段。

依埃瑟之見，「問題思考」有重新開始創意性工作的意義，有體系脈絡的思考及與之相應的法律「構想」，則具有合理地控制個案解決方式的意義。他說道[189]：「於此所稱的構想乃是：將價值認識用一個體系排列起來，藉此我們可以找到——依據整體秩序合理地（＝即可得審查）——適宜作爲該當個別決定的標準，據此可合理地控制任何決定」。這些標準在思想上可用概念加以掌握。每個概念都界定出一個「合理的評價框架」，在框架內司法機關還有繼續發展的空間[190]。埃瑟於此所指顯然並非業經窮盡定義，可用以單純涵攝的概念，而是指一些尚須由司法裁判予以塡補的

---

[186] Dazu auch Pawlowski, AcP 175, 189, 217 ff.

[187] Grundsatz und Norm, S. 44, 239.

[188] Grundsatz und Norm, S. 7.

[189] Wertung, Konstruktion und Argument im Zivilurteil, S. 15.

[190] Wertung, S. 14.

「框架概念」。然而，還有必要究問，這些概念仍是固有意義的概念與否，或者此等「概念」之結構如何。

柯因也強調體系化工作在法學中的重要性[191]。每個體系都是「研究個別問題所獲認識狀態的概括總結，它包括：被認識的法律原則及其間的相互關係，以及我們在個案，在規定的客體中認識的事物結構。因此，它不僅有助於概觀及實際的工作；它也成為藉助那些——透過體系才清楚顯現的——脈絡關聯以發現新知的根源，因此也是法秩序繼續發展的基礎。只研究個別問題，沒有能力發現較廣脈絡關聯的學問，不能繼續發展出新的原則；在從事法比較時，以不同方式表達出來的實證制度、規定彼此功能上的近似性，它也不能認識。因此，體系性工作是一種永續的任務；只是大家必須留意，沒有一種體系可以演繹式地支配全部問題；體系必須維持其**開放性**。它只是暫時的概括總結」。不論是恩吉斯、埃瑟抑或是柯因均明確指出，法學體系必須保持「開放」，絕不可能是已終結的體系，因此也不可能為所有問題備妥答案。然而，其並未說明，應該用何等要素才能構築一個這樣的體系。假使其構成要素即是概念——演繹式體系的概念，如是構成的體系，在很大的程度上必然會趨於僵固，在理念上傾向一種終結性的體系。實際上，同一個體系是否真能一方面有助於「概觀及實際的工作」，另一方面又可以是「獲致新脈絡關聯的根源」呢？

在針對這項問題所寫的專書中，卡納里斯證實，事實上必須分別不同的體系概念[192]。各種體系共通之處只在於：其均具有統一（指：具有單一或多數的中心基準點）及秩序（指：所有的陳述均有一貫的關聯，及邏輯上的一致性）的思想。依卡納里斯之見，邏輯學上之公理式演繹的體系，不適用於法學[193]，因此種體系的前提是：作為體系基礎之公理的無矛

----

[191] Coing, Grundzüge der Rechtsphilosophie, 4. Aufl. S. 353.

[192] Canaris, Systemdenken und Systembegriff in der Jurisprudenz, 2. Aufl. 1983. 霍恩（Hönn）也追隨卡納里斯及恩吉斯的見解：Kompensation gestörter Vertragsparität, 1982, S. 61 ff。於此霍恩明白表示，自己的著作致力於對（現行）契約法的「內部體系」提供貢獻。

[193] a.a.O., S. 25 f. 薩維尼（Eike v. Savigny）則持相反的見解：Jahr u. Maihofer, Rechistheorie, S. 315。然而後者僅指出，將極為有限的陳述組合、公理化是可能的。

盾性及完整性；為法秩序基礎的各種評價原則，其無論如何均不能滿足這兩項要求。概念法學的邏輯體系同樣也不適宜，因為法秩序中的意義一致性（藉助它，法秩序才能被理解為一種體系），「既是由正義思想推論而得，因此，它不是邏輯上的，而是評價上的，公理式的一致性」[194]。同樣不適宜掌握此種「意義一致性」的體系還有：純粹為了闡述，或易於概觀的目的而構築的——赫克所謂的——外部體系、赫克所稱「爭端決定的體系」、（像施塔姆勒所想像的）由純粹形式之基本概念構成的體系、僅由問題關聯脈絡構成的體系，以及生活關係的體系（雖然它們至少對法的「外部體系」有重大影響）。於是就只剩下：由主導性的評價觀點構成的，「公理式的或目的性的秩序」體系。與藉一般性的法概念構成的體系適相反對，它是由法律原則構成的體系；與概念相反，於此所稱的「原則」是一種「開放的」，需要具體化的，而且只有依其具體化之後的形式才能被充分理解的標準。（法的）概念只是間接地，彷彿是「加密」似地包含了評價；相反地，「原則明白做出評價」，因此，它「比較適宜複述法秩序評價的一致性」[195]。如此並不使形成概念一事變為多餘無用。作為涵攝的預備工作，它還是不可或缺的。「因此，由法概念構成的對應體系，必須被歸入法律原則中」。不可或忘的只是：這些法概念具有目的性，因此，在有疑問時必須回到包含其中的評價，質言之，回到法律原則中尋求解答。

　　對法律原則構成的體系與概念構成的體系之不同，卡納里斯清楚地說明如下[196]：原則「並非一律適用絕無例外，而且其彼此間可能適相矛盾反對；同時它們也不主張其具有專一適用性，亦即，不可用『當而且只有當……則……』的形式來描繪這些原則；唯有透過其彼此相互補充、互相限制的交互作用，原則的固有意義內涵才能發展出來；為了實現這些原則，必須透過一些具有獨立實質內容的下位原則，及個別評價行為將之具

----

[194] a.a.O., S. 22.

[195] a.a.O., S. 50.

[196] a.a.O., S. 52 f.

體化」。它們「並非規範，因此也不適宜直接適用」；爲使其得以適用，必須一再加入「新的、獨立的評價」[197]。僅此已可得出，由法律原則構成的體系具有「開放性」。再加上法秩序及支持該法秩序的評價，其均具有歷史上的可變性。一般法律原則的效力根據不僅存在於被安置的秩序，也存在於「法理念之中，後者在歷史上的具體形象，大部分實際上是藉法律原則表現出來的；法律原則最後還可以在事物本質中得其效力根據」[198]。即就此點而論，也不可將法律原則想像爲「非歷史性的，彷彿是靜止不動的」；即使是以法理念或「事物本質」爲基礎的原則，也「只能藉著與特定歷史情境相連結，並藉助當時一般法意識的中介，才能獲得其具體內容」[199]。在前述界限範圍內，藉著揭示原則與下位原則間的脈絡關聯，還可以擴充法秩序的認識；此同時有助於規範解釋及漏洞填補，因爲「在法的續造過程中」，藉此可以維持「評價上的統一性及一貫性」[200]。作爲「支撐一個法秩序的所有基本評價之整體」，體系「將各該實證法秩序實現的實質正義表現出來」[201]。

　　卡納里斯將體系的「開放性」與威爾伯格[201a]所謂的體系之「可變性」相區分。後者係指：同一規制中的各個不同要素，在不同情況可有不同的強度，在特定情況下，其中之一甚至可完全欠缺，而仍不失爲同一規制。依卡納里斯之見，體系之有開放性爲本質上所固然，而體系之具可變性則寧爲例外[201b]。惟後者對於類型的描述仍有其意義，就此稍後將再提及[201c]。

　　帕夫洛夫斯基亦將規範構成的，以及原則構成的體系加以區分。依其見解，前者是「規範（或法原則）的綜合表現，其應證實彼等相互間之

---

[197] a.a.O., S. 57.

[198] a.a.O., S. 70.

[199] a.a.O., S. 71.

[200] a.a.O., S. 97 ff.

[201] a.a.O., S. 107.

[201a] a.a.O., S. 74 ff.

[201b] a.a.O., S. 78.

[201c] 見第二篇第五章第二節第四項及第三節第一項。

協調性（一致性）——質言之，其乃是實現平等處理原則的表現」[202]。就是藉助**這種**體系，才有可能僅憑推論，由被認可的規範中引申出決定[203]。然而，因爲相對於舊的，較新的先決決定具有優先性，因此，需要不斷地重新檢查這種體系；只有配合當下情勢的「新的體系化」，才能爲決定提供準則。因此，體系只能是「開放的」，而且（鑑於規範之量多，抑或其於各部分領域間的質異？）只能是部分的體系。因此，就發生多數部分體系間應如何協調，以及「整體的體系」等問題，後者只能藉「一般法律思想」、「原則」或「價值」來構成。對個別案件的決定，它不能提供標準，只能提出一些觀點[204]。與本書及卡納里斯採用的術語不同，帕夫洛夫斯基將此種僅由「秩序觀點」構成的體系稱爲「外部」體系，而將規範構成的觀點體系稱爲「內部」體系，因爲後者使三段論法的推論變得可行。由此他做出下述結論：「此等『外部』體系可以爲——能夠發展出個別決定的——現存法素材的說明提供秩序觀點。『內部』體系則提供決定的準則，然而，每次決定時，都必須以合法律性及平等處理原則爲準，重新擬定此等準則」[205]。依其見解，「外部」體系與「內部」體系不同，其必須「被想像、被描述爲當下已終結的體系」[206]——依吾人的見解，此點不能維持。雖然——作爲「正法」之原則的——「一般法律思想」是法理念的具體化，也只有當其已落實於實證法的具體規定中，始克稱此，就此而論，其仍具有繼續發展之可能而非已然終結，再者，其彼此間的相互關係亦未——藉一僵硬的階層次序而——被終局確定[207]。

　　佩恩（Franz Joseph Peine）在其《作爲體系的法秩序》一書中，對於可否將法秩序解爲一種統一的體系表示懷疑[207a]。他首先區分單方面與雙

---

[202] Pawlowski, Methodenlehre, Rdz. 403.

[203] a.a.O., Rdz. 418.

[204] a.a.O., Rdz. 449.

[205] a.a.O., Rdz. 449（參見最後部分）。

[206] a.a.O., Rdz. 455.

[207] 請參見我的文章 "Richtiges Recht", S. 180 ff。參照：Canaris, a.a.O., S. 63 ff。

[207a] Peine, Das Recht als System, 1983.

方面的體系。依其見解，藉由大量不同種類的要素中篩選出同類的要素，即可產生單方面的體系。依我的看法，於此只能說有一系列的體系而不能說有一個體系存在。雙方面的體系則包含體系內各要素彼此關係如何的說明，並依此說明來安排各該要素[207b]。只有雙方面的體系才與法秩序有關。佩恩認為，被尋求的此種法體系，其構成要素為法價值及被法價值確定的規範。法價值有高低之別；僅僅因此即有可能（亦有必要）確定其彼此的關係。嗣後佩恩未曾再說到法價值，而只提及法規範的目的。假使法秩序的規範追求之目的係以如下方式排列，就可以說法秩序是一種體系：除最高目的外，每個目的均可由另一個目的推論出來；換言之，當這個金字塔式秩序的每個部分，均係其從屬部分的目的，並且（除最高頂點外）均係其所隸屬部分的手段[207c]。佩恩以基本權為例來說明情形並非如此。因此，（作為現行有效的全部規範之整體的）法秩序並非體系，頂多可將之想像為多數的部分體系。

　　與佩恩不同，埃克霍夫（Eckhoff）及桑德比（Sundby）[207d]將法秩序視為體系，質言之，視為一種「彼此相關聯的整體」，一種「情境的關係組織」[207e]。他們不僅將此體系視為一種規範整體，毋寧也是一種由——諸如立法行為、法院措施等——行動構成的整體[207f]。除了國內的法秩序外，他們也將國際法、國際組織的法（諸如歐體法）視為法秩序。與凱爾生立場不同，他們拒絕以物理強制力之適用與否作為法秩序的特徵，蓋如是則國際法及國際組織的法將被排除於法秩序之外[207g]。我認為不夠理想之處是：埃克霍夫及桑德比不僅將「規範」用以指稱一般性的規則，也將之應用在個別性的命令上，後者可包含於法院判決、行政處分，（依其

[207b] a.a.O., S. 41.

[207c] a.a.O., S. 113.

[207d] Torsten Eckhoff und Niles Kristian Sundby, Rechtssysteme, 1988.

[207e] a.a.O., S. 173, 174.

[207f] a.a.O., S. 14, 183.

[207g] a.a.O., S. 180.

見解）甚至亦包含於契約中[207h]。依彼等之見，在諸多規範中，「方針」是一種特殊類別。它們「可被援用來幫助澄清規則的內容，此外，遇到規則未曾提供答案的疑問時，它們亦可提供一些決定標準」[207i]。屬於「方針」的特別有：解釋法律或法律行為的成文或不成文的規範。它們通常需要衡量不同的情事，質言之，不能用單純涵攝的方式。不同的解釋標準間並無固定的階層關係；於此具決定性的常是法官的評價[207k]。如果確實可靠的判決並不可得，那麼應如何使判決至少接近客觀化，就此他們未再深究。整體說來，本書對方法論的貢獻相當有限。

現在我們再回頭來探討，體系思想在19世紀的法學中扮演過的角色。19世紀初，當時年輕的薩維尼提及：法學是「澈底的歷史及澈底的哲學性」之學，於此他將「哲學性」的因素與「體系性」的因素等視同觀，只有基於下述前提，才能理解此等同的前提：在歷史中逐漸成形的「實證」法有一種「內在的理性」，它促成實證法的統一及關聯性，體系地進行的法學也是透過它才被發現的。薩維尼從未說明此項前提的根據；看來他認為這是哲學的任務。對他而言，他所闡述的體系本身就是一個證明，因為只有當實證法的素材本身具有這樣的統一性，它才有被體系化的可能。特別是普赫塔（Puchta），他將此等「體系」解為形式──邏輯的以及抽象──概念的體系，並因此走向「概念法學」之途[207l]。這個途徑非常危險，因為一個只依據形式邏輯的標準構成的體系，將切斷規範背後的評價關聯，因此也必然會錯失法秩序固有的意義脈絡，因後者具有目的性，而非形式邏輯所能含括。因此概念體系可提供的貢獻，正好不是薩維尼提到法學的哲學要素時所想像的。

今天連黑格爾法哲學的哲學性體系也不能再維持了[208]。黑格爾所說的「概念」本身就強調價值，其體系中的概念要素之發展，正是基本價值

[207h] a.a.O., S. 44, 71.

[207i] a.a.O., S. 90.

[207k] a.a.O., S. 98.

[207l] Dazu das Kap. 2, Nr. 1 des ersten Teils der vollständigen Ausgabe, S. 19 ff.

[208] Dazu auch *meine* Schnft "Richtiges Recht", S. 182 f.

（指：在共同生活中被實現的自由）逐步實現的具體化，因此，此種體系並未切斷評價關聯。然而，這個體系（及其追隨者提出的體系）主張其具有絕對性，因此，歷史的因素就被忽略了；我們已經不可能再相信，（即使僅僅是牽涉在今日的條件下，「本身」正當、無疑「正確」的）認識可以是終局恰當的。我們頂多獲得一些頭緒，但未來發展結果如何仍是一片茫然。若然，則對於法學以及「實踐性」的哲學（即倫理學及法哲學）而言，只有「開放」的，以及在某種程度上「可變」的體系，永遠不會圓滿完成而必須一再被質疑的體系，它們才能清楚指出法秩序「內在的理性」、其主導性的價值及原則。對此種體系的探尋，並且在所有原則性問題上均以此等體系為準則，兩者乃是法律工作必不可少的構成部分。

第八節　法哲學上關於正義的討論

由先前的論述可知，在現代方法的論辯中，法官如何得到「正當」的裁判，此問題實居中心地位；只須回想先前介紹的埃瑟、菲肯徹、帕夫洛夫斯基及克里爾的學說就夠了。然而，什麼是一項「正當」的裁判？就此只有少數人提及。問題是：對於「正義」一詞的意義，究竟能否做出包含適切認識的陳述。認為可以將此等陳述視為純粹的「形上學」而棄置一旁者，特別是那些採取實證主義學術概念的人，他們對前述問題會做出否定的答覆。他們認為，意圖表達正義內容的語句不過是「空洞的形式」[209]，其告誡：切勿在學術著作中輕易使用此等模糊的，每個人依其自身的特殊利益會做不同理解的概念。在法實證主義的影響下，此類概念在法學文獻中日漸消逝。我們認為更值得留意的是：與方法上的論辯平行，對於「正義」也已經重新開始做哲學性的討論，因為在方法論辯中，「個案正義」

---

[209] 採此見者如：KELSEN, "Das Problem der Gerechtigkeit", im Anhang zu "Reine Rechtslehre", 1960, S. 357 ff。對此的批評如：TAMMELO, Theorie der Gerechtgkeit, S. 24。凱爾生之批評關於正義的陳述內容空洞，其基礎在於下述不當的期待：此等陳述可作為個案正當決定的根據，但這並不是它的任務。

扮演重要的角色。因此，我們在本章最後要稍微審視一下這個問題。論述這個問題的學者部分與參與方法論辯者相同，部分則獨立於方法論辯之外，雖然其問題背景並無不同。

長久以來，比利時的法哲學及倫理哲學家佩雷爾曼在這個討論中占關鍵地位。1965年菲韋格將佩雷爾曼1945年與1965年發表的兩篇論文翻譯成德文，並附加導讀，以《關於正義》爲題集結成書。關於在倫理學的領域中究竟有無獲得知識的可能性。佩雷爾曼在第一篇文章中仍抱持懷疑的態度，但他在第二篇則嘗試指出這種認識的可能性及其認識方法；兩篇文章均稱此等對象爲「正義」。

在第一篇論文的開端，佩雷爾曼並列了六種常用的——以類似口號的激烈形式——表達什麼是「正當」的說法。它們分別是：

一、一律平等對待每個人。

二、依其勞動對待每個人。

三、依其工作成就對待每個人。

四、依其需要對待每個人。

五、依其階級對待每個人。

六、依法律所定對待每個人。

他隨即指出，這些說法大都彼此矛盾，而且各有其可慮之處。他認爲可能的出路是：將這些說法邏輯上共通之處整理出來，因爲對此部分的同意最可預期。然而，依照此種方式最後獲得的正義概念，其內容必然是開放而有待填補的。前述所有說法之共通點係下述思想：「正當意味著平等處理所有事物，只要它們在一定的觀點上相同，換言之，只要它們具有同樣的特徵」[210]。至於應該依據何種觀點決定它們是相同的，因此亦應做相同的處理，則懸而未決。換言之，「依此，可以將形式或抽象正義界定爲一種行爲原則，據此，必須以相同方式處理屬於同一事物範疇的事物」[211]。這個定義是「形式的」，因爲「對於適用正義一事，它並未確

---

[210] Perelmann, Uber die Gerechtigkeit, S. 27.

[211] a.a.O., S. 28.

定其本質性的範疇」。要確定此等本質性範疇，非藉助特定價值尺度不可[212]，而後者又繫諸個人的「價值觀」。佩雷爾曼當時無疑認為，價值不適於認識而只能確信。在一個規範性的體系中必須確定一項「最一般的價值」，由後者可推論出一些規範、命令。「因為此等價值的主張既不能由邏輯上的必要性，也不能由經驗上的普遍性得其根據，因此，該價值就既非普遍亦非必然。無論是在邏輯上或是在經驗上，它都是恣意的」[213]。「每個正義體系都只是單一或多數——依其本質具有恣意性之——價值的開展」。因為每種價值都是「恣意的」，所以「並無絕對的，可僅憑理性來說明的正義」。「欲宣稱其行為符合正義的要求，只須證明其可由一種或多種價值中演繹出來即足，而且此等價值既不須由理性，亦不須由正義感來確立」。假使將此主張轉用到法學中，那麼合理的推論就只能是：只有當決定是實證法規範及法規範背後的評價之正確無誤的適用時，始能認該決定為「正當」；規範及其背後的評價是否合乎正義，則非所問。

依他自己的陳述，佩雷爾曼對前述結論也不滿意。他一再問到：「作為實現正義之前提要件的價值及規範，其究竟能否作為合理之深入研究的客體，或者只是吾人欲望或利益的表達？應如何說明此等價值、規範的依據？如何以概念來掌握實踐理性的理念？」[214]對於這些問題，他嘗試在第二篇論文以新的方式來答覆。因此我們會在這篇文章讀到[215]：因為正義的形式原則要求相同的處理方式，它可以保障可預見性及安定性。它使得「法秩序可以前後一貫地、穩定地發揮功能。但僅此尚不足以滿足吾人對正義的需求」，「如是實現的秩序本身也必須是正當的」。

雖然佩雷爾曼在此仍堅持，作為法體系基礎的價值，「既不能由經驗獲得，也不能由毫無爭議的原則演繹而得」[216]。但這並不必然會得出下述結論：「主導吾人行為的價值或根本規範欠缺任何合理性，對之既不能批

---

[212] a.a.O., S. 41.

[213] a.a.O., S. 74.

[214] a.a.O., S. 85.

[215] a.a.O., S. 107.

[216] a.a.O., S. 134.

評也無從正當化，所有就此所作的考量均只是吾人利益及欲求的表現」。然而，對於持下述立場之人，這種推論卻是顯然的：「所有證明均須以計算或經驗爲根據，而且任何具說服力的，有合理根據的思想均是演繹式或歸納式的」。在大家「認可這種價值上的實證主義」之前，似乎應當先考慮，「人類是如何合理地考量價值之事的」[217]，並且以此爲準，研擬出一種價值判斷的邏輯出來。此點必須以論證的理論來達成，就此，佩雷爾曼自己有一系列的著作[218]。參與方法論辯的法學家中，特別是菲韋格、克里爾及阿列克西也選擇相同的路線。

　　這些參與價值及規範之正當化的討論者，他們從何處取得其論據？佩雷爾曼答覆如下[219]：「情況是這樣的，對於每個社會、每個心靈都存在一些行爲、確信的態度以及一些價值，它們在特定時點被毫不保留地認可，不須討論，因此也不須被正當化。這些行爲、確信態度及價值會提供一些優先順序、模型、確信及規範，藉此可以研擬出一些批評及正當化行爲方式、傾向及建議的標準」。因爲這些優先順序、模型均指涉特定環境，其將因時空更易而改變，由是，據此所做的批評及正當化亦自非永恆、普遍有效的。佩雷爾曼接著又區分「政治上的正當性」與「哲學上的正當性」。「政治上正當」的法律及規定不是恣意的規範，因爲它們必須符合該當政治社會的信念、願望及其價值，「假使正當的權力機關行使強制力係依據該當社會的意願，則此等決定在政治上是正當的」[220]。然而，假使大家將此等意義的「政治上的正當性」與「哲學上的正當性」等視同觀，就等於放棄「尋求一種可據以批評此等信念、目標決定及價值的標準」。換言之，就尚未能超越實證主義。作爲社會的代表，立法者負有研擬出正

----

[217] a.a.O., S. 135.

[218] PERELMANN-L. OLBRECHTS-TYTECA, Traité de l'argumentation, 1958, 2. Aufl. 1970; CH. PERELMANN, Logique Juridique, 1976; Das Reich der Rhetorik, 1980; Logik und Argumentation, 1979. 另還有：ALEXY, Theorie der juristischen Argumentation, S. 197 ff.; DREIER, Recht-Moral-Ideologie, 1981, S. 27 ff。

[219] Über die Gerechtigkeit, S. 141.

[220] a.a.O., S. 146.

當法律的任務,法官則必須以「衡平的精神」來適用它們;哲學家的任務
則是:「作理性的代言人,擔任對於人性普遍有效之價值的防衛者」[221]。
因此,只有符合康德(Kant)所謂的「普遍立法者制定之法律」的要求之
規範,哲學家始能予以認可[222]。他們嘗試以合理但「不具必然性的」[223]論
證方式,來說服——想像中的——由識者構成的「普遍聽眾」。但是他們
也充分意識自己的界限,「因為認識到自己的界限,哲學家瞭解:他的努
力並不能創造出一個終局完美的作品」[224]。

關於佩雷爾曼的介紹到此為止。在第二篇論文中他也並未替正義提
出內容上的標準;他只是要求,就此應為合理的討論,至多只是認為,哲
學性的對話可能促使我們愈來愈接近普遍有效的價值知識。相反地,他指
示法律家參照該當社會的價值觀。該當社會現行有效的實證法則實現他所
謂的「政治上的正當性」。然而,實證法至少應嘗試——配合當時可能的
認識程度——儘量實現「哲學上的正當性」,它才配被稱為「正當」。就
此,佩雷爾曼希望法律家們參考——沒有任何結論的——哲學對話。現在
只剩下一個問號,佩雷爾曼的貢獻,在於使「正義」概念的討論,再度成
為一項應當嚴肅面對的學術課題。

考夫曼認為,以合理討論的方式,來獲得關於最終價值,乃至正義
的適切知識是可能的[224a]。考夫曼以為,在沒有成見的討論中,質言之,
當每位參與討論者都願意考量其他參與者的論據時,來自個別參與者人格
的主觀因素及屬於有關事物的客觀因素,兩者於討論中均將占一席之地。
「主觀的因素會彼此對立、相互緩解乃至抵銷;相反地,大家提出的客觀
因素均指向存在事物的一致點,因此最終會證實其係言之有據的」[224b]。

----

[221] a.a.O., S. 149.

[222] a.a.O., S. 153 f.

[223] a.a.O., S. 162.

[224] a.a.O., S. 162 f. 一如WEINBERGER, Studien zur Normenlogik und Rechtsinformatik, 1974, S. 314
指出的,佩雷爾曼所謂的「普遍聽眾」乃是一種「校準的理念」,而非事實上的聽眾,其既非實
際可用的「測試標準」,亦非「可同意性」的標準。

[224a] ARTHUR KAUFMANN, Rechtsphilosophie in der Nach-Neuzeit, 1990.

[224b] a.a.O., S. 37.

這不僅是不同意見的單純累積，相反地，乃是「來自不同主體，不相依傍地就同一事物之不同認識相互組合成一體的過程」。在這個意義上，「趨同會聚不僅是認識具體事物的手段，毋寧更是眞理的標準」[224c]。大家可以懷疑，以此種方式獲得的知識，是否在所有的情況下均係眞理。僅是選擇討論夥伴就有可能影響討論的結果。因此，透過這種程序至多只能非常接近眞理而已。考夫曼在他處[224d]也贊同恩吉斯下述見解：還是會有「一定程度的價值相對主義」存在，但這並不解免我們儘量減少此相對性的任務。

對於嘗試「適切」地陳述一般有效的價值，以及據此而得的正義內容，恩吉斯[225]抱持比較懷疑的態度。一如佩雷爾曼，他將要求（本質上）相同者應爲相同處理的形式正義，及其「實質的塡補」予以區分。與佩雷爾曼不同之處則在於：其同時強調相同處理的命令之「反面」，亦即，不同的事物應爲不同的處理，因此，其所理解之平等自始就是比例性的等價原則。所以，之於他──就如他自己明白確認的──「形式的正義」理念已經不是沒有實質內容的要求，毋寧已包含一些重要的規範性陳述。「作爲相同處理的原則或等價原則，它迫使我們對於『本質上相同的事物』爲相同的處理，對於『本質上』不同的事物爲不同的處理；因此也促使我們詳細地說明，是否且基於何種觀點，應對某事爲相同或不同的處理。它要求我們，爲了盡可能做相同處理必須忽略細微的差異，此外，在平均正義的範圍內卻又必須追求，或至少必須留意，給付與對待給付、損害與賠償及罪責與贖罪兩者間適當的均衡」[226]。大家可以看得出來，他的要求也不少了。藉此，許多行爲（不論是成文的法規範，或個別的決定）無論如何已被排除，並且也不能再藉必要的「塡補」而完全恣意，或任意地爲此等行爲。因此，將如斯理解的正義稱爲「形式的」正義，我認爲並不正

[224c] a.a.O., S. 37.

[224d] a.a.O., S. 21.

[225] ENGISCH, Auf der Suche nach der Gerechtigkeit, 1971.

[226] a.a.O., S. 178.

確——這樣的名稱會產生如下的聯想：它不包含任何規範性的意義內涵。事實則不然，即使它還不能推論出唯一的決定，但是它也不只是一個空洞的範圍，而毋寧是一種原則，最初雖然只指出一般的方向，需要被具體化（＝進一步的確定、緻密化），然而它的確也可以被具體化。

　　（所謂之）形式的正義概念既須做進一步的塡補，針對此塡補所做的陳述能否主張其正確性，恩吉斯頗爲懷疑。他正確地指出，這些「正義概念的要素，諸如『本質上』相同或『本質上』不同，『適當的』均衡」等等，其正顯示出援引其他價值觀點的必要性，而唯藉此，正義始實際可用。因此，他支持價值相對主義[227]。其理由則與佩雷爾曼的第一篇論文如出一轍：因爲於此與實際案件事實的裁判無涉，所以任何經驗性的證據均不予考慮；像數學那樣由演繹而來的證據也無濟於事，因其假定有最終的公理存在，而於此正涉及最終公理可否論證的問題[228]。對一些批評價值相對主義的主張，恩吉斯亦曾加以分析，然而，對於佩雷爾曼以及一些「論證理論」之代表的說法，他並未深入論究，依彼等之見，在實踐理性的範圍內，運用——與經驗及演繹的證明方式不同之——其他說理方法，不但適當而且充分。在他最終的陳述中，無奈的痕跡幾不可掩。即便參照「我們一般（或多數）認爲今日法秩序應堅守的」基本倫理原則，對於價值相對主義也不能發揮何等作用，因爲所有人或多數人的確信畢竟仍不過是一件事實，並不能正當化一種價值判斷。至多可以「審慎地說，任何時代的法秩序應具有的，形成並維持——由個人、社會團體乃至各民族及國家組成的——人類團體之持續和平的作用，足以正當化有能力完成此作用的法秩序」[229]。然而，應當維持人類團體的和平云云，本身也不過是一個價值判斷，縱使對大多數人而言，其事實上是毋庸置疑的，其仍僅具有相對的效力。簡言之，「沒有可以突破相對主義惡性循環的出口；最後，我們必須勉強接受這個世界的實況，它似乎就是要密藏於內，不讓我們窺見那些

----

[227] a.a.O., S. 246 ff.

[228] a.a.O., S. 262.

[229] a.a.O., S. 282 f.

明確清晰的價值準則、階層秩序及優先性的規則」[230]。

　　同樣堅持價值相對主義的還有齊普利烏斯。他認為，吾人倫理上的認識能夠深入「最終根源及最後判斷機關」，乃是個人的倫理確信，關於正義的問題則是法感。即使他要求法官應留意遵守的，當下「普遍的正義觀」，同樣也反映出個人法律感受的相對性，因此，要說明什麼是「本身」為正的，乃是不可能之事[231]。

　　在倫理學的領域中，瑞菲爾就認識的問題做了非常澈底的探討[232]。他渴望能夠獲得一種足以超越「絕對論」與嚴格相對主義之對立的看法。一方面不可能認識到一種「已經充滿內容的，絕對的正當」。因為它要求，「必須預先認識全部未來的，我們根本尚未曾踐行過的倫理經驗，以及整個『世界的發展』」。同時也必須考量「未來全部的，在豐盈繁多的舉措中可能採取的行為可能性」，而且必須「預先認識所有當下可能的情境」；這所有種種都不可能實現[233]。另一方面，前後一貫的相對主義者必須承認：所有的最終立場均屬平等，無分軒輊，因為各該立場都不能藉理性來確證。其最終必導致對實力的強調，因為每個人都會以自己的立足點為唯一「正確者」，嘗試貫徹它。因此，「溫和的」相對主義者必以一最低程度的合意為其默示的前提，而於爭議事件中尋求折衷方案。只有當大家都願意反省自己立場的「正確性」，都願意認為他人的立場「有可能是正確的」，唯有如此，折衷才有可能。此種看法，質言之，就自己及他人立足點之（相對的）正確性做有意義的討論，此又以一種「絕對的」正確為前提，對之我們固然不能全部認識，然而，當我們依據認識到的正確標準而定行止時，我們至少能接近它。「所有相對主義的立場均假定正確性的存在，這些立場的所有論辯也都取向於它」[234]。雖然如此，依瑞菲爾的見解，如欲描述此──各方均假定其存在的──「絕對的正確」，「其

----

[230] a.a.O., S. 293.

[231] Zippelius, Rechtsphilosophie, 2, Aufl. 1989, S. 80, 152.

[232] Ryffel, Grundprobleme der Rechts- und Staatsphilosophie, 1969.

[233] a.a.O., S. 238.

[234] a.a.O., S. 288.

嘗試必將歸於失敗」[235]。反之，對實際人類行爲正當與否的判斷，原則上都是暫時性的，所以始終是可質疑的；然而，此種判斷卻又「以一種絕對的，不能轉換成當爲行止的正確性爲其前提」。

由以上的考量可以取得的結論是：關於正確之當爲陳述（即關於正當性的陳述），固然絕不能主張其具有「絕對的正確性」，卻可能可以主張，其較他種陳述「更正確」，易言之，更接近「絕對的正確」。此等主張須藉可理解的理由來正當化，如不能提出根據，亦不得提出此種主張。我想，瑞菲爾後來闡述的「正確性的標準」正是前指的理由，他透過歷史哲學及人類學的考察來獲取這些標準[236]。於此涉及的並非最普遍的行爲律則，毋寧是在最近這兩個世紀——從盧梭（Rousseau）及康德以來——逐漸被貫徹的，某些人性自明之理。現存所有的秩序及秩序構想，均應以彼爲衡量標準，雖然不能由它們推論出一個（絕對）正確的秩序。然而。共同促成、共同形成乃至共同支撐一個應該被視爲正當的秩序，乃是每個人的責任。

關於正義或「正當性」的內容能否爲正確的陳述，法哲學家塔梅洛（Ilmar Tammelo）[237]的討論要深入得多。他研擬出一系列「正義的標準」，它們與瑞菲爾的「正確性的標準」不同，因爲它們應該是任何一個——可得想像的——正義秩序的最高規範。可以求得這些原則的素材包括[238]：「已成爲通常的慣用語、支配性學說的觀點」，以及「傳統的自然法原則，特別是那些直到今天仍然被認爲是經得起考驗的原則」。然而，就此說明理由卻只能透過——以對話的形式進行，並以佩雷爾曼所指之「理性論壇」爲前提的——論證程序來完成[239]。雖然這樣的論壇也只是一種「在實際的論證情況只能碰巧幾乎實現的」理念型。然而，「假使我們應該追求可被接受的評價」，對於這個理想的論壇就必須念茲在茲。只有

---

[235] a.a.O., S. 293.

[236] a.a.O., S. 299 f.

[237] TAMMELO, Theorie der Gerechtigkeit, 1977.

[238] a.a.O., S. 82.

[239] a.a.O., S. 105 ff.

不偏不倚、不懷成見、有經驗，並且「能明智地完成說理程序」的人，才能是「理性論壇」的參與者。為主張結論確實可靠，即必須取得參與者的同意。評價即使在此種程序中也不能被**證實**是有根據的，然而「透過這個程序卻可以證明它是有理由的」[240]。引人注意的是：塔梅洛並不是透過前述程序提出其正義標準的目錄；因此，只能將該目錄視為前述程序的前提，藉著前者的公布，後者才能開始運作。

　　如果更詳細地審視塔梅洛的原則，以及他為了說明各該原則提出的論據，那麼的確可以發現一些眾所認可的論述，諸如每個人的法律主體性或「契約應予嚴守」。但是也會發現一些不知作者究何所指的陳述。依其見解，「最高的法命令」是：「應該提供保護，以對抗任何權力侵犯」[241]。於此，大家首先會想到的是權力濫用的情況，對於國家、社會團體或個人的政治或經濟權力課予的限制或控制。就此提出的理由只是：「對人類生命及其他——被認為——不可放棄的法益提供保護，其無處不被視為法秩序的優先任務」。然而，此等保護顯然是針對任何一**種**對生命、健康、財產及個人領域的侵害，使用權力並非其必要條件。而塔梅洛列舉的「權力侵犯」之事例，卻又是諸如「環境污染、親權濫用、誹謗、違法罷工」等性質極端不同的情況。由此顯示，他認為的「權力侵犯」乃是為法秩序所**非難**的**每種**行止。如是，則此項命令表達的內容即極為有限。在雙務契約及損害賠償的情況，塔梅洛要求[242]，應提供「依當時交易需要認為適當的」對待給付或補償。何謂交易需要，其與有關當事人的利益之關係如何，則未有交代。

　　我們在第五節已經提及克里爾主張的，當下「比較重要之利益」優先原則。在第二節亦已指出，柯因曾提及「正義的原則」，甚至由彼等構成的「自然法」。柯因認為，彼等已顯示出「超越時代的價值內容」[243]，然

---

[240] a.a.O., S. 113.

[241] a.a.O., S. 90.

[242] a.a.O., S. 94.

[243] COING, Grundzüge der Rechtsphilosophie, 4. Aufl. S. 203.

而，其指涉的則是「人類生活中典型的，會重複出現的情況」，它們需要
一些適合自己的規定。因為我們只能透過經驗來認識生活情況，而「正義
的原則」則是由先驗的價值認識配合經驗共同發展出來的，因此，當然可
以「因新的經驗來修正這些原則」[244]。它們並不構成一種封閉的體系，也
不是一些可供演繹推論的「公理」。因為它們會承受不同的修正，彼此會
相互限制，此外還有來自於事物本質及具體生活關係的範限，「毋寧可以
說，它們乃是作成正當決定時不容忽略的觀點」[245]。

　　認為除邏輯演繹程序以及透過觀察、實驗以證實提出的假說這兩種
方法外，別無其他獲得知識的可能性之說法，質言之，實證主義的學術
概念，柯因表示反對，他並且正確地指出各種人文科學存在的「事實」。
人文科學的「業務」是瞭解人類的表示，「最重要的不是單純地觀察，毋
寧是對被觀察的、**有意義的**人類生活表現的**解釋**」[246]，這點適用於歷史學
家，也適用於法學家。於此提出的假說通常都藉一系列的實質論據來支
持，論據本身則是憑藉一些已知的資料，或可靠的方法觀點取得的；之
後也需要討論相反的論據，並且「衡量其與被支持的觀點相比，輕重如
何」[247]。於此，柯因提醒大家注意類觀點學及「新修辭學」的論證程序。
他引述佩雷爾曼所說的「普遍聽眾」的說法，但並未採納其結論，易言
之，其並不認為，大家必須等候在這個——多少是虛擬的——論壇中協商
而得的結論。倫理性的判斷同樣也可以用「正當化的論證」方式來審查，
並且可以受到合理的控制。即使一個倫理性判斷起初「純粹是以直覺的方
式」產生，是依據感覺作成的，其仍然能「被導入理性的範圍中」，能夠
被視為一種「實踐理性」的判斷[248]。

　　關於「正義原則」的內容，柯因首先遵循傳統交換正義及分配正義
的分類。被提及的有：雙務契約及損害賠償中的等價原則、契約嚴守、誠

----

[244]　a.a.O., S. 209.

[245]　a.a.O., S. 231.

[246]　a.a.O., S. 96.

[247]　a.a.O., S. 101.

[248]　a.a.O., S. 115.

信原則、禁止損害他人、社會中的平等原則，以及透過事物本質對前者所做的修正。此外，柯因還增加限制權力的思想作為第三種觀點；他稱之為「保護正義」[249]。其原則內容係：「所有人對於人行使的權力，均須受限制」。詳言之，他要求權力的行使不得逾越事物本質所必要者，質言之，不得超越社會生活中權力關係原擬致力之特定目標的要求。在與受權力支配者的關係上，享有權力者亦受誠信原則的拘束。所有權力均須受控制，因為「鑑於現存的權力情勢，僅僅劃定權力的界限仍有不足，尚須有裁判機關審查劃定的界限是否確被遵守」[250]。屬於正義的原則者尚有：法院程序的最高規則，例如法官的獨立性及法律聽證的原則。我們今天法治國的基本思想，主要就表現在這些規則及「保護正義」的原則中，關於法治國，他提到：「根據歷史經驗，沒有一種國家可以排除支配的因素，法治國的必要性正植基於此。法治國是一種嘗試，其企圖藉——應尊重所有人之——正義要求，來限制現存不能取消的國家支配，憑此使其盡可能取得同意……法治國的建構應遵循保護正義的原則」[251]。

關於正義原則的內容，柯因的理論先是以一個基本評價為基礎，該評價可描述如次：應該以法來支配人與人之間的關係，而不是赤裸裸的力量與恣意；柯因的理論亦以歷史經驗為基礎——法之支配受威脅的經驗，以及對抗此等威脅之手段的經驗。我們認為，由歷史經驗中獲取知識是正當的，然而，未必非要在理想的論壇中進行討論不可。他之所以明白強調這些原則的片段性，明白承認藉新經驗來修正這些原則的可能性，均在於阻止釋義學式僵化情況的產生，這點正是大家看到「自然法」一詞時，首先會聯想到的[252]。它們並非僅須透過涵攝即可直接適用的法規範，毋寧是一些法倫理原則，質言之，一些正法的主導思想，將它們轉化成一些可適用的法規範，乃至一些決定，正是立法者及法院的任務。它們的效果以及它

---

[249] a.a.O., S. 220 ff.

[250] a.a.O., S. 222.

[251] a.a.O., S. 245 f.

[252] 柯因自己用「自然法」一詞時，均明顯地有所保留；vgl. a.a.O., S. 204。

們彼此的相互交錯，要在它們持續的具體化過程中才會顯現出來；在這個過程中，因情況的變更，會一再有新的觀點及變易的評價加入其中。

亨可也認為，正義理念的特徵在於：其係「具有規範性準則內涵的開放性原則」[253]。他首先由其「向來」被賦予的兩種主要涵義來理解它，質言之：每個人得其所當得的要求，以及（本質上）相同者應予相同處理的原則。僅以此兩種意義，尚不足以為具體的法律問題提供解答，更不足以就個別案件做出決定。什麼是每個人所當得的，就如同什麼樣的案件事實是「本質上」相同的，什麼又是「本質上」不同的，什麼是當下適當的處理，它們全都是懸而未決的問題，都需要進一步的決定。但並不因此就使正義原則變成「空洞的形式」。我們不能將任何內容都置入其中。其毋寧要求「有規則地，並且依事理上的標準來處理事情」。因此，它們已經包含一些「消極性的準則或正當思想，其足以將一些牴觸正義的解決方案排除於外」[254]。依我的看法，恰恰就是這種「消極性功能」具有高度的實際意義，因為依據經驗，相較於認識何者是唯一正當的決定，認識特定決定之不正當要容易得多。法官無論如何均應避免做出——會被認為——「不正」的決定。

假使大家「由社會關係中最一般的範疇，逐步跨向比較特殊的範疇，於此，正義公式的內涵就會相應於特定的規制任務而逐漸特定化，最後，針對具體的法律問題，方針就能具有一定的內容，雖然個案決定未必因此即完全確定」[255]，由是，由正義理念的兩種基本意義「也可以」獲得「積極性」的主導思想。斟酌社會上的兩種基本模式（質言之，上下從屬秩序及平等對待秩序），並考量平等對待秩序中各種極端不同的方向，以此為基礎，亨可首先將隱含於兩種基本公式中的意義內涵推演出來。於此，分配正義及平均正義之間的關係如何，亦被留意。柯因的「保護正義」思想

---

[253] Henkel, Einführung in die Rechtsphilosophie, 2. Aufl. 1977, S. 391 ff.

[254] a.a.O., S. 401.

[255] a.a.O., S. 403.

也得到接納[256]。整體說來，由此呈現出豐盈，部分交錯連結，在方法論文獻中會以法的目的、超越法律的評價或「觀點」為名，而一再重複出現的著眼點。亨可正想藉此指明，它們與正義理念在意義上的關聯性。「於此，正義原則的界限同時也顯然可見。質言之，應該可以感受到，在多大的程度上，這些方向指示還需要其他非屬正義原則的觀點之補充」[257]。亨可最後確定[258]：「正義原則並非可據以對個別法律問題，對個別法律事件做成決定的規範，也不是可以從一種——有自然法特質之——理想的法體系中演繹出來的規範」。但是它也絕非「純粹形式的原則，只能提供一些可以填充任何內容的『空洞公式』」。其毋寧已提出可供應用之「實質的準則內容」。將這些準則內容與其他規定因素結合，即可獲得問題的答案，在這些答案中，「一般有效的與相對、有條件有效的內容融合在一起」。

涉及方法論辯[259]，在方法論中卻未被論及之正義問題的探討就到此為止。關於我個人就正義問題的看法，請讀者參見我的《正法》[260]一書以及〈作為司法理想的正義〉一文[261]。

---

[256] a.a.O., S. 408 f.

[257] a.a.O., S. 406.

[258] a.a.O., S. 416 f.

[259] 羅爾斯（John Rawls）的《正義論》（德文譯本，1975年）未觸及此，因此我在這裡未加詳述。

[260] Richtiges Recht, Grandzüge einer Rechtsethik, 1979, S. 37 ff.

[261] In Forum Heute, Bd. I, S. 190 (Sonderbeiträge aus Meyers Enzyklopädischen Lexikon, 1975).

第二篇

體系性部分

第一章　導論：法學的一般特徵

第一節　法的表現方式及其研究學科

時至今日，有一系列不同的學科以法爲研究客體，其中最重要的包括法哲學、法理學、法社會學、法史學及法學（＝法釋義學）。它們從不同的角度來觀察法規範，因此其觀察方法亦異。如果法規範本身不是一種極端複雜的現象，會在不同的實存層面以不同的脈絡關係顯現出來的話，前述情況就不會發生了。一如語言、文學、藝術、國家或技術文明，法規範也是人類的創作；它是人類世界獨有的構成部分；在此涵義上，它不屬於「自然」界。此外，它與人類的社會生活也有密切關聯：依一般的見解，法規範乃是人類據以決定其彼此間的行爲模式，以及衡量其行止之規則的整體。因爲可以預防爭端，或以和平的方式解決爭端，法秩序是所有較爲高度發展之社會型態的先決條件。爲此目的服務的特別是法院的機構及強制執行的手段。兩者存在的前提則是：已經有特定的社會組織存在，並且該社會已經被組織成一個法律團體。法組織及社會組織彼此是互爲條件的。當我們提到法在社會演進過程中的角色，法的發生、貫徹及其實效性的社會條件，法的「力量」及其「無力」等問題時，作爲社會現象的法就會躍入我們的眼簾，這個方向上的法乃是法社會學研究的客體。

當我們提及欠缺實效性，甚至在某些情況提到法的「無力」時，就已經顯示：於此，我們所指的法顯然不是事實上被普遍遵守的行止規則。語言本身已經顯示，在思想上法包含一種**應該**作爲吾人行止準則的標準，質言之，它是一種具有準則性及拘束性的思想。規則的標準性或拘束性不同於規則的實效性。當「法」必須屈從「不法」時（很遺憾，這種情況並不罕見），法的實效性固然受到毀喪，但並不影響其**有效性的主張**。「行止規則」一語本身就具有雙義性。它可以只意指「有規則的」，質言之，一再出現之同一型態的**行爲方式**，它也可以意指具有拘束性的標準規範，

一種可主張其具有準則性的行止**要求**[1]。這兩種意義都可以與「法規則」的概念相連結。在第一種情況，我們賦予此概念某程度的實效性，在第二種情況則賦予其規範的意義，質言之，使其得主張，其具有準則性及拘束性。法學上的法規則是屬於規範性意義這個方向的，法學研究的法乃是屬於規範範疇的現象。

假使將它視為歷史現象來觀察，法規範又將呈現另一種面貌。正因為它是人類創造的，是人類世界獨有的，所以它才成為一種歷史現象。「人是歷史的生物」，這句話意指：人的過往——他個人的過往、他所屬社會以及他所參與文化的過往，都是當下存在的他之構成部分；過往對人有很大的影響力，假使他想避免此種影響，就必須檢討過往。它不會就這樣消逝、結束。人類為自己創造出來，並且以自己的生命存在其間的「歷史世界」，具有持續性及可變性；它在時代更迭、世代交替中繼續存在，但也不斷有新的事物加入其中。法規範同樣也具有「歷史性的時間結構」[2]；它可以在久暫不同的時代中繼續保存，它同時處於一種不斷適應——由人類影響的歷史時代之——改變的程序中。任何人想瞭解法的當下情況，就必須同時考量它的歷史演進與它對未來的開放性。過往對於——在歷史中演變之——法的持續影響，這正是法史學的課題。

雖說法社會學、法學及法史學是由不同的角度來觀察法規範的，但這並不意味其彼此間無任何關聯。起草法規範時針對的社會現象，乃是理解法規範必不可少的背景認識，法規範產生時的法律狀況，以及法規範應該發生作用的今日社會實況，這所有種種都是每個法規範所共有的。法律家在解釋法規範時，同時也必須慮及與此法規範有關的社會事實。這已是自明之理，此處之所以提及，乃是因為下述批評似乎已成時尚：法學有「自我滿足之孤立性」的弊病，一若其規制的客體根本不存在的樣子。另

----

[1]　HART, The Concept of Law, 1961 (deutsch: "Der Begriff des Rechts" , 1978), S. 86 ff 提及規則的內部及外部觀點。適切地反對此種概念的替換者：R. LAUTMANN, Wert und Norm, 2. Aufl. 1971, S. 59 f。

[2]　GERHART HUSSERL, Recht und Zeil, S. 22. Zur Geschichthchkeit des Rechts.參照：A. KAUFMANN, Rechtstheorie, S. 81 ff。

一方面，社會學家也不能忽略法規則與單純的習慣不同，它具有規範性的效力，應該被如斯理解，因此以特定方式發生作用[3]。最後，如果法史學家想瞭解過往的法秩序如何形成，他固然必須解脫其所處時代的觀念及法概念的拘囿，但也唯有運用其所處時代的法經驗，他才能開始著手處理其材料[4]。於此提及的各種學科之間的界限雖然是可以穿透的，然而，它們仍然各自提出不同的問題，並且為答覆各該問題各自發展、適用不同的方法。法史學家只能運用歷史學的方法，法社會學家則應用社會學的方法，而法律家作為法律家而非法史學家或法社會學家時，亦須運用法學的方法[5]。

　　與法有關的學科，除迄今檢視過的三種外，尚有法哲學與法理論學。假使法規範得以主張其具有規範性效力，那麼不可避免要提出此效力主張之根據及界限何在的問題。對於這個問題，法學本身不能回答，因為法學總是由現存的法秩序及其情狀中取得立足點。它是法哲學，更確切地說，是倫理學應該處理的問題。與此密切相關的問題有：法規範本身的「意義」為何、實現法規範之行為的意義為何、法的「存在方式」（其「效力」）的問題，以及賦予意義的原則（大家名之為「正義」或「法律思想」）為何的問題。大家可以認為，以人類的認識能力而言，不可能對這些問題提出終局的答覆；但不可因此單純駁回這些問題。法哲學——有時以「自然法」的名義——研究這些問題已超過2,500年；這些問題的思考及論證方式只能是哲學性的。直到最近，大家才會同時也提及所謂的法理論學。「法理論學」之具體涵義為何，尤其是它與法哲學應如何區分，目下仍有爭議。依考夫曼（Arthur Kaufmann）的見解，「法哲學與法理

3　謝爾斯基（Schelsky）因此指出，不能以為只有法社會學值得研究：JbRSozRTh Bd. 3, S. 604。

4　Wieacker, Notizen zur rechtshistorischen Hermeneutik in Nachrichten der Akademie der Wissenschaften in Göttingen, Philologisch-historische Klasse, 1963, S. 3 ff.

5　Naucke, Über die juristische Relevanz der Sozialwissenschaften, 1972.

論學之間並無本質上的差異」[6]。雅爾（Günter Jahr）[7]認為，法理論學是「法釋義學後設理論」，因此是一般學術理論的一部分；基本上，它的研究標的是法釋義學的方法。在考夫曼主編，名為《法理論學》一書的序論中曾提及，法理論學式的思考乃是一種釋義學的後設思考[8]，它是「對法釋義學本身的批評」，這種說法仍有好些解釋空間。稍早，大家會提及「一般法學」，並將之解為一種處理法規範邏輯結構，處理一些——在所有已發展的法秩序中會出現的——形式的基本概念（諸如，「合法」及「違法」、當為、得為、能夠、命令、禁止、許可、權利主體及權利客體）、處理這些基本概念彼此間的邏輯關係，以及處理法學思考方式的理論。大家將它視為邏輯學及法學的聯繫者。我們嘗試在這個領域上獲得一些不僅適宜特定「實證」法秩序，毋寧是一些對於——規範性意義下的——法一般有效的認識，而且並無任何本體論或形上學的前提負擔。此種「一般法學」的適例有：比林（Bierling）的法律原則學以及施塔姆勒（Stammler）的法學理論。接納了法社會學的角度、語言學以及詮釋學的認識後，它的範圍當然也擴大許多。

　　哈塞梅爾（Hassemer）的說法[9]比較接近這種傳統認知，他認為，可以將法理論學「當作一種法的理論，一種不受實用利益及實用指示拘束的學問」來推展，例如，作為「規範結構的理論」，作為「立法及法適用的理論或後設理論，作為方法論及解釋論或這些學說的理論」。法邏輯學可被視為一種特殊的學科[10]。它是邏輯學以及法理論學的部分領域，並且與方法論有密切關係。埃爾沙伊德（Ellscheid）[11]認為「法理論學的形

---

[6]　Kaufmann/Hassemer, Einführung in die Rechtsphilosophie und Rechtstheorie der Gegenwart, 5. Aufl. 1989, S. 10.

[7]　G. Jahr u. W. Mainhofer (Herausgeber), Rechtstheorie, S. 311.

[8]　Rechtstheorie, herausgeg. von A. Kaufmann, 1971, S. 3.

[9]　Hassemer, in Kaufmann/Hassemer, Einführung, S. 27.

[10]　在這個領域起帶頭作用的是克魯格（Ulrich Klug）的法邏輯學（die Rechtslogik, 4. Aufl. 1982）在方法論的範圍內對此作充分運用者是：科赫與魯斯曼；對此亦具有重要性的是Weinberger, Rechtslogik, 2. Aufl. 1989; Logische Analyse in der Jurisprudenz, 1979.

[11]　in Kaufmann/Hassemer, Einführung, S. 13.

式客體」乃是「企圖建構——規範意義的——法規範」之「實際行爲的結構」。然而，他自己也懷疑，「這樣的法理論學研究客體的輪廓」，在範圍上是否足夠寬廣而足以包含所有相關現象。昆茲（Kunz）[12]將法理論學解爲一種法的認識論，於此，他指的乃是一種「將——歷史性、社會性地建構出來之——法的認識，納入歷史和整個社會關係框架內，使其成爲後者的組成部分之理論」。於此，前述連結框架在認識論上之前提要件爲何的疑問，必然會被提出。因此，如是理解的法理論學又將與一般哲學（認識論上）的問題取得聯繫。克拉維茲（Krawietz）[13]認爲，法理論學主要應澄清實證法的社會功能。其今日的社會功能則係「作爲促成特定明確界定之目標的手段」。由是，他將法理論學搬到法社會學的附近。我們可以將立法學[14]以及阿特貝格（Achterberg）[15]呼籲的——作爲立法學之對比的——「司法學」視爲法理論學的部分分支；關於司法學，阿特貝格賦予其「研究司法工作之法律後設周圍領域」的任務。他認爲屬於這個「周圍領域」的有：針對司法裁判提出的詮釋學、符號學及邏輯學上的要求、司法裁判在社會上的前提要件及其對社會的影響。提供法理論學最大研究領域的是邁霍費爾（Werner Maihofer）[16]。他認爲法理論學是一種無所不包的法的學科，換言之，依其題材範圍及其方法，它由所有角度、觀點來理解法的整個標的及認識範圍，並且是以理論認識及實際行爲的學術性爲目標之規範科學及社會科學，與其研究客體相稱，更須以特殊的、結合意識性科學及事實科學的方法來推展此一學科[17]。如此廣泛的研究任務實際上能否踐履，我個人極爲懷疑。「法理論學」究應如何理解，迄今仍屬懸而未決的問題。

----

[12]　Ebenda, S. 19 ff, 23.

[13]　KRAWIETZ, Das positive Recht und seine Funktion, 1967.

[14]　NOLL, Gesetzgebungslehre, 1973; RÖDIG (Herausgeber), Studien zu einer Theorie der Gesetzgebung, 1976.

[15]　ACHTERBERG, Theorie und Dogmatik des ÖffentlichenRechts, 1980, S. 178 ff.

[16]　In JbRSozRTh Bd. 2, S. 5l ff.

[17]　Ebenda, S. 75(These 6).

　　在前述各種與法有關的學科中，法學居特殊地位，因其任務與法實務領域密切相關（就此復參見下文第五節）。其他各學科均係概括地研究法「這個」標的，換言之，原則上它們處理所有在歷史上出現的法秩序，法學原則上則針對當時、**特定的法秩序**，其論述——法比較姑且不論——之直接意義僅與該當法秩序有關。法比較研究之所以可能且成果豐碩，其基礎正在於：**某一**實證法秩序的解答，其經常是針對**一般的**，會以相同或類似方式出現於全部或大多數法秩序中的法律問題，提供答案。因此，法比較屬釋義性法學。再者，原則上將法學限制於某特定「實證」法秩序的既存框架中，並不意味對於該法秩序之規範、問題解答或決定，法學不能採取批判性的立場[18]。其批判標準並非來自既存的，獨立於現存法秩序之外的倫理典範，反之，乃是法學本身藉著不斷檢討其於實證法秩序中一再遭遇的法律思想及評價準則而發展出來的。法學以實證法為其「工作前提」[19]，將之視為一種和平的共同生活及正當的爭端解決之標準，轉化為「經過衡量」之規範及決定的嘗試，藉著從現行法的主導原則本身，發現其背後的標準，法學就能與個別的規則、決定保持一定的距離，因此也有可能批評它們。事實上，在法學文獻中充斥著這些「體系內的」批判，並且不只針對個別的法院裁判，同時也指向法定規則。

　　以現行法的正義前提為標準所做的批評，經常可以得到法律改革的具體建議[20]。藉此，法學也邁入法律政治的領域。然而，在這個領域中，如果只憑藉法學的方法還是非常不夠的，於此，法學經常必須讓其他學科先表示意見；依涉及的事項，這些學科可能是：經驗性的社會調查、醫學、生物學、心理學或某些技術。因為唯有透過它們才能確切說明：被建議的

18　保羅（W. Paul）採此見解：in A. KAUFMANN, Rechtstheorie, S. 64 f。

19　希爾德（SCHILD, in Geschichte und System, Festschr. f. ERICH HEINTEL, S. 165）適切地指出，法學家首先必須假定，立法者意欲追求「理性」（正義），然後他必須「補完這項假定」，易言之，他必須「將既存的法律解為正當的秩序」，我們可以將此程序名為「事後的價值理解」。當然有可能會碰到齟齬之處，此正促使他提出批評及改正的建議，另請比較：RYFFEL, Grundprobleme der Rechts- und Staatsphilosophie, S. 48。

20　這類建議特別見諸德意志法律人年會的討論。

規定方式在不同的社會事實領域中將發生何等影響、在該當事物範圍究竟有哪些可供選擇的做法、有哪些可供抉擇的手段、其各自的優缺點如何。研究法律政治的法律家必須由各該當學科尋找必要的資料、經驗素材。另一方面，法律政治本來就是法學的正當工作領域，法學的參與對於這個領域是不可或缺的。不僅因法學對現行規範的批評、指出缺陷所在，經常會刺激大家提出改善的建議並指示改善的方向；此外，法律政治也需要法學的助力，才能使已經獲得的目的觀念轉化爲可資適用的規範。這些規範必須納入整個法秩序的框架內，成爲法秩序的一部分，必須符合憲法、符合作爲憲法基礎的價值原則，並且與主導憲法的社會觀一致。法律家的任務在於：留意確保法治國原則並注意避免對其他法律領域產生一些──並不希望發生，或者將導致嚴重評價矛盾的──「遠程影響」。這項任務絕非單純之草擬上的協助可比，就此我們（在下文第五節）仍將述及。

　　藉此又再次清楚顯示：即使在做「法律政治式」的論述，法學仍有其應遵守的界限，因爲法學必須取向於現行法秩序的基本原則，雖然這些基本原則本身具有發展可能性，同時會因歷史的演變而受影響，在這個涵義上，這些原則對於未來具有「開放性」。假使法學不想轉變成一種或者以自然法，或者以歷史哲學，或者以社會哲學爲根據的社會理論，而想維持其法學的角色，它就必須假定現行法秩序大體看來是合理的。所謂的「批判理論」，其認定現行法不過是片面「支配關係」的規定，也因此否定現行法的正當性，它不必費神審究個別規定、決定的正義內涵，因爲消極的結論已經預設在那裡。這種工作卻正是法學所應致力的，它關心的不僅是明確性及法的安定性，同時也致力於：在具體的細節上，以逐步進行的工作來實現「更多的正義」。如果誰認爲可以忽略這部分的工作，事實上他就不該與法學打交道。

第二節　作為規範科學的法學、規範性陳述的語言

　　以下要論述的是法學的方法論。我們已經將法學定義爲：以處理規

範性角度的法規範爲主要任務的法學，質言之，其主要想探討規範的「意義」。它關切的是實證法的規範效力、規範的意義內容，以及法院判決中包含的裁判準則。當我們把法學理解爲一種「規範科學」時，並不意指法學本身可以訂定規範，使法規範生效。原則上，其毋寧自認係一種由關於現行法之陳述所構成的體系，但是我們會發現，法學就法規範內容所做的陳述，其本身對於該規範內容亦有影響。它與那些——認爲並堅持，被認識的客體應獨立不受認識主體影響的——今日所謂的純粹科學性的學科不同。就此姑且先略而不論，我們先探究：法學係關於「現行法」的陳述，這句話究何所指。

　　規範性效力係指：「據以衡量人之行爲的行爲要求或標準，其具有準則性或拘束性」。它與規範的實際效力不同，後者意指規範的效率或其貫徹施行的機會。韋伯（Max Weber）[21]最盛讚此種分別，更以此爲主要根據來區分法學及社會學的方法。當一個法律家問到某一法律是否「有效」時，他不是想探究該法律是否總是或經常被遵守，毋寧是想瞭解，該法律作爲規範具有的效力請求權是否——依憲法的規定——透過立法行爲被正當化。爲答覆此問題，他必須探討，使規範生效的行爲是否是由依優先規範就此有權之人，循該優先規範所定程序所作成，其內容並符合該優先規範提出的要求。總之，爲確認規範的效力，必須以另一些規範爲準則。屬於此等規範的，不僅包括規定立法權限及立法時應遵守的程序之憲法規範，毋寧亦包含所有限制立法者之規範形成自由的規定，因爲它們「作爲直接有效的法規範」亦拘束立法者，例如，依基本法的明確規定（第1條第3項），基本權就具有此等效力。然而，作爲法律家其不容再質疑憲法的規範性效力；如前所述，這是法哲學的問題[22]。這個問題無可避免地

21　MAX WEBER, Wirtschaft und Gesellschaft, § 1.

22　對於這個問題，請參見：G. HUSSERL, Rechtskraft und Rechtsgeltung, 1925；或我的文章："Das Problem der Rechtsgeltung", 1929, 1967新版；HENKEL, Einführung in die Rechtsphilosophie, 2. Aufl. 1977, S. 543 ff.; Festschr. f. MARCIC, 1974, S. 63; WELZEL, Die Fragenach der Rechtsgeltung, 1966; ENGISCH, Auf der Suchenach der Gerechtigkeit, 1971, S. 56 ff。

會與「法律的不法」[23]之可能性及可認識性的問題相連結。在如同基本法這類法秩序的範圍內，以上的問題都還在審查法律合憲性的範圍內，質言之，仍屬憲法解釋的問題，因爲這一類法秩序都賦予最一般的基本法律原則以憲法原則的位階。顯然地，因一般立法者受到——包含於憲法中的——法治國原則及基本權的拘束，司法權及法學獲得對抗立法者的強大力量。

　　與法規範的有效（或無效）與否及其內容（意義內涵）有關的陳述，其並非就可覺察的、透過觀察及實驗可予證實的「事實」所爲之陳述。法律的成立自然也需要一些可得察覺的情事：立法會議的成員必須集會、必須爲同意或反對的表示、必須計數票數、必須確認何方取得多數。然而，這所有種種都只是一種過程的外觀，它在法律上之所以重要是因爲（對於參與及研究此程序之人而言）它具有下述意義：它是一個立法的行爲。只有當觀察者依既存的法律經驗掌握到過程的這項意義，他才能繼續提出下述——大多數法律家這才開始探討的——問題：這些行爲本身及其內容（＝被議決的法律）是否符合憲法——對有效的法律提出——的全部要求。對這個問題所做的（肯定或否定）答覆，並不是一種事實確定的結果，毋寧是一種規範性審查的結論，在這個審查過程中，應依據爲此創設，並被假定有效的規範來審查前述——在其傾向的意義（＝其行動意義）上已被掌握的——諸般情事，並做出判斷。對契約有效性問題的探討，亦無不同。此處也存在一些可覺察的情事——當事人以口頭或書面所爲的意思表示，就此，在訴訟程序中必須以證據證實之。然而，在法律上此等情事之所以重要是因爲：它們具有當事人傾向的意義——當事人表示，他們願受約定事項的拘束，質言之，欲使約定事項生效。至於表示是否確實具有此等意義，對於法律家而言乃是表示的解釋問題。假使他得到肯定的答案，並且——同樣藉「解釋」的途徑——獲悉當事人具體約定的事項，他將進一步以法律爲準則，審查當事人達成的約定，質言之，其將審究法律規定之契約有效成立要件（例如：行爲能力、形式上的要求）是

23　HENKEL, a.a.O., S. 563 ff.; ENGISCH, Einführung in das juristischeDenken 7. Aufl. S. 170 ff.

否已充分、表示的內容有無牴觸法定要求之情事。於此，法律家必須考量者有三：當事人對於該當情事賦予的意義、適用於此等情事之規範的意義，以及被判斷之該當情事是否符合規範的要求。總而言之，縱然是因為外觀上可覺察的情事才會提出法律問題，然而，吾人最終關切的仍是該當情事的法律意義。

與意義有關的問題，既不能透過實驗過程中的觀察，也不能藉測量或計算來答覆。法學要處理的正好不是一些可以量化的問題，任何人如果認為學術的特徵在於：嘗試整理其研究客體，使其變得可以測量，並因此使其學術成果變得可以計算[24]，那麼他自始就必須將法學以及其他許多非（全）依自然科學方式運作的學科，排除於學術領域之外。若然，則其貢獻實屬有限。無論如何，每篇法學文章的作者都主張，其著作包含「恰當的」現行法之陳述。然而，僅僅表示於此所為陳述與自然科學中的陳述不同，尚不足以答覆下述問題：在此等領域中究竟能否做恰當的陳述。

在這個問題脈絡，可以促請大家留意恩吉斯（Engisch）[24a]指出的一種語言上的分別。與可覺察的事實有關的陳述，或是「真的」或是「假的」；相對於此，就規範的效力所為陳述，則或是「妥當」或是「不妥當」。這兩種表達方式的意指似乎並無不同，但是第二種方式顯現的確定程度顯然較弱。法學通常只希望其陳述具有「妥當性」，但並不因此就放棄主張其學術性。雖然還有不確定性存在，然而，從實際的眼光看來，這種不確定性是可忽略的。

我們相信，經驗科學是研究客體可量化，因此可測量或可計數的學問，由是則社會科學的大部分都必須被逐出此領域外。因為它們絕非僅欲就事實為因果說明，亦非僅欲依統計的方式計算出事實的概率規則。任何人假使做此主張，則其事實上是──不必要地──加深了法學與社會學之間的鴻溝。社會學主要既在處理人的行為，就不能忽視行為背後隱含，或

---

24 So OTTMAR BALLWEG, Rechtswissenschaft und Jurisprudenz, 1970, S. 46 ff.; 51.

24a ENGISCH, Wahrheit und Richtigkeit im juristischen Denken, in: Beiträge zur Rechtstheorie, 1984, S. 287.

一般期待的意義。在社會學中，動機扮演了重要的角色。即使大家過分簡略地將動機解爲一種「因果性」，社會演變過程也很難藉此獲得「說明」。不論是在個人生命中，或是在社會生活中，所有表面的或眞正的必然發展中，都還會有其他可能做法，或一些不可預期的情事等因素加入其中。各種社會演變通常均非——以實驗可得證明的——單向的發展方式，其毋寧經常與其他社會演變處於交互作用的關係。爲了掌握社會體系的複雜性，盧曼（Niklas Luhmann）運用一種（顯然得之於因果性科學的）「功能的方法」[25]。對於不同的，會重複出現的行爲方式或社會模式，盧曼想要以彼等各自在「降低社會的複雜性」及其因此對人類的貢獻程度如何爲標準，來加以比較。這當然只是可能的方法之一，但是藉此可以指出：即使在社會學，方法論的問題也要比一些人想像得要複雜得多。社會學關切的自是「事實現象」，探討什麼是實際上已發生或未來將發生的問題。然而，它研究的事實現象內，又有各種不同的意義關聯密不可分地交織其中，其中亦包含規範性的意義關聯，因此，僅是藉測量、計算及因果說明尙有未足。無論如何，如果這些意義關聯是促成社會行爲模式的動機，假使它們確實影響社會關係體系的建構時，社會學家就必須關注這些意義關聯。法學特別強調法的規範性意義關聯，並且特別把它當作自己的考察課題。

　　以掌握事實上之關聯性爲目標，以及以掌握規範性意義爲目的之考察方式，兩者的不同表現在前學術性及學術性的語言中。之前我們已經清楚指出，事實上與規範上「效力」的區別，以及（與此相應的）「規則」一詞的雙義性。藉助用以談說事實現象的語言，不足以表達「當爲」、「正當化」等詞語的意涵[26]。這類語詞具有關鍵字的特質，藉此可建構出一種

---

[25] <Funktion und Kausalität> und <Funktionale Methode und Systemtheorie> in dem Band "Soziologische Aufklärung", Bd. 1, 3. Aufl. 1972, S. 9 ff und 3l ff.

[26] 波德萊赫（PODLECH, ArchöffR 95, 195）適切地指出，「純粹以描述性的語言，不足以說明廣義的當爲領域」。黑爾（HARE, DieSprache der Moral, S. 123）則說明，所以如此的理由。他說到，「在語言中，價值語詞具有推薦的特殊功能；因此它不能用其他——不具此種功能的——語詞來代替」。法蘭克納（FRANKENA, Analytische Ethik, S. 117 ff）將此種想法加以發揮。依其見

獨特的意義範圍。前述說明亦可適用於「主觀權利」、「有權利」等用語。假使大家以事實界的語言（諸如「意志力量」、「依法律擁有的力量關係」或「法律保護的利益」）來界定「主觀權利」，藉此只能指出其對於社會環境的影響作用，其中包含的規範性意義就無由顯示：藉此其欲表明，某些事物在法律上「應歸屬於」某人，於此意義上為「某人所有」。某人受契約的「約束」，「應」遵守該契約，其意涵不等同於下述語句：假使不遵守契約，他必須預期將面臨來自法律社會的「制裁」。即使預期制裁不會發生，在規範的意義上，他仍受契約的「拘束」。社會學家在他們的領域內，如果以違約時受制裁機會的大小為準以決定契約概念的運用，就此亦不須加以非難。他們只是在描述其事實上的效力，或至少此種效力的要素之一，而非指其規範性效力，法律家必須清楚分別二者。

　　同一詞彙，視其出現於規範性陳述的脈絡中，或出現在事實性陳述內，可能會有不同的涵義，就此有一個非常具啟發意義的例子：盧曼的《透過程序的正當化》一書中對「正當性」及「正當化」二語詞的使用方式。在規範性的意義上，「正當化」一詞是指「確認其正當性」，乃是一種無法用事實性語言來轉譯的表達方式。盧曼先是將（社會學意義上的）「正當性」定義為：「在一定的容忍範圍內，對於內容尚未完全確定的決定，一般地願予接受的情況」[27]，易言之，透過純粹事實性語言來定義。「接受」這些決定意指：「不論基於何種理由，與決定有關之人採納這

解，價值判斷所以不同於事實主張，因其採取贊成或反對的立場，將推薦或指導表達出來。假使規範性意義的概念竟然可以藉描述性的要素來界定，那麼藉助其他事實主張，就可以由此概念推論出其他價值判斷。然而，由僅包含事實陳述的前提，就只能推論出其他的事實。價值判斷的特殊意義將因此喪失。因此，法蘭克納適切地質疑，在價值判斷的領域內，「如果不運用迄今常用的倫理性概念，是否能行得通，這些倫理性概念是用以採取積極或消極的立場，用以推薦、規定或評價的語詞」。主要以語言分析為基礎來澄清「價值」及「規範」二語時，勞特曼（R. Lautmann, Wert und Norm, 2. Aufl. 1971, S. 104）強調，二詞均具有獨特的規範性要素，而此等要素「唯藉助規範性語言的語詞始能描繪」。作為描述「規範」的適當用語，如：「規定」或「當為」。他本身並未進一步分析這些語詞，毋寧假定其規範性意義已足夠顯然。

[27]　N. Luhmann, Legitimation durch Verfahren, S. 28.

些決定，作為行止的前提，為符合決定的要求，改造其行為方式」[28]。大家會留意到「不論基於何種理由」這幾個字；與決定有關之人是否因認該決定「正當」，或至少因認為決定者具如斯權限，因此其有權要求遵守此決定，由是乃予接受，或是基於其他理由，這對於盧曼「正當化」的概念並無影響。對盧曼而言，「正當化」只意指促成接受決定的意識，「透過程序的正當化」意指：使「有關之人」得參與程序，於程序中得發揮一定的作用，藉此以提高此等意願。當他寫到[29]：「或許程序最神祕的理論在於，透過糾結於角色扮演之中，人們才真正掌握、改造自己的人格，並因此願意接納決定」，這不禁讓人聯想到黑格爾所說的「理性的詭計」。透過程序的參與，可以提高參與者接受依該程序作成之決定的意願，這點在經驗上可以得到證明。只要大家將「正當化」一詞嚴格地依盧曼所界定的意義來理解，將之解為一種不包含價值涵義[30]，只描繪社會過程的概念，並且與其可能包含的規範性意義（＝確認其正當性）保持距離，那麼將前述過程稱為「透過程序的正當化」本也無礙。然而，當盧曼寫到[31]：「透過程序的正當化」可以取代「較早的自然法之說理論證」，「透過程序法可以彌補自然法的缺失」[32]，他卻將自己選擇的意義與規範性的意義相混淆。自然法乃是針對確認實證法有效性主張之正當性，或針對直接證明特定行為要求之正當性的問題，根據「人性之自然」或理性而得的答案。因此，於此涉及的乃是規範性意義的正當性，質言之，其所欲處理的問題，與盧曼藉透過程序之正當化的概念擬答覆者，截然不同。立法者、法官或行政機關的決定，在自然法或至少在「實證法」上能否被認為正當，此問題與下述問題不同：與決定有關之人是否願意接納此決定。

　　盧曼將其賦予之「正當化」一詞的社會學意義，與該語詞的規範涵

---

[28] a.a.O., S. 33.

[29] a.a.O., S. 87.

[30] 盧曼的研究取向的乃是「價值中立的正當性概念」，S. 156。

[31] S. 30.

[32] S. 148.

義等同視之，並非出於偶然，原因存在盧曼學術理論的前提之中。哈伯瑪斯（Habermas）[33]曾指出，盧曼「必須認定，以論證理論的方式提供有效性主張以根據，乃是無意義而應予拒斥的要求」。依其見解，盧曼的體系理論「使真理的問題主觀化」，因此不能「適當地提出存在與當為，真理與妥當性間的差異之類的論題」。他並且認為，盧曼忽略了「說理的必要性及可能性，其藉實際的討論是可得實現的」[34]。事實上，盧曼發展出一種社會學的真理概念，依此，陳述是否包含真理的內涵，端視其對於「建構一有意義、有秩序的社會」有多少貢獻來決定[35]。盧曼將「妥當性的問題」當作──在他認為是終極目的所在的，「降低複雜性」一事上的──實效性問題來處理。但他忽略了，只有當程序本身是以「妥當」的程序原則為基礎，換言之，只有當程序本身符合所謂的「正當」程序的要求，它才能「正當化」（以其固有的、規範性意義來理解）依該程序所做的決定。

依其係使用於規範性的，或事實性的脈絡，同一用語會有完全不同的意指，觀察此現象會促使人接受下述──接近維根斯坦（Wittgenstein）晚期哲學立場的──想法：規範性陳述的語言（＝關於規範性事物的陳述）可以被視為一種特殊的「語言遊戲」[36]。維根斯坦告訴我們，某詞彙的涵義，並非如同一種堅定的特質那樣附著在詞彙上，每次將詞彙應用在特定的「語言遊戲」中，毋寧都會產生各該可能的涵義。為正確說明某指示性的定義，必須事先知道，「這個詞語在語言中究竟扮演什麼角

---

[33] In dem Bande "Theorie der Gesellschaft oderSozialtechnologie" von J. HABERMAS und N. LUHMANN, S. 221.

[34] a.a.O., S. 239.

[35] In demselben Bande, S. 85 f. 關於盧曼的真理概念，以及此概念與盧曼對程序之「正當化作用」的理解間的關聯，另參照：ESSER, Vorverständnis und Methodenwahl in der Rechtsfindung, S. 202 ff。

[36] 我非常清楚，維根斯坦藉之意指的不止於此。另參照：PANNENBERG, Wissenschaftstheorie und Theologie, 1974, S. 211 f。

色」[37]。因此，不能透過定義來掌握詞語在語言中的角色[38]，尤其不能希望藉探尋某一用語在**某**一語言遊戲中的涵義，以此掌握該用語在**另**一語言遊戲中的意義。至多只能說某一詞彙在另一「語言遊戲」中的角色，與另一用語（或同一用語）在另一語言遊戲中的角色「相當」。例如，大家或許可以說，規範性意義的效力，與社會學意義上的規範實效性相當，但不能藉其中之一以定義另一者。不能藉事實界的語言，諸如預期（制裁的發生）或（得爲強制執行的）力量，來定義當爲、債務人有爲給付的義務，以及債權人得爲請求等語詞，雖然它們彼此常常連結在一起，然而兩者所意指的畢竟並非一事。因此，爲避免稍一不愼就「越出」一語言遊戲之外，必須非常仔細留意，究竟係以何種涵義在使用一詞彙，因爲「越出」一語言遊戲之外，經常意味著概念的混淆。

假使不能藉助規範性用語在某一「語言遊戲」中的特徵或概念來界定它們，那麼如何才能掌握其涵義呢？依維根斯坦的見解，只有藉著參與「語言遊戲」才有可能。這自然讓人聯想到下述問題：如何才能進入這樣的「語言遊戲」中？我們無法像指示一種可藉感官掌握的事物那樣，明確地「指示」規範性的事物。然而，當一個人向他解釋什麼該做，什麼不該做時，無疑連小孩也能瞭解。下一個階段是認識到：要求不僅指向他，同時也指向他人。他也很早就發展出某程度的，分別此等要求可否被「證實爲正當」的辨識能力。假使別人向他要求其力所未逮之事，向他要求一些不會向其他同年齡的人要求的事，當人們拒絕交給他自己認爲有「權利」請求的事物時，在以上所述情形，他會覺得自己受到不正的處遇。看來正是這些「關鍵性的結論」引導每個人，在很年輕的時候就能進入規範性的範疇中。然而，由此到能適當地瞭解日常用語中的規範性陳述，自然還有一段很長的路。成年人會在他們的日常生活經驗中遇到重要的法律事務，藉此學習認識其法律涵義，雖然仍未必能就此爲說明[39]。法學語言中的規

---

[37] Philosophische Untersuchungen Teil I, Nr. 30.

[38] a.a.O., Nr. 182.

[39] G. Husserl, Erfahrung des Rechts, in: Recht und Zeit, S. 68, 73 ff.

範性用語，其意義常較一般日常語言精確。然而，其涵義首先並非藉定義產生，毋寧取決於在法的規範性範疇之意義脈絡中，它扮演的角色、發揮的功能，藉此而確定的「語言遊戲」中的使用方式，以及它與同一意義範疇中的其他——或補充它，或與它對立的——用語之意義關聯如何。

　　然而，不可將「語言遊戲」誤解為對語言的一種遊戲——「耍弄語言」。於此，語言遊戲應作如下理解：它是——在某個語言範圍內——談說某特定事物領域或生活領域的特殊方式。這些領域可以是有生命或無生命的自然界、技術、藝術以及法秩序。語言總是要說到些什麼；透過對語言這個工具的一致瞭解，我們才能對「被說到的」事物有一致的理解[40]。在法學這種規範性語言中提及的事物，則是「法這個事物」[41]。關於什麼是「法這個事物」的問題，我認為可以答覆如下[42]：它乃是規範性意義中的「現行法」，是所有法規範的整體。這必然包含與法律思想、法理念或者赫魯什卡（Hruschka）所說的[43]「法律原則」的意義聯繫。因為對於尋求「權利」保護者、對於不僅想作「合法」，也想盡可能作「正當」裁判的法官[44]，對於那些期待法官為前述裁判的訴訟當事人而言，他們最關切的正是這些法律思想、法理念。即使實證法的內容曾經一度構成一種「正當的」秩序，也還不能保證法官的裁判全都是「正當的」——然而，仍然必須以這個絕對無法完全實現的要求為標準，來衡量法官的裁判，這就構成「實證」的法與法律思想之間的意義關聯，假使沒有法律思想，在規範性的語言中，根本就不能有意義地提及「實證」的法[45]。

40　GADAMER, Wahrheit u. Methode, 5. Aufl. 1986, S. 384.

41　HRUSCHKA, Das Verstehen von Rechtstexten, S. 29 ff., 52 ff.

42　赫魯什卡則採不同的見解（同出處）：之於他，「現行的」實證法並非「法這個事物」本身，毋寧已經是「法這個事物」（在語言上）的解釋，這個事物本身則是外於語言，超乎實證，並且（在詮釋學的意義上）乃是認識「實證法」的前提要件而為其基礎。

43　a.a.O., S. 68 f.

44　ESSER, Vorverständnis und Methodenwahl, S. 14, 21, 41, 210.

45　雖然我並不完全贊同赫魯什卡對於「事物」的詳細說明，特別是他關於「法現象」的理論；然而，將作為詮釋學上的先驗存在，質言之，作為理解法律文字的前提要件之「法這個事物」發掘出來，這仍舊是赫魯什卡的功績。

藉此，我們發現了進一步考量的出發點。法學要處理的是（以其規範性意義來理解之）當下的現行法，這同時意味著：我們將現行法理解爲（各種）具體化法律思想的方式之一。對法學而言，現行法「既存」於（今日大多數爲成文之）有效的法規範中，「既存」於法院的裁判中，或者更精確地說：在裁判包含的裁判準則中。法學要「理解」這些對它而言「既存的事物」，以及隱含其中的意義關聯，質言之，法學要認識隱含在立即可解的字義背後的意涵，並將之表達出來。我們將會發現法學有時甚至會改變這些意涵。

第三節　作為「理解性」科學的法學

第一項　透過解釋來理解

之前的說明應該已經清楚顯示，法學主要在理解語言表達及其規範性意義。涉及語言表達的有法律、法院的裁判、行政處分，通常契約也與此有關。要理解語言表達，或者是透過未經思慮地直接領悟，或者透過思慮的方式，質言之，透過解釋[46]。理解的必要前提則是：感官性地掌握（語音或文字的）媒介。當聽者或理解者依其語言知識對言語的意義根本不生疑問，當他根本沒有意識到有不同的解釋可能性，則其理解是未經思慮的。若然，則思慮乃至解釋的目標是意指的，或「適切的」意義。「解釋」是一種媒介行爲，解釋者藉之以理解本有疑義之文字的意義[47]。這種媒介行爲存在何處？解釋者先是考慮某一用語或一序列文字有哪些可能的不同涵義，然後探討：於此，何者是「正確的」。爲達成此目標，他

---

[46] 伽達默爾採不同見解（Wahrheit und Methode, 5. Aufl. 1986, S. 312）。他認爲理解「始終是解釋」。

[47] 赫魯什卡（a.a.O., S. 6）認爲，解釋並非認知的過程，毋寧爲言語性的行動，是認知過程的「外表」、其表達及其客觀化。理解當然要以陳述表達出來，但我不明白，爲什麼不能將——作爲此陳述基礎的——認知過程稱爲解釋。

查考文字的上下脈絡關係，探詢自己對文字所涉事物的知識，審究促使文字或語言表達出來的情勢，以及其他可作爲探尋涵義指標的「詮釋學上重要的」情況。如是取得的結論並非邏輯上必然的結論，毋寧是在各種不同的說明可能性中所做的，有充分理由的選擇。因此，「解釋」某一文字係指：在諸多說明可能性中，基於各種考量，認爲其中之一於此恰恰是「適當的」，因此決定選擇此種。

　　因此，法學是一門學問——「純科學論」之學術概念的追隨者提出的反對見解，我們先不討論——因爲它原則上將法律文字問題化，換言之，它探究法律文字各種不同的說明可能性。法律文字可以此種方式問題化，因爲法律文字是以日常語言，或藉助日常語言發展出來之術語寫成的，這些用語——除了數字、姓名及特定技術性用語外——都具有意義的選擇空間[48]，因此有多種不同的說明可能。正因爲有多樣的說明可能性，語言才具有豐富的表達力及配合各該情勢的適應力。假使以爲，只有在法律文字特別「模糊」、「不明確」或「相互矛盾」時，才需要解釋，那就是一種誤解；**全部的**法律文字原則上都可以，並且也需要解釋[49]。需要解釋本身並不是一種——最後應藉助盡可能精確的措詞來排除的——「缺陷」，只要法律、法院的判決、決議或契約不能全然以象徵性的符號語言來表達，解釋就始終必要。

　　大家經常忽略，不僅法律與契約，法院裁判毋寧也需要解釋。德雷爾（Dreier）[50]主張，今日實際有效的法規範大部分是在法院的裁判中找到的，法學負有「描述」此種——經驗上在法律社會中有效之——法規範的義務，爲執行此任務，其亦得運用「經驗分析」的方法。假使這意指：法學可以將裁判「要旨」視爲「既存事物」，單純地接受，並且任意將之安排成一種外部的秩序，對之不須運用解釋方法，那可就是個誤解了。像實

---

[48]　哈特（HART, The Concept of Law, S. 121 ff）也因此提及法的開放性（open texture）。

[49]　MAYER-MALY in Salzburger Studienzur Philosophie, Bd. 9, S. 127.

[50]　DREIER in RTh, Bd. 2, S. 37, 43.

務家的註釋書那樣單純地複述裁判，這還不是法學；所有對裁判的處理都始於解釋；此外，法學還必須依其他法的意義關聯將之歸類整理。

關於一個解釋何時可以認爲「適當」的問題，其取決於解釋該文字的目的爲何。日常生活中，或者是要認識某段話、一封信或其他記載之原創者的意見，或者是要藉助文字（更好、更精確、更廣泛地）認識該文字指稱的事物。後者的適例：對技術性事物的口頭或書面說明、使用說明書、專業書籍或報紙。於此，只有當原創者的意見有助於理解事物，才會被關切。相反地，在文學上自我見證的文字，在包含——解釋者擬探知的——個人立場之陳述，在個人經歷的描述中，原創者的意見就變成解釋的目標。因解釋目標不同，「詮釋學意義上重要的」情況亦異。假使關切的是原作者的意見，就取決於陳述的動機、言說者面對的情境、言說者與其陳述對象間的關係、陳述者特有的表達方式（例如有暗示意見或誇張其說的傾向，或者喜歡使用特定表達方式的習慣）。假使涉及的是被描述的事物，那麼由他處取得的有關資訊、其他在發展過程中獲致的理解，亦可資爲助力。法律文字應如何解釋，這本是法學方法論的主要課題，對此，本書將在他處做詳細討論。我們會指出，因此等文字是法律、法院裁判抑或是法律行爲，在解釋上將有重大不同。

第二項　理解的「循環結構」及「前理解」的意義

無論何種文字，解釋非僅牽涉個別語詞的意義，其關切的毋寧是：依據一定順序排列而成之語詞、語句的意義，藉此足以表達一連貫的思想脈絡[51]。雖然唯有透過對個別語詞、語句的理解，才能獲得其連貫的意義，然而，在一般語言中，每個個別的語詞每次使用的意義未必均同。語詞的意義大都有或大或小的變化範圍；此處所指或應被瞭解的意義究係何者，經常須藉助語詞在文句中的位置，以及（在某段談話或文字之該當位置的）語詞所處之意義脈絡來確定。由此產生理解程序上的特點，大家稱之

---

[51] Betti, Allgemeine Auslegungslehre, S. 140 於此涉及，「基於其語義學價值之言説的整體」。

爲「詮釋學上的循環」[52]。簡要言之，其意指：每個語詞當下的意義只能透過整個文字的意義關聯來取得，後者最後又必須藉助——構成它的——個別語詞及語詞組成的適切意義才得以確定；因此，每位解釋者（或者每位想理解一段有意義關聯的文字及談話者）在探求每個語詞的字義時，必須事先考量整個語句及文字的預定意義，以此預定意義爲出發點，但是至少在疑問發生時，就應該回頭去考慮起初假定的字義，必要時或者修正此字義，或者修正其對整個文字的預定理解，直到兩者相互一致爲止。於此，可援引「詮釋學上重要的情況」作爲檢查及解釋的助力。

於此，「循環」這種形象的說明並不精確，因爲理解的循環運作並非單純地返回原來的出發點（若然，則其將變爲一種套套邏輯），毋寧可以將整個文字的理解提升到新的層次。假使解釋者原來假定的某一語詞的意義，與其於解釋過程中發展出來之整個文字的意義關聯不一致時，其將修正第一次的假定；假使由可能的（＝於此想像可及的）語詞意義得出一種與其預定不同的意義關聯，他就修正這項預定。這種預定及返視的過程可以多次重複，特別是最初只考慮整個文字中的部分（例如某個別語詞或段落）時尤然。即使其起初的意義預定完全獲得確證，解釋者於此亦並非回到原點，因爲原先單純的推測或假定於此已變得有充分的確定性。意義預定[53]具有假說的性質，其須藉成功的解釋來確證[54]。

因此，與數學上的證明或邏輯上的連鎖推論不同，理解的程序不是以一種「直線」、單向的方式在進行，毋寧是以對向交流的步驟來開展，開展程序則以各步驟的相互解明（並達到彼此一致的目的）爲目標。雖然「精確」的學科對此種思考方式相當陌生，邏輯學家亦大多忽視它，

----

[52] HEIDEGGER, Sein und Zeit, § 32; Gadamer, a.a.O., S. 270 ff., 296 ff.; BETTI, a.a.O., S. 219 ff., 613 ff.

[53] 與PANNENBERG, Wissenschafstheorie und Theologie, S. 195, 201的「前概念」同。

[54] 同此，哈塞梅爾（Tatbestand und Typus, S. 107）不以循環來比擬，而以螺旋來比喻。同此者：WEINBERGER, Norm und Institution, 1988, S. 179 提及「意義分析之螺旋式的進展」。另比較A. KAUFMANN, in: Festschr. f. Gallas, 1973, S. 20. 阿特貝格（Theorie und Dogmatik des öffentlichen Rechts, 1980, S. 181）適切地說到「詮釋學上的辯證」。他強調，法官「必須一再地採用」此種方式。

然而，它在法學中有重大意義。這種思考方式不僅出現在依意義脈絡以解釋文字（參見第四章第二節第二項）以及依──至少部分藉助該文字始能發現之──「法律目的」從事的解釋之時，將規範適用於特定案件事實時（復參第三章第一節），亦同。於此，恩吉斯[55]言及「目光之交互流轉」（於規範之構成要件及案件事實間）。在針對「典型的」案件及案件類型，具體化須填補的評價標準時（見第三章第三節第四項），這種思考方法尤爲顯著。反之，「直線」的思考主要運用於「確定法效果的三段論法」（參第二章第五節第一項），假使涵攝本身足以解決問題，則此種思考方式亦運用於涵攝的過程中（參見第二章第五節第二項）。

　　理解程序的開端通常是一種──有時還相當模糊的──意義期待，它經常是在初次的匆匆一瞥中產生。解釋者帶著「前理解」[55a]面對各該文字，亦唯有藉助「前理解」才能獲得前述的意義期待。前理解涉及文字擬處理的事物，以及用文字言說事物時應用的語言。假使欠缺這兩方面的前理解就很難，或者根本無法構成一種「意義期待」。但是，若要進入理解程序中，解釋者需要這種意義期待，即使在理解程序中可能證明它並不足夠，必須做相應的修正。就有關事物，一個人愈是做長期並深入的檢討，他就愈能構成一個適當的意義期待，愈能夠快速地結束其理解程序。一個人如果對數學全無概念，在初次面對數學教科書時，就不免會有些惶恐無助。同樣地，如果從來沒有處理過法律問題，他也很難理解法律文字或判決的理由。解釋法律或契約的法律家，乃是以其對於現行法的法律問題、問題脈絡、思考方式，以及藉此限定之解決可能性的全部知識，以及他對於立法者或（在契約的情形）有法律常識的國民常用語言的瞭解爲基礎，以此來執行其任務。他的「前理解」乃是一種長期學習過程的成果[56]，這個過程包括其法學養成過程，也包含其後藉著職業活動或職業外的經驗取得的知識，特別是與社會的事實及脈絡有關的知識。作爲適切理解的前提

55　ENGISCH, Logische Studien zur Gesetzesanwendung, S. 15.

55a　GIZBERT-STUDNICKI, ARSP 73, 476.

56　ESSER, Vorverständnis und Methodenwahl, S. 10.

要件，前理解的重要性不容忽視。

　　然而，當一些詮釋學派的重要學者〔如伽達默爾（Gadamer）〕時或也借用海德格（Heidegger）的用語，將前理解及藉助它構成的──對特定文字之──具體的意義期待，稱爲先入的判斷（＝成見）時，不免易致誤解。因爲依照我們的語言用法，無可避免地會有下述聯想：它是一種會妨礙吾人正確理解的「錯的」判斷，它意指的恰好不是這個意思，伽達默爾說：「先入的判斷非指錯的判斷，對這個概念毋寧可以有正面及負面的評價」[57]。作爲每次理解在詮釋學上的前提要件，伽達默爾賦予其重大意義[58]。伽達默爾類推運用交談中相互瞭解的方式，以此掌握對文字的理解。文字將一件事物提出討論[59]；它乃是針對那些就語言及其提及的事物有一定理解，因此有可能理解的人而爲。

　　依伽達默爾之見，將文字、解釋者及可能瞭解文字內容之人連結起來的共通基礎，乃是語言以及兩者共處的傳統脈絡。伽達默爾認爲，傳統脈絡以及──存在其中之──歷史事件的「作用史」，對理解程序有重大意義，因爲他特別關切流傳下來之文本，以言語或其他方式表達之證明的理解。將之轉用於法學，「傳統脈絡」指的是：現行有效的規範與普遍承認的法律思考方式，其與之前許多法律家的勞績之間的關聯，它們或者是透過這些貢獻才取得今日的形象，或者，今日的法學正是掙脫彼等的束縛始得成立[60]。事實上，不僅法律，特別是法院的裁判及釋義學上的認識（或誤解）置身的傳統脈絡，乃是任何法律解釋的背景，無論它是「歷史的」、體系的或目的論的解釋，均同。在理解法院的裁判時，此尤屬不可或缺。

　　法律家需要的前理解，不僅與「法這個事物」、提及法的語言，以及法律文字、法院裁判、常用的論據所在的傳統脈絡有關，前理解亦須及

57　GADAMER, a.a.O., S. 275.

58　a.a.O., S. 270 ff.

59　a.a.O., S. 391.

60　對理解而言，即使是此等消極的關聯亦有重大意義。例如今日關於「請求權」的理論仍受（其克服之）訴權理論的影響，今日「目的」行爲概念亦受（適相反對之）「因果」行爲概念的影響。

於各種社會脈絡，包括各種利益情境及法規範指涉之生活關係的結構[61]。
法規範不僅是一種有法效力的規制，其規制的是特定的社會關係、社會過
程及行爲模式；然而，受法律規制，此亦僅是後者呈現的多種面相之一而
已。如果不能同時看到其他面相，法律家就無法瞭解有關的法律規定。例
如，在住屋的租賃契約中，承租人首先關心的面向是：藉助該契約，其住
居需求得以滿足。對出租人而言，主要的面向則是：以出租的方式來間接
利用——或許是由他以自己的費用——爲居住的目的而建造，他自己卻不
能或不願直接利用的住屋。除了這些——比較涉及直接當事人的——「私
人」面向外，質言之，除了他們的「利益情境」外，還有一些一般社會政
策及整體經濟的面向：廣泛國民大眾的住居需要，乃是公益應盡量滿足的
基本需求之一；因此，公益一方面要求，應制定一些規定以保護承租人免
受過度榨取及突然解約的威脅，另一方面亦應考量出租人的利益，因爲他
也在住屋上投下資本，並因此承擔費用。只有當他將今日的房屋租賃法解
爲一種嘗試，一種試圖盡可能「均衡考量」各種不同的面向以及房屋市場
之供需關係的嘗試，如是他才能眞正理解這個法制。爲獲得此等理解，就
這方面的面向以及爲其基礎之事實關係，亦須有一定的「前理解」。認識
與規定有關的事實關係，並非總是像前舉的例子那樣容易。對於僅在少數
案件才會遇到的素材，法律家經常缺乏必要的前理解。必要時，他必須努
力去取得這些前理解。在這方面，法學養成過程無疑仍有若干缺陷。

　　依埃瑟（Esser）之見，「前理解」不僅可以就理解規範一事，促成
一定的意義期待，對應由法官作成的裁判，在開始「嚴格依照規定」的法
律解釋，或者在作「釋義學式」的考量前，透過其長期職業經驗累積的前
理解，藉著「逕自訴諸前釋義評價的各種顯著可能」，其亦可形成法官關
於「正當性的確信」[62]。依此，法律解釋及釋義式的考量都不過是法官事
後所做的「一致性的審查」[63]，其目標在證實：被發現的決定與實證法的

61　這是穆勒所謂的「規範範圍」。

62　Esser, Vorverständnis und Methodenwahl; 尤其參見Kap. VI。

63　a.a.O., S. 19.

體系相符。因爲埃瑟認爲，法律解釋的各種方法是可以任意交換的（或者應該說：被法院認爲是可以交換的），所以容易聯想到，法官將會選擇讓他可以將——他認爲正確之——決定解爲合法的解釋方式。依此見解，法官的前理解不僅可以使——以決定爲終局目標的——理解程序開始，透過「方法的選擇」，還可以操縱整個過程向法官——基於其「正當性確信」——預設的結論發展。

　　也許有些法官的確是以埃瑟所描述的方式從事裁判。但是我們不能認爲這種程序是正當的。埃瑟似乎沒有發覺，這樣的程序隱含了嚴重的法官自負；如斯進行的法官認爲，依其「前理解」，他們要比法律及——以法律爲基準之——法律解釋的結論聰明。此外，這種做法也與——一般法律見解承認的——法官應受「法律與法的拘束」不符，假使我們嚴肅看待此項命令的話[64]。它要求法官，在作成決定時應先取向於法秩序的準則，即使在做價值判斷時，亦同[65]。爲達成此目標，法官必須一再進入理解程序中，努力獲得前述準則的標準意義，這種理解程序，要求他必須願意藉透過程序獲得的意義，質疑乃至修正其先前的見解。假使他在進入理解程序之前，已經將自己的先前見解固定成一種「正當性確信」，他就很容易欠缺前述意願。必要的前提是：各種方法並非可完全由其任意選擇，再者，假使以正確的方法來探究的話，至少在許多案件，法秩序還是可以提供一種——在最基本的裁判正義的意義下——「可以接受」的答案。

　　「前理解」一詞，今日有時也運用到另一種——與詮釋學學者理解者不同的——意義上[66]。於此，它不再只是使初步方向得以確定，讓理解程序得以開始並向前推展的，對事物的初步理解，它變成判斷者所承受的先

---

[64] Rupp in NJW 73, 1769, *meine* Abhandlung über "Die Bindung des Richtersalshermeneutisches Problem" in der Festschr. f. Ernst Rudolf Huber, 1973, S. 291, und Picker in JZ 88, S. 3 ff.

[65] die Ausführung von P. Badura über "Grenzen und Möglichkeiten des Richterrechts" in der Schriftenreihe der DeutschenSozialgerichtsverbandes, Bd. X, 1973. 巴杜拉（Badura）謂，法官受法律的拘束意味著：「在尋求正當的裁判時，應藉法律論證及說理的手段，使法律在憲法上的功能發生效力」。

[66] 埃瑟顯然以詮釋學的意義來理解此概念，另請參見：den Bericht von Kötz in AcP172, S. 195。

入之見的拘圍，這些先入之見來自於判斷者的社會周遭環境、其出身及其教育，並有可能決定其判斷[67]。我們可以確定，沒有人能完全擺脫此類先入之見，但是不能因此認為它們是絕對、不可逾越的界限。然而，除了透過終生自我審查的過程，以及不斷重新返回「事物本身」的努力，否則不能克服此等先入之見。而這種意願之具備，乃是對法官及學者必須提出的第一項要求。這種負面意義的先入之見不可與詮釋學意義的「前理解」混淆，前者是在努力獲得事物知識時必須排除的障礙，後者則是使事物理解成為可能的（積極）條件。

第三項　作為辯證過程的規範適用

通常是為了將其「適用」到具體的案件事實，才會對法規範做解釋。在法律適用的過程中，應予適用的規範看來幾乎像一個可用以測量待判案件事實的摺尺，但也只是看來如此。若果真如此，首先必須應予適用的規範之前就已經如此確定，因此，其精確內容為何再無任何疑義。真是這樣，自也無需解釋。其次，在進行任何法的判斷之前，待判案件事實的全部要件須均已確定，而且完全適合規範所定的類型。事實不然。大部分的案件事實都極端複雜。為了將多數案件事實包含在內，規範必須被單純化，由是，它僅能包含個別案件事實的少數面向及要件。其餘均被忽略。因此經常發生下述問題：假使（由法律思想看來）不同事物不應做「相同」處理，以免做出「不正當」的決定，則不知規範所忽略的多種要素之中，是否亦有若干要素，其於具體案件中如此重要，因此絕不容忽略。果然如此，就會浮現下述問題：能否為促成一「正當」的決定，而對被「適切」理解的規範，作一定程度的限制或差別化；可否援引「乍看之下」或者不能適用於此的其他規範；在規範整體是否有——得藉助規制的基本思想或一般的法律原則加以填補的——「漏洞」存在。在法律家適用法律的過程中，類此的考量會一再出現，它們使法律家將單純的規範「適用」，轉變成繼續規定規範內容或加以補充的過程。於此，在法官的適用過程

---

67 就此適切的說明：RYFFEL, Rechtssoziologie, 1974, S. 350 ff。

中，規範及規範整體會一直發展出新的層次出來：最高法院就一項規範所做的解釋或補充，對於未來其他裁判具有示範作用，這些裁判本身也需要解釋或補充，後者又變成法官裁判的標準及決定行為符合規範與否的準則。開始似乎是明確而容易適用的法律文字，最後則發展成一種環繞法律文字而產生的，由解釋、限制及補充構成的網絡，它調節法律在具體情況中的「適用」，廣泛地改變法律的決定性內容，在極端的情況甚至改變到無可辨識的程度，這真的是一種奇異的程序結果，法律家通常竟僅將此種程序稱為「規範的適用」。

　　前述情況曾促使伽達默爾[68]特別強調：對於一般詮釋學而言，「法詮釋學具有例示的意義」。此例示意義在於：所有的「理解」均已包含有適用的要素。他提及[69]：「理解經常已含有，將被理解的文字適用於解釋者當下情境之意」，「一如理解及解釋，適用乃是詮釋過程的構成部分」。理解常已經是適用[70]，此見之當否，有進一步深入考量的必要。

　　正確的是：對於他觀察之過去時代的證明文件，與其現處時代間的距離，歷史學家應該予以彌補。假使他想提出這些證明文件，並且希望它們對現代「可以提供一些看法」的話，從過去的時代以來累積的經驗及其自身的歷史立場，他也必須一併考量。然而，如斯的「一併考量」自身的情況，仍尚非「適用」。法律家當然也必須考量，法規範立法當時擬規制的情境是否仍然存在，或者，因為「規範情境的轉變」，因此必須做不同的解釋，特別當法律家在適用較古老的法律時，尤應留意此點。然而，這也只是在斟酌法律文字對具體案件的適用性下，解釋法律文字時應考量的眾多觀點之一。對規範適用者而言，主要的問題還不是時間上的距離，毋寧是規範必然具有的一般性及每個具體「事件」的特定性之間的隔閡。彌補，或更適切地說：媒介兩者正是「具體化」規範的任務所在，伽

---

[68]　Gadamer, a.a.O., S. 330.

[69]　a.a.O., S. 313.

[70]　a.a.O., S. 314.

達默爾恰當地稱之爲「有創意的法律補充的貢獻」[71]。然而，伽達默爾忽略了規範本身的準則作用。法律家會探究「應被理解之意義的規範性拘束力」[72]，因其（正確地）視規範爲一種準則，憑此可以衡量「案件」。問題在於：假使準則本身的內容直到「適用」程序始能終局確定，其如何能發生衡量的作用。對歷史學家根本不生此問題，因爲他不會想要將過去時代的準則適用在現代。

「準則」要求：將之一律適用於所有以其爲準據的事件。這項要求不可能實現，假使就其內容「在每個時機，質言之，在每個具體的情況，都必須重新做不同的理解的話」，伽達默爾明白主張，此種說法亦適用於法解釋。的確沒有一個案件會在所有的角度上與另一案件全然相同，然而，假使仍然應該規定「相同」的準則，便不能容許因任何事件情況的變更，即對該準則做新的不同解釋，否則──作爲「正義」的基本要素之──「相同標準」的想法將變成純粹的幻想。因此，我們必須排除伽達默爾的若干主張[73]。於此須特別留意，每一個準則成功的具體化，其本身均構成其他──依評價觀點而論──同類案件的判斷標準，這正是使「先例」具有重大意義的原因之一。

剛剛發布的規範，其內容僅有「或多或少」的確定性；在開始的適用程序中，它慢慢會被具體化。然而，爲適用而進行的規範解釋，其並非僅由規範文字本身開始，在程序進行到一定程度時，經常同時要考慮迄今作成的解釋。然而，這些解釋對於法官從不具「拘束力」：假使回到規範本身，考慮它（在法律脈絡中應被理解）的意義內容及當下個案的特殊性（或一般情勢的變化）後，認爲原來的解釋不能維持，法官可以，有時甚至必須放棄舊的解釋方式。只要觀察最高法院的裁判就會發現：前述說法僅屬皮相之見；前述情況並非常態，毋寧爲例外；在大量的案件中，法官

71　a.a.O., S. 335.

72　APEL in: Hermeneutik und Ideologiekritik, S. 33.

73　吉茲伯特─斯圖德尼基（Gizbert-Studnicki）曾對伽達默爾做下述批評（RTh 18, 354）：*存在有「正當的及不能主張其爲正當的」意義，此乃是解釋的前提。假使沒有文字正當意義的概念，解釋根本無從說起，如是則將無理解與誤解之別。*

追隨最高法院的先例，並非僅爲節省時間或工作，蓋如若不然，則「相同的標準」亦將喪失，並將造成嚴重的法的不安定狀態。必須在適用的進程中，準則的內容才能達到足以保障在同類案件做相同適用的確定程度；只有那些尚未擺脫摺尺形象的人，或者用現代一點的說法，那些認爲規範適用一事已經被無所遺漏地規劃完畢的人，才會對這種說法感到驚奇。除了（以其一度被法院賦予的解釋方式）不變的規範適用以外，也一直有新的解釋，藉助它們——以其對將來的裁判具有的示範作用——規範的內容被進一步具體化、精確化或被改變。假使不想對——依其結構爲「辯證式」的——法規範適用程序做片面、錯誤的說明的話，就必須同時考量：規範的準則作用（其要求規範的相同適用）、一再出現之進一步的解釋需求，以及一旦作成的解釋或具體化對未來的規範適用之「反作用」。

第四節　法學中的價值導向思考

　　針對法律事件的裁判解釋法律時必須留意：於此，法律並非隨意地陳述，而是應被遵守的規定、被定出來的裁判準則，簡言之，規範。想要藉規範來規制特定生活領域的立法者，通常受規制的企圖、正義或合目的性考量的指引，它們最終又以評價爲基礎。這些評價顯現在：法律賦予特定利益廣泛的保護，對其他利益則不予保護或僅予較小的保護，其命令或禁止特定行爲方式，對於違反行爲並脅以「制裁」；權利之給予或拒絕，或危險的分配。因此，要「理解」法規範必須發掘其中包含的評價及該評價的作用範圍。規範適用則要求：應依規範評價待判斷的事件，換言之，在判斷事件時，應將規範包含的評價依其意義付諸實現。約根森（Joergensen）[74]適切地指出：法學及司法裁判的特色正在於：它們「幾乎完全是在處理評價的事」。

　　假使以評價中立的事實概念來表達規範的構成要件，而只須透過邏

---

[74] STIG JOERGENSEN, Recht und Gesellschaft, S. 8.

輯程序即可將待判斷的案件事實「涵攝」於此等概念之下，那麼規範「適用」就無涉評價了。涵攝程序要求，在待判斷的案件事實中，構成概念的全部要素一一出現。假使確定如是，依邏輯的規則即應將案件事實歸屬於此概念之下。然而，做此等確定前，通常需要一系列的中間判斷或補助判斷[75]。例如，法律界定「消費物」爲「以消費或讓與爲其基本用途之動產」（民法典第92條）。某類物品的「基本用途」爲何，判斷者得之於其社會經驗。於此，他必須以經驗爲基礎來做判斷，此類判斷極少是「精確的」。在其他情況，他必須判斷人類的行爲，例如，斷定該行爲是否已表達特定法效意思。這種判斷非單純的確定事實可比，它要求闡明意義。還有一類法定構成要件，其構成要素之一已需要評價，例如，民法典第119條所定錯誤的構成要件，其已包含「依事件合理的判斷」之要素。如果認爲，即使在適用此等——以此等概念建構其構成要件的——規範時，亦僅是一種邏輯的「涵攝」過程，那可是一種錯覺了。在做邏輯涵攝前已經需要做一些——未必均屬價值中立的——判斷。

　　法定的構成要件並非全以概念組成，在很多情況，法律利用「類型」，而非概念來描繪案件事實的特徵，類型與概念不同，其並未藉不可或缺的要素而被終局確定。或者，法律會包含「須填補」的評價標準，其直至「適用」於具體事件時，始能被充分「具體化」。這兩種情形均非單純地「適用」規範，毋寧在從事——須符合規範或準則意旨的——價值判斷。「符合」與涵攝不同，其並非視爲同一的過程，爲獲得「符合」的確信，需要各種媒介。法學主要關切的正是這些媒介工作，它們不是「邏輯上必然」的推論，毋寧是一些可以理解，而且（在一定的界限內）有信服力的思想步驟。因此，不管是在實踐（＝法適用）的領域，或是在理論（＝釋義學）的範圍，法學涉及的主要是「價值導向的」思考方式[76]。這

75　詳參見下文第二章。

76　弗羅默爾（Monika Frommel）在她的書中（Die Rezeption der Hermeneutikbei Karl Larenz und Josef Esser, 1981, S. 88）主張，我將「價值導向思考」解爲「直觀的評價」，「只要後者與一般承認之歷史上流傳下來的觀念一致的話」。我想，以上的論述應該已經足以顯示，我就此理解的實在不僅是直觀的評價，毋寧更是藉特定考量之媒介而得，因此可合理說明的評價，其可與

種思考方式是眾多思考方法之一，就此以及對此種思考方式的特質，即使許多法律家也未曾意識到，特別是那些將法學思考方法與涵攝或邏輯推論等量齊觀，並且認為對價值判斷不能做合理論證者尤然。因此，希望能藉以下的說明將先前的論述更明確化。

第一項　法適用領域中之價值導向思考

藉「概念」與「類型」的差異，可以闡明「價值導向」思考的特徵。前已述及，假使是藉概念來確定──應適用之──規範的構成要件，因此，被確定的案件事實只須涵攝其下即可，則「法適用」的評價特質將隱而不顯。然而，這種情況遠不如大多數法律家（甚至許多「評價法學」的追隨者）預期的那樣多。只有當列舉──描繪其特徵的──全部要素得以清晰界定者，始能稱為嚴格意義的「概念」。此種定義的意義在於：「當而且僅當」概念的全部要素在特定客體上全部重現時，此客體始能被涵攝於此概念之下，質言之，可以歸屬到概念描述的客體種類中。涵攝推論的「大前提」是概念的定義，其「小前提」則是──透過感官知覺予以證實的──確認客體X具備定義中提及的全部要素，結論則是X屬於此概念描述的客體種類，或者：X是此概念描繪之種類的一件「事例」，對法律家而言：案件事實X乃是──以概念描述的──法定構成要件的一件「事例」。

然而，法律定義包含一個（或多個）不能作單純涵攝的要素，此種情形亦非罕見。我們試以「物之重要成分」（民法典第93條）的概念為例。依民法典第93條，一物的「重要成分」係指「非毀損物之一部或變更其本質，不能分離者」。代替「變更其本質」這種幾乎無法實際應用的要素，學界以解釋的方式提出「並非無關緊要地降低其可用性或價值」的要素[77]。「並非無關緊要」不是一種精確的標準，毋寧為一種「滑動」的準據。在個別案件中，究竟是「還」無關緊要，抑或已「不再」無關緊

「歷史上流傳下來的」評價一致，亦可偏離它。

[77] Otte in JuS 1970, S. 154 ff.

要，不能藉涵攝的方式來解決，毋寧要求一種評價行為，後者則取向於下述標準：或者以「每個人」的認可為準，或者取決於之前的類似案件如何決定。然而，兩者均是決定時的輔助手段，而仍無關乎必然的邏輯推論程序。

　　依民法典第94條的規定，土地的「重要成分」包括土地上的建築物，而建築物的（因此也是土地的）「重要成分」則包含「為完成建築物而附加之物」。至於何謂「為完成建築物」而附加之物，一則取決於該建築物的特定目的（例如：住屋、工廠、倉庫），其二則取決於：今日交易上認為完成此等建物所必要者為何，例如，倘建築物係供人居停其內者，則暖氣設備應認係「為完成建築物」而附加者[78]。依今日的見解，諸如浴缸及洗手台等，亦均為住屋的重要成分[79]。因為它們被認為是住屋的「通常設備」。註釋書中還舉出許多其他事例，最後也不忘指出：其仍應取決於「當下個案的情況」[80]。這樣的指示顯示：一般方式描述的個別要素——因此僅憑單純的邏輯「涵攝」——仍有未足，毋寧需要做出一個能考慮多種歧異，以不同方式組合之觀點的判斷。於此要求的雖非價值判斷，然而，它是一種必須藉助特定社會經驗始能做成的判斷——諸如下述社會經驗：為達成此類建築物的使用目的所必要者為何，或者，依今日的交易見解其通常設備為何。在做成此類判斷時，不能具有如同——以確定的感官知覺為基礎而為之——事實判斷那樣高的間主觀的確認性。假使發展還在持續中，交易見解尚不十分確定，就沒有明確的界限，有的只是「流動的過渡」，因此，在個案中就有判斷餘地，在此等判斷餘地之內，此種或彼種判斷——如法律家所說的——均是「可接受的」。雖然法學希望藉解釋的方式來限縮此等餘地，但是它不會全然消失。至少在這種判斷餘地內，嚴格意義的涵攝不復可能。即使可以成功地透過解釋澄清法律的概念，使大家獲得一系列的觀點以簡化概念的適用，藉助此等觀點對概念

---

[78] BGHZ 53, 324.

[79] Münch Komm/Holch 18 zu § 94 BGB.

[80] 比較熱格與繆爾（Soergel-Mühl）的評論，Rdn. 20 zu § 94 BGB。

的適用提供說理的論據，然而，這些觀點未必均適宜爲單純的涵攝[81]。

　　有時法規範是在刻劃一種**類型**，我們描繪、說明這種類型，使其可以應用，僅是指出若干確定、始終必要但也因此充分的要素，並不足以定義它；我們還是先以一個例子來說明前述意旨：民法典第833條意義上的「動物占有人」。我們會讀到[82]，動物占有人乃是「爲其自身的利益，非僅暫時地將動物應用於其家室、經濟營業或一般地應用於其支配範圍之內的人，質言之，當動物屬於其生活或經濟範圍之中時」。假使大家將此視爲定義的話，這個定義由來於帝國法院在1905年作成的裁判，其言及，任何人「將動物安置於其經濟營業或——以最廣義來理解的——家庭營業中，藉此以幫助達成其目的時」，其占有該動物[83]。於此，帝國法院首先訴諸日常生活的語言使用方式，惟此種方式仍須被限制。這個案件涉及的主要是以下問題：當馬匹所有權人將馬匹暫時無償地交付他人經濟營業處所使用時，於該時期中，其是否仍爲「動物占有人」？帝國法院的答覆是否定的，因爲立法者課予動物占有人較重責任的理由，於借用期間，在貸與人身上並不存在。因此，帝國法院作了一個以規定之立法理由爲據的解釋——法律目的之解釋。它確定動物占有人所以必須對動物造成的損害負責，乃是「因爲他作爲『業主』，爲自己的利益，使他人置身於動物所生的危險中，也因爲在這期間只有他由動物獲得利益」。因此，該法院正確地將動物占有人本身的利益當作主要的考量觀點。當動物由貸與人的經濟營業處所脫離，進入借用人的營業處所時，所有人缺乏前述的自身利益，在這個時期，動物「作爲營業手段，僅係爲借用人的利益」。再者，貸與人在借用期間對這匹馬也沒有事實上的支配力，因此對動物致生的危險也

---

[81] 科赫與魯斯曼則採不同見解（Juristische Begrundungslehre, S. 67 ff）。他們認爲，透過解釋可以使「模糊的概念」精確化，使被解釋的概念在經過一些中間步驟後，換言之，間接地最終仍可供涵攝。他們說明的，邏輯上的連鎖推論（S. 14 ff）當然是極有助益的，然而，與他們的見解相反，我懷疑連鎖推論的最終構成部分，必然都適於涵攝，因此，藉助這些中間步驟，也未必能終局地定義概念。本文中的例子可以清楚顯示這點。

[82] Bei SOERGEL-ZEUNER, Rdn. 12 zu § 833 BGB.

[83] RGZ 62, 79.

絕無採取任何防止措施的可能，這些考量都是正確的。於此，這匹馬在一段期間內，曾由一人的經濟營業脫離而由另一人接收，此種情形顯然促使法院對歸入「占有人」的營業處所一事，賦予特殊的意義。因為許多人非因經濟的目的，毋寧是基於業餘愛好而擁有動物，因此會聯想到，除了經濟營業處所外，也一併考慮到置入家室之中。「經濟營業」及「家室之中」正指出擁有動物的利益，同時也指出某種實力支配關係，藉助後者，占有人始能影響該動物。然而，這些眞的已經是可以滿足全部要求的定義了嗎？

假使「經濟營業」及「家室之中」是兩者擇一的概念要素，那麼「當而且僅當」兩個要素之一存在，就可以肯定動物占有人的性質。帶著狗流浪的手工藝人的例子，足以指出上述說法並不正確。由規定的基本想法看來，他無疑是「動物占有人」。或許也可以認為：不必要求須置入家室或經濟營業之中，只須有事實上的支配實力為已足。然而，實力也可以由一人為他人行使之。而直接占有亦非必然的要求。假使一個人在旅行期間將他的狗託給熟識的人照管，在這個期間，他是「間接占有人」，而他仍是動物占有人，因為他人只是為他的利益管領該動物，而且只管領到他再度取回該動物為止。然而，「間接占有」有時不能滿足動物占有人性質的要求，前述借馬的例子已經指明這點。雖然貸與人仍保有間接占有，而且對該動物的利益亦非終局歸於消滅。作為貸與人，他可以隨時或在約定的借用期間經過後，請求返還該動物。然而，在借用期間，他對於這匹馬的使用利益必須向借用人的利益讓步，這匹馬在這段期間只為後者的經濟營業目的服務。正是基於這點，帝國法院才將這段期間內動物占有人的附隨危險完全責由借用人負擔。然而，占有動物的利益也可以——幾乎以相同的程度——同時存在於直接占有人與間接占有人。假使有人基於對價，以營利的方式來照管動物（＝狗的膳宿公寓），我認為可以同時視其及將動物交託照管之人為動物占有人，因為不管是寄託人要求他為其照管動物的利益，抑或受寄人藉照管動物而得利潤的利益，兩者之間並無一方的利益顯然「超過」他方的情形。

因此，不論是將動物置入家室或經濟營業之中，抑或事實上的實力

支配（不論是直接或間接占有），都不是動物占有人不可或缺的概念性要素。上述因素之一只要與占有動物的利益結合，就變得重要了。利益在不同的人可以有不同的程度；因此，它是一種「有階段性」的要素。最終具決定性的是：該利益至少與前述要件之一結合。於此，假使不能認爲它們是概念性的要素，它們就是法律所意指的一種關係之徵兆、象徵，只要這種關係存在，就應當承擔因動物危害所生責任的危險。這種關係爲何，只能藉助這些徵兆，並透過具體的實例做幾近的說明，而不能藉助嚴格概念性的要素做終局的確定。

另一種不確定關係則源於時間因素的意義。前已述及，在所謂的定義中有「非僅暫時地」等語。大家會在註釋書中讀到：「暫時的喪失占有，例如動物逃逸，並不廢止占有人的性質」[84]。然而，要到何時，喪失占有不再算是「暫時的」？就此也許可以回答：當不能再期待逃跑的動物會再回來時。但是什麼情況才符合這個要求？這點又只能依有關的經驗做幾近的說明。或許可以認爲，竊盜行爲能立即終止動物占有人的性質，因爲於此涉及「持續性的剝奪占有」。然而，預期行竊者應該可以立即查獲，動物也隨即可以取回的案例，仍然是可以想像的。於此是否應做不同的處理？澤納（Zeuner）[85]曾就此爲細密的考量，他認爲，動物逃逸乃是一種典型的動物危險，因此（迄今的）動物占有人仍須爲動物在逃逸之後造成的損害負責。雖然用以「確定占有人性質的，對動物典型的事實關係」於此不復存在，但損害來自動物，事實上仍屬於動物占有人範圍的時期內的危險，質言之，逃逸的危險。然而，仍然必須究問：這種主張可適用多久？無限期的危險承擔顯然不能接受。

關於「動物占有人」，我們談的不是一個──藉由列舉所有必要要

----

[84]　Mertens in Münch. Komm. 21 zu § 833 BGB.
[85]　Soergel-Zeuner, 12 zu § 833 BGB.

素得以終局定義的——概念，我們處理的毋寧是一種類型[86]，並且是一種「規範性的眞實類型」[87]，就此吾人其後仍將探究之。這裡所謂的概念定義事實上是一種類型描述，諸如「事務輔助人」（民法典第831條）[88]以及「占有輔助人」（民法典第855條）等人的類別，其涉及者亦係未經概念性精確界定的類型。這裡指涉之人均與另一人處於某種社會關係，因此種關係，其必須多少服從於另一人的指示，並且被歸入後者的組織範圍——民法典第855條再次提到「家務」及「營利性事業」的例子，然而，這兩種觀點都不能提供精確的區分標準。稍後我們會提到（在第三章第四節第三項中），除了「規範性的眞實類型」外，法律關係，特別是債之關係的類型，作爲「法的構造類型」，它們在法的適用程序中也扮演重要角色。

　　藉助定義，概念可被確定到如下程度：「當而且僅當」該定義的全部要素在具體事件或案件事實全部重現時，概念始可適用於彼，這不適用於類型，爲描述類型而提出的各種因素不需要全部出現；它們也可以多少不同的程度出現。通常它們可以有不同的強弱階段，而且在一定的範圍內可以彼此交換[89]。其本身只具有徵兆或象徵的意義，重要的是它們在具體情況下的結合情形。具體案件事實是否屬此類型，並非僅視其是否包含該類型通常具備的全部因素。毋寧取決於：這些「典型」的因素在數量及強

86　對於類型及其於法學之應用的重要論述：ENGISCH, Die Idee der Konkretisierung in Recht und Rechtswissenschaft unserer Zeit, 2. Aufl. 1968, S. 237 ff., 308 f.; HASSEMER, TATBESTAND und Typus, 1968; LEENEN, Typus und Rechtsfindung, 1971; KAUFMANN, Analogie und Natur der Sache, 2. Aufl. 1982, S. 47 ff (mitweiterenNachweisen in Anm. 122)。嚴予拒斥者：KUHLEN, Typuskonzeptionen in der Rechtstheorie, 1977; KOCH/RÜSSMANN, Juristische Begründungslehre, 1982, S. 82 ff；採積極立場者：PAWLOWSKI, Methodenlehre für Juristen, 1981, Rdz. 145 ff.

87　參見下文第六章第二節第二項。

88　當註釋書中（SOERGEL-ZEUNER, 7 zu § 831 BGB）提及，「對於免責舉證要求如此嚴格，不禁使人懷疑，於此涉及的是否尚係使用人自身的行爲責任，抑或已逾此界限，而爲他人行爲負保證之責」，其之爲類型就更加顯然了。

89　ENGISCH, Die Idee der Konkretisierung, S. 242; ders., 1 Festschr. f. KARL LARENZ, S. 129 f. (Anm. 17); KAUFMANN, Rechtsphilosophie im Wandel, S. 310 ff.: HARM PETER WESTERMANN, 1970, S. 103; LEENEN, Typus und Rechtsfindung, 1971, S. 34 ff.

度上的結合程度，是否足以使該案件事實「整體看來」符合類型的形象表現。類型不能定義，只能描述。我們不能把案件事實涵攝在類型描述下；然而，藉助此種描述，吾人仍可判斷某現象是否應歸屬某一類型。

假使類型不僅是個別要素的積累，毋寧是個別特徵結合構成的「整體形象」，那麼必須問到：這個結合以什麼為基礎，換言之，促成類型成為統一的整體之因素為何？於此必須先指出下述重要之點：我們所說的「規範性的真實類型」，其雖然意指社會現實中經常會遇到的案件事實，然而，因其被「賦予」特定法效果，方取得其法律上的意義。正是基於對其之評價及擬賦予其之法效果，立法者先塑造出類型。在指出類型——特別是在價值導向的思考脈絡中——扮演的角色上，萊南（Leenen）著有貢獻[90]。假使欠缺——促使立法者連結此種類型與該當法效果的——價值觀點，規範性的真實類型及法的構造類型均屬不可想像。讓我們再次用「動物占有人」的例子來說明。法律希望將「因動物」加損害於他人的危險，歸由為自己的利益而「占有」動物之人承擔。如前所述，占有動物的情形不僅包括——非暫時性地——對動物具有直接支配力，也包含藉助他人（直接占有人、占有輔助人）的媒介而形成的支配關係。於此，重要的是占有動物的利益程度。所以然者，因為動物占有人責任背後隱含的法律思想正是：個人利益與危險統一的思想。亦應據此以決定孰為「動物占有人」。因此，「家室之中」或「經濟營業內」等事例，以及其他所有在裁判先例中發展出來的觀點，其說明價值均有限。如欠缺法律理由這種聯繫中心，它們都不過是多少具有偶然性質的、單純的觀點。

如果立法者想形成一個概念，藉以描述一種案件事實的特徵時，應儘量精確，其確定方式並應達到下列要求：在個別案件中，不須回溯到評價性的觀點，逕以涵攝的方式即可確認案件事實的存在。於此，立法者選擇概念的要素時，當然也必須留意：藉此等要素構成的概念，的確足以涵蓋擬指涉的案件事實。不同處只在於：其選擇如此的概念要素，以致「在

---

[90] Typus und Rechtsfindung, S. 42 ff., 62 ff.

適用概念時，概念要素存在與否的問題可以完全取代評價的問題」[91]。概念涵攝至少在「理想的情況」是一種價值中立的思考過程。藉此，適用法律者得免評價性「衡量」工作之煩，而法的適用亦趨於「安定」。概念性確定的缺點則在於：概念性的要素經常不能涵蓋——依法律目的——應包含的全部案件，或者相反地將不應包含的案件含括進來。假使法律只做類型的描述，情形就不同了。萊南[92]說：「在描述事件的類別時，類型學的思考總是維持其與指導性價值觀點間的聯繫，因為所有被考量的特徵都取向於此——促成整體類型的——中心價值，唯有如此它們『才具有價值』」。在針對具體案件做類型的歸屬時，必須一直同時考量此價值觀點，因為只有它可以對下述問題做最後決定：依其程度及其結合的情況，出現的「特徵」或「因素」能否正當化此等歸類。因此，類型歸屬與概念涵攝不同，它是一種價值導向的思考程序。

在規範一種生活事實時，立法者通常可以選擇，或者以概念性的方式，質言之，藉助盡可能清楚地描繪其輪廓的，不可或缺並且終局確定的要素來指稱意想的案件事實，或者以類型描述的方式，易言之，藉著提出一些例示的特徵或事例來描繪案件事實[93]。其選擇此種或彼種方式宜均有其理由[94]。假使他已經選擇概念性的確定方式，對此，解釋者不可逕予忽略。然而，解釋者（在可能的字義與規定的意義脈絡範圍內）仍有做目的論解釋的空間，此外，其亦可得為類推適用或目的論限縮。如果有關規定涉及的是一種類型，因類型自始具有較大的變化空間及相對的開放性，解釋就變成「比較有彈性」的程序。此外，「類型」與「概念」也並非截然對立。其中仍有一些流動空間。之前我們已經提及，以窮盡列舉之要素描寫的概念，有時可以包含一種具有如同類型的「開放性」要素。讓我們回想「為完成建築物所附加之物」的例子。於此主要取決於：依交易上的見

---

[91] LEENEN, Typus und Rechtsfindung, S. 97.

[92] a.a.O., S. 64.

[93] 哈塞梅爾採不同見解（Tatbestand und Typus, 1968, S. 109 ff），他認為，因其與事實的關聯性，所有法定構成要件的結構均是類型式的。

[94] LEENEN, a.a.O., S. 96 ff.

解，此類建築物完成時，「典型上」應具備者為何。另一方面，除象徵性的因素外，透過確定若干不可或缺的要素，類型也可以接近概念。類型描述也可以被當作形成概念的前階段，有時，所謂的概念定義，事實上是一種類型描述。法院做類型式的論證亦非罕見，但是它經常宣稱，本屬正當之類型歸屬的論證，為一種事實上不能成立的概念涵攝。這種對類型式論證的欠缺意識，經常將說理貶抑為一種表象說理，其本有可能是切當的說理，假使法院明白地做類型式論證的話。

在法律運用須填補的評價標準來描繪構成要件或法效果時，特別需要運用「價值導向的」思考方式。「誠實信用」、「重大事由」、（給付與對待給付之間的）「適當關係」、「適當的期間」或「合理的裁量」等都是此種標準的適例。這種標準並非全無內容；它們並非「偽規範式的空洞形式」，可以和「全部或幾乎全部的具體行為形式及行為規則相合致」[95]。其毋寧已各自包含特定——雖然不能做任何概念式的定義，但透過一般接受的事例仍得加以澄清的——法律思想。法社會成員一致的法意識多少可以填補其內容，此種法意識會受傳統的影響，但同時也會不斷地被重新形成。以沒有疑義，或經長期司法檢驗的裁判事例為準則的法院，其幾乎以此等法意識的「傳聲筒」自命。在這些案件中，每項裁判都將——隱含在標準中的——法律思想與特定案件事實連結起來，藉此針對此種案件事實（指所有與此相類的案件）充實此思想以額外的內容，質言之，將此種思想「具體化」；每次成功的具體化——因其範例性的作用——都有助於此種標準的進一步具體化，然而這個過程永遠不會「到達終點」。

具體化須填補的評價標準最終是不是一種「非理性的」過程，或者「價值導向的」思考於此亦可提供重要的幫助？我認為後者是對的；說理上的證明將於下文（第三章第三節第四項）提出。我們將發現，類型化思考——即塑造事件的類型並找出其典型的要素——於此亦扮演重要角色。然而，判斷者在很多此類案件中仍有其判斷餘地，尤其在取決於特徵的

----

[95] 托波奇（Topitsch）卻採此見解：Logik der Sozialwissenschaften, 8. Aufl. 1972, S. 28。

「較多」或「較少」時為然。

　　「適用」標準時必須要「具體化」標準（指繼續確定其內容），其又將影響標準未來在類似案件的適用，這種情形在須填補的標準中尤為顯著。因為每次（成功的）具體化本身都成為比較事例，因此也成為進一步具體化的出發點。當判斷者決定該標準對該當個案「可適用」或「不可適用時」，此種標準必須被具體化。在具體化的程序中，透過個案的判斷，原有的標準在內容上做了進一步的充實，並因之而繼續發展形成。法的適用與法的續造並肩而來。我們既可以在對案件事實作法的判斷，也可以在（法律內的）法的續造之脈絡中處理這個過程；它同時屬於這兩個脈絡。

第二項　法釋義學領域中的價值導向思想

　　在所謂的「法適用」領域中，假使涉及的不僅是單純的涵攝，而是評價性的歸類或「具體化」時，價值導向的思考方式是不可或缺的；但是在非直接實務取向的法學理論的範圍，質言之，在所謂的「法釋義學」的領域中，情形似乎不然。依埃瑟[96]之見，法釋義學乃是「最終想構成一種獨立體系之法概念及法制度的基本理論」。他認為，大家期待法釋義學提供的貢獻是：「將評價的問題轉換為認識或真理的問題」。依埃瑟之見，釋義學直到今天還（不當地）「主張其學說應具有嚴密不可侵犯的權威」，並且認為「僅僅憑藉規範及釋義學技巧即可解決新的社會矛盾，而不須形成新的社會合意」[97]。埃瑟提及，「釋義學思考是一種價值中立的概念工作」[98]；他認為釋義學的角色在於：使「個別領域上的正義的問題，在法律上可以操作」。這意指：「以一種思考方式來進行價值判斷，或使價值判斷變得可以理解，質言之，一種可以解為客體認識的『思考』方式」。依其見解，如是「將妥當性的考量轉化為可以思考的問題及任務」，正是

---

[96] ESSER in AcP 172, S. 98.

[97] a.a.O., S. 101.

[98] a.a.O., S. 103.

「釋義學最內在的、固有的要求」[99]。

　　埃瑟描繪的釋義學形象，顯然是以19世紀末及本世紀初對釋義學工作的基本想法為準據。這些想法包括：可以用──得逐為涵攝的──概念來掌握全部的法律現象，想像有一種多少具封閉性，並且能以邏輯思考方式來答覆新的法律問題之概念體系；認為在法學領域中，學術性的思考方式應與價值中立的客體認識之方式無異，換言之，純科學論的學術概念。使這些想法的不正確性逐漸顯露出來上，埃瑟自己也提供許多貢獻。因此，如果我們正確理解其想法──基本上他認為雙軌的程序是可行的──應該以前釋義學式，或外釋義學式的方式來發現法規範[100]，而釋義學以其迄今具有的風格，仍有一定的存在理由──其「安定性」的作用。「釋義學式的掌握方式，可以描繪法律政策及正義精神的輪廓，使其實踐並實證化」。此外，它「對於司法裁判的安定性具有重大貢獻，當裁判中的評價被視為思考性的問題來解決，而且透過釋義學上的概念形成，藉著運用釋義學上熟悉的用語來理解並介紹規制的特質，也能做較好的解決」[101]。此外，也可以將釋義學視為一種「控制機關，它可以確保解答與其他既有規定彼此可以相容」。「透過強制要求，解答的嘗試必須能納入特定的觀念世界中」，「我們可以進行一項合理性的檢驗，而假使我們嚴肅看待這項檢驗，它就可以指出這種解答對於相同體系其他部分的影響，並進而要求我們，或者形成另一種解決方案，或者檢討所有因此在體系中產生的後果」[102]。因此，埃瑟仍然要將釋義學解為一種「價值中立的」概念工作，但其任務只限於：將得之於他處的答案或評價，轉換為一種可以被解為客觀認識的，合理思考的語言，一種以此等語言構成的概念性體系，藉此使司法裁判變得可行，並且可維持其安定性。

　　評價性問題的解答真的可以轉換成一種不摻雜價值的概念，而且因此

---

[99] a.a.O., S. 113.

[100] Dazu seine Schrift "Vorverständnis und Methodenwahl in der Rechtsfindung."

[101] a.a.O., S. 103.

[102] a.a.O., S. 104.

變得可以操作嗎？還可以將（今日的）法釋義學解爲一種「價值中立」的概念工作嗎？或者應該認爲，釋義學即使不是全部，至少在很大的範圍上從事價值導向的思考？

在今天的釋義學中，類型的描述（代替適於涵攝的概念之形成）已逐漸增加其重要性，僅就此點論，將法釋義學解爲僅係價值中立的概念工作，就不無可議。再者，在法律解釋中，「目的性」觀點經常有決定性的份量。雖然釋義學不止於解釋，但是沒有它實在也不能想像。然而埃瑟認爲，釋義學不是想由概念的內容獲得評價性的關聯（或意義關聯），毋寧想藉助一些──不須重新評價，因此只須藉單純涵攝即得確定其存在的──要素來定義概念。在所有情事中，是否均能成功地完成此項工作，則是另一問題。

然而，法律家處理的概念，大部分是純粹法技術性的概念；換言之，以形式邏輯爲基礎構成的「種類概念」。它們只能幫助使法律一目了然，透過涵攝的促成來簡化法的適用。屬於此種概念的有：匯票、支票、支付通知、（土地登記中的）預告登記、異議、登記順位、載入及註銷登記等概念。這些概念通常在法律中已被定義，或者，其定義極易由法律本身解讀出來。其屬於名詞定義，因此，必須藉助立法者的規定或透過合意才能形成這些概念。正因其係名詞定義，其已切斷與價值的聯繫，並且也不能藉助它們獲得新的認識。相較於之前藉定義所置入者，它們不能提供更多的內容。依形式邏輯的規則，其彼此間只能安排出一種上下階層的秩序（屬概念、種概念），或者一種相互排斥的關係（或者……，或者），或類此的關係。此亦不可輕忽，因爲遵守邏輯規則是所有思考方式的基本條件；然而，在內容上它不能增加我們的認識。釋義學如僅以形成此等概念及解明其間的邏輯關聯自足，對法律問題的解答，它就幾乎不能提供任何貢獻。而大多數「釋義學式」的工作正要解答法律問題。

只有在分析新近釋義學著作表現的思考方法後，我們才能答覆，在今日的法釋義學中，價值導向的思考方式是否也普受運用。就此，我們將在最後一章（第二節及第三節）中探討之，因此，我們在此只提出暫時性的答覆。價值導向的思考方式首先會出現在釋義學不是以概念性，而是以

類型性的方式進行的情況。此外，在努力塑造事件類型時，在以「整理」
司法裁判的方式尋找適宜各該類型的評價觀點時，亦同；於此涉及的司法
裁判，或者致力於須填補之標準的具體化，或者以——裁判者自己或許
亦未充分意識的——法律原則爲基礎[103]。特別是在尋找「基本的」法律
原則本身，對各該原則效力範圍的量度、對多數原則的相互作用之認識，
它們對於理解各該規制的影響，以及對原則有所限制或補充時，亦均屬
此。「法律原則」是與法理念有關的評價標準或價值優劣性的規定，它們
尚未被具體化成可以直接適用的法規則，但是可以作爲法規則的「正當化
根據」。一如全部「須具體化的」標準，對它們不能作概念式的定義；然
而，可以藉一些事例來說明其意義內容。其顯然性可以促成其廣受同意，
此顯然性的證據見於：將之明定於實證法的規定內容中。其部分今日已明
定於基本法中，亦因此獲得憲法的位階。

　　我們先以較新的釋義學著作中關於法律行爲部分的論述爲例[104]，於
此可以發現，其不復以內容空洞的法律行爲概念爲出發點，毋寧著重法律
行爲——作爲私人自主之法形成手段——的功能，或者將其視爲「行爲的
類型」〔弗魯姆（Flume）〕。其視私人自主之法的形成爲負責之自我決
定的表現，於此，責任表現在當事人對其相對人所受的拘束。此外，他們
也肯定「信賴原則」在法律行爲的交易過程中，亦得作爲拘束力的基礎。
根據這些想法，他們嘗試將法律規定解爲法律原則交互作用後的結論，如
是便更能理解這些規定，劃清其彼此間的界限，填補其漏洞，最後使多數
決定彼此可以協調。想當然爾，他們會特別細究法院裁判中出現的問題及
其解決嘗試，也會把新問題帶進討論中。這所有種種已非「價值中立的概
念性工作」所可含括。

　　財產權概念的探討，例如基本法中財產權保障的問題，則爲另一適

103　帕夫洛夫斯基也提及：以「比較式的類型建構」取得法的認識（Methodenlehre, Rdz. 418）。

104　FLUME, Allgemeiner Teil des Bürgerlichen Rechts, Bd. 2, Das Rechtsgeschäft, 3. Aufl. 1979;
　　BYDLINSKI, Privatautonomie und objektive Grundlagen des verpflichtenden Rechtsgeschäfts,
　　1967; CANARIS, Die Vertrauenshaftung im deutschen Privatrecht, 1971.

例。於此，大家不會由民法典第903條形式的概念定義出發來探討。毋寧會回溯到財產權——作爲「外在」自由範圍之法的保障——的意義上。必須考量——作爲其意義中心的——個人自由範圍的思想，並兼顧法社會中因共同生活之必要而生之財產權的社會界限；由是，須觀察牽涉財產權的全部規定，才能瞭解「財產權」在吾人法秩序中的意義。當然必須透過許多媒介工作，才能將財產權的內容及界限具體化。巴杜拉（Badura）[105]正確地說到：基本法提供的財產權保障範圍如何，不能僅藉「適於涵攝的構成要件要素」來解答，毋寧只能依據「法官多方面的評價觀點」來答覆，澄清此等觀點正是釋義學的工作。因此，巴杜拉將基本法意義下的「財產權」解爲：「任何一種具有財產價值，並且可以作爲個人維生或從事經濟活動之基礎的法律地位」。此種概念界定並未切斷概念與價值間的聯繫，「個人維生」或（個人）「從事經濟活動」等，正明顯指出此種價值聯繫。在較新的物權法著述中，我們也會遇到類似的——取向於財產權之法倫理及法政策作用的——「功能性」財產權概念[106]，由此概念出發，民法典上形成的所有權概念不過是一種根本未將原本意義表現出來的簡單公式。就物權法的外部體系論，爲顯示所有權（作爲最廣泛的對物支配權）與所有其他「限制」（並因此而限制所有權之）物權的對比，此種簡單的公式仍有其貢獻；然而，在討論財產權的內容及界限，例如，不動產、礦藏、動產、資本財貨及日用品的所有權之內涵及界限何在時，即不宜作爲根據。形式而僅作抽象一般描述的所有權概念，將會使取向於社會現實狀況及財產權功能所作的區分模糊化。但是當我們在討論財產權「社會義務」的範圍，或者探討——就事物而言，質言之，就事物之功能而言——財產權必要的最基本內容爲何時，則主要取決於此種區分。

因此，埃瑟描述的釋義學特徵（即：最終想構成一種獨立體系的根本理論），以及其所認爲的，釋義學所得主張之「嚴密不可侵犯的權威性」，均只能適用於「概念法學」的抽象概念體系，而不能完全適用於今

---

[105] In ARCHÖFFR, Bd. 98, S. 153 ff., 164, 173.

[106] Z. B. bei WOLFF-RAISER, Sachenrecht, § 51, I.

日的法釋義學。諸如期待權、締約過程中的法律關係（作為「締約中過失」的責任基礎）、具有保護第三人作用的契約、表象的法律責任、依危險範圍分配舉證責任，這些釋義學上的詞語並非由概念性體系演繹而得，毋寧是基於交易的需要或特定正義觀念的要求，藉檢討司法裁判而逐漸發展出來，並且亦將繼續演變下去。正確的是：將之整理成學說之後，隱藏在詞語中的法律思想才得以實證化並固定下來，司法裁判也才能將之視為確實的裁判準則加以利用。假使「嚴密不可侵犯的權威性」意指：僅因其係概念性體系不能解決之新的法律問題，即可將之駁回，則上述說明正可以證明此說之不當，因為它們正是針對此等問題提出的解答。為答覆新的法律問題，「釋義學」原無懼於修正，乃至突破概念性的體系。

有疑問的只是：一種對新的問題具有開放性，不把自己想像為僅由既定前提作邏輯推論的法學，質言之，採取理解及價值導向思考的法學，其是否仍適合「釋義學」之名。假使大家視釋義學為一種——由確定的原理，以及由此等定理邏輯演繹而得的推論結果構成的——封閉體系，那麼這個用語的確不適合今日實踐性的法學。邁耶爾—柯丁（Meyer-Cording）對今日法學的下述主張是正確的[107]：此種——將自己拘圍在狹隘的空間內，堅守過時的教條及由此推得之結論的——釋義學的扭曲形象，已不能再適合今日的法學。他認為，法學之所以仍然呈現這種形象，應歸責於法律家，因為他們選擇了「釋義學」這個用語。然而，「釋義學」未必須如是理解。它也可以用來描述一種——以形成某些內容確定的概念、對原則作進一步的填補，以及指明個別或多數規範與這些基本概念及原則的關係為其主要任務的——活動。透過這種活動發現的語句，其之所以為「教條」，因為它們也分享法律擁有的——在特定實證法之釋義學範圍內——不復可質疑的權威性。「釋義學」一語意味著：認識程序必須受到——於此範圍內不可再質疑的——法律規定的拘束[107a]。只有當法學脫逸出此等拘束，例如，當其亦一併考量——獨立於實證法之外的——事

---

[107] MEYER-CORDING, Kann der Jurist heutenoch Dogmatiker sein? 1973.

[107a] SELB in der Festschr. zumeinem 80. Geburtstag, 1983, S. 609 f.

物本身的結構時，它才不再適合「釋義學」之名。

第三項　盧曼關於法釋義學的論點

　　截至目前為止，我們檢討今日釋義學事實上的研究方式，藉此來檢討法釋義學是否只限於將評價性的論點轉化為（似乎）價值中立的，僅依邏輯標準即可進行涵攝的概念，藉此使正義的問題在「法學上可以操作」。然而，我們可以，而且也必須以另一種方式來提問：法釋義學今日在實現法秩序的程序中，以及其以此在社會的脈絡中之作用如何。關於釋義學在——作為社會之部分體系的——法體系中作用如何，盧曼曾加以研究[108]。他提出的「關於釋義學的論點」[109]尤其值得重視，因其能避免任何——在某些社會學的長篇大論中經常出現的——成見。

　　盧曼首先說明，對「釋義學」一語「通常理解」的特徵是一種「消極性的禁止命令：對論證環節中之出發點不容否認」。這些出發點應免於批判。對此不須反感，因為「社會學家們都知道，所有人類的交往都有一些不容否認的前提」。盧曼並未追問，今日釋義學中的「不容否認者」之性質為何？是一些概念、定理，還是所謂的邏輯上的不相容性，或者，（如吾人所主張的）是存在於憲法及整體法秩序中的價值決定與原則。他提及，在社會學上（與在學術理論上相反？）只能提出下述問題：「如果大家想賦予這些『不容否認者』釋義學的形式，應將它擺在什麼高度，質言之，應將之置於何等抽象的程度？」顯然他認為「釋義學」的抽象程度很高，因為他根本沒有答覆前述問題，逕自繼續說到，似乎「比較不應該把釋義學的作用放在侷限眼界上，而應該側重其促成抽象化及解釋空間的貢獻」。他認為，釋義學的實證化作用「在於藉著對這些消極性禁止命令的安排，使文字及經驗的解釋獲得必要的彈性」。釋義學對今日法律家的意義「並不在於確認原既存者，毋寧在其能保有批判所必要的距離，能組織一些考量、理由、關係權衡，藉助它們才能超越直接的法素材，對之加以

---

[108] In der Shrift: Rechtssystem und Rechtsdogmatik, 1977.
[109] S. 15 ff.

審查、整理，使其適於應用」。

　　我們暫時在這裡中斷一下。解除——法律及法官裁判中之——法素材的直接性及單純的「既存狀態」，將其安排成一貫的脈絡，而且因此能對其有新看法，使其有更高的解釋可能性，這所有種種的確是任何釋義學的基本功能之一。盧曼恰當地強調，吾人藉此在處理法律文字及個別經驗時，擁有較大的彈性——這也正是他對於「消極性禁止命令的安排」之理解。假使盧曼能進一步提及下述事實就更好了：欠缺一定的「不容否認者」，則不僅任何人際交往無由達成，也不可能構成法秩序，因後者正是以（明示或默示地）承認特定的「不容否認者」為基礎，即使於此必須犧牲部分個人生活及良知決定的空間亦然。在釋義學尊重的最終「不容否認者」的範圍內，對這些蜂擁而至的大量規範及個別決定，釋義學保持一定的距離，藉此它可以將未形之於文者考量在內，改正不協調者，在環境變遷時使「適用」保有一定的彈性。

　　盧曼繼續說明，不論神學或法學的釋義學史都清楚顯示，釋義學的作用「不在束縛精神，毋寧要在處理各種經驗及文化時，提高其自由程度」。只有堅守釋義學扭曲形象者才會對這項說明感到驚異；任何曾嚴肅從事釋義學的工作者都會證實前述說法。大家都知道，相較於受釋義學訓練的法律家，非法律家往往更「忠於文字本身」，會對規定做嚴格，但經常並不合適的解釋。因此，當盧曼提及：「即使在，並且恰好在社會期待拘束性之處，釋義學經常可促使大家對此保持距離」，我們必須同意其見解。它促成「懷疑的再生，提高尚可承擔的不安定性」。雖然如此，於此仍須指出：大家對釋義學未必都一致如此理解。假使認定其任務在於創建一封閉的、任何可能的「事件」都能用邏輯涵攝的方式納入其中的體系，此種釋義學即以提高安定性、排除可能的懷疑及追求（因為以「邏輯」為論證根據），因此無可置疑的確定性為主要任務。釋義學本身具有盧曼強調的作用，只是長期以來隱而不顯。直到「概念法學」失敗，對這項認識的障礙才算排除了。

　　然而，假使認為釋義學的作用只在於促成懷疑，提高不安定性，那可是一項重大誤解。盧曼也只是說「尚可承擔的」不安定性而已。在提及

此點時，盧曼絕沒有下述想法：方法可以任意選擇、「觀點」可以任意交換，規範可以隨意支配，法官的裁判是純粹的「決定」。他毋寧也堅持，釋義學在法的實現過程中也具有調控的作用。盧曼在其後的一章中[110]，對於「從結果出發所做的論證」，以及法律決定應取決於其預期將發生之實際結果的想法所做的批評，於此極具啓發性。他提及[111]：「假使大家想將後果用作指引方針甚至正當化的觀點，就必須有此等遮蔽的眼罩，藉此，大家可以將全部附隨後果，所有後果引致的後果，以及多數裁判累積起來的後果等擴張作用革除於視線外；舉例而言，（在諸如產品製造人責任中）因不利的法律地位，必須以提高價格來填補，這種可能引致的積累效果就必須忽略。因此，透過後果來正當化，其本身必須以（假定其存在的）遮蔽眼罩的正當化根據爲基礎」。這自然是過甚其詞了，假使法官不僅在解釋法律，同時也從事「超越法律」的法的續造，則其無論如何均須慮及因此必然引致的相關社會影響；然而，他的下述主張是正確的：後果本身亦須被評價，而評價之標準必須具有法的性質。正如盧曼強調的：「法與不法之劃分」自不應取決於此等劃分導致的後果。再者，在缺乏充分資訊來源的情況下，法官無法綜覽全部的後果。若然，則法秩序中的評價標準即屬不可或缺，由是，釋義學的任務就在於整理這些即使在有疑義的案件中，也能協助做出以充分論證爲基礎，而非任一恣意決定的標準。借用盧曼的表達方式，我們可以說：釋義學既可以提高，也可以限制裁判可能的「複雜性」。

　　盧曼則以另一方式得此結論，他認爲[112]，爲多數事件所創造並將適用其上的法規範，其「調控層面」乃是必不可少的；欠缺此層面將無法之可言。由此層面才發生將規範適用於「事件」的問題。而沒有一個「事件」與另一事件會在各方面完全一致；因此，「事件」是可變的。假使──依釋義學的第一種作用──法規範的解釋也是可變的，那麼規範與

110　S. 31 ff. 帕夫洛夫斯基也反對法官取向預期的後果而爲裁判（Methodenlehre, Rdz. 75 ff）。

111　S. 35.

112　S. 17 ff.

事件的關係便是兩個變元間的關係；一如盧曼所說的，它們是「雙重可變」的。由此，盧曼提出釋義學的第二種作用，它可以「限制因雙方可變的關係所導致之變化的任意性，因為不僅事件應以規範為準，規範適用本身亦應取向於事件」。透過法素材的釋義化，易言之，對法素材作概念與分類整理，可以使「經常被描述的，在規範與事實之間的眼光流轉有所取則，其不僅須留意待判的具體情勢，更應受法體系的拘束，因此也不至攀緣到法秩序之外」。因為釋義學將「反省事件類似性的理由」，其亦使裁判「取決於一些確定的觀點」。在這個作用範圍內，釋義學定義了「屬於法律上之可能者的條件」，即藉著指出在何等界限內，裁判向可稱為合法（法律家稱其為「可接受的裁判」），釋義學再次限制規範及事件的可變性。

盧曼最後又將釋義學促成之提高及限制「複雜性」的雙面程序，與作為法秩序頂點的正義理念結合在一起。相對於法的複雜性，釋義學的概念性可以顧及正義理念。正義涉及整個社會對法秩序的全部要求，而釋義學則是「法體系的層面，於此，前述要求被特殊化而變得可以操作」。必須形成一些區別合法與不法的基準才能完成這項工作。釋義學研擬這類基準，因此其有助於「法體系的細分」，藉此使法「依法固有的基準被運用」。如果用我們自己的話來說：釋義學是最終的要求、被普遍接受的基本價值、原則及為數甚夥的「既存」規範間的橋梁，同時也是規範——間接也是前述原則——與其於不同情境之「適用」間的媒介。

假使前所論述者真是釋義學的作用，就實在不能瞭解，作為一種「概念性與分類性的」思考方式，釋義學如何能符合這些要求。「媒介」不能只單向進行，毋寧必須是一種對流的過程。「細分」同樣也是一種取向於兩個端點的程序，一方為統一的，另一方為多數的端點。而分類性的概念是不可變的，應始終以同樣的方式來應用。為滿足盧曼描述的「法釋義學」的作用，法學需要一些概念及思考形式，在可得確定的界限範圍內，它們是可變的，因此，特別是在適用於不可預見的情況，可以保持一定

的彈性。雖然盧曼曾附帶提及，取向於類型是「有益的」[113]，並且同樣也附帶[114]提及威爾伯格（Wilburg）「可變的體系」的想法。然而他又提及釋義學「分類性的抽象化風格」，並且顯然贊同埃瑟，認爲釋義學是一種「價值中立的概念工作」。果眞如此，它早就被免職了。盧曼提出下述問題[115]：「在既存社會結構的條件下，釋義學以及應藉助它達成的法體系之細分，究竟還可能與否，如果可能，以何種方式」。如其取決於社會結構的條件，那麼就像盧曼，我也不太敢作預告。假使取決於法釋義學本身，則吾人的答案如下：當而且僅當法釋義學能更成功地發展並應用價值導向的思考形式（諸如法的類型、功能性思考的法概念，「可變」及「開放」的體系），以及不是單向進行，而是對流思考的方法（諸如「具體化」及「類型化」、「類推適用」及「目的論的限縮」等方法），才能維持其地位並實現其作用。

第五節　法學對於法律實務的意義

　　法學首須履行一項實踐性任務，此點應無疑義。這項任務在成文法的國家是這樣產生的：法律不僅須一再解釋，也須「塡補漏洞」，並且要配合情勢的演變；此外，因爲複雜性提高，對概觀性及規範間之相互協調的需求也相對提高；最後，因「同等標準」的原則（即正義的思想）會產生避免評價矛盾的要求。藉著處理由法律及法院裁判中獲得的素材，法學努力在現行法及其基本評價的範圍內，取得解決法律問題的具體標準，並藉此對法律事件做出判斷。我們稍早曾提及，法學要做一些關於現行法的陳述，對此我們要補充如下：法學主要要做一些能獲致裁判基準的陳述，它們可以轉換爲法律事件的裁判。藉此，法學想幫助實務家，特別是法官

----

[113] S. 33.

[114] In der Anm. 68 auf S. 84.

[115] S. 23.

及行政公務員，他們必須就具體情況做出符合法秩序的決定。實務家受到必須做出決定的強制，因此不能等到問題在釋義學中被澈底討論，並獲致有說服力的答案之後再做決定。即使尚無充分的理由，他也必須「冒險」決定；就此而論，其無可避免會包含部分「意志決定」的成分。然而，在可能的範圍內，他仍然應該以法律上的論據來支持其決定——因爲依據憲法，他負有受「法律及法」拘束的義務。這包括：在解釋及補充法律時，他應該運用法學提供的認識及普遍認可的法學方法[116]。另一方面，作爲一種學術，法學應以詮釋學上容許之價值導向的思考方法來說明並證實其說法，但是不須禁絕有根據的價值決定及意志決定。釋義學家不像實務家那樣受到必須做出決定的強制[117]，他不僅有權利，有時甚且有義務容認，依現今認識的程度而言，現行法並未提供令人滿意的解答，當他遇到不能以其他方法排除的缺陷而建議修法時，他也經常作此主張。

　　法釋義學及法院實務兩者處於一種特殊的相互關係。一方面，釋義學提供實務界許多裁判基準，它們常被引用，有時經過修正，有時也被誤解。另一方面，司法裁判提供釋義學大量的「材料」，由這些材料法學才能發展出新的基準。司法裁判依其本質比釋義學更重視個案的聯繫，比較努力尋求「個案正義」。而釋義學家顯然較爲留意事件的一般性及典型特徵。雖然如此，法官也瞭解，其據以決定某一事件的標準，必須對全部同類事件均可適用。然而，作爲裁判基礎的裁判標準，其意義及作用範圍在裁判中經常並未直接顯現。通常必須深入地分析與比較大量的裁判理由後，才能認識具決定性的考量及司法裁判選擇的方向究竟爲何。這又是釋義學的工作。於此，下述事實爲其默示的前提：其理由說明容有若干缺陷，但是法院的裁判結果大體上是「正確」合理的，（因此亦）能以實證法爲其說理依據。這項（作爲吾人工作假設的）前提未必總是被確證爲

----

[116] *meine* Abhandlung über "Die Bindung des Richters an das Gesetzalshermeneutisches Problem" in der Festschr. für E. R. Huber, 1973, S. 291 ff.

[117] 當鮑爾維格（Ballweg）將法學視爲澈底受裁判強制影響的思考方式時，他忽略了這種差別（JbRSozRTh, Bd. 2, S. 45）。

眞，然而這項條件仍經常存在，因此仍可基於此項假定開始工作。釋義學有時當然也會對司法裁判做辛辣的、令人難以忍受的批評，於此，成見及自負有時也高度發展。然而整體看來，雙方相互學習的意願顯然較之前要高。事實上，一系列構成今日現行法「堅實部分」的法概念及裁判基準，均係以司法裁判及法釋義學的合作為基礎，才發展出來的。

例如，司法裁判很快就採納斯托布（Staub）的「積極侵害債權」的理論，並堅守至今。它也接受締約上過失的學說，並繼續加以建構，釋義學則在熟悉司法裁判的情況下繼續擴充此學理[118]。司法裁判也採納期待權、具保護第三人效力的契約、較新的不當得利理論（給付返還請求權優先）[119]、對民法典第181條做目的論的限縮等學說。由司法裁判開始發展出來的則有：民法中的客觀的——類型化的過失標準及表見代理。它們同樣也被釋義學接受並繼續發展中。重要的是：我們的最高法院在裁判理由中會討論釋義學的工作成果，即使其最終做出不同的決定，如是又再次促成雙方的對話。

法學對於法律實務的意義不僅止於對司法裁判提供助力，其最重要的任務之一是：發現一些現行法迄今尚未解決的法律問題，藉此促成司法裁判或立法的改變。新的法律問題產生的原因有：逐漸發展出來之新的社會事實、基於平均正義、保護經濟上的弱者或危險防止的觀點需要作新的規制。新發生的法律問題經常不是立刻呈現在眼前，在一段相當長的時間裡，大家通常仍舊以並不適宜其特質的評價觀點來處理它。例如，在處理危險責任時，開始很長的期間內，大家是以推定責任的辦法來解決，直到下述認識貫徹以後，情形才有所改變：於此，事實上涉及特定損害風險的特殊歸屬形式。對於技術化時代提高的危險，司法裁判一則以下列方式來對應：課予新的「交易安全的義務」、限制民法典第831條「免責證明」的可能性、變更損害賠償訴訟中舉證責任的分配（依危險範圍分配舉證責

118　其本身又變成其他（無原始給付義務的）債之關係的出發點：*mein* Lehrbuch des Schuldrechts, Bd.I. § 9 II.

119　就此特別重要的論述：v. CAEMMERERS, seine Ges. Schriften, 1968, Bd. I, S. 209 ff。

任）；另一方面也以擴充契約性責任（契約上及前契約之說明及保護義務、具有保護第三人效力之契約）的方法來回應。保障受害者獲得補償的進一步措施，例如引進責任保險或其他補償準備，則需要法律的規定。愈來愈清楚顯示，僅憑傳統的手段、有責原則及損害完全補償的原則（全有或全無的原則）不能獲致令人滿意的答案。研擬新的解答則需要法學的參與。

在立法準備工作上，法學有三方面的任務：其一，將待決之務當作法律問題清楚地顯現出來，並且指出因此將產生的牽連情事；其二，它必須與其他學科，特別是經驗性的法社會學合作，研擬出一些能配合現行法的解決建議，供作立法者選擇的方案[120]；最後，它必須在起草技術上提供協助。在研擬解決建議時，比較法的方法一直扮演重要角色。例如，在一般的損害賠償法、消費者保護、一般人格權的保護等法律領域中從事改革工作，特別是在一些今日必須以國際性眼光來規制的法律材料，諸如商業結社、有價證券、著作權等法律領域，如果缺乏比較法的研究，其改造殆屬不可想像。對於實際影響情況的研究（因此應藉助經驗性的社會研究），對「法律事實」的深入討論，對此均屬必要，然而法學的參與亦不可或缺。法學從來都不只是「司法裁判之學」，將法律政治上的要求表達出來，並且爲立法者研擬新的建議[121]，這一直是法學的任務之一。爲了配合這項目標，法律家也一再進行法律事實的研究，並且也運用（從事此等研究所必要之）社會學的方法，諸如統計調查，以及對機關、社團的諮詢等。然而，爲了將獲得的認識轉化爲法律方案，其仍然需要應用精確的法學知識。

法律家通常嚴格區分「基於現行法」，以及「由將來適當的法律」出發所作的陳述。此種區分仍應嚴守。並非所有法律政策上恰當的結論，

---

[120] 例如每年舉行的德意志法律人年會的專家意見及報告，其經常提供此等方案。

[121] 因此，我認爲諾爾（P. Noll）的文章標題（Von der Rechtsprechungswissenschaft zur Gesetzgebungswissenschaft）——「由司法裁判之學到立法之學」（in JbRSozRTh, Bd. 2, S. 524）有點過甚其詞。這種截然對立通常並不存在。

均可在現行法的範圍內，藉方法上確實可靠的解釋或法的續造來實現。此外，對於將廣泛深遠地影響多種不同生活領域的法律問題，只有能獲致必要之宏觀認識的立法者才適宜答覆。法官不可剝奪立法者的決定權。因此，在對現行法做解釋性的續造，或者——當要件具備時[122]——在從事超越法律之法的續造時，只在極小的範圍內，才可以正當地考量法律政策的觀點。對購買者或產品利用人因不能認識之產品瑕疵所生損害，產品製造人是否應負危險責任，司法裁判也未曾自做決定，依我之見，此種做法是正確的。當其顯然應承擔此責任時，司法裁判僅推定產品製造人的有責性[123]。直到1989年12月15日的「關於瑕疵產品責任之法律」，不問製造人有無過失的製造人責任才被創造出來，而只有當他能證明，其並未將產品引進交易市場，或者可以認定，製造人將產品引進交易市場時產品並無該瑕疵，製造人始不須負責。司法裁判開始的，最終由立法來達成。

即使司法裁判工作的相當部分未來將由電腦取代，法學參與司法裁判的發展仍屬不可或缺。只要法律仍以口語撰寫，其仍須解釋，那麼將其轉譯成電腦語言時，仍須對電腦提供適當的解釋。然而，因為不能預見所有的事件情況，規定的解釋仍然可能發生新的疑義，於此仍須對電腦給予新的指示[124]。解釋的任務不會消弭，只會轉移到他處。此外，也不能期待電腦會自發地確定「漏洞」存在，提供——並未輸入其中的——所欠缺的規則。即使大家可以不用口語，完全以精確的電腦符號語言來撰寫法律，只應用此等語言定義的概念，因此亦不須作進一步的解釋，然而，訴訟當事人的事實陳述、證人的證詞及其他訴訟參與者，仍將廣泛地應用口語。將法院確認的案件事實，由口語轉換為電腦語言時，解釋的問題會再度出現。因為案件事實的描述將包含一些變數，用有限的電腦符號不能完全掌握它們。正是這種一再呈現新風貌之案件事實的變化可能性，其強迫決定

---

[122] 參見下文第五章第四節第四項。

[123] 首先見於BGHZ 59, 91。

[124] 考夫曼（Festschnft für K. LARENZ, 1973, S. 371）適切地指出，「只作過一次輸入及程式設計的」司法裁判電腦，「連最堅定的實證主義者也會感到驚懼」。

者須一再審查、修正迄今的規範解釋，藉此使規範一直繼續發展。即使將電腦應用到最低的層次（純粹涵攝）上，對此亦不能有何影響。用——就全部有關的案件，之前已接受指示的——電腦來取代裁判個案的法官，至多只在下述情況可能實現：所涉及者是大量相同的事件，於此，個案的個別情境、其輕微的差異、階段性的過渡情況，以及未曾預期的事件形勢等因素均不生重大影響。然而，此類事件固然在逐步擴充中，但也還是有許多其他——不僅需要做一般判斷，也要求個別化的、類型化的判斷之——事件存在。發展一些既能取向於一般評價觀點及原則，又能兼顧事件及類型的關聯性之標準，藉此以促成有彈性的判斷，此仍是法學的任務。

第六節　法學在知識上的貢獻

法學或所謂的法釋義學（非直接取向於個案的法學）能否提供知識上的貢獻，特別會受到那些認為只有純粹科學性的學科才能提供知識貢獻者的質疑，認為法學的任務只在於協助實務的法律家（在今日恐怕占多數），亦同。即使在大學，今天對「純理論」，於實務並無直接助益的工作，大家如果不是斷然排斥，至少也是持保留的態度。依廣被採納的見解，只有法邏輯學、法社會學及法史學才能擴充吾人的知識，法釋義學則否。大家認為法釋義學的任務只在於影響實務。此種見解特別源自赫克（Heck）。他認為，「大家通常稱為『釋義性』法學的實用法學」，其研究「終極唯一的目標在於影響生活」，它並「不為其他不同於此的，諸如理論性的目標」服務[125]。此類說法亦常用於許多自然科學及醫學；然而，即使後者係以實用為目的，亦無人爭議其能否獲得知識。之所以對法學獨有爭論，乃是因為大家相信，只有在不受價值影響的思考範圍，運用可量化的方法取得者，才算是知識。正因大家認識到，法學並非「價值

---

[125] PHILIPP HECK, Das Problem der Rechtsgewinnung und andereSchriften, Studien u. Textezur Theorie und Methodologie des Rechts, Bd. 3, S. 146 f.

中立的概念工作」，不是一種不折不扣的釋義學（只能作形式邏輯的操作），毋寧主要在作價值導向的思考，正是此種認識使許多人拒絕承認法學亦能提供知識上的貢獻。大家認爲，假使對其研究標的（實證法）不能做合理、必然可證實的陳述，那麼它只是單純「意見的組織體」[126]，雖然有一定理解上的作用，但不能謂有任何認識上的功能。因爲意見與「知識」相反，既不能證其爲眞，亦不能證其爲僞，因此，其具有任意性。

至少從韋伯以來，大部分人似乎認爲下述說法是顛撲不破的教條：關於價值以及包含價值涵義的事物，不能有學術性的知識[127]。這個教條背後意指：在涉及人類行爲模式、目標、目的、人類活動（諸如工業技術）有無價值以及人類應用的手段、力量之「正當」使用等廣大範圍內，不可能獲得知識。今天沒有人會再嚴肅地主張，這些問題對人類只具有次要的意義。伽達默爾[128]的下述說法是對的：於此（指「無視於最終目標的決定論」），「方法上的實用主義竟以粗暴的非理性主義」終結。我們在上文[129]已經提及：價值，例如正義的概念能否做若干可得論證的陳述，今日在法哲學及倫理學中有極端不同的答覆。於此，我們不細究這個問題。我們要處理的是一個比較容易答覆的問題：在一個由**評價準則**構成的，雖然只是被粗略界定之既有的體系範圍內，能否就其內容、效力範圍及重要性做一些——於此體系範圍內——可主張其具有「正確性」的陳述。就此，我們必須做肯定的答覆。

即使不能做一些讓每個人都信服的，關於「最終價值」的陳述，但是法學這項「事實」已經證實，下述貢獻仍然是可能的：透過解釋或針對「代表性」事件的具體化，將吾人不論得自何處（實證法或實證倫理）的

---

[126] O. BALLWEG in JbRSozRTh, Bd. 2, S. 45 f. 凱爾曼（KELLMANN, in RTH, 1975, S. 85 f）引述許多類似主張，其均認爲，法學上的陳述絕不能主張其具有正確性（指其爲適切的知識）。凱爾曼自己認爲，可以提出這種主張的只有少數「經愼思熟慮，而且能邏輯上一貫的法實證主義」（例如凱爾生的「純粹法學」）；我認爲這種想法太狹隘了。

[127] 盧斯（Loos）認爲（Zur Wert- und Rechtslehre MAX WEBERS, S. 49），韋伯顯然堅信「價值領域內無理性可言」，因此就此項主張是否須證明，「根本未曾考慮過」。

[128] Wahrheit und Methode, 3. Aufl. 1972, im Nachwort, S. 522. RYFFEL, Rechtssoziologie, S. 195.

[129] 於本章第八節中。特別要提及的是：瑞菲爾、柯因及亨可。

既存評價準則加以澄清，使其可以應用並繼續發展。雖然解釋以及以此爲據的推論不能具有如同測量、計算及純粹邏輯性的思考操作那樣的精確程度及邏輯上的嚴密性，然而，不能僅因此就認定其不具任何認識價值。法學性的論述經常不能完全被確證，因爲在必須「權衡」不同價值或利益，或者在將個案歸屬某一類型或某一標準的意義範圍發生疑義時，判斷者經常保有一定的裁量空間。然而，至少可以證明許多論述爲僞，假使它們只是「意見」的話，證其爲僞也是不可能的[130]。此外，法學論述在下述意義上可認其**係有根據的**：它們與其他確定的論述相合致，或者正好是後者所要求的。在價值導向的思考範圍內做出——於此意義下——有根據的陳述，不僅是可能的，且是被要求的[130a]。大家不應（雖然事實上經常如此）將純粹個人立場主張的「評價」與「價值導向的思考」等價齊觀，因而將後者逐出學術的領域，若然，則無異宣告人類理性對大多數人類生活問題的破產。無論如何，法學都不應在此宣告上簽署表示贊同。雖然許多法律家根本沒有意識到，但是法學的確創造出一些價值導向的思考方法，它應該足以與原則上「不受價值影響的」學問並列。

　　否認法學具有知識價值的另一項理由是：基希曼（Kirschmann）[131]強調的，法學研究客體＝實證法的短暫性。他的名言常被引用：「立法者修改了三個字，整個藏書就變成廢紙」，就此我們必須愼重一點。有許多法律問題的確受到時間及空間上的限制。它們出現，一旦使問題變重要的條件消失，它們也隨即消弭無跡。然而，不是所有的法律問題均如此；許多問題會稍爲改變其型態而一再出現。在契約法中有好些這類的例子，於此，下述問題會一再出現：誰可以締結契約（行爲能力的問題）？契約如何成立（關於形式、意思表示的「到達」、意思表示的「合致」與「不合致」的問題）？契約當事人是否在所有情況下均受契約拘束（契約有效要

130　關於法律理論的證僞參見第六章第一節第四項。

130a NEUMANN, in KAUFMANN/HASSEMER, Einführung in die Rechtsphilosophie und Rechtstheorie der Gegenwart, 5. Aufl. 1989, S. 382 適切地提及：「法學的理論可以不被確證，但其可以，也必須被證實有無根據」。

131　關於基希曼，參見第一篇第三章第二節。

件以及錯誤、情勢變遷或契約不完全履行的影響如何等問題）？不同的法秩序可能在不同的時代對之做不同答覆；然而問題本身仍會一再重現。這點也適用刑法中錯誤及「超法律之緊急避難」的問題。在一個時代中，大家以爲已經把問題解決了，但答案是以某種缺陷爲代價換得的，因此答案並不能長期維持。藉前述說明可以確認：的確有一些「法這個事物」固有的問題存在，或者更一般地說，的確有法「這個事物」存在[132]。

基希曼及所有「實證主義者」的錯誤在於：他們只留意到法律規定的實證性，換言之，僅將之視爲「已經被制定」的規定；而未視其爲：在「正當」秩序的指導思想下，對於 —— 因人際關係中可能或必然的情況而生之 —— **法律問題**提供的可能解答。這倒不是以爲法學只是法律問題之學，而非對此問題提供之答案的學問。問題本來就不能與其解答分離，而成爲獨立學科的研究客體，許多問題正是從對其他問題的解答中產生的。重要的是：法學可以研究法律問題及實證法對此等問題提供的解答背後之特定法律思想（「法律的理由」）、其主導的法律原則、一定的事物結構，以及因此等結構而要求之差別處理，藉助它們或者可以對前述解答提供根據（將其「正當化」），或者要求應提出新的解答；只有大家理解待決的問題及其迄今的解決方式，才能真正瞭解新的解答。法學經常會追溯在其他法律狀態中提出的解答，其故在此。就此而論，基希曼的名言是錯了。

法學陳述直接指涉的自然是此時此地的現行法，然而現行法也要答覆一些不僅在這個社會，在其他社會亦將以類似型態出現的問題。質言之，其涉及的問題並非只是這個社會的問題，毋寧多少是一般法律問題。比較法不僅想介紹一些其他法秩序的知識，同時也能幫助解決法律問題及認定解決方案的價值[133]。假使不侷限在特定實證法秩序的範圍、思考手段，那麼任何對法律問題嚴肅的處理，都能擴充我們對「法這個事物」的認識。

----

[132] Hruschka, Das Verstehen von Rechtstexten, S. 56 ff.

[133] Zweigert und Kötz, Einführung in die Rechtsvergleichung, S. 14 認爲，獲取知識乃是「法比較的原始作用」。

然而，赫克的下述主張是對的：對法學，除了它的實際任務（促進現行法的適用及續造）以外，不能要求它追求一種與此無關之「純理論」的目標。法學最終的任務要協助法的發展，然而，假使法學不能獲取知識，以促進對現行法、法律問題及其解決可能性的理解，則其對法律實踐的貢獻亦將極端有限。於此涉及的不僅是規範、法律制度，以及顯現在司法裁判中的裁判準則之形式結構，其實質的正義內涵也是關心的重點。法學使我們充分意識到正義的內涵、發現主導性的法律原則，並且在不同的情境下將其具體化、發展成「內部」的體系，藉此我們對正當法秩序的原則能有更好的認識[134]。此處的認識，不僅在特定實證法秩序範圍內是「恰當的」，它根本就是法（法這個事物）的認識。獲取此項認識，最終雖然是法哲學的任務，然而法學也提供不可或缺的貢獻。

第七節　方法論作為法學在詮釋上的自我反省

在結束這些導論式的說明前，就法學方法論的任務及其地位亦須略加說明。它是否是法學的部分？因此像法學一樣受特定實證法的拘束，或者它有獨立於法學之外的基礎？我們會發現，在一定程度上，兩者都是。

首先，每種學科的方法論都是這個學科對本身進行的情況、思考方式、所利用之認識手段的反省。每個學科都會發展出一些思考方法，以及用以確定其素材及確證其陳述的程序[135]。對程序的反省不能獨立於程序的應用之外，反省或者與應用並肩偕行，或者隨應用之後而來，總之，反省必須與學科本身緊密相關。這項主張也適用法學方法論。因此，它是

---

134 實證法的原則（即使是「法倫理性的」）未必就是「正法」的原則，它依據實證法的標準，在實證法的脈絡中發生效力。但是，實證法也取決於正義，因此它也是認識正法的入口之一。詳見拙著：Richtiges Recht, S. 174 ff。

135 Victor Kraft, Die Grundformen der wissenschaftlichen Methoden, 2. Aufl., Wien 1973, S. 11：「學術方法……不僅用於發現知識，毋寧也說明知識的根據。它負有擔保陳述之中包含知識的任務」。

某特定法學的方法論——成文法或判例法的方法論，在一定程度上甚至是
特定法體系的方法論。在繼受其他法體系及其釋義學的情況，繼受國的
方法論可能有不同的進行途徑，此點北川（Kitagawa）曾以日本繼受歐陸
法爲例加以說明[136]。現代主要法系間的比較亦應包含各法系方法論的比
較[137]。菲肯徹（Fikentscher）認定之比較方法論的任務還要廣泛得多[138]，
他將「方法論」理解爲對法規範的特殊思考方式，以及依此實現法規範的
特殊方式；除了檢討現代的方法論，他也將過去的法律思想，諸如希臘、
羅馬的文化納入考量。然而，其作品的重心仍在探究英美以及（今日）歐
陸法學的思想方法。

　　然而，反省自己的作爲，同時也意味著與自己的作爲保持距離，它意
味著觀察方向及提問方式的變更。於此，我們不再追問，究竟這種還是那
種解釋，此種或是彼種納入評價標準意義範圍的方式是恰當的，反之，在
進入這些問題前我們要探究：在解釋法律或具體化須填補的標準時，我們
在何時以及在何等條件下，可以認定此種解釋或納入方式是「恰當」的。
因此，方法論不只要描述實際如何進行，同時也要追問某特定方法的價
值及其可能的成效。就此而論，其進行方式不是「描述性」，而是「規範
性」的[139]。其標準顯然必須是該當學科的認識目標[140]。

　　法學的認識目標在於擬定及說明此時此地（規範意義上）現行有效
的法規範，於此，現行有效的法規範並非全屬「既有的」規定內容，毋寧
是由（法律、裁判、行政處分及契約等）有關的法素材進一步發展出來的
規定內容。之前已經一再強調，至少在工作假說的意義上，其前提是前述
素材本身有一定的內在秩序，它們可以被視爲：由針對法律問題提出的，

136　KITAGAWA, Rezeption und Fortbildung des europäischen Zivilrechts in Japan, 1970, S. 176 ff.

137　Ansätze dazu bei DAVID-GRASSMANN, Einführung in die großen Rechtssysteme der Gegenwart, 2.
Aufl. 1988, S. 174 ff., 184 ff., 423, 489 ff.

138　In seinem Werk "Methoden des Rechts in vergleichender Darstellung", 5 Bände, 1975-1977.

139　這適用任何學問的方法論。R. LAUTMANN, Wert and Norm, 2. Aufl. S. 112, Anm. 6 指出，「在方
法的討論中經常出現『應當』或類此的字眼」。方法上的規範確定「學術研究的進程」，然
而，這些規定不是一些邏輯學上的規則，毋寧只有推薦的意味。

140　ALBERT in: TOPITSCH, Logik der Sozialwissenschaften, 8. Aufl. 1972, S. 187.

彼此相互協調的答覆構成的嘗試。假使欠缺這個前提要件，法學就只是蒐集及記錄性的工作，恐怕它無論如何都不能滿足這種定位。另一普受承認的前提是：藉助被正確解釋的規範以及適宜比較的諸多裁判，盡可能配合事物正義的要求來裁判嗣後的「法律事件」。因此，法學工作的目標是發掘規範內在的一體性及其一貫的意義關聯，另一目標則是針對不同的案件情境將規範具體化。適宜法學的認識目標，並且使法學能達成其任務的方法，就可以得到方法論的認可，不然則否。

　　即使每個實證法體系的法學會各自發展出特有的方法論，其最後要解決的仍是同一問題：如何適當地認識「法這個事物」。只有以一獨立於各該「實證」法秩序之外的，法這個事物的特質、其特有的性質為論題的學問，才能答覆這個問題，即法哲學。就此而論，瑞菲爾（Hans Ryffel）的下述說法是正確的[141]：「不管願不願意」，方法論會導向哲學。即使方法論本身沒有意識到，每種方法論都有相應適切的法哲學。我們之前已經指出，在現代方法的論辯中，法哲學的基本立場處處可見：幾乎異口同聲地優先考量「個案正義」、對體系問題，特別是對認識問題的不同立場。然而，不能認為方法論因此就必須片面地從屬於特定法哲學前提。法學方法同樣也影響法哲學。例如，所有規則必然需要解釋、都有漏洞，且在很大的程度上「需要具體化」，這些方法上的認識也可以質疑某些法哲學的基本立場，例如純粹的「法律實證主義」或靜態的自然法思想[141a]。

　　特定方法能否協助法學達成其認識目標及其實務上的任務，價值導向的思考是否有一些特殊的方法，如果有，應如何適當運用，這些問題都屬於詮釋學的研究範圍。我們理解的「詮釋學」是：研究「狹義的理解」（指：不是以不重視意義關聯的方式來「說明」客體，而是對有意義之事物的理解）之可能性及其特殊方式的條件之理論[142]。假使法學方法論探

---

[141] RYFFEL, Grundprobleme des Rechts- und Staatsphilosophie, S. 59.

[141a] 就此，比德林斯基於其著作（Juristische Methodenlehre und Rechtsbegriff, 1982）中詳為論述。

[142] 伽達默爾所理解的，包含「說明」之「通用詮釋學」的問題，於此可暫不置論。就此參見：PANNENBERG, Wissenschaftstheorie und Theologie, S. 139 ff., 152 ff., 223。

討的是理解法之意義關聯的特殊方式，則前述一般的詮釋學即爲法學方法論的基礎。

由是，法學方法論與一般的詮釋學取得聯繫，因此也能對法學適用的方法提出批判性的標準，相對於法學及法學所屬的法律體系具有相當大的獨立性[143]。它特別可以指出，法學在個別方法的適用範圍上，以及在論證方式的邏輯結構上所犯的錯誤。例如，它可以指出：法律適用不能獨立於解釋及法的續造之外；只在極小的範圍內，法律適用是以邏輯涵攝爲基礎，大部分則基於不同性質的判斷；在法學中價值導向思考之不可或缺及其與個人評價之不同；最後它還可以顯示：價值導向的思考方式可以運用哪些特殊的思考形式——類型、須具體化的標準、功能界定的概念。然而，也不容過分誇大方法論的獨立性，以致認爲特定法學方法論可以忽視——作爲該法學基礎的——法之狀態，究竟是成文法的體制而要求法院受法律及「法」的拘束，或者是判例法，或者是兩者的混合體制。因爲正是在考量此等法之狀態下，才發展出此種或彼種與法學密切相關的方法，對此等法之狀態自不容棄置不問。然而，近數十年來的研究（如埃瑟的探討）也指出：特別是在牽涉到法官從事之法規範的發現時，例如，在「概括條款」的領域，亦常有一些共通性存在，它們都只從事物（指：法規範的發現「這件事」）本身出發，而指明其若干結構。

依此，法學方法論的特徵即在於：以詮釋學的眼光對法學作自我反省。「自我反省」指的不是對法律決定過程的心理分析，雖然這種分析亦自有益，但是於此指的是：發掘出運用在法學中的方法及思考形式，並對之做詮釋學上的判斷。此外，它還要探究：特定方法可提供的貢獻爲何，其不能貢獻者爲何，如何才是方法上「正確」的做法，何種做法實際上不能獲得無可指摘的結論，因此可認其有方法上的錯誤。然而，我們也必須明白指出一種廣泛的誤解。法學方法論既非「法學的形式邏輯」，亦非

---

143 哈塞梅爾（in: A. KAUFMANN, Rechstheorie, S. 30）也提及方法論對該當法秩序的「相對獨立性」。

「解題技巧的指示」[144]。因此，方法論不是要列舉一些確定的規則，只須遵守它們即可確保可靠的法規範適用。解釋及所有與解釋相關的作用，它們不是僅依確定規則進行的活動；解釋者具創意的想像力乃是必要的要求。我們之前提過「詮釋學上重要的情況」，就此，我們應補充說明如下：窮盡列舉詮釋學上重要的情況是不可能的。如多數法規範的情形，適用方法上的指示時，當仍有相當的判斷餘地。方法上的提示提供方向上的協助，可以審查思考過程中是否遺漏重要的觀點，可以強制解釋者說明解釋過程。然而，如果認為解釋者應該盲目、毫無創意地服從這些指示，那就把事情看得太簡單了。伽達默爾下述說法未必適用於法律日常工作，但卻是對所有重要法學研究的適當註腳：「對學術而言，方法上純淨固然是不可或缺的要求，但是所有研究的本質恐怕是發現新方法（它需要研究者的創意），而不是單純適用通常的方法」[145]。然而，下述相反的推論也不正確：方法上的指示既然不是始終能以相同方式作機械式運用的規則，它就是多餘「空洞的公式」。這種推論實際上放棄了仍屬可能範圍內的理性，而完全任由純粹恣意的個人主張作主[146]。

　　因為是特定法秩序之法學方法論，法秩序本身對法院的活動會有一定的要求，這些要求也會參與確定論證的方法及說理的風格，因此方法論也必須考量這些要求[147]。在我們的法秩序中，最重要的要求明白規定於基本法（第20條第3項及第97條第1項）中：司法裁判受「法律及法」的拘束。拘束的具體內容仍有爭議。本書第一篇第五章已經指出，此法拘束的範圍如何，在今日的方法論辯中占重要地位。同樣地，我們現行的法秩序也委託法院從事（符合事物要求之）法的續造。法官如何符合這兩方面的要求，使二者可以相互結合，這些都是方法論必須說明的。假使方法論指涉的法秩序，其不僅指示法官應「依經檢驗的學理」，換言之，依普受

---

[144] 穆勒（Juristische Methodik, 3. Aufl. 1988, S. 20）亦同。

[145] GADAMER, Wahrheit und Methode, S. 513 (Nachwort).

[146] 假使在倫理性的判斷中放棄仍屬可能的理性是可疑的（就此請參見：FRANKENA, Analytische Ethik, S. 127 ff），在法律性的判斷中，它就是不能容忍的。

[147] FRIEDRICH MÜLLER, Juristische Methodik und Politisches System, 1976.

承認的解釋及法之續造的規則來裁判，毋寧對解釋及漏洞塡補已爲詳細具體的指示時，則方法論又應如何自處？這種情況發生在關於法律行爲的解釋，雖然這些解釋規定本身也需要解釋，事實上，我們也見過許多僅由其字義不能預期到的解釋。另一個適例是刑法中類推適用的禁止。基於習慣法，英美法更禁止法律的歷史解釋，這對歐陸法律家而言幾乎是不可理解的。對於這類規定，我們可以作如下的按語：因其本身需要解釋，因此很少能達成立法者原來預期的效果。此外，因爲這些規定拘束法院及其他國家機關，方法論應視其爲既存的界限。然而，這不妨礙它由詮釋學的角度對之爲批評。於此它必須留意：解釋及具體化法規範的方法規則，一方面必須滿足詮釋學上的條件，另一方面也必須有助於發現或續造不論是意義上或事物上都恰當的法規範，因此，此種觀點亦不容忽視。

　　司法裁判承認之詮釋學上正當的方法指示，是否因此即具有法規範的位階？對這個問題必須作否定的答覆。即使法院長期不加置疑地加以應用，其仍不具習慣法的特質，其欠缺所謂之一般的法確信。當我們想放棄一些不可靠的規則，例如「例外規定始終必須做嚴格解釋」，將之強化爲法規範的做法更會產生不必要的困擾。忽略某些方法上的規則（或適用此等規則時未盡必要的注意），雖然可能導致錯誤的解釋，因此也可能導致錯誤的決定。然而，方法上的規則只具有輔助功能。忽略它並不必然使判決錯誤。

　　因爲是規範性學問的後設科學，法學方法論也應用規範性語言。它就像法學理解的那樣來應用「法條」、「法效果」、「效力」等語詞。此外，描述法學方法的慣用語，例如限縮解釋、擴張解釋、類推適用、目的論的限縮、評價標準的具體化，尚有其特殊之詮釋學上的意義。它們成爲法律家的「日常用語」，因此，法學的方法意識愈來愈清晰，這點從「具體化」這個語詞近四十年來逐漸普及於法院用語可見一斑[148]。源自一般詮釋學的用語，例如類推適用，在法學及其方法論的脈絡中可以有特殊的

---

[148] ENGISCH, "Die Idee der Konkretisierung in Recht und Rechtswissenschaftunserer Zeit", 1953, 2. Aufl. 1968.

涵義。法學方法論既不能被詮釋學，也不能被法學完全吸收，反之，它是
兩者堅定的媒介，其既不能歸於此，亦不能歸於彼。法學方法論一方面應
「納入該當法秩序中，以一定的方法說明其前提」[149]。然而，如果不能
超越該當法秩序（包括與方法有關）的規定，它也無法做此種「說明」，
它必須基於詮釋學的認識觀點來做審查。新的詮釋學上的認識（例如：
「解釋」不是單純接受性的活動，毋寧是有創造性的作為）同樣也能改變
法學上的自明之理，就如同詮釋學可以由法學應用的方法取得新知識一
樣。「媒介」必須以雙向交流的方式為之。藉著增強方法意識，方法論也
想協助法學達成其實務上的任務。然而，其最初的目標在於獲取法學知
識。就此而言，它算是法理論學的一部分。

---

[149] Hassemer in "Rechtstheorie", S. 29.

第二章　法條的理論

第一節　法條的邏輯結構

第一項　（完全）法條之構成部分

　　每個法秩序都包含一些要求受其規制者，應依其規定而爲行爲的規則。假使這些規則同時是裁判規範，則有權就爭端的解決爲裁判者亦須依此爲判斷。大部分的法規則都同時是國民的行爲規範及法院或機關的判斷規範。此處所指的「規則」具有以下兩點特徵：其具備之有效性要求，質言之，其係有拘束力的行爲要求或有拘束力的判斷標準——其規範性特質；其次，其非僅適用於特定事件，反之，於其地域及時間的效力範圍內，對所有「此類」事件均有其適用——其一般性特質。法律規則可以出現在法律、所謂的習慣法中，可以由現行有效的法規範中推論出來，也可以透過具體化法律原則而得，這些都是法院經常從事的工作。爲了能由法律原則或須填補的標準——首先是在針對個案的具體化中——獲得新的法律規則，它必須可一般化，換言之，必須能適用在相同或「類似」的案件。假使以該待判案件的「典型」特徵爲據來構成規則，就可以達到上述要求。

　　法律規則具有「法律語句」（法條）的語言形式[1]。以下要處理的正是法條。法條具有規範性的意義，因此與主張或確定事實的陳述語句有別[2]。同樣地，其亦與一些關於現行法的語句，一些談到法規範的語句有

---

[1]　此處所說的「法條」（＝法律語句）與「法規範」同義。所以然者，因爲法規範語言上只能以語句（或多數語句之綜合體）的形式表達出來。凱爾生（Reine Rechtslehre, 2. Aufl., S. 73 ff）則只將「法律語句」用於指稱法學中的語句。後者包含關於法規範內容及其效力的陳述；質言之，其係內容上與規範有關的陳述語句，而非規範。

[2]　雖然法條也有所陳述，因爲它指出，受規制者應爲何行爲，或其應如何判斷。然而相較於規範性功能，陳述性功能顯然基於次要地位。法條並不主張某些事物是如此，而是在作規定、給予或拒

別。以下我們要進一步澄清此等語句與規範性語句（法條）之同異。

　　每個語句都是語言的組織體，它結合多數的語詞。陳述性語句通常連結客體，以及客體具有的性質或客體主張的行為方式。其適例如下：「這輛車是紅色的」或「此時這輛車正以此時速行進中」。更複雜的陳述，如「這輛車正在超越一輛貨車」或「在行進中，X就在方向盤上被攔下來」，也還是符合我們之前提及的基本形式。這些陳述語句的共同點在於其主張，於此描述的關係或事件，在過去或現在事實上存在或發生。為強化此主張，經常還加上：事實的確如此。因為此等陳述主張其確實如何，因此可以用真假的標準來衡量它們，換言之，可對之為「真」、「假」的評價。

　　我們任舉一法條為例：租賃契約存續中，出租人應維持租賃物合於約定使用之狀態（民法典第536條）。這段語句並未主張：出租人向來都，或未來將採取此種行為方式，它只是規定：所有依此規定被視為「出租人」者，就租賃物應為一定的行為[3]。因此，大家不能探討這種語句的真假，只能研究其是否有效，是否為現行有效之法秩序的構成部分[3a]。此等語句亦有別於下述陳述：此語句係現行有效之法規範。此陳述一如任何其他陳述，亦有真假可言。

　　與其他任何語句相同，法條也是語詞與語詞的組合，藉此，以一般方式描述的案件事實（構成要件）被賦予同樣以一般方式描述的「法效果」。賦予意指：當構成要件描述的案件事實存在，法效果即應發生，易言之，即應適用於該具體事件。在前述例子，構成要件只藉「出租人」一詞來描述。規定的脈絡指出，於此，出租人意指將物出租於他人者，質言之，因接受對價（租金）而負提供他人使用租賃物之義務者（民法典

　　否的表示。就此請參見與此相類之高權命令的問題：Hare, Die Sprache der Moral, S. 35, 37 ff。關於規範性語句及陳述性語句見：Weinberger, Rechtslogik, 2. Aufl., S. 53 ff., 235 ff。

[3]　法及倫理在他處或者不同，但它們均運用「規定性」的語言，此種語言與用以陳述事實的語言有典型的差異。參照：Hare, a.a.O., S. 19 ff。

[3a]　Weinberger, a.a.O., S. 259 正確指出，效力概念在法規範上的功能，相當類似於真假概念在陳述性語句中的角色。

第535條）。依此，民法典第536條的構成要件要求，（符合法秩序對此類契約之要求之）有效租賃契約存在。法規範對此等構成要件賦予的法效果是：（法條已詳細描述之）出租人保持租賃物合用的義務。「必須維持」3b與「應維持」或「有義務維持」同義。之前已提過，「應」或「有義務」的語詞是規範性語言的關鍵字，如果想靠陳述事實的語言來定義它們，不免要喪失其特殊意義。法效果始終屬於規範性領域，其與規範制定者藉此追求的實際結果不同，由制定者的眼光看來，前者常只是達成後者的——多少恰當的——手段而已。作為規範性的事實，法效果（＝發生義務）藉助法條的效力可發生（＝適用）於任何事例，至於藉此想追求的實際結果則取決於諸多因素，在一些個案中其可能不發生。

　　例如，當立法者規定，將有害物質導入水域者，對受害者負損害賠償責任，其目標有二：其一，立法者希望藉此使受害者事實上得到賠償；此外，相當高的損害賠償義務具有嚇阻作用，藉此希望阻止潛在的水域污染者將有害物質導入水域。立法者追求的這些作用，是否或在何種範圍內發生，取決於該當損害賠償義務人的給付能力等因素，就賠償義務的嚇阻作用而言，則取決於較難透視的心理過程。然而，每次規範構成要件實現時，法效果均將發生。因為法效果既不在於將有害物質導入水域的A事實上填補了因此受害的B之損害，也不在於前述不確定的預防作用；而只在於：A對B負有損害賠償義務。法效果所以發生，因其係有效的法條所命令，再不取決於其他事實。將規範構成要件陳述的實際事件與法適用範圍內的法效果結合，換言之，因構成要件實現法效果即「有其適用」，此正是——作為規範性語言表達形式之——法條的特徵。

　　結合構成要件與法效果不是一種主張，毋寧是一種適用命令。制定規範者不是在陳述事實上如何，而是在指出法律上應如是，應予適用。假使不是因為先前公布的規範賦予規範制定者對他人發布此具拘束力之適用命

3b WEINBERGER, Norm und Institution, 1988, S. 61 正確説到：「當為語句將義務表達出來。大家可以不用『你被命令必須清償債務』（『你應該清償你的債務』）之類的語句，而說『你負有清償你的債務之義務』」。

令的權限，那麼他所說的自然是一些空話。然而，其涉及的不再是法條結構的問題，而是其有效性的問題，就此不擬再深入論究。

第二項 法條作為規定語句、對命令說的批評

迄今的說明很容易導致如下的聯想：法條始終屬於命令語句這種更一般的類別。關於命令句的語言形式及邏輯，黑爾（Hare）曾經做過研究[4]。他區分個別及一般的命令，後者具有當為語句的形式。其說明，依邏輯的推論規則，可以由後者推論出個別的命令。例如，我們可以由一般的法命令──（所有）出租人應於租賃期間維持租賃物合於約定使用之狀態，推導出對出租人A的下述個別的法命令：為維持其出租予B之租賃物的合用狀態，應採取此種或彼種具體措施。為表示此命令「適用」於他，也可以說：就此，他負有義務。

法條真的要麼是令行，要麼是禁止，換言之，不是課予特定人作為義務，就是課予其不作為義務嗎？這正是──在法理論學文獻中極為流行的──命令說的見解[5]。它認為，所有的法律規定，最後都可以轉化為令行或禁止一定行為的語句，質言之，轉化為命令，並且「法條」一詞只適用於命令。

然而，對於規定某人在一定前提條件下將取得或喪失權利的法條，我們又該怎樣處理？於此所指的是，規定所有權、其他物權或請求權之取得或喪失的法條，真的可以把這些法條全部化為令行或禁止嗎？溫德賽

---

[4] Die Sprache der Moral, dtsch. Ausg. 1972 (engl. Ausg. 1952).

[5] 此說可以追溯到：THON, Rechtsnorm und subjektives Recht, 1878, S. 3; JHERING, Der Zweck im Recht, 3. Aufl., Bd. 1, S. 330; BIERLING, Juristische Prinzipienlehre, Bd. 1, S. 30。嗣後的代表人物：BINDER, Philosophie des Rechts, S. 702 ff.; NAWIASKY, Allgemeine Rechtslehre, S. 8; ENGISCH, Einführung in das juristische Denken, S. 22 ff., 200 f. (Anm. 6b)。其反對者：ZITTELMANN, Irrtum und Rechtsgeschäft, S. 204, 222。依其見解，法條包含與立法者的規定相關的陳述。類此見解：WERNER GOLDSCHMIDT, Der Aufbau der juristischen Welt, 1963, S. 6, 21, 284 ff。採批判立場者：HENKEL, Einführung in die Rechtsphilosophie, 2. Aufl., S. 43 ff.; KLUG, Logik und Logikkalkül 1962, S. 115 f.; ESSER, Vorverständnis und Methodenwahl, S. 34; HART, The Concept of Law, S. 27 ff.; BYDLINSKI, Jur. Methodenlehre u. Rechtsbegriff, S. 197 ff。

（Windscheid）[6]就真的認為：所有權的法律內涵只在於排除干涉的作用，換言之，在於針對全部人所為的，禁止侵害所有權人排他的物之支配的命令。然而，此種見解並未契合所有權的意義。排除他人對所有權客體的干預，這不過是法秩序將此客體分派給所有權人，使其可以對之為事實及法律上支配的反面。所有權人依法可以依其意願處置該物，為其目的使用、消費該物，或改變物的型態，乃至將之讓與他人，因此，所有權人取得一個自由空間得以發展其人格。所有權具有「分派的內容」及排除干涉的作用，兩者是互為條件的；視其中之一僅係他者的「反映」，因而忽視前者，這種做法並無根據。將一物分派為所有權人在法律上的自主範圍，與針對全部人所為的禁止「侵害」所有權之命令，兩者同為所有權概念的必要要素，事實上，我們也可以將後者轉換為針對全部人所為的，積極要求其尊重所有權人之自主範圍的命令。這意謂：我們不能將其中之一劃屬他者，因此使之歸於消滅。假使依某法條，A喪失某物的所有權，而B取得之，那麼該法條的效果就不只是：自此時起，全部的人都負有不侵害B對該物的所有權之義務；毋寧更具有如下的法效果：自此時起，B在法律上得採取所有權人對物所得採取之任何措施。法效果事實上是：A喪失所有權人之地位，B取而代之，全部因所有權的權限移轉所生之後果，亦一併發生。取得所有權、請求權及其他權利的情形，亦無二致。因此，許多法條的直接法效果並非課予或改變義務，毋寧是權利的取得或喪失。

　　對命令說而言，將規定權利之取得、喪失這一類法效果的法條轉換為命令，已屬不易，假使是下述條文的話，就更困難了：規定代理權的賦予，意定代理權、處分權限或受領權限之取得或喪失的法條，這類「法律上之力」的成立，未必會相應地產生義務。當然經常只有在結合另一──由代理人於其代理權限範圍內，以本人之名義與第三人締結之──法律行為時，賦予意定代理權才發生實際的意義。假使前述法律行為是一項債權契約，基於此法律行為，本人對第三人，或第三人對本人將負有義務。為維護命令說於不墜，對此種情況，大家或許可以說：賦予代理權（法定或

6　見上文第30頁。

意定代理權）本身尚非「法效果」，毋寧只是對創設一個條件的簡化說法，這個條件再加上其他條件（即締結相應的法律行為）就可以導出——作為法效果的——義務。如是，則規定在何等構成要件下可以賦予代理權的法條，因欠缺法效果而非完全的法條，毋寧為——用以詳述另一法條的構成要件要素之——不完全法條。當然會有不完全的法條存在，就此，我們稍後也要提及；問題只是：哪些語句算是不完全法條。邏輯上也許可以把不是令行或禁止的法條全數算是不完全法條，其僅用以補完令行禁止的語句。然而這種做法不能使法律構造更清楚，不能使理解及適用法律更容易，反而使它變困難。

有一類法條係規制人或人之集合的法律地位，例如，關於權利能力、行為能力、國籍及住所之取得。命令說也會將這些法條解為不完全法條，因為它們的法效果並未包含令行或禁止的命令。依此，則「人之權利能力始於出生之完成」並非完全法條，其毋寧只是在說明一項——會一再重複出現在所有課予某人義務，因而賦予他人權利的法條中之——構成要件要素。反之，如果認為權利能力、行為能力、國籍等法律上的地位是一種「法效果」，那麼前述語句（民法典第1條）與其他規定權利或特定「法律上之力」之取得或喪失的法條一樣，都是完全法條，雖然要等到它們作為其他法條發生其他法效果的要件之一時，它們規定之法效果的重要性才會充分顯現。例如：取得人之權利能力乃是各該權利取得的前提，行為能力乃是意思表示有效的前提，對有關權利的處分權乃是該當處分有效的前提。依此，可能的「法效果」不僅是法律義務的產生、解消，還包括：權利的得喪變更、「法律上之力」（例如，意定代理權、處分權限）、管轄權限或個人法律地位的取得或喪失[7]。所有這些情況都涉及法律規範世界的改變。

---

[7] 在一篇關於權利之形式結構的文章裡，施密特（JÜRGEN SCHMIDT, in Rth 1979, S. 71）認為，究竟只要藉助禁止規範來定義權利（這是命令說），或者要結合禁止規範及容許規範來定義它，在事情本身並無不同，只是語言上的差異而已。這或者是對的，然而，法秩序不僅包含禁止及容許性語句，還有多種不同的效力規定，因此，命令說不足以說明法律語句（法規範）與其他語句（特別是陳述性語句）不同的特徵所在。

　　依此，法條並非必然都包含令行或禁止的命令，但卻都包含適用規定。其作爲規範性語句的意義在於：法效果生效。邏輯上看來，它是一種假言語句，此意指：只要具體案件事實S實現構成要件T，對於該案件事實即應適用法效果R，簡言之，每個T的事例都適用R。

　　萊納赫（Adolf Reinach）[8]適切地說明，包含適用規定而被他稱爲「規定性語句」的語句、陳述性語句及命令句三者的不同。他指出，規定與命令不同。命令指：向他人要求特定行爲；規定的內容則未必是他人的行爲，規定的出發點在於：應該如何。在規定中要確定「應該如何」。命令直接以服從爲目標，規定的目標則在於，應視被規定者爲標準而「適用」之。命令想達成的直接影響是對它的服從，此屬於事實範圍；規定追求的直接作用則是規定的適用，其屬於規範（法律性之案件事實及關係）的領域。它們構成——非自然主義之實體論的——獨立的存在層面，質言之，它們是哈特曼（Nicolai Hartmann）所說的客觀精神領域的片段[9]。制定規範是創造性的行爲，藉此，案件事實及生活關係才在法適用層面上形成。

　　這倒不是說，完全沒有一些已經表達出令行或禁止，因此可以被解爲命令的法條存在。然而，即使在這種情況，這些法條的目標仍舊是：使法效果生效。我們可以視課予出租人維持租賃物合用義務的法條爲一種命令，即：對全部的出租人下令，要求其如斯的行爲。不論其是否滿足此命令的要求，換言之，不論要求的實效性，作爲命令，法條仍可發生下述效果：對每個出租人均發生前述義務。法條之所以有這種——僅僅存在於法適用層面上的——效果，因爲它不僅是一項命令，毋寧因其是——包含適用規定的——規定語句。然而，將規定語句與命令句混淆的現象，不僅發生在法律家，在邏輯學家以及倫理哲學家中亦極爲普遍。包含主張的陳述性語句，其與命令語句（命令句）的差別倒是眾所皆知。因此，發覺法條

8　Die apriorischen Grundlagen des bürgerlichen Rechts, Neuausg. 1953, S. 170 ff. 就此參見上文第一篇第四章第四節。

9　HENKEL, Einführung in die Rechtsphilosophie, 2. Aufl., S. 186 ff., 550 ff.; COING, Grundzüge der Rechtsphilosophie, 4. Aufl., S. 298.

不是在作一些主張，毋寧在作一些規定時，大家就以爲可以將之歸入命令語句（命令句）的類別中。事實上，規定語句本身構成另一類語句，法條即其最重要的適例[10]。

第二節　不完全法條

　　法律通常都包含多數法條，其未必均是完全法條。有些法條是用來詳細規定完全法條的構成要件、構成要件要素或法效果；有些則將特定案件類型排除於另一法條的適用範圍之外，藉此限制起初適用範圍界定過廣的法條；再有一些法條，它們或就構成要件，或就法效果的部分，指示參照另一法條。在語言上，這些法條都是完全的語句，作爲法條則屬不完全法條。雖則不完全，而仍屬法條，此意味：它們也分享法律的效力意義，它們不是陳述性語句，而是適用規定的部分[11]。只有與其他法條相結合，才能開展其創設法效果的力量。例如，民法典第90條規定：「本法稱物者，以有體物爲限。」該語句意指：只要法律用到「物」這個字，就只能將之解爲「有體物」。這不是一種——法律撰稿者乃如斯認爲的——陳述，毋寧指示所有法律適用者，應將「物」此一用語作如上理解。只有與——使用到「物」這個字的——法條結合時，此種指示參照才發生實際的作用。這些語句具有協助理解其他完全或不完全法條的功能。

第一項　說明性的法條

　　說明性法條，其或者詳細描述應用在其他法條的概念或類型（描述性法條），或者在考量不同的案件型態下，將一般用語特殊化，或者更進一步充實其內容（塡補性法條）。大多數描述性法條是針對構成要件要素所做的規定，而塡補性法條則大多對法效果作進一步的說明。民法典中可以

---

[10]　Vgl. *meinen* Beitrag in der Festschrift für ENGISCH, 1969, S. 150.

[11]　BIERLING, Juristische Prinzipienlehre, Bd. 4, S. 222; SOLMÓ, Juristische Grundlehre, S. 186.

發現如下的描述性法條：民法典第90條以下，第276條第1項第1句、第278條及第279條（說明民法典第275條、第280條、第285條、第323條、第325條及第326條的構成要件中所稱之債務人的「可歸責性」），第276條第1項第2句（描述「過失」的概念），第932條第2項（說明「善意」的概念）。民法典第249條以下的條文則屬於填補性法案。其意義在於：進一步詳細規定——由其他法條所生之——「損害賠償義務」的內容。民法典第462條規定：「出賣人依第459條、第460條之規定，應就瑕疵負其責任者，買受人得請求解除買賣契約（解約）或請求減少價金 （減價）。」須參照其所引之條文後，此一法條的構成要件始能確定；只有當其與此等條文結合之後，其始為完全的法條。而藉助第465條以下的填補性法條，「解約」及「減價」等法效果才更詳細確定。

　　法律中描述的債權契約類型，其亦僅具說明性的功能，雖其出之以法效果規定的外觀（或完全法條的外觀）。假使視其為法效果的規定，大家就忽略了：各該法條提及之典型的契約義務，並非源自各該法規範，毋寧是因契約的具體內容配合下述法條而生的：附加義務的契約，其原則上具有法律上的拘束力。民法典第705條適切地言及：因合夥契約，合夥人互負依契約所定之方法，促成共同目的之義務。不是因為有民法典第705條才產生這些義務，其毋寧源自該當合夥契約。當法律在民法典第607條規定：「以其為借用物而受領金錢或其他代替物者，對於貸與人，負有返還與受領物種類、品質、數量相同之物的義務。」此義務源於下述約定，被受領之物係被視為「借用物」而交付及受領的，第607條不過在說明「借貸」一詞而已。民法典第433條提及之買受人及出賣人的義務，亦無不同（姑不論買受人的受領義務）。其意思表示符合典型契約之意義在於：物之出賣人及買受人藉意思表示而受到——由法律詳細規定其方式的——拘束。法秩序認可這些義務的方式是：就各種契約做一般性的規定，而非依民法典第433條。該規定的意義及作用在於：指出法律理解的「買賣契約」為何，法律就買賣契約規定的法效果即應適用之。因此，它是說明性的法條，而且是一種類型描述。法律用來開始規定各該契約類型（例如租賃、土地租賃、僱傭及承攬契約）的第1條，大概都是這種情況。法律指

出各該契約當事人負擔之典型的契約給付義務內容，藉以描述各該契約的類型。當事人之義務源於契約，後者所以被稱爲——法律意義上——典型的契約，因爲當事人恰好是以這種方式來約定雙方的義務。在表面上之法定法效果命令的背後，隱藏著一個定義或一種類型描述。法定的類型未必要作窮盡的描述。特別是在合夥，同樣在僱傭、承攬、租賃，甚至在買賣契約，爲能掌握各該類型全部可能的變化型態及其全部意義內容，而不僅是理解其大略，就必須追溯到該定義性規定之後的諸多法律規定，以及藉此等後續規定表達的規範理念[12]。

第二項 限制性的法條

法條的構成要件經常規定得太寬，以致其字義含括了一些本不應適用其法效果的案件事實。這樣的構成要件必須透過第二個法條加以限制。此類限制性法條的形式如下：假使（前規範的）構成要件T之外，另外還存在M這種特殊要素[13]，就不適用針對T賦予的法效果。限制性法條包含消極性適用規定（＝不適用），只有將其與之前積極性的適用規定合併以觀，才能瞭解其意義。立法者採取這種立法方式的理由可能是：假使將所有限制性因素全數吸收到積極性適用規定的構成要件中，句子可能變得過於重拙、不優美，或者根本不能理解；理由也可能在於透過「原則」與「例外」的模式來分配舉證責任，在民法典中即是如此。

只有同時考量法律規定的全部，才能認識一項法條的真正適用範圍，因此，原則上只有將積極性的適用規定與——對其爲限制的——消極性適用規定結合在一起，才能獲得完全的法條。因該法條之構成要件不僅要求特定事實存在，也要求某項事實不存在。後者可以稱爲「消極性構成要件要素」[14]。原則上立法者有充分的自由，或者以消極性構成要件要素的形

---

[12] LEENEN, Typus und Rechtsfindung, S. 162 ff. 清楚指出此點。詳參見下文第三章第四節第三項（第317頁以下）。

[13] 此種要素亦可是消極性的要素；其適例參見民法典第285條及第400條。

[14] Jutta MINAS - v. SAVIGNY, Negative Tatbestandsmerkmale, ein Beitrag zur Rechtssatz- und Konkurrenzlehre, 1972.

態，直接將這些限制收納於規定法效果規範之構成要件中，或者以消極性適用規定的型態，對前規範事後附加限制。民法典第398條規定，債權人得與第三人訂立契約，將請求權讓與第三人。這項規定又受到第399條、第400條的限制，依後兩條的規定，請求權在一定情況下不得讓與。立法者原本可以在第398條就規定，若無第399條及第400條所定情事時，得讓與請求權。如果嘗試以這種方式改寫第398條，我們會發現，這樣的句子幾乎是無法瞭解的。假使立法者這樣做的話，那可真是低劣的做法。依民法典第932條的規定，所有權善意取得的前提還包括：所有權人並非以第935條第1項所定的方式喪失物之占有。無疑地，法律原本可以將這一點及欠缺善意，以消極性構成要件要素的方式納入第932條的構成要件中，然而，該消極性要素本身又被第935條第2項所限制（因此，如有該項所描述的情事存在，則又適用第932條的規定），假使以單一語句來表達這整個情況，則該語句之語言結構勢將難以透視。因此，法律乃利用兩次消極性適用規定的形式，以第二次消極適用規定來限制第一次消極適用規定。

　　這些例子應該已清楚指出，法律條文之間並非各自孤立存在，其經常是不完全的法條，只有相互結合才能構成完全的法條。這點在下述情形特爲顯著：當法條於其構成要件或法效果的部分指示參照其他法條時。

第三項　指示參照性的法條

　　法條會在它的構成要件指示參照另一法條，這點我們在民法典第462條已經認識過了。爲更詳細確定買受人可據以請求解約或減價的瑕疵，第462條援引第459條、第460條的規定。透過「負損害賠償責任者」這些字，民法典第429條指示參照所有──由其構成要件可──發生損害賠償義務的法條；它詳細確定這些法條模糊規定的法效果──「負損害賠償義務」。構成要件的法效果常在參照其他法規範後，始得確定。這大多以「亦適用之」之類的用語來表達。

　　藉著規定「違反以保護他人爲目的之法律者，亦負同一之義務」，民法典第823條第2項第1句指示參照第1項所定的法效果。民法典第324條第2項規定，其描述之構成要件，同樣應適用第324條第1項針對可歸責於債權

人的給付不能而定之法效果。概括參照亦不乏其例。因瑕疵擔保所生解約權之效果如何，民法典第467條即指示參照一般解除契約的詳細規定。民法典第515條規定，關於買賣的規定準用於互易；民法典第581條第2項規定，除若干限制外，關於租賃的規定準用於耕地租約。準用意指：藉指示參照被規制的構成要件，以及法效果被引用之法規範的構成要件，兩者的個別要素，例如，互易及買賣契約的要素，彼此有如下的關係──依各該要素之作用及其於構成要件意義脈絡中的地位而言，應等同視之，如是，則應賦予其相同的法效果。例如，在互易契約中，就其提供互易之物，各互易當事人均具有如同出賣人之地位。因此，各互易當事人（如同出賣人）均負權利瑕疵及物之瑕疵擔保之責。就透過互易擬獲得之物，各互易當事人均具有如同買受人的地位，因此，均擁有請求移轉占有及所有權之權利。反之，關於買賣價金的規定則不能適用，因為在互易的情形不會有此等約定。這點在「減價」過程中會產生一些困難，就此，於茲不應深論[15]。即使法律未明白規定，被參照的法規範之適用，亦僅能是「準用」的性質。應避免不合事宜的等量齊觀，換言之，不可自始排除事物本身（被規制的生活關係本身）要求的差別處理。

　　指示參照是立法技術上避免繁瑣重複的手段。透過擬制，法律同樣可以達到這樣的效果。

---

[15] Vgl. *mein* Lehrbuch des Schuldrechts, Bd. II, 1, 13. Anfl., § 46.

第四項　作爲指示參照的法定擬制[16]

法律上的擬制是：有意地將明知爲不同者，等同視之[17]。擬制與錯誤的一體化及錯誤的涵攝，其不同處正在於：擬制者明知，被等同視之者實際上不同之處[18]。於此應分別作爲立法技術的手段、作爲判決理由的手段，以及應用於學術中的擬制。

法定擬制的目標通常在於：將針對一構成要件（T^1）所做的規定，適用於另一構成要件（T^2）。則其與隱藏的指示參照並無不同[19]。不採取「T^1的法效果亦用於T^2」的規定方式，法律擬制：T^2係T^1的一種事例。因爲法律並不在於陳述事實，其毋寧包含適用規定，因此，立法者並非主張，T^2事實上與T^1相同，或事實上爲T^1的一種事例，毋寧乃是規定，對T^2應賦予與T^1相同的法效果。爲達到此目標，他指示法律適用者：應將T^2「視爲」T^1的一個事例。反之，假使法律不擬將T^1的法效果適用於T^2，則即使T^2實際上是T^1的一個事例，立法者仍可將T^2視爲並非T^1的事例；於此，其事實上爲一種隱藏的限制。

民法典第119條第2項規定，關於人之資格或物之性質，交易上認爲重要者，其錯誤視爲意思表示內容之錯誤（針對後者，第119條第1項已爲規定）。藉此，法律不擬陳述，由心理學或現象學的觀點論之，性質錯誤與內容錯誤兩者關係如何。就此爲決定，既非立法者的任務，亦非其權力。藉著將（在其詳細描述的情況下之）性質錯誤視同內容錯誤，法律規定，

---

[16] 關於法定擬制的文獻浩如煙海，於此僅特別指出以下著述：BERNHÖFT, Beitrgäge zur Erläuterung des Bürgerlichen Gesetzbuchs, Heft 6, 1905; ders., Festschrift für ERNST IMANUEL BEKKER, 1907, S. 241 ff.; BIERLING, Juristische Prinzipienlehre, Bd. 1, S. 101 ff.; DEMELIUS, Die Rechtsfiktion in ihrer geschichtlichen und dogmatischen Bedeutung, 1858; ESSER, Wert und Bedeutung der Rechtsfiktion, 1940; HANS ALBRECHT FISCHER, Fiktionen und Bilder in der Rechtswissenschaft, AcP 117, S. 143 ff.; SOLMÓ, Juristische Grundlehre, S. 524 ff.; STAMMLER, Theorie der Rechtswissenschaft, 2. Aufl., S. 199 ff.; v. TUHR, Der Allgemeine Teil des Deutschen Bürgerlichen Rechts, Bd. 1, S. 24; Bd. 2, Teil 1, S. 13, 422 ff。

[17] DEMELIUS, a.a.O., S. 39, 76; FIKENTSCHER, a.a.O., S. 184.

[18] 就此正確的見解：BIERLING, a.a.O., S. 101。

[19] ESSER, a.a.O., S. 26 ff.

這些情況應適用如同內容錯誤的規定。立法者所以不做明白的指示參照，而採取擬制的形式，其理由可有數端。在對之前的法律做補充的情況，應用擬制的形式，或者是要努力維持持續的表象：藉著宣示現擬規制的案件事實從屬於之前法律的構成要件，立法者使法律表面上維持不變。在法律發展的早期，怯於對既存的法律或習慣法做明白改變，這點也曾經發生一定的影響。此外，當立法者本身懷疑，T^2是否確為T^1的一個事例時，亦可應用擬制的方式。為徹底排除此類疑義，立法者以擬制的方式規定，二構成要件應等同視之。

因此種表達方式的聯想作用，擬制也具有如下危險：忽略T^2與T^1事實上的不同之處，將等視同觀擴及於事物上可以接受的範圍之外[20]。以擬制表達的指示參照，也只可以作如下的理解：應「準用」被參照的規範。馮・圖爾（v. Thur）適切地指出[21]，法律上的等視同觀，「其程度上可多少不等」，換言之，不需要在每一點上都視為相同。假使立法者不想接受自己規定的等同將導致的全部後果，那麼必須依法律的目的做限縮解釋。在民法典第108條第2項、第177條第2項的情形，如受催告而未於所定期限內確答承認，則「視為」拒絕承認。對催告保持沉默，可以具有與表示拒絕承認相同的法效果，即：不得更為承認。藉此，法律行為的相對人可以確定其法律上地位如何。重點並不在於，有承認權限者藉沉默來表達其拒絕承認的意願；即使他並無此意，法律行為相對人仍應受保護。因此，即使有承認權限者並無藉沉默表示拒絕之意，其仍不得依民法典第119條第1項之規定，主張撤銷錯誤的意思表示。就此，法律目的本身禁止將所有關於意思表示的規定，一體適用於這些法律擬制的意思表示。然而，假使有承認權限者是因為受詐欺或脅迫乃保持沉默時，民法典第123條即有準用的餘地。

雖然運用定義的方式也可以達到相同的目標，法律有時也會利用擬

---

[20] ESSER, a.a.O., S. 31 ff.

[21] a. a. O., Bd. 2, Teil 1, S. 13.

制的手段[22]。民法典在第92條第1項首先對「消費物」的概念加以定義，它開始說：「本法稱消費物者，謂……」。反之，其第2項則一開始就說：「亦應視爲消費物者有」。在第2項，法律原本也可以用下述語句開始：「本法所稱之消費物亦包含」，或者將此兩項合爲一個語句。何以第1項所指之物即應依定義爲消費物，第2項所指者，則僅應依擬制而視爲「消費物」，理由實在看不出來。民法典第812條第2項規定：「依契約所爲債務關係存在不存在之承認，亦應視爲給付。」於此，何以採取擬制的形式，理由亦茫未能見；法律原本大可用下述方式來規定：「……亦係本條所指的給付」。此處不過在說明「給付」的概念，就此，立法者有充分的自由。

最後可以確定，法定擬制是一種表達工具，其既可以實現指示參照的作用，也可以用來作限制或說明。該當的指示參照及限制之意義及範圍如何，必須由各該意義脈絡及法律的目的來探求，並加以限制，以上說明亦適用於案件事實「溯及效力」的擬制[23]。

供作法院判決理由手段的擬制，與法定擬制應作不同的評價。理由與法條不同，它要主張的是正確性（適切的認識）；它不是在從事規定，而是希望有說服力[24]。在法院判決的說理脈絡中，擬制意指：假定案件事實中存在著一種足以發生法效果的構成要件要素，雖然其（應該）確悉，事實並非如此。長久以來，司法裁判經常運用擬制的意思表示此種說理方式，例如當它想免除責任時。於此，擬制掩蓋了決定性的理由；將說理貶抑爲表象說理。因此，它是法院所應避免的。

22　Esser, a.a.O., S. 98 ff. 稱之爲「定義性擬制」。

23　v. Tuhr, a.a.O., S. 25 ff.

24　大家會留意到，於此所指的是判決理由。判決主文本身可產生確定力，是一種效力規定；因此它還必須受其他標準的衡量。

第三節　法條作為規制的組成部分

迄今的說明應足以顯示：法律中的諸多法條，其彼此並非只是單純並列，而是以多種方式相互指涉，只有透過它們的彼此交織及相互合作才能產生一個規制。法秩序並非法條的總合，毋寧是由許多規制所構成。在規制特定事項，例如，買賣法、租賃法以及侵權行為法時，立法者不只是把不同的法條單純並列串連起來，反之，他形成許多構成要件，基於特定指導觀點賦予其法效果。透過這些指導觀點，才能理解各法條的意義及其相互作用。法學最重要的任務之一，正是要清楚指出彼等由此而生的意義關聯。由法學的眼光來看，個別的法條，即使是完全法條，都是一個更廣泛的規制的組成部分。

讓我們以買賣法的一個句子為例：民法典第447條第1項。其規定：「出賣人因買受人之請求，將買賣標的物運交清償地以外之處所者，自出賣人交付其標的物於運送業者、承攬貨運者或其他執行運送事務之人或機構時起，其危險移轉於買受人。」如果先略過「清償地」一語隱藏的問題，似乎可以由法律文字本身來認定構成要件。然而，危險移轉於買受人，此等法效果意指為何？由於此應參照的第446條可知，其涉及：（買賣標的物）「由事變而生之喪失或毀損的危險」。對該當法律關係而言，法律規定迄至某一時點危險由出賣人，其後則由買受人負擔，其意義為何？在法律的意義上，由出賣人負擔危險，其意指：危險發生時，其將喪失全部或部分的買賣價金請求權。而依民法典第323條第1項，因不可歸責於雙方當事人之事由，致陷於給付不能（指：不能依契約移轉買賣標的物之占有於買受人，並使後者取得標的物的所有權），出賣人通常亦將喪失其買賣價金請求權。因此，物由事變而生的喪失，危險移轉於買受人，意指：雖然已經不能再履行其義務，依民法典第323條之規定，出賣人原應喪失其買賣價金請求權，然而，於此種情況，出賣人仍保有此權利。在買賣標的物毀損的情況，民法典第459條規定，物之出賣人應擔保，「其物在危險移轉於買受人時，無（滅失或減少其價值，或其效用之）瑕疵存

在」。如有此種瑕疵，買受人得請求解除買賣契約或減少買賣價金（民法典第462條）。因此，物由事變而生的毀損，危險移轉於買受人，意指：在此時點之後，或者是因運輸途中的損害而生的物之瑕疵，出賣人對買受人不負擔保責任，他不須擔憂會喪失全部的價金請求權，或必須減價。從買受人的角度來看，危險意指：由此時點起，即使買賣標的物在運輸途中（非可歸責於出賣人而致）喪失或毀損，其仍須給付全額的買賣價金。直到把民法典第447條與雙務契約的規則（民法典第323條）及買賣契約中物之瑕疵擔保責任的規則（民法典第459條以下）結合起來，我們才能瞭解，原來第447條的意義在此。

如果追問，在「寄送買賣」的情況，因事變以致物喪失或毀損時，何以法律要將（全部或部分的）買賣價金請求權危險移轉於買受人的時點，規定在將物交付於運送承攬人或「運送機構」的受託人之時，而非貨物到達並交付於買受人之際，則「基於買受人的請求」等語，顯然具有重大意義。因「買受人的請求」而同意將買賣標的物寄送買受人，並且是寄往「清償地」（即：其依契約應履行之處所）以外之處所的出賣人，「嚴格說來」他所做的已經超出其義務的要求。他已經承受了額外的、附帶的給付義務，其不擬同時承受額外的危險，依法律的評價，其亦不須承擔。也只有將其置於有關規定的脈絡之中，而不是孤立地考察該當規範，才能認識到規範背後的法律評價。向來雖然將法律分成許多表面上相互區別的條文，但不因此掩蓋下述事實：這些條文本身只是一個比較廣泛的語句組織體的構成部分，只有當它們與其他條文（法律中，其彼此可能相隔甚遠）結合，對它們才能有全然的理解。

當多數的法條或規制相互競合時，特別會顯示出：只有從個別法條與其所屬規制的關係，經常還必須由其與其他規制及各該規制之間的關係，才能眞正理解各該法條的作用範圍。

第四節　多數法條或規制的相會（競合）

很多法條的構成要件彼此會全部或部分重合，因此，同一案件事實可以被多數法條指涉。大家稱之為法條的相會（競合）。假使兩個法條的法效果相同，如民法典第823條的兩項規定，則競合亦不生如何的問題。A因過失行為，或違反藥物法的不作為而損害B的健康，依民法典第823條的兩項規定均有損害賠償的義務。B的損害賠償請求權在法律上有雙重根據。假使兩項規定的法效果不同，而且彼此並不排斥，就必須探究這兩種法效果是否應並行適用，或此一法效果會排除另一法效果的適用。假使法效果間相互排斥，那麼只有其中之一得以適用。假使法秩序同時要求A及非A，就未免荒唐了。於此必須決定，二法規範間何者應讓步。假使其中之一較早公布，則通常其應向較晚公布者讓步，因為大概可以假定，立法者想藉公布新規範來廢止之前相反的規則。假使在同一法律中發現相互競合的法條，就需要其他標準以便決定，究竟這些法條應並行適用，或只應適用其一，何者具有優越地位。就此，爭議尚多[25]。

假定相互競合的規範間，並無其中之一自始「位階高於」他者的情

---

[25] 用語本身就尚未澄清。有些人（特別是迪茲）只把下述情形稱為「法律競合」：一規範排除另一規範的適用。這與刑法學的用語方式相當。在民法學中「法律競合」用來指稱所有下述情形：同一案件事實符合多數法條的構成要件。然後再進一步區分重疊的、擇一的及排斥性的法律競合（恩內塞魯斯—尼伯代）。假使多數請求權基礎的法規範可適用於同一案件事實，則或稱為「請求權競合」，或稱「請求權規範競合」。我建議用「規範競合」的名稱，因為它含括更廣，足以指稱所有法條競合的情況。在廣泛的文獻中我特別強調如下著述：DIETZ, Anspruchskonkurrenz bei Vertragsverletzung und Delikt, 1934; ENNECCERUS-NIPPERDEY, Allgemeiner Teil, § 60; GEORGIADES, Die Auspruchskonkurrenz im Zivilrecht und Zivilprozeβrecht, 1968; HRUSCHKA, Pflichtenkollisionen und Pflichtenkonkurrenzen, Festschr. f. LARENZ, 1983, S. 257; LENT, Die Gesetzeskonkurrenz im bürgerlichen Recht und Zivilprozeβrecht, 2 Bde, 1912/16; MAURACH, Deutsches Privatrecht, § 54 ff.; MEZGER, Strafrecht (Lehrbuch), § 69; SCHLECHTRIEM, Vertragsordnung und auβervertragliche Haftung; Eine rechtsvergleichende Untersuchung zur Konkurrenz von Ansprüche aus Vertrag und Delikt, 1972; RUD. SCHRMIDT, Die Gesetzeskonkurrenz im bürgerlichen Recht, 1915; ENGISCH, Einführung in das juristische Denken, 7. Aufl., S. 162 f。

況，即：要處理的是位階相同的規範。憲法的位階自然高於一般法律。企圖以邏輯標準解決此等問題（同位階的規範間何者得排除他者）的努力中，迪茲（Dietz）相信標準在於：規範的構成要件彼此是否有特殊性的關係。所謂邏輯上的特殊性關係，意指：特殊規範的適用範圍完全包含於一般規範的適用範圍內，換言之，所有屬於特殊規範的事例都是一般規範的事例，假使特殊規範的構成要件除包含所有一般規範的要素外，至少還有一個額外的因素，即可符合前述要求。依迪茲之見，就其較為狹小的適用範圍，特殊規範始終可以排除一般規範的適用，質言之，一般規範被特殊規範所限制[26]。這樣一般化的結論並不正確[27]。假使競合法條的法效果彼此可以相容，就必須依立法者的規定意向來決定，在其適用範圍內，特殊規範的法效果僅欲補充，抑或欲修正一般規範，或者擬根本取代一般規範的地位。這是（目的論或體系）解釋的問題，只有當法效果相互排斥時，邏輯上的特殊性關係才必然會排除一般規範的運用，蓋如不然，則特殊規範將全無適用領域。民法典第565條第2項相對於第1項而言，無疑就屬於特殊性關係，並且具有限制性規範的性質。第1項一般地規定，終止「土地、房屋或登記於船舶登記簿上的船舶」租賃關係應遵守的先期通知期限。第2項則就終止「住屋」租賃契約應遵守的先期通知期限，有不同的規定。由法律的目的（保護住屋承租人）看來很清楚：對於住屋只適用第2項的期限規定，而不適用第1項。理解上，應該在第1項的「房屋」一語之前添加「除住屋外」的字眼。由是，第2項規定是第1項規定的限制，就清楚地顯現出來。民法典第463條的情況則不然。雖然買賣標的物於買賣契約締結時已欠缺折保證之品質，並且直到危險移轉時該品質仍不存在，此等情況亦均是第459條第2項及第462條的適例。然而，第463條的法效果（不履行的損害賠償）並未取代第462條所定法效果的地位，買受人亦可

---

[26]　因此，MINAS- v. SAVIGNY, Negative Tatbestandsmerkmale 把所有限制性法條算作競合的法條（雖然只是「表面上競合」）。法條如果顯然是另一法條的限制，大家通常不把它算是競合的問題，只在有疑義時乃可。

[27]　ENNECCERUS-NIPPERDEY, a.a.O., § 60 II.

選擇此兩類法效果。恩內塞魯斯—尼伯代（Enneccerus-Nipperdey）因此稱其爲「擇一的競合」。於其適用範圍內，第463條並未排除第462條的適用，只是對它有所補充及修正而已。

　　下述情況與特殊性的情形不同：兩個規範的構成要件彼此部分重疊，質言之，有一些事件屬於此規範，另一些事件屬於彼規範的適用事例，更有一些事件兩規範都可得適用。當某案件事實與兩規範的構成要件相合致，前述問題又再次發生：兩種法效果應同時發生，或其中之一排除他者的適用。於此仍取決於各該規範的意義、目的及其背後的價值判斷。基於某些特殊的理由，法律可能想將特定事件做一致而終局的規定。假使因爲部分這類事件也符合其他規範的構成要件，因而將其他規範也適用於此，則前述做特別規定的目標，就此部分就不能達成了。因此，應排除其他規範的適用[28]。反之，如果沒有一個規範是窮盡性的規定，當二規範的構成要件重合，而且法效果彼此並不排斥時，則二者可以並行適用。例如，對所有權的妨害，既可依民法典第1004條，亦可依第823條第1項來判斷。其法效果（不作爲請求權以及損害賠償請求權）彼此並不排斥，毋寧相互補充。以恩內塞魯斯—尼伯代的用語來說，它是一種「重疊的競合」。所有所謂的「請求權競合」以及「請求權規範競合」的情形均屬此類[29]。

　　不僅個別的法條會有適用範圍相互重疊的情形，整個的規制總體與其他規制總體也會有這種情況。私法中最常被探討的競合問題之一是：契約與契約外的損害責任之間的關係。對於兩者，法律規定了許多部分相

----

[28] 同此，見DIETZ, a.a.O., S. 62。於此他適當地名之爲「因窮盡規制而來的補充性」，而未稱其爲特殊性關係。買賣瑕疵擔保的規定（民法典第459條以下）與因性質錯誤而生的撤銷權之規定（第119條第2項）即爲適例。因第459條意義下的物之瑕疵，未必係因欠缺交易上認爲重要的物之性質所致，因此兩者並無邏輯上的「特殊性」關係存在。然而，假使同時適用民法典第119條第2項的話，若干物之瑕疵責任規定的目的就全被解消。因此，通說以目的論法律解釋的方式來排除第119條第2項的適用。參見拙著：Lehrbuch des Schuldrechts, Bd. II, 1, 13. Aufl. S. 73 f。

[29] 此種區分涉及下述問題：多數賦予請求權基礎的規範均可適用時，是發生多數的請求權，其追求同一目標，但可以分別讓與、請求，或者只有一個請求權發生，而它在法律上有多種根據。就此請參見前提及的GEORGIADES及SCHLECHTRIEM的著作，以及拙著：Lehrbuch des Allgemeinen Teils, 7. Aufl. § 14 IV。

互歧異的法規範，其構成要件相互重疊的情況屢見不鮮。然而，並非所有的違約行為也同時都構成民法典第823條以下的「侵權行為」，因此，於此並無「特殊性」的關係。然而，許多違約行為，特別是在違反契約上的保護義務的情況，經常也已經滿足侵權行為的構成要件。大家或者可以認為：在違約的情形，鑑於所存在的特殊關係，法律想對它做窮盡規定，如是，則侵權行為法的適用即被契約法的規制所排除。然而，通說並不採此立場，其出發點是：原則上這兩類規制總體可以並行適用[30]。因為侵權行為法在若干地方，對被害人的保護較契約法為優，大家希望把這些優點仍舊保留給被害人，即使其同時已構成違約行為，亦同。然而，在某些情況如果同時適用侵權行為法，將嚴重妨害契約規範原擬追求的規制。特別當侵權行為法與契約法對構成責任的有責性要求不同，或其消滅時效不同，即屬此種情況。當立法者就特定情況，對違約損害賠償請求權的成立，例外要求加重的有責性（民法典第521條、第599條、第690條、第708條）時，假使仍然可以依民法典第823條，有較輕的過失即肯定損害賠償請求權的存在，則契約法前述規制將大多歸於徒然。因此，通說於此也否認侵權行為的請求，換言之，契約法的規定於此可優先適用。然而，正如埃瑟及施萊希特里姆（Schlechtriem）所指出的[31]，只有在下述情形，前述主張才算正確：契約法上減輕責任的規定，其目的確係在免除所有的賠償請求。依其見解，只有在下述情況才符合前述要求：債務人的行為，影響的恰好是債權人對審慎履行契約給付的利益。只有在此時，減輕責任的規定對侵權行為的請求權亦得以貫徹。假使影響的是債權人保有其他法益的利益，換言之，假使受影響的是他的保護利益，即不得於侵權行為請求權中，亦主張應減輕責任。依其見解，在違反契約上的保護義務時，對於任何有責行為均應負責。

假使同一行為既構成違約行為，也構成侵權行為，則相互競合的不

---

[30] Dietz, a.a.O., S. 69 ff.; Georgiades, a.a.O., S. 84 ff.; Schlechtriem, a.a.O., S. 27 ff.; Esser, Schuldrecht, 4. Aufl., § 112 V 以及拙著：Lehrbuch des Schuldrechts, Bd. II, 12. Aufl., § 75 VI。

[31] Esser, a.a.O., § 112 V3; Schlechtriem, a.a.O., S. 333, 346 ff., 388 ff., 418 ff.

僅是兩項法規範，而是兩項規制總體。原則上這兩個規制總體可以並行適用；其涉及的是一種「重疊的競合」[32]。這兩類規制在一點上相同：原則上，它們都課有責行爲以損害賠償義務。當契約法規定加重的有責性時，其同時包含立法者的下述決定：在欠缺此種有責性時，根本不應有損害賠償請求權發生。假使於此還是堅持要適用侵權行爲法的規定，那麼立法者的決定就會因此付諸流水了。在此種情形，這兩類規制陷於矛盾，通說採取有利於（依埃瑟及施萊希特里姆之見，首先應限縮解釋的）契約法規定的方式來解決。方法論上，這是爲達成立法者在契約法上的決定，對侵權行爲法規定的適用範圍所做的目的論的限縮。相反地，在埃瑟及施萊希特里姆不想讓契約法減輕責任的規範適用的情況（即違反保護義務的情形），則是對契約法規範的目的論的限縮。這兩種意見應該選擇何者，於此可以先暫且不論。

第五節　法律適用的邏輯模式

就像我們之前提過的，法條是以語言表達之行爲或決定的規則。爲發揮作用，其必須被適用，惟應該如何適用法條呢？

問題的答案似乎很簡單，一個看來單純的邏輯模式可以作爲法條適用始終應遵守的界限。僅由迄今的說明所得的下述認識，就足以令人懷疑這個模式是否夠用：我們不是在適用個別的法條，毋寧是整個規制，包括其中已經做出的「消極性」決定。然而，主要的困難來自語言這種表達手段的性質，以及在（針對特定事實而擬定的）規制與（大多數被規定的）案件事實的流動性之間無可避免的分歧。吾人將於次章深入探討此點。於此，我們暫且將此困難放在一邊，先把注意力集中在邏輯的骨架上；對法適用而言，固然不能高估其意義，卻也不可將之棄置不顧。

---

[32] Im Sinne von ENNECCERUS-NIPPERDEY, a.a.O., § 60 I.

第一項　確定法效果的三段論法

之前已經提及，完全的法條在邏輯上意指：只要構成要件T在某具體案件事實S中被實現，對S即應賦予法效果R。假使特定案件事實S在邏輯上看來是T的一個「事例」，就可認定：（以一般的方式寫成的）構成要件T已經在S中實現。因此，如果要知道，對某案件事實應賦予如何的法效果，就必須審查，是否應視此案件事實爲構成要件T的一個「事例」，因此可歸屬其下。若然，即可由下述形式的三段論法推得法效果。

假使任何一個案件事實實現T，則應賦予其法效果R（大前提）。
特定案件事實S實現T，質言之，其係T的一個「事例」（小前提）。
對S應賦予法效果R（結論）。

省略大前提中的假定形式，我們就可以將這個三段論法用比較簡要的方式表達如下[33]：

$T \rightarrow R$（對T的每個事例均賦予法效果R）
$S = T$（S爲T的一個事例）[34]
$S \rightarrow R$（對於S應賦予法效果R）

我把這些邏輯語式稱爲「確定法效果的三段論法」。在其中，一個完全的法條[35]構成大前提，將某具體的案件事實視爲一個「事例」，而將之歸屬法條構成要件之下的過程，則是小前提。結論則意指：對此案件事實應賦予該法條規定的法效果。

---

[33] ENGISCH, Logische Studien zur Gesetzesanwendung, S. 8 ff.

[34] 我必須同意科赫與魯斯曼（a.a.O., S. 64）的見解，等號實在不能很清楚地將意旨表達出來。S和T絕不會相同，因爲這中間有特殊及一般的差距。其彼此相等僅意指：除了其他特殊要素外，所有作爲T的特徵之要素，在S都存在。我實在想不出適當的符號來表達這個想法。

[35] 更精確地說：包含「此法條適用」之內容的陳述。

　　然而，這描述的只是一種最簡單的情況而已。同一生活事件有時會同時實現，不同而可以並用的法條之構成要件。就像之前提過的，一行爲可以同時充分違約及侵權行爲的構成要件。這兩項規則所生的法效果都是：發生損害賠償義務。我們可以描述如下：

$$T^1 \rightarrow R \qquad\qquad T^2 \rightarrow R$$
$$S = T^1 \qquad\qquad S = T^2$$
$$S \rightarrow R\,(T^1) \qquad\qquad S \rightarrow R\,(T^2)$$

　　於此，T^1代表違約的構成要件，T^2則代表侵權行爲的構成要件。不論是依T^1或是依T^2，或者依此二規範，都可以獲得法效果R。下述情形當然也是可能的：在兩個可能的構成要件中，案件事實只充分其中之一；例如，該侵權行爲並不同時構成違約。那麼就可以產生下列模式：

$$T^1 \rightarrow R \qquad\qquad T^2 \rightarrow R$$
$$S \,\text{非} = T^1 \qquad\qquad S = T^2$$
$$S \,\text{非} = R\,(T^1) \qquad\qquad S \rightarrow R\,(T^2)$$

　　前述邏輯語式告訴我們[36]，某案件事實不能劃屬特定法規範的構成要件，尚未必導致該法效果的否定，因爲同一法效果可以另一構成要件爲根據。如欲否定某法效果（例如，損害賠償義務）、適用者必須確定，並無其他──規定同一法效果的──法條可適用於此。例如，因加害人欠缺責任能力，因此，既不能由違約，也不能由民法典第823條導出賠償義務；然而，只要在該當事件中，民法典第829條規定的特殊前提──實現，則仍可以該條爲賠償義務的規範依據。由此可知，爲解決一「法律事件」，必須澈底審查所有可能適用於該事件之規範的構成要件。

　　就像之前說過的，法律經常藉消極性的效力規定，限縮一項適用範圍

36　恩吉斯（a.a.O., S. 13）也指出這點。

過廣的法效果規定；藉此，原本包含於一項規範的構成要件之某部分，便排除於其適用範圍之外。由是，唯有兼顧此限制性規範，才能得到完全的法條。因此，只是審查案件事實可否劃屬於此一適用範圍過寬的規範之構成要件下，猶有未足；尚須審查，該事件是否不包含於限制性規範的構成要件中，只有當案件事實可歸屬於前一規範的構成要件，並且不歸屬於限制性規範的構成要件下時，前一規範所定的法效果才能發生。

第二項　取得小前提：「涵攝」只是其中有限的部分

　　大家早就知道[37]，前述推論程序的主要問題在於：如何正確地形成前提，尤其是如何正確地形成小前提。至於大前提，大家切不可認為，單純由法律條文的文字就可以得到大前提。每個法律都需要解釋，而且不是所有的法條都規定在法律中。就此，我們在第四章及第五章再討論。至於小前提的取得，質言之，作出如下的陳述：S是T的一個事例，一般將此過程稱為「涵攝」，並且認為其核心部分是一種邏輯的推演。推演模式如下：

　　T藉要素m^1, m^2, m^3而被窮盡描述。
　　S具有m^1, m^2, m^3等要素。
　　因此S是T的一個事例。

　　邏輯學將涵攝推論理解為：「將外延較窄的概念劃歸外延較寬的概念之下，易言之，將前者涵攝於後者之下」[38]的一種推演。從事這種推論首先必須定義這兩個概念，然後確定上位概念的全部要素在下位概念中全部重現，下位概念的外延較窄，因為除了具備上位概念所有的要素外，它至少還有另一個要素。例如，「馬」的概念可以涵攝於「哺乳動物」的概念下，因為所有定義「哺乳動物」的必要且充分的要素，在──被窮盡定

---

[37]　ENGISCH, a.a.O., S. 13, 18.
[38]　HOFFMEISTER, Wörterbuch der philosophischen Begriffe, 2. Aufl. 1955.

義的——「馬」的概念中一一重現。然而，作為法律適用基礎的涵攝推論，並不是將外延較窄的概念涵攝於較寬的概念之下，毋寧是將事實涵攝於法律描述的構成要件之下，至少看來如此[39]。然而，如果精確地審視就會發現，不是事實本身被涵攝（又如何能夠呢？），被涵攝的毋寧是關於案件事實的陳述。確定法效果的三段論法中及涵攝推論中的小前提，其出現之——作為陳述的——案件事實，與作為生活事件的案件事實不同，後者是前者指涉的對象。涵攝推論的小前提乃是如下陳述：法條構成要件所指陳的要素，其於陳述所指涉的生活事件中完全重現。為做出此等陳述，首先必須審查，被描述的案件事實（該當生活事件）是否的確具備有關要素。用涵攝的方式適用法律時，其重心正好在：針對事件做出此等判斷，就此，我們將在次章深入探討。

判斷被描述的案件事實是否具備法定構成要件特徵時，首先必須留意，案件事實是以日常用語來描述，而法律用語則包含諸多抽象的專業用語及概念[40]。法律中提到的是意思表示的撤銷。案件事實則謂：被告通知原告，他認為他不受原約定的拘束。為判斷其是否為撤銷的表示，就必須以——與用來描述案件事實——相同的語言來說明「撤銷」一語意指為何，註釋書中充斥這些說明。這些說明不是適宜作涵攝推演的定義。此外，其中還可以再插入其他涵攝推論，例如，某特定構成要件要素（如動產）需要藉助其他要素來定義時[41]。然而，定義的過程及以涵攝推論的方式進行的邏輯推演不能不斷持續，早晚總是要做出根本性的判斷，後者不能再以推論的方式取得，而必須以（自己或他人的）感知為基礎（感知判斷），或者以——特別是來自社會的——經驗為基礎。S是T的一個事例，此種判斷不是以藉概念要素定義T及涵攝推論的方式取得的。依據一定的——雖然仍舊可以用語言表達，但不能再定義的——標準來判斷被描

---

[39] ENGISCH, Logische Studien, S. 22 ff.

[40] 關於不同的「語言層次」參見：A. KAUFMANN, Die Parallelwirkung in der Laiensphäre, 1982, S. 27 ff。

[41] 科赫與魯斯曼（a.a.O., S. 15）同此例，並同此見。

述的案件事實，這是涵攝的前提。單單這點就足以讓人懷疑，把形成小前提的過程稱爲「涵攝」是否恰當，因其遮掩了判斷這個重要部分。

此外尚有一點，邏輯學中所以將概念涵攝於概念之下，並非出於偶然。涵攝模式的前提是，藉著提出全部下述要素可以界定——與法條構成要件一致的——上位概念：必須而且只要具備此等要素，即可將之涵攝於此概念之下。只有當藉著提出足夠確定的要素可以窮盡界定T，換言之，當藉要素m^1至m^x來描繪T的過程，可以算是在定義概念時，才能將特定案件事實，以涵攝推論的方式歸屬於構成要件T之下。然而，之前已經提過，情況並非總是如此。對類型及須塡補的評價標準，無法作這種定義，藉著提出一些指導觀點、特徵及例子，雖然也可以描繪它們，使其輪廓清晰。然而，將某生活事件歸入某類型或某須塡補的標準之意義範圍中，其並非涵攝，毋寧爲評價性的歸類。取代這種判斷（＝於此，構成要件要求的要素都具備）的是下述判斷：依據有關的觀點，待決的案件事實與另一——在判斷上並無疑義的——案件事實相同或相近。當概念要素本身是一種「指導性」的標準時，亦可適用前述說法。在這種情況，將案件事實「歸屬」法規範構成要件的說法，可能比「涵攝」恰當。

然而，恩吉斯於此仍然用涵攝的說法[41a]。他可以這樣做，因爲他並不認爲，涵攝的本質在於待決案件事實的特徵與上位概念的要素相同，毋寧在於待決事件與之前經裁判的事件相同。然而，沒有一個事件可與他事件完全相同，因此，事件間的等視同觀只能以類推的方式爲之。就此，比德林斯基[41b]正確地指出：如是，則演繹與（事件間的）類推間的歧異將因此泯沒，而且不知此種做法的益處何在。對沙普（Jan Schapp）[41c]也可以做相同的評論，依其見解，法律不是就某抽象的構成要件，毋寧是就一系列情境相類似的個案爲規定。然而，個案是否「情境相類似」，正是問題所在。

[41a] Engisch, Einführung in das juristische Denken, 7. Aufl., S. 56, und, ausführlich, S. 213.

[41b] Bydlinski, Juristische Methodenlehre und Rechtsbegriff, 1982, S. 397.

[41c] Jan Schapp, Hauptprobleme der juristischen Methodenlehre, 1983, S. 31 ff.

　　然而，在法條的適用上，涵攝推論仍扮演重要角色。很多（但非全部）構成要件，已經由立法者或法學大體上用概念的型態表現出來，對這種事例仍可用涵攝推論的方式作歸類的工作[42]。即使如此，涵攝仍然是以對案件事實的——不再能從推論，而是藉單純的感知或經驗為基礎所做的——判斷為前提。

　　稱呼「這輛車是紅色的」這一類簡單的判斷為涵攝，本來也無不可。然而，因為「紅色」本身已不能再定義，因此，它至少不是一種藉概念定義所為的推論，毋寧是一種以感知為基礎，由感知者比較正在觀察的客體與其他之前學到的「紅色」客體，而做的判斷。假使「涵攝」一語用以指稱特定的推論程序，則於此已非適當之處——同樣地，在將事件劃歸於某類型或某須填補的標準時，並非「涵攝」適用之處。

第三項　藉結論導出法效果

　　就針對個案確定其具體的法效果而言，確定法效果的三段論法中的結論，亦常嫌不足。三段論法的模式不當地過分簡化此過程。大前提中的「R」意指被一般性描述之抽象的法效果，反之，結論中的「R」則是該當案件事實的具體法效果。提出與大前提抽象描述之變元相當的人、地、時等資料，有時固然可以求得具體的法效果。例如，假使A此人就S斯物取得時效的要件已然實現，則只須在三段論中的小前提確定此事實，即可藉結論確定具體的法效果——A取得對S的所有權。但事情未必都這樣容易。我們舉出租人的修繕義務為例（民法典第536條）。假使依承租人之見，出租人未充分履行此項義務，承租人要請求的不是單純地履行修繕義務，毋寧是請求出租人採取一些——依承租人之見——維持合用的必要措施。因此，除確定特定出租人V對承租人M有保持租賃物合用的義務外，為具體化法效果，尚須為如下判斷：承租人請求的措施確為使租賃物合於約定使用狀態所必要者。這項判斷可以被視為下述推論的結果：

---

42 對這點如果也要否認，其之為錯誤，就一如認為：歸屬始終應以涵攝方式行之。

V應保持租賃物合於約定使用之狀態。

爲使租賃物保持此狀態必須採取某措施。

V有採取某措施的義務。

　　這個三段論的大前提與第一個三段論法（確定法效果的三段論法）的結論相同。小前提則是下述判斷的結論：於此，保持租賃物合用狀態之必要措施爲何？這項判斷是以技術知識及社會經驗爲基礎。結論部分才眞正指出該案件事實的具體法效果。

　　假使法效果的規定是：A對B負賠償其因某事件所生損害的義務，則經常必須經繁複的研究，才能確定損害的額度，以及A所負損害賠償義務的精確內容。在這類事實中，「確定法效果的三段論法」之結論（A對B負賠償其因此所生損害的義務）常只是暫時性的結論；爲終局及精確地確定法效果，經常需要其他更詳盡的研究。這點也表現在訴訟法上：法院可以認請求原因正當而先爲中間判決，再繼續確定請求數額的程序（民事訴訟法第304條）。在刑事訴訟程序中，「確定法效果的三段論法」只能得到下述結論：行爲人以有責的方式實現了刑罰的構成要件，因此應予處罰。然後法官才面對下述任務：在考量各種科刑應審酌的情事後，確定其具體的刑罰。因此，在很多情況下，「確定法效果的三段論法」尙不能精確規定法效果，毋寧只是劃定一個仍須繼續填補的範圍而已。

　　前述說明只能適用在案件事實及法效果均相當確定的法條。有些法條運用不確定的概念、須填補的標準（如「誠實信用」或「重大事由」）來規定案件事實或法效果，如是，則此處描述的涵攝程序並不能完全解決問題。稍後在第三章的第三節第四項、第五章的第三節及第六章的第三節中，我們將再提及這些情況。

第三章　案件事實的形成及其法律判斷

第一節　作為事件及作為陳述的案件事實

　　法條要適用在實際事件，即事實上發生的案件事實上。先前已經提過，這只有在已發生的案件事實被陳述了之後，才有可能。在判決的事實部分出現的「案件事實」，是作為陳述的案件事實。基於此項目的，事件必須被陳述出來，並予以整理。在無限多采多姿，始終變動不居的事件之流中，為了形成作為陳述的案件事實，總是要先作選擇，選擇之時，判斷者已經考量到個別事實在法律上的重要性。因此，作為陳述的案件事實並非自始「既存地」顯現給判斷者，毋寧必須一方面考量已知的事實，另一方面考慮個別事實在法律上的重要性，以此二者為基礎，才能形成案件事實。法律家的工作通常不是始於就既存的案件事實做法律上的判斷，毋寧在形成——必須由他做出法律判斷的——案件事實時，就已經開始了。

　　關於如何形成確定法效果的三段論中之個前提，恩吉斯[1]分為三個構成部分來說明：

　　一、具體的生活事件，即實際上已發生之案件事實的想像。

　　二、該案件事實確實發生的確認。

　　三、將案件事實做如下評斷：其確實具備法律的構成要素，或者更精確地說，具有大前提第一個構成部分（＝法律的構成要件）的構成要素。

　　為了能與法定構成要件要素相比較，判斷者必須將其對已發生之案件事實的想像表達出來，並且要能配合法律的用語。時間上，不是形成（作為陳述的）案件事實以後，才開始評斷案件事實符合（或不符合）法定構成要件要素，兩者毋寧是同時進行的，因為如前所述，在形成案件事實之時，就必須考量個別事實的可能意義。此外還必須確認「該案件事實確實發生」，換言之，作為陳述的案件事實恰當地反映了事實上發生的案件事

---

[1]　Logische Studien zur Gesetzesanwendung, S. 19.

實（＝實際事件）。就此，我們在本章的結尾還要再談。

判斷法律事件的法律家大都以「未經加工的案件事實」作工作的起點，其多出以講述的形式。講述中會包含許多對最終的法律判斷不生影響的個別情事、情境，因此，判斷者考量之後，也會將之排除於最終（作為陳述的）案件事實之外。一位婦人把骨頭遞給鄰居的狗而被狗咬傷手臂時，她可能會講述事實如下：這隻狗讓她覺得有點同情，因為牠看起來很瘦，牠的反應讓她很驚訝，因為這隻狗認識她，而且之前她也經常給牠東西等等。她或許不會提到：鄰居曾警告她，不要給狗東西，因為牠還很小，並未完全馴服。這種情況或許會有法律上的意義，因為婦人可能會因此構成民法典第254條的與有過失。基於民法典第833條可能有法律意義的另一情事是：鄰居是出於業餘愛好，還是基於職業或營利的目的而飼養這隻狗。假使當事人沒有主動提及，對事件做法律判斷的法律家，應該追問所有和法規範的判斷有關的情事。他將以這種方式縮減或補完原本的講述（＝未經加工的案件事實），藉此使終局的案件事實只包含全部——在法規範的適用上有意義的——實際事件的構成要素。因此，（最終的）案件事實是思想加工處理後的成果，處理過程並已包含法的判斷。在這個過程中，個別事實或事件已經運用一些表達形式（例如：狗、咬傷、傷害到手）來描繪，這些表達形式已經可以輕易地涵攝於法律概念之下——動物、身體的傷害；對於鄰居警告性的話，也賦予一定的意義。最後，陳述案件事實的語句也已經把一種模糊暗示的關係表達出來：「鄰居的狗」。這些字意指：狗屬於家庭範圍，屬於鄰居的支配範圍；雖然還需要進一步審查，但已足以聯想到：鄰居乃是民法典第833條所指的「動物占有人」。「動物占有人」一字尚未出現於案件事實的描述中，因為要答覆動物占有人為誰的問題，尚須經法律的判斷，而假使有必要做此種判斷，則尚須補充其他事實乃可。所有經法律判斷的案件事實都有類似的結構；都不僅是單純事實的陳述，毋寧是考量法律上的重要性，對事實所做的某些選擇、解釋及連結的結果。

這個例子還指出，應該依據何種觀點，選擇作為陳述的案件事實中應接納的事實。某種程度上，實際發生的案件事實會包含一種足以引發法律

問題的「核心」[2]。此處的核心是：狗咬人的動作，以及因此對婦人造成的痛苦與其他不利，例如，支出醫療費用、喪失工作所得。這個事件中牽涉的法律問題有：就這些損害，這位婦人能否向狗的占有人或他人請求賠償。法律家會提出這個問題，因爲他知道民法典第833條。向法律家請教的婦人，則不需要具有這些特別知識[3]。一方面她有免於受損害的利益。另一方面，也許她由其他事例知道，被狗咬傷者可以由狗的占有人獲得賠償。最後，也許她的「法感」告訴她，在這種情況應該有所補償。一旦法律問題被提起，爲了答覆問題，我們就需要一些足以提供答案的法條知識。這些法條針對特定構成要件，賦予負損害賠償義務的法效果。其構成要件包含一系列以一般的方式描繪出來的，個案決定繫諸其存否的情境。只要確實取決於它們，而判斷者又能知悉其於個案中的存否，判斷者便會將之收納於案件事實的描述（＝作爲陳述的案件事實）中。

然而，我們可不是因此而陷於循環論證了嗎？爲了對實際發生的案件事實做法律上的判斷，判斷者必須把它陳述出來，陳述中又只採擇與其法律判斷有關者。對法律判斷是否具有意義，取決於可能適用於案件事實的法條。以其描述的案件事實爲起點，判斷者進一步審查，可以適用在案件事實的法條有哪些，根據這些法條的構成要件再進一步補完案件事實，假使法條本身不適宜作立即的涵攝，便須針對案件情境作進一步的具體化。只有在考慮可能是判斷依據的法條之下，成爲陳述的案件事實才能獲得最終的形式；而法條的選擇乃至必要的具體化，又必須考量被判斷的案件事實。然而，只有下述情形才構成錯誤的邏輯上的循環論證：當判斷者把實際事件中未獲證實者加入作爲陳述的案件事實中，或者，當判斷者「曲解」法條，以便可以得到判斷者希冀的結論，這兩種情形均不能容許。恩吉斯[4]曾提及「在大前提與生活事實間之眼光的往返流轉」，朔伊爾勒

2　關於案件事實構成之問題的重要性，參見：Hruschka, Die Konstitution der Rechtsfalles, 1965, S. 20 ff。

3　Vgl. Hruschka, a.a.O., S. 48.

4　Engisch, Logische Studien, S. 15.

（Scheuerle）[5]則說：「在確認事實的行為與對之做法律評斷的行為間的相互穿透」。它們都指稱我們熟悉的相互解明的過程，一種「詮釋學意義上的循環」[6]現象。我們不能把案件事實與法條間的「眼光之往返流轉」想像為：只是判斷者眼光方向的改變，毋寧是一種思想過程，於此，「未經加工的案件事實」逐漸轉化為最終的（作為陳述的）案件事實，而（未經加工的）規範條文也轉化為足夠具體而適宜判斷案件事實的規範形式。這個程序以提出法律問題始，而以對此問題作終局的（肯定或否定的）答覆終。

　　對方法論的分析而言，有必要分別觀察這個彼此相連的過程之個別階段。然而不可由此推導出如下的結論：規範適用的過程（其同時也是規範具體化的過程），始終都可以被區隔開來。本章只處理（終局的）案件事實的形成及其法律判斷。而如前所述，作為陳述的案件事實只接納在實際事件中有根據的部分。關於判斷者如何確認實際發生的事件，這個問題先暫時放在一邊，讓我們先處理下述問題：應該如何選擇法條，以便做法律判斷及形成終局的案件事實。

第二節　選擇形成案件事實之基礎的法條

　　首先是以下述方式，來選擇從事法律判斷及形成終局案件事實之基礎的法條：判斷者以「未經加工的案件事實」為出發點，將可能可以選用的法條一一檢視，排除詳細審視之後認為不可能適用者，添加經此過程認為可能適用的其他條文。例如，當發現履行請求權不存在時，他將再進一步審查，是否有信賴利益的損害賠償請求權，或不當得利返還請求權存在。為了能根據這個觀點澈底審查案件事實，他或許需要一些迄今尚未留意的其他事實，並且將它補進終局的案件事實中。比林（Bierling）稱之

5　Scheuerle, Rechtsanwendung, S. 23.

6　參前文第一章第三節第二項。

爲[7]「持續進行之方法上的實驗」，實務有意無意地倚此爲助。假使它是在——構成法秩序的——無數法條中所做的沒有選擇性的檢試及實驗，它將是不太有成功希望的冒險。再者也不能保證，判斷者已經發現所有可能的法條。

　　這正是所謂的「外部」體系之重大實用意義所在，它是由抽象的一般概念，依形式的歸類觀點所構成。在最後一章將指出，這種體系雖然不具有，或者只具有極小的認識價值，但是在作爲辯識方向的助力上，卻具有重大價值。假使欠缺這種體系，面對案件事實尋找適當的法規範者，就必須無助地胡亂摸索。只有依靠這種體系，大家才能在某種程度上依據一定的方法，尋求可能應該援引的法條。首先，熟悉體系的判斷者能隨即將事件劃定範圍，因爲他能認識可得適用的規範所屬的領域。讓我們再以狗咬傷人的事件爲例，習於運用現行法體系的法律家首先會知道，婦人對於狗的占有人是否有損害賠償請求權，是一個私法上的問題。此外他也瞭解，私法上的損害賠償請求權可以基於不同的事由而發生，而因爲婦人與狗的占有人之間並無契約關係，因此，在各種不同的事由中，只有侵權行爲及危險責任（民法典第823條以下及第833條以下）的事由才有可能。因爲婦人的損害來自於狗（動物），所以他會聯想到第833條。此外他也知道，民法典中關於損害賠償請求權的一般規定出現在第249條以下。只要他考慮到這些規定，他就會留意到民法典第254條，亦即：該婦人可能有與有過失的問題。然後他會再探究，該婦人對於哪些損害有賠償請求權。就此，民法典第249條可以提供資訊，而因其涉及以民法典第833條爲基礎的請求權，因此亦須參照民法典第847條。假使事件的發生已經有點久遠，他會考慮到時效的規定，尤其是民法典第852條。相反地，他自始就認識到，於此將不至於適用債權契約、物權法、親屬法及繼承法的規定。他不是毫無計畫地在整個民法典，乃至其他有私法性質的法律中胡亂搜尋，毋寧自始就將自己侷限在有可能的規定領域之中。

　　選擇應適用法條的過程，自然未必像前舉的事例那樣簡單。生活經

---

[7]　Juristische Prinzipienlehre, Bd. 4, S. 47.

驗上看來簡單的事例，可能可以從完全不同的法律角度來觀察，諸如債權法、物權法及親屬法上的觀點。於此，應適用公法或私法，也可能會有疑問。同樣地，對某事件也不是這兩個法域的全部規範均可適用，毋寧只是其中的部分。對應該適用公法還是私法發生疑義的判斷者，首先必須尋找區別這兩類規定整體的標準。為此，他必須認識所有——出現在已發生的案件事實中——就前述區別標準而言重要的情境。他必須把這些情境納入他形成的（作為陳述的）案件事實中，因為它們對之後的考量及裁判有一定的影響。假使就像我們所舉的狗咬傷人的事例那樣，沒有任何動機使我們懷疑，是否應依私法來裁判，那麼這一方面的問題及考量就不會被提及。於此又再次顯示：作為陳述的案件事實之終局形成，取決於可能適用於該事件之法規範的選擇，而這項選擇卻又一方面取決於判斷者已知的情境，另一方面取決於他對於——案件事實所屬的——規範整體之認識如何。

第三節　必要的判斷

　　仍然很少人留意到，在判斷案件事實是否符合法條的構成要件時，判斷者需要做各種不同種類的斷定。即使堅認，將特定案件事實歸屬某一規範的構成要件，其始終是屬於邏輯推論過程的「涵攝」之人，也必須承認，這種涵攝是以一些單純的（即：不能再透過推論來求得的）判斷（＝斷定）為前提，這些判斷指出，規範構成要件中的某要素存在於此。事實上，法律適用的重心不在最終的涵攝，毋寧在於：就案件事實的個別部分，判斷其是否符合構成要件中的各種要素。我們現在要處理的，正是這個法律適用的核心部分＝對案件事實做必要的判斷，於此，對之前已經提過的，我們不介意做部分的重複。

第一項　以感知為基礎的判斷

　　作為陳述的案件事實首先指涉實際的事件或狀態；它告知我們：在彼

時彼處曾有此事或彼事發生。關於事實的陳述，通常以感知爲基礎。判斷者以自己的感知，或者以告知此事之人的感知爲基礎。個別的感知會以日常經驗爲據而連結成一些觀念形象，用來指稱前者。這中間已經包含了一種「註解」。例如，某人在無雲的天際，水平面的上方感知有黑暗的形體存在，他可能會把這個形體解爲「烏雲」或「山脈」。假使他進一步的感知與之前的「註解」不符，他將修正之前的註解。某人看到一隻狗跑來跑去，同時聽到他認爲是狗吠的聲音。把這兩個感知連結起來，可以成爲一個觀念形象：他在特定地點看到的這隻狗正在吠叫。通常把這些──以感知及對感知的註解爲基礎的──觀念形象連結成陳述，即我們所謂的「未經加工的案件事實」。

　　法律上重要的事實，可以透過感知來確證者，有如下的適例：某人在特定時點的出生及死亡，某人的身體受到傷害，物的毀損，物的大小、重量、外觀、化學及物理上的狀態，土地的位置，信件在某一地點於特定時點的寄出與到達，證書的眞僞，在某特定情況實際被說出來的話。這些事實在訴訟程序中可以被證明，假使有人爭議，也必須被證實。然而，法律的構成要件不只包含透過感知就可確證的事實，部分構成要件也指涉一些以特定方式來理解的事實及事件，特別是人的行爲及意思表示，例如，被解爲有法效意思的表示。此外，構成要件經常已經要求對實際發生的事件做法律性的評價。爲認定案件事實是法規範構成要件所指的情事，需要做的判斷不只是感知及與感知相連結的觀念形象。經常還會牽涉到其他──以對人類行爲的解釋，以社會經驗乃至以評價爲基礎的──判斷。就此，我們馬上要做更多的介紹。

　　爲完整起見，我們還要提到：法律的構成要件（要素）也可以是法律關係。例如，下述情事也可以是構成要件要素：某人是某物的所有權人、某人是另一人的法定代理人，某人有行爲能力或只有限制行爲能力，某人是一法人的董事或其他機關[8]。假使上述構成要件要素的存否有爭議，就

8　Vgl. hierzu BIERLING, Juristische Prinzipienlehre, Bd. 4, S. 25 ff.; ENNECCERUS-NIPPERDEY, Allgemeiner Teil, § 136 Zu Anm. 4.

必須進一步探究：該當法律關係所取決的事實、行爲或事件是否存在。假使作爲構成要件前提之一的法律關係，其存在本身並無爭議，有疑義的只是其他構成要件要素或法效果的部分，則前述進一步的探究，自無必要。在特定時點某法律關係存在，這固然不是透過感知可得確證的自然事實，但仍不失爲現行法世界中的一種「事實」。因此，雖然它本身就是一種——將法條適用於特定生活事件所生的——法效果，其仍然可以作爲其他法條的構成要件要素。

第二項　以對人之行爲的解釋爲基礎的判斷

在不是僅以感知爲基礎的判斷中，最重要的是：以對人類行爲的解釋爲基礎所做的判斷。感知只能接觸到人類行爲的外觀部分。大部分的人類行爲是目的取向的作爲。我們所以能理解這些作爲是基於我們由自己，或是由他人而得的經驗。因此，除了對身體動作，以及因此所致的外觀世界之改變的感知外，在很多情況，還必須對有目的取向的事件做一註解乃可。我們看到一個人把鑰匙插入鑰匙孔中扭轉；於是乎我們把這個行爲即刻解爲「用鑰匙開門」。或者，當我們看到一個買受人對出賣人，或一個客人對服務員遞出一張鈔票，我們會隨即把這個過程註解爲「給付」。假使某人在與人爭論的過程中，用硬物擊中其爭論對手，後者應聲而倒，我們將毫不遲疑地將之解爲故意的身體傷害。我們所以能隨即把感知的外部行爲解爲一種目的取向的作爲，因爲我們擁有下述經驗：人們在此種情況而有斯種行爲，其通常的目的爲何。假使此種行爲可以有多種不同目的，而且情況也具有多義性時，我們就必須作進一步的考量。最初以爲可能的註解，在深入認識事情的情況後，可能會被證實是錯誤的。如是，則判斷者必須更正最初的註解。於此應該指出：相較於連結感知與觀念形象，在將某人的行爲解爲特定行爲時（例如，解爲用鑰匙開門、解爲給付，或解爲身體傷害），以先前經驗爲基礎的註解，其扮演的角色要重要的多。

特別需要註解的是口頭或書面的意願表達，尤其是意思表示。於此，能直接感知的仍是外部的歷程，例如，發出的聲響或寫下的字形。我們所以能將之理解爲包含特定內容的意願或意見的表達，乃是根據一種——以

該當語言的認識為基礎的——註解，該當語言則是言詞或字形的作者用以使他人理解的工具。鑑於語言表達形式可能具有多種不同意涵，在註解這類表示時還需要認識：言語指涉的情況、言說者的特殊習慣，以及言說者假定言詞受領者會認識的情境。法律家知道，只要其內容有爭議，大部分的表示都需要解釋。關於意思表示的解釋，以下（第四節第二項）我們還要說明。於此只須確定，解釋意思表示的主要目的在於：探求法秩序對此種狀態主要賦予的意義為何。因此，意思表示的解釋不僅需要——以語言理解及社會經驗為基礎的——註解，還會受特殊法律要求的影響。

第三項　其他藉社會經驗取得的判斷

即使非關對人類行為的註解，判斷特定事實是否為法律構成要件所指稱者，經常也不只依靠感知，更需要藉助社會經驗。由是，某物（依民法典第459條的意義）是「有瑕疵」的，這種判斷本身就包含「規範性因素」。當某物不是處在它「應有」的狀態時，我們稱它是「有瑕疵」的。何謂其應有的狀態（＝法秩序所要求的性質），則規定於民法典第459條。它規定的標準是：此類物品在無瑕疵狀態下的價值，或者，「通常或契約預定」的效用。契約預定的效用為何，必須透過解釋契約的途徑來確定。至於「通常效用」或物的價值則為社會經驗的客體。判斷者應該如何獲得這些社會經驗，不是此地的討論標的。於此只須指出：探求物「應有的性質」與追問其實際上的性質不同，不能僅以感知判斷為基礎，毋寧須藉助社會經驗始能形成其判斷。就像先前提過的，在判斷某物是否「為完成建築物而附加之物」（民法典第94條第2項）時，也必須藉助社會經驗才能決定。然而，社會經驗並不保證能獲得一個確實可靠的判斷，可能仍有判斷餘地存在。

我們再舉一個例子來顯示此種判斷的特點。依民法典第950條，如果不是「加工或改造之價值，顯然不及材料之價值」，則任何「加工或改造一種或數種材料而成為一新動產者，取得該新動產之所有權」。因本條所生的諸多問題中，於此只選擇其一來討論：被製成的東西何時構成「新」物。學生A用線鋸把不屬於他的木片鋸成數片，並將之組合成小木盒。於

此，相對於原來的木片，小木盒無疑是一個「新」物。我們把案件事實轉換如下：A把一個——原本由未經加工的木頭鬆散組合而成的——小木盒拆卸開來，以高明的木刻功夫裝飾木盒的周邊，再把它組合起來。此時，木盒還是「原來」的木盒，只是外觀及價值有所改變而已，或者，已經是一個「新」物？就此，這個脈絡中經常被援引的「一般的交易見解」並不能提供答案。因為根本不能確定，關於這個問題，在一般交易中是否的確已經形成一種堅定的看法。假使為了能進行涵攝，嘗試對此做概念式的定義，就會發現：實在很難找到一種——在所有的情況下，都能符合法律意旨的——標準。可能可以把形式及外觀上的改變當作指標，然而，其既非使改變的東西成為「新」物的必要條件，亦非其充分條件[9]。語言上的標準也類此。假使交易上現在賦予此物其他名稱，這固然是支持其為「新」物的論據。然而，也不是在所有情況下，它都具有決定性，因為語言的用法未必精確，也可能搖擺不定。我們是應該說，經過木刻裝飾的木盒仍然是「木盒」，因此仍然是同一個東西，還是應該說，它已經變成一個「藝術作品」，之前則絕對不是，因此應該認為它是一個「新物」？或者，我們應該以製造出來的東西的不同用途為準，換言之，取決於該當的使用目的[10]？從第950條的後句也可以發現，相較於單純的材料所有權，立法者賦予創造價值的活動比較優越的地位。這就讓人聯想到「經濟的觀察方式」，依此則主要取決於：透過加工或改造創造出——與材料的價值相較——並非微不足道的新價值。然而，全面的修理工作也可以符合這個要求，而依一般的見解，經修理之物仍非「新物」。經修復之物只是回復到之前的狀態；它又能達成原來使用的目的了。事實上，我們的語感也反對將修復之物稱為「新物」。由以上說明可知，沒有哪一種標準具決定性，重要的毋寧是多種標準的共同作用，於此具決定性的是：在個案的特殊情境下，何種標準比較「有分量」。奧特（Otte）[11]正確地指出：不是透過

9　Vgl. WESTERMANN, Sachenrecht, § 53 II 3.

10　ENGISCH, Vom Weltbild des Juristen, 2. Aufl. 1965, S. 158.

11　In JuS 1970, S. 157.

將事實涵攝於一個——以一般交易見解為據的——語句之下，毋寧是以比較、衡量諸多事實為基礎而取得的最終決定。其過程與將事物歸屬於某一類型的程序相類（參上文第一章第四節第一項）。就前面的例子來說，我將肯定木刻裝飾過的小木盒是新物，因為外觀上已有重大轉變，也取得新的意義（藝術作品），其價值也大幅提高。顯然，東西是否為「新物」的判斷，並非基於感知所作的事實確定，毋寧是根據社會事實，以及（依法規範的基礎思想）評價前者而做成的評斷。之所以還不用「價值判斷」一詞，因為在大多數此類事件中，只須取向於相關的社會事實已足以解決問題。

　　法官不是在每個個案都必須自己做前述的評斷；所謂的「一般經驗法則」經常已經幫助他勾劃好輪廓。例如，可以將下述情況視為一般經驗法則：橘子和檸檬的交易通常是以數量或重量來約定的，換言之，它們是「代替物」（民法典第91條）；或者，土地上能否建築是交易上認為「重要的」性質。法官可以依自己的社會經驗，或者，在一些法學的註釋書中找到這些經驗法則。它們可以幫助法律判斷，某種程度上也可以促進法律適用的公平性。一旦司法裁判承認土地上能否建築是土地交易上的重要性質，只要還沒有相反的經驗法則出現，以致動搖前述經驗法則，法院就會一直維持這個見解。如是，則其有助於確保司法裁判的公平性及持續性，因此，此等法則具有類似法條的功能。然而，其畢竟並非法條，因其不具規範上的拘束力；作為經驗法則，其正確性取決於：相應的經驗繼續存在。只要這點發生疑義，法官就不能再倚賴它們，而必須依據法定的評價觀點，重新評斷原來的經驗法則之基礎事實。

第四項　價值判斷

　　前已提及，在依據社會經驗判斷特定事件時，如果欠缺可用的「一般經驗法則」，則判斷者必須比較、「衡量」諸多事實，換言之，必須依法律規定的觀點來評斷各該事實的重要性。而假使將案件事實涵攝於法律規範的構成要件之前，必須先依據「須填補的」標準來判斷該案件事實的話，判斷者於此就必須做價值判斷了。此類須填補的標準有：「善

良風俗」（民法典第138條、第826條，不當競爭防止法第1條）、「誠信原則」（民法典第154條、第242條）、交易上「必要的注意」（民法典第276條第1項第2句），以及（作爲即時終止持續性債之關係的前提之）「重大事由」。依司法裁判的見解，「在考量所有的情事下，依誠信原則足以認爲，不能期待契約當事人的一方繼續其債之關係時」[12]，即可認定有「重大事由」存在。在其他脈絡中，司法裁判也應用「期待可能性」這樣的標準，例如，作爲法律行爲的基礎喪失時，以及發生「超過應該負責程度的困難」。在考量信賴基礎動搖、不曾預見的困難情事等情況下，何時足以認爲，不能再期待契約當事人一方堅守契約（仍依既有的約定履行契約），這個問題顯然無法做一般的答覆。爲了更詳細確定法效果，法律常指示應依「衡平」的標準；例如，在由契約當事人一方片面決定，或由第三人或法院判決來決定給付的內容時（民法典第315條、第319條），以及在定慰撫金（民法典第847條以下）或依民法典第829條所生賠償義務的額度時，即有此等規定。共有團體之各共有人得依其應有部分，請求「就共有物爲—— 依公平衡量，可認爲—— 適於共有人全體利益之管理及利用」（民法典第745條第2項）。只要把其他法律也考慮進來，這樣的例子不勝枚舉。

　　部分前述的「概括條款」還指示參照其他法秩序外的規範；例如，「善良風俗」就要參照當時被承認的社會倫理[13]。然而，在某種情況下，當時具支配力的社會倫理之要求爲何，經常亦難以確定；什麼是倫理上容許的，什麼已經不被容許，今天在很多領域上不能得到一致的見解。因此，司法裁判轉而依法秩序，特別是憲法的基本價值標準來審視「具支配力的社會倫理」[14]，換言之，司法裁判是依特定的法律評價標準及許多它自己發展出來的基準，來具體化「社會倫理」。立法者審慎地規定過失

----

[12] Vgl. BGHZ 50, 315.

[13] 而非「絕對的倫理法則」或特定「高級倫理學」；vergl. dazu *meine* Ausführungen in Juristen-Jahrbuch, Bd. 7, S. 98 ff.

[14] TEUBNER, Standards und Direktion in Generalklauseln, 1971, S. 91 適切地把下述情形稱爲「正確性控制」：依法規範、法原則及憲法的評價標準來衡量—— 以經驗的方法取得的—— 社會規範。

的標準是：欠缺交易上「必要的」注意，而非「通常的」注意。在個別情況下，「必要的」注意爲何，一方面取決於避免損害他人的目的，另一方面則須考量行爲人的能力，以及交易上不能完全避免，因此可以容許的危險。至於這些觀點在特定情況下的具體要求爲何，仍須由司法裁判作最後的決定。在評斷某行爲「有過失」或「無過失」，某行爲是否仍符合「善良風俗」、「誠信原則」，能否「期待」義務人繼續契約關係提出原定給付之前，判斷者必須先塡補判斷的標準，使其具體化到可以適用於一個──在所有與判斷有關的重要觀點上，均與當下的個案類似的──事件。判斷者於此必將事先考量法律效果：判斷行爲是否「有過失」，其主要涉及──依法律的評價──該行爲是否適宜作爲負責的根據，在判斷是否尚「可期待」契約當事人的一方繼續契約關係時，主要牽涉到契約拘束力的價值位階如何。在判斷案件事實是否爲須塡補的標準指稱的事實時，不可能不考慮：依法律的意義，於此，「適當的」法效果爲何。

　　（此類案件事實的）「適當」法效果爲何，這是一個評價性的問題。於此，判斷者必須在規範劃定的界限內自爲評價。問題只是：能否以及如何基於法律的考量，正當化這些價值判斷。這裡必須先解決的問題是：價值判斷在邏輯學上或語義學上的意義爲何。

　　首先大家會把「價值」或「評價」理解爲：採取立場的內心活動。於此，要判斷被評價的客體值得或不值得追求，值得或不值得同意，相較於另一客體，應優先考量它或劣後。每個合理的人都會認爲值得追求者，我們可以稱之爲「善」，例如，和平、健康、獨立自主、免於強制及貧困。凡行爲之能助長或維持此種或彼種「善」者，我們即予認可，反之則不予認可。認可或不認可表現在價值判斷中，後者可以是倫理性的價值判斷，假使其取向於特定的法律原則，則是法律性的價值判斷。

　　假使價值判斷是一種採取立場的表現，那麼它首先是判斷者的立場。但不能由此就推論出：價值判斷不過在陳述判斷者內心的評價行爲而已。朔伊爾勒[15]卻採取這種看法。依其見解，價值判斷是判斷者就其「本身的

15　參見其著作：Rechtsanwendung, S. 111 f.; 162。

心理事實」所為之陳述。朔伊爾勒認為，判斷者依此確認下述事實：他「鑑於既存的案件事實而做出『違反善良風俗』的評價」。依朔伊爾勒之見，作為判斷之前提的評價行為是一種感情的行動，是以人的願望為基礎之非認識性的行動。因為朔伊爾勒將價值判斷理解為：關於「本身之心理事實」的事實判斷，因此，他沒有認識到，此處不是要確認一項事實，毋寧是對案件事實的評價。「此種行為違反善良風俗」、「此類要求與誠信原則牴觸」之類的判斷，主要不是想說明，判斷者是這樣感覺的，毋寧認為該當的行為或要求「理應獲得」此種評價，由法律的角度看來，應獲得如是的判斷。法蘭克納（Frankena）[16]曾提請大家注意，依倫理性語言的意義，倫理性的判斷也要求，應客觀地被正當化。黑爾（Hare）[17]也提及：某人有一種負有義務的感覺，與某人「負有義務」，這兩句話所指並非一事。第一句話在確定一件心理事實，後一句話則在做一個價值判斷。黑爾明白反對，「將心理學式地確認負有義務的感覺，與對於義務所做的價值判斷混為一談」。假使連倫理性的價值判斷都要求，其應為任何合理的人所認可，於此意義上它是「正確的」，那麼依法秩序的標準所做的法律性的價值判斷，就更是如此了。這一類的判斷不只是要陳述判斷者個人的評價如何，主要想指出：基於法律的觀點，依法秩序的要求及評價標準（它們當然是來自判斷者審慎形成的確信），該當案件事實**應當如何判斷**。

　　問題只是：如何以及到何種程度，可以藉他人得以明瞭的取向於法秩序的考量，來正當化這些主張。如果把「評價」想像成：不能藉合理的考量取得，因此是「非理性的」，主要是基於感情而做成的判斷的話，那就錯了。當然，日常生活中純粹「感性的」評價仍占多數，在政治討論及法庭中，這種評價也不能完全排除。然而法律家的任務恰好在使評價「客觀化」。藉助前述「價值導向的」思想，法律家必須從事取向法律原則的評價。

----

[16] Analytische Ethik, S. 131.

[17] Die Sprache der Moral, S. 208.

　　於此，法律家勝過——作類似嘗試的——倫理哲學家，因爲在法秩序、憲法以及被接受的法律原則中存在一些有拘束力的評價標準。雖然法律家「適用」它們之前，仍然需要做一些進一步的動作，例如具體化的行爲；然而，至少繼續行進的方向已經事先確定下來。「正當化」一項決定——對法律家而言——意指：說明這項決定切合這些基本標準，以及後者在法秩序中的進一步發展，包括由司法裁判推演出來的一些裁判標準。這經常是一種錯綜複雜，具體細節有時難以透視的程序。「誠實信用」、「衡平」或「期待可能性」之類的用語，其意義云何，固然不能用文字說明或定義的方式做窮盡的說明，然而，藉助一些「清楚的」例子，還是可以顯現出它們的意義。（運用這些用語的）立法者立法時想像的無疑是：依此等標準對之爲判斷，將獲致一般認可的事例。這些標準包含一般的法律思想，後者則要求取向於特定觀點。例如，「誠實信用」的標準指向下述兩個觀點：對自己所引發並爲他方所接納的信賴，應予兌現；在雙方當事人的關係中，應考慮彼此的立場；「衡平」則意指，對於在契約當事人（民法典第315條），或者在加害人與受害人的關係上（民法典第847條）取得一種對雙方均屬恰當的平衡狀態。當法律家說：（法律關係參與人的）機會及危險、利益與負擔必須處於一種「均衡的」關係，彼此衝突但都値得保護的利益必須相互「協調」，則其所指與「衡平」並無不同。僅由這些一般的法律思想及原則，當然不能直接得到具體的決定，然而，它們也不是全無內容。依一些「清楚的」事例來說明它們，然後比較其他根據它們來判斷的事例，最後，依據對爭議之案件所爲法律分析，進一步推演出比較特定的法律思想，藉助這些方法，司法裁判逐漸充實原本相當「不確定的」標準之內容，針對特定的事例及案件類型將之具體化，最後終於創造出由諸多裁判典範所構成的脈絡，大部分新發生待判斷的事例，亦均可歸屬到這個脈絡的各該位置上去。對此而言，對民法典第242條的評釋，是一個令人印象深刻的例子。

　　讓我們再深入觀察一下此處適用的事件比較及類型化的方法[18]。我們

---

[18] Vgl. hierzu *meine* Ausführungen in der Festschrift für NIKISCH, 1958, S. 292 ff. und LEENEN,

會再次發現：於此，思想的過程不是單向進行，毋寧是對向交流的，質言之，一方面是由一般的法律思想趨向於——應依其而爲判斷的——事例，另一方面則是由此等事例，經由典型的事例及比較特定的法律思想，趨向於此一般原則。雖然沒有一個事件會在所有各方面都與另一事件——雷同，然而，還是有許多事例，它們在一些特徵上，並且在一定的程度上相類似。因爲對「相同的事件」做相同的處理是正義的基本要求，因此，必須先認識：對必要的（應依此一般標準而爲的）評價而言，何種情事在何等範圍內是重要的，只有當它們在全部情事上都一一雷同時，對於（而且只對於）它們應做相同的處理。由是我們可以用顯然「違反誠信」、「違反善良風俗」或「不公平」的事例作出發點，在思想中對它們做一些轉變，藉此來探究：對此種評價具決定性影響力的情境究竟是什麼。我們馬上被引導到一些比較特定的評價觀點上：「禁反言的原則」、「信賴濫用」、「權利失效」，或者——在考慮到「善良風俗」時——「箝制性的契約」、「過分限制職業自由」、「故意損害第三人」、「充分利用其獨占地位」等觀點。不可避免地，於此既會有相互重疊之處，亦會有一些尙未被充分塡補的空間存在。法院裁判的事件愈多，提供比較的可能性也隨之增長；因此，作出確實可靠之裁判的機會也隨之提高，殘留的——必須作不那麼確定的裁判之——判斷空間也將隨之縮小。因此，每次判斷個案時成功的具體化，其同時也是對標準本身的續造。之前（上文第一章第四節第一項末）就已經指出：於此，法律適用及法的續造相伴而來，它們本屬同一過程。

這種具體化的方法當然有其界限。對案件的分析也許不夠充分，比較性案例的決定也許經不起事後審查的考驗。對特定案件類型的判斷原本並無疑義，因爲一般價值意識的轉變（在所謂的「善良風俗」的問題上，尤爲顯著）[19]，可能會有爭議。司法裁判不能長期忽略此等轉變，假使它想與一般法意識及倫理意識配合的話。此外，對新發生的待決事件，可

Typus und Rechtsfindung, S. 66 ff.

[19] Vgl. dazu ROTHER, Sittenwidriges Rechtsgeschäft und sexuelle Liberalisierung, AcP 172, 498.

能欠缺比較性案件。除了多少算是「典型」的事件外，也會一再出現非典型的事例。於此，法官對自己的裁判無法作澈底的說理；如是，而且只有如是，法官個人——對如何算是合乎標準——的確信才具有決定性的影響力。這些殘餘的不確定性姑且不論，對於大部分待判斷事件而言，法官仍然能以充分的理由正當化他必須做的價值判斷。假使把（本身被正當化的）包含在裁判中的評價，也看作是「現行法」的一部分，則以事件比較以及將事件歸屬某案件類型之方法取得的裁判，在現行法上亦有其根據。至少在涉及價值判斷時，我們對法律的論證說明就不能要求，它必須具備像數學或物理學證據那樣的邏輯嚴謹性。於此，「論證」意指：藉助可理解的考量，依現行法來正當化裁判。即使無法完全實現這個要求，正確執行職務的法官仍應盡可能朝這個方向努力。

第五項　留給法官的判斷餘地

不僅在具體化須填補的評價標準時，有時在依社會經驗判斷案件事實，在將事件歸屬某一類型（例如，「動物占有人」、「占有輔助人」、「從物」）時，都會有判斷餘地留給法官，就此，法官不能再透過一些——足以說服所有人的——考量來填補[20]。這種活動空間的發生原因如下：待判斷的事件正好發生在許多——均與之相似——各自有不同判斷之事件的邊界上。當法律不以確定一定數量的方式來劃定界限時，例如，只規定在給付與對待給付之間存在「顯不相當的關係」時，或者，只提及「非微不足道」地減損其價值時，法律就欠缺精確的界限而留有中間地帶，於此間作此種或彼種裁判均無不可。在「流動的過渡階段」也有類似的情況，例如：日與夜之間，樹林與森林之間。雖然運用事件比較的方法，經常可以給多數案件帶來確實可靠的結論，然而，在「輕」過失與「重大過失」之間還是不能劃定精確的界限。在個案留有判斷餘地的情況，即使法官不能做終局澈底的論證，其仍應依合乎義務的裁量，為法定標準或類型所要求的裁判。以認識自命的科學家會說，對他來說做這種判

---

[20] HART, The Concept of Law, S. 121 ff 提及「法的開放結構」，他意指的也正是這種判斷餘地。

斷是不可能的，因為標準太不精確，而且以其從事認識工作的地位而言，
也不容許他做這一類的判斷。然而，法官不能以「不清楚」為由拒絕裁
判；與科學家不同，他被課以裁判強制。就眼前的法律案件，他必須做出
決定，因此，就既存的案件事實，他必須做出此種或彼種判斷。在這類案
件中，司法裁判不可避免會有不確定的危險，這是必須接受的。法官於此
只須窮盡法律性考量可提供的所有具體化手段，並藉此取得「可認為正當
的」決定，即為已足。當一項決定，既有理由可支持它，也有理由可反對
它，而正反的理由都同樣可成立時，它就是一種「可認為正當的」決定。
在外行人期待可以確證的「正確性」之處，法官卻經常以決定「尚可認為
正當」自足，因為不可避免經常會有判斷餘地存在，而法官又負有裁判義
務。關於這一類事件，法學只能做如下的陳述：裁判「尚可認為正當」，
或裁判已不復「可認為正當」。此類陳述本身當然也需要符合陳述正確性
的要求。

　　可以想像，當法官最後終於在兩個均可認為正當的判斷中做出抉擇
時，他事先已經考量過各該判斷的後果（即：由各該判斷將推論出的案件
裁判結果）。因為法官希望盡可能對事件作出「正當」的裁判，在事件中
實現正義也是司法裁判的正當意願，因此，預先考量法官自己認為正當的
事件裁判，原無不可。然而，法官未必始終能預知，何種決定是「正當」
的。因為在困難的事例中指出何者為正，較之指出何者顯然不正要艱難
得多，所以法官至少可以用這種方法避免顯不正當的裁判[21]。假使可能的
決定中沒有一項決定是顯不正當的，那麼這一類事件的最後決定就取決於
法官個人的價值理解及確信。於此當然有下述危險：在法官沒有意識到的

---

[21] Podlech, ArchöffR 95, S. 190 反對此見解，他認為：嘗試「想用只適合做粗略原則性決定的標準
之正義，來抓住細微的案件事實差異」，是不可行的，「因為不論是日常語言或是法律釋義體系
性的論證都不能適當表現這種差異」，我意指的也不是這個，我關切的只是下述問題：在邊界事
件中，質言之，當此種與彼種判斷都是「可接受」的情況，法官能否將決定訴諸其個人關於「正
當」決定的確信。只有在（以這種方式可避免顯然不正的裁判）這種程度上，才有判決的客觀化
可言。在其他情形則仍取決於法官個人，正如波德萊赫（Podlech）所說的，「法適用機關成為偶
然的發生器」。

情況下，一些成見流入法官的判決中。必須要求法官：儘量免於受成見束縛，儘量明白表明其裁判動機，最後並應由錯誤的裁判中學習。假使法官欠缺這些意願，則即使是顯然的法感，也有可能使法官誤入歧途[22]。

　　只有相信所有人生事件都可以無所遺漏地被合理化，相信可以完全排除有創意的人性之人才會覺得：有時還是會有一些——法官之個人關於正確的確信有最終影響力的——判斷餘地存在，是一種「令人難堪的殘餘」。相反的見解則認為：一如其他生活領域，在法律適用的領域中，個人決定的因素仍屬不可避免。恩吉斯曾經說過[23]，法「就其全部構成部分而言，是一種有機的，與人結合出現之活潑的精神產物。授權得為裁量決定，無異於在法的具體化上，對追求意義實現的人格加冕。於此，主觀上正確的就是正確的」。這當然只適用於留給法官的判斷餘地範圍內。法學固然一再努力縮小這個活動空間，然而，其完全消失則既不能預期，也不值得期待。

　　特別是在針對個案將須填補的標準具體化時，在部分將案件事實歸屬某一類型的情形，在一些有流動性的過渡階段存在時，法律適用者會擁有**判斷餘地**，其應與行政人員的裁量權限相區別，後者是法律賦予行政人員的**決定空間**。對「裁量」概念發表的文獻幾乎已經不可能再遍覽[24]；於此僅做若干原則性的評論。一般認為，在若干事件中賦予行政人員行動及形塑的裁量，其意義在於：行政可以依時間、地點及既存情事之不同，在多種法律准許的措施中選擇其一，甚至不採取措施；於此，指引行政抉擇的比較不是合法性，毋寧是合目的性的考量。依今日的見解，賦予行政的裁

---

[22] Vgl. dazu Brusiin, Über die Objektivität der Rechtsprechung, S. 47 f.

[23] Einführung in das juristische Denken, 5. Aufl., S. 132.

[24] 不求完整地指出下述文獻：Bachof, JZ 1955, S. 99 ff.; JZ 72, S. 641; Ehmke, Ermessen und unbestimmter Rechtsbegriff im Verwaltungsrecht, 1960. Engisch, Einfürung, S. 118 ff.; Forsthoff, Lehrbuch des Verwaltungsrechts, 9. Aufl., S. 80 ff.; Jesch, ArchöffR 82, S. 163; Klein, ArchöffR 82, S. 75; Rupp, Grundlagen der heutigen Verwaltungslehre, 1965, S. 200 ff.; Schima, Der unbestimmte Rechtsbegriff, in: Österreichische Akademie der Wissenschaften, philosophisch-historische Klasse, Jg. 1967, S. 185; Ule in Festschrift für Walter Jellinek, 1955, S. 309 f。

量空間也有其界限，或許是透過賦予裁量權限的法律本身，或許是透過憲法原則或一般的法律原則（例如，比例原則）來界定。裁量而逾越此等界限者，即屬違法；行政法院監督行政合義務地行使其裁量權。假使行政機關採取的措施尚在裁量空間範圍內，這個措施就是合法的，即使另一措施更合目的。行政法院審查的只是合法性而非合目的性。法律當然也可以運用所謂的不確定的法律概念（須填補的標準）來描述，在何種條件下，行政機關應擁有裁量空間[25]。假使這些條件存在，行政機關就必須採取一定的措施，裁量空間就沒有超過判斷餘地的範圍。前提條件存在時，行政機關是否尚有裁量空間，有多大的空間，均須做個別的審查。無論如何，在法律適用者的「判斷餘地」以及行政機關的裁量（行動裁量）之間至少有一點不同：在具體化須填補的標準之程序中，是由法院透過個別決定發揮範例作用，因此，是由法院來協助縮小殘餘的判斷餘地，在行動裁量時，法院就不具有相同強度的影響。然而，（被解爲恣意禁止的）平等原則仍然可以導致：在某種程度上，行政機關必須受自己向來實務的拘束。

　　不論是──適用不確定的法律概念或評價標準時的──判斷餘地，或是行政機關的行動裁量，兩者都不能與刑庭法官在確定具體刑罰時擁有的裁量（＝量刑）權限相提並論。量刑一方面必須嚴格取向於法律思想以及法秩序承認的各種刑罰目的。另一方面，各種目的之間的相歧、應考量的個別情事之多樣性及認識工具的有限性，這種種都使比較可能性以及恪遵正當標準發生重大困難。但是法官仍應努力以相同的標準爲據，並努力澄清其考量。然而，我們不得不同意恩吉斯[26]下述說法：「即使理論及實務一再努力希望爲量刑帶來正義，然而，一方面目的思想仍有重大影響，此外，也不能藉理性完全排除個人性的殘餘，換言之，在決定行爲上仍有個人因素」。在經過審愼考量而劃定的決定空間內，法官仍須具體確定確

---

[25] Hierzu Vgl. die Entscheidung des gemeinsamen Senats der obersten Gerichtshöfe in NJW 72, 1411- mit Anm. von KLOEPFER - und den Aufsatz von BACHOF in JZ 72, S. 641.

[26] Einführung, S. 132. Vgl. auch seinen Beitrag über den Ermessensbegriff in der Festschrift für KARL PETERS, 1974, S. 15.

切的刑罰；於此須考慮的只能是實現法規範的利益，也就是黑格爾所說的[27]，「不管以何種方式，（在一定界限內）做出決定的利益」。藉著發展出一些清楚實際的量刑標準，使法官對刑罰範圍的決定儘量可以理解，換言之，使法官的決定空間（於此範圍內，他只需要做決定）儘量縮小，這也是法學的任務之一。

第四節　意思表示的解釋

第一項　規定法效果的意思表示

　　由單一或多數——以發生法效果為目標的——表示構成的案件事實（法律行為），也是具有法律意義的案件事實。就像所有的意見及意志表示，它們也需要解釋。意思表示不僅是——法律可賦予一定法效果的——案件事實，反之，其內容本身亦同時指出：應發生此種或彼種法效果。例如，終止的表示意指：被終止的法律關係應於一特定時點結束，移轉某物所有權的契約則意指：該物之所有權應移轉於取得者，債權契約是指：此人對另一人應為一定的給付。意思表示不只是表達特定的意見或意向；依其意義，其係一種適用的表示，亦即：一種以法效果被適用為目標的行為[28]。法律行為是一種本身已經包含應賦予之法效果的案件事實。因此，它和其他有法律意義的案件事實有重大的不同。

　　之前（在第二章第二節第一項中）已經指出：法律上有效的債權契約，之所以能使當事人就契約的主要給付負履行義務，是因為當事人透過契約使自己負擔義務。義務的發生不是始於：法律針對此等構成要件賦

---

[27] Rechtsphilosophie, § 214. 雖然（就像黑格爾所強調的）在理念上，只有一個刑罰是「正當的」。但正如黑格爾所說的，我們無法「合理地確定」應該剝奪其自由到哪一鐘點、課予罰金到哪一分錢。

[28] Vgl. *meine* Schrift "die Methode der Auslegung des Rechtsgechäftes", 1930 (Neudruck mit Nachwort 1966), S. 34 ff.; *mein* Lehrbuch des Allgemeinen Teils, 7. Aufl., § 19 I.

予此等法效果，毋寧來自「有效的債權契約」本身，前提是：該當法秩序原則上認可這一類契約，質言之，在「私法自治」的前提及界限內。買受人負給付約定的買賣價金之義務，因爲他在一個「買賣契約」的法律行動中，使自己承擔此項義務。這項義務不是民法典第433條第2項所創設的，其毋寧只是與第1項配合而清楚指出，法律中的「買賣契約」應作何解。假使還不清楚，此方或彼方當事人在契約中自承的義務爲何，就不能確定，於此涉及的是買賣或其他類型的契約。因此，爲判斷契約類型，法律家首先必須答覆的問題是：當事人做了什麼約定？我們馬上會說明，爲答覆此一問題，法律家必須解釋契約當事人的表示。只有當我們確定，當事人約定了哪些法效果，才會再陸續提出下述其他問題：法律上此等約定應如何歸類、如何判斷，應將之視爲買賣契約、混合贈與、租賃或其他契約。

　　將某一具體契約歸屬到某一法定契約類型，或將之視爲「混合類型」，具有雙重意義。其一，此類契約可能會有一些特殊的效力要件，例如，如果是贈與承諾，就有民法典第518條的要式要求，如果涉及土地買賣，就有民法典第313條的要式要求。就是否違反法律的禁止命令、是否需要行政機關的許可等問題，契約歸類亦有其意義。此外，可否適用補充當事人約定之（大部分質屬補充規定的）法律規範，亦取決於契約的歸類。舉例來說，假使確定涉及的是買賣契約，而非「混合贈與」，而且當事人並無其他約定，即可適用民法典第459條以下關於物之瑕疵的規定。補充性的契約規範得否適用，取決於對具體契約的法律判斷，後者又繫諸當事人的約定。

　　關於契約當事人究竟如何約定的問題，絕不只是確認事實、心理學上的解釋、意見或動機研究的問題而已。當事人雙方不只是（不具拘束力的）通知對方其期望或意向爲何，反之，他們合意：在他們彼此的關係上，應適用特定的法效果。因此，在探求「意思表示」的內容時，法律性的判斷已經有一定的影響。當客戶在一個店鋪向售貨員說：「請給我一公斤的蘋果」，依情境而言，其並非意指：該客戶希望獲得這些蘋果的贈與，依該當情境毋寧應認爲：他「想購買」這些蘋果，換言之，爲此他願

意負給付買賣價金之義務。於此，重要的不是：其意確實如此，具決定性的是：依該當情境，售貨員只能將其表示理解爲買賣的要約。客戶必須受其意思表示的拘束，而且該意思表示在法律上必須作如是理解。

第二項　法律行爲的解釋

　　假使當事人對意思表示在法律上的標準意義有爭議，法院就必須對它做解釋。表示在客觀上雖然有多義性，然而，表示者及受領表示者對之有相同的理解，表示即應以此等理解適用於當事人間；法秩序沒有任何理由可以把不是雙方意指的涵義強加給他們。假使受領表示者對表示的理解與表示者所意指者不同，在法律上既非當然取決於事實上所意指者，亦非當然取決於實際上所理解者。法秩序保護受領表示者，以依該當情境可以（並且必須）理解的意義來掌握意思表示。因爲這個意義與事實上意指的，或實際上理解的未必一致，因此，它是一種具規範性的表示意義。規範性的表示意義爲何，其標準在於「受領意思表示者的理解水平」。

　　在探求規範性的表示意義時，解釋者必須做哪些考量？首先他必須把自己置入表示受領者的情境，瞭解所有表示受領者在表示到達時認識，或可得認識的情境。他將表示受領者理解爲：熟悉一般語言用法，熟習該當交易領域的特定語言用法，並且瞭解交易習慣的交易參與者。這樣一位表示受領者，將會考量表示者顯然會列入考慮的情況，例如：既存的業務聯繫關係、先前的承諾、過去的表示。在探討規範性的表示意義時，應該假定表示受領者會仔細審查這個表示。假使一個仔細審查表示的受領者發現，表示本身有多義性，他將努力去認識表示者的意見究竟爲何，必要時會追問。假使他盡了應有的注意後，將表示作一種理解，表示者就必須讓這種表示意義適用，即使其原本意指的並非如此；表示者本來就應該努力，以受領表示者可理解的方式來表達。然而，假使表意人所意指者，與受領人對表示的理解相歧，法律仍舊賦予表意人因內容錯誤而撤銷其表示的可能性（民法典第119條第1項）。此處自不須深入探究法律行爲的解釋

及意思表示錯誤的詳細理論內容[29]。

　　對個別意思表示（包括使契約成立的雙方當事人之表示）的解釋，
應與補充性的契約解釋相區別，後者係指：解釋契約創設的，適用於當事
人之間的約定[30]。和任何規定一樣，當事人間的約定也會有漏洞，有時連
當事人間的約定是否已經包含某一問題的解決方式，都不無疑問。針對這
點的「補充性契約解釋」之標準是：契約的整個意義脈絡、雙方共同承認
的契約目的，以及雙方共同想像的契約利益狀態。那又必須問到：在此情
況下，什麼是任何當事人都會認為符合正當利益權衡，因此他方當事人也
可以接受的要求。法律把這種補充性契約解釋的標準稱為：「誠實信用」
原則（民法典第157條）。因此，只要還在雙方表示所容許的範圍內，應
盡可能解釋當事人約定的規制，使其對雙方當事人而言均屬正當。只要契
約的規制是由當事人「自由」（未受他方脅迫）約定的，就是「正當的」
規制；然而，只要還有解釋的空間，解釋時就應盡可能實現「契約的正
義」。但法官不可以自己的評價標準取代契約當事人的價值決定。解釋契
約時，始終應受雙方當事人共同接受之評價基準的拘束，否則就不算是契
約解釋了。

　　我們還可以把個別意思表示的解釋理解為：基於法律觀點，對既存
事實所做的判斷，「補充性的契約解釋」則不僅如此。它已經涉及對法效
果做更詳細的確定。於此，法效果不是從法律規定中推論出來的，毋寧是
由當事人在契約中所確定，而由法官作澈底思考而得的規制。就像法律漏
洞的填補是藉助解釋達成的，「補充性的契約解釋」也建立在下述可能性
上：相互協調的規制，其能包含的內容實際上超過語詞、文句所直接陳述
者。兩者都涉及詮釋學熟習的「意義過剩」、「意義內容」及「意義形
式」間可能的分歧現象。貝蒂（Betti）[31]說：「意義形式具有漏洞及未完

----

[29] Vgl. dazu *mein* Lehrbuch des Allgemeinen Teils der deutschen bürgerlichen Rechts, 7. Aufl., §
19 II und die Literaturangaben zu § 19.

[30] Vgl. dazu *mein* Lehrbuch des Allgemeinen Teils, 7. Aufl., § 29 I, II.

[31] EMILIO BETTI, Allgemeine Auslegungslehre als Methodik der Geisteswissenschaften, 1967, S. 281.

成的性質，這才造成補充性解釋的問題」。然而，兩者的方法不同，在很大的範圍裡，法律規定彼此相互協調而且取向特定指導思想；反之，契約的規制大多殘缺不全，規制的背後又是彼此相歧的利益。假使法律就特定契約類型備有任意性規定，而且具體的契約又充分符合該類型，則通常可以藉法律的任意性規定來填補「契約漏洞」。然而，假使具體契約與（任意性規範針對的）一般類型相去太遠，那麼將任意性的法規範適用於契約，恐怕未必能切合契約基礎的利益情境與契約意義。就如同根本欠缺任意規定的情況（特別是當交易中發展出新的契約型態，而法律尚未爲特殊規定時），於此，「補充性的契約解釋」就是填補契約漏洞的可能途徑。

第三項　將債之契約歸屬法定的契約類型

特別是在債法領域中，民法典包含許多任意性的規定，部分是對債權契約及雙務契約的一般規定，部分則針對特定法定契約類型。在適用後者之前，必須先將具體契約歸屬於該契約類型的適用範圍之內。依據流行的見解，這應該用涵攝推論的方式來進行。然而，之前已經說過，涵攝推論的必要條件是：大前提是可以窮盡定義的概念，因此，只有當我們能用確定的要素，窮盡地定義法定契約類型，才能夠進行涵攝。對若干契約類型而言，法律似乎也提供了這一類定義。例如，法律規定，物之買賣契約者，謂當事人約定，一方應負移轉財產權於他方，假使他方尚未占有該物，並負移轉占有之義務，他方爲此須支付價金。租賃契約者，謂當事人約定，一方於租賃期間內，負有使他方得使用該租賃物之義務，他方就此應支付租金。然而，在「僱傭」、「承攬」等契約類型，對其究竟能否做精確的概念規定，即不無疑義，就此，許多嘗試在概念上清晰區分兩者的（徒勞無功的）努力，足資證明[32]。當法律將借貸描述爲：當事人約定，一方得視金錢或其他代替物爲「借用物」而受領之，我們無論如何都不能將之視爲定義，因爲被定義之名詞出現在定義描述中。民法典第705條就合夥所做的定義不夠精確，因爲「共同的目的」這種要素過於空泛，無助

---

[32] Dazu Leenen, Typus und Rechtsfindung, S. 147.

於精確界分。

事實上，法律概念性規定的背後，經常還是類型。這首先表現在：「買賣」及「租賃」的要素可以用不同的方式結合，因此會有混合類型，例如，各種租賣的類型[33]。在「混合贈與」，關於物之財產權的移轉——依當事人的想法——部分基於對價，其餘則否。如果把買賣、租賃及贈與視爲古典邏輯中的概念，前述混合類型即不屬於各該概念，如是，則混合類型即不能歸入法律的體系中。沒有人會滿足於這種單純的否定，毋寧總是要追問：它們究竟「比較接近」哪一種契約類型。那麼，大家就已經在作類型化思考了。無疑有無數「混合」的契約類型存在，這足以顯示：所謂的法律定義，實際上是被簡化的類型描述[34]；在透過各種概念要素所劃定的買賣或租賃契約的「類別」中，還可以區分出各種不同的——可以接受他種契約類型要素的——類別。例如，信用買賣（其典型是分期付款買賣）就帶有貸款的要素。巴勒斯泰特（Ballerstedt）[35]曾指出，他所謂的「與市場有關的種類物的買賣」含有（以置辦義務的型態出現之）承攬契約的要素；把合夥分爲不同的合夥類型更屬常見[36]。這所有種種都支持下述說法：不應把民法典中的「契約類型」視爲古典邏輯中的概念[37]。具體地說，它們是「法的構造類型」，質言之，法律關係的類型（下文第六章第二節第二項及第三項）。

之前（第一章第四節第一項）已經區分概念及類型如下：概念的外延透過其定義要素被終局地確定，類型則否。描繪類型的「特徵」，至少部分可以不同的強度出現，在一定的程度上也可以彼此交換。重要的是它——由法定或約定的規制中獲得——的「整體形象」，由此可以發現特

---

33 Leenen, a.a.O., S. 143 ff.

34 H. P. Westermann, Vertragsfreiheit und Typengesetzlichkeit im Recht der Personengesellschaften, S. 105 f.

35 in der (ersten) Festschrift für Nipperdey, 1955, S. 264, 280.

36 Westermann, a.a.O., S. 103 ff. 抱持懷疑：W. Ott, Die Problematik einer Typologie im Gesellschaftsrecht, dargestellt am Beispiel des schweizerischen Aktienrechts, 1972。

37 就此，Leenen, a.a.O., S. 162 ff. 深入論述。

定指導性觀點。特定類型容或有若干不可放棄的特徵（例如，租賃契約的有償性、買賣契約中移轉買賣標的物所有權及支付買賣價金的義務），由是，概念規定似乎是可行的，然而，一旦有偏離一般形象的情形，返回到類型化思考又是不可避免的。類型在內容上要比概念豐盈得多[38]。人合性合夥的「典型」特徵是所有合夥人對於利益及損失的分擔，所有合夥人對於合夥事務均有執行、發言及控制的權利，質言之，一種屬人的信賴關係。然而，這種信賴關係可以有不同的階段。前述若干「特徵」也會出現在「有等同參與性質的」法律關係；類型比較將指出：其均具有「合夥類型」的因素。

只有用類型化的觀察方式才能對轉變過的類型及混合的類型做適當的歸類。對於「某物」是否屬於某概念界定的類別，只能有「是」或「否」的答案。依此，某特定契約只能是買賣契約或租賃契約，是僱傭契約或承攬契約。反之，依類型化的觀察方式，同一個契約可以在若干觀點上屬於此類型，在其他角度上屬於另一類型[39]，或者，不同類型的特徵可以特殊的方式結合成一個新的類型。在混合類型的契約，假使不僅涉及個別的給付義務，毋寧牽涉整個契約關係的存在（或存續）與否的問題時，究應適用何種規定則取決於：在契約的整體型態中，究竟哪一種契約類型的要素「占優勢」。例如，在具有等同參與性質的土地租賃契約中，關於契約的終止，仍然適用土地租賃法的規定，而非合夥法的規定，雖然──一如前述──它也具有若干合夥的特徵。同樣地，在出租房間並附帶供應飲食的情況，關於契約的終止，具決定性的仍舊是規範住房租賃的規定。因此，除了做類型「歸屬」外；尚須「衡量」不同的契約要素對整個法律關係具

---

[38] A. KAUFMANN, Rechtsphilosophie im Wandel, S. 312.

[39] 典型的建築師契約究竟應歸屬僱傭或承攬契約，司法實務很長一段時間都搖擺不定。其認為兩者間有概念性的對立存在，因此認為只能做此或彼的答覆。當聯邦最高法院決定把（包括建築師承擔監造工作的）建築師契約歸屬承攬契約後，這種歸屬導致之（建築師酬庸請求權的）消滅時效上之後果，又使之不無疑慮。其正確地認為30年消效時效的期間並不恰當。因此改變向來司法裁判的見解，把民法典第196條第7款的「勞務給付」解釋為：亦包含因承攬契約所為的勞務給付（BGHZ59, 163）。從事物本身而論，其已承認承攬契約也可以包含僱傭契約的特徵。

有的意義。

如前所述，與純粹概念性的觀察方式相比，類型化的觀察方式有相當大的彈性，這種彈性似乎是以法安定性較小爲代價而取得的，但也只是似乎。事實上，只要有可階段化的過渡範圍或混合類型存在，而沒有確定的界限，司法裁判就不是以概念性的方式做決定性的陳述，毋寧多少是以感覺的方式。類型化方法的要求，是希望以一種與（反正已經不足以解決問題的）涵攝邏輯不同的方式，從事合理的歸類。此種方法（就像其他種類的「衡量」）在臨界情況不能保證可以獲得唯一確實可靠的結論，總是還有判斷餘地存在，這非但不足以用來反對這種方法，毋寧更可以支持它，因爲任何實際的觀察者都不會草率地否定這種判斷餘地存在。將契約歸屬法定契約類型時，必須保留一定的彈性，因爲在債權契約的領域盛行契約自由原則，其結果是：交易上大家未必會堅守法律規定的契約模式，毋寧經常會做一些轉變，並且發展出一些新的類型。當然並不排除有下述情況存在：還是有全部細節都符合法定的契約類型特徵，對一般形象沒有任何偏離的契約存在，於此，法院只須用涵攝的方法，將之歸屬到（被解爲定義的）類型描述之下即可。然而，只要偏離顯然可見，或者，契約類型的定義不夠精確以致不能發揮作用，類型化的方法就必須出面取代概念的方法。

第五節　實際發生的案件事實

法官的任務是針對實際發生，而非想像出來的案件事實做法律上的判斷。因此，案件事實的形成及其法律判斷，一方面取向於可能適用的法條之構成要件及包含其中的判斷準則，另一方面則以——法官能夠確定的——實際發生的事件爲準。作爲陳述的案件事實應該藉助語言及其各種表達形式，切實反映實際發生的案件事實，這一類陳述會藉著訴訟程序慢慢在法院之前呈現，並且應該告知法院：發生如此而非如彼的事實。然而，法院可以應用什麼手段來認識實際發生的案件事實呢？

第一項　訴訟程序中的事實確定

被陳述的案件事實，其與實際發生者究竟是否一致，面對這個問題的法官通常不能親身感知事實，他必須憑藉他人的感知來答覆問題。然而，法官仍然有可能在事後親自看到屬於案件事實的客體，諸如：行為的工具、當事人就其解釋有爭議的文件、意外事件的地點，以及被毀損之物的殘餘。然而，通常關切的過去事件本身，卻不可能再感知了。於此只能藉助曾經感知該事件之人，由記憶中將之搜尋出來，並且在法院作證。然而，做過實務工作的法律家都知道，大多數證人的證詞有多不可靠：感知、註解和回憶都會發生錯誤，表達也不精確，而且證人多少也會不知不覺地加入自己的立場（有意的偽證就暫且不提了），這所有種種都會影響證詞的價值。因此，為了獲得事件的適切形象，法官不能立即信從某一證人或甚至當事人一方的陳述，反之，他必須判斷這些陳述的可信度。對法官而言，這項工作相當困難，特別是當他從不認識證人時，外表的印象常會使他陷於錯誤，存在的成見未必會立即顯現出來，有時證人的表達方式不好，甚至證人還可能受到威嚇。

假使沒有一個證人可以基於親身的感知來陳述特定事件的話，要認識過去的事件就更加困難了。於此，法官就只能由所謂的間接證據推得過去事件的形象了。假使事件屬於內心世界（例如，特定的意向、動機、善意或惡意），就只能藉間接證據（外部的跡象）來推論它，因為這一類事件他人根本無法直接感知。「間接證據」是一些事實或事件，其本身固然不是待決之案件事實本身的構成部分，然而可以由其推得屬於案件事實的過程[40]。在這個推論程序中，「大前提」通常是一項所謂的「經驗法則」、自然法則或具有概然性的規則[41]，小前提則是具有間接證據性質的事實，後者可藉由訴訟程序中的自認、親眼目睹或可靠的證詞確保其存在。假使可以確定，在某一時點，A正停留在某處，那麼在同一時點，A就不可能

---

[40] 證人、鑑定人或當事人的陳述則不是這種事實，即使法官可以由此推得結論，亦同。恩吉斯採不同見解，他認為這些陳述可以算是「廣義的間接證據」（Logische Studien, S. 64 ff）。

[41] 科赫與魯斯曼（a.a.O., S. 285 ff）稱第一種情況為確定的，第二種情況為統計的經驗法則。

出現在他處，因為下述大前提被認為是絕對可靠的：沒有人能在同一時點出現在兩個不同的地點。然而，大前提通常只是具有概然性的規則，甚至根本尚未被證實其足夠可靠。如是，則由此推得的結論只能說：待證事實相當可能，或者，有點可能[42]。假使有一家商店遭竊，而發現某人夜間出現在商店附近，手臂上還挾帶著可疑的包裹，就此他又不能提出合理的說明，我們就有理由可以認為，他相當有可能就是竊盜犯；但不能僅憑此就認定他確實是竊盜犯。假使有其他間接證據存在，前述可能性就會提高；例如，我們在嫌疑人身上發現與用以侵入商店的工具相類之物。在大多數的案件中，只要達到可能性極高的程度，法官就會形成——案件事實的確是此種，而非他種情況的——確信。即使達到這麼高的可能程度，在數學或嚴格自然科學的意義上，它仍然不是「證據」。然而，在訴訟法的語言中，「被證實」意指：「法院就一項事實主張的正確性獲得確信」[43]。雖然根據既存的間接證據只能認定：事實的主張非常可能是恰當的，法官還是可以獲得前述的確信。可能性程度必須多高，才能作為此等確信的根據（法律家稱之為「鄰近確實可靠的可能性」），這不能以精確的百分比來表達[44]。依今日的訴訟法，法官雖然可以「自由地」評價證據，實際上他仍然必須努力排除一切可能發生錯誤的根源，仔細地形成確信。於此，人格特質的參與也是不可或缺的：法官職業倫理中審慎判斷的態度。

　　確認過去實際發生的事件，其可能性不僅受限於人的認識能力，訴訟法本身也加以限制，乍聽之下一些人或許會覺得詫異。但它特別表現在民事訴訟中所謂的當事人進行原則。依此，法院只能考量已經由當事人（以主張的形式）提出，因此已經成為審理客體的事實，或是對法院而言「顯著」的事實。如他方當事人爭執主張的事實，則須以證據證實之；如係他方當事人所承認或不加爭執的事實主張，則即使法官並不確信其為正確，

42　KOCH/RÜSSMANN, a.a.O., S. 287 ff., zur Geltung statistischer Erfahrungssätze dort S. 332 ff.

43　BLOMEYER, Zivilprozeβrecht, § 66 I; ROSENBERG/SCHWAB, Zivilprozeβrecht, 14. Aufl., § 113 I.

44　依科赫與魯斯曼（a.a.O., S. 308）之見，這是一個程度的問題，「特別是準備以什麼程度來分配危險的問題」。此處涉及的危險是判決錯誤的危險；法官應盡可能降低這個危險。假使提出的事實，不足以使法官對其主張的正確性產生確信，就必須由負舉證責任者承擔此項危險。

仍應逕認其為恰當。因此，法官有時在法律上被強迫以某一案件事實為其
判斷基礎，雖然他個人確信：此事實實際上並未發生過。因為民事訴訟法
希望，由訴訟當事人自己決定，提出什麼事實，並對之進行討論，因此會
得到這個乍看令人驚異的結論。然而，在今日的民事訴訟中，當事人進行
原則特別會受到法官詢問權（民事訴訟法第139條）的嚴重限制。即使在
適用「職權調查原則」之處（特別是在刑事訴訟程序），由法院發現真
實，仍有一定的界限。某些人有拒絕證詞的權利；祕密錄音，以及以違反
法律規定的方式取得之犯罪嫌疑人的證詞，原則上均不得利用。對於法院
發現真實所加的上述限制，其目的在保護其他更優越的法益，特別是不容
放棄的犯罪嫌疑人的人格權，以及值得保護的第三人的利益[45]。真實發現
固然是訴訟法的一個重要目的，但並非其唯一目標。就像其他法目的，在
一定範圍內，它必須向其他更重要的目的讓步。

第二項　「事實問題」及「法律問題」的區分

　　大家向來區分「事實問題」（＝實際發生者為何的問題）與「法律問
題」（＝實際發生者，依法秩序的標準應如何安排的問題）。通常是以下
述程序來答覆法律問題：透過涵攝，將被認定的案件事實歸屬於法條的構
成要件之下。然而，如前所述，僅有極小部分是真正的邏輯學上的涵攝；
很多情況實際上涉及的是：依經驗法則所為的判斷，對於人類行為及表示
的註解、類型化的歸屬，或者，在須填補的準則之界限內所做的評價。
事實及法律問題的區分貫穿整個訴訟法；當事人進行原則更以之為前提。
就「事實問題」，法官係依據當事人的主張與舉證而為判斷，關於法律問
題，法官則應依其本身的法律認知來決定，而不須取決於當事人的主張
（法院能認識法的內容）。只有事實（實際狀況及實際發生的事件）才適
宜並且必須證明；對事實的法律判斷並非——應由當事人提出之——證明
的客體，毋寧是法官考量及決定的標的。在另一問題上，這個分別也扮演

45　HEINRICH HENKEL, Strafverfahrensrecht, 2. Aufl., S. 269; KARL MICHAELIS in Festschrift für ERNST
　　RUDOLF HUBER, 1973, S. 326 f.

重要的角色：能否針對一項判決向第三審法院上訴。「事實」也包括心理上的過程及包含其「內在」層面的行為[45a]；可以說，事實乃是任何在時間之流中有一席之地者。

只有在乍看之下，才會認為這種區分沒有問題。事實上，其是否，或者在何種程度上可行，乃是極有爭議的問題[46]。

困難的根源在於：在提出實際上是否發生某事的問題之前，首先必須以某種方式把「某事」描繪出來。它可以用一般用語，或者用法律用語來描述。如果是後者，那麼在提出「事實問題」時，似乎多少已經有法律判斷的影響了。然而，許多表達方式是法律用語及日常用語共有的，法律用語中的這一類表達方式，只有在少數的「臨界事例」才具有精確的意義。姑且先不論臨界的事例，於此，運用這些表達方式來提出事實問題時，還沒有法律判斷摻雜其中。在之前的狗咬傷人的事例中，可以提出下述的事實問題：A婦人在某日被N的狗咬到手臂並因此造成身體的傷害，此事實際上是否的確發生？直到進一步問到：是否因此實現民法典第833條第1句的構成要件時，這才是一個法律問題。於此，只須以簡單的涵攝，即得確定狗為「動物」，婦人A為「人」；有疑問的是：N是否為「動物占有人」。為答覆此問題，必須探究其他事實，後者又必須以日常用語來描述；例如，必須要探究，他是否為了利用，或者是基於嗜好，以自己的費用將這隻狗納入其家室之中。這個問題雖然是基於法律判斷上的疑義（N是否為動物占有人？）而提出的；但是問題的提出還沒有影響到問題的答覆。因此，如果只是提出特定事實是否存在（或是否的確發生）的問題，而該特定事實又是以日常用語來描述，則事實及法律問題的劃分仍屬

45a 關於事實的概念：Mitsopoulos, Studi in Onore di Tito Canacini, 1984, S. 441。

46 Engisch, Logische Studien zur Gesetzesanwendung, 2. Aufl. 1960, S, 82 ff.; Henke, Die Tatfrage, 1966; Rechtsfrage oder Tatfrage - eine Frage ohne Antwort, ZZP 81, 196; Kuchinke, Grenzen der Nachprüfbarkeit tatrichterlicher Würdigung und Feststellung in der Revisionsinstanz, 1964; Mitsopoulos, La distinction du fait et du droit, in: Revue Hellénique de Droit international, 20. Jg. 1968, S. 3; Scheuerle, Beiträge zum Problem der Trennung von Tat- und Rechtsfrage, AcP 157, 1; Schwinge, Grundlagen der Revisionsrechts, 2. Aufl. 1960; Nierwetberg, JZ 83, 237.

可行，即使原屬日常用語的表達方式亦為法律用語所採納，亦無不同。然而，對已發生的事件，藉下述之表達方式所為的歸類，則屬於法律問題：只能透過法秩序，特別是透過類型的歸屬、「衡量」彼此相歧的觀點，以及在須具體化之標準界定的範圍內之法律評價，才能確定其於既存脈絡中之特殊意義內涵的表達方式。屬於事實問題的是：當事人在締結契約時說了些什麼，以及此方或彼方當事人於此所考量的是什麼；至於對每位當事人而言，其表示將以何種意義發生作用，質言之，意思表示的規範性解釋的問題，則屬法律問題。假使在下雨而路面濕滑的街道上，A駕駛車輛轉彎時車子打滑以致發生車禍；那麼，關於街道的狀況、車速以及A駕車的方式如何，這些屬於事實問題的領域；至於在此種情境下，這種駕駛方式是否「有過失」，則為法律問題。這個問題（就像意思表示在法律上的規範意義為何的問題），在訴訟程序中無從以證據來證實。反之，法律問題的答案所取決的實際狀態，則可以（必要時，亦必須）以證據來證實。

　　然而，在某些事例，事實及法律問題如此接近，以致兩者不可能再截然劃分，例如：當案件事實只能以本身已包含法律評價的用語來描述時。要描述某人是否製造「擾亂安寧的噪音」，除了指出確否擾亂安寧之外，實在很難用其他方式來描述，除非當時對聲響的強度做過精確的測量。此等噪音確曾「擾亂安寧」，這個判斷一方面包含——為提出事實問題而——對已發生事件的描述，同時也隱含了對已發生事件的法律評價。假使當時曾精確地測量聲響的強度，然後再討論這種聲響強度是否「擾亂安寧」，情形就不同了。於此，在對其做法律評價前，仍然可以用物理學的概念，精確地確定現實發生的事件；至於事件依法定的判斷標準（擾亂安寧）應如何評斷，則純屬法律問題。在提出下述事實問題時，法律問題已摻雜其中：當A匯一筆錢給B時，A究竟是要把這筆錢送給B、借給B，還是向B清償其買賣價金的債務。A的行為是否（藉「可得推論的行止」）已包含將適用於他的意思表示（雖然在一定情況下，他仍然可以撤銷該意思表示），則純屬法律問題。

　　雖然所有案件事實的形成，最後都取向其可能的法效果，然而，事實問題及法律問題彼此還是可以區分的。即使會預先考量現實事件的法律判

斷，判斷者通常還是可以先獨立於對事件的法律判斷之外，依自然的經驗以及（以前者爲基礎而形成的）日常用語來掌握現實發生事件之實然，並以語言的方式將之反映出來。然而，馬上就必須對它做法律性的判斷，後者又會使其他事實問題發生。這些事實問題的發生雖然是法律問題所促成的，然而，這一類事實問題的表達方式，卻大多可以和法律問題相區別。

依據我們的法律，對一項判決何時可以向第三審法院聲明不服，同樣也取決於事實及法律問題的區分。只有以「不適用法規或適用不當」（民事訴訟法第550條）爲理由，才能提起第三審上訴。當法院就確定的案件事實所爲的法律判斷有錯誤時，換言之，在答覆法律問題時犯錯，即可認其適用法規不當。然而，司法裁判並未始終堅守這種區分。例如，在判斷某行爲是否「有過失」時，司法裁判認其爲法律審法院可得審查之法律問題，反之，就其係「輕過失」或「重大過失」，則認其爲不得審查之「事實問題」，這並不一貫。兩者涉及的都是評價問題——法律問題。在解釋個別的意思表示時，包括在探求其法律上的標準意義（規範性的解釋）時，司法裁判也認定其不能作爲上訴第三審的理由，除非有違反一般解釋原則、違反思考法則或一般承認之經驗法則的情形。這種做法顯然不能以下述主張爲根據：於此涉及者係「事實問題」[47]。於此顯然並非以「事實問題」及「法律問題」的分界爲標準，來否定其提起第三審上訴的可能性，毋寧是基於其他考量。當法律問題的最後答案取決於對案件事實之無數的細節考量，而它們在個案當中各不相同時，例如，在解釋個別契約或針對個案具體化一般的標準時，於此，事實審的法官比較能接近事實，因爲他可以運用他的詢問權做進一步的澄清，而法律審的法官則必須依賴事實審法官媒介的案件事實。於此，事實問題及法律問題以不可分解的方式糾結在一起：法官最後如何判斷個別事件，在很大的程度上取決於判斷時他考慮了哪些情境，乃至於他曾經嘗試澄清哪些情況；選擇應予考量的情事，則又取決於判斷時其賦予各該情事的重要性。假使主要取決於該當案件的個別細節，而不是——在其他案件也會重複出現的——典型特徵，那

----

[47] Vgl. hierzu HENKE, a.a.O., S. 188 ff.

麼第三審法院統一法律見解的目的也不如此顯著。因此，對這一類事件賦予事實審法官一定的判斷餘地，於此範圍內的判斷並可免於受第三審法院的審查，宜無不當。然而，其與事實問題及法律問題在邏輯及方法論上的區分，已無任何關聯。

第四章　法律的解釋

第一節　解釋的任務

第一項　解釋在法律適用程序中的作用

如前已述（第三章第一節），法律適用是一種對向交流的過程，於此，必須在考慮可能適用的法條下，由「未經加工的案件事實」形成作為陳述之終局的案件事實，同時也必須在考慮終局的案件事實之下，將應予適用的規範內容盡可能精確化。我們之前（第一章第三節第一項）也提及，「解釋乃是一種媒介行為，藉此，解釋者將他認為有疑義文字的意義，變得可以理解」。對於適用者而言，恰恰就是在討論該規範對此類案件事實得否適用時，規範文字變得有疑義。之所以會對法律文字的精確意義一再產生懷疑，首要的原因是：法律經常利用的日常用語與數理邏輯及科學性語言不同，其並非外延明確的概念，毋寧是多少具有彈性的表達方式，後者的可能意義在一定的頻寬間搖擺不定，端視該當的情況、指涉的事物、言說的脈絡，在句中的位置以及用語的強調，可能有不同的意涵。即使是較為明確的概念，仍然經常包含一些本身欠缺明確界限的要素。讓我們回想一下「為完成建築物而附加之物」（民法典第94條第2項）以及「新物」（民法典第950條第1項）的要素[1]。許多最重要的法概念在法律中並無定義，例如：「法律行為」、「主觀權利」、「違法性」；其他法律定義則或者並不完整，或者具多義性，例如，民法典第276條對「過失」的定義。同一用語在不同法律，有時甚至在同一法律都有不同的使用方式；比如「處理事務」之於民法典第662條、第667條以及第675條。

---

[1] 前文第一章第四節第一項及第三章第三節第三項。

聯邦行政法院一項1957年的裁判[2]足以顯示，一般語言的用法多麼欠缺一義性；於此，該法院必須解釋負擔平衡法第230條第2項第3款中所謂的「兒女」之意義。法院要處理的問題是：至少在沒有嫡親兒女存活時，是否可以將已故負擔平衡請求權人的媳婿或孫兒女解為該法所稱的「兒女」？法院認為，「兒女」的概念在一般語言中不是只有一種意義。其首先指涉的當然是血親兒女；但有時也有廣義的用法，因此也可以包含媳婿，乃至其他「受到有如家庭成員的照料」之人。因此，解釋法律規定的法官必須研究，「立法者一般性地、特別針對應予適用的法律，最後，特別針對應予適用的個別規範時」，其分別賦予該概念「何等內容及界限」。依據該語詞在該當法律之其他規定的用法，法院獲得以下的結論：「兒女」於此應作狹義理解，其僅包含血親的兒女。

此外，因為針對同一案件事實，有兩個法條賦予彼此相互排斥的法效果，如此亦將產生解釋的必要性。即使多數法效果並不相互排斥，仍然會發生如下的問題：它們應並行出現，或者此一規範應「排斥」另一規範的適用（規範競合的問題，上文第二章第四節）。由是，法律解釋的任務就在於：清除可能的規範矛盾[3]，回答規範競合及不同之規定競合的問題，更一般的，它要決定每項規定的效力範圍，如有必要，並須劃定其彼此間的界限。

解釋的標的是「承載」意義的法律文字，解釋就是要探求這項意義。假使要與字義相連結，則「解釋」意指，將已包含於文字之內，但被遮掩住的意義「分解」、攤開並且予以說明。透過解釋，我們可以「談論」這項意義[4]，換言之，我們用其他語詞更清楚、更精確地表達它，使它可以傳達給他人。解釋程序的特徵是：解釋者只想談論文字本身，並不想對它

2　NJW 57, 1963.

3　Vgl. dazu ENGISCH, Die Einheit der Rechtsordnung, S. 46 ff.; BYDLINSKI, Jur. Methodenlehre und Rechtsbegriff, S. 463 f.

4　Vgl. HRUSCHKA, Das Verstehen von Rechtstexten, S. 5 ff.

有何增減。然而，我們也知道，解釋者絕不只是處在消極被動的地位（上文第一章第三節第二項）。如果不是之前對要處理的事物已有所理解，文字本身不能告知什麼。它只向對它提出正確問題的人作答。適用法律者則必須先將未經加工的案件事實，轉化爲終局的案件事實後，才能提出問題。爲提出正確問題，他更需要認識法律語言以及規範的規制脈絡。解釋者本身對解釋的結論也會有一定程度的影響，至少在提問題的方式上，這點是不容置疑的。因爲提問同時也限制了答案的可能界限。稍後我們會發現，法院對規範所做的新的、範例性的解釋，也會改變實際的規範適用，換言之，會改變規範實務。然而，這通常並非解釋者的企圖；他只是想認識：從正確的理解來看，規範「原本要表達的內容」。他不只想提出「他的」解釋（雖然無論如何總還是他的），毋寧想說明規範本身、規範的規制脈絡本身要求的解釋；藉著自己的陳述，他只想讓規範「本身開口」。這是我們採取的出發點；至於——幾乎是在解釋的背面——透過解釋，依靠實際上有效的規範能實現（經常也實現）的改變，我們將在下一章討論。

司法裁判及法學以如下的方式來分配各自的解釋任務：後者指出解釋上的問題，並提出解決之道，藉此爲司法裁判做好準備；前者則將法學上的結論拿來面對個別案件的問題，藉此來檢驗這些結論，並促使法學對之重新審查。待判事件促請法官超越目前的程度，對特定用語或法條做進一步的解釋，然而，他的解釋也不能只考量該當個案，解釋結果必須也能適用在其他同類事件。假使就同一規定，法院於同類事件忽焉如此，忽焉如彼解釋，則其將牴觸正義的要求（相同的事件應做相同的處理）以及——法律追求的——法安定性，例如，假使就負擔平衡法同一規定中的「兒女」一語，端視期望的結論爲何，忽焉做狹義，忽焉做廣義解釋。在前述事例中，聯邦行政法院正確地拒絕做如下嘗試：爲追求該當個案結果的合理性，偏離向來對該法律的理解。然而，在我們的法秩序中，法官並不受先前解釋的拘束。假使該當法院確信，採取別種解釋更有根據，則其自可（有時甚至是必須）背離先前的解釋。然而這一類的事例比較少；爲了取得——就事件本身而言——比較正確的判決而容許改變司法裁判，其導致

的——相對的——法的不安定性，是必須付出的代價。

雖然法院或法學的解釋，都必須是對規範適當並且有充分根據的認識，可主張其為「正確的」解釋；但是沒有一項解釋可以主張是終局並且——可適用於任何時間的——「絕對正確的」解釋。它絕不可能是終局的解釋，因為生活關係如此多樣，根本不能一覽無遺，再者，生活關係也一直在變化之中，因此，規範適用者必須一再面對新問題。基於下述理由，它就不可能是最終的解釋：解釋始終都與該當法秩序的整體及其基礎的評價準則密切相關。下述關於正當防衛規定的解釋，在本世紀初，基於當時流行（並且為立法者支持）的見解，認其為正當，今日則不然：假使對侵害別無其他適當的防衛方法，即使只是為了防衛價值微小的財產，仍舊容許受不法侵害者對加害人的健康乃至生命作防衛行為[5]。正當防衛權本身也被課予一定的界限。在一定的程度上，每個法律解釋都有其時代性。這倒不是說，解釋者必須立即屈從每種時代潮流或時尚。司法裁判的持續性，基此而形成之國民的確信，即將依迄今有效的標準來裁判他的事件，此本身即有價值。只有當一般價值確信澈底變更時，特別是當這種變更已經表現在新法，或者已經獲致廣泛的同意時，解釋者才不能迴避。

法解釋究竟是一種「學術」或是一種「藝術」，這是多餘而無益的問題，因為提問的方式根本就錯了。如果以「純科學性」的學術概念為基礎，它就不是一種學術。前已述及（上文第一章第三節第二項），解釋程序不是一種單向前進的過程，毋寧是一種對向交互澄清的程序，藉此可以確認或揚棄原來預期的意義內涵。這種程序要求一種付出創意的精神工作。就此而論，有如藝術的創作。然而，它與形式的賦予或形成無關，毋寧要適切的陳述規範的內容及其適用範圍。和所有其他陳述一樣，這種陳述亦須符合「正確性」的要求。此一要求雖然未必始終能符合，但要求本身不受影響。於此「正確」不是指永恆不變的真理，而是指依此法秩序於此時的正確性。只要我們擺脫純科學性學術概念的狹隘看法，作為一種依循方法進行，藉以求得「正確」陳述的活動，解釋仍是一種學術活動。

5　Vgl. dazu *mein* Lehrb. des Allgemeinen Teils des BGB, 7. Aufl., § 15 I b.

　　薩維尼[6]認爲，他先把解釋視爲一種「學術性的活動，是法學的起點與基礎」，然後又將之描述爲一種不能僅由規則即可求得的「藝術」，兩者間並無矛盾存在。因爲薩維尼尚未受實證主義學術概念的影響，依其見解，學術是一種「自由的精神活動」，其可以參與法的創造。因爲包含創造性的特質，學術與藝術有近似之處。薩維尼認爲，可以將包含在解釋之中的，自由的精神活動規定如下：由是「我們可以認識法律的眞理，確切地說，運用通常程序可得認識之法律的眞理」，如是，顯然他也賦予法律陳述眞理的概念。

　　然而，何謂「認識法律的眞理」？於此，我們必須面對解釋目標爲何的問題。

第二項　解釋的目標：立法者的意志或規範性的法律意義？

　　歷史的部分已指出，19世紀後半葉，法哲學及方法論的文獻就法律解釋的目標已經形成兩種理論[7]；一方面是——以探究歷史上立法者的心理意願爲解釋目標的——「主觀論」或「意志論」；另一方面是——以解析法律內存的意義爲目標的——「客觀論」。主觀解釋論的代表學者有溫德賽（Windscheid）及比林，赫克在某種意義上亦屬此派，客觀解釋論的代表則有柯勒（Kohler）、賓丁格（Binding）及瓦哈（Wach），稍後的拉德布魯赫（Radbruch）、紹爾（Sauer）及賓德爾（Binder）。兩說對立的情況在現代仍繼續存在，甚至在同一本著作中，在最高審級的各法院間也不乏其例。

　　例如，恩內塞魯斯—尼伯代教科書[8]首先提到：解釋應該以「澄清法

6　System der heutigen Römischen Rechts, Bd. 1, S. 206 f., 211.

7　參見第一篇第二章第四節所舉文獻；ENGISCH, Einführung S. 88 ff.; LÜDERITZ. Auslegung von Rechtsgeschäften, 1966, S. 11 ff.

8　Allgemeiner Teil des bürgerlichen Rechts, 15. Aufl., § 54.

條的標準意義」為目標。如此看來，它似乎採客觀論的立場。然而，之後卻又再度提及：（得以民法典第133條的法思想為基礎，而且今日也應該堅守的）主觀論要求探究「立法者考量的命令內容」。依此，則解釋的標準應該是「法律中表達出來之立法者的意志，換言之，立法者藉文字顯示的意義，前提是這項意義（即使並不充分，但）已經被表達出來」。假使由此可以確定該書採取主觀論的立場，那麼它後來又背離這個立場了，因為最後它又提及：根本不需要追問，參與立法程序的那些人在想什麼；也不該把立法者想像成一種生物（！），應該追究的毋寧是：「立法行為中，（在理由、意義和目的上，）具規範性的意志內容為何」，（即使並不完全，）它在法律中也已經顯現出來了。對於讀者來說，這些句子如何與該書所持的主觀論立場協調，仍然是個謎。謎題的解答或許是：該書的第一位作者恩內塞魯斯的確堅決支持主觀論，稍後的作者尼伯代則傾向於客觀論，他又不願明白與其前輩的見解決裂。因此，他嘗試把兩方面的主張融為一體，然而，依前引文句可知，其嘗試並不成功。

　　兩說均有其部分的真理，因此都不能毫無保留地接受。主觀論的真理在於：法律與自然法則不同，它是由人類為人類創造的，它表現立法者創造可能的──符合社會需要的──秩序之意志。法律背後隱含了參與立法之人的規定意向、其價值、追求，以及其對於事物的考量。今日法律見解要求的「受法律拘束」（基本法第20條第3項、第97條第1項），不僅指受法律文字，也包含（立法當時的）立法者之評價及意向的拘束。但這還不是全部。客觀論的真理在於：法律一旦開始適用，就會發展出固有的實效性，其將逾越立法者當初的預期。法律介入──立法者當時不能全部預見的──多樣而且不斷變更的生活關係中；對一些立法者根本沒有考慮到的問題，法律必須提供答案。一段時間以後，它漸漸地幾乎發展出自己的生命，並因此遠離原創者原本的想法。就此而論，法律與其他精神創作並無不同。適用中的法律屬於──哈特曼之階層論中的──客觀精神的存在階層。它的特質在於其既非物理，亦非心理上的存在，毋寧是精神的存

在[9]，它存在於時間中，並且與之一起演進。「主觀的」解釋論不能切合此事實。

　　主觀論只包含部分眞理，此已足以顯示：不向客觀論借用一些思想是不夠的。除了實際的意志，溫德賽想認識立法者「眞實的」意志，這是由立法者所想可以推得之合理結論。在比林的心理學式的理論，除了事實性的標準外，因爲援引「誠實信用」作爲補充的解釋標準，於是又增加一種規範性的標準。施坦姆勒賦予主觀或歷史的方法優越的地位，但他也不放棄，透過解釋使陳舊的法律配合時代的需要和觀點。因此，他提及：「較古老的法規範之意願內容」，在現代只能以「此時立法者所意願者」主張其效力[10]。納維尼斯基亦也持相同看法：標準在於「可得認識的，制定規範者的終局意願」[11]。於此已經以預期之今日立法者的意志，來取代歷史上立法者的實際意志，因此，可以認爲他們已經背離了嚴格的歷史解釋。假使是以「理性之立法者」的合理考量，取代歷史上的立法者，依據前者的意志來解釋規範時，結論亦無不同[12]。然而，藉此只能獲得如下的結論：解釋的最終目標不是探求歷史上的立法者之意志。然而，如果因此認爲歷史上之立法者的規範企圖及其——可認識的——規範想法，在解釋上完全沒有意義，那就太過分了。如是，就完全忽略了主觀論仍有部分眞理。

　　法律是創作者——企圖創設完全或部分的法律規制之——意志的具體化，此中既有「主觀的」想法及意志目標，同時也包含——立法者當時不能（全部）認識之——「客觀的」目標及事物必然的要求。如果想充分瞭解法律，就不能不兼顧兩者。每個立法者都不能與其時代的法律觀及當時的表達方式分離；他同時也面對某些——源自其時代脈絡的——法律問題。因時間的演進，某些問題的重要性泯沒，某些新問題日益重要。

9　Vgl. Heinrich Henkel, Einführung in die Rechtsphilosophie, 2. Aufl., S. 550 ff.

10　Stammler, Theorie der Rechtswissenschaft, S. 617.

11　Nawiasky, Allgemeine Rechtslehre, S. 130.

12　依Zygmunt Ziembinsky, RTh Beiheft 1, 1979, S. 215 ff 之見，法學一向依此種「方法模式」在進行。

法律解釋者都希望，在法律當中尋獲其時代問題的答案。假使在一定的程度上，使法律也參與（歷史的）時間之流，這樣的解釋便能滿足前述要求[13]。雖然如此，它仍然與源頭結合在一起。除非它們牴觸現今的憲法原則或普遍承認的法律原則，否則，（可得認識之）歷史上的立法者的規定意向及其明白的價值決定，解釋時也不容棄置不問[14]。如若不然，我們就不能再稱之爲「解釋」，稱其爲「置入」或更妥當。法官依憲法應受法律的拘束，這正明白指出：相對於其他權力，立法權在創法的程序中有優先的地位（這並不排除司法權有參與創法的可能），這個要求會付諸流水，假使解釋時可以完全忽視立法者的意向的話。在這點上，力法論與憲法的考量交織在一起。

依上所述，法律解釋的最終目標只能是：探求法律在今日法秩序的標準意義（其今日的規範性意義），只有同時考慮歷史上之立法者的規定意向及其具體的規範想法，而不是完全忽視它，如此才能確定法律在法秩序上的標準意義。這個意義是一種思考過程的結果，過程中，所有因素不論是「主觀的」或是「客觀的」，均應列入考量，而且這個過程原則上沒有終極的終點[15]。某些人以類似主觀論的說法，將法律的標準意義描述爲「法律的意志」。然而，只有個人才有意志可言，在共同之意志的情形，可以承認這多數人有其意志。「法律的意志」這種表達方式，不當地把法律擬人化，而這種擬人化只是用來遮掩——立法者原本的意向與法律「經演進之後」的標準內涵之間的——緊張關係，這種遮掩並不濟事，緊張關係仍然存在。「法律的規範性意義」則將此緊張關係包含在內，而非排除於外；其仍須與立法者的意志取得聯繫[16]。

----

[13] 胡賽爾（GERHART HUSSERL, Recht und Zeit, S. 26）適切地指出：「假使法規範在今日應做——與其30年前生效時——不同的解釋，其正當根據在於規範之歷史性的時間結構。只有與時偕行，法規範才能發生適當的作用。」

[14] 就此，我與恩吉斯（Einführung in das Juristische Denken, 7. Aufl., S. 249 Anm. 104 b）的意見一致。

[15] 我們可以和科赫與魯斯曼（a.a.O., S. 178）一樣，把這種主張稱爲「統一説」。

[16] 貝蒂也強調，法解釋是一種「有規範性任務的解釋」（Allgemeine Auslegungslehre, S. 600 ff）。他並且認爲（a.a.O., S. 632），無疑「法解釋也必須考量制定法律的過程，包括制定的方

　　假使不應任由解釋者個人自由解釋，而應以確實、可事後審查的方式行之，我們就必須提供解釋者一些可作爲準則的解釋標準。法學方法論也的確發展出一些標準。依前述說明，大家應該不會對下述現象感到詫異：這些標準有的取向於歷史上之立法者的意志，有的則以規範性意義脈絡爲準則。薩維尼就已經區分「文法」、「邏輯」、「歷史」及「體系」的解釋因素。並且也已經提及：這些要素不應個別地發揮作用，毋寧應相互合作。我們即將要討論的——部分與薩維尼之理論重疊的——解釋標準，並非——像很多人所想的——是不同的解釋方法，毋寧是一些解釋觀點，任何主張其解釋結果正確（指：做出適當的陳述）者，對這所有的解釋觀點都必須一併考量。然而，不同的解釋標準（例如，法律的字義及其意義脈絡）經常還容許有許多解釋可能性；有些解釋標準有時不能發揮作用，例如，不見得總是能確認歷史上之立法者的規範理解。在不同的觀點之間經常需要做「比較衡量」。只有在對之做個別說明後，或許才能澄清不同觀點的重要性。之後我們才能深入討論：結論符合事物的正義，其是否也是正當性的標準之一。

第二節　解釋的標準

第一項　字義

　　文字的解釋都始於字義。字義是指一種表達方式的意義，依普通語

式、原本設想的規定，以及當時對相互衝突的利益如何評斷、衡量。即使其若干表達形式有矛盾之處，仍應堅守這些判斷。爲了確定因社會環境的改變以及法秩序中新方向的出現，法規範意義有多大的變更，就需要先認識——隱含在法律本文之中，並且構成規範的法律目的之——原始評價。因爲只有藉原始評價的媒介，才能夠（並且正當地）針對現代對法律本文做適當的配合改變。於此必須對（維持法規制的安定性、持續性之）靜態利益與（針對社會發展的方向做相應的配合、改變的）動態的要求做穩定的衡量，這些說明應予贊同。它們指出，以探討法律（今日的）規範性意義爲目標之解釋，其絕不能無視於歷史上的立法者之意向，因此可以避免主觀及客觀解釋理論的片面性。

言用法構成之語詞組合的意義[17]，或者，依特殊語言用法組成之語句的意義，於此，尤指該當法律的特殊語法。之所以先考慮語言的用法，因為應該可以假定：當大家想表達些什麼，通常會以一般能夠理解的方式來運用語詞。立法者會運用一般的語言，因為他是針對國民而立法，希望他們可以瞭解。此外，他還廣泛地運用法學術語，藉此他可以做精確的陳述，可免於很多繁瑣的說明。這些術語經常也以一般語言為基礎，因為法律是針對所有人的規定，與所有人有關，因此，起碼的一般理解性是必不可少的。在涉及一般人的法律領域，換言之，在日常事務的領域，法律語言已經成為一般用語的構成部分，雖然運用時未必如此精確。藉此，每個人都可以直接進入法的世界[18]，大家也需要這個管道以便能營適當的社會生活，因為現行法秩序也是社會的一部分。因此，法律語言不能像其他一些學術語言，能獨立於一般語言的用法之外。法律語言是一般語言的特例，但絕不是與後者完全脫離的符號語言。就像我們一再強調的，其影響是：法律語言不能達到像符號語言那樣的精確度，它總是需要解釋。

　　一般語言富有彈性，飽含細微的差別，並且具有適應性，這些特質是優點也是缺點。它們造成的結果是：僅由語言用法本身不能獲得清晰的字義。反之，它會有或多或少的意義可能性及意義變化可能性，因此，必須依據言說的脈絡、其處理的事物本身或相關的情境，才能決定所指究竟為何。與此相應的法律解釋標準有：法律的意義脈絡、立法者的規定意向，以及被規制之事物領域的結構。法律的意義脈絡及部分的規制目的，也可以由法律本文的字、句（依一般語言用法，或法律的特殊語法應有）的意義推知。於此又再次涉及——以「詮釋學上的循環」之名而著稱的（上文第一章第三節第二項）——預想及返視的程序，交互澄清的過程。只依靠一般或特殊的法學語言用法，固然還不能終局地確定於此脈絡，於法律之

---

[17] 關於語言表達方式之意義，及如何依一般語言用法以確定其通常意義，參見：KOCH/RÜSSMANN, a.a.O., S. 126 ff., 188 ff。他們在第128頁至第129頁討論之——在聯邦最高法院的裁判中論及的——「窗戶」一語的意義，尤其有啟發性。

[18] Vgl. hierzu GERHART HUSSERL, Recht und Zeit, S. 72 ff.

此處,某用語之意義究竟爲何,然而,如果欠缺這種認識,則解釋的理解程序根本不能開始。之所以說解釋均始於字義,其故在此。

如果某些用語在法律語言中已有特定涵義(例如,契約、請求、法律行爲之得撤銷或無效、繼承或遺贈),通常即以此特定涵義來運用這些用語。如是,則許多一般語言用法的意義變化可能即被排除於外,可能的意義範圍也因此大幅縮小。有時一旦澄清精確的法學語言用法,就已經完成解釋的工作,假使沒有任何理由顯示,立法者於此恰好要偏離這種用法的話。但是此種偏離並非全無可能。民法典在第90條將「物」定義爲「有體物」。雖然如此,大家還是一致地認爲第119條第2項所稱的「物」是指「交易的標的」,此種理解方式與一般的語言用法極爲吻合。民法典第90條的定義指涉的顯然是可作爲物權的標的;反之,民法典第119條第2項之「交易上重要的性質」,所涉及的是交易標的的性質,此等交易標的固然多屬第90條的「物」,但不必然如此。另一個例子:民法典在第184條第1項把「承認」界定爲,對某一法律行爲的事後同意。於此立法者考慮的是私人的同意表示;監護法院的同意(民法典第1821條以下),即使事前所爲者,亦稱爲「承認」。機關所爲的其他同意表示,亦同此。總之,即使以定義的方式確定法律的語言用法,仍然不能保證,該用語在該當法律的每個地方都作相同的理解。然而,主張應作他種理解者,就此應特別說明其理由。

依此,法律的特殊語言用法通常應優先於一般的語言用法,但是一旦發現有有意偏離前者的情形,即應返回到後者。在很多情況,一般的語言用法不能提供很多資訊。但是它可以指出一定的界限,意義只能在此中尋獲。如果已經被字義明白排除在外,就不能再依解釋的方法,將之視爲該用語的標準意義。邁耶—哈約茲(Meier-Hayoz)[19]適切地指出:

---

[19] MEIER-HAYOZ, Der Richter als Gesetzgeber, S. 42. 大多數都追隨其見,如:BYDLINSKI, Juristische Methodenlehre, S. 423; FIKENTSCHER, Methoden des Rechts, Bd. IV, S. 294 f.; RAISCH, Vom Nutzen der überkommenen Auslegungskanones für die praktische Rechtsanwendung, S. 29; Zippelius, Einführung in die Methodenlehre, 4. Aufl., S. 43; auch ZELLER, Auslegung von Gesetz und Vertrag, 1989, S. 153 ff.

「依此，字義具有雙重任務：它是法官探尋意義的出發點，同時也劃定其解釋活動的界限」。字義可能範圍外的說明，已經不再是闡明，而是改變其意義。這不是說，法官始終都不能逾越字義範圍；然而，其只有在特定要件下始被容許，而且已經屬於下一章要處理的，公開的法的續造的領域。當法院強調規定的意義及目的應優先於「語言上明確的」字義時，當它主張解釋不應侷限於字義範圍之內時，事實上它從事的是漏洞填補、類推適用或目的論的限縮，假使其所得的結論確已逾越語言上可能的字義範圍的話。我把「可能的字義」理解為：依一般語言用法，或立法者標準的語言用法（這可能只在特殊情況下才存在），這個用語還能夠指稱的意義[19a]。語言上可能的字義未必始終能精確界定，因此在某些事例，究竟是還在做擴張解釋，或者已經是透過類推適用在做漏洞填補，有時不無疑義。即使不能精確地劃定界限，仍然不影響這種——不是那麼概念式，毋寧是比較類型式的——區分。大多數的情況還是可以確定，某種解釋方式已經逾越了該當用語的意義界域——其可能的字義[20]。例如，要求對男女應予相同的待遇；依可能的字義，「男士」一語自不包含婦女（反之亦然）。那就只剩下類推適用的可能了。之所以有必要區分解釋以及——補充或改造法律的——法的續造，乃是因為：為保障法律作為優先適用的決定標準之地位，只有在滿足特定條件的情況下，才可以從事法的續造。在此不須特別強調刑法上禁止類推適用的特殊問題。類推適用的禁止也出現在其他法律領域[21]。它不同於禁止解釋，後者原則上是荒謬而無效果的。解釋及（補充或改造法律的）法的續造，兩者的界限只能是語言上可能的

[19a] 雖然一如克里斯滕森（CHRISTENSEN, "Was heißt Gesetzesbindung?" 1989, S. 79）所說的，一般的語言用法只能「透過舉例」，而不能藉精確的定義來描述，但它仍是可確定的。每個語言專家都能馬上認識，某個用語的一般用法並不包含某種意義，這並不需要有精確的定義存在。因此，還是可以個案地決定某種解釋是否已經逾越可能的字義。

[20] 反之，希福爾（Schiffauer）則認為，這個界限「在實務上不能作間主觀的確定」。因此，他否認可能的字義可作為（狹義的）解釋與法的續造之間的界限（Wortbedeutung und Rechtserkenntnis, 1979, S. 36 ff）類此：Wank, Die Juristische Begriffsbiltung, 1985, S. 23 ff。

[21] 關於類推適用之禁止，參照：CANARIS, Die Feststellung von Lücken im Gesetz, S. 183 ff。

字義,實在不能發現其他的界分標準。此種劃分也受到學界[22]及實務界[23]的普遍承認。

探求可能的字義及標準的字義時,應以立法當時的語言用法,或現時的用法為準?立法者當然是以當時的語言用法為據。假使牽涉的是法律術語,而且立法者是以當時理解的意義來運用,就應該以當時的意義為出發點。假使直接從今天的意義出發,有可能會背離立法者的意向。關於1865年普魯士一般礦業法第148條所稱之「擁有礦井者」,是僅指礦井所有權人,或者也包含質權人或用益權人,聯邦最高法院在裁判時正確地審查:當時的立法者是否會區分礦井所有權人及擁有礦井者[24]。假使當時的立法者和我們一樣區分兩者,就可以認定:他沒有要排除質權人或用益權人責任之意。於此,如果還想狹義地理解「擁有礦井者」,將之解為「礦井所有權人」,就必須提出一些特別理由,例如,依規定的目的或基本思想應如此解釋等等。就此,聯邦最高法院也正確地採取這種看法。假使立法當時立法者並未賦予用語特定意涵,情形就不同了。假使可以獲得能配合規範目的或基本思想之較佳解釋的話,於此似乎可以用今天可能的字義為解釋的界限。不管如何,今天的讀者是以當下的語言認識來掌握規範的意義,解釋以此為基礎,比較不會使他遭遇不能預期的狀況。

下述情況恐怕是一個臨界案例:藉武器或其他危險的器具傷害人者,應處以較重的刑罰。用鹽酸攻擊人時,聯邦憲法法院把這種情形當作刑法意義上的使用「武器」[25]。該法院認為,以往的語言用法雖然只稱機械性的工具為「武器」,然而,因為技術的發展,這種語言用法已經有所

---

[22] So von ENNECCERUS-NIPPERDEY, Allgemeiner Teil, § 57 III, besonders Anm 4; DAHM, Deutsches Recht, 2. Aufl., S. 66; ENGISCH, Einführung in das juristische Denken, 7. Aufl., S. 82 und 249. (Anm. 106 b); KREY, Studien zum Gesetzesvorbehalt im Strafrecht, 1977, S. 127 ff., 146 ff.; BYDLINSKI, Jur. Methodenlehre u. Rechtsbegriff, S. 467 ff.

[23] BGHZ 46, 74, 76.

[24] BGHZ 52, 259, 262.

[25] BGHSt 1, 3.

轉變，發生化學作用的工具也被視為「武器」。依其見解，對「武器」一詞，依今日的語言用法作廣義的理解，事實上也能配合刑法規定的意義及目的。這項裁判特別受到G.雷尼克（G. Reinicke）及D.雷尼克（D. Reinicke）[26]的批評。他們表示，刑法上的「武器」概念並非空白概念，可以依當時的語言理解來任意填補；毋寧應依立法當時的理解來解釋。將此概念轉而應用於非機械性的攻擊工具，事實上已經是一種（被禁止的）類推適用。恩吉斯[27]認為：這項裁判「至少是有疑義的」。我則認為尚屬適當。

字義或者是由一般的語言用法獲得，或是由法律的特殊語言用法，或是由一般的法學語言用法中獲得，無論如何，它在解釋上一方面可以當作第一個方向指標，另一方面也可以──依當時或今日的語言理解──劃定解釋的界限。可以說，它已經劃定進一步解釋活動的界域。

第二項　法律的意義脈絡

當一種表達方式依其語言用法有多種意義可能性時，通常可由其使用脈絡推知，具體情況下究竟應考慮何種可能性，雖然這種推論未必是終局而精確的。由上下文脈絡可以確定某段文字應作何解，同樣地，法律的意義脈絡也有助於個別字句的理解。於此涉及的不過是前述（第一章第三節第二項）所謂的「詮釋學上的循環」之最簡單形式。一如前述（第二章第二節），法律經常由不完全的法條（說明性的、限制性的或指示參照性的法條）所構成，它們與其他條文結合才構成一個完全的法條，或相互結合成一個規制。只有視其為規制的部分，方能獲悉個別法條的意義。假使想瞭解無權利人善意取得的規定，而且不想做出草率的推論，那麼除民法典第932條外還必須考慮第935條。當法律指示參照其他規定時，為瞭解指示性規範的適用範圍，必須一併考慮被參照的條文。如果想大概地認識法

---

[26] In NJW 51, 683.

[27] Einführung, S. 153.

律所說的「占有」，不能只讀民法典第854條。假使只從這個條文來理解占有的話，這個理解必須馬上被修正，因爲法律並不視所謂的占有輔助人（民法典第855條）爲「占有人」，毋寧以間接占有人（民法典第868條）爲占有人。初學者很難掌握法律對「占有」與「所有權」的區分，因爲在一般語言用法上，兩者常被同義地使用。爲正確瞭解其不同之處，必須比較這兩類規制。類似情況有：權利能力與行爲能力，當事人能力與訴訟能力、義務與責任。只有相互比較之後，才能充分理解各該概念。

　　除了這種幫助理解的作用外，法律的意義脈絡對解釋而言還有另一種功能：促成個別法律規定間事理上的一致性。在多種字義上可能的解釋中，應優先考量，有助於維持該規定與其他規定之**事理上的一致性者**。聯邦最高法院關於民法典第912條「越界建築地租」額度的一項裁判，對以事理上的一致性爲基礎所做的「體系」解釋，可以提供一個適當案例[28]。依民法典第912條第2項，地租之數額，「以逾越疆界時爲計算之標準」。問題是，在計算地租時究應以逾越部分的土地於此時點之交易價值爲準，抑或應以下述方式計算的較高價值爲準：改建時，僅以剩餘土地改建，與併同被越界部分土地一起改建，兩者之間的價值差額。聯邦最高法院首先正確地指出，於此僅憑民法典第912條第2項的字義不能做終局的決定。其進一步援引民法典第915條第1項作爲比較，依此，租金請求權人（越界土地之所有權人或其權利繼承人）得隨時請求地租義務人「受讓其越界建築土地之部分所有權，而補償其相當於越界時該部分土地價值之金額」。聯邦最高法院認爲，被越界土地的價值僅係越界時的交易價值，而非指其後更高的改建時的價值。越界土地所有權人移轉土地所有權時，其得向義務人請求之金額，顯然即係依民法典第912條所得請求的越界建築地租之即時的資本化。因此，聯邦最高法院得出如下的結論：在決定地租額度時，亦應以民法典第915條所認定的價值爲基準。

　　民法典第987條以下規定，未占有其物之所有權人與物之占有人間的請求權關係。第990條區分取得占有時善意之占有人與非善意占有人。只

---

[28]　BGHZ 57, 304.

有對那些客觀上並無——足以對抗所有權人之——占有的權利,因此依民法典第985條、第986條有返還其物義務之占有人,此種區分始有意義。學理上也獲致下述結論:民法典第987條以下的規定,只適用於對所有權人並無占有權利,或已逾越其占有權利的占有人。前提是:彼此相關的規制應維持一致。

　　諸多條文在事理上是否相互關聯,法律的外部體系可以提供一些指示。由民法典第842條以下對賠償義務範圍的界定,以及「慰撫金」規定於「侵權行為」款內,可以推出:這些規定只適用在該款所稱之「侵權行為」而生的損害賠償義務,而不適用於違約所生之賠償義務。如若不然,則此等規定宜置於債法總則章關於損害賠償義務之內容的部分(民法典第249條以下)。然而也不能過分高估這種——基於條文在法律中的體系地位,質言之,——基於「外部體系」而做的論證[29]。例如,民法典的物權法中就規定了一系列的「法定債之關係」,例如,未占有其物之所有權人與無權占有人的關係(民法典第987條以下),或者,所有權人與用益權人之間的關係(民法典第1036條第2項、第1037條以下),這些關係的發生基礎固然是物權法上的法律關係,然而,此種關係之內容則從屬於債權法的規定。反之,債權法中也會發現若干有物權法內容的規定,例如,法定質權的規定。因規定在事理上的相關性,法律外部體系的歸類有時會偏離基礎的概念體系。後者也可以作為解釋的基礎;例如,不認識處分行為與債權行為的區分,就不能理解民法典第816條。然而,有些規制不能無所遺漏地納入概念體系中;例如,預告登記及親屬法中的「義務性權利」[30]。此外,概念體系只能做粗略的校準;如何精確確定座標,仍有很大的空間。概念體系本身不能說明,民法典第119條第2項所謂的物之「性質」所指為何,在何種情況可以認為某性質係「交易上重要的」。於此的解釋必須求助於其他考量,例如,歷史上的立法者之規範考量,規定的「合理意義」,以及規定中的危險分配。

---

[29]　Vgl. dazu HERSCHEL in BB 1966, S. 791.

[30]　Zu diesen Vgl. GERNHUBER, Lehrbuch des Farmilienrechts, 3. Aufl. §§ 2 II 6; 49, III 1-3; 65 II 2.

　　答覆法律意義脈絡的問題時，不能完全與可能的字義及其他解釋標準分離。只有留意到規制的目的，才能理解法律的意義脈絡及其基礎的概念體系。法律為維持和平而賦予占有暫時性的保護，使占有在物權移轉及舉證責任分配上扮演一定的角色，反之，其視所有權為法律所完全保障的對物支配，認識上述情況後，才能真正理解占有及所有權的不同規定方式。只在認識到其中隱含的法律——對相互競爭的所有權（維持其所有權），以及信賴讓與者權限之善意取得人的利益所做的——評價之後，才能真正瞭解民法典第935條第1項。基於此種價值判斷，我們才能確定相關規定所說的「遺失」意指為何[31]。於此，理解程序往返流轉的特質又再次顯現：首先由兩項規定的意義脈絡才認識到，民法典第932條宣示的規則被第935條第1項所限制。限制理由何在的問題又引導我們回到立法者的構想，以及構想中包含的利益評價；由此出發，眼光又回到個別表達方式（於此：「遺失」一詞）的意義，藉此更精確地加以界定。如果藉此發現的解釋存在於可能的字義範圍內，對之又別無疑慮之處，循環就取得終點。

　　意義脈絡的標準首先要求考慮上下文脈絡的關係，這是理解任何與意義相關的談話或文字所不可或缺的。此外，它也意指規制脈絡中許多條文間事理上的一致性、對法律的外部安排及其內在概念體系的考慮，然而，這所有種種對解釋的價值都有限。經常只有追溯到法律的目的，以及（由準則性的價值決定及原則構成之）法律基本的「內在體系」，才能真正理解法律的意義脈絡。意義脈絡的問題本身已經引出目的性的標準。藉此可以確認穆勒[32]的下述主張：不應視「傳統的解釋規則」為各自獨立的「方法」，而對之作個別觀察。在具體的程序中可以證實，它們不僅相互補充、支撐，毋寧自始就交結在一起。主張解釋者對不同方法有選擇權之人，應該也要考慮前述說明。

----

[31] 韋斯特曼適切地指出（Sachenrecht, § 16, 4），自願放棄占有與遺失的區分，其對於民法典第935條具特具意義，因此必須根據第935條的典型利益情境出發來做反省。於是他由此出發，換言之，由法律藉「表現原則」與「原因原則」的組合而顯現的評價出發，將遺失界定為非自願地喪失直接占有（§ 49, I）。

[32] FRIEDRICH MÜLLER, Juristische Methodik, 3. Aufl., S. 212.

第三項　歷史上的立法者之規定意向、目標及規範想法

　　假使依一般或法律特殊的語言用法獲得的字義、依法律的意義脈絡，或依法律基本的概念體系所得的解釋結果，仍然包含不同的解釋可能性（也經常如此），就會發生下述問題：何種解釋最能配合立法者的規定意向或其規範想法。由此就進入解釋的「歷史性」因素，在探求法律的規範性標準意義時亦須留意及此。雖然法官仍然可以依目的論的解釋或法的續造之方式，適應新的情勢並補充法律，立法者的規定意向及其為此所做的價值決定，對法官仍是有拘束力的準則。探求「立法者」的意志或其規範想法時，首先會產生下述問題：「立法者」究係何人。

　　現代國家中，立法者通常不是個人，毋寧是一個集會（國會），在有些國家還由兩院構成立法團體；甚至可能是有投票權的國民全體。假使想探究所有參與法律決議，所有對法律草案表示同意之人對法律規定的個別想法的話，可想而知，這種努力必然會徒勞無成。這些想法根本無從究詰，即或可以，如其彼此相歧，又應以何者為準？有人假定，立法團體的成員通常會「採納法律原起草者賦予其草擬之法律文字，並於立法理由中說明的意義」[33]。依此，「立法者的意志」即是各部會中負責起草法案之公務員的規範想法，或者是提出法律案或參與法律文字形成之國會議員的想法。大多數國會議員根本沒有能力就個別法律的細節形成個人的見解。他們有意見，或他們事實上同意的，乃是法律的規定意向或法律的目的，法律對社會政治的影響（尤其在措置法），整個法律的「傾向」。或許還會對一些先前有爭論的個別問題表示立場。然後，基於下述信賴，他們就對整個法律表示同意：法律文字吻合其認可之目的及其認定應予考量之觀點，而且法律適用機關及法院將依此解釋法律。因此，他們是針對法律文字整體，而不是針對個別法律文字的特定解釋表示同意。

　　依前所述，則「立法者的意志」只能是已顯示之立法者的根本意向，以及在立法團體或其委員會的討論中曾經被提出並且並無異議的想法。解

---

[33] So ENGISCH, Einführung, S. 95.

釋時如果要探討立法者的規範想法，即應以此爲準則。至於具體的規範想法，換言之，個別規定或個別用語之精確意義及其適用範圍的想法，就只能期諸法律文字的起草者及審查法案之委員會的成員。然而，不論是就團體成員個人，抑或就團體整體而言，其均非「立法者」。雖然如此，他們的意見對解釋仍有重大價值，因爲我們假定：他們在選擇表達方式時，就其適用範圍曾加思慮，再者，他們也會努力選擇一些能配合——他們支持，並且也詳細研究過的——立法者規定意向的表達方式。但是對解釋者而言，這還不算是有拘束力的準則，也不乏解釋者偏離此等想法之例，因爲法律起草者對規範環境就算不是自始就評估錯誤，其規範想法經常也不能完全掌握規範的適用可能性[34]。

　　通常可以由法律制定史中獲得關於法律起草者規範想法的資料[35]。依民法典第197條，利息、租金及地租、退職金、贍養費「及其他有規則地重複出現的給付」請求權，因4年間不行使而消滅。曾發生盈餘分派請求權是否亦屬本條所稱之「有規則地重複出現的給付」的問題，因爲這種請求權雖然會定期發生，但其額度常有更易，有時在沒有盈餘的情況，還根本不發生此等請求權。聯邦憲法法院對此問題做出積極的答覆[36]。字義本身容許做此解釋；民法典第197條的制定史顯示，第一次草案中的用語是：「所有其他——在有規則地重複到來之期間——應給付的請求權」。於此，「有規則」指涉的顯然是日期，而非給付額度的高低。起草者後來雖然改變表達的方式，但並不擬做任何實質的改變。因此，額度之更易無礙於將盈餘分派請求權歸屬於「有規則地重複出現的給付」中。假使歸類不取決於相同的額度，則時或不發生請求權，亦不妨礙此歸類。聯邦最高法院其實還應該指出：請求權之不發生畢竟只是臨界事例，一般而言，雖然額度不能確定，但應預期會有盈餘。

34　Vgl. BVerfGE 54, 298.

35　雖然也會出現一些聽來正好相反的句子，然而，只要能由其中找到一些對法律解釋重要的說明，各最高審級法院還是會援引法律制定史爲主要根據：BGHZ 46, 80。

36　BGHZ 28, 144, 149 f.

　　認識參與法律準備及起草工作者之規範想法的根源有：不同的草案、討論紀錄及附加在草案中的理由說明；認識參與立法行爲者之想法的根源則爲國會的報導。這些文件本身也需要解釋，解釋時特別應考量當時的語言理解、學理及司法裁判（假使法律起草者明白採納它們，或明顯受其影響的話），以及立法者當時身處而必須加以考量的事實狀態＝規範環境。最廣義的歷史研究在這一點上可以協助法律解釋。

　　假使立法者的規定意向及目的還不能由法律本身、法律的前言、指導性規定、標題、法律的意義脈絡及由此顯現的價值決定得到的話，前述的認識根源亦有助於探究此意向及目的。一項規制經常只能合理地追求一個目的，然而，一項法律規制常不只要實現一個目的，毋寧常以不同的程度追求多數的目的。關於限制行爲能力人之法律地位的規則（民法典第107條以下），其首先要追求的目標是：保護未成年人，使其免於受到自己可能衍生不利後果之行爲的影響。然而，在（依立法者的想法）可以符合前述目的及社會期待的範圍內，其同時也賦予未成年人爲法律行爲之可能性。民法典第110條、第112條、第113條即用以實現此目標。最後，法律並未將未成年人的相對人之「對立利益」完全置之度外，這特別是藉第108條第2項、第109條及第111條來落實。但法律並未規定，爲保護——不知有限制行爲能力，或未得允許之情事的——善意相對人，限制行爲能力人未得允許而締結之契約亦視爲有效的契約；其只是規定，在限制行爲能力人的法定代理人承認契約之前，善意相對人得行使其撤銷權。未成年人爲單獨行爲時，對相對人之保護更爲周延。

　　如果能澄清這些不同的規制目的及其包含之立法者的評價，就可以由此推論出若干個別規定的解釋。例如，明顯居優越地位之保護未成年人的目的，其將支援下述做法：民法典第107條所說的，使未成年人「純獲法律上利益之行爲」應做狹義解釋[37]。依此，重要的不是：具體法律行爲之整體經濟效果對未成年人有利與否。該行爲是否有利於未成年人，應由法定代理人判斷。依此，未成年人只能獨立自主地從事根本不會爲他自己

----

[37]　Vgl. *mein* Lehrb. des Allgemeinen Teils, 7. Aufl. 1989, S. 107 ff.

帶來任何法律上不利後果的法律行爲，因此根本不需要判斷，利益是否已經超越不利的後果[38]。另一方面，保護限制行爲能力人的規定，也不需要應用到該目的範圍之外。假使未成年人未得其法定代理人之允許，爲善意取得人之利益，處分非屬於他亦非盜贓遺失之物，此等處分行爲仍爲有效之法律行爲。雖然不能爲他帶來任何法律上的利益，但同樣也不會爲他帶來如何的不利，因該法律行爲生效而受影響的不是他的財產，而是迄至當時之所有權人的財產。於此涉及的是——既未爲未成年人帶來法律上的利益，亦不致產生如何的不利之——所謂的「中性」行爲。因此，通說——與民法典第107條嚴格的文字相反——承認此等法律行爲之有效性[39]。然而，於此涉及的不僅是狹義的解釋，毋寧已經依據——作爲規定基礎的——保護思想而修正規定本身的文字。修正的基礎見於另一「中性行爲」的事例：民法典第165條。依法律目的而修正法律文字，其已屬目的論的限縮或擴張之範圍，換言之，已經是一種「法律內的」法的續造（下文第五章第二節第四項）。

目的論的解釋意指：依可得認識的規制目的及根本思想而爲之解釋。在個別規定可能的字義，並且與法律之意義脈絡一致的範圍內，應以最能配合法律規制之目的及其階層關係的方式，解釋個別規定。於此，解釋者必須一直考慮規定整體追求的全部目的。這些目的固然大部分爲立法者所認識，然而，他不需要連目的之所有具體推論都一一認識。解釋者雖然以歷史上的立法者確定之目的爲出發點，對此等目的的推論結果卻必須深思熟慮，使個別法律規定均取向於確定的目的，因此，解釋者事實上已經超越了歷史事實上的「立法者的意志」，而以法律固有的合理性來理解法律。

38　通說如此，斯圖納（Stürner）則建議（AcP 173, 402），應該只考量通常會對未成年人的財產造成危害之法律上的不利。

39　So v. TUHR, Allgemeiner Teil, Bd. II, 1, S. 341, Anm. 49; ENNECCERUS-NIPPERDEY, Allgemeiner Teil, § 151. Anm. 7; FLUME, Allgemeiner Teil, § 13, 7b; sowie die meisten Kommentare. 這無礙於使無權處分的未成年人，依民法典第816條及其他侵權行爲的規定負責。這種不利的後果並非來自其所爲法律行爲的內容，毋寧係依該當情事，基於法律規定而發生者。

斯坦多夫（Ernst Steindorf）建議[40]，除了法律的目的，也應該承認「法律政治」爲另一種解釋標準，尤其是在經濟法的領域。他認爲，對於解釋而言，「法律性的構想及已經成形的構成要件」，其重要性小於「法律政治」。然而，不管「政治」這個難以捉摸的概念如何界定，很多法律的目的當然存在政治的領域中。依我之見，「法律政治」即是法律在政治上的目標。假使法律的目標存在於經濟政治的領域內，則法律「合目的論的解釋」正意指：應以最能達成該經濟政治目標的方式解釋法律。因此，我認爲：「法律政治」與法律（在政治上的）目的並非不同的解釋標準。

第四項 客觀之目的論的標準

許多立法者藉法律追求的目的，其同時也是法律的客觀目的，例如：維持和平、正當的紛爭裁判、規制的均衡性（完善地考量受影響的全部利益）。此外，我們要求規制應「適合事理」。只有假定立法者有此意向，才能藉解釋的途徑獲得一個——對具體的個案而言——「恰當的」解答。

因此就產生兩類客觀的目的論的解釋標準，當迄至目前討論的各種標準不能獲致毫無疑義的解答時，它們會發生決定性的作用。其一涉及被規制之事物領域的結構，質言之，連立法者也不能改變之實際的既存狀態，假使他要合理的立法的話，在做任何規制時，他都必須考慮及此；另一類則是一些法倫理性的原則，其隱含於規制之中，只有藉助這些原則才能掌握並且表達出規制與法理念間的意義關聯[41]。之所以稱之爲客觀的目的論的標準，因爲立法者立法時是否意識到它們的意義，並不重要。

只有一併考慮——被解釋的規範擬規制之——事物的特質、其特殊結

---

[40] STEINDORF in der Festschr. f. KARL LARENZ, 1973, S. 217.

[41] 至少在其他標準不能發揮作用，或者會導致荒謬的結論時，應該考慮這一類的標準，這點比德林斯基也同樣加以強調：Juristische Methodenlehre und Rechtsbegriff, S. 453 ff。這包括「事物正義」的標準（FIKENTSCHER, FRIEDRICH MÜLLER）以及法倫理性的正當標準（Coing, Kriele, Pawlowski）。於此，用語的不同並非重點。科赫與魯斯曼（S. 169 f., 222 ff）雖然否定「客觀的目的論」解釋，但其所指顯與上文不同。

構，才能答覆何種解釋「適當」的問題。這點特別顯示在下述情況：規範（或規範整體）擬規制一廣泛的生活領域，但法律本身沒有足夠的資料來界定這個領域。當規範涉及「新聞」、「學術」、「藝術」、「競爭」、「自由業」、「保險業」時，即屬此類。穆勒[42]稱此等規範或規制指涉的領域爲「規範範圍」，而將之解爲：「規範綱領視其爲一規制範圍而『揀擇出來』，或創造出來之部分社會事實領域的基本結構」。他提及，法規範「不是一種權威式地覆蓋在事實之上的形式，毋寧是由被規制之社會領域的事物結構中獲得的，對前者所做的整理或安排之結論」；這尤其顯現在憲法領域。他舉聯邦憲法法院在「梅菲斯特」（Mephisto）判決[43]中對藝術性質的深入考量爲證。事實上，「規範範圍」的既存結構確係客觀的解釋標準。它們是客觀的目的論的標準，之所以要求應依此解釋，因爲法律應該以追求適合事理的規制爲目標，在有疑義時亦應如此假定。然而，假使立法者爲追求他認爲更優越的目的而有意地背離此等結構時，只要解釋的結果不至因此完全悖理的話，解釋時即不可將此等結構列入考量。

　　於此會發生下述問題：「規範範圍」的事物結構與所謂的「事物本質」是否（以及，在何種程度上）相同。我們將在他處（第五章第四節第二項）對後者做更詳細的說明。事實上，這兩個概念在很大的範圍上相互重疊。然而，法律家經常將「事物本質」想像爲已經存在於「事物」（＝生活關係）之中的——即或輪廓式或斷簡殘篇式的——秩序，可以由存在的事物本身獲得的規範性因素。至於「規範範圍」之事物上結構性的想法，則尚未包含前述規範性因素，此一想法不若「事物本質」那麼廣泛。某特定生活範圍是否（以及，在何種角度上）需要規制，未必已由其事物結構所預定，藝術及學術的情況即是如此。一旦要規制它，則只有當規制本身適宜事物的結構，才能被稱爲「適當的」規制。當法律家取向於「事物本質」，其視後者爲藉事物的結構已預先確定之規制，雖然在具體的細節上，該規制仍有變化的空間。假使「事物本質」已預做規制，則此規制

42　Friedrich Müller, Normstruktur und Normativität, 1966; Juristische Methodik, 3. Aufl. S. 141 ff.

43　BVerfGE 30, 173. 關於這項判決參見下文第五章第三節。

亦爲客觀之目的論的解釋標準。

　　由法的客觀目的產生之客觀的目的論的標準中，來自正義思想，要求（依該當法秩序之一般評價而言）同種事物（或具有相同意義的事物）應予相同處理的原則，尤具重大意義。對評價上相同的構成事實做相異的評價，構成評價上的矛盾，而與——被解爲「同等標準」的——正義理念不能相容。因此，儘量避免這種評價矛盾，既是對立法者，也是對解釋者的要求。對後者而言，此要求意指：在法條可能的字義及意義脈絡範圍內，應選擇盡可能避免評價矛盾的解釋方式[44]。然而，這並不必然可行；此處涉及的是一種——只能以逐漸接近的方式來實現的——法倫理上的要求[45]。然而，「評價矛盾」不應與「規範矛盾」混淆，後者係指：不同的規範賦予同一案件事實相互排斥的法效果。這種規範矛盾必須被清除，或者賦予其中之一優先適用的地位，或者限制兩者的適用範圍，因爲邏輯上不能想像，彼此相互排斥的法效果竟然可以並存。在一個法秩序內，評價矛盾有時固然必須容忍，然而，因其牴觸同種事物應做相同評價、相同處理的原則，因此**應盡可能避免**。

　　如果把民法典第107條解爲：未成年人亦不得獨立爲所謂的「中性」行爲，對民法典第165條就會產生評價矛盾，後者涉及的正是未成年人「中性」行爲的一個特別重要的情況。只要依今日通說的見解來解釋民法典第107條，就可以避免這種評價矛盾。與避免評價矛盾有關的問題尚有：就善意占有人向所有權人返還其已收取之孳息的義務，對民法典第987條以下所做的解釋。依此等規定，除「逾分的孳息」外，只有無償取得占有時，善意占有人才需要返還其於請求返還所有物之訴訟繫屬前取得

44　哈根（Hagen）曾提及（Festschr. f. K. LARENZ, 1973, S. 868），「對相關事物問題之釋義學上的解答，存在推定其符合法律評價的解釋規則」。

45　恩吉斯很適當地指出，評價矛盾未必能藉解釋來排除，其亦非如「規範矛盾」那樣，非排除不可。事實上，不同事物領域，或不同時代制定的各種法定規制之間常不免有評價矛盾存在（Die Einheit der Rechtsordnung S. 63）。並參見：ENGISCH, Einführung, S. 163 ff.; CANARIS, Systemdenken und Systembegriff in der Jurisprudenz, S. 113 ff, 以及第六章第三節第三項。

之孳息，並且是依返還不當得利的規定（第988條、第993條第1項）定其返還範圍。有償取得占有之善意占有人得保有其收取的孳息。反之，民法典第818條第1項規定，不當得利返還請求權的範圍及於已收取之孳息。如是，當善意占有人依無效的買賣契約同時取得物之占有及物之所有權（基於所有權移轉行爲的「抽象性質」）時，則其受不當得利法之規範，因此依民法典第818條第1項有返還其已收取之孳息的義務。反之，假使不僅買賣契約，連物權移轉行爲亦屬無效時，則善意占有人反得保有其已收取之孳息；假使認爲民法典第987條以下就孳息所爲之規定係一種窮盡的特殊規定，於其適用範圍內，其他規定（包括不當得利的規定）盡被排斥（帝國法院即採此見解：RGZ 163, 352），如是，則雖無法律上的原因而畢竟曾取得所有權的占有人，就關於返還孳息一事，其地位反劣於無法律上理由而取得占有，但從未取得所有權者。如是將構成一種評價矛盾，因爲如果要對這兩種情形做差別處理的話，曾取得所有權之占有人應享有較佳的處遇。爲避免此等評價矛盾，帝國法院宣稱，無法律原因之取得亦屬無償取得，然後迂迴透過民法典第988條，又可以將不當得利的規則適用於此。然而，將無法律上原因之行爲與無償行爲等視同觀的見解，畢竟不能維持。比較正確的做法是：爲避免可能發生的評價矛盾，不可視民法典第987條以下的規定爲——於其適用範圍內，可以排斥其他規定之——窮盡的特殊規定，對第993條第1項（後段）應做如下的限縮解釋：其並不影響第818條第1項之類的不當得利請求權之存在[46]。

---

[46] 今日的通說：WOLFF-RAISER, Sachenrecht, § 85 II 6; WESTERMANN, Sachenrecht, § 31 III 1; MÜNCH/KOMM, MEDICUS, Rdn. 1 u. 7 zu § 893 BGB; vergl. auch der BGH, LM Nr, 15 zu § 812 BGB。尚須留意：除因無法律上的原因，受領目的標物而生之給付性不當得利返還請求權（依第818條第1項及於已收取之孳息，此——如前所述——不爲第987條以下所排斥）外，對占有人收取的孳息，所有權人尚得基於侵害性不當得利返還請求權而爲主張（vgl. v. CAEMMERER, Festschrift für Rabel; Bd. I, S. 362 ff）。此種請求權則爲民法典第993條第1項所排除，因——如馮卡梅勒（a.a.O.）的切實說明——後者正植基於所有權的歸屬功能，其一如所有物返還請求權，乃用以保護所有權的分配內容。因此，就此等請求權而言，民法典第987條以下確屬特殊規範，其重要性顯現在下述情況：占有人係由第三人，而非由所有權人取得該物，因此，所有權人並無給付性不當得利返還請求權時。於此，占有人（除逾分的孳息外）不須向所有權人返還孳息；就此，他只與第三人有關。

解釋時取向於——超越個別規制之——法倫理性的原則，例如，信賴保護原則，以及爲自己的事務範圍中之缺失負責的原則，其有助於避免評價矛盾。然而，這些原則在個別的規制中有不同的，有時甚至不一貫的形成方式；它們也可能與其他同位階的原則或法律目的競合。因此，解釋法律時，必須一直留意：某種法定規制還保有多大的空間給何種原則。

各該原則之適用範圍及其相互作用的標準均存在於法的「內部體系」[47]，「法律的理由」經常源自於此。「法律的理由」一語具有多義性，它可以意指目的、「合理的理由」、規制的原則。立法者未必自始就意識到這些規制內含的原則，它有時是由學界嗣後整理出來的，因此應視爲一種「客觀的目的論的」標準。例如，在現代危險責任發展之初，尚未認識到它的基本原則，毋寧只視其爲不能以反證推翻之推定過失的責任。視其爲一般有效之過失原則的例外，而爲了同時兼顧此原則，只要被害人於此有輕微過失，即排除前述推定責任。直到認識危險責任有其獨立的——民法典起草者未曾認識的——責任原則，下述見解才得以貫徹：即使在鐵路運送責任的情形，仍應依民法典第254條來處理被害人的與有過失。

於此，爲避免「不能容忍的」評價矛盾，司法裁判將制定於民法典之前之一項法律的明白文字，以及民法典立法者明顯的意志棄置不顧。依1871年6月7日帝國賠償責任法第1條關於鐵路賠償責任的規定，假使可以證實不幸事故是「因死者或傷者本身的過失所致」，則鐵路方面不負賠償責任。帝國賠償責任法公布後30年，民法典在第254條對所有損害賠償義務做一般的規定：在被害人「與有過失」的情況，應依雙方造成損害的比例分擔損害責任，換言之，賠償請求權不致完全喪失。負責使帝國賠償責任法配合民法典的立法委員會，其仍保留該法第1條的規定，因其認爲：在（其仍認屬過失原則之例外的）鐵路運送責任的情況，任何被害人的過

47　就此參見下文第六章第三節。

失都足以排除鐵路方面的責任[48]。雖然如此，帝國法院仍然很快地[49]，並且之後不斷地繼續適用民法典第254條於鐵路負危險責任的案件，因此，其實際上已排除帝國賠償責任法的規定（＝只要被害人有過失，即完全排除鐵路方面的責任）。聯邦最高法院賡續這種裁判見解，並說明其理由如次[50]：民法典公布後，在所有引入危險責任的法律中，立法者均宣示得適用民法典第254條，應認為：即使在危險責任的情況，依民法典第254條來權衡雙方與有過失的情形符合「一般的法律見解」。「在第二次審查委員會就涉及民法典第254條能否適用於賠償責任法第1條之民法施行法第42條的討論中曾發揮主導性影響的思想，不能再主張其效力」。「沒有任何立法理由足以說明，被害人與有過失，何以對鐵路營運者之致人於死或致人受傷的責任，應發生此等影響，而對鐵路營運者就物之毀損責任，以及汽車或航空器或電廠業者的責任，即應有他種判斷」。這些句子已明白顯示：由歷史解釋過渡到客觀的目的論的解釋。聯邦最高法院認為下述情形是一種應予避免的評價矛盾：與於其間所有其他立法者規制的危險責任相反，只有在鐵路責任的情形，才例外地不適用民法典第254條所定的損害分配原則。聯邦最高法院認為這種評價矛盾是不能容忍的，因為不能發現這種不同的規制有何合理的根據。新修正的賠償責任法第4條本身就明白指示參照民法典第254條。

就同一法律問題，假使較新的法律針對其他的地域及事物範圍，做不同於較舊法律的答覆，在法秩序中就會發生嗣後評價矛盾的情形。如是，則有時必須適應較新的立法，來解釋較舊的法律。在前述——牽涉普魯士礦業法第148條中之「礦井擁有者」概念之解釋的——裁判中[51]，聯邦最

---

[48] Vgl. Friese in NJW 51, 336.

[49] 聯邦最高法院認為，這在1902年RGZ 53, 77的裁判中就已經發生；這項見解並不正確。於此，鐵路方面有可歸責的事由存在。帝國法院在RGZ 56, 154的裁判中明白表示，民法典第254條亦得適用於鐵路的危險責任。

[50] BGHZ 2, 355.

[51] BGHZ 52, 259. 參見上文第323頁。

高法院爲支持其——與向來司法裁判——不同的見解（即：礦井承租人及
受益權人亦包含於此概念中），乃進一步指出，許多新的法律都做與此解
釋相應的規制。例如1934年5月12日普魯士石油法及1934年10月16日普魯
士磷法中均以下述標準準用普魯士礦業法第148條以下的規定：爲自己的
計算而經營業務者應承擔補償責任。尚有許多法律及命令包含此類規制，
特別是1968年6月11日北萊茵—威斯特法倫（Nordrhein-Westfalen）邦對
普魯士礦業法的第四次修正法。這些新的法定規制指出：「不同的立法者
卻一致認爲：像帝國法院的裁判那樣，將礦井損害的賠償義務限由礦井
所有權人負擔，這是一種不能讓人滿意的解決方式；其一致認定：有必要
讓事實上取得土地資源者（單獨，或與礦井所有權人一起）負擔補償責
任」。基於另一觀點，值得再次說明這項裁判：爲支持其各自不同的解
釋，帝國法院及聯邦最高法院均援引「法律的理由」爲根據。帝國法院認
定的法律理由是：礦井所有權人既被授予——限制土地所有權之——礦井
所有權，因此，「使享受物權者及其權利之繼承人，就其被賦予之特權承
擔補償的義務」，乃是合理的[52]。聯邦最高法院則認爲，損害賠償義務之
法律理由不在於特權之授予，而在於礦井權利之行使，在出租的情形，其
行使者正是承租人。只有考慮當時尚未認識危險責任原則的情況，才能瞭
解帝國法院的看法。帝國法院無法發現，責任的根據在於：土地所有權人
之損害係礦業經營的典型危險，屬於營業的風險範圍。它沒有求責任的根
據於危險的活動，而認其存在於國家授予礦井所有權的行爲中，蓋認此行
爲係對土地所有權的「限制」。今日因危險責任的發展，才肯定法律的理
由在於：損害的風險應歸由創造風險之營業承擔。依此觀點可一貫地推論
出：礦井擁有者應包含爲自己的計算而營運礦井者，他有時是承租人或受
益權者。

　　最後，聯邦最高法院的這次裁判，也爲各種不同解釋標準的協作提供
一個令人印象深刻的例子。依法律語言用法中「礦井擁有者」一語的（過
去及今日的）字義，依今日的釋義學重新理解之法律的理由，以及較近明

52　RGZ 71, 152, 155.

白的立法趨勢，三者均指向同一方向。所有這些論據總合起來的分量如此之重，因此，聯邦最高法院終於決定揚棄被堅守了數十年的解釋方式。這種司法裁判見解的改變，形式上看來雖然只是修正以往不能再維持的解釋，實質上已無異於一種法官之法的續造。

第五項　合憲性解釋的要求

　　作為解釋準則的許多法倫理原則中，享有憲法位階者更顯重要。尤以憲法基本權部分中之原則及價值決定為然，例如：「人性尊嚴」的優越地位（基本法第1條）、對人的自由範圍之廣泛保護（具體表現在基本法第2條、第4條、第5條、第8條、第9條、第11條、第12條）、平等原則（落實在基本法第3條第2項、第3項），此外尚有——具體顯現於基本法第19條第4項、第20條第3項以及司法權一節中的——法治國思想，以及議會民主制與社會國思想。普遍承認，即使在解釋單純的法律、在具體化「概括條款」時，亦須遵守前述諸原則。在位階上憲法規範高於其他法規範，因此，牴觸憲法原則之一般的法律規範將歸於無效。行憲後的法規範是否牴觸憲法，唯聯邦憲法法院有決定權。該法院在許多裁判中[53]宣示：只有當一項規定無法做「合憲性」解釋時，始能認其為違憲並因此無效。因此，必須先探究，依「一般的解釋方法」，被認定違憲的解釋是否是「唯一可能的」解釋，如是，則該規定無效，或者，結果合憲的解釋仍屬可能[54]。相對於其他將使規定違憲的解釋，應優先擇用依其餘解釋標準仍屬可能，且並不牴觸憲法原則的解答。以此種方式被解釋的規定是有效的規定。由此可以推得：在多數可能的解釋中，應始終優先選用最能符合憲法原則者。因此，「合憲性」也是一種解釋標準[55]。

---

[53] BVerfGE 2, 266, 282; 8, 28, 34; 9, 194, 197 ff.; 12, 45, 49 ff.; 14, 56, 73; 16, 306, 329; 7, 306, 318; 18, 18, 34; 19, 1, 5; 242, 247; 268, 281; 21, 292, 305; 33, 52, 65; 48, 40, 45; 49, 148, 157; 69, 1, 55; 27, 297, 355.

[54] Vgl. BVerfGE 59, 350 ff.

[55] Vgl. dazu SPANNER, ARCHÖFFR 1966, S. 503, 507 ff.; FRIEDRICH MÜLLER, Juristische Methodik, 3. Aufl. S. 85 ff.; PRÜMM, Verfassung und Methodik, 1977; ZIPPELIUS, in: Bundesverfassungsgericht

　　貝特曼（Bettermann）[55a]反對聯邦憲法法院的做法，他認為，假使審級法院選擇的解釋違憲，聯邦憲法法院應撤銷審級法院的裁判，而不是以另一種內容的裁判來取代它。如是，則聯邦憲法法院不僅決定審級法院的判決應否維持，還進一步決定有關規範的內容為何。對此應採取何種看法？問題並不在於，在不同的解釋可能性中，聯邦憲法法院單純地選擇了一種可以維持原判決的方式。各種解釋方法之間固然沒有僵固的位階秩序，但是我們將指出：它們也不是可以任意交換的。可以在兩個同樣很有根據的解釋中做選擇的事例，毋寧並不多見。而只有在這種情況下，聯邦憲法法院才可以用自己的解釋來取代審級法院的解釋。否則，即應撤銷違憲之審級法院的判決。

　　如果合憲性解釋要維持其解釋的性格，它就不可以逾越法律字義及其意義脈絡劃定的界限。聯邦憲法法院就曾多次提及：「鑑於規定的明顯字義」，合憲性解釋已不復可能。合憲性解釋也不可以對法律的目的棄置不顧[56]。然而，假使立法者追求的影響作用超越憲法容許的範圍，依聯邦憲法法院之見[57]，可以將法律限縮解釋至「合憲的」範圍。於此，重要的是：「立法者選擇的準則，在依憲法能維持的程度內，亦被維持」。事實上，此處涉及的不再只是解釋，毋寧是一種目的論的限縮（下文第五章第二節第三項），質言之，一種合憲的法之續造[58]。此處的標準不再是該當規定的意義及目的，毋寧是合憲性的要求加下述努力：在合憲性要求容許的範圍內，儘量維持規範的存續。

　　法治國、社會國原則、基本法第3條的一般平等原則為具有憲法位階

---

und Grundgesetz, S. 108 ff.

[55a] BETTERMANN, Die Verfassungskonforme Auslegung. Grenzen und Gefahren, 1986.

[56] 聯邦憲法法院（BVerfGE 8, S. 34）明白指出：「此種合憲性解釋亦絕不容許偏離或偽造主要的立法目的」。（BVerfGE 54, S. 299）它更清楚指出：「依聯邦憲法法院的司法裁判，解釋不能賦予──定義及意義上明確的──法律相反的意義、澈底重新規定其規範內容，乃至偏離立法者的主要目的。」

[57] BVerfGE 33, 52, 70.

[58] Val. hierzu KOCH/RÜSSMANN, a. a. O., S. 266 ff. 即使（依一般原則容許之）法的續造也必須是合憲的；相對於依一般原則可能，但不符合憲法要求的解釋或續造，合憲的法的續造有優越地位。

的法倫理原則，固然都是直接有效的現行法，然而，它們或者根本未曾，或者僅部分形成——已詳細界定其構成要件及法效果的——法條[59]。作爲「原則」它們是須塡補的準則，就其具體化，一般立法者及司法裁判均同被召喚。於此，立法者依憲法享有具體化的優先特權[60]。此意味：原則如有不同之具體化可能性時，法院應受立法者選擇之可能性的拘束，不得（依「合憲性」解釋，或修正法律的方式）以另一種——依其見解應優先抉擇的——可能性取代前者。只有而且只要立法者的規制根本牴觸憲法原則，換言之，根本算不上具體化的可能方式時，該法律即因違憲而歸於無效，此亦適用於行憲前的法規範。只有在下述兩種情形，法院才有直接具體化憲法原則的機會：法律漏洞不能以其他方式塡補，或者，法律本身——特別是應用諸如「善良風俗」之類須塡補的概念——賦予法官具體化的餘地。

聯邦憲法法院一再提及基本法的價值秩序，有時甚至稱其爲一種「價值階層秩序」[61]。當審級法院的確定判決違反憲法時，憲法法院有權審查。此尤以下述情況爲然：「判決的基礎根本錯認基本權的意義及效力範圍，或者，解釋的結論與基本權規範及其內在的價值階層秩序根本不能相容」[62]。然而，「價值秩序」甚至「價值階層秩序」是容易產生誤解的用語。它不是一種由「本身」有效的多數價值（及其各自之階層地位）構成的完整目錄[63]。提出這種目錄，逾越制憲者的能力及權限範圍。正確的是：基本法的基礎確係在於對若干一般人類價值（特別是人性尊嚴及人格價值）的信仰，正是爲了保護這些價值才賦予個人（受廣泛保護的）基本權，也因此才將若干法倫理及憲政原則提升爲具憲法位階的現行法，例

---

[59] Val. GÖLDNER, Verfassungsprinzip und Privatrechtsnorm in der verfassungskonformen Auslegung und Rechtsfortbildung, 1969, S. 24, 30 ff., 40.

[60] 適當地採此見解：GÖLDNER, a.a.O., S. 182 f., 208, 237。

[61] BVerfGE 7, 198, 215; 27, 1, 6; 30, 173, 193.

[62] BVerfGE 32, 311, 316.

[63] FRIEDRICH MÜLLER, Juristische Methodik, 3. Aufl., S. 59; ZIPPELIUS, Wertungsprobleme im System der Grundrechte, S. 193 ff.; BÖCKENFÖRDE, NJW 74, 1529, 1534.

如：平等原則、法治國及社會國原則。同樣正確的是：各種基本權及各種原則並非毫無關聯地並行適用，毋寧在意義上彼此相關，因此可相互補充、相互限制。當聯邦憲法法院提及憲法是一種「意義整體」或「基本價值體系整體」時，其所指亦僅此爾[64]。而絕非主張：個別基本權或憲法原則的「價值地位」可由基本法中直接讀出。由下述情況就可以瞭解，該法院絕非採此見解：在遇到基本權或其他憲法保障的法益之間彼此衝突時，聯邦憲法法院主要是藉「在個案中之法益權衡」的方法來解決的（這點我們將在下文第五章第三節中提及）。

假使要詳細確定基本權的界限，而該基本權依憲法又可以藉「一般的法律」加以限制時，聯邦憲法法院由「合憲性解釋」的要求推得一項特殊的結論：在解釋用以限制基本權之「一般的法律」時，亦須考慮被限制的基本權本身及其崇高的價值位階，藉此，基本權在一定程度上可保有其優越性。於是就產生聯邦憲法法院所說的[65]「下述意義之交互作用：字義上說來，『一般的法律』固然可以劃定基本權的界限，但同時也必須基於基本權在民主國家中的重大價值來解釋該法律，因此其限制基本權的作用也受到限縮」。聯邦憲法法院稱此為：基本權對於——用以限制基本權之——普通法律的「影響作用」[66]。假使涉及的「一般的法律」是「概括條款」（民法典第826條），那麼這點就可以理解，因為在具體化該法律時，基本權的優越價值自不容棄置不顧。因被限制的基本權之意義及其優越的價值地位，由是要求對「一般的法律」做限縮解釋，這點又促使聯邦憲法法院在基本權與法律擬保護的法益之間做「法益權衡」。聯邦憲法法院顯然不是把「一般法律」本身的字義當作限縮解釋的界限，只要是維持基本權的優越價值所必要者，聯邦憲法法院也會更正法律。此處涉及的不僅是單純的（「合憲性的」解釋），毋寧是以憲法規範以及（以此為據的）價值優劣決定為據，所從事的法律更正。

---

[64] 如斯見解：BVerfGE 30, 193 ("Mephisto"—Urteil)。

[65] In BVerfGE 7, 198 ("Lüth"—Urteil). Ebenso BVerfGE 12, 124; 25, 55; 42, 150.

[66] BVerfGE 27, 79.

第六項 各種解釋標準之間的關係

業已多次提及，前述各種標準並非──可由解釋者任意選擇之──不同的解釋方法[67]，毋寧爲各有其重要性的指導觀點。這些觀點與薩維尼所提出的四項解釋要素並不完全重疊，毋寧已經超越它們。至於各觀點之間的關係如何，可說明如次：

一、由一般的語言用法獲得的**字義**，其構成解釋的出發點，同時爲解釋的界限，在可能的字義範圍外，即使以「擴張」解釋之方式亦不能謂合於字義者，不能視之爲法律的內容而加以適用。通常字義並不明確，經常仍包含多種意義可能。下述經常聽到的主張：明確的表達方式不須再做解釋，多少容易造成誤解，因爲大多數日常用語，甚至法律用語都是不明確的，數字及專有名詞或屬例外。由字義已經「明確地」得出某種意義，這種確認本身經常已經是一種解釋的結果[68]。法律的特殊語言用法通常應優先於一般的語言用法，除非由其他標準可知，法律有意偏離其固有的語言用法。有時由法律的特殊語言用法已經足以確定其意義；於此，則只須求得法律的語言用法，並且確定其不擬偏離其固有的語言用法，解釋即告結束。還能考慮的就只剩法的續造，假使其要件具備的話。然而，法律的語言用法通常還包含不同的意義可能；如是，則須取決於其他標準。

二、在探求某用語或某語句於某文字脈絡中的意義爲何時，法律的**意義脈絡**（其「前後關係」）是不可或缺的。在探求法律的特殊語言用法，確定法律不擬偏離此用法時，亦無不同。此外應期待：同一規制中的不同規範，其彼此在事理上應相互一致。因此，在有疑義時，應選擇能維持一致性的解釋方式。可以由法律的外部體系及其基礎的概念體系，求得諸多規定在事理上的相關性。但是對這兩者都不能過分高估，因爲法律未必一直堅守體系，若干規定也不能（全然）納入概念體系中。

---

67 然而，採此見解者：Kriele, Theorie der Rechtsgewinnung, S. 25 f。

68 埃瑟（Grundsatz und Norm, S. 253）也採此見解，他認爲：「每個法律適用都已經是解釋，因爲即使認定文字字義本身如此明確，以致根本無須爲解釋，這項確認本身也以解釋爲基礎」。同此：Weinsheimer, NJW 59, 566; Rittner, Verstehen und Auslegen, 1967, S. 63。

　　三、假使法律的字義及其意義脈絡仍然有做不同解釋的空間，則應優先採納最能符合立法者之**規定意向**及**規範目的**的解釋（歷史的目的論的解釋）。立法者的規定意向及目的可以由立法當時的歷史情境、規制的動機、立法者的意向聲明、官方的立法理由說明以及規制本身（假使其明確地取向於某目的的話）求得。原則上，法官在解釋法律時應受法律目的及其基礎之立法者價值決定的拘束。

　　四、反之，準備及起草法律者詳細的**規範想法**則不具此拘束力。雖然如此，由草稿、討論會紀錄及理由說明中獲得之具體的規範想法，其對規範內容的理解仍是極有價值的協助資料。但是它們通常並非就是真正的立法者意志之表現，此何以其不能拘束解釋者。此外，它們經常只及於規範及其適用情況的部分，而未包含全部角度，僅因此，解釋者則不得不超越它們。

　　五、假使前述標準仍有未足，解釋者即不得不求助於**客觀之目的論**的標準，雖然立法者本身對此未必有充分的意識。這種客觀之目的論的標準，一方面包含規範範圍的事物結構，另一方面包含法秩序中的法律原則。此外，正義的命令（受相同評價的事物應受相同處理）要求：盡可能避免評價上的矛盾。因此，在可能的字義及意義脈絡範圍內，解釋者應優先採納足以避免評價矛盾的解釋。

　　六、具有憲法位階的法倫理原則，對解釋具有特殊意義。「**合憲性**」解釋要求：依字義及脈絡關係可能的多數解釋中，應優先選擇符合憲法原則，因此得以維持的規範解釋。在具體化憲法原則時，法官應尊重立法者對具體化的優先特權。假使原則的具體化有多種可能性，只要立法者的抉擇並未逾越其被賦予的具體化空間，則法官應受此抉擇的拘束。不論是立法者或是法官，在做「合憲性」解釋的具體化工作時，都必須留意多數憲法原則間的相互作用，它們不僅相互補充，也彼此限制。

　　依此，則字義及脈絡主要發生限制性的作用。在它們劃定的界限內常還有多種解釋可能性。最重要的常是目的論的標準。起草法律者的規範想法可以作為補充材料；其有時可發生決定性的意義，例如，當法律起草者選擇表達方式發生錯誤時。

　　依此雖然還不能構成一種固定的——各種標準之間的——位階關係[69]，據以終局地確定個別標準的重要性；然而，它們畢竟不是無所關聯的並立關係而已。字義可以劃定規定可能的解釋界限，因此應該由此開始解釋的工作；由此自然很快會趨向——該規定與其他規定間的——意義脈絡。而唯有基於對規制目的的認識，才能理解前述意義脈絡。標準重要性如何，很大部分取決於其將造成如何的結果。標準也經常相互支援，就此請參照前述聯邦最高法院關於「礦井所有權」的裁判。下述情況特別會發生矛盾的結果：立法以來已經經過長久時間、規範環境變化、基本的法律原則演變，以致以歷史上的立法目的及法律起草者的規範想法為準據的解釋變得不能接受。規範環境的變化，我們會再做補充說明。在主要的評價原則演變時，則依前述避免評價矛盾的說明來處理。假使以往的解釋牴觸憲法原則，則應審查合憲性解釋是否可能；如果可能，則應優先選擇此種解釋方式，如否，則規範即因違憲而歸於無效。整個說來，多數解釋問題可如是以符合方法要求的方式獲得解決。

　　由法律制定史而得的論據何時必須向客觀之目的論的標準讓步，原本妥當的解釋何時必須向另一種取向於現代標準的解釋低頭，對這些問題終究無法做精確的答覆，對於這點大概不至於感到驚奇吧！我們已經一再強調，解釋不是計算題，而是一種有創造性的精神活動。在遇到臨界案例時（它們經常會到達最高法院，由其作成裁判），解釋者從事的工作，與依

69　科赫與魯斯曼（a.a.O., S. 176 ff）及阿列克西（Theorie juristischen Argumentation, S. 302 ff）肯定有一種階層秩序存在。其等之根據均在於法律拘束的優越性。其等均認字義、意義脈絡及歷史上的立法者之規制意向，優先於客觀目的論的標準，惟阿列克西認為，只有當沒有「合理的理由賦予其他標準優越性」時，始適用前述說明（S. 305）。主張歷史上的立法目的優先者尚有哈索爾德（HASSOLD, in meiner Festschrift 1983, S. 217, 232）。柯因（Rechtsphilosophie, 4. Aufl. S. 329 f）則強調，所有的標準均應留意，他拒絕承認各標準間有一階層秩序存在。持此見解者尚有：ZIPPELIUS, Juristische Methodenlehre, 4. Aufl. 1985, S. 55; HASSEMER, ARSP 1986, S. 204。關於階層問題可參見：BYDLINSKI, Juristische Methodenlehre u. Rechtsbegriff, S. 553 ff.; ENGISCH, Einführung, in das juristische Denken, 7. Aufl. 1977, S. 94 ff., 242; 關於實務的程序，見：RAISCH, Vom Nutzen der überkommenen Auslegungskanones für die praktische Rechtsanwendung, 1988。

據須塡補的評價標準來判斷案件事實，以及就案件事實做歸類的工作，並無大異，解釋者於此都擁有判斷餘地，於其內，多數不同的裁判都是「可接受的」。雖然有判斷餘地存在，但不能因此就認爲依方法從事解釋是沒有價值的，甚至認爲可以任意「選擇方法」。解釋者必須考慮各種不同的解釋觀點，並說明其選擇某種觀點爲決定性標準的理由[70]，法院就此常有欠缺。在窮盡所有獲致確實可靠的結論之方法以後，法官才可以做出只對自己負責的決定。於此，他也必須清楚表明其抉擇的價值判斷。

第七項　解釋法律與解釋法律行爲之比較

之前（第三章第四節第二項）在探討（連結法律效果之）案件事實的法律判斷時，已經稍微提及法律行爲的解釋。爲確定後者與法律解釋同異之處，自然會想到將兩者做一比較。在最近一本關於法律及契約解釋的書中[70a]，作者主張：如果略過其中（重要的）一點，這兩種解釋事實上遵循相同的原則。我認爲這項主張是錯的，理由簡短說明如下：

解釋法律行爲時（特別是契約，遺囑則暫且不論），主要涉及的問題是：爲表示及受領表示的雙方當事人對表示的意指及理解不同，因而爭論標準的意義爲何。原則上應取決於表示者的意指，假使——對受領者而言——該意指已清楚顯示於表示之中的話。受領者於此也必須盡力探求表示者的意指，必要時應進一步詢問。假使受領者能認識的話，表示者的特殊語言用法也必須考慮。假使受領者理解的，顯然不同於表示者的意指，特別是當表示者有誤寫、誤算或選擇錯誤用語的情形，於此，表示的標準意義是受領者可得理解的意義，但表示者仍保有——因意思表示內容錯誤——依民法典第119條第1項撤銷意思表示的權利。只有在表示被雙方做同一理解時，表示的標準意義方才不取決於該當表示客觀可得理解的意

---

[70] 因此，我不能同意阿多米特（ADOMEIT, in seiner Schrift "Normlogik－Methodenlehre－Rechtspolitologie", 1986, S. 165）的下述說法：之所以選擇此種或彼種論證形式乃是個人政治立場的抉擇，不能由方法論預爲決定。

[70a] ZELLER, Auslegung von Gesetz und Vertrag, 1989, S. 427 ff.

義。

反之，在解釋法律時，雙方當事人（制定規範者及受規範者）的理解及理解可能性如何，並不重要。於此，制定規範者及其語言用法處於中心地位。該當受規範者事實上如何理解，並不重要。澤勒（Zeller）也指出，於此應假定制定規範者想創造出合理的規制。此外尚取決於規制的前後關係（脈絡關係），其目的及歷史上的立法者之意向。就此，準備及起草法律者的聲明及理由說明，可以提供一些資訊。解釋法律行爲時，並無類似情形。此外，法定規制背後還隱含著——可期待其存在之——創造正當規制的立法企圖、法倫理性的原則、該當規制涉及之「事物本質」，最後還隱含下述要求：相同事物應做相同處理及避免價值矛盾。這些在解釋法律行爲時，都不重要。

然而，法律行爲或法律的解釋，都同樣涉及：探求言語表達的「正確」（法律上標準的）理解。之所以需要解釋，原因均在於日常語言的多義性、開放性，以及排除此等情況的必要性。此外，這兩種解釋都各有其特殊任務，涉及的當事人利益也各自不同。如果想將原本適用於此的解釋原則，轉用到另一種解釋上，必須極度審愼爲之。

第三節　共同影響解釋的因素

第一項　追求正當的個案裁判

法官是針對具體的待判案件而從事法解釋工作。德國法官（至少在民事法領域）認其任務在於：就被託付的案件作出「正當的」裁判[71]。只要

---

[71] 前聯邦最高法院院長豪辛格（Bruno Heusinger in seiner Schrift: Rechtsfindung und Rechtfortbildung im Spiegel richterlicher Erfahrung, 1975）可爲代表。於前揭文中（S. 5），他提及：「我認爲，司法裁判比較不是邏輯性的玻璃珠遊戲，毋寧是一種——取向於符合正義之合理結論的——目的性行爲」。雖然他也同時強調法律及法的拘束，然而這項拘束力不須強到「必須形式邏輯式地從屬於法律，乃至不惜發生荒謬的結論」。

在法律容許的範圍內，這種追求是妥當的（上文第三章第三節第五項）。整體法秩序都從屬於正義的理念，有義務服從其所提要求，而且法秩序（規範意義上的）效力要求之最後根據也在此。可以假定，法律傾向於促成符合正義的解答。對民事法官而言，「正當的」個案裁判意指：考慮到雙方當事人合理的願望，促成利益均衡的情況，因此，每一方當事人（只要他也合理地考量他方的利益）都能接受的裁判。這個目標未必都能達成，但是追求它們是法官職業倫理上的要求。

　　爲達成此項目標，有些法官嘗試把法律解釋及適用這套──繁複又未必令人滿意的──方式擱置一旁，直接依法官的「司法感受」（＝藉法官活動而清晰化的正義感受），依其認定之當下案件的「正當」「公平」決定而爲裁判。這樣形成的裁判，其理由是事後追加的，於此，說理的方式取決於目標（＝預先取得的裁判）。之前（第一章第三節第二項）曾經提及，這種做法並不妥當，因爲法律於此不再是發現裁判的準則，而且顯然有操縱法律的危險。當然也不能禁止法官就待判案件形成預定見解。他或者會期待，法律將證實此見解。然而，對法律的忠誠義務要求他，同意讓法律修正其預定見解。硬將他希望的結論塞入法律之中，是不被容許的。從追求正義的角度來說，只有當法官無論如何都能事先認識正當的裁判時，前述做法才不會令人生疑。情形恰好不是這樣。不管是法感〔伊賽（Isay）〕，或是法官的前理解（埃瑟），乃至於一般「理性法的考量」（克里爾）都不是──足以讓我們放棄正確理解法律這條「迂迴道路」的──確實可靠的路標。再者，在若干事物領域，法律有充分理由優先考量法的安定性、合目的性及實用性，而非個案正義。其中隱含之立法者的價值決定，法官也不可輕易棄置不顧。

　　因此，個案裁判合乎正義，這固然是法官活動中值得追求的目標，但並非另一解釋標準。這項目標只能在現行法以及普遍承認之法律原則的範圍內，因此也只能透過前述解釋規則或（被許可的法官之）法的續造（下文第五章）來實現。這並不是說，追求「個案正當」的解答，在解釋上全然不發生任何作用。它甚至具有重大意義，它向來是促使大家對法律解釋重新澈底思考，並尋求新觀點的動力所在。法官期待，而且也可以期待：

一般而言，法律應該可以使他獲得正當的，或至少（在正義的觀點下）
「可接受」的決定。如果期望落空，他就有足夠的動機質疑原本的解釋、
重新審查解釋之當否。然而，在具體的個案中「正當」的解答爲何，有時
極有疑義；在某些事件中，根本沒有唯一正當的解答。但有些決定則顯不
正當。如果某種解釋迫使法官做此決定，則個案正義對法官就具有警告的
意義。他必須自問，其採取的假定本身是否有誤，無論如何他將發現一個
較好的途徑，他也將考慮「超越法律之法的續造」的方式。

　　因此，法官雖然負有實現正義的義務，這究竟不能改變下述情況：
根據憲法他必須依——作爲整體法秩序之構成部分的——法律來裁判，而
非依其個人的「正當性確信」。假使在解釋及具體化其中的評價準則上，
法律並未賦予法官自爲判斷或評價的空間，法官就必須嚴守——依符合方
法要求的解釋及法的續造獲得的——法律及法的結論。只要沒有誤導法官
依自己的想像來操縱法律，在法官的裁判過程中，個案正義的追求仍舊是
一種妥當的因素。它是促使一再重新審查的必要動力；然而，因爲它經常
誘使法官超越明定的法規範，以自己的正義觀來代替法定標準，它又是危
險的。對此，方法上的指示助益有限；在法律忠誠及個案正義間一再發生
的矛盾情況中，法官最後只能依其良知來做決定。在今日顯然是比較傾
向於有利於個案正義的一方[72]，所以如此，與今日立法者威信的減損息息
相關，他經常未用足夠的時間、努力澈底考量其用語是否妥當，本來可以
（而且也必須）期待他作成的決定，他疏未作成的情形也屢見不鮮。這兩
種情形都令人極端疑慮。特別是在今天社會關係複雜的時代中，審愼制定
的法律以及嚴肅對待「法律及法」之拘束的法官，兩者對法治國而言均屬
不可或缺的要求。

----

[72] 典型的例子是聯邦憲法法院就（侵害人格權時）「慰撫金」的認可與否所作的裁定；NJW 73,
1221，於此，與（可能導致的）「在個案中對正義的傷害」相較，聯邦憲法法院不在乎在「法
律忠誠」一詞之前，添加——略帶貶義的——「形式」等語。Vgl. zu dem Beschluß *meine*
Abhandlung in Archiv für Presserecht, 1973, S. 450.

第二項　規範情境的演變

　　會導致重新審查，乃至改變迄今的解釋之諸多因素中，規範情境的演變有舉足輕重的意義。涉及的情況是：歷史上的立法者所面對的，其規制所取向的事實關係及習慣，發生如此重大的改變，以致既存的規範不再能「適應」變更後的事實關係。於此顯現出時間的因素。作為歷史事實，法律與其時代有一種功能上的關聯性。但時間並非靜止不動者；立法當時，以立法者期待的方式發生作用者，其後可能發生非立法者所預期，或非其願意認可的作用。然而，法律藉其得適用於將來多數事件的性質，嘗試保障人際關係一定程度的穩定性，它是許多人安排未來的前提條件，因此，並非任何一種事實關係的演變，馬上就可以改變規範內容。毋寧是先發生一種緊張關係，只有當迄今的法律理解變得「顯」不充分，大家才會透過變更解釋，或藉助法官之法的續造，尋求新的解答[73]。

　　新的解釋如果想維持其解釋的性質，就不能逾越法律（當時或──為做出比較「符合時代」要求的解釋──今日的）字義及脈絡劃定的範圍，通常也不可將法律目的棄置不問。假使原本的目的不可能再達成，或因其已經達成，而喪失客體時，則又不然。於此須先究問：在今日法秩序範圍內及事實關係中，該法律可否追求另一合理目的。假使答案是否定的，那麼在今天適用該法律就會造成全無目的、全無意義的結果，因此即不宜再予適用。於此種極端情況，即可適用羅馬法諺：「法律理由停止之處，法律本身也停止」[74]。如果某規範恰好是針對特定暫時的事實關係而制定的，一旦此關係不存在，前述情況就會發生。反之，假使規範尚有合理的理由或目的存在（即使其並非立法者當時慮及者），則仍可依適宜此目的之解釋來運用它。更常見的情況是：鑑於事實關係的改變，只能藉助「比較廣義」或「比較狹義」的解釋方式，才能達成原始的目的。司法裁判中

---

[73] 假使迪德里希森（Diederichsen）所說的「不可忍受性論據」具有說服力的話（Festschr. f. KARL LARENZ, 1973, S. 177）。

[74] Über die Herkunft dieses Satzes aus der Kanonistik und seine Geltung in älteren gemeinen Recht vgl. H. KRAUSE, SavZkanAA 46 (1960), S. 81.

有一系列的事例，以下將舉出若干道路交通的事例，其於今日，與本世紀初相較，自是大不相同。

第一個案例是：道路交通法第7條所謂的車輛「在運行中」，應做何解釋。帝國法院採狹義解釋，認為：只有當車輛藉其馬達動力正在移動中，才能認為車輛在運行中。在暫時中斷移動的情形，則尚將之視為運行的必要條件。依聯邦最高法院的見解[75]，前述判斷「鑑於車輛交通及其危險的高度成長，不再能符合道路交通法第7條的意義及目的」。車輛長時間以停車的狀態停放在快車道上，在車輛交通上同樣構成其他交通參與者的典型危險。依其見解，停駛的車輛在公路上造成的交通危險甚至大於行駛中的車輛。聯邦最高法院於是宣稱：「下述做法是必要的，而且依道路交通法之責任規定的意義及目的也是正當的：當一輛車撞上停止的車輛而發生意外事故，則不僅行駛中的車輛，停止的車輛也被視為在運行中，因此，依危險責任的觀點，雙方車輛擁有者均負損害賠償義務」。雖然立法者在1908年仍然認為，車輛的危險主要來自於馬達動力而來的迅速移動，但無礙於：「在運行中」的概念可以配合今日交通情況的經驗及必要性，做不同的理解，「於此，法官如過分執著——顯然過於狹隘的——機械性運行概念，他就無法善盡其義務」。

第二個案例涉及：刑法典第243條第1項第2款所謂「封閉的空間」等字的解釋。因為汽車竊盜事件日漸增加，有人希望改變這幾個字的解釋，以便能作更強的保護。帝國法院認為：「封閉的空間」只能是被劃定界限的土地或水域，因此，汽車、汽車住房及船隻這類移動物體即不屬之。聯邦最高法院揚棄這種——由字義上說來亦無必要的——限制[76]。因為帝國法院所做的限制既非字義，亦非規定目的所必要者，因此，於此涉及的事實上是一種「配合時代」的解釋，而非——於此應被禁止的——類推適用。

---

[75]　BGHZ 29, 163.

[76]　BGHSt 1, 167.

最後要談一個限縮解釋的事例。聯邦最高法院認爲：民法典第708條的責任減輕規定，亦可適用於合夥人或配偶在道路交通上之行爲的過失[77]。然而，依聯邦最高法院之見，民法典第708條的責任標準「一般並不適用於道路交通法」。該法院提及，「依立法史及法律的目的，該規定原本不擬適用」於此領域，其原本「只想規範合夥人之間的財產關係」；就此，法院只是揣測立法者的意志，並未提出任何證明。我認爲重要的事實上是：在今日的事實關係上，駕駛車輛（即使是純爲自身的利益）絕不能被視爲第708條意指的僅屬駕駛者「自己的事務」[78]。因爲這種行爲的任何疏失都不僅危害行爲人本身，亦將危及第三人。（即使在合夥人之間）此種過失責任的減免，絕非法律意旨所在。循此思想過程，於此即涉及（「自己的事務」等字的）限縮解釋；否則就必須視之爲目的論的限縮。

由是，規範情境的演變可以導致迄今標準之規範意義的改變——或限縮之，或擴充之。此外，整體法秩序內部結構上的演變[79]也可以造成法律解釋的轉變，例如，明顯之新的立法趨勢、法律理由或客觀之目的論標準的新解，以及配合憲法原則對行憲前的法制做必要的修正。這些先前都已經提過，只要法院相信，迄今的解釋因假定錯誤，或推論不夠可靠而錯誤時，它就可以放棄此種解釋。慮及時間的因素，以往正確的解釋，今天可能不然。但是卻很難精確確定，從哪個時點開始，解釋不再是「正確」的。原因在於：變更解釋的演變是持續的，而不是一次完成的。在「其間」，或堅守固有的解釋，或轉向符合時代的新解釋，兩者均是「可接受」的。原本可以算是合憲的解釋，因爲標準事實關係的演變，之後可

---

[77] BGHZ 46, 313.

[78] Vgl. dazu *meinen* Aufsatz in der Festschrift für HARRY WESTERMANN, 1974, S. 299 ff.

[79] 由是，聯邦憲法法院（E 7, 342, 350）就否定——民法典施行法第3條、第55條及第218條的——「法典化原則」在勞工法上的適用可能性，因爲「民法典頒布以來的社會演變」，勞工法已逐漸由私法脫離。

能變得不然[80]。如是，則須在多種——依其他標準認為可能的——解釋之中，選擇今日認為符合憲法要求者。

假使涉及民主法治國的組織，或牽涉藉基本權顯現之價值秩序的憲法規定，在認定因情境演變所致之「意義演變」時，即須特別審慎。憲法本身有更高的穩定作用，此何以修憲程序特別繁雜。因此，透過新的解釋以改變憲法內容，亦應有嚴格的界限。界限何在的認定則非方法論的任務，而是憲法學的職責[81]。聯邦憲法法院在「國會議員津貼」案[82]中判定：基本法第48條第3項保障對國會議員「提供適當，足以維持其生計的補償」，其「基於前述……演變已獲得新的意義」；該法院要求立法者制定與此相應的新規制。然而，於此並未涉及前指的「根本」規定。

第四節　解釋的特殊問題

第一項　「狹義」及「廣義」解釋；「例外規定」的解釋

經常有人提及某項規定應做「狹義」（限縮）解釋，或「廣義」（擴張）解釋。其意指為何，未必十分清楚。恩吉斯[83]指出，這組概念至少有四種不同的意義。他自己選了一種以主觀解釋論為基礎的意義，據此論點，在可能的字義範圍內，應依據隱含其中之「立法者的意志」（即：起草法律者的規範想法）來探討用語的意義。依此，如狹義理解較能符合「立法者的意志」，則須為「限縮」解釋；如廣義理解較能符合此意

---

[80] 在關於理髮業營業時間的規制上，聯邦憲法法院就採此見解：BVerfGE 59, 336, 365 f。它很早就指出，即使聯邦憲法法院曾於稍早的裁判中肯定某規範的合憲性，只要符合下述條件，重新提請解釋「無論如何」是容許的：「如其以先前的裁判理由為出發點，並說明促成其偏離前裁判之新事實的話」：BVerfCE 33, 199, 203 f; ebenso BVerfGE 39, 169, 181.

[81] Dazu Lerche, Stiller Verfassungswandel als aktuelles Pohtikum, in Festschr. f. Maunz, S. 285; vgl. auch BVerfCE 2, 380, 401, 422.

[82] BVerfGE 40, 296, 315. Zu diesem Urteil Pawlowski, a.a.O., Rdz, 387.

[83] Einführung in das juristische Denken, S. 100 ff.

志,則須爲「擴張」解釋。然而,之前已經提及,法律起草者的規範想法只是多種解釋標準之一;再者,其對解釋者不具拘束力。解釋的最終目標不是探求歷史上的立法者之「實際意願」,毋寧在尋找法律在今日法秩序的標準意義。這當然要在用語的字義範圍內爲之。但是我們也知道可能的字義是變化不定的。在各種不同的意義可能中,如果其中一種較他種的適用範圍狹隘,則稱之爲「狹義」,其有更寬廣的適用範圍者,則稱爲「廣義」。如表達方式源於日常用語,則狹義者常與所謂的核心範圍重疊,後者係依該用語之用法首先意指者;廣義者則經常包含邊緣範圍,後者係依一般語言用法有時亦將意指者。假使逾越了——盡可能做廣泛理解的——邊緣範圍的界限,則已非解釋,同樣地,如將無疑屬於核心範圍的現象排除於外,亦已非解釋。前者涉及類推適用,後者則爲法律之目的論的限縮。

依一般的語言用法,(親屬意義中的)「子女」之核心範圍首先包含生身子女(一親等直系血親卑親屬)。聯邦行政法院即做此解——狹義解釋。假使把繼子女、養子女,甚至婿媳均包含在內,則屬「廣義解釋」。如果把孫子女納入其中,則已逾越可能的字義範圍,而只能以類推適用的方式得之。反之,如將部分的生身子女(如已婚的子女)排除於外,則亦非字義所許。對字義的核心範圍附加額外的限制(於此將已婚的子女排除於外),此已非解釋,而係基於「目的論的限縮」所做的規範變更。依今日的普遍見解[84],在民法典第675條中,「事務管理」一詞做比較狹義的,與該用語——在一般語言用法中——的核心範圍一致的解釋,在民法典第662條、第677條中則做最廣義的理解。1978年修正前,責任義務法第1條的「鐵路」一詞係做廣義解釋,質言之,亦包含有軌電車、地下鐵及齒軌鐵道。民法典第123條第2項第1句中的「第三人」一詞,在今日係作「狹義」解,曾以受領表示者之代理人或履行輔助人之身分參與該法律

---

[84] Vgl. *mein* Lehrbuch des Schuldrechts, Bd. 2, § 56, I und V.

行為者，或在利益上與之相結合者，均非此處的「第三人」[85]。在一般語言用法上，該用語既可指稱（除受領表示者外之）「他人」，亦可指稱未參與（此處涉及的事件）者。如採第二種解釋（＝今日的見解），則許多——依第一種解釋原可包含在內之——人將被排除在外[86]。

經常有人說：「例外規定」應做狹義解釋，而且不得為類推適用[87]。這樣一般性的說法並不妥當。首先，何時存在「例外規定」，本身即有疑義。穆勒[88]就正確指出，要決定是否為例外規定，首先必須「藉助所有可能的具體化手段來決定，必須具備何種規範性內涵，才能算是例外規定」。這不僅取決於法條的規定方式。即使要限制某項法規範的適用範圍，立法者經常並不立即將之表現在基本構成要件的規定中，毋寧常事後以限制性法條、「消極性適用命令」的型態來表現（參上文第二章第二節第二項）。將民法典第285條（因不可歸責於債務人之事由致未為給付者，債務人不構成遲延）解為（確定遲延要件之法律定義的）民法典第284條的「例外」，是一種錯誤的理解。只有將兩條規定合併以觀，才能充分顯示遲延的要件；於此，法律之所以將要件之一（給付之遲延須可歸責於債務人）別為規定，只是想藉此將舉證責任的分配表達出來。同樣也不能將民法典第935條第1項視為同法第932條的「例外」，因為只有合併考察這兩條規定，才能認識立法者的下述構想：將保護善意取得者的法律思想，與自願喪失所有物支配力之所有權人的利益應讓步的想法結合起來。相反地，民法典第935條第2項則的確是一種——基於實用考量——對前項規定所做的例外；總之，是否為例外，非關規定方式，毋寧是以事物本身為基準所做的判斷。

---

[85] Vgl. *mein* Lehrbuch des Allgemeinen Teils, 7. Aufl., § 20, IVa.

[86] So BGH, LM Nr. 30 zu § 123 BGB.

[87] 就此參見：RGZ 153, 23; BGHZ 2, 244; 4, 222; 11, 143; BSG, NJW 59, 168。就此持批判性見解者：Ennecceruss-Nipperdey, Allgemeiner Teil, § 48 1, 2; Engisch, Einführung in das juristische Denken, 7. Aufl. S. 151 f.; Weinsheimer, NJW 59, 566。

[88] Friedrich Müller, Juristische Methodik, 3. Aufl., S. 211.

只有當以事物爲準確屬例外，前述解釋規則才有（有限的）價值。以事物爲準確屬例外，特別存在於下述情形：法律希望賦予一項規則盡可能廣泛的適用範圍，僅在特定（嚴格限制的）事例，容許突破此項規則，立法者認爲，假使在此種事例亦貫徹此項規則，實際上並不可行或並不恰當，因此願意放棄其適用。於此爲避免與立法者原本的規制企圖背道而馳，乃禁止對例外規定做過寬理解，或將之類推適用於其他事例。但這並不意味，例外規定「應盡可能做狹義」解釋，或其無論如何均不得作類推適用[89]。具決定性的仍是：立法者將此類事例排除於適用範圍之外的理由。就此，參與立法程序者的規範想法可以提供一些資訊。假使其確僅針對此類事例，則不得將其他事例引入其中，即使由用語的字義而言，其本屬可能之事，亦同；然而，假使因此將牴觸平等原則，則又當別論[90]。

第二項 習慣法與判例的解釋

就原始意義而言，習慣法係指：長時期，事實上被普遍遵循之人際關係上的行爲規則，循此行爲者並具有藉此滿足法律命令的意識。因此，僅有事實上的行止態度，尚不足以證實習慣法的存在，此等行止態度必須是併隨之法確信的表現。如是則必須以特定意義來解釋行止。唯其如此，正如索姆洛（Somló）所說的[91]：解釋一項被視爲習慣法的規則，將與確定其是否存在的問題結合在一起。不僅在研究其內容爲何的問題上，事實上，慣行的社會行止是否構成「習慣法」，這個問題本身就已經是解釋性的理解問題。此處涉及的不是既存文字的解釋，毋寧必須先將行止顯示的規範，以文字表達出來。於此，語言的形成具有如下作用：將未形諸言說的，該當社會行止具有的法律意義詮解出來。

諾爾（Dieter Nörr）[92]的下述說法是正確的：「習慣法的理論本身不

---

[89] 參第五章第二節第二項（類推適用民法典第645條）。

[90] 參見：BGHZ 17, 266。於此聯邦最高法院不僅對例外規定做狹義解釋，鑑於情勢的變更，其甚至偏離字義而做目的論的限縮。

[91] SOMLÓ, Juristische Grundlehre, S. 373; 類此：BIERLING, Juristische Prinzipienlehre, Bd. 4, S. 299。

[92] In der Festschrift für WILHELM FELGENTRAEGER, 1969, S. 353.

能讓人滿意」。就此，不宜於此作深入研究[93]。實際上，原始意義的習慣法在今日幾乎並未發揮如何的作用。今日在實務上具有重大意義的，毋寧是藉所謂的「判例」創造出來的「法官法」。其是否為具有規範性拘束力的法規範，稍後將論及之（下文第五章第五節）。假使與一般的法確信一致，並且事實上幾乎未被質疑過，則「向來的司法裁判見解」即已達到習慣法的程度。藉此種方式產生的習慣法，與因社會成員之實踐而發生的習慣法，在解釋上有很大的不同處。

如前所述，在因實踐而生之習慣法的情形，首先必須以文字表達出隱含其中的法規則。或者由法院、私人的記載，或者以鑑定意見的形式來表達。無論如何，它都已經是一種解釋結果：就特定（之前已確定其存在的）社會行止，在考慮其特殊的法律意義內涵下，所做的解釋。於此，解釋的標準既非可能的字義（解釋之前，根本尚未以文字的型態來掌握這項——即將被表達出來的——規則），亦非立法者的意志。就此，所有（大多在未經深思的情況下）依習慣法而行止之人的（或者清晰或者模糊的）想法，其助益也有限。仍可考量的是與下述標準的意義關聯：法倫理原則、客觀的法目的、特定的法律評價準則、「正派行止」的期待，以及針對案件對前者的具體化。今日所有習慣法規範均應做「合憲性解釋」。就像制定法及法官的裁判一樣，習慣法也是從一種比較具體的角度（並且在形諸文字之前）來表現「法這個事物」[94]，因此，「理解習慣法的可能條件」也是：解釋者對於——隱含於其「前理解」中的——「法這個事物」的取向。

取向於「法這個事物」也是理解法院裁判的最終條件。然而，裁判已經以文字將其中的法律思想表現出來。由「一向的司法裁判見解」發展出來的習慣法，必須回歸到文字的表達形式上。它們一如立法者的文字表達形式，也需要解釋。可能被視為「判例」的法院裁判，同樣也需要解釋。它們需要解釋的程度，恐怕還高於法律。因為它們與案件事實緊密相關。

---

[93] 最近較廣泛的處理見："Theorie des Gewohnheitsrechts" von HANS MORKE, 1932。

[94] 基於HRUSCHKA, Das Verstehen von Rechtstexten, S. 27 ff., 56 ff的意義。

因此，顯現在裁判中的準則，其適用範圍如何，能否適用於其他案例，將更滋疑義。事實上，許多法律工作及裁判均與解釋最高審級法院之裁判有關。然而，相較於對法律及法規的解釋，學理上一直嚴重忽略法院裁判的解釋。

解釋法院裁判主要涉及：理解法院的思考過程，清楚地表達其中的思想並劃定其界限，及區別支持裁判的主要理由與「裝飾性的附件」。然而，法院在裁判理由中表達的法律見解——與法律不同——並無直接的規範效力。判決理由本身不是要制定法規範，毋寧只在表達一種法律見解；然而，其對於法院就該事件的裁判具有決定性的意義（只要它不是「旁論」），係說理脈絡中必不可少的部分，如是，則解釋裁判的目標只能是：探求法官實際上的法律意見。

通常可供認識法院法律見解的資料，不過是寫成文字的判決本身。因此，具決定性的是字義及意義脈絡。就字義而言，特別應注意法律的語言用法；意義脈絡則包括待判的案件事實。說理的脈絡中出現矛盾、漏洞，亦非罕見的現象。那就要研究，在可能的字義及意義脈絡範圍內，是否有一種足以排除矛盾並彌補漏洞的解釋存在。假使確有此種解釋，且亦有其合理的意義，則應依此種方式來解釋判決。因爲在有疑義時應假定：即使其說理有瑕疵，法院仍然會努力做邏輯一貫的思考，形成無漏洞的思想脈絡[95]。假使在解釋的界限內，不能以解釋的方式排除矛盾，並補充思想脈絡中欠缺的部分，就無法確定法院的法律意見。

就當下的待判案件，法院經常會表達（至少就其表達形式而言）超越裁判該案件所必要之法律見解，法院有時還有意地採取此種做法。於此，解釋的任務即在於：將原本過寬的表達形式限制在法院所意指——由案件事實的關聯性可得之——較爲狹隘的適用範圍上。法院經常爲了說明先前

---

[95] 法官說理的目標在於：使爭訟當事人及尋求權利保護者確信裁判的正確性（指：與法律及法一致）。施呂特（WILFRIED SCHLÜTER, Das Obiter dictum, 1973, S. 97）正確地強調，如果要達到上述目的，說理本身就必須具有「合理可解、可審查，因此可討論的說理脈絡」。雖然未必全部判決都符合這項要求，但可假定，法院努力想滿足這項要求。

的裁判對當下應爲的裁判而言並非「判例」，而採取過寬的表達方式。

在1957年的一項裁判中[96]，就何時構成民法典第123條的「不法脅迫」，聯邦最高法院提出下述「要旨」：「民法典第123條中的不法性之前提是：債權人認識，或必須認識——足以賦予其脅迫行爲倫理上的可非難性之——事實；可歸責的不認識，與認識相同。絕不能因債權人對事實作錯誤的法律評價，排除脅迫行爲的違法性」。稍後的一項判決[97]則涉及下述問題：某人因可歸責的錯誤，誤認其對被脅迫者有請求權，並因此而爲脅迫行爲（脅迫的内容是：實現此客觀上不存在的請求權），此脅迫是否不法。聯邦最高法院對此爲否定的答案：「任何人在有疑義的法情境下，基於客觀上可以接受的法律觀點，認定其有請求權存在，進而脅迫其相對人：假使後者不爲特定意思表示，其將實現其請求權：僅此尚不足構成違法」。這項裁判與之前的裁判並不矛盾。雖然之前的裁判曾提及，絕不能因債權人對事實做錯誤的法律評價，而排除脅迫行爲的違法性。然而，由裁判的脈絡可知，「對事實做錯誤的法律評價」僅意指下述情況：債權人由已知的事實，就其脅迫的不法性做了錯誤的法律推論。在第二件裁判中，脅迫者不僅對其脅迫行爲做了錯誤的法律評價，毋寧在評價所繫的法律先決問題上（即：關於請求權的存否），已經做了錯誤的判斷。這不僅是法律評價本身的錯誤，毋寧是評價基準的錯誤，假使此種錯誤無可歸責，則其足以排除行爲的違法性，先前的裁判亦傾向於此。藉此，第一項裁判中原本文義過寬而易引致誤解的要旨，就被限制到實際意指的涵義上，於此，理由的脈絡（包括當時的案件情況）具有決定性的影響。

這個例子可以清楚指出，（聯邦最高法院所採行的）在裁判之前添加類似法條的要旨，這種做法是多麼危險。這些要旨不過是裁判理由中蒸餾出來的結晶，與案件事實密切相關，在很大的程度上本身也需要解釋。

----

[96] BGHZ 25, 217.

[97] LG Nr. 28 zu § 123 BGB.

然而，其表達方式類似法條，因此會引致下述印象：要旨本身可以獨立於被裁判的案件事實之外，其具有——可適用於同類情況，並且已經確定之——規則的特徵。可能會忽略：法官首先考慮的是他裁判的事件，相較於立法者，他比較不能預見他的「要旨」未來可能適用的情況[98]。聯邦最高法院本身就經常被迫，或限縮或擴張自己提出的要旨。

法院裁判及其理由不只是解釋的標的，同時也是學術批判的客體，這些批判經常獲致下述成果：理由中根本未提及，或僅隱約提及，法院本身可能也向未意識到的法律思想，卻可以對裁判結果做更恰當的說明，藉著學術批評，此法律思想得以清楚浮現於意識中，並清楚劃定其適用範圍。其已非單純的「解釋」，因於此已逾越法院裁判理由之字義及意義脈絡的界限，理由本身被證明有缺陷，因此需要一些額外的補充。

第三項　關於憲法解釋

有疑問的是：迄今所述的種種法律解釋原則，是否可毫無保留地適用於憲法解釋，或者，於此尚須留意其他觀點。憲法解釋的問題，在1950年代之初曾經有熱烈的討論；1976年，德雷爾（Dreier）及施韋格曼（Schwegmann）曾將迄至當時發表的一系列論文集結起來，再次刊行[99]。穆勒及克里爾在方法論上的著作，大都取向於憲法解釋的問題。

過去40年中方法論辯上的主要問題及其解答建議，許多在今日的討論中重現，就此不須感到訝異。對於價值及「正確性」，究竟有無做有根據論說之可能，這個問題我們今天還是會面對；在不同的解釋方法之間可以做任意選擇，這種主張也還存在；我們也還會碰到「類觀點」的思想[100]

---

98 施呂特（Das Obiter dictum, S. 31）就適切地指出，「因為它不能像國會的立法者一般擁有多方的認識資料、意見資訊，因此，它比較不能提出針對未來的行止規範」。

99 DREIER/SCHWEGMANN, Probleme der Verfassungsinterpretation, 1976.

100 在1961年的德國公法學家會議（其議題為「憲法解釋的原則」，1963年發行），第一位報告人（PETER SCHNEIDER）強調其與人文科學之詮釋學的一般理論間的關聯。第二位報告人（HORST EHMKE）則明白採取「觀點歸類」的思考方式。他要求，憲法解釋也應該「依據問題，為問題解答發展出一些合乎事理的規則」，並假定最後的標準是「所有合理並正確思考者的同意」，而非一種「客觀的實質的法律原則」。

以及解釋的後果如何的問題。假使涉及的是某項法律規定是否「合憲」的問題，那麼相較於規範或整個規制的均衡性及事理上的適當性，「個案正義」自然比較不受重視。大家認定，憲法（特別是基本法第3條）強制規制必須滿足前述要求。德雷爾在前述文集[101]的導論中正確地指出：一如所有法律，憲法讓我們必須面對「意志與表達方式，意志與理智」之間的關係。和所有的成文法一樣，憲法也會有「『文字之法』與『行動之法』關係如何」的問題。藉此他同時劃定了該文集的討論範圍。

文集中的第一篇文章〔作者：福斯特霍夫（Forsthoff）〕[102]極力強調憲法的安定作用以及憲法解釋的靜態特徵。其以為，憲法作為成文法，亦應適用與法律相同的解釋規則，如是「始能證實其意義，並控制其執行行為」。福斯特霍夫所謂的「適用於法律之解釋規則」，即是薩維尼發展出來的解釋方法。法律不能容許恣意而行的解釋方式，其將因此等恣意性而被否定，或趨於解體[103]。福斯特霍夫認為，取向於憲法的意義體系，以憲法的基礎價值為準則，這種較新的解釋理論可能會導致憲法的否定或解體。因為「藉精確的（？）法律解釋手段」無法獲得這種意義體系[104]，因此，這種體系就存在於「規範以及藉解釋可得接近的內容之外」。「放棄解釋技術的古典規則，這意味著法律概念解消於內容之中」，規範因此喪失其顯著性[105]。與此相應，「法治國將被改造為司法國」。依法治國的見解，法官應立於「憲法之下」；假使法官依（其認定之）憲法的價值秩序來解釋憲法，那麼不管他是否願意，他將成為「憲法的主人」[106]。福斯特霍夫雖然保證，他只是要描繪已經開始的發展，但他顯然不贊同這種發展。他認為，這種危險的發展趨勢，其部分原因應歸責於對傳統法學

---

[101] a.a.O., S. 13.

[102] Die Umbildung des Verfassungsgesetzes, a.a.O., S. 51 (zuerst gedruckt in Festschr. für CARL SCHMITT, 1959, S. 35).

[103] a.a.O., S. 53.

[104] a.a.O., S. 54.

[105] a.a.O., S. 63.

[106] 採此見解：FORSTHOFF in seiner Schrift "zur Problematik der Verfassungsauslegung", 1961, S. 33。

方法的背離，轉而傾向於一種「精神科學」的方法。

　　福斯特霍夫忽略了下述事實：憲法本身要求應尊重特定價值及意義關聯。他也忽略了：薩維尼的方法論至少在「體系的」要素上（薩維尼原稱之為「哲學性的」要素），並未排除意義的問題。再者，將「法學」與「精神科學」的方法對比並不妥當，因為法學的方法本來就是一種（特殊型態的）精神科學方法。哈勒巴哈（Hallerbach）[107]在該文集的第二篇文章中就對福斯特霍夫提出上述批評。依其見解，法學本來就是「精神科學的學門，因為它面對的對象正是人類及某種人類精神的客觀化（以『語言創作』的形式表達出來之『人的作品』）」，因此，「『在存在上』，其必然取向於理解性的解釋」[108]。但這並不意指：相較於其他精神科學，法學在方法上不應有其特點，法學的個別領域中也不能有進一步的分別。福斯特霍夫反對「解釋方法的恣意性」，這自然是正確的。然而，他相信「真正精神科學式的解釋忽略此點，因此將造成方法恣意的多樣性」[109]。福斯特霍夫對瓦解現象的批評固非無據，但其並非因轉向精神科學的方法所致（依吾人的用語：其並非因傾向於價值取向的思考所致），毋寧係源於未充分應用此等方法、背離所有的方法，傾向於純粹「類觀點」的思考方法。

　　文集的最後一篇文章〔作者：哈伯勒（Häberle）〕[110]與福斯特霍夫的立場適相反對。哈伯勒比較不把憲法視為「已被制定」的規範，毋寧更視其為「在公眾活動中的法」，質言之，一種「公共程序」[111]。主持此程序者，特別是聯邦憲法法院。此種程序需要一種「開放的解釋」、「開放的解釋準則」[112]。他認為，這並不是「古典解釋規則」的徹底推翻；毋寧比較類似「在有生命力的憲法主幹上進行的『角力』」。「發生史

---

[107] Auflösung der rechtsstaatlichen Verfassung? a.a.O., S. 80; zuerst in ArchöffR 1960, S. 241.

[108] a.a.O., S. 101.

[109] a.a.O., S. 103.

[110] Zeit und Verfassung, a.a.O., S. 293; zuerst in Ztschr. f. Politik, 1974, S. 111.

[111] a.a.O., S. 298.

[112] a.a.O., S. 307.

的解釋」應該轉化爲「發展史的解釋」；由是，歷史的解釋方法獲得——「新的、有限的正當化」[113]。所有的解釋目標均係「（對未來）開放的，能獲得正當、『合理的』利益均衡之憲法理解」[114]。哈伯勒正確地強調，法院的法適用及因此獲致的憲法實踐，兩者構成一種持續的程序；於此程序中，解釋是促使規範一再重新適應時代環境的因素；但他過分低估憲法安定性的作用及其對解釋的意義。

　　此處並不適宜進一步研究文集中的其他文章，更不能探討全部（幾乎已無法遍覽）的文獻[115]。前述檢視應已足以說明，在憲法解釋的問題上，意見可以如何分歧。

　　如果問我的意見，我認爲：一般解釋原則至少在原理上可適用於憲法解釋。和其他法律一樣，憲法作爲成文法也是一種（大多以日常語言寫成的）語言創作，也需要解釋，憲法中的語句也具有規範的特質；憲法的拘束力也絕不小於其他法律，毋寧還更加強大。就此而論，我的立足點與哈勒巴哈一致。即使聯邦憲法法院也不「高於」憲法，毋寧應「立於其下」；然而，它被賦予特殊的憲法解釋權限，在法官裁判自由所及的界限內，也具有續造憲法的權限。有問題的只是：相較於其他解釋，憲法解釋的界限是否較寬。方法選擇上的恣意性，或賦予立法者幾乎與此相等的衡酌權限，兩者與憲法拘束的要求都不能相合。因此，憲法解釋亦須遵守所有解釋標準。貶抑制定史上的標準，我認爲並無正當理由[115a]。基本法的作者認爲自己受到歷史持續性的拘束，其溯至保羅教堂（Paulskirche）憲法直至威瑪憲法；鑑於德國人與其歷史之艱難關係，尤應盡可能維持此持續性。這不是說：解釋可以不考量事實關係的演變（參上文第三節第二項

---

[113] a.a.O., S. 311.

[114] a.a.O., S. 306.

[115] Vgl. hierzu die umfängliche Bibliographie in dem Sammelband von Dreier/Schwegmann, S. 329 ff.

[115a] 聯邦憲法法院似有如斯傾向。它一再提及，對於憲法規範的制定史，雖然不能完全棄置不顧，但其不具決定性意義：BVerfGE 62, 45及其內援引的較早裁判。反之，Sachs, in DVerwBl 1984, 73 ff. 嘗試證明，該法院之解釋實務與通說的解釋理論一致。

末），但對此應審慎因應。

　　尚有疑義的是：基本法賦予聯邦憲法法院的地位，是否已強迫它必須做一些不再單純以法律性考量，毋寧更須以「政治性」考慮（關於公益、社會的法治國能否發揮功能之類的考慮）為說理根據的裁判。疑義所以產生，乃是因為基本法（特別是基本權的部分）經常運用尚須填補的概念及倫理性標準（例如：人性尊嚴）；此外，基本法常以空洞公式的方式界定基本權（例如，基本法第2條第1項），因此常有非常寬的解釋空間。波肯費爾德（Böckenförde）在收錄在前指文集的文章中[116]也提及：於此，「僅由文字的形式、語言的意義及規制的脈絡」，解釋「尚不能取得其充分的聯繫點」。在涉及憲法原則的具體化，質言之，針對特定情境確定其作用範圍並進一步充實其內容時，此等標準顯然更是不夠。在運用事件比較方法形成類型時，又經常欠缺適當的比較事例。還可以考量的是客觀之目的論的標準，特別是事物領域的結構。於此，法院經常必須基於合目的性考量為裁判，這點與立法者相當類似。此外，勒切（Lerche）[117]在前述文集中還提及「政治活動者之間的意見歧異」，例如聯邦與各邦的爭議，「通常多少是獨一無二的事件」。於此，甚至裁判先例的標準也付之闕如。如是，則法院須自為適宜的判斷，而且這只能是一項政治性的判斷。法院於此會特別考量，裁判對憲法狀態之繼續發展影響如何，例如，對聯邦與各邦的合理協作，對「公部門」履行特定任務將會發生如何的影響，在特定情況下還要考量，此等裁判將會產生如何的財政負擔及其他後果。

　　因此，事實上必須承認，賦予聯邦憲法法院規範審查權，以及對特定政治爭議的裁判權限，已經觸及最廣義之法解釋的界限，逾此界限，聯邦憲法法院就必須取向於預期的後果，以及──對社會而言──後果之合目的性及可承受性而為裁判，換言之，其必須作政治性的裁判[117a]。克里

---

[116]　a.a.O., S. 267.

[117]　a.a.O., S. 138.

[117a]　不同見解：Badura, Die Bedeutung von Präjudizien im deutschen und französischen Recht, 1985, S. 67。依其見解，「對於下述假定，聯邦憲法法院迄今實務不能提供何等依據：必須遠離法律性論證、說理的堅實根基」。

爾極力強調法院裁判應取向於預期的後果，理由或即在此。就這一點，克里爾在文集的跋語部分針對（我們之前介紹的）盧曼（Luhmann）的見解展開論戰[118]。依克里爾之見，取得裁判最重要的要素是：預期將發生的後果，並且以「更根本的利益」為準，對涉及的利益做「無所偏倚的衡量」。就此，最後我想指出：在通常（特別是民事）法院的裁判活動中，預擬之裁判可能導致的廣泛後果（例如，因法律要求的破產宣告、契約無效，而將導致之違人心願的後果），通常對裁判不生如何的影響。因為法院通常不能正確遍觀可能的後果；其次，立法者（藉破產宣告及契約無效的規定）就此已先為決定，此等決定非法院所得推翻；最後，法律上有利的一方當事人預期，法院將依法律把權利判歸於他。就此而論，應支持盧曼的見解。只有在涉及會發生重大經濟影響的原則性裁判時，才應該有不同的做法，例如，最高法院對於擔保讓與、財產全盤讓與及延展的所有權保留等制度的首度認可；克里爾想到的或者是這類事例。在這些事例中，假使藉狹義的解釋手段不能獲致確實可靠的結論，或許可以從事「超越法律之法的續造」，如是，則法院自應考慮其一般經濟上及社會上的後果，它也的確會這麼做。

　　這對民事法院而言僅屬例外，卻比較能普遍適用於憲法法院。雖然在憲法訴願的情況，經常也可以藉例行一般的法解釋手段來裁判。此處亦不乏比較性事例，然而，假使裁判對社會未來將產生重大影響的話，那麼這些手段就不夠了。於此，憲法法院承擔了維持法治國之秩序、功能的責任。它可不能依下述羅馬法諺來裁判：實現正義，覆滅國家。實際上沒有一位憲法法官會這麼做。於此，放棄後果衡量絕不可行，就此而論，克里爾的主張是正確的。然而，憲法法院也未必能確實綜觀所有（遙遠的）後果，雖然其可能性要大於民事法院，但這也必須付出代價。至於對預期後果的評價，主要當然取自於「公益」思想，特別是法治國功能之維持及改善。就此意義而論，它自然是政治性的裁判，然而，憲法法官於此仍應盡可能擺脫其本身主觀的政治意見，其對特定政治團體好惡之感的束縛（大

----

[118] KRIELE, a.a.O., S. 332 f.

部分的憲法法官也確能如此），努力尋求一項沒有成見的、「合理的」裁
判。

第五章　法官之法的續造的方法

第一節　法官之法的續造──解釋的賡續

　　把注意力集中在法實務的法學，其首要任務在從事法律解釋，但其任務不僅止於此。大家日益承認，無論如何審慎從事的法律，仍然不能對所有──屬於該法律規制範圍，並且需要規制的──事件提供答案，換言之，法律必然「有漏洞」。長久以來，大家也承認法院有填補法律漏洞的權限。因此，提供法官一些符合事理且可理解的，完成此項任務的方法，也是法學的重要願望之一。法官之法的續造，有時不僅在填補法律漏洞，毋寧在採納乃至發展一些──在法律中至多只是隱約提及的──新的法律思想，於此，司法裁判已超越法律原本的計畫，對之做或多或少的修正。這種「超越法律之法的續造」當然也必須符合整體法秩序的基本原則，實際上常是爲了使這些原則（相較於法律所定）能更普遍適用，才有法之續造的努力。

　　然而，法律解釋與法官之法的續造並非本質截然不同之事，毋寧應視其爲同一思考過程的不同階段。此意謂：如果是首度，或偏離之前解釋的情形，則法院單純的法律解釋已經是一種法的續造，雖然法院多未意識及此；另一方面，超越解釋界限之法官之法的續造，廣義而言亦運用「解釋性」的方法。狹義的解釋界限是可能的字義範圍，超越此等界限，而仍在立法者原本的計畫、目的範圍內之法的續造，性質上乃是漏洞填補＝**法律內之法的續造**；假使法的續造更逾越此等界限，惟仍在整體法秩序的基本原則範圍內者，則屬**超越法律之法的續造**。雖然這三個階段之間不能劃出清楚的界限，然而其各自有其典型方法，因此仍有必要區分三者。此外，不能拒絕裁判的法官有爲法解釋的義務，如法律有漏洞，亦有填補漏洞的義務，反之，只在有重大事由的情況，法官才會決定從事超越法律之法的續造。

　　前已提及，司法裁判的變更解釋，在性質上已屬法的續造。假定新

解釋爲嗣後司法裁判所維持，因此在法律生活中被遵守的話，則更可肯定前述說法。我們也一再提及，司法裁判針對具體事件而具體化須塡補的標準，亦屬於法的續造。法院對法律規定的第一次解釋，其構成對法律規範的「續造」，因爲在文字多種可能的意義中，它選擇其一，稱其爲恰當的意義，將原本存在的不確定性排除。然而，解釋者的意圖非在續造規範，毋寧希望認識文字原已包含的意義，並將之表達出來。只想將「被正確理解」的文字本身已經意指的表達出來，此正是解釋者典型的立場。他無意增添減損文字，只想將之表現出來。然而，只有能提出正確的問題並能理解語言者，文字才向他表達其意旨。我們瞭解，在某種程度上，每項解釋都是企圖理解者有創意的成果。假使從事者對此有充分的意識時，那麼在超越狹義解釋界限之法的續造中，其創意成分更高。但是單純的解釋中亦有創意成分。其間僅有程度上的不同。因此，解釋幾乎可以不間斷地行入漏洞塡補的階段，於此，認識主體首次意識到，他在從事法的續造，就此而論，開放的法之續造亦於爲開始。因此，對下述情形不須訝異：解釋之際發生作用的標準（特別是立法者的規制意向、目的及客觀之目的論的標準），對於法律漏洞的塡補，亦具有重大意義。以此，解釋幾乎可以不中斷地過渡到開放之法的續造之階段[1]。

　　在把法與法律，法律與立法者的意志等視同觀，在對法採工具性的見解，或者在認爲法的安定性及司法裁判的可預見性較實現正義更重要的時代，傾向於將法官的職務限制在法解釋上，否定法官得爲超越法律之法的續造[2]。基於「禁止拒絕權利」的觀點，由法院塡補法律漏洞的必要性，在19世紀原則上已被承認[3]。但是因過分高估概念式思考，並認定法

---

[1]　ESSER, Grundsatz und Norm, S. 255; ZWEIGERT, Studium Generale 1954, S. 385; WIEACKER, Gesetz und Richterkunst S. 6 f.; ENGISCH, Einfürung, S. 146; KIRCHHOF, NJW 86, 2275 均強調擴張解釋係「流動式地」過渡到類推適用，因此兩種思考方式之間並無「原則上的差異」。DIEDERICHSEN, in der Festschr. für WIEACKER, 1978, S. 325 ff. 發展出來的概念區分、概念推移及概念簡化等「概念技術上的」手段，乃是——爲法之續造的目的而應用之——解釋性的手段。

[2]　關於在18世紀末葉，無論是在專制主義的奧地利與普魯士，或是在法國大革命中，徒勞地對法官自由之限制的嘗試，參見：EKKEHARD SCHUMANN, ZZP 1968, S. 83 ff。

[3]　Vgl. SCHUMANN, a.a.O., S. 89 ff.

秩序「邏輯上的封閉性」，因而主張法秩序無漏洞者，亦不乏其人。本世紀初的利益法學及自由法論即反對此見解。漏洞概念的重要性在於：只有當法律有「漏洞」存在時，才承認法官有法的續造之權限。如是，漏洞概念即具有下述作用：劃定法官得為法的續造之界限[4]。法院新近主張的法的續造權限愈來愈寬（依事物情況，其必須如此）[5]，因此，漏洞的概念日益擴充。如果不想讓漏洞概念空洞化，就不應將法官之法的續造權限侷限在漏洞填補，雖然最高法院實務長久採此做法。對於（不僅是漏洞填補之）超越法律的法的續造，其標準不僅是法律本身，反之，必須以法秩序的意義整體為準據。基本法的規定方式（基本法第20條第3項：行政與司法應受「法律及法的拘束」）也指出：尚有其他標準存在。由規定的方式可知：「法律」與「法」雖非對立的詞語，然而法的意義內涵顯然超越法律。

　　學說上對前述規定的意義有許多爭論[6]，聯邦憲法法院的見解是[7]：「傳統上法官受法律的拘束（這是權力分立原則，因此也是法治國原則的重要構成部分），這項要求——至少在表達形式上——在基本法中被轉化為：司法受『法律及法』的拘束。依一般的見解，這意指：對狹隘的法律實證主義的拒絕。這樣的表達形式可以維持下述意識：一般而言，法律與法固然經常重疊，但未必如此。法並不等同成文法律的總體。除了落實國家權力的實證規定外，法還包含其他來自合憲法秩序的意義整體，對法律可以發揮修正功能的規範；發現它，並將之實現於裁判中，這正是司法的任務」。聯邦憲法法院又說到：法官具有發現法規範這種有創意的任務

4　卡納里斯（Canaris）也持此見解，見：Die Feststellung von Lücken im Gesetz., 2. Aufl. 1983. S. 17, 21, 37。

5　Vgl. ROBERT FISCHER, Die Weiterbildung des Rechts durch die Rechtsprechung, 1971.

6　Vgl. dazu KÖNIG bei REINHARDT-KÖNIG, Richter und Rechtsfindung, 1957, S. 39 ff.; ARTHUR KAUFMANN, Gesetz und Recht, in Festschrift für ERIK WOLF, 1967, S. 357 ff.; HANS-PETER SCHNEIDER, Richterrecht, Gesetzesrecht und Verfassungsrecht, 1969; Weitere Angaben bei ENGISCH, Einführung in das juristische Denken, S. 305 (Anm. 229).

7　BVerfGE 34, 269, 287.

及權限，這點在基本法的法秩序中，並無疑義。它認爲：各最高審級法院
自始就應該主張這項權限，立法者也應該明白賦予它們的大合議庭續造法
規範的任務。在某些法律領域（如勞工法），「因爲立法遲遲未趕上社會
發展的腳步，司法裁判具有特殊的重要性」。有疑問的只是：對於法的續
造而言，「因法治國的理由絕不可放棄的，司法裁判應受法律拘束的原
則」，將受到如何的限制。鑑於前述說明，似乎不須再引證各最高審級法
院的陳述；它們主張：它們擁有「將隱含在立法者、法秩序或一般價值秩
序中之一般性法條演繹出來」之法的續造的權力[8]。前聯邦最高法院院長
豪辛格（Heusinger）在1968年3月30日的離職致詞（本人獲得其打字稿）
中強調，法律賦予聯邦最高法院兩項特殊的司法裁判任務：維持法秩序的
一體性及法的續造。前者要求，對於同類事件須做相同處理。作爲法官，
「只有當我們今天在這個具體個案中認爲正確的，在明天及後天仍然經得
起考驗，質言之，可以繼續與法秩序結合」，才能經得起自己的檢驗。
「作爲法官，我們並不想僭取立法權，但是我們也深切地意識到，於此界
限內，仍有寬廣的空間提供法官作有創意的裁判、共同參與法秩序的形
成」。

　　然而，如果希望法的續造結果可被視爲現行法秩序中的「法」，法的
續造就必須依循一定的方法。如若不然，則法院事實上在僭取不屬於它的
權力。法院超越固有之解釋乃至法律內之法的續造的界限，而從事法的續
造之憲法上的界限何在的問題，與法的續造在方法論上有無根據的問題，
兩者密切相關。

8　So der BGH, BGHZ 11, 35H. Vgl. BGHZ 3, 315; 4, 157; 17, 275; BSG 2, 168; 6, 211; BVerfGE 3,
　242; 13, 164.

第二節　法律漏洞的填補（法律內之法的續造）

第一項　法律漏洞的概念及種類

　　只要法律（更精確地說：體現在法律、習慣法及一貫的司法裁判中，立即可供應用之法條的整體）有「漏洞」，法院就具有續造法的權限，此點並無爭議。「法律漏洞」的概念雖然不能界定法的續造之可能界限，卻足以劃定——應受法律的規制意向、計畫及其內含目的拘束之——法律內之法的續造的界限。反之，只在特殊條件下，才容許法院做「超越」法律之法的續造（下文第四節）[9]。何時存在「法律的漏洞」，這點需要更詳盡的說明。或許可以主張，當而且只當法律（以下均以「法律」指稱體現在法律及習慣法中，宜於適用之法規則的整體）對其規制範圍中的特定案件類型缺乏適當的規則，換言之，對此保持「沉默」時，才有法律漏洞可言。但卻也有所謂的「有意義的沉默」存在。例如，民法典對（今日所謂的）房屋所有權原本並未規定，這並不構成漏洞。民法典的立法者基於土地法律關係明確性的考量，有意地不將房屋及其他建築物部分的特別物權納入民法，雖然他們對此等規定並不陌生。因此，如果要把房屋所有權制度引入現行法秩序中，就需要獨立的——改變民法典部分規則的——法律。不容許藉司法裁判來創設（或重新引入）這種法制度到我們的法秩序中，因為法律於此並無「漏洞」。此外也有下述情況：依法律可能的字義，似乎已經包含可供適用的規則，然而，依規則的意義及目的，其不宜適用於此。於此，法定規則需要另一（並未包含於法律中，惟依其意義及目的誠屬必要的）限縮規定，就此未為規定，亦可被視為一種「漏洞」。因此，「漏洞」與「法律的沉默」並非一事。

---

[9] 為了區分法律的「不一致性」（就此，法官可依合乎法律的方式加以修正）與「法政策上的錯誤」（其修正，一般而言應由立法者為之），同時也為了分別「法律內的」及（只有例外容許的）「超越法律」之法的續造，我認為「漏洞」的概念仍是不可或缺的。填補「漏洞」自始就是法官的權限，他必須依法律的意義及目的來適用法律。

「漏洞」一語已指出不圓滿性。因此，只有當法律在特定領域中追求某種多少圓滿的規制時，才有提及「漏洞」的可能。因此，強調漏洞概念與追求廣泛的、整體法秩序的法典化密切相關，後者始於18世紀，在19世紀達到顛峰。即使依據整體法秩序全法典化的想法，也只有在所牽涉的問題本身需要並且能被法律規制時，才有「漏洞」可言。即使在19世紀，法學也承認有所謂的「法外空間」——法秩序不擬規制的範圍。「法」也者，係基於正義的要求（特別是對所有人適用同一標準的要求），對於人際關係加以規制的程序。因此，純粹內在心靈的過程、行止、思想、感覺、意見、確信、好惡等，依其本質非法律規定可及。假使與將之表現於外的行爲結合，則法秩序亦將對之爲評價，但其本身不能作爲法律規制的客體。有些行爲舉止固然涉及人際關係，但依該當法社會或文化社會的見解，對之不宜積極規制，或宜由其他社會規範（諸如倫理、禮儀）來規制。打招呼、告別、稱呼以及聚會的方式，所有涉及儀節、品味及禮俗領域的事項，都屬於這個領域[10]。企圖以法律規制這個領域，適將牴觸其所表達之人的價值。就「得體的行止」未做規定，這並不構成法秩序的漏洞。要精確地劃分法律規制（尚屬可能或必要）的領域及法外空間，有時當然不無疑義[11]，但是爲界定漏洞概念，此種區分仍屬必要。不論個別的法律或整體法典，只有在非屬「法外空間」的問題上欠缺規則時，才有「漏洞」可言。

　　有人認爲，假使不加入法律欠缺的規定，法律規範根本無法適用

---

[10] 耶林在他的《法的目的》（Zweck im Recht）第三卷中已經做了經典式的處理。

[11] Vgl. ENGISCH in Ztschr, f.d. ges. Staatsw., Bd. 108, S. 385 (wiederabgedruckt in: Beiträge zur Rechtstheorie 1984, S. 9) und in dem Band "Münchener Universitätswoche an der Sorbonne 1956", S. 206; CANARIS, Die Feststellung von Lücken im Gesetz, S. 40 ff (mit dem interessanten Versuch, dem Begriff "rechtsfreier Raum" die Funktion einer negativen Prozeßvoraussetzung zuzuweisen); ARTHUR KAUFMANN, Festschrift für MAURACH, 1972, S. 327 ff. 考夫曼將此概念擴張包含下述情況：法秩序原則上本可對之爲法律規制，惟其有意地未爲規定，使之取決於個人的倫理判斷。Comes, Der rechtsfreie Raum, 1977 則嘗試將「法外空間」，與下述情況相區分：個人基於自由權得依法主張的空間。

時，此時才構成法律的漏洞[12]。在規範本身不圓滿時，可稱之為「規範漏洞」[13]。審慎制定出來的法律很少會有規範漏洞。民法典第904條第2句是一個適例，它只規定：依第904條第1句不能禁止他人干涉其物的所有權人，得請求賠償其所受損害；其並未提及，得向何人請求賠償。假使干涉者與因干涉受利益者並非同一人，則兩者均可能是賠償義務人。在這個漏未規定的問題（孰為賠償義務人）被答覆之前，民法典第904條第2句顯然還不能適用。齊特爾曼（Zittelmann）[14]所以將此種漏洞稱為「真正的漏洞」，只是為了與其所謂的「不真正」的漏洞相區別，但是他也認為，後者經常也必須加以填補。

　　大部分的法律漏洞，並非涉及個別法條的不圓滿性，毋寧是整個規制的不圓滿性，易言之，依根本的規制意向，應予規制的問題欠缺適當的規則。我們稱此等漏洞為「規制漏洞」，其大多是齊特爾曼所謂之「不真正」的漏洞。於此，如不予補充而逕自適用法律，仍可獲得答案；答案是：因該問題未被規制，因此該當案件事實將不生任何法效果。假使這是一個針對（屬於法律規制範圍，因此）並非法外空間的問題所做的答覆，則其無異權利的拒絕。為作出滿足權利的裁判，法官必須以合於法律的規制意向及目的之方式，填補法律規制的漏洞。今日所謂的「積極侵害請求權」即是規制漏洞之適例。在債之關係存續中，因債務人不為此關係要求的行為而生之問題，民法典原擬為廣泛的規制。然而，關於「可歸責於」債務人的情況，法律卻僅就有責地不為給付或遲延給付為規制。法律起草者以為，如是已包含所有債務人違反義務的類型；然而，依法律規定的形式（字義、意義脈絡），質言之，客觀而言事實不然。民法典生效後數

---

[12] Burckhardt, Methode und System des Rechts, S. 260 即採此見。其認為：「當法律對——為適用法律必須答覆的——問題未提供答案時，即可認存在法律漏洞」。法官只容許填補這一類漏洞。同此：Nawiasky, Allgemeine Rechtslehre, S. 142。

[13] 然而，法律所用的表達方式或評價標準須具體化，其不屬此類；於此雖然也還需要進一步加以規定，但並非欠缺規範。參見：Engisch, Einführung, S. 141。

[14] Zittlemann, Lücken im Recht, S. 27 ff.

年，斯托布（Staub）[15]即已發現下述漏洞，此後學說及司法裁判亦追隨其見解[16]：債務人可藉其他方式違反義務，例如，提出有害的給付、違反契約關係所生的保護義務。依根本的規制意圖，必須期待對此等事件也有所規制，因此可認為，於此已涉及法律的「漏洞」。假使在此等事件中竟不發生任何法效果，則將不利於債權人正當的期待（債務人應為合於債之關係的行為），乃至不利於法律生活的安全。整體的規制（其希望賦予任何人，不論是債權人或債務人，其應得者）亦將因此貶值。因此，規制的目的要求填補漏洞，對他種違反義務的情形，法律規制亦可提示進行填補的方式。

　　規範漏洞及規制漏洞均是法律規制脈絡範圍內的漏洞。欲判斷是否確有此類漏洞存在，須以法律本身的觀點、法律的根本規制意向、藉此追求的目的以及立法者的「計畫」為準。法律漏洞是一種法律「違反計畫的不圓滿性」[17]，而作為法律基礎的規制計畫，則必須透過法律，以歷史解釋及目的論解釋的方式來求得。於此又再次顯示，欠缺房屋所有權的規定何以並不構成民法典的漏洞：依立法者的計畫及規制意向，其原不擬准許此制度。最晚在二次大戰後，因經濟及社會政策的理由，立法者這項（消極性的）決定被證實是錯的。但是它不是一種法律「違反計畫」的不圓滿性，而是一項法政策上的錯誤，因此，法院並未被要求應補完該法律。只有藉新的立法規定，才能修正（今日認為錯誤之）先前的立法決定，藉公

---

[15] STAUB, Die positiven Vertragsverletzungen, 1904, 2. Aufl. 1913.

[16] Vgl. ENNECCERUS-LEHMANN, Schuldrecht, 15. Aufl., § 55; ESSER, Schuldrecht. 4. Aufl., § 52, 1 V und IV; FIKENTSCHER, Schuldrecht, 7. Aufl., § 47; *mein* Lehrbuch des Schuldrechts, Bd. 1, 14. Aufl., § 24 I; MEDICUS, Schuldrecht, § 95, 1。相反地，我的文章：Himmelschein, in AcP 135, 255; 158, 273 及Wicher, in AcP 158, 297則不認為於此存在法律漏洞，因為任何債務人的義務違反，都使他不能在正確的時點，以正當的方式履行其給付義務，因此，只要「給付」的概念夠寬，就可以把這種情況放在部分的給付不能的情形。就此，Reimer Schmidt, im Kommentar von SOERGEL, 34 vor § 275 很適切地指出，如是，則遲延亦可被視為一種部分的給付不能，則遲延的規制將成贅文。因債之關係所生的義務應予適當的分類，此等要求亦將反對「Himmelschein」一文及威徹（Wicher）將「給付」概念放寬的建議。並參見：ESSER, a.a.O., unter V2。

[17] 此一想法出自：ELZE, Lücken im Gesetz, 1916, S. 3 ff.；參見：ENGISCH, Einführung, S. 137 f.; CANARIS, Die Feststellung von Lücken im Gesetz, S. 31 ff。

布房屋所有權法，立法者也確實做了新的規制。法律漏洞以及法律政策上的錯誤，這種必要的區分將趨於模糊，假使我們（與賓德爾一樣[18]）在下述情形就承認有漏洞存在的話：「當既存的社會、經濟關係對法秩序提出的要求，在法秩序中未獲實現時」。如是，則須以法律之外的標準來衡量法律，藉此以確定漏洞之存否。因此，假使民法典並未規定，至少在一定情況下，兄弟姐妹之間亦有扶養義務，或者，當民法典堅持，須以手書方式作成自書遺囑（雖然打字機在今日如此普遍），其均不構成民法典的漏洞。扶養請求權之賦予，准許以打字方式製作自書遺囑，在法律政策上或許是理想的，也有理由向立法者要求為此等規制，但法律並不因缺乏此等規制變得不圓滿，至多只是需要改善而已。

　　為界分法律漏洞與法律政策上的錯誤，必須究問：以法律本身的規制意向為準，法律是否並不圓滿；或者，只是法律決定本身無法經受法政策上的批評。但是兩者都涉及評價的問題，而非單純的事實判斷或邏輯推論，赫克及賓德爾也清楚地看到這一點[19]。在這兩種情況，我們都必須做如下的判斷：法律欠缺其本**應**包含的規範。只是兩者的判斷標準各有不同：一方面是法律本身的規制意向及其內存的目的，另一方面則是以法政策為據，對法律提出的批評。假使法律並無不圓滿的情況，只是有法政策上的錯誤，那麼並無漏洞填補的空間，至多只能做超越法律之法的續造。法院何時有此權限，在受法律「及法」的拘束範圍內，其如何能為此等續造，就此，稍後再予討論。

　　於此不可對法律的「內存目的」作狹隘理解。應考慮的不僅是立法者的意向及其有意的決定，反之，已經顯現在法律中之客觀的法目的、一般的法律原則亦須加以考量。內存於任何法律中的原則是：**同類事物同等處遇**。假使法律以特定方式規制案件事實A，對於評價上應屬同類的B事件則未有規則，此等規制欠缺即屬法律漏洞。依民法典第463條第2句，

---

[18] BINDER, Philosophie des Rechts, S. 984.

[19] 就此參見歷史性批判部分；此外：ENGISCH, Festschrift für Sauer, S. 88 ff.; ESSER, Grundsatz und Norm, S. 252, Anm. 56; CANARIS, a.a.O., S. 16, 31 ff。

出賣人故不告知瑕疵，買受人（除請求解約或減價外）亦得請求因不履行所生之損害賠償。假使出賣人對買受人詐稱其物具有事實上並不存在的優點時，又應如何？法律並未提及此類事件。依法評價的觀點而言，兩者並無不同，出賣人都認識到，買受人對於物之性質有所誤認，並故意利用此誤認。出賣人自己造成買受人的錯誤，或只是利用其已知的錯誤，兩者的差別對行爲的評價並無影響。因此，依同類事件應受相同處理的原則，這兩類事件應受相同的規制。通說也承認，於此已有漏洞存在，應以類推適用的方式予以填補[20]。假使法律對第一類情況未予規制，則其將無漏洞可言；如是，則在兩類情況均只有一般的瑕疵擔保請求權，或者，因締約上的過失而生之請求權。這些請求權與民法典第463條第2句不同，其均不能請求履行利益。立法者既然決定，在故不告知瑕疵的情形賦予買受人此種請求權，則其（對故意詐欺有利性質存在的情形）欠缺相同的規則，由法律的內存目的、法律本身的評價而論，已構成漏洞。

法律的「漏洞」並非「未爲任何規定」，毋寧是欠缺特定——依法律的規定計畫或其整體脈絡，得以期待——的規則，此點如何強調均不爲過，其常被誤認[21]。只有在考慮法律所追求的，對事物作窮盡，因此「圓滿」並適當的規制下，才能認定法律「有漏洞」或不圓滿。

有時會將法律漏洞與「法漏洞」[22]加以區分。後者不是指個別法律本身（以其規制計畫爲準）的不圓滿性，而是指整體法秩序的不圓滿性，這或者源於法律對整個應予規制的範圍未加規制，或者其欠缺某種——依不可反駁的交易需要，或一般法意識認可的法原則——確屬必要的法制度。於此必須先指出，假使欠缺是立法者有意識的決定，則即使欠缺此等制度，亦不能謂有「法漏洞」存在。立法者假使有意地對特定問題不爲規

---

[20] Vgl. *mein* Lehrbuch des Schuldrechts, Bd. II, 13. Aufl., § 41 II c unter Nr. 3 und die dort gemachten Angaben.

[21] 當科赫與魯斯曼（a.a.O., S. 254）説，漏洞是一種兩位的關係概念時，他們是對的，但是當他們推出「根本沒有法律漏洞的概念」之結論時，他們錯了。「法律漏洞」是兩位及規範性的概念：只有在與所欠缺的，（依其自身的目的）應包含的規則相比較時，法律才會是「有漏洞的」。

[22] Vgl. ENGISCH, Einführung, S. 138 ff.; CANARIS, a.a.O., S. 35 ff.

制，將之劃屬「法外空間」，於此亦無「法漏洞」可言。剩下的是卡納里斯[23]所稱的「原則漏洞或價值漏洞」及下述情況：因技術、經濟或社會關係的發展，原本（並不重要，亦不至產生如何的法律問題，因此）可以不加規制的領域，今天變得需要加以規制。例如，機動化交通工具出現而且道路交通日漸繁忙之後，嚴密的道路交通規制才有其必要。假使還沒有空中交通，當然也沒有規制的必要。之所以必須規制某些貨物或給付的分配，是因為該等貨物、給付有不足的情形。即使堅持要用法漏洞這種表達方式，首先應享有填補此等漏洞之權限者，也是立法者，他才有權公布一般性的，每個人都有遵守義務的規範。司法裁判只能就已發生的事件做事後的判斷，其至多只能期待：其於此發展出來的裁判標準將影響未來的行為。法治國原則包含的權力分立原則要求，司法裁判應尊重立法者的規範制定特權。然而，假使立法者未發揮其功能，而司法權如果不自己發現規則，將產生完全不能符合最低的法安定性及正義的要求之狀態時，則前述要求亦不完全禁止司法權自己去尋求規則，事實上它也多次這樣做。關於此類事例，稍後在「超越法律之」法的續造中，還要提及。無論如何，絕不能由此推論出：司法裁判具有填補此等（非屬「法律漏洞」的）「法漏洞」之一般權限或義務。

　　之所以應該反對（非屬法律漏洞之）「法漏洞」的概念，則因其與「違反計畫的不圓滿性」思想不能配合。因為只有個別法律才有計畫或特定的規制目的可言，對法秩序整體則不能如是說法。其過於分歧，並且一直在演變中，因此無法將其所有構成部分歸入一整體計畫中。原則上只有完全法典化的法秩序才能配合一種法計畫的想法，如是，則「法漏洞」意指：以整個法典化計畫為標準認定之制定法的不圓滿性。這「整體計畫」根本就不存在。雖然如此，法秩序的所有規則仍應符合下述要求：邏輯上彼此不相矛盾，評價上具有事理上的一致性。然而，僅因不同領域規定時間上的距離，評價上的矛盾就未必能完全避免。維持法規範及不同規制間

23　a.a.O., S. 141, 160 ff, 當這些漏洞源於未充分實現法律本身包含的原則時，其性質上屬於法律漏洞。

內在評價上的一致性，是立法者、司法裁判及法學界必須一再重新面對、完成的任務。稍後還會說明，我們追求之法秩序的一致性（「內部」體系），不是一種「封閉」的，毋寧是一種「開放」的體系，其絕無終結之時，毋寧始終在演變中[24]。（被解為整體法秩序「違反計畫之不圓滿性」的）「法漏洞」的想法，其與「開放體系」的思想無法配合。嗣後我們將不再使用「法漏洞」的用語，「漏洞」意指的則是法律的漏洞。

法律漏洞可以再分為「開放的」及「隱藏的」漏洞，以及「自始的」和「嗣後的」漏洞。就特定類型事件，法律欠缺——依其目的本應包含之——適用規則時，即有「開放的」漏洞存在。就某類事件，法律雖然含有得以適用的規則，惟該規則——在評價上並未慮及此類事件的特質，因此，依其意義及目的而言——對此類事件並不適宜，於此即有「隱藏的」漏洞存在。漏洞存在於限制的欠缺，之所以稱其為「隱藏的」漏洞，則因乍看之下並未欠缺可資適用的規則[24a]。此種漏洞在民法典中的範例是：民法典第181條並未針對（即使在抽象上亦）無利益衝突的情形做限制性規制。通常藉「目的論限縮」的方式（下文第三項）[25]創造出欠缺的限制規定，藉此以填補此類漏洞。

究竟是開放還是隱藏的法律漏洞，取決於：能否由法律獲得一項一般的法條，而欠缺的規則恰是對此法條的限制。民法典就預約根本未為規定，因此，就預約生效的形式要件，自然也沒有規制。假使當事人不締結

---

[24] Vgl. hierzu Canaris, Systemdenken und Systembegriff in der Jurisprudenz, bes. S. 61 ff.; zur Frage der Wertungswidersprüche dort S. 112 ff.

[24a] Brandenburg, Die teleologische Reduktion, 1983, S. 60 ff. 因此認為，於此使用漏洞的概念是多餘的。正確的是：依字義而言，並不欠缺可資適用的規定。只有當必要的限制被發現時，漏洞才顯現出來。如是，則欠缺限制性規範即為法律的漏洞。於此，認識漏洞的存在與對漏洞的填補，即同時完成。

[25] 尼伯代（bei Enneccerus-Nipperley, Allgemeiner Teil, § 59）認為，於此種情況，因適用者於此——背離依解釋而得之規範適用範圍——不適用該當規範，才創造出漏洞。然而，其之所以不適用該當規範，因其假定有一項——法律雖然未明白宣示，惟依規制之目的誠屬必要的——限制性法條存在。規範之不適用係以漏洞的填補為前提，因此，漏洞本身不能藉不適用規範而被創造出來。漏洞事實上存在於：法律未明白宣示必要的限制規定。就此參見：Reichel, Gesetz und Richterspruch. S. 96; Meier-Hayoz, Der Richter als Gesetzgeber, S. 62 ff。

符合法定形式要求的主契約，而簽訂非要式，卻能發生與預定之主契約相同拘束力的預約，其足以破壞若干法定形式規定的目的，因此，針對要式契約的預約，原本存在的一般法條（法律行為原則上無形式要求）即應被限縮。此等限制之欠缺即屬隱藏的漏洞。對所謂的「積極侵害請求權」欠缺規定，其亦非開放的漏洞，而是隱藏的漏洞，如果我們假定有下述的一般法條存在的話：只要法律未有明白規定，則債務人不負損害賠償之責，亦不承擔任何法律上不利的後果。事實上，齊特爾曼就認為有所謂的「一般的消極原則」存在，其意指：除非法律有特別規定，「所有的行為均免於刑責，免於補償之責」[26]。假使依此做澈底思考，那麼除了規範漏洞（齊特爾曼所謂之「真正的漏洞」）外，就只剩下隱藏的規制漏洞，由此亦可明瞭，齊特爾曼何以稱之為「不真正的漏洞」。在刑法，的確可以承認有此種一般的「消極原則」。由此可以推論出：只有在開始該當行為之前，法律明白規定該行為的刑事可罰性時，始能對此課予刑罰。在民事法或其他法律領域，則不能承認有此等「一般的消極原則」存在，蓋依此原則只要法律未有明白規定，所有的行為均不生任何法律效果[27]。沒有哪個法律提到它，再者，鑑於生活關係的多樣性及其持續演變的性質，這個原則也完全不實用。因此，還是可以堅持有「開放的」及「隱藏的」規制漏洞存在，端視其屬於下述兩種情況中之何者：對於（依其基本的規制意向而言）應予規制的事件類型，法定規制欠缺適當的規則；或者，雖有規則存在，惟依規則之意義及目的，針對此等事件類型應做限制規定，而法律就此付之闕如。

　　考慮到時間的因素，我們可以區分自始和嗣後的漏洞，前者又可分為立法者意識到的，以及立法者並未意識到的漏洞。假使立法者開放某問題不為規制，將之讓由司法裁判及法學來決定，於此即有立法者意識到的漏

---

[26] ZITTELMANN, Lücken im Recht, S. 19. 另參見：HERRFAHRDT, Lücken im Recht, 1915, S. 30。

[27] 恩吉斯對「一般的消極原則」這種「想像力的產品」表示反對：ENGISCH in Festschrift für Sauer, S. 96 f；比林（Juristische Prinzipienlehre, Bd. 4. S. 388）認為齊特爾曼的假定犯了「根本的錯誤」。就此的深入探討可參見：CANARIS, Die Feststellung von Lücken im Gesetz, S. 49 f。

洞存在。然而，多數涉及的是用語不明確的問題，換言之，僅是解釋的問題，而非關漏洞填補。當立法者忽略了——依其根本的規制意向——應予規制的問題，或誤以為就此已為規制時，即屬立法者並未意識到的漏洞。因技術、經濟的演變而發生新的——屬於規制之目的範圍，屬於法律基本意向的規制範圍，質言之，屬於須被規制範圍內的——問題，其係立法者立法當時尚未見及的問題，如是即發生嗣後的漏洞。嗣後的漏洞亦可分為「開放的」及「隱藏的」漏洞。就轉錄文學作品的朗誦或音樂於錄音帶，聯邦最高法院所作的裁判[28]，即屬**嗣後隱藏的**漏洞之適例。依其見解，此等行為構成作品的複製，僅著作權人有權為此。它們並非——其間已被廢止的[29]——1901年6月19日「關於文學作品及音樂著作物之著作權的法律」第15條第2項之例外規定規範的對象。雖然當時未為規制的問題，今日已有法律規定，然而，聯邦最高法院前述裁判在方法論上仍有其重要意義。

　　依前引規定，假使係專供個人使用且非為營利之目的，在未得著作權人同意的情況下，對文學及音樂著作亦得為複製。問題在於：該規定是否亦可適用於轉錄錄音帶之行為。聯邦最高法院認為：二審法院以為，依該規定之文字，此等行為亦為規定所及，此點應予同意。然而，1901年制定該法律，乃至1910年修訂該法律的立法者均不可能認識到：在家中以簡單的，不須任何專業技術知識的機械化動作，就能將各種表演轉錄到錄音帶上，這種案件事實超乎立法者的想像範圍。因此，即使語言文字上非常清楚，仍應進一步追問：法律規範的意義內涵是否的確包含此等案件事實。「要將（在公布法律時尚未被認識的）新的案件事實涵攝於法律之下前，必須審查，字義上包含新事實的法律規定，依其基本的法律思想是否確可適用於此」。依該法院之見解，第15條第2項係「下述法律基本思想的真正例外：著作者應由其私人作品獲得經濟上的收益」。如是，則「不得超

----

[28] BGHZ 17, 266 Vgl. zu ihr ULMER, Urheberrecht und Verlagsrecht, 2. Aufl., 1960, S. 230.

[29] 透過1965年9月9日的著作權法第141條第3款，當時爭議的問題在該法第53條已加以規制。

越其原本的意義及目的」而限制著作者的複製權。依該規定之目的，其不應包含該當案件事實。私人錄音的複製自由將使一些並非立法者預想之人獲益，並且其侵害著作權人複製權程度之大，亦超越立法者原本的想像。如此嚴重地危害著作權人的經濟利益，將與著作權法的保護思想背道而馳；於此，利害關係人的下述利益必須讓步：著作權法上的請求權不及於其私人的範圍。聯邦最高法院誤稱此爲該規定的「限縮解釋」；因爲該法院自己也強調，用錄音帶錄音亦屬該規範之適用範圍，其完全爲該規定的字義所包含，因此，此處涉及的是附加的限制。該限制之必要性源自：被限制適用之規範的（有限的）目的及法律的根本思想。明白地限制規定之欠缺乃是一種「隱藏的漏洞」，其亦係嗣後的漏洞，因爲法律生效時，該當案件事實尚不在「立法者的想像範圍內」。此等案件事實發生後，始有限制──現在看來似乎過寬的──法律規範之構成要件的必要，如不爲此等限制，將「違反計畫地」損害法律的基本思想。此項裁判同時指出：表達形式及實質內容上均屬例外規定者，對之不僅應做狹義解釋，在發生新的（仍爲規定字義所包含，惟將使規定之適用範圍過度擴充，以致牴觸立法者之規制意向的）案件事實時，則尚須運用目的論限縮的方法。

在一項將原本適用於商業雇員的商法典第74條、第74a條類推適用於所有勞工的裁判中，聯邦勞工法院認定有嗣後的法律漏洞存在[30]，前述規定涉及競業禁止的有效性或部分有效性。對於營業雇員，類此規定出現於營業法中，對於既非商業亦非營業雇員的勞工，有關限制僅見於民法典第138條。然而，聯邦勞工法院認爲，法律制定以來，事實關係已有如此重大的演變，對抗競業禁止應有逾民法典第138條之保護的必要，並應一律適用於全部勞工。當時立法者假定：在商業雇員的情形，才特別有必要就競業禁止爲規制；這項假定在今日已不正確。聯邦勞工法院認爲，對於所有其他勞工，欠缺像適用於商業雇員那樣詳細的法律規定，其構成一種嗣後之開放的規制漏洞。然而，此種說法未必妥當，於此並不欠缺可資適用

---

[30]　SAE 71, 106 (mit Anmerkung von Canaris).

的規則，只是不如是詳盡而已，民法典第138條乃是一種概括條款。聯邦勞工法院爲此裁判的動機乃是：就對抗競業禁止一事，對不同類的勞工給予不同程度的保護，質言之，違反平等原則的問題。即使此等區別原本尚屬合理，今日則不然。但並不因此即發生「漏洞」，毋寧發生一種（事後的）評價矛盾，聯邦勞工法院嘗試以超越法律之法的續造的方式，排除此等矛盾。

第二項 填補「開放的」漏洞，尤其是透過類推適用

填補開放的漏洞，通常是以類推適用，或回歸法律包含之原則的方式行之，取向於「事物本質」也是一種可能的方法[31]。類推適用係指：將法律針對某構成要件（A）或多數彼此相類之構成要件而賦予的規則，轉用於法律未規定而與前述構成要件相類似的構成要件（B）。轉用的基礎在於：二構成要件——在與法律評價有關的重要觀點上——彼此相類，因此，二者應**做相同的評價**；易言之，係基於正義的要求——同類事物應做相同處理。以回歸法律包含之原則的方式來填補漏洞，其基礎在於：法律未明白規制的案件事實，（亦）切合該原則，且例外不適用該原則之理由並不存在。

二案件事實彼此「相類似」，此意指：兩者在若干觀點上一致，其餘則否。假使在所有可能的角度上，兩者均一致，則兩者根本就是「相同的」。有關的案件事實既不能相同，也不能絕對不同；它們必須恰好在與法評價有關的重要觀點上相互一致。事實是否如此，不能僅憑「一致」及「不一致」等邏輯學上的基本範疇來決定，毋寧必須先澄清：在法定規則

---

31 考夫曼（Analogie und Natur der Sache, 1965, S. 1）批評這個理由，因爲它把類推適用與「事物本質」視爲不同的思考手段。他認爲事物本質之思考方式，本身就是一種類推適用。然而，考夫曼是以一種——比本文所指更爲——廣義之類推適用的概念爲基礎。在考夫曼的涵義中，每種思想都是一種「類推的思想」，於此關切的並非抽象上的一致性，毋寧是異中之同，因此，涉及的是相當、相應。在此種瞭解下，「具體概念」的想法（黑格爾）、「類型」及「作用脈絡」，最後所有的理解都是「類推的思想」。然而，於此應用的「類推適用」是以其——向來在法學方法論中被理解的——較狹義的意義來掌握的：在「漏洞填補」的範圍內，對彼此相似之構成要件做相同評價。關於類型化思考亦屬廣義之「類推的」思想，我與考夫曼的意見一致。

中表現出來的評價之決定性觀點何在。接著是積極的確定：在所有這些觀點上，待判的案件事實與法律上已規定者均相一致；然後是消極的確定：兩者間的不同之處不足以排斥此等法定評價。因此，法學上的類推適用無論如何都是一種評價性的思考過程，而非僅形式邏輯的思考操作[32]。法定構成要件中，哪些要素對於法定評價具有重要性，其原因何在，要答覆這些問題就必須回歸到該法律規制的目的、基本思想，質言之，法律的理由上來探討。

將法律規定類推適用於法律並未提及，但應做相同評價的構成要件之適例係：（之前在漏洞概念處已經提及的）民法典第463條第2句。故意詐稱買賣標的物具有實際上不存在的優點與故不告知瑕疵，就出賣人均認識買受人對物之性質有所誤認，並且故意利用此項認識促使買受人締結契約而論，兩者並無不同。於此，故意利用已知之買受人的錯誤，其顯然是法律評價的關鍵所在。反之，出賣人究竟只是藉「不告知」瑕疵以維持買受人的誤認，換言之，只是未曾向買受人為必要的說明，抑或藉「詐稱」有利的性質使買受人發生錯誤，兩者在評價上並無差別。第二種情況毋寧還要更嚴重些，因此，平等處理的原則要求：法律為第一種情況所定的規則亦應適用於後者。

在聯邦最高法院的裁判中可舉出下述事例[33]。依民法典第571條第1項，在讓與租賃土地的情形，取得人於其所有權存續期間，就因租賃關係所生之權利及義務，承受出租人之地位。取得人不履行義務時，依民法典

---

[32] 19世紀的概念法學視類推適用為一種形式概念邏輯的推論過程。這個見解在斯坦文特（Steinwenter）三篇——介紹作為法律思考模式之類推適用的歷史之——文章中還餘音裊裊（Studi Emilio Albertario, Bd. 2, S. 103; den Studi Arangio-Ruiz, Bd. 2, S. 169 und in der Festschrift für Fritz Schulz, Bd. 2, S. 345）。對此採批判性立場者：Esser, Grundsatz und Norm, S. 231，關於類推適用推論之邏輯意見見：Ulrich Klug, Juristische Logik, 4. Aufl., S. 118 ff。他承認，於此，目的性的標準具有決定性意義。Schreiner, Die Intersubjektivität von Wertungen, 1980, S. 51 也同樣強調：為正當化類推適用，判斷相互比較的案件事實彼此相似，事實上是一種評價的結果。然而，此等評價本身又必須以被規制的構成要件之法定評價為準，絕非任由判斷者恣意為之。

[33] BGHZ 51, 273.

第571條第2項之規定，出租人「就取得人應賠償之損害，負與拋棄先訴抗辯權之保證人同一之責任」。依民法典第581條第2項，收益租賃準用前述規定。在聯邦最高法院裁判的一件收益租賃契約中，當事人約定：承租人應於其承租的土地上起造建物及其他設施，出租人終止租賃關係時，就此應為補償。租賃關係存續中，出租人將土地讓與第三人，後者於可終止契約的期日為終止之表示，並拒絕給付契約所定之補償。承租人要求原出租人為補償給付。聯邦最高法院認為後者確有此項義務，於此雖然無涉損害賠償請求權，而毋寧是一種契約中約定的金錢給付。法律所以只提及「取得人應賠償之損害」，則是因為：通常出租人應履行的義務是提供使用及維持租賃物的義務，在讓與所有權之後，前述義務只能由取得人履行，如取得人不履行，只能想像有損害賠償的問題。在本件則根本不需要有損害賠償請求權，因為契約上的請求權自始以金錢約定，原出租人及受讓人均得履行。於此亦可適用前述規定的下述基本思想：因不動產所有權移轉，一位「或許沒有資力」（或不願給付）的債務人可能會取代原債務人的地位，就此應予承租人適度的保護。因此，假使取得人不依契約履行金錢給付時，民法典第571條第2項第1句即得類推適用。取得人不履行原出租人約定之金錢給付，其與立法者考慮之案件類型（取得人不履行典型之出租人義務）應受相同的評價，因此，類推適用是正當的。承租人不能抵抗租賃標的物的讓與，因此也不能反對——依法隨之而來之——租賃關係的移轉，所以法律在考慮到的主要情況課予前出租人類似保證人的義務，提供承租人額外的保障；在取得人不履行其受讓的——因租賃關係所生之給付義務時，亦應做相同的處理。

　　將針對一構成要件而定之規則轉用於類似（即：應做相同評價）之案件事實上，此被稱為「法律的類推適用」；對此更適當的用語或者是「個別類推」，因為是把一項法律規範「準用」在一件它未曾規制的案件事實上。其有別於所謂之「法的類推適用」[34]；「整體類推」一語或者更貼

---

[34] Vgl. dazu Enneccerus-Nipperdey, Allgemeiner Teil, § 58 II; Engisch, Einführung, S. 147. Kritisch dazu Sauer, Juristische Methodenlehre, S. 130 f. Dahm, Deutsches Recht, 2. Aufl., S. 67 適當地反對「法之類推適用」的講法，因為「法律的類推適用也是以法規範的適用為標的」。

切。於此，將由多數——針對不同的構成要件賦予相同法效果的——法律規定得出「一般的法律原則」，該原則在評價上也同樣可以適用到法律並未規制的案件事實上。例如，在各種不同的持續性之債之關係中，一系列的法律規定都明定，雙方當事人基於「重大事由」均有終止契約之（不容限制的）權利，由此可以推得：在所有持續性的債之關係中，均有此種契約終止權存在[35]。思考過程的個別階段如下：

一、對於一系列的債之關係，法律強制規定有——基於「重大事由」之——即時終止契約的權利。

二、這些債之關係都是持續性的。

三、持續性之債之關係係指：「嚴重介入當事人的生活之中，或者將導致特殊的雙方利益交錯，因此，雙方當事人個人的合作、善意的諒解及彼此的信賴是不可或缺的，持續較久的法律關係」[36]。

四、法律規定的理由，正存在於持續性債之關係的此種特質。

五、這項「法律理由」不僅適用於法律所定的，毋寧可適用於全部持續性債之關係。

六、在吾人的法秩序中即適用下述一般法律原則：在所有持續性債之關係，均得基於「重大事由」終止其關係。

卡納里斯反對把這種過程稱為「類推適用」[37]，他認為：此處涉及的不是由特殊性事物推論到特殊性事物的情況，毋寧是由特殊性事物推論到一般性事物的情況，質言之，不是類推適用，而是「歸納」。即使在個別類推的情形，也不是直接由特殊性事物推論到特殊性事物，毋寧是藉著兩個構成要件間的一致性所做的推論，於此，這項一致性在評價上發生決定性的作用。然而，在個別類推時，並不想找出——可適用於多數不特定的，可能的案件類型之——一般的法律原則，毋寧是想針對特定構成要件提供規則。藉「整體類推」獲取一般性的法律原則，其基礎在於下述

---

[35]　Vgl. BGHZ 9, 157, 161 ff.

[36]　So der BGH, a.a.O., S. 162.

[37]　CANARIS, Die Feststellung von Lücken im Gesetz, S. 97 ff.

認識：所有被援引的個別規定，其共通的「法律理由」不僅適用於被規制的個別事件，反之，只要某特定要件存在（例如：當涉及的法律關係性質屬持續性之債之關係時），即得以適用。因爲回歸到所有個別規定的法律理由上，因此我們能形成一般的法律原則，法律原則則因其包含之實質的正義內涵而「具有說服力」，法律中許多與其一致的事例，可以在實證法上證實這一點。就像卡納里斯也一再指出的，於此必須一再審查，是否有其他法律規定足以質疑此「一般法律原則」的假定，假使肯定有此等「一般的法律原則」存在，是否有其他相反的法律原則足以限制前者的適用範圍。我認爲，正因爲有這些額外的考量，因此不宜簡單地將之稱爲「歸納」。這樣的說法同樣也會帶來誤解。

關於歸納推論，博琴斯基（Bochenski）[38]曾舉例如下：有三種磷物質a、b、c，大家確認它們在60°C以下就可以燃燒；由此我們推論出來：所有的磷物質均是如此。這個推論過程的格式如何？

顯然其涉及下述程序：當所有的白磷物質於60°C以下均可燃燒的話，則a、b、c亦均如是，a、b、c均可於60°C以下燃燒，因此所有白磷的物質均可於60°C以下燃燒。

在上述推論環節中，博琴斯基隱含了一項未明示的前提（他視此爲自明之理）：我們知悉，a、b、c事實上是屬於「白磷」的物質，如若不然，前提本身已不一貫。完整的說法應如下述：

當所有的白磷物質於60°C以下均可燃燒，而且當a、b、c均係「白磷」的物質，則a、b、c亦可於60°C以下燃燒。

a、b、c之爲白磷的物質，可由自然科學家透過化學分析精確地加以確定。如果認識「白磷」的化學公式，就可以根據分析將a、b、c歸屬於「白磷」的概念下，後者正是藉前述化學公式被定義的。我們來觀察一下求得「一般法律原則」的過程。因爲對於特定持續性債之關係均賦予特定法效果（＝基於「重大事由」之終止契約權）的確認，由此推論出下述一

---

[38] BOCHENSKI, Die zeitgenössischen Denkmethoden, S. 75.

般法律原則：該法律效果適用於所有的持續性債之關係。如依博琴斯基的做法，其推論格式應如下述：

假使在吾人的法秩序中，某一般法律原則p有其適用，而且可能的事件類型a、b、c係該原則p可能之適用事例，對a、b、c就應該適用與該原則p相應的法效果。

依個別法律的規定，對a、b、c適用與該原則p相應的法效果，因此p是吾人法秩序中的一般法律原則，由是，其所有可能之適用事例均應被賦予相同的法律效果。

然而，這類推論並不正當。它沒有留意到：法秩序中可能有同屬原則p的適用事例之案件類型d、e、f，對於它們，法律基於正當的理由可能有不同的規制。歸納推論在自然科學之所以可採是因為：基於迄至目前的經驗可以認定，**所有的白磷物質在同一條件下均將有同一反應**。法規則與自然法則不同，前者容許有例外存在，而a、b、c可能恰好是這一類例外。這對於「證偽」的程序有其意義。只要有下述情形，即足以證實「所有的白磷物質在60°C以下可以燃燒」這段話為假：在同一條件下，有一種白磷物質在同一溫度下不能燃燒。反之，即使法律就個別可能的適用事例別有規定，仍不妨礙法律原則p於他處適用。在持續性之債之關係中，「原則上」，「一般而言」基於「重大事由」得終止契約，並不因法律就特定持續性債之關係排除或限制此原則之適用，即得以否定原則之效力。此外，尚有其他不同之處須加考量，如前所述，可以依化學分析，藉涵攝推論確定a、b、c屬於白磷的物質。而a、b、c是否確屬前述原則所稱之「持續性之債之關係」，則須依評價來確認。於此涉及的是一些不能「精確」規定的因素，例如，當事人間關係的密切程度、信賴關係的必要性。因此，具決定性的不是：法律規制的案件類型a、b、c實際上都適用與該原則相配合的規則，重要的是下述理解：在所有事例中都適用這項規則的理由（＝「法律理由」）在於，所有此類法律關係都具有「持續性之債之關係」的特質。將法定規則一般化為得適用於所有「持續性之債之關係」的法律原則，其唯有藉前述認識始得正當化。此種程序與博琴斯基所描述的歸納推論沒有很大的關聯。

　　因此，對「整體類推」的程序而言，具決定性的是回歸到所有個別規定共通的「法律理由」及其一般化。於此必須詳細審查，其事實上是否確可一般化，以及可否因特定事件類型的特性而有不同的評價。與民法典第276條第1項所規定者不同，依民法典第521條、第599條、第968條及第680條，贈與人、貸與人、拾得人及（特定條件下的）無因管理之管理人，在履行契約或法定義務時，僅就故意及重大過失的行為負責。這些情況的共同點在於：所有被減輕責任者，都無私地為他人的利益而行動，換言之，從事的都是「助人的」行為。但是將所有型態的「幫助關係」一般化，司法裁判則正確地予以拒絕[39]。一因法律規定本身就相互歧異，例如，依民法典第690條，無償的受寄人只負擔「與處理自己的事務相同之注意」義務；受任人則對任何過失均須負責。在非法律行為性質的「幫助關係」中（例如：容許搭便車的情形），限制侵權行為的責任未必都妥當[40]。「無私」並非唯一且充分的減輕責任事由，其尚取決於該當關係的個別型態。

　　對法院來說，實在很難隨即忽略其發現之一般法律原則的全部效力，因此，即使在看來可能可以做整體類推的情形，仍然以先為個別類推為宜。依民法典第645條第1項，工作因定作人供給之材料有瑕疵，或因定作人就工作之實施所為之指示不當，以至於受領前滅失、毀損或不能完成者，承攬人得請求其已服勞務之報酬並賠償報酬以外之費用。其限制民法典第644條所定規則的適用，依後者，工作受領前應由承攬人承擔報酬給付的危險；因此，如因非可歸責於承攬人的事由，致其完成之全部或部分工作毀損或不能完成時，其並無全部或部分的報酬請求權。此等限制之理由在於：工作之毀損或不能完成可歸責於定作人的作用範圍，因其係由定作人供給材料之瑕疵，或其指示不當所致[41]。部分學者認為，該規定顯示

---

[39] Vgl. BGHZ 21, 102.

[40] Vgl. BGHZ 30, 40, 46; *mein* Lehrbuch des Schuldrechts, Bd. I, 14. Aufl., § 31 III am Ende mit weiteren Angaben.

[41] Vgl. dazu Köhler, Unmöglichkeit und Geschäftsgrundlage bei Zweckstörungen im Schuldverhältnis, 1971, S. 40.

下述一般原則的存在：於民法典第645條所定範圍內，就所有源自其範圍的、導致工作毀損或不能完成的情形，均應由定作人承擔危險[42]。這種將民法典第645條第1項一般化的做法受到質疑，特別因爲第二次立法委員會曾鑑於「範圍」一詞難以界定，因此拒絕類此的建議，因此，其有意識地保留法律本文這種比較狹隘的表達方式[43]。雖然之前已提過，起草法律者的規範想法對解釋不具拘束力，然而，如其係以合理的考量爲基礎，則其亦應受相當的重視。聯邦最高法院因此曾在兩件裁判[44]中優先考量此等規範想法，僅以個別類推的方式將民法典第645條第1項轉用在特定的、較爲詳細界定的構成要件上，而未將之一般化爲——依該當阻礙原因發生的作用範圍，定其危險分配之——原則[45]。

在第一件案件，原告請求被告給付其爲後者建造穀倉的報酬。被告將乾草移入尚未完工的穀倉中，以致其被燒燬。聯邦最高法院宣示，「假使定作人的行爲使工作物處於一種足以危害工作物的狀態，事實上也是使工作物毀損的原因，就可以正當化民法典第645條的類推適用」。此類案件事實與法律規制的構成要件相似之處在於：定作人藉其行爲（縱非有責地）使工作物毀損。在第二件案件，被告爲自己及其家人與旅行社簽訂一項——包括一切飛往T的費用之——契約。被告無法開始這項旅程，因爲在德國發生若干天花病例，因此，西班牙有關機關要求德國旅客做天花預防注射，而被告四歲的女兒正在病中，醫生建議不宜做此種注射。聯邦最高法院於此也類推適用民法典第645條第1項，因爲承攬人的給付（旅行的完成）必須定作人及其家屬之協助始能達成，「於此，要求定作人使其個人狀態適於工作之完成，並就此負責，在事理上亦屬恰當」。藉類推適用，聯邦最高法院將定作人安排同遊者之不適於旅行的狀態，與定作人所

---

[42] Vgl. ERMAN, JZ 65, 657; dagegen SOERGEL-MÜHL, 11. Aufl., 1 zu § 645 BGB.

[43] Vgl. dazu KÖHLER, a.a.O., S. 37.

[44] BGHZ 40, 71; JZ 73, 366 (mit Anmerkung von MEDICUS).

[45] Zustimmend zu diesen Verfahren MEDICUS, a.a.O., auch KÖHLER, S. 47 (Anm. 131).

供給材料之瑕疵等視同觀，評價上兩者確無不同之處。一再地將此規則類推適用於其他案件事實，其是否將導致司法裁判終於承認依作用範圍定危險分配的「一般原則」，這只能靜待嗣後的發展[46]。

　　再者，也並非一定要藉「整體類推」才能發現一般的法律原則。有時只須指明個別規定的根本「法律理由」，並且認識到，除法律規定的事件外，此法律理由亦適於其他事實領域。認爲民法典第645條第1項係——依作用範圍定風險分配之——一般法律原則的表現者，採取的正是此種方式。於此亦須審愼考量，將此規則限制適用於法律提及的事例（或者擴而充之，僅類推適用於類似的事件）是否有其合理的根據，評價上能否被正當化。針對民法典第254條第1項所作的司法裁判，可以提供適切的一般化例子。對於損害的發生，「被害人亦可歸責」時，依該條規定，應依具體事件之情狀，定賠償義務人及被害人的損害分擔。依法律，使被害人必須對損害的發生負責，乃至使其賠償請求權減低甚至消失的原因在於其「有責性」，由此可知，依起草法律者的想法，加害人也只有在有責的情形始負賠償義務。他們尚不知有——作爲獨立之責任原則之——危險責任。因此，無論是被害人或加害人，只在有責的情形才有承擔損害責任的充分理由。承認危險責任是一種獨立的原任原則之後，在被害人一方仍堅守「有責」始負責任的主張，即不能維持。因此，今日的司法裁判認定：當被害人係因一種——依危險責任的規則——應由其負責的情事受損害時，被害人亦應依民法典第254條負責；即使加害人方面有過失時，亦同[47]。換言之，今日的司法裁判由民法典第254條第1項獲得下述一般法律原則：如被害人有促使損害發生的情況，而依吾人損害賠償法的規則，此等情況將使其對所生的損害負責者，即應依此規定定損害之分配。影響損害發生之事物危險或營業管理上的危險，依危險責任規則足以作爲賠償義務的根據，

46　Dazu *mein* Lehrb. des Schuldrechts, Bd. II, 1, 13. Aufl., § 53 III a.

47　Vgl. BGHZ 6, 319; 20, 259. Dazu Esser, Schuldrecht, Bd. I, 4. Aufl., § 47 IV, *mein* Lehrbuch des Schuldrechts, Bd. 1, 14. Aufl., § 31 Ib.

亦屬於前述情況。因危險責任擴建所生之嗣後的法律漏洞，得藉民法典第254條第1項所定規則之一般化得以填補。

與類推適用相近的是「舉重以明輕的推論」[48]。後者意指：如依法律規定，對構成要件A應賦予法效果R，假使法定規則的法律理由更適宜（與A相類似的）構成要件B的話，法效果R「更應」賦予構成要件B。藉助此等論證方式，聯邦最高法院承認：如其與（合法的）徵收具有相同的作用，則對於因違法無責的公權力行為所致之損害，亦應予以補償[49]。聯邦最高法院認為：「假使其為法律所許可時，其將構成徵收，而依其內容及作用對於受影響者將構成特別犧牲的話，因國家權力不法侵害個人權利，亦應與徵收做相同處理⋯⋯當不法的國家侵害對受影響者的作用與徵收相同時，則其至少與合法的徵收具有同樣強大的理由，足以認可補償請求權之存在」。「舉重以明輕的推論」表現在「至少具有同樣強大的理由」等語。此外，卡納里斯[50]也在緊急避難的事例中運用此等論證方式。依民法典第904條，為防止現在之危險所必要，且危險可能導致之損害遠甚於因干涉其物加於所有人之損害時，對他人之物的干涉是被容許的，質言之，是合法的。所有權人得請求賠償其所受損害。假使某人在類似的緊急避難情況，損害的不是他人的財產，而是他人的身體或健康，且被害人亦未造成危險狀態，則其亦應可請求賠償所受損害，假使加害人的行為因「超法律的緊急避難」而被正當化的話；卡納里斯如是說：「假使擁有物之價值者，因負有容忍侵害的義務，對於因而受益者享有補償請求權以資平衡的話，那麼在某人必須容忍他人侵害其人格性法益時，前述原則尤應有其適用」。同樣地，在加害人的行為未（經由超法律的緊急避難而）被正當化，僅（因其事實上無從預見而）可得免責時，被害人尤得請求補償。因為，（卡納里斯又如是說：）「假使因緊急狀態而合法的侵害尚有補償請求權，此尤應適用於違法無責的行為」。其「尤應」適用，因於此

---

[48] KLUG, a.a.O., S. 146 ff., 150（關於此推論之邏輯結構及所舉之例）。

[49] BGHZ 6, 270, 290.

[50] In JZ 63, 655, 658, Vgl. auch seine Schrift "Die Feststellung von Lücken im Gesetz", S. 78 ff.

肯定補償請求權存在的理由更強。「舉重明輕的推論」之正當理由與類推適用相同，均存在於正義的要求：應做相同評價的構成要件，應做相同處理，除非基於恰當的理由，法律規定應爲不同的處理，或不同的處理可基於特殊的理由被正當化。

與類推適用及「舉重以明輕的推論」適相反對者係「反面推論」。其意指：法律（僅）賦予構成要件A法律效果R，因此，R不適用於其他構成要件，即使其與A相似。顯然，只有當法定規則明文（或依其意義）包含前述的「僅」字，換言之，只有當立法者有意（或依法律目的）將法律效果僅適用於構成要件A時，反面推論方屬可行。是否如此，須先藉解釋以確定之。無論如何，絕不可單純假定其係如此；假使不應將法定規則解爲：僅於其所描述之事件始發生該法律效果，則一如克魯格（Ulrich Klug）所證實的[51]，反面推論已犯了邏輯推論上的錯誤。然而，如符合前述反面推論的條件，則通常不僅不可爲類推適用，實際上根本無法律漏洞存在。於此大多並無「違反計畫的」（或者，依法律目的可予認定的）法定規則之不圓滿性[52]。

然而，一個合理的反面推論可能才恰恰使法律漏洞顯示出來，其須藉其他考量來填補。民法典第306條規定，以不能之給付爲契約標的者，其契約無效。與民法典第275條第2項不同，法律於此並未將債務人的主觀不能與客觀不能等視同觀。反而可以由民法典第275條推得，法律明白分別此二概念。我們不能假定，法律起草者在草擬民法典第306條時遺忘了此二概念的區分，將客觀不能的概念解釋爲包含債務人的主觀不能。因此，下述反面推論是正當的：與客觀不能相異，自始的債務人主觀不能不致使契約無效。假使債務人有主觀給付不能的情事，那麼自然不能以原有型態實現給付，如是即發生以下問題：根據此仍屬有效的契約，債權人對債務人可主張何種權利？請求信賴利益的損害補償，或是請求履行利益。就此

---

51 Vgl. Klug, a.a.O., S. 145 f.

52 So auch Canaris, Die Feststellung von Lücken im Gesetz, S. 44 ff.

法律未有規定，其係法律規定的漏洞，假使不是由民法典第306條對自始的主觀不能做反面推論的話，前述漏洞根本就不會存在。這個漏洞應如何填補，於此不擬更爲說明[53]。

對一項法定規則可否爲反面推論，如其不然，其可否爲類推適用（個別類推，或與其他規則合作爲整體類推）、「舉重以明輕的推論」，或者作爲認識、形成一般法律原則的基礎，這些都不是藉形式邏輯可以解決的問題，反之，其係法律目的，或藉該規則表現出來的評價，質言之，「法律理由」的問題[54]。究竟應選擇何者，其絕非如浮光掠影的觀察者所想像的，僅取決於當下判斷者主觀任意的決定，毋寧應以價值取向、目的論的思考手段，使他人得以理解其決定。

第三項　填補「隱藏的」漏洞，特別是透過目的論的限縮

之前已經將「隱藏的」漏洞解爲：法定規則——違反其字義——依法律的目的應予限制，但法律本文並未包含此項限制時。填補此等漏洞的方式係添加——合於意義要求的——限制。藉此，因字義過寬而適用範圍過廣的法定規則，將被限制僅適用於——依法律規制目的或其意義脈絡——宜於適用的範圍，質言之，其適用範圍即被「限縮」，因此，吾人稱之爲「目的論的限縮」[55]，有時大家也用「減縮」一詞[56]。目的論的限縮之於限縮解釋的關係，與個別類推之於擴充解釋的關係相似。目的論的限縮藉添加限制性的規範，限縮解釋則藉採取一種較爲狹窄（而非另一種可能之較寬）的字義，而限縮規範的適用範圍。個別案件中，究竟是否仍爲限縮解釋，抑或已構成目的論的限縮，有時不無疑問。實際上已非解釋而爲目的論的限縮，司法裁判卻仍自稱在從事限縮解釋的情況，屢見不鮮；這或

---

[53] Vgl. dazu *mein* Lehrbuch des Schuldrechts, Bd. I, 14. Aufl., § 811.

[54] ENGISCH, Einführung in das juristische Denken, 7. Aufl., S. 149, 287, Anm. 166 c.

[55] 就此的深入探討：BRANDENBURG, Die teleologische Reduktion, 1983。

[56] So ENNECCERUS-NIPPERDEY, Allgemeiner Teil, 15. Aufl., § 59.

者是爲了獲得更高的「忠於法律」的印象。然而，假使目的論的限縮始終
取向於法律固有的目的，始終堅守法律目的劃定的界限（就此，稍後將再
提及），則其之「忠於法律」亦絕不遜於任何目的論的解釋。

　　假使類推適用的正當理由，在於下述的正義命令：依主要的評價觀點
屬於同類的事件，須做相同的處理；那麼目的論限縮的正當理由，即在於
下述正義的命令：不同類的事件應做不同的處理，質言之，應依評價做必
要的區分。這項必要性的來源可以是：被限制的規範之意義及目的（如若
不然，則其目的即無由達成），「事物本質」，或法律中針對特定案件類
型有優越效力的原則。就像有時可由法律獲得類推適用的禁止（當法律規
制具窮盡的性質，換言之，在容許做反面推論的情況），有時也可以由之
推得目的論限縮的禁止，當法安定性的利益要求嚴守清楚的字義時。是否
如此，又必須先藉解釋以確定之[57]。

　　爲配合規定目的而做的目的論的限縮，最令人印象深刻的例子是：
本書第一版所要求，其間已被聯邦最高法院實現之[58]民法典第181條（關
於法定代理人自己代理之禁止規定）的目的論的限縮，當法律行爲依其種
類，對本人而言爲純獲法律上之利益，特別當法定代理人對未成年人爲贈
與時，法定代理人得爲之與自己訂定契約。如依民法典第181條的字義，
此類法律行爲亦不能發生效力，因爲在法定代理的情況，無本人之「許
諾」可言，而該法律行爲亦非專爲履行代理人之債務者。然而，就事理而
言，使此類法律行爲亦不生效力，並不適宜，其甚且與民法典第181條的
立法目的適相反對，蓋如是將使本人蒙受不利。民法典第181條之首要目
的在於保護本人免於受到下述情況的損害：當其與代理人處於利益衝突的
情況，代理人代之而與自己締結法律行爲，藉此使自己受益，而使本人
受損害。依法律規定，本人事實上是否蒙受不利，並非決定的標準；基於
法安定性的利益，換言之，爲了易於辨識及避免舉證上的困難，法律一般
性地規定：除前述例外情形外，自己代理均屬無效。法律鑑於法安定性

---

[57] Hierzu vgl. Canaris, Die Feststellung von Lücken im Gesetz, S. 192 f. 他以期限及形式規定爲例。
[58] BGHZ 59, 236.

的考量選擇了一種抽象（即：無視於本人的利益在具體情況是否的確受
損害或危害）的規定方式，因此，長期以來，司法裁判及學界多數見解[59]
均認為，該規定係應予「嚴格」解釋的「形式的秩序規定」。質言之，鑑
於規定背後法安定性的考量，他們由規定的方式推得目的論限縮的禁止。
然而，此種限縮的禁止亦不得逾——為其基礎之——法安定性的目的之要
求。例如，顯然不可將民法典第181條宣示的自己代理之禁止限制僅適用
於下述案件：有具體證據足以證明，本人之利益至少受到危害。然而，假
使在特定事件類型中，危害一般不會發生，則又不同。法律行為依其種
類，使本人純獲法律上之利益者，即屬此種情形[60]。相較於在個案中決定
是否有利益衝突的可能性，因此是否有利益危害的情況，決定某法律行為
依其種類是否使本人純獲法律上之利益，顯然要容易得多，在這一類法律
行為的典型情況，也可以做顯然比較可靠的答覆。答覆此等問題仍存在的
不確定性，其既不大於任何解釋的問題，因此應可接受。因此，在前述範
圍內將民法典第181條做目的論的限縮不僅應予認可，為避免發生違反意
義或目的結果，更屬必要[61]。

　　當有限公司的唯一股東，以公司代表人的身分與自己締結一項法
律行為時，聯邦最高法院認為，民法典第181條於此亦應做目的論的限
縮[62]。其認為，唯一股東之利益與公司之利益始終相互重疊，因此，一般
而言將不至有利益衝突的危險，自亦無損害一方圖利他方的情形。蓋森
（Geisen）[63]則指出：此項裁判並非毫無問題，因此等法律行為亦將影響
第三人（公司或唯一股東之債權人）的利益，對之提供保護亦屬民法典第

----

[59] Vgl. BOEHMER, Grundlagen der bürgerlichen Rechtsordnung, II, 2, S. 48 ff., 66.

[60] 對本人而言，法律行為是否確係純獲法律上之利益，於此可與在民法典第107條的脈絡中做同的
　　答覆，就此參見：STÜRNER, AcP 173, S. 442 ff。

[61] 與此見相同：W. BLOMEYER, AcP 172, 1; GIESEN, JR 73, S. 62; SOERGEL-SCHULTZE-v. LASAULX, Rdz. 27,
　　THIELE in Münch/Komm, Rdz. 9 zu § 181 BGB; Palandt-Heinrichs 4a zu § 181。

[62] BGHZ 56, 97.

[63] In JR 71, S. 505.

181條的目的。立法者於其間已決定，民法典第181條於類此事件仍有其適用[64]。

　　基於有關規定本身的意圖、目的所為之目的論的限縮，尚有另一適例：聯邦最高法院的一項關於民法典第400條的裁判[65]。依此，債權禁止扣押者，不得讓與。聯邦最高法院限制此規定僅適用於下述情況：權利人將其對加害人的意外事故年金請求權讓與第三人（例如，其雇主），而第三人未同時──甚於照顧的目的──對權利人承擔給付相應金額的義務。與民法典第400條清楚的字義相反，聯邦最高法院認為，假使是受領各該期給付之後的讓與，或者，雖在之前作成的讓與，惟其以給付為停止條件者，此等讓與均屬有效。其之屬目的論限縮，亦顯示於下述裁判理由中：「在一般情況，立法者所以依民法典第400條禁止請求權讓與，蓋欲藉此確保年金請求權人必要的生計，於此，此項目的例外地恰只能藉准許讓與，始克達成。雖然與民法典第400條清楚的字義相反，仍應肯定此種可能性，蓋如若不然，則將與法律原擬追求的目標（即：保護年金請求權人）背道而馳；對禁止規範做變更文字內容，但忠於目的之限縮時，自應極度審慎從事」。於此，聯邦最高法院亦適切地強調，法律為一般地保護禁止扣押債權之權利人的生計免於受到危害，其因此所做之禁止規定的遵守與否，不得取決於下述情況：此等危害在具體情況存在與否。年金請求權人如果事實上已經由第三人獲得相應的給付，依規定的目的而言，准許讓與年金請求權應不再有任何疑慮，年金請求權人非但未因讓與行為而處於比較不利的地位，相較於僅能向加害人請求年金，其毋寧處於更佳狀況。如不讓與其賠償請求權，則本願提供協助的第三人通常將不願自動為給付。此外，在認可讓與行為之效力時，通常亦較能保證加害人不能脫免其責任，必要時，第三人將對之起訴請求。因此，如第三人自願為給付，認可年金請求權的讓與，不論由何種觀點均可獲致合理，並與民法典第

---

[64]　Vgl. § 35 IV GmbHG, eingefügt durch das Gesetz vom 4. 7. 1980.

[65]　BGHZ 4, 153; 13, 160; 59, 115.

400條之意義及目的完全一致的結論。

　　有時是爲了使另一法規範的目的得以達成，因此必須做目的論的限縮，其適例：假使令個別的契約約定無效，因約定無效受益之一方契約當事人仍得享受契約本身的利益，其正是所擬追求之目的時，則民法典第139條應不予適用。相關的規定是：民法典第443條、第476條、第540條及第637條。於此，假使適用民法典第139條使契約歸於無效，則原應受保護之一方將喪失全部因該法律行爲所得享受之利益，如是則與保護規定所擬追求的效果適相反對[66]。民法典第139條所定規則於此需要加以限制。此外，還可以回想之前（第三章第四節）提及的事例：當競合的契約法例外地規定，在加重過失的情況始負責任時，爲使此等規定得以貫徹，通說認應限制民法典第823條規定的適用；蓋依後者的規定，任何過失均足以構成侵權行爲之賠償義務。民法典第167條第2項規定，代理權之授予，無須依代理權所涉法律行爲應具之形式，此項規則應予限制而不得適用於下述案例：假使該法定形式之作用在於提撕警戒，並且被授予之代理權不能撤回，或者，該代理權包含自己的代理的許諾[67]。於此等情況，形式的要求如不擴及於代理權的授予，其警戒的作用將不能達成。

　　最後的例子顯示：以目的論限縮的方式限制一法規範的適用，附帶而來的常是另一規範的擴張適用。反之，如以類推適用的方式擴充適用一限制性規範，其意味，被限制的法規範所受限制將超過法律明白規定的範圍。如是，將民法典第645條類推適用於其未曾提及的事例，即構成對民法典第644條（＝承攬人於工作受領前承擔報酬的危險）的進一步限制，而且並不因民法典第645條是第644條的「例外」，即不得類推適用。因爲由法律本身可知，民法典第644條的原則並不能毫無例外地一體適用；民法典第645條也不能被解爲立法者所做的窮盡規定，只有在其提及的情事下，才能偏離民法典第644條的原則爲危險分配。於此，類推適用與目的

---

[66]　Vgl. dazu *mein* Lehrbuch des Allgemeinen Teils, 7. Aufl., § 23 II d.

[67]　Vgl. dazu *mein* Lehrbuch des Allgemeinen Teils, 7. Aufl., § 31 II am Ende.

論的限縮，彼此相互補充[68]。

　　在合夥契約的情形，如合夥已開始其業務（在商業合夥，如其已登記於商業登記簿中），於此，學說及司法裁判對民法典中關於法律行為無效及撤銷等規定之適用均加以限制[69]。一方面為保護——因信賴合夥存在而與之交易的——第三人之利益，其次是為了簡化有瑕疵合夥的清理。於此，究竟還是法律內之法的續造，或者已經是一種——部分以法律行為過程中的信賴保護原則（其仍須被具體化），部分以法明確性、法安定性，在涉及清理的問題，則以事物本質[70]為基礎所做的——超越法律之法的續造，則不無疑義。於此，附隨無效及撤銷規則之目的論限縮而來的，仍舊是其他規則的類推適用，例如，在持續性債之關係的即時終止，或者，在無限公司的請求解散之訴。

　　有時藉具體化一須填補的標準（例如「誠實信用」）之助，可獲得一限制性的語句，藉助後者又可限制一法律規定之適用。民法典第125條規定，法律行為欠缺法定形式者無效，對此，司法裁判即藉第242條的原則加以限制[71]。此種做法不無可慮之處，為維持法定形式的要求，民法典第125條寶屬應嚴格適用的規定。尤其絕不可逐案依誠信原則審查此形式強制應否加以限制。此限制毋寧只適用於特定案件類型，特別是當主張欠缺法定形式者，其正是以詐欺的方式阻止遵守法定形式的一方時，鑑於此具優越地位的——民法典第242條所定的——實質原則，於此即得為正當的目的論的限縮。在其餘大多數的案例中，則常應優先考量形式的規定，蓋如若不然，形式規定之遵守即不能確保[72]。於此涉及的問題是：在何種情

68　Vgl. auch Canaris, a.a.O., S. 87 f.

69　Vgl. dazu insbes. RGZ 165, 193; BGHZ 3, 285; 11, 190; 44, 235; ERMAN, Personalgesellschaften auf mangelhafter Vetragsgrundlage, 1947; SIEBERT, Faktische Vertragsverhältnisse, 1958; HUECK, Das Recht der OHG, 4. Aufl., § 7; SOERGEL-HEFERMEHL 35, STAUDINGER-DILCHER, 35 vor § 116 BGB.

70　參下文第四節第二項。

71　Vgl. dazu *mein* Lehrbuch des Schuldrechts, 14. Aufl., § 10 III, auch Allgemeiner Teil, 7. Aufl., § 21 I b; kritisch aber CANARIS, Die Vertrauenshaftung im deutschen Privatrecht, S. 274 f.

72　依格恩胡伯（Gernhuber, Festschrift für SCHMIDT-RIMPLER S. 151 ff）之見，每種以民法典第242條的原則對第125條的限制都是「反於法律的」，因為第125條的意義及評價極為「清晰」，其反對

況，前述一般原則或民法典第125條的特殊規範目的應居優越地位。假使優先考量後者，將使違反誠信的行為反而受到法律的獎勵時，基於誠信原則在倫理上崇高的地位，於此即傾向於賦予此原則優越的地位。

卡納里斯則舉出[73]另一個──根據法秩序內在之原則而要求之──目的論限縮的適例。依民法典第54條第2句之規定，以無權利能力社團之名義締結法律行為者，行為人個人就該法律行為亦應負責。依規定的字義言，其亦適用於限制行為能力之行為人。於此，依民法典第165條之規定，社團成員仍須負責。於此，為社團為行為者──依第54條第2句之規定──額外應負責任之規定，其與──法律中普遍實現的──保護未成年人免於因自身之法律行為承擔負面之法效果的原則相牴觸。就像卡納里斯適切指出的，這項保護原則仍應予以尊重，因此，必須以目的論限縮的方式相應地限制民法典第54條第2句的適用。

沃爾弗斯（Wolffers）也報導了一件與此有關的──瑞士聯邦法院的──裁判[74]。依瑞士法，刑庭法官課被告以散布猥褻物品之罪時，並應宣告將該物品「銷毀」。本件涉及的是一些極具藝術價值的日本浮雕及印刷品。聯邦法院認為，鑑於其藝術上的價值，將之銷毀未免太甚。其認為，為達到規定的目的，將之交付美術館，並附加僅藝術專家始得閱覽之負擔為已足。沃爾弗斯認為，於此涉及對「銷毀」一語的解釋，聯邦法院係基於比例原則的考量來做解釋的。然而，此意義已逾越可能的字義範圍。法院於此不是在解釋法律，毋寧是鑑於比例原則，以目的論限縮的方式修正該法律。

任何「藉由第242條的動搖」。然而，在一定條件下，格恩胡伯顯然也肯定可以作出反於法律的裁判（S. 169 ff）。

[73] a.a.O., S. 104.

[74] WOLFFERS, Logische Grundformen der juristischen Interpretation, 1971, S. 30.

第四項　其他基於目的考量對法律本文的修正

　　類推適用、將規則一般化以發現原則，再以此原則爲基礎作出裁判、目的論的限縮，所有這種種方式都是以法律理由，以內存於法律中的目的爲根據，對過窄或過寬的法律文字所做的修正，因此，它們都是「法律內之法的續造」。有時法律文字的修正也藉其他方式來達成。我們可以借用卡納里斯[75]的用語，將擴充過窄的字義，而非出之以類推適用的方式者稱爲「目的論的擴張」。此外，假使規定的字義本身隱含矛盾，司法裁判即依規定的目的加以修正。

　　下述聯邦最高法院裁判的案件即涉及「目的論的擴張」[76]：一件應由被告負責的意外事故，其造成原告之夫的死亡。依民法典第844條第2項的規定，被告對原告因此而喪失扶養請求權應負損害賠償之責，其因此須「於被害人在其推定生存期內所負扶養義務之限度內」，對原告支付定期金。原告請求超過此期限的定期金。她主張，如其夫仍繼續生存，則其夫將繼續給付社會保險費，如是，則其將獲得社會保險定期金的給付，因其夫之猝逝，其不能獲此社會保險定期金的給付。民法典第844條第2項的字義顯然不包含此項請求權（聯邦最高法院也如是認爲），其明白將因喪失扶養請求權之損害賠償請求權，侷限在被害人推定生存期內。然而，聯邦最高法院仍然認可原告的請求，其認爲：「假使依民法典第844條第2項的意義、目的，對之做擴張解釋」，亦應認可原告這種「未爲生計給付的後果損害」之賠償請求權。聯邦最高法院視妻之缺乏給養，係夫「未爲生計給付的結果損害」，因爲夫基於其扶養義務，爲使其妻之老年給養不虞匱乏，對其妻負有給付社會保險費之義務。而因其猝逝，致不能再爲給付，因此也不能再履行——照顧其死後其妻生計的——義務。依民法典第844條第2項的意義及目的，被告對此亦須負責。

　　在前述案件類型中，死者的遺孀因其夫猝逝，實際上喪失的不只是其

---

[75] CANARIS, a.a.O., S. 89 ff.

[76] BGHZ 32, 246.

夫推定生存期內可由其夫獲得的生計給付，亦包括——因其夫生前繼續給付社會保險費——其夫死後可向社會保險請求之生計給付。喪失後者係其夫死亡的間接後果。法律既規定，侵害生命權者，對於扶養請求權人因此喪失的生計保障須負責填補，於此等事件狀態，亦應適用於扶養義務人推定生存期之後的時期。立法者顯然未考慮到此等事件狀態，因此，由其規制意圖看來，即存在法律的漏洞。於此等事件，聯邦最高法院背離民法典第844條第2項清楚的字義，將賠償義務擴及於被害人推定生存期之後，實際上幾乎等於扶養權利人的死亡時點，聯邦最高法院藉此填補前述漏洞。對過窄的法律本文，添附以下語句：「遭遇不幸之工人的遺孀，對於因其夫猝逝，致不能由年金保險中獲得遺孀年金給付之——被害人推定生存期後的——損害，亦得請求賠償」[77]。其並非單純的類推適用，於此不能認為：法律所未規定的事件（喪失社會保險的給養請求權）與其已規定者「相類似」，於所有重大的評價觀點上「均無不同」。於此涉及的是與已規定者完全不同的構成要件，惟基於法律目的之考量，宜將之包含於法律之中。於此，二構成要件固然不同，惟仍應對二者做出相同評價，唯有如此始能避免遺孀遭受不合理的不利益，質言之，因其夫之死亡而喪失其後對社會保險之年金給付請求權。

　　然而，這種「目的論的擴張」在作用上與類推適用則極為相近。兩者均將一項規制擴而適用於——依其字義並未包含的——其他案件事實。兩者均係為充分實現法定規則的目的，為避免無法正當化的評價矛盾。因此，如禁止類推適用，自亦不許為目的論的擴張。

　　之前（第四章第二節第三項）已經提及，將未成年人的「中性」行為與「純獲法律上利益」之行為等視同觀，也是一種以法律目的為根據，對法律所做的修正。「中性」行為是指：為該行為之未成年人既未因此受法律上之利益，亦未因此蒙受不利，因該行為可能影響的是第三人的，而非未成年人的財產。所以能夠將它與純獲法律上利益的行為等視同觀，一則因為在兩種情況均無保護未成年人的必要，二則基於民法典第165條

77　該裁判要旨。

的類推適用。如是，則應將民法典第107條的字義修正如次：「不致使其受任何法律上不利益之意思表示者，不在此限」。因此等修正，依民法典第108條，未成年人應得法定代理人同意之法律行爲的範圍隨之縮小，因此可以將此等修正視爲民法典第107條之目的論的限縮。與此類限縮的通常情況不同，於此並未對法定規則附加限制性的語句，而是對規則本身作——相較於法律文字——更爲狹隘的理解。

　　同樣以目的考量爲根據而修正法律的例子：依民法典第419條第1項來確認，針對迄今之財產權人的請求權存在之標準時點[78]。單純依該條字義，其債權人「於契約訂定時已存在之請求權，自訂約時起，亦得對承受人行使之」。我們的法律並不承認，生者之間可以藉一般讓與，將全部財產讓與他人，因此，似乎應將第419條第1項的「契約」解爲債權契約，藉此，迄今的財產權人負有義務，移轉構成其財產的個別客體予承受人。第419條第2項又加強了前項假定，其提及「依契約應歸屬於承受人之請求權」。請求權只能由債權契約，而不能由物權性的移轉行爲產生。然而，由規定的目的看來，這項結論未必恰當。該規定的目的在於保護迄今財產權人的債權人，他們認爲前者是富有財產之人，因此對之提供信用，假使其債務人將其財產之全部或絕大部分整個移轉於第三人，則其將喪失迄至當時的全部責任客體。此種保護思想亦應適用於下述情況的債權人：對迄今的財產權人取得請求權固係在前述債權契約締結之後（就此，其通常亦無從知悉），但仍在個別財產權客體移轉之前。在責任法的意義上，債權契約尚不足以影響財產的歸屬，因此，債務人的財產仍須向之負責，就此，其與其他債權人並無不同。因此，並無理由使他——較其他在債權契約締結前已取得請求權之債權人——處於較劣之地位。因此，司法裁判起初決定：債權契約締結之後，爲物權性移轉行爲之前已發生的——迄今財產權人的——債務，承受人亦須負責[79]。稍後，其對此決定做如下限制：已同意爲預告登記之土地的承受人，僅就預告登記申請到達土地登記機關

---

[78]　Dazu *mein* Lehrbuch des Schuldrechts, Bd. I, 14. Aufl., § 35 II, Anm. 25.

[79]　RGZ 130, 34.

之前的——迄至彼時的財產權人之——債務負責[80]。聯邦最高法院之所以做此限制，因爲承受人負責的前提是：債權人於其請求權發生時，根據該請求權得就債務人的財產執行求償。這點在債權契約締結之後仍有可能，然而，一旦已經就土地同意爲預告登記，而且登記之申請已到達土地登記機關，即不復可行。由規定的目的而言，這是邏輯一貫的想法，然而在規定的字義上卻無任何根據。因此，這是一種法律修正的工作，而非單純地更正錯誤可比。只有當法律編寫者就其意向誤選了表達用語，或編輯時漏未修正錯誤的用語時，始有「編輯錯誤」之可言[81]。然而，於此不只是選錯用語的問題而已，問題在其根本未做澈底思考。不僅用語須更正，毋寧必須修正未能完全配合目的之規則。

　　依今日對法院之法的續造權限的認識，大家原則上肯定，法院可基於法律目的之考量而修正法律。前提則是：能清楚地確定法律的目的，且如不爲此等修正，則法律目的在部分事件中即不能完全實現，不可避免將發生嚴重的評價矛盾或明顯的不正。在因其夫死亡致其給養請求權喪失的遺孀之類的事件，此要件顯然存在。然而，在民法典第419條的案例中，前述要件存在與否即不無疑義，事實上，僅就法律政策而論，其做法已屬可疑[82]。

第五項　漏洞的確認與漏洞的填補

　　以前述思想操作方式填補法律漏洞前，邏輯上須先確認法律漏洞存在。然而——如前所述——此等確認本身即要求以法律目的，以及具相同意義者應受相同處遇的命令爲標準，對法律做批判性的評價，因此，就此所做的考量常同時亦能填補漏洞。就此，卡納里斯曾做詳細研究[83]。

　　在下述情況，漏洞的確認及填補係基於同一考量：當法律就一類案

---

[80] BGHZ 33, 123.

[81] Vgl. Enneccerus-Nipperdey, Allgemeiner Teil, § 52 II; Engisch, Einführung in das juristische Denken, S. 303 f., Anm. 221.

[82] Vgl. dazu Wilburg in Festschrift für Karl Larenz, 1973, S. 661.

[83] In seiner Schrift: Die Feststellung von Lücken im Gesetz, 2. Aufl. 1983.

件類型予以規定，而就另一類——評價上應認爲相同之——案件類型卻未賦予相應的規則時，或者，在依其意義、目的，依優先規範、內存於法律中的原則，法定規則的適用應予限制，而法律就此漏未規定時。於此，法律遺漏的規則即是塡補漏洞的規則，除非有類推適用或限縮的禁止存在，致不克爲此。因此，類推適用及目的論的限縮不僅是塡補漏洞的思想操作方式，同時也用以確認漏洞。但並非所有情況均如此，假使涉及的是所謂的規範漏洞，則確認漏洞存在的考量，未必就足以塡補漏洞。在規範漏洞的情形，如不爲補充規定，法定規則本身根本不能適用。於此，確定必須補充規定，同時也就確認有漏洞存在，但還不足以塡補漏洞。在規制漏洞也會有此種情形。關於債務人自始主觀給付不能之法效果，以（於此正當的）對民法典第306條做反面推論的方式，只能由法律消極地確定契約並非無效。其積極的法效果如何，法律未有規定。爲了使契約有效一語能確實發生作用，必須對其積極的法效果有所規定。與規範漏洞的情形相同，此處涉及的也是卡納里斯[84]所謂的「拒絕權利保護的漏洞」：法官於此面對兩種可能的選擇，他或者不適用法定規則（如是則構成「拒絕權利保護」），或者必須添加使法律適用可能的必要規定。於此類事件，首先只是確認漏洞，以及爲避免「拒絕權利保護」而生之塡補的必要性，至於漏洞應如何塡補，究竟應該以類推適用、以目的論的擴張，或者回歸原則或「事物本質」的方式來進行，則尚未決定。因此，於此類事件，漏洞之確認及其塡補分屬兩種不同的思想程序。

是否所有「拒絕權利保護的漏洞」均能以方法上有根據的方式，換言之，以法律上有根據，並且可以事後審查的考量來塡補？就此[85]，我們雖然非常希望做出肯定的答覆，然而，答案是否定的。的確有「不能塡補的漏洞」存在。然而，仍應要求法官盡可能尋找法律上有根據的裁判。在大多數的案件，藉助法律的評價、內存於法秩序中的法律原則以及「事物本

84　a.a.O., S. 140, 144 ff.

85　Vgl. zu ihr ENGISCH, Festschrift für SAUER, S. 96 ff.; Einführung in das juristische Denken, S. 159 f.; CANARIS, a.a.O., S. 172 ff.; SAE 1977, S. 131.

質」，法官還是能就法律未規定的法律問題，提出有根據的答案。於此，卡納里斯[86]適切地提及：「假使欠缺必要的期限規定，就必須確定出一個適當的期限；假使缺少利息利率的規定，就應該適用一般利率；如果缺乏必要的管轄規定，則應由與事物關係最密切的機關來管轄」。然而——他繼續說到——這已經觸及極限，經常很難確定，哪個機關與事物的關係最密切，有時缺乏的是必不可缺的程序規定。即使如此，經常還是可以藉類推適用、回歸法治國在程序上的一般原則來應付。最後，即使法院事實上無法填補法律的漏洞，這並不意味，法院必然不能作出法律上有其根據的裁判。例如，假使法律規定，租賃爭議自特定時點起專屬租賃調解法院管轄，然而立法者並未制定設置該法院所必要的規定，在該法定時點經過後，普通法院不得宣稱其對此類爭議無管轄權，蓋如是將等同任何權利保護之拒絕。其毋寧應宣示：只要該特定法院尚未設置，該法律規定即不能適用，而仍應適用法院管轄的一般規定。這也是在法律上有其根據的裁判。

第六項　漏洞填補——有創意之認識的貢獻

假使幾乎在所有的事件，法院都能獲得——由法秩序看來——有根據的裁判，那麼還可以說法律「有漏洞」嗎？齊特爾曼[87]就認為：以類推適用的方式作裁判的法官，其事實上主張，其以類推的方式獲得的語句本是現行有效的法規範。依其見解，有漏洞的不是法律，而是我們迄今對法律的認識。也經常有人說，只有法律及已經形成規則的法才會有漏洞，作為意義整體的法並無漏洞[88]；依此見，法始終都包含可以當作裁判依據的法命題，只是其迄今尚未被認識或表達出來而已。

此類見解應予反對，因其忽略：在每個法的續造行動中，特別是在補

---

[86] a.a.O., S. 175 f.

[87] Zittelmann, Lücken im Recht, S. 25; 追隨其見：Herrfahrdt, Lücken im Recht, 1915, S. 74 ff；反對其見：Bierling, Juristische Prinzipienlehre, Bd. 4, S. 398。

[88] So Stammler, Theorie der Rechtswissenschaft, S. 641 f.; Sauer, Juristische Methodenlehre, S. 281; Elze, Lücken im Gesetz, S. 26 ff.

充漏洞時，都有獨立的創造性因素包含其中。作爲客觀精神的法，其只存在於法所擬規制之人及適用法規範之人的意識中，因此，正應被發現的法命題並非已既存者，它至多只是可能的法，而並非已經是當前的法，質言之，隨時準備被適用的法。只有當法院將之明白表達出來，或者，至少在一個事件中採之爲裁判基礎時，它才變爲當前的，實際上被適用的法（行動中的法）。只要法院在準徵收（客觀上違法無責的侵害）的情形不判給補償，在特定事件中不對民法典第181條或民法典第400條做目的論的限縮，或者尚未以上述方式將民法典第844條第2項加以擴充予以更正，該當的法命題就尚未存在吾人的法秩序中。只有當司法裁判肯認它們是必要之法律漏洞的補充並予接受時，它們才變爲當前法秩序的構成部分。

首次以類推適用或目的論限縮的方式填補法律漏洞，這是一種有創意的認識行爲，假使其被追隨，也就擴充了可供適用之規範的庫存，雖然如此，它仍舊與公布法律那樣的立法行爲不同[89]。爲漏洞填補者仍然認其爲認識行爲，而非意志決定。藉此發現的法命題，其嗣後被適用的原因，不在於它是由有權立法者所制定，而是因法院認其「正確」而予適用。一旦其被認係「正確」並被繼續適用，嗣後即與藉立法者之意志決定創設的規範並無不同[90]。

只有那些還不能擺脫下述想法的人，才會對前述說法感到驚訝：「認識」始終只是對「本身」存在的客體，於認知的意識中加以複製。然而，詮釋學已教導吾人[91]，對精神創作物（特別是法律）的理解而言，前述「認識」的想法是錯的。法秩序並非獨立存在於理解程序之外，毋寧表現於——有權爲法律適用及法的續造者，根據此程序所獲致的——對法秩序

89　So Less in seinem Buch "Vom Wesen und Wert des Richterrechts" und Penski in JZ 89, S. 105, 114.

90　關於法官之法的創造：Marie-Luise Hilger in der ersten Festschrift für Karl Larenz, 1973, S. 109 ff。

91　參見上文第一章第三節第三項，關於法學理解的創造性：Gadamer, Wahrheit und Methode, 5. Aufl. S. 301, 335; Betti, Allgemeine Auslegungslehre, S. 640 ff。魯普（Rupp）評述謂（Grundfragen der heutigen Verwaltungsrechtslehre, 1965, S. 192），在法哲學的意義上，每種認識都是有創意的行爲。或許說「在精神科學領域中」，要比說「在法哲學的意義上」更恰當。

的理解中。此不僅適用於法，亦適用於對所有精神創作物的理解。其意義內涵須一再被重新探求，也經常獲得新的特徵。然而，對法而言這具有特殊意義，因為涉及的不只是對法的理解，毋寧常涉及法的實現。例如，法官對於法律的認識常歸結為一項有既判力的裁判，換言之，歸結為一種法的形成行為（＝判決）。正如恩吉斯[92]所說的，「法學在人文科學中無與倫比的優越性存在於：其並非立於法秩序之旁，亦非追隨其後，毋寧得直接參與法秩序本身及法律生活的形成」。

第三節 藉「法益衡量」解決原則衝突及規範衝突

在討論「合憲性」解釋的部分（上文第四章第二節第五項）已經提過，聯邦憲法法院為確定個案中相互衝突之基本權或憲法原則的各該效力範圍，運用了「個案中之法益衡量」的方法。例如，在某人的一般人格權與他人之一般人格權或其他基本權發生衝突時，在許多其他衝突事件中，例如，是否構成緊急避難，在個案中「尚可期待」或「尚能忍受」者為何，於此，司法裁判亦多應用同一方法來解決問題。司法裁判適用此方法的範圍所以這麼大，主要歸因於權利之構成要件欠缺清晰的界限，而「尚可期待」等概念也缺乏明顯的要素。權利也好，原則也罷，假使其界限不能一次確定，而毋寧多少是「開放的」、具「流動性的」，其彼此就特別容易發生衝突，因其效力範圍無法自始確定。一旦衝突發生，為重建法律和平狀態，或者一種權利必須向另一種權利（或有關的利益）讓步，或者兩者在某一程度上必須各自讓步。於此，司法裁判根據它在具體情況下賦予各該法益的「重要性」，來從事權利或法益的「衡量」。然而，「衡量」也好，「稱重」也罷，這些都是形象化後的說法；於此涉及的並非數學上可得測量的大小[93]，毋寧是評價行為的結果，此等評價最困難之點正

---

[92] Einführung in das juristische Denken, S. 8.

[93] 依我的看法，希望把這個過程數量化的嘗試（例如：HUBMANN, in der Festschrift für SCHNORR-v.

在於：其並非取向於某一般性的標準，毋寧須同時考量當下具體的情況。所以必須採取「在個案中之法益衡量」的方法，如前所述，正因為缺乏一個由所有法益及法價值構成的確定階層秩序，由此可以像讀圖表一樣獲得結論。若果如此，那麼「法益衡量」究竟還算不算一種方法，或者它只是下述自白的簡稱：於此，法官根本沒有任何方法原則為後盾，而只是依其自定的標準作成裁判？倘若如此，對於依「在個案中之法益衡量」所作的裁判即無從控制，法官也可以堂而皇之依自己的主觀見解來裁判[94]。

　　依今日方法論的認識程度而言，前述問題或許尚無終局的答案。如果希望有進一步的理解，就只能詳細觀察：於此種情況下，法院做了哪些考量。就此，聯邦憲法法院及聯邦最高法院的裁判可以提供豐富的素材[95]。

　　聯邦憲法法院在所謂的藥房判決[96]中必須判斷，巴伐利亞邦1952年的藥房事務法第3條第1項（規定新設藥房須符合一定的要件）是否牴觸基本法第12條第1項第1句保護的職業選擇自由。該法院認為，依基本法第12條第1項的字義可能會得到下述印象：能夠由法律或根據法律加以限制的只有職業行使的自由，職業選擇的自由則否。然而，特別在涉及職業活動的開始時，職業選擇及職業行使不能完全截然劃分。假使某法律規定主要在規制職業的行使，則即使其間接會影響職業選擇的自由，仍應予以認可。這特別會發生在：確定開始職業活動的要件，換言之，確定准許行使職業的要件時。然而，這並不意味，立法者對職業選擇及職業行使自由的規制權限同樣大。其毋寧認為，當職業行使的規制介入職業選擇自由愈多，立法者的規制權限就受愈大的限制。基本權應保護個人的自由，保留規制權限則要確保團體的利益受到足夠的保護。全然自由的職業行使對團體產生

CAROLSFELD, S. 173 ff）均必然失敗。哈布曼（Hubmann）自己也承認，他所建議的計算方法，也必須等到個別因素的價值已經被量化地評定後，乃可。但這種量化多少是恣意的。

[94] 穆勒認為（Die Einheit der Verfassung, 1979, S. 199），法益衡量的實務運作，可能「誤導個案正義乃主觀的價值判斷，後者又可以法治國式地被一般化」。「衡量」提供了「一種方便的語言模式，它很容易忽略有關的規範本文及其具體化的語言資料」，也經常疏未應及有關的規範範圍。

[95] Dazu auch *meine* Abhandlung über "Methodische Aspekte der Güterabwägung" in der Festchr f. ERNST KLINGMÜLLER, 1974.

[96] BVerfGE 7, 377.

的不利及危險愈大，就愈有必要保護團體。想滿足這兩方面——在社會的法治國中同屬正當——的要求，答案恐怕只能求之於「審慎地衡量當下彼此對立（有時是彼此適相反對）的利益之重要性如何」。假使我們認定，「依基本法的根本見解，自由的人格是最高的價值，並且，在涉及職業選擇時應維持最大可能的自由」，則此等自由「只能在爲保護公益絕對必要的範圍內，始能加以限制」。規制職業行使，如規定職業活動的開始必須滿足特定要件，因此已經影響到職業選擇的自由，那麼這種規制必須滿足下述要件才算正當：「藉此以保護——較個人自由優越的——非常重大的團體利益」。本件涉及的團體利益是國民健康，這無疑是一種重大的團體利益，爲保護它，足以正當化對個人自由的限制；而有序的藥物供給確係保護國民健康之必要手段，這點同樣沒有疑義。因此，決定性的問題是：假使將巴伐利亞邦藥房事務法中的開業限制取消，其對有序的藥物供給可能造成之干擾程度，是否確將危害國民健康？在詳細說明預期的後果，比較未設開業限制的各邦情況之後，聯邦憲法法院對前述問題做了否定的答覆。該法院更認爲，立法者考慮的國民健康的危險，有部分原因根本不是來自藥房事務的範圍；即使原因在此，也可以藉一種——不會涉及職業活動的開始，因此也不會涉及職業選擇自由的——規制職業行使的方式來防止。該法院由是認爲，巴伐利亞邦的立法者超越了基本法第12條第1項就規制職業行使劃定的界限，因此，憲法訴願有理由。

前述裁判已經指出很多下文將討論的觀點。該法院衡量職業選擇自由這項基本權的意義，以及國民健康這種「非常重大的團體利益」的重要性，認爲前者在憲法的整體架構中具有崇高的位階，後者則是有爭議的法定規制所擬保護者。法院於此放棄尋求二法益之共通點，顯然亦不克求得。反之，其依據所謂的「最小限制」原則來處理本案。超越職業行使的法定規制，以致對職業選擇自由的基本權予以限制是可以容許的，但只在下述範圍內：爲防止——以其他方式不能避免的——對同樣重大之「國民健康」法益的嚴重危害所必要者。這正是法院在審查該當法律規制之合憲性時所用的標準。

在呂特（Lüth）判決[97]中涉及的是自由表達意見的基本權（基本法第5條第1項、第2項）與保護工商活動免於受聯合抵制呼籲影響之間的關係。憲法訴願人是一位國家新聞單位的主管，審級法院以判決禁止其爲下述行爲：呼籲電影院及影片出租人，拒絕將——因其在第三帝國時期的活動而聲名狼藉的——導演哈蘭（Veit Harlan）執導的某影片列入節目單中，並呼籲大眾拒絕觀賞這部影片。聯邦憲法法院認爲民法典第826條（由此可以推得：法律禁止「違反善良風俗的」聯合抵制行爲）是基本法第5條第2項中所謂的「一般性」法律，後者原則上可用以限制自由表達意見的權利。然而，在解釋民法典第826條的概括條款本身時，「亦須以基本法的價值秩序爲準則」，這個觀點首次出現於聯邦憲法法院的司法裁判中。依其見解，有鑑於有效的民主政制對言論自由權的倚賴，在基本法的價值秩序中，言論自由權具有特別崇高的地位。假使意見表達侵及他人值得保護的利益（於此爲：原告不受妨礙地從事其工商活動的利益），即必須爲法益衡量。依該法院的見解，特別是「當這項基本權不是用來從事私人事務的爭論，表達意見者首先毋寧想參與輿論的形成，其表達意見之影響他人的私權領域，或許是不可避免的後果，但並非其原本的目標時」，則尤應賦予該基本權更高的重要性。在決定聯合抵制的呼籲是否違反善良風俗時，一方面取決於表達的動機、目的，另一方面取決於：依具體情況，在追求無可致瑕的目標時，對他人利益的影響是否已逾越必要且適當的範圍。聯邦憲法法院對本件的結論是：依具體的事物情況而言，表達的動機、目標及目的並未違反善良風俗，依具體的情況，意見表達的形式亦未逾越容許的界限。該法院因此否定此聯合抵制的呼籲有違反善良風俗的情事，而於此具體事件中賦予言論自由權優先地位。這項裁判首先值得一提的是：聯邦憲法法院依目的及目標來區分意見表達，其究係直接針對他人在法律上受保護之利益而發者（若然，則法院通常傾向保護法益），或者表達意見首先是想參與形成輿論，對他人利益的負面作用只是一種不可避免的附帶作用。此外，該法院之下述考量亦值得重視：即使表達的目

---
[97] BVerfGE 7, 198.

標、目的本身無可致瑕，尚須取決於表達的形式是否逾越容許的程度。於此，下述想法隱約可聞：目的與手段間應有適切的關係，影響受保護的法益，不能超過被認可之目的所必要者。下文還會發現，這種想法在聯邦最高法院的裁判中也發生重大的影響。

聯邦憲法法院曾於兩件裁判[98]中對新聞自由、資訊自由與限制此等基本權的刑法做衡量。第一件涉及過失叛國的刑事規定。於此，該法院認爲：與新聞自由相對立而應受保護的法益（＝聯邦共和國的安全），其位階如此之高，足以要求新聞自由，「至少在公開國家機密極有可能危害聯邦共和國的安全時，無論如何均應讓步」。事實是否如此，自應就個案爲個別審查。於此，一方面取決於有關機密對國家安全的重要性如何，另一方面繫諸：有鑑於一般政治意見的形成，一般公眾對公開機密之利益大小如何。在本件，法院賦予保密的利益——較公眾的認識利益——優越的地位，法院並未要求其須涉及軍事設施細節的公開。第二個事例則涉及限制東德書刊的輸入，以及對此等書刊得予沒收的刑事規定。聯邦憲法法院首先強調資訊自由權的崇高地位，其與言論自由權同樣是「自由民主政制的最重要前提」。對於限制此等自由的法律做解釋時，應留意「無論如何都必須保存此基本權的本質內涵」。於此必須權衡此基本權保護的利益與前述刑事規定擬保護之法益。必須審查，依被沒收的書刊之種類（此處是日報），「其一般是否會造成危害的後果」。此外還必須審酌，個案中個人是否有一種「特殊的正當資訊利益」，因此有權要求對他做有利的例外。另一件裁判則涉及：當偵查中被羈押者請求准許使用自己的收音機時，是否得予拒絕[99]。聯邦憲法法院認爲：爲維持偵查中羈押的秩序，對資訊自由權課予之限制，不得逾「絕對必要的範圍」。因此，只有在具體個案中確有發生嚴重危害（例如，收聽到在外共犯的消息）之虞時，始得拒予准許。

在第一件承認「一般人格權」爲憲法所保障之主觀權利的裁判

---

[98] BVerfGE 21, 239; 27, 71.

[99] BVerfGE 15, 288, 295.

中[100]，聯邦最高法院就已經指出，劃定此權利的界限時，特別需要做法益衡量。之後，該法院也在一系列的裁判中從事此等衡量。於此一再涉及界定人格權（特別是名譽的保護）與新聞自由權之界限的問題。聯邦最高法院認為[101]，假使新聞媒體報導或評論的事物，公眾對之有重大的資訊利益者，則新聞媒體於此係在保護刑法典第193條所謂的「正當利益」。然而，新聞媒體仍然不能完全排除因維護個人名譽而生的界限。接著必須從事個案的法益或利益衡量，於此，被討論的事務對公眾的意義如何，將有一定程度的影響。聯邦最高法院於此援引了聯邦憲法法院的呂特判決。另一方面必須留意，新聞媒體所為之傷害名譽的指控，其對於受影響者常造成特別重大的傷害。因此，新聞媒體必須注意，「審慎審查資訊來源的可靠性，不對私人範圍做不正當的侵入，避免誇張的報導，並應考量藉公表擬追求的目標與對當事人名譽造成的影響，兩者是否維持適當的關係」。聯邦最高法院多次在其他脈絡中提及，只有當侵害人格權的陳述「依其內容、形式及附隨情事，客觀上係為達成法律所認可的目的之必要手段時」（盡可能寬待他人權利的原則[102]），始能藉「保護正當利益」為由得以正當化。在另一裁判[103]，聯邦最高法院稍微緩和前述原則，而僅要求所追求的目的與受報導影響者受到的損害間「應維持適當的關係」；依報導的目的非提及原告及其公司的名稱不可，此並非必要的要求。聯邦最高法院只要求：公眾對完全的報導有重大利益。此外，即使報導內容恰當，亦只宜指涉其工商活動，而不涉及原告的私人範圍。依聯邦最高法院之見，相較於狹義的私人範圍，工商活動受到的保護本來較小。在另一件涉及新聞報導侵害名譽的事件[104]，聯邦最高法院拒斥新聞自由的主張，因為該報導「係以扭曲、詆毀的方式，無事理上的理由而侵入原告的私人生活」。

---

[100]　BGHZ 13, 334, 338.

[101]　BGHZ 31, 308, 313.

[102]　BGHZ 3, 270, 281; 8, 142, 145; 24, 200, 206.

[103]　BGHZ 36, 77, 82.

[104]　BGHZ 39, 124.

前述判決也證實，司法裁判力圖對不同案件做不同處理。於此作為比較的對象：一方面是有關事件對公眾的意義、資訊利益的重大性及其強度，另一方面則是受影響之人格法益的類型（私人範圍或工商活動）及其嚴重性（扭曲及詆毀式的報導）。此外，依最輕微手段及比例原則（一如聯邦憲法法院的呂特判決），造成侵害的手段與其追求的目的間應維持適當的關係。即使目的應予肯定，選擇的手段亦不得逾合理的程度。

反之，對於在新聞中刊載侵害名譽的更正陳述，聯邦憲法法院強調，重要的不只是：在新聞中做反駁乃是抵禦先前之名譽侵害的適切手段，應予考慮的還有：其有助於輿論的形成[105]。有鑑於此即須考量，更正陳述與其擬反駁的報導陳述，及其對輿論的影響是否相稱[106]。假使新聞媒體做扭曲事實的陳述，則更正陳述相應將有關媒體機構，一般地批評為「此種陳述方式的刊載者」，即無不可。於此，聯邦憲法法院基本上是採取下述俗諺做判斷的基準：粗木得用粗楔子楔。這種標準是否適宜當作「法益衡量」的原則，頗堪質疑。

司法裁判依據一定的原則來「衡量」同受憲法保障的諸法益，對此等原則而言，聯邦憲法法院針對曼（Klaus Mann）所寫的「梅菲斯特」作成的裁判[107]尤具重大意義。本件涉及的法益，一方面是基本法第5條第3項保障的藝術自由，另一方面則是人格權（名譽權）[108]。在結論上，法官們有不同的意見。然而他們卻一致認為，基本法第5條第3項賦予個別藝術家基本權，而且這種基本權不受基本法第5條第2項所定界限（為保護青少年及個人的名譽權所制定的法律）的拘束。這並非意指，藝術自由全無限制，毋寧意指：其界限須求之於憲法本身的規定。因此，藝術自由就可能與（同受憲法保障的）人格範圍發生衝突。法官們也都一致贊同，於此必須「以當下案件事實的具體情境為根據」從事法益衡量。法官意見的歧異

105　BVerfGE 12, 113, 126 ff.

106　a.a.O., S. 130.

107　BVerfGE 30, 173.

108　並且是已死者的名譽。存在此中的問題將再予深究。

出現在：對列入比較衡量的因素，彼此有不同的評價。半數的法官極力強調，像小說這樣的藝術作品，假使其於某程度上取材於實際的事件，則其發生的影響將不僅侷限在美學的層面，毋寧在社會層面上也會發生作用，因爲某些讀者對小說中的角色，會忽略他們在藝術上固有的意義，將之與作者取材的歷史人物等視同觀。讀者這種等視同觀，可能會擴及作者——爲小說中的角色——自由創造出來的負面特徵，如是，此歷史人物的名譽即可能受到嚴重的傷害。這些法官認爲，本件正屬此種情形。史坦（Dr. Stein）法官於其不同意見書中對此特表反對：只從那些會把小說內容視爲事實，「不以藝術特有的觀點來對待小說」之讀者的觀點出發，以此種態度來做法益衡量，就憲法賦予藝術自由的崇高地位而言，並不恰當。如「僅依小說在美學層次以外的作用」來判斷，因而忽略藝術與事實的特殊關係，就會對基本法第5條第3項第1句保障的自由權做不當的限制。此外，這項不同意見書中更提及，如果以藝術作品的角度來評斷的話，對歷史範例〔葛蘭德根斯（Gründgens）〕的單純取材，「相較於事實與詩意的結合，其顯然處於次要的地位，雖然援引之處仍然可以辨識」。他更認爲，「在從事（具有憲法評價意義之）相衝突利益的衡量時」，對死者人格尊嚴的貶抑，並未嚴重到「足以正當化禁止著作物傳布」的程度。於此，比例性思想又隱約可聞。假使以能夠適切分辨小說角色及事實其間差異的讀者爲出發點，則相較於對該歷史人物之聲譽可能造成的減損，禁止著作物傳布之命令所造成的侵害程度顯然不成比例。魯普・馮・布倫內克（Rupp v. Brünneck）法官的看法更甚於此，她認爲：因基本法未明定藝術自由的界限，可見立憲者「在有疑義時要賦予藝術自由優越地位」。因此，爲保護人格而對之加以侵害，「只能是應嚴格認定的例外」。質言之，只有當小說「整體看來，主要以侮辱或詆毀特定人爲目的」時，換言之，係爲此目的而濫用小說的藝術形式時，始能加以限制。

　　對法益衡量可以由前述諸裁判歸納出下述原則：首先取決於——依基本法的「價值秩序」——於此涉及的一種法益較他種法益是否有明顯的價值優越性。無疑應可認爲：相較於其他法益（尤其是財產性的利益），人的生命或人性尊嚴有較高的位階。因爲言論自由權及資訊自由權對於民

主社會具有「結構性的意義」[109]，聯邦憲法法院明白賦予兩者——較其
他基本權——更崇高的地位。在大多數的案件中，或是涉及位階相同的權
利（例如同種人格權）間的衝突，或者正因涉及的權利如此歧異，因此根
本無從做抽象的比較，例如，個人自由權與社會法益（如國民健康）的衝
突，新聞自由與聯邦共和國之安全利益間的衝突。於此種情況，一方面取
決於應受保護法益被影響的程度（例如，公眾知悉此事務以及國家對此事
務保密的利益程度如何）；另一方面取決於：假使某種利益須讓步時，其
受害程度如何。最後尚須適用比例原則、最輕微侵害手段或盡可能微小限
制的原則。根據後者，為保護某種較為優越的法價值須侵及一種法益時，
不得逾達此目的之必要程度。比例原則是一種實質的——指導法官具體化
法規範的——法原則[110]。即使遵守上述原則，法官仍然有很大的自為評
價的判斷餘地，這點在各法官對《梅菲斯特》小說採取的不同立場中表露
無遺。但它也同時指出，「法益衡量」並非單純的法感，不是一種無法做
合理掌握的過程，在某種程度上其仍須遵守若干可具體指稱的原則，在此
程度上，它也是可審查的。此外，勒切也指出[111]：在聯邦憲法法院關於
基本權的裁判中，對各種客觀法益「依其位階衡其輕重」的做法逐漸減小
其重要性，相較於此，尊重一般的法治國原則（例如比例原則、當事人
「武器平等」原則）、重視其他「獨立並超越於個別客觀的基本權價值的
各種標準」，則日益重要。

　　「個案中之法益衡量」是法的續造的一種方法，它有助於答覆一
些——法律未明定其解決規則之——規範衝突的問題，對適用範圍重疊的
規範劃定其各自的適用空間，藉此使保護範圍尚不明確的權利（諸如一般
人格權）得以具體化。與憑藉司法裁判逐漸具體化須填補的評價標準相

----

[109] BVerfGE 12, 125.

[110] 其直接源自正義、「正當限度」、「適度」的思想，也經常修正平等原則。參見我的文章：
"Richtiges Recht", S. 40 f., 124 ff。

[111] In dem von KLAUS VOGEL herausgegebenen Bande "Grundrechtsverständnis und
Normenkontrolle", 1979, S. 33 ff. (für Normenkontrollentscheidungen) und S. 37 ff. (für
Verfassungsbeschwerden).

同，於此亦可預期，當各最高法院的裁判日漸累積，比較的可能性亦日益
提高，則判決時的判斷餘地亦將日漸縮小。然而，每次都還是必須考量具
體的個案情事，沒有一件個案會與另一案件完全相同，因此不能期待會獲
得一種單憑涵攝即可解決問題的規則。事件比較可以促成類推適用，或許
也可以對事件做某程度的類型化；它可以使法益「衡量」變容易些，但畢
竟不能完全取代後者。

第四節　超越法律計畫之法的續造（超越法律之法的續造）

　　之前提過，法律漏洞係指法律「違反計畫的不圓滿性」。為使法律能
依其意義被適用，換言之，依其根本的規制計畫及內存其中的評價來適用
法律，法官必須填補漏洞。然而，在某些委實不能再認為是法律「違反計
畫的不圓滿性」之情況，司法裁判仍舊從事法秩序的續造。鑑於無可反駁
之法律交易上的需要，或者在考慮一些（意義嗣後始被認識的）法律原則
或憲法原則下，司法裁判會創造出一些法律計畫原本並未包含，有時甚至
與之背道而馳的法律制度出來。一般而言，法律固然也會為此等「超越法
律之法的續造」提供一些線索，但後者畢竟已經逾越了單純的漏洞填補的
界限。它不再只是取向於法律理由、法律內存的目的本身，毋寧更以超越
這些的法律思想為根據。這種法的續造當然不能牴觸法秩序的一般原則及
憲法的「價值秩序」，事實上，唯其與之一致，其始能被正當化。因此，
此種法的續造雖然在「法律之外」（超越法律的規制），但仍在「法秩序
之內」（其仍須堅守由整體法秩序及其根本的法律原則所劃定的界限）。
之前就法律解釋、法律內之法的續造提出的各種方法上的輔助手段，並不
足以解決超越法律之法的續造的問題，然而，後者仍然必須依法律性的考
量說明其根據。下文即擬討論，此等考量的型態為何，以及此等法的續造
之界限何在。

第一項　考量法律交易的需要之法的續造

在民法的領域中，我們發現若干法制度在法律中並無規定，而是由司法裁判（部分經歷過一些搖擺）基於顯然的交易需要予以認可，並加以擴充者。此類法制度包含：擔保讓與、收款授權、期待權及其可讓與性。上述情況均非「牴觸法律」的司法裁判（法官本無權爲此），因爲對所有這些制度，立法者均未有意排斥。然而，也不能直接透過法律推論來認可它們（雖然許多人嘗試如此）；法律的目的毋寧傾向於反對擔保讓與。雖然民法典第398條規定請求權得爲讓與，但由此尚不能推得收款授權的認可，後者的效果在某程度上雖然小於前者，但其對債務人可能造成不同的影響。與買賣契約中的所有權保留相結合始顯現其重大意義的期待權，就其作爲獨立的法律類型而言，法律起草者當時根本尚無認識。這些法制度的認可乃至進一步擴充，不是由法律的「計畫」中推論出來的，因此，對之欠缺相應的規制並不構成法律漏洞。釋義學上對其認可仍存有若干疑慮，在擔保讓與的情形，甚至還有法政策上的疑義。司法裁判終於還是予以認可，主要是爲了滿足法律交易上迫切的需要。

就擔保讓與而論，不能僅由民法典第223條第2項推得其認可。依據此項規定，得爲擔保某請求權的目的而讓與某項權利；然而，擔保讓與的特殊問題是：得否爲擔保的目的，依民法典第930條所定的讓與形式（質言之，以未移轉占有的方式）移轉動產所有權。動產質權追求的目的與擔保讓與相類，前者依立法者的決定僅能以占有質物的方式來設定（民法典第1205條），因此，對前述問題毋寧應予以否定的答覆。民法典的立法者並不認可一種第三人無從認識的質權。由此種立法評價出發，拒絕認可不移轉占有的擔保讓與，毋寧是邏輯一貫的做法。再者，如認爲擔保性所有權並非在所有角度上（例如，責任法及破產法的角度）均應與「完全的」所有權做相同的處理，則認可擔保讓與即將突破——適用於物權法上的——物權有限列舉原則[112]。霍尼格（Hoeniger）曾以整倉貨物爲例，深

112　Boehmer, Grundlagen der bürgerlichen Rechtsordung Bd. II, 2, S. 148 適切地指出：「在完全的

刻地說明[113]，認可擔保讓與在法釋義學上、法政策上及經濟政策上將產生的疑慮。司法裁判對這些疑慮棄置不問，擔保讓與之認可在今日已無疑義。依塞里克（Serick）[114]之見，彼等以「不成文法、習慣法」的形式被適用。然而，其之成為習慣法，亦係藉司法裁判之力。擔保讓與的制度（至少以其今日的型態論）並非自始就屬於法律本身，亦不能由內存於法律的目的推論而得，毋寧已突破後者。它事實上是司法裁判的創作。

　　因司法裁判承認動產（特別是整倉的貨物）得為擔保讓與，其必須面對各種問題，對此等問題，於此不擬深入探討。這些問題包括：在與供擔保者之其他債權人的關係上，在供擔保者或擔保權利人破產時，此因擔保而移轉的所有權應如何處理。此外，事先約定的擔保讓與和貨物出售人的所有權保留之關係如何；在契約未有約定時，擔保權利人就因擔保而讓與之標的物有如何之利用權限。藉類推適用動產質權的規定，只能解決這些問題的部分，因為作為一種「動產抵押權」，擔保讓與主要在擔保較長期的債務，其擬履行的經濟作用與占有質權不同。一如保盧斯（Paulus）[115]指出的，今日的擔保性所有權將——通常包含於所有權中的——處分權限與作為責任客體之財產相區分。擔保性所有權存續期間，處分權限歸屬於擔保權利人，然而，在責任法上，因擔保而被讓與之標的物仍屬於供擔保者的財產。

　　無論對前述問題採取何種態度，作為一種未包含於法律規制計畫中的新的法類型，擔保性所有權立於一般所有權與動產質權之間。雖然（在歷經若干困難之後）它還能與法定規制配合，但不能說它已包含其中，或可由其中推論而得。

所有權與忠於法律的占有質權之間出現了一種新的獨立的法類型，它突破神聖的物權有限列舉原則——擔保性所有權這種中間現象」。

[113]　HOENIGER, Die Sicherungsübereignung von Warenlagem, 2. Aufl. 1912.

[114]　SERICK, Eigentumsvorbehalt und Sicherungsübertragung, Bd. 1, S. 2; Bd. 2, S. 4.

[115]　PAULUS in ZZP 64, 169 ff.

收款授權在法定規制中，同樣也沒有明文。但這並不意味，立法者對之已爲消極的價值決定。立法者認爲，既已明白認可請求權的讓與，收款授權就變得多餘了[116]。然而，收款授權依現行法並非「當然」應予認可。收款授權使授權者保留其完整的債權人地位及全部的債權人權限，然而亦使受授權者擁有此等權限中最重要的一種。與立法者的預期背道而馳，除請求權讓與，收款授權在實務上仍大行其道[117]。司法裁判也因此認可之。因法律對收款授權未有規制，對其予以認可將產生下述漏洞：當債權人將授權事實通知債務人，或就授權曾開具證書，其嗣後撤回授權，但並未通知債務人時，並未規定對債務人應予如何之保護。此漏洞得藉類推適用請求權讓與之有關規定（於此：民法典第409條）得以填補。

如果想在法律本身找尋——作爲獨立法類型之——期待權的話，其努力將歸於徒然，再者，期待權的輪廓直到今天都尚未完全確定。然而，對附停止條件的處分，法律所做的規制也包含一些規則，在很大的程度上，可由這些規則發展出「期待權人」的法律地位。依該當的完全權利之種類，將此等法律地位歸爲「主觀的權利」，並認其亦得依完全權利的規定而爲讓與，則是學理的貢獻[118]，其並爲司法裁判所遵循。然而，直到1956年司法裁判才——與之前帝國法院之裁判相反——做出該制度在實務上最重要的結論[119]：假使期待權係基於附停止條件的所有權之處分行爲而取得者，條件成就時，前述期待權之受讓人即直接取得所有權。於此，法院全然意識到：它正在從事法的續造工作。它明白地說：僅由民法典的規定，無法直接就此問題作出裁判。因此，司法裁判及學說必須發現一些——足以評價期待權之讓與的——法律標準。它認爲：「於此必須遵守由事物本質所得的一般觀點，並應考量——因此等權利讓與——可能受影響者的正當利益。以此等方式發現的法律命題亦不得牴觸現行法實現的法

----

[116] Vgl. JAHR, AcP 168, 10.

[117] Dazu eingehend STATHOPOULOS, Die Einziehungsermächtigung, 1968, S. 9 ff.

[118] Vgl. dazu RAISER, Dingliche Anwartschaften, S. 2 ff.

[119] BGHZ 20, 88.

律架構」。藉此，聯邦最高法院清楚地指出一些——從事「超越法律之法的續造」時——必須遵守的標準。

　　於此，尤其重要的是：它提及「事物本質」。

第二項　考量「事物本質」之法的續造

　　討論「事物本質」概念的文章非常之多，然而，直至今日對之仍無一致的見解，亦尚無清楚的界限[120]。就此的討論一直深入到法哲學上的基本問題；其涉及存在與當為、物質與精神的存在，乃至事實與價值之間的關係。如果不將前述種種視為（最廣義的）人的存在之——得予區別的——諸要素（此尚包含作為「客觀精神」的法秩序），而將之視為彼此相互排斥的對立事物，那麼就根本無法真正認識「事物本質」的涵義。如果視「事物本質」為立法者及（從事法的續造之）法官的指標，則已賦予「事物本質」超乎純粹事實的意義，而使其得以進入意義及價值的領域。採此見解者一則認為：假使法秩序是要為人類服務，而不擬苛求人類的話，那麼法秩序也必須尊重存在於人類肉體、心靈及精神中的某些基本狀態。其次更以為：人類創建並予維持的機構、設施，只要還繼續存

---

[120] RADBRUCH, Festschrift für LAUN, 1948, S. 157; COING, Grundzüge der Rechtsphilosophie, 1950, 4. Aufl. 1986. S. 183 ff.; FECHNER, Rechtsphilosophie, 1956, S. 146 ff.; STRATENWERTH, Das rechtstheoretische Problem der Natur der Sache, 1957; BALLWEG, Zu einer Lehre von der Natur der Sache, 2. Aufl. 1963; ARTHUR KAUFMANN, Analogie und "Natur der Sache", 1965, 2. Aufl. 1982; ders. in: Rechtsphilosophie im Wandel, S. 272 ff.; ERIK WOLF, Das Problem der Naturrechtslehre, 3. Aufl. 1964, S. 106 ff.; FRIEDRICH MÜLLER, Normstruktur und Normativität, 1966, S. 94 ff.; Juristische Methodik, 3. Aufl. S. 38, 101 ff.; BYDLINSKI, Juristische Methodenlehre, S. 51 ff, 459 ff.; GERHARD SPRENGER, Naturrecht und Natur der Sache, 1976; HENKEL, Einführung in die Rechtsphilosophie, 2. Aufl. 1977, S. 371 ff.; ENGISCH, Auf der Suche nach der Gerechtigkeit, 1971, S. 232 ff.; ZIPPELIUS, Rechtsphilosophie, 2. Aufl. 1989, S. 46 ff., 94. 此外另參見：die Abhandlungen von BOBBIO, ARSP 58, S. 305; MAIHOFER, ARSP 58, S. 145; ENGISCH in der Festschrift für EBERHARD SCHMIDT, S. 90. die wieder abgedruckt wurden bei ARTHUR KAUFMANN, Die ontologische Begründung des Rechts, 1965, die dort ebenfalls abgedruckten Abhandlungen von BARATTA und SCHAMBECK, sowie *meine* Abhandlung über "Wegweiser zu richterlicher Rechtsschöpfung", Festschrift für A. NIKISCH, 1958, S. 275 (besonders "Natur der Sache", S. 281 ff.)。

在，就需要一些規則，以便得以實現其存在意義，或得以發揮功能。但並不是說：由此已經可以獲得一種已經完成的，像「具有可變內容的自然法」之類的法秩序。「事物本質」仍然保留有做不同形成的空間，惟其亦將若干「悖乎事理的」，對事物本身不恰當的可能性排斥在外。借用亨可（Henkel）[121]的話，它只是包含「若干——對法的續造程序會造成影響的——秩序及形成要件，對這些要件，多少都還需要——在考慮其他形成因素下——做進一步的法律性規制」。對於這個有爭議性的問題，於此不再深入討論。

特別在與正義的要求（相同事物做相同處理，不同事物做不同的處理）結合時，事物本質更顯其重要性：它要求立法者（有時也包括法官）針對事物做不同的處理。此外，在判斷究竟有無規制的必要，規制時應考慮何等因素時，事物本質亦有重大意義。例如，事物本質要求：在法律行為以及民刑事責任領域中，對於兒童、成長中的青少年及成年人應做不同的處理。由此可以推論出：於此應考量該當年齡層一般的智力成熟程度，以及其責任感受並依此行動之能力如何。兒童依其本質需要他人的協助，由此可以推出：必須對照顧兒童的權利及義務有所規制；從事物本質（於此：人的本質）看來，一般而言雙親是最適宜擔當此權義者。如果承認私人的繼承權，則事物本質將要求：繼承人對被繼承人的債務亦須負責，因其係遺產在經濟上的消極項目，而且看不出任何理由，可以犧牲被繼承人的債權人，而使繼承人獲益。同樣也不能認為，債權人可以向繼承人的其他財產主張權利；因此，事物本身就產生將繼承人的責任限定在遺產上的問題。具體細節上，法秩序將如何解決此問題，則尚未決定。由「貨幣」這種事物本質也可以推論出：貨幣之債不可與一般的物件之債等視同觀。貨幣之債的債務人，其所負義務乃是提出一定數額的金錢價值，而非給付特定物件。沒有人會想到要「承租」貨幣，換言之，使自己負擔在使用後返還同樣鈔票的義務。這與事物本質不能相容，因為鈔票可能的用法就是把它交出去。因此，只有藉「借貸」，而非租賃的型態才能達成暫時運用

---

[121] Einführung in die Rechtsphilosophie, 381.

一定金額的目的。由此可以看出借貸的利息與租金在功能上的類似性，由此可知：附利息的借貸在法律性質上是一種雙務契約。

如果我們假定，立法者將不會蔑視它，那麼事物本質可以作為客觀之目的論的解釋標準。於此特須留意的是：在具體細節上，事物本質仍然保留有做不同規制的可能性。因此可不能輕率地在事物本質以及其中一種規制可能之間畫上等號。事物本質在「個案中之法益衡量」也扮演重要角色。之前討論過的司法裁判中就有兩件適例，在藥房判決[122]中，聯邦憲法法院區分下述兩類職業自由的限制：從事某項工作前，必須以特定方式證實其確實具有專業上的資格，以及，「與該工作候選人的資格無關，其對之亦無任何影響可能之客觀的許可條件」。該法院認為，只有後者才會與職業選擇自由權發生衝突；反之，第一種類型的限制根本「源自事物本質」。這些限制的基礎在於：許多職業本身要求一些——透過理論及實際的訓練才能獲得的——技術知識及能力，欠缺此等能力而從事該職業，其「或者根本不可能，或者將牴觸事物的要求」。於此，立法者只是將「既存生活關係產生的需要」具體化及形式化而已。在梅菲斯特判決（BVerfGE 30, 133）涉及的是「藝術」這件事物本質，持少數意見的法官們認為，由藝術作品的精神結構而言，相較於其歷史事實上的範例，於此被描述的角色有其不可混淆的獨立存在，因此，藉藝術作品的描述來損害歷史人物的名譽或尊嚴，其可能性本來極小。

假使法律規定嚴重悖反事物本質，司法裁判有時就藉著超越法律之法的續造來更正法律。就關於無權利能力社團的規制[123]，司法裁判就曾經採取這種做法，就此，斯托爾（Heinrich Stoll）在1929年就說過：「假使立法者忽視事物本質……不久他就會體會到賀拉斯（Horaz）的處世之道：逾界者還是會回返自然」。民法典的立法者明定，無權利能力社團適

---

[122] BVerfGE 7, 277, 406.

[123] 就此，現參見：Diesselhorst, Die Natur der Sache, verfolgt an der Rechtsprechung zum nichechtsfähigen Verein, in: Rechtsdogmatik und praktische Vernunft, Behrends (hrsg.), 1990, S. 258。

用關於合夥的規定（民法典第54條第1項）。如是，他忽略了典型的民法合夥與無權利能力社團之間基本結構上的差異。民法上的合夥通常是少數彼此有信賴關係之人的結合。因此，在對外關係上，合夥也是多數人的結合，而非單一的個體；原則上，合夥事務由合夥人全體共同執行。反之，社團即使沒有權利能力，依其結構仍屬人合團體，獨立於社員之外，藉爲此而創設的機關以追求其目的。對此種人合團體需要一些規定以規制社員之入社、退社、團體內部意志之形成及對外的代表。關於合夥的大多數規定均係任意規定，因此。司法裁判可以透過章程、對章程的解釋，在某種程度上配合社團的結構。然而，這多少有矯揉造作之嫌。博默（Gustav Boehmer）就曾適切指出[124]，於此事實上涉及法官造法，其以自創之法取代原本不適切的法律規定。再者，這種方式也未必能解決全部的問題[125]。例如，社團對其名稱之權利（就此，帝國法院早已加以認可）[125a]、債務責任以及社團對其董事會（或其他依章程有代表權之人）的加害行爲所負責任的問題。關於積極當事人能力的問題，聯邦最高法院明白更正法律的規定，雖然它只是針對——以無權利能力社團之形式組織的——工會而發[126]。它認爲，否認工會在民事訴訟程序中具有積極當事人能力，顯然與憲法賦予工會的意義不能相稱。至於（依事物本質）是否對所有的無權利能力社團，或至少對擁有大量社員之此類社團，均應一律承認其具有完全的當事人能力，該法院則明白地置之不論。

　　在聯邦憲法法院的裁判中，事物本質也扮演特殊的角色。其一，在決定某項區分是否經得起基本法第3條平等原則的考驗時，它是最重要的標準。此外，它可以幫助法院塡補基本法的漏洞（包括「隱藏的」漏洞），假使我們承認有此等漏洞存在的話。關於聯邦與各邦之間立法權限應如何分配，基本法規制如次：其未明文劃歸聯邦者，即屬於各邦。雖然如此，

----

[124] BOEHMER, Grundlagen der bürgerlichen Rechtsordung, II, 2, S. 173.

[125] Vgl. *mein* Lehrbuch des Allgemeinen Teils, § 10 VI.

[125a] RGZ 78, 101. HIERZU DIESSELHORST, a.a.O., S. 270 f.

[126] BGZHZ 42, 210; 50, 325.

聯邦憲法法院仍然認可聯邦有「基於事物本質」而來的立法權限，如是，立法權一般劃屬各邦的原則即被限制，就此，成文憲法亦被更正。舉例來說，聯邦憲法法院認為[127]：假使大家承認，國土規劃乃是現代國家的必要任務，則聯邦國家中的聯邦對整個聯邦領域亦須為國土規劃；聯邦依事物本質本應有此權限。聯邦憲法法院曾多次訴諸威瑪時期的憲法理論，基於事物本質而承認聯邦具有此等權限，只要由事物本質推得的結論是「概念上所必然的」，或者，由事物本質所做的推論「強制地要求某特定解決方式，而別無更適當的答案」[128]。

第三項　鑑於法倫理性原則之法的續造

在從事法律規制時，法倫理原則是指示方向的標準，依其固有的說服力，其足以「正當化」法律決定。與基於目的性考量形成的法技術性原則不同，其基礎在於其實質的正義內涵；因此可以將之理解為法理念的特殊表現、法理念的特殊化，一如法理念，它也將該當歷史發展階段的「一般法意識」表達出來。作為原則，其並非可直接適用於具體個案的規則，毋寧為一種指導思想；透過立法，或者（如前所述）由司法裁判依原則的具體化程序，或者藉形成案件類型以演繹較為特定的原則，藉此可以將原則轉變為——能被用作裁判基準的——規則。前已提及，若干法倫理原則具有憲法的位階；像「誠信原則」之類的其他原則，則是由法律所明定，或是回歸法律的理由（＝正當化法律規定的根據），而由法律本身推得。作為「客觀之目的論的標準」，其參與決定解釋及漏洞填補的方向；於此，其係「整體類推」或目的論限縮的基礎。

通常是因為法倫理原則（或其新的適用領域）首次被發現，並且以具有說服力的方式表達出來，才會鑑於此項原則而為超越法律之法的續造。開始的動機常是一件（或一系列）事件，其僅藉法解釋及法律內之法的續

---

[127] BVerfGE 3, 427 f.

[128] BVerfGE 12, 251; 22, 217; 26, 257.

造，尚不能獲致一種足以滿足法律感情的解決方式。依埃瑟的說法[129]，尚未實證化的法律原則，經常是「藉一範例性的事件，突破意識的界閾而進入法律思想中」。學說或法院有一天會將其表達出來，因其內存的說服力，其遲早會逐漸被當時的法意識普遍承認。如可證實有下述情事存在，常可促進前述的趨勢：該等原則雖尚未被認識，但不知不覺中已作為迄今司法裁判的基準。多埃爾（Dölle）[130]名之為「法學上的發現」者，事實上不過是此等原則（或其新的適用領域）的首次表達，藉此其得以成為（作為「意義整體」的）現行法之構成部分。假使可以證實，其與已被承認（特別是具有憲法位階）的原則吻合，亦有助於對其之認可。意識到這些原則，並將之表達出來之後，接著是藉助一些案例使之清晰，劃定其與其他原則及實證規定之間的適用界限，針對一些案件類型將其具體化，最後，將其擴充為穩固的「學理」。以此種方式，通常並訴諸「誠信」的基本原則，民法領域近數十年來發展出以下的原則：關於權利濫用、權利失效、情事變更、合夥人的「忠誠義務」、僱傭關係中的「照顧義務」等理論，以及關於「保護義務」及「締約上過失」之責任。雖然這所有理論都可以在民法典第242條中發現其連結點；然而，僅依解釋及逐案具體化的方式，尚不能由法律本身獲得裁判的依據。

以「締約上過失」的理論為例，最能清楚指出此類理論是如何形成的。1861年，在第一次將這個理論發展出來之文章的開頭，耶林描述他發展此一理論的過程[131]。他提及，多年來，在講述關於錯誤的理論時，對於錯誤的一方得否「向他方請求賠償因他方的過失造成的損害」時，他遇到很大的困難。由法源上看來，似乎應做否定的答覆；然而，「結果之不公平及令人失望，則極為顯然」。質言之，適用羅馬法的規則所得的結論，不能滿足耶林之法倫理上的感受。他藉許多案例來說明其不滿之處，

129　Esser, Grundsatz und Norm, S. 53.

130　In seinem Vortrag auf dem 42. Deutschen Juristentag.

131　In Jhb, Bd. 4, S. 1.

並進一步追問，與其他事件比較，此等案例之特徵何在。他發現，這些案例的過失都發生在「準備締結契約的關係中」。於是，他對自己的評價獲得決定性的認識：於此涉及的是在締結契約之際的過失事件——「締約上過失」（culpa in contrahendo）。他的報導中特別值得一提的是：到這個階段，他才轉向羅馬法的文獻，並於其中發現「一系列具同等構成要件的案例，並且很欣喜地發現，其中一個事例在學理上已肯定其訴之必要，雖然並未充分說明其理由。我最重要的發現是：羅馬法中已經有兩個事例（在非商業性的買賣及事實上不存在的繼承權事件）承認此等損害責任」。耶林相信，藉此他已經在當時的實證法中發現足夠的證據，藉此透過法源的解釋及整體類推的方式，可以「將隱含其中而未明言的法源內容彰顯出來，這正是現在應該努力的」。

耶林前述值得感謝的理論發展報導，明確地指出，他如何意識到「締約上過失」的責任原則。起初是他的法倫理性的評價，接著是分析評價指涉的事例並與其他事件相比較；之後，他將原則表達出來，然後他才在羅馬法以及當時的法學文獻中尋找該原則的適用實例。然而，他發現的少得可憐，並且有點冷僻的適用實例尚不能滿足他；他嘗試「一般地確定締約上過失的概念，並說明其根據，雖然這個概念迄至當時在法源上只有兩個適用實例」[132]。他嘗試為其假定的責任尋找內在根據，將之正當化，並且發現根據存在於下述思想：「任何從事締約行為者，其因此即跨出屬於非契約關係、僅負純粹消極義務的領域，而跨入屬於契約範圍，負積極義務的範圍」。用現代話來說，任何開始契約磋商行為者，其因此即須負擔較高義務，不僅有消極不為侵害行為之義務，如依具體情事，他方得期待其為特定積極作為時，其即負有此行為義務。這些想法起初也不過是一種法律思想的表達，對當時的實證法而言，其一般的效力不過是一種主張而已。然而，這個想法開始在學界，之後逐漸在司法裁判中被貫徹。雖然民法典也只在若干零星的個別規定裡採納這個想法，並未像耶林那樣做一般

----

[132] a.a.O., S. 41 ff.

的規定，但司法裁判仍舊努力藉前契約的擬制或其他技巧來實現它，直到1923年斯托爾將它與信賴原則連結，並以如此具說服力的方式表達出來[133]，因此，締約上過失責任的理論，可以說已一般地被認可。此後，這項理論又與來自「誠信原則」的「保護義務」結合，而且因其被適用於各種不同的事件型態，該理論乃一再擴充[134]。可以說耶林作其始，其後學者〔尤要者爲斯托爾及巴勒斯泰特（Ballerstedt）[135]〕則賡續之。將締約上的過失責任與信賴原則及保護義務的理論相連結，這也是一種「法學上的發現」，其遠逾法律已規定者，並提供另一種法的續造之可能性。於此，司法裁判追隨學理的見解，由此可以清楚顯示出釋義學（指「價值導向的」思想）對法的續造之重大意義。

　　由憲法上的法治國原則，聯邦憲法法院推導出各種一般法律原則，然而，其並未努力證實後者確實包含於前者之中。它顯然認爲這是明白的事實。多方被提及的比例原則即爲適例，它有各種不同的表現型態：手段與目的間適切性的要求；某法益或權利雖然在具體個案中應對另一法益或權利讓步，惟其仍不失爲法律或憲法所保障者，因此，應採取一種對之「最寬待的」，或者對之「限制最小的」手段[136]。事實上，不論行使權利，或課予義務、負擔時，均應依「適切的程度」行之，彼此對立的利益間應力求均衡（尤其應盡可能減少對一方的損害），這些想法都與正義思想密切相關。相較於正義思想，聯邦憲法法院理解的比例原則，在某種程度上是比較具體化了。

　　同樣由聯邦憲法法院從法治國原則推得的另一原則是：國民對立法者的信賴原則。其一般地禁止法律溯及適用於前已終結的案件事實，只要國民可以信賴，其迄至當時的法律地位應被維持[137]。信賴原則是內存於吾人法秩序中的原則，其於各該案件類型中固各有其界限，惟於所有法律

133　In LeipzZ 23, 532.

134　現今的狀態，參見：*mein* Lehrbuch des Schuldrechts, Bd. 1, 14. Aufl., § 9。

135　In AcP 151, 501.

136　參見上文第五章第三節。

137　BVerfGE 7, 89, 92; 11, 64, 72; 13, 261, 271; 31, 222, 225 ff. und weitere.

領域均應受尊重。但並非所有的信賴，毋寧只有那些依情境而言正當的信賴，始受保護。此外，信賴原則也可能與其他法律原則發生衝突，後者有可能（一般地或在個別案件中）較前者具有優越的地位。就此，聯邦憲法法院亦曾慮及之。它說過[138]，假使依事理信賴某特定法律情況並不正當的話，信賴保護一事可毋庸議。「在法律效果被溯及適用的那個時點上，假使國民依當時的法律環境，必須預計將有此等規定產生時」，則不能認其信賴值得保護。如迄至當時有效的法規範本身「不清晰而混亂」，或迄至當時似乎有效而國民亦認其可信賴的法規範，其後證實係無效的規定時，則國民對之的信賴亦不值得保護。聯邦憲法法院認為，必須賦予立法者公布無可致瑕的規範以溯及取代原本無效規定的權限。最後，「基於公益上迫切的理由，亦可正當化溯及既往的規定，只要該公益的要求較法安定性的要求更重要的話」。前述所有案件類型都是「下述思想的表現：只有當公益上迫切的要求，或者，並無值得保護的個人信賴存在時，始能正當化，甚至要求應突破法治國禁止溯及既往的命令，而為有利於立法者形成自由的決定」[139]。

聯邦憲法法院區分「真正的」與「不真正的」法律溯及既往，後者指法律並未溯及影響已終結的構成事實，而是影響其實現已經開始的事實。聯邦憲法法院認為[140]，「假使立法者採取一種——非國民所能預期，因此為有關處置時亦未慮及的——貶抑性的干預的話，那麼即使在後者，也有可能會侵害到信賴保護」。然而，「只有當它被超越法安定性的迫切公益要求正當化時」，真正的溯及既往才能被認可；反之，在法律有不真正溯及效力時，則須比較個人對法律規定續存的信賴，與立法者的考量對公益的意義如何；於此，「一方面取決於因信賴所生損害的程度，另一方面繫諸立法者的願望在公益上意義如何」[141]。我認為，重點似乎不在個別

---

[138]　BVerfGE 13, 271 f.

[139]　BVerfGE 72, 200 ff., 258.

[140]　BVerfGE 14, 297; 31, 226.

[141]　BVerfGE 31, 229.

國民因信賴所生損害程度如何（它通常很難確定），毋寧應以信賴是否值得保護為準。任何人如果相信，他仍然可以繼續在一般契約條款中約定一種——經常會造成不公平的結果，因此已開始被懷疑其效力的——約款，此種信賴並不值得保護。他本來就必須預期，法院可能會以審查契約內容的方式，否定該約款的效力。於此，由信賴原則本身就可以獲得其界限。

聯邦最高法院由人性尊嚴的優越性及基本法第2條的基本權導出，所謂的「一般人格權」是民法典第823條第1項所指的「其他權利」[142]。該法院希望對人格領域做盡可能寬廣的保護，因此它放棄對此權利做構成要件式的界定，而只是做一般性的說明，對這些說明還有相當大的具體化空間。在相互競爭的人格權或自由權間劃定其具體的適用界限——如前已述——必須採用在個案中的法益衡量的方式。因其「一般人格權」的構想，它將下述問題棄置不論：此種界限必須逐案確定之概括條款式的權利，其必然會突破以確定之不法構成要件組成的體系，而此種體系正是民法典第823條的基礎所在。因此，聯邦最高法院於此進行的絕非法律內的，毋寧是一種超越法律之法的續造。其正當化的根據在於：憲法對於人格賦予崇高的倫理位階，而且，依經驗所示，法律個別的規定（例如名譽的保護或姓名權等規定）不足以對人格權提供充分的保障。此外，聯邦最高法院又主張，為了在民事法上充分保障人格，如有嚴重侵及人格權的情事，應——與民法典第253條的規定相反——承認受害人於此亦得請求金錢賠償[143]；就這點，我們認為毋乃太過而不應認可。除民法典第847條提及的人格法益外，立法者否認人格權的受害者之金錢賠償請求權，這是一項經過深思熟慮的決定，其深恐不如是將導致「名譽的商業化」。這種憂慮在今日也絕非毫無根據，因此，如擬忽略當時立法者的前述評價，依吾人之見須由立法者本身做出新的決定。由人格價值的憲法位階未必就能推得：在（聯邦最高法院提及的，不能以其他方式排除的）「嚴重損害」的情形，必須以金錢來賠償。毋寧會讓人聯想到，這種民事損害賠償方式似

---

[142] 最先在此裁判：BGHZ 13, 334。

[143] BGHZ 26, 344; 35, 363; 39, 124.

乎有意承擔一般防衛的功能，這就不無可慮，因爲這通常是刑罰應承擔的功能。然而，聯邦憲法法院已承認聯邦最高法院此等裁判是一種「合憲的」裁判[144]；對此雖然仍有疑義[145]，但法律生活大抵已向之看齊，因此幾乎可以認爲，其於今日已取得習慣法的地位。

第四項　超越法律之法的續造的界限

　　之前提過，（狹義之）解釋的界限在於法律可能的字義，從事**法律內之法**的續造之前提則是法律漏洞存在，其界限則在於：該漏洞得依法律規定中的目的，得藉與法律評價一致的方式予以填補。後者可得應用的方法包含：個別的及整體的類推、回歸內存於法律中的原則、目的論限縮及目的論擴張，以及其他以目的爲根據的法律更正。從事**超越法律之法**的續造，其第一個前提是法律問題存在，換言之，要求法律答覆的問題存在。因此，所有與法秩序無涉，在「法外空間」中的問題均不屬此。第二個要件則是：僅憑單純的法律解釋，乃至**法律內之法**的續造的方式解決前述問題時，所得答案不能滿足最低的要求；此最低要求或來自法律生活中不可反駁的需求，或源於法規範實用性的要求，或基於事物本質及（作爲整體法秩序基礎的）法倫理上的要求。以**法律內之法**的續造不能獲致滿足前述要求的答案，此點必須全無疑義乃可。在下述情形，法院從事**超越法律之法**的續造會遭逢**界限**：在整體現行法秩序範圍內，僅藉**特殊的法律性考慮**不能發現答案；或者，涉及者主要是目的性考量；或者，於此須做詳細的規制，而此僅能由立法者爲之，因唯其擁有必要的資訊及正當權限。

　　聯邦憲法法院也承認這種，源自立法權與司法權的功能劃分而生之界限。它說過[146]，雖然它可以宣布牴觸憲法的法規範無效。但「不能藉裁判事件之便，自己制定可以完全實現憲法命令，然而內容不明確，因此需要立法者精確規定之新的法規範，就好像這個新的法規範本來就是現行

---

[144]　JZ 73, 662.

[145]　就此參見：*meinen* Aufsatz im Arch. f. Presserecht, 1973, S. 450。

[146]　BVerfGE 20, 162, 219.

法的樣子。這將意味它搶占了立法者的形成自由。聯邦憲法法院至多只能確定，立法者尚未踐履其——創設此等法規範的——義務」。藉下述語句[147]，聯邦憲法法院承認，在具體化憲法上的平等要求時，立法者擁有相當寬的空間：「原則上立法者可以自己選擇，要針對何種事實賦予同一法律效果，換言之，他可以決定何種事實在法律涵義上是相同的事件。因此，原則上他可以自由決定，對特定個別職業團體課予租稅上的負擔，對其他職業團體則免除之。平等原則只要求，其選擇的區分方式是基於合理的考量」。何謂「合理的考量」，在個案中常只能依「事物本質」以決。然而，如前所述，「事物本質」經常亦只包含規制的若干要素而已。因此，聯邦憲法法院在特定個案固然可以確定，立法者的規制係以與事物本身無關的考量為基礎，因此與平等原則不符而牴觸憲法；但它很難說，只有某特定規制方式是合理的。於此，它讓立法者自己去形成合憲的決定。但有時它倒是不怯於指出，何種規制內容（尚）可認為合憲，何種則否。只有在下述情況，才能認可法院逾越前述界限而為超越法律之法的續造：因立法者長期不能發揮作用，以致已經產生一種真正的**法律緊急狀態**。典型的案例乃是帝國法院下述出名的裁判[148]：在一次大戰後所致的通貨膨脹的末期，帝國法院突破了「馬克＝馬克」的原則，使升值因此可能。除這種極端的事例，下述情況已經是法官法之續造的極限：僅藉法律考量已不能提供必要的裁判根據，毋寧須基於目的性考量而為政治性決定。在民主國家，這種決定原則上應由立法者作成。法院欠缺社會形成的權限[148a]。

　　慮及自身的權威，法院也應該嚴正地對待前述的界限。否則，其裁判會被認定是政治爭議中的黨派見解，而不再被當作以法律為根據的陳述來接受。因此會對法治國帶來如何的信賴危機，應不待煩言。對法應做有創

----

[147]　BVerfGE 26, 1, 8.

[148]　RGZ 107, 78, 87 ff.

[148a] 波克（Picker）適切指出此點（JZ 1988, S. 71）。他說明，法官缺乏必要的認識手段來認識可能的後果，此唯立法者有之，同時法官也不能藉著鑑定人、間接受影響者的說明來取得這種認識。

意的續造，這是大家樂於承認的，但於此法院必須始終留意認識——有時不易辨識的——界限，以免逾越權限。

綜覽前述案例可以確定：司法裁判大體上也確實恪遵前述超越法律之法的續造的界限。不無疑問的是承認擔保讓與的裁判，此種做法在法政策上有重大疑義，司法裁判最好還是把這種——法律制度的認可及其詳細形成的——工作讓諸立法者為宜。法交易上恐怕未必確有如此迫切的需要，以致不能等待立法者的決定。承認無權利能力社團亦具積極當事人能力（雖然只是針對工會），也已經臨近前述容許的界限。現行——並未違憲的——民事訴訟法第50條只認可無權利能力社團具有消極當事人能力。受法律及法之拘束的法官，原則上不得為牴觸法律的裁判。為正當化此種例外的做法，必須提出特殊的，存在於法秩序的意義整體中的理由。僅下述說法仍有未足：鑑於無權利能力的社團具有團體結構，乃至因為該社團之成員數目龐大，因此，否認其積極的當事人能力，於理不順或不切實際。惟當時立法者強加無權利能力社團以不切合其結構的法形式，其擬追求的政治目的不但早已失去重要性，亦與基本法第9條積極承認結社自由的評價背道而馳，特別在工會的情況，更與今日工會的功能及其在團體協約法中的法律地位相牴觸。基於此等情境的考慮，當時立法者的價值決定在今日不再具有決定性意義。因此，事實上確有各種法律上重大的理由匯集於此，它們全部才例外地可以正當化此項牴觸法律的裁判。

第五節 「判決先例」對形成「法官法」的意義

法院係就個案為裁判。因此，法院表示的法律見解，不論是解釋、法律內或超越法律之法的續造，只對被裁判的案件發生直接效力。然而，法院主張其裁判符合現行法。換言之，它認為它的解釋「適切」，其漏洞填補「必要」，其所為超越法律之法的續造，依其提出的理由是「正當的」。其中也包含如下主張：每件同類案件均應依其所提標準裁判之。在對須填補的標準做最後的具體化，以及在「個案中的法益衡量」的情形，

前述主張只有在下述情況才可以適用：雖然必須針對個別事件的差異性重
爲權衡，但未來應審酌者仍係相同的觀點。因此，藉其說理的內容，法院
的裁判常能超越其判斷的個案，對其他事件產生間接的影響。假使其係正
確之裁判的主張確實無誤，那麼對未來涉及同樣法律問題的裁判而言，它
就是一個標準的範例。法院事實上經常取向於諸最高審級法院的此等範例
性裁判（＝判決先例），此有助於維持司法裁判的一致性及持續性，同時
亦有助於法安定性的達成。

「判決先例」係指：就新近須爲判斷之同一法律問題，法院針對另
一事件已爲決定之裁判。發生先例拘束力的不是有既判力的個案裁判，而
是法院在判決理由中對某法律問題所提的答覆，該問題於當下待判個案又
以同一方式發生。此等判決先例在法院實務（特別是法的續造）中扮演重
要角色。如其爲諸最高審級法院的裁判（其多經公開），則下級法院多
將其奉爲圭臬。最高法院多半也不願背離其先前採取的法律見解。然而，
諸最高審級法院常以法條的形式表現其發現之法規則，因此常造成此等
規則不當的一般化，由是，最高法院事後不得不限制或修正其先前所提規
則的情形，亦不乏其例149。因爲下級法院遵循上級審法院的判決先例，
以及後者維持自己的裁判見解之可能性事實上都很大，因此，當事人、公
司及社團的法律顧問多半把這種情況考量進來，並以之爲準據。結果是：
（尤其諸最高審級法院的）判決先例，只要沒有重大的矛盾，經常長期具
有如同「現行法」的效力。由此慢慢形成一種補充及續造制定法的「法官
法」149a。

然而，判決先例是否爲「現行法」的淵源，「法官法」是否具有如
同制定法的地位，對這些問題可不能輕易加以肯定150。依吾人的法律見

----

149 參見上文第四章第四節第二項。

149a 關於19世紀中法官法在法源論中的情況，見：REGINA OGOREK, Richterkönig oder
Subsumtionsautomat, Zur Justiztheorie im 19. Jahrhundert。她指出，法官法之存在幾乎一般地
被承認，有爭議的是其範圍及其是否具有拘束力。

150 以下參見：meine Abhandlung über die Bindungswirkung von Präjudizien in der Festschrift
für HANS, SCHIMA, 1969; BLAUROCK (Herausgeber), Die Bedeutung von Präjudizien im

解，即使是法院，其受判決先例之「拘束」，無疑絕不同於其受法律之拘束。有拘束力的不是判例本身，而是在其中被正確理解或具體化的規範。至於判例中的法解釋、規範具體化或法的續造是否適切，則應由面對——重新發生的——同一法律問題的法官，依認眞形成的確信來決斷，他不須「盲目地」接受判例。如其確信，判決先例中的解釋並不正確，其中之法的續造的理由不夠充分，或者當初正確的解決方式，今日因規範情境變更或整個法秩序的演變，須爲他種決定時，則其不僅有權利，亦且有義務摒棄判決先例的見解。日耳曼（Germann）[151]很恰當地指出，「已確知判決先例牴觸合理的法律解釋，有時甚至是以——不能認可之——獨立的價值判斷爲基礎之法的發現」，於此種情況如仍堅守判決先例的見解，「將導致明顯蔑視法律的危險，因此亦將損害法律作爲法上平等及法安定性之保障者的功能」。如是，則——在諸最高審級法院的裁判亦時有所見的——錯誤的解釋、不正確的法律見解、無充分根據的評價決定，在不能預期其被修正的情況下，將獲得如同法律的效力。爲防衛此等危險，應服從裁判實質正確性要求的司法權，必須要求，支持遵從判例的觀點（＝法安定性）讓步。在某種程度上，判決先例可主張其享有正確性之推定[152]；但

----

deutschen und französischen Recht, 1985 (daraus FIKENTSCHER, Die Bedeutung von Präjudizien im heutigen deutschen Privatrecht); RAISER, Zur Abgrenzung von Gewohnheitsrecht und Richterrecht, ZHR 150 (1986), S. 117; OSSENBÜHL, Richterrecht im demokratischen Rechtsstaat, 1988; ELLEN SCHLÜCHTER, Mittlerfunktion der Präjudizien, 1986 (zum deutschen und englischen Recht)。明白反對任何形式的判例拘束力：PICKER, JZ 1988, S. 73 f。

151　GERMANN, Präjudizien als Rechtsquelle, S. 43.

152　克里爾（Theorie der Rechtsgewinnung, S. 160, 243 ff., 247 ff., 258 ff）提及，實務上傾向於推定判決先例的正確性，此種推定——依其描述的發展過程——升高爲一種法院受判決先例的「推定拘束」。我認爲，「推定拘束力」是多餘而危險的。危險在於，當法院正好沒有考量到顯示判決先例不正確的理由，它很容易不加審查地接受判決先例。反之，假使有嚴重的懷疑發生，則其正確性的「推定」也不能再維持。對菲肯徹而言（其關於判決先例拘束力的理論，只有參見其「個案規範」的理論才能得其眞解，Methoden des Rechts, Bd. IV, S. 241 ff，參上文第一篇第五章第四節），法律的拘束力也不過是一種——經常必須被重新審查的——正確性推定，因爲「拘束係對裁判之規範性的事先決定，其並不意味可以解免覆正義問題的責任。拘束只意味，對此等問題的答覆提供評價及證實上的助力」。但通常大家對規範「拘束」的理解似乎逾此，質言之，受規範拘束的法院應適用之，不必在所有情況下都重新審查其內容上的重要性。此語將以此義來理

法官不可不加思索地信賴它,如其發現判決先例有可疑之處,即須自為判斷。

假使新的規則乃至新的法律制度,是透過法官之法的續造而創設出來,其多半不是馬上提出完全的法規則乃至具體的規制,毋寧常以漸進、實驗的方式進行。起初或者只提出原則,其尚須於其他事件中被具體化,或者開始只提及可適用於有限的事件類型之規則,其尚須擴張適用於其他事例。法院始終在審判個案,必須受待判個案的限制;他不能立即綜觀,其採取之原則將來對於其他——類似,但仍有若干差異的——裁判會有如何的影響,因此也不能預知應做何等必要的限制、區別及修正。我們必須避免,因確定的判決先例而中斷——只有針對未來的個案才能進行的——進一步的澄清、發展乃至精確化的程序,或因此而導向錯誤的方式。假使我們賦予判決先例此等權威,使其具有如同法律的效力,則前述弊端就必然會發生。

假使法院遵循,法律交易也以之為準據,判決先例及其構成的「法官法」或者也可以獲得——像法律那樣的——事實上的效力(實效性)。然而,判決先例通常並無——可以使令法院、機關乃至個人均應遵守其要求之——規範性的拘束力。可否名之為「法源」,則取決於對法源的理解。如果對法的創設、發展有影響的所有因素都算是法源的話,法學本身也是法源了[153]。反之,如果認為有規範性拘束力的法規範之發生根源才是法源,則內國法秩序中只有立法行為,以及基於一般法確信的慣行(作為習慣法的根源)才能算是法源。於此必須附帶說明,這些規範只能以有權適用者所理解的內容來發生效力。判決先例對此具重大意義,因此,無

解。菲肯徹顯然也不承認法律具有此等意義的拘束力。只有對他所謂的「個案規範」,他才承認有這種拘束力。就此參見:Blaurock, oben Anm. 150, S. 18。

[153] 主張判決先例是一種法源的尤其有:Germann, Präjudizien als Rechtsquelle, S. 45 ff.; Liver, Der Begriff der Rechtsquelle, S. 36 ff.; Geschnitzer in Festschrift zur Hundertjahrfeier des österreichischen Obersten Gerichtshofes, 1950. Gegen Geschnitzer Nowakowski, ÖJZ 1955, 11。此外,尚應提及:Less, Vom Wesen und Wert des Richterrechts; Wieacker, Gesetz und Richterkunst; Meyer-Ladewig, AcP 161, 97; Esser, Grundsatz und Norm, S. 137 ff.; Festschrift für Fritz v. Hippel, S. 95。

論如何它都是法認識的根源。埃瑟[154]適切地指出，判決先例絕非獨立的
法源，「除個別法官合義務地以正確性確信爲基礎獲得之法律認識外」，
其並不包含其他規範內容，毋寧只是「法官的認識之媒介」。法院對於法
律、法秩序諸原則及補充性法條，通常是以它們在司法裁判中（藉判決先
例爲媒介）表現的型態來認識它們。不是判決先例本身，毋寧是裁判中宣
示的標準始具「拘束力」，後者尙須以「適切的」規範解釋或補充爲基
礎，或以範例性的方式具體化法律原則乃可。前述條件是否具備，始終可
受審查；判決先例不論是由其所屬法院，或其他法院所作成，沒有一個法
官被要求應不加思索地予以追循。

比德林斯基認爲在下述特殊情況，判決先例應該具有拘束力：依現行
法，有數種同樣有根據的決定可能，或者，在具體化某概括條款時，事件
如此相近，以致並無正當理由可對之做不同處理者[154a]。這是司法裁判持
續性，以及相同事件應做相同處理的思想要求的。各該法官不再有合理根
據做進一步的裁量。我認爲這種說法不切實際。後爲裁判的法院或者會自
發地遵守（特別是諸最高審級法院的）判決先例。或者，它相信有好理由
可以背離判決先例。如是，則須表明此等理由；只要它能提出根據，就沒
有理由強制其違反其（或許更有根據的）確信而爲裁判。

然而，只要它變成習慣法的基礎，固定的司法裁判也可以具有如同法
律的拘束力。但僅是長期的裁判實務仍有未足，這只能證明它的持續性；
時間因素本來不是習慣法的決定性因素。習慣法的效力根據在於一般的法
確信，其藉持續的實踐得以顯現。然而，只是司法界無異議的接納仍有未
足，習慣法要求：有關的社會各階層對之均有法的確信，而非僅法律家。
不應將「法的確信」解爲，可預期法院將依此爲標準來裁判，毋寧更要求
其所以如是，係因其認爲此標準爲具拘束力的規範。當然，有時亦不易判
斷，此等法確信是否的確存在。重點在於：該當司法裁判於學界及「一般
輿論」是否普受贊同，抑或對之仍有質疑，其是否得以迅速貫徹，於何種

---

[154] In der Festschrift für FRITZ v. HIPPEL, S. 113 f.
[154a] In JZ 1985, S. 151 ff.

程度上其與之前已形成的法確信吻合。透過司法裁判來形成習慣法，比較能成立的情形是：（久已進入一般法意識中的）法倫理性原則之具體化；最難主張的則是法技術性規定的範疇，例如，瑕疵擔保中的解約之具體效果如何[155]，或時效的規定。今日可被認係習慣法的有：締約上過失的責任、一般人格權以及因嚴重侵害人格權的金錢賠償。如肯定有習慣法存在，則作為習慣法根源的司法裁判起初是否符合法律規定，就不再重要；重點在於：由此而生的習慣法是否牴觸憲法或其他優越的法律原則。至於判決先例以及由之而生的習慣法之解釋，之前已為必要的說明（上文第四章第四節第二項）。

　　判決先例尚未演進成習慣法前雖然不具拘束力，然而，僅是最高法院已就某特定——可以有不同見解的——法律問題做出決定，尤其當它已經成為「持續性的司法裁判時」，此等事實是否已經具有一定的重要性。想像當中，個人會信賴專家提供的資訊而做一些安排，採取特定法律行為。一旦司法裁判——在沒有預期的情況下——改變態度。當事人有可能會遭受重大損害。聯邦最高法院承認[156]，假使締結和解契約時，雙方當事人均以迄至當時的司法裁判構成的法情境為基礎，此種裁判的突然改變可能會構成情事變遷。然而它正確地拒絕，僅因該當訴訟的當事人信賴裁判將繼續維持，即恪守它認為並不恰當的裁判見解。該法院同時認為，「假使依事物的情況，有必要做類推適用時」[157]，制定溯及性法律時應遵守的原則，可能可以類推適用到司法裁判的演變上。然而在具體的事件上，它並不因此怯於將與先前的司法裁判矛盾之見解，溯及適用於過去的案件事實[158]。聯邦憲法法院也認為[159]，法律不溯既往的原則不能率爾轉用於法院的裁判上。「如是可能導致，即使依清晰的法律認識，或鑑於社會、政治或經濟情況的變化，已證實某特定裁判不能維持時，法院仍須受該裁判

---

[155] Vgl. dazu *meine* Abhandlung in NJW 51, 497 ff.

[156] BGHZ 58, 355, 363.

[157] BGHZ 52, 365, 369.

[158] 同此見下述裁判：BGHZ 60, 98, 101。

[159] BVerfGE 18, 224, 240.

的拘束」。

然而問題尚未因此完全解決[160]。在「法倫理性突破」的情況，（例如，帝國法院的升值裁判，或聯邦最高法院承認一般人格權的決定）一旦法院提出這種原則，嗣後又想背棄之，回歸之前的見解，則不免要對信賴造成重大震撼。於此種情況，其將即刻產生拘束作用，而無待乎習慣法的逐漸形成。此外，當法院意擬偏離司法裁判的見解時，假使其對司法裁判續存的信賴亦曾一併慮及，即為已足。如此種信賴普遍存在時，則只有在為獲得一正當判決不得不然時，始克出此。反之，尼克特爾（Knittel）下述建議即足滋疑義[161]：當信賴有其根據時，法院就其所面對之過去的案件事實，仍應依迄今的司法裁判來決定，並應同時表明，在判斷將來的事件時，將以其他法律見解為根據。依此見解，則法院須依其認為並不正確的標準裁判，就未來其根本尚未認識的事件，卻又預先確定某一法律見解。實際上，在將此等法律見解適用到新事件前，仍須再予審查，尤其當新事件中出現現今案件並未具有的因素時尤然。為確保司法裁判的彈性，法院應避免預設立場[161a]。

在聯邦勞工法院及聯邦社會法院的司法實務中可以發現一些裁判，於此，法院在待判案件中具體化一項標準時，不僅針對該當個案，抑且針對同類型的全部事件，於具體化時並提及：所有將來的案件均將如是處理[162]。於此，法院不再是從事個案裁判，毋寧——如立法者一般所為的——是在創設一般性的規定。不容忽視的是：法院於此類事件中，對金

---

160 以下參見：Knittel, Zum Problem der Rückwirkung bei einer Änderung der Rechtsprechung 1965; Canaris in SAE 71, 113。

161 a.a.O., S. 50 ff.

161a 聯邦勞工法院曾一度為之，它提及（雖然也很謹慎），它「考慮」，將來此類案件將依此意義來裁判；參見：NJW 82, 788。對此表達有理由之疑義者：Picker, JZ 84, 153。

162 我們考量的是聯邦勞工法院的下述裁判：勞動契約中約定，在勞工受領耶誕節獎金後立即終止契約的情形，因其「違反善良風俗」應返還該獎金；針對此項約款何時有效，何時無效，聯邦勞工法院於裁判中提出確定的規則。就此參見下述裁判：AP Nr. 15, 22, 23, 24 Zu § 611 BGB Gratifikation。其他聯邦社會法院類似的裁判：BSG 22, 44; 30, 167, 182 ff.－Wanngat in der Schweizerischen Zeitschrift für Sozialversicherung, 1972, S. 163。

額、期限及百分比所做的數字上的確定，多少帶有任意決定的性質。旺
納加特（Wannagat）認為，法院確定的百分比顯然只是「估計額」，其並
非不可爭執。尤其應留意：法院此種做法將導致令人不滿的過度概括。然
而，基於實用以及對所有尋求權利保護者盡可能予以平等處遇的考量，前
述危險是可接受的。支持者認為，此種做法的正當根據在於：此處涉及大
量以相同方式重複出現的事件，於此，訴訟當事人關心的比較不是——偶
然地——由法院作成裁判之個案的結果，毋寧更關切藉此獲致一堅實的
規則，嗣後於全部類似事件得以此規則為準據[163]。此種主張並非全無可
取。然而，事件的大量性，以及因此對簡單、易處理之詳細規定的需要，
其本應促使立法者自為此等規定，而非僅提出概括條款。欠缺此等規定
乃是法秩序的缺憾，法院認其有義務彌補之。然而，無可諱言地，法院因
此已超越其固有任務（就個案宣示其法律關係），其幾乎已代行立法者
的工作。個案裁判的法律理由固然也可以提出標準，並主張其可以適用
於相同情況的事件。因此，法院亦應自問，其所提標準是否不僅可適用
於該事件，抑且可適用於其他同類事件。然而，其與下述情形仍有差異：
法院所提規則的部分，就當下個案的裁判而言或非必要，且其要求該規則
應適用於未來全部類似事件。於此，法院實際上關心的不再是待判個案，
毋寧是提出一般的規則。此種做法明顯違反立法機關與司法機關的功能分
配[164]。其僅能於特殊情況，在具備下列兩項前提時，始能認可。其一，
該當的問題領域欠缺詳細的法律規定，因此所致的法不安定性將造成當事
人不堪忍受的後果；而且不能預期立法者將立即採取行動。此外，事實的
關係如此清楚，因此，法院完全能夠預估，其擬採取的規則對經濟、社會
政策及其他領域將造成如何的影響；它也的確掌握必要的經驗資料。即使
此等條件均具備，此種做法基於前述理由，仍屬不無可議。因此，在司法
裁判的「古典」領域（指：民事、刑事及一般行政法院）仍不宜採納此等
做法。

---

[163] Vgl. Marie-Luise Hilger in der Festschrift für Karl Larenz, 1973, S. 121 f.

[164] Dazu *meinen* Aufsatz "Der Richter als Gesetzgeber?" in der Festschr. für Heinrich Henkel, 1974.

第六章　法學中概念及體系的形成

第一節　外部體系（或稱抽象概念性體系）

第一項　形成法體系之任務及其可能性

　　法規範並非彼此無關地平行並存，其間有各種脈絡關聯，此點亦常被提及。例如，構成買賣法、租賃法或抵押法的許多規則，乃是一整體規制中彼此相互協調的部分，而此規制常以某些指導觀點為基礎。此規制本身又常是更廣泛規制的部分規制，例如前述規制即屬債法或物上擔保法之部分規制，而後者又是私法的部分規制。與此相應而且之前也已經指出，解釋規範時亦須考量該規範之意義脈絡、上下關係體系地位及其對該當規制的整個脈絡之功能為何。此外，整個法秩序（或其大部分）都受特定指導性法律思想、原則或一般價值標準的支配，其中若干思想、原則，在今日甚至具有憲法位階；關於此點，前亦已指出。其作用在於：諸多規範之各種價值決定得藉此法律思想得以正當化、一體化，並因此避免其彼此間的矛盾。其有助於解釋，對法律內及超越法律之法的續造，助益更宏。發現個別法規範、規制之間，及其與法秩序主導原則間的意義脈絡，並以得以概觀的方式，質言之，以體系的形式將之表現出來，乃是法學最重要的任務之一。

　　為實現這項任務，馬上就產生各種不同的可能性[1]。下述方式只是其中之一：依形式邏輯的規則建構之抽象、一般概念式的體系，此種體系乃是許多法律，特別是民法典的體系基礎，但即使民法典亦未必完全吻合此種體系[2]。以下我們將稱之為「外部的」體系，此種體系之形成有賴於：

1　就此並參見第一篇第五章第七節的說明。

2　今日德國私法的體系，部分為概念式體系，部分則以被規制生活領域的區分為基礎。債法及物權法、所有權與「限制物權」的分別及民法典的總則部分是以概念式體系為基礎。取向於生活領域

由——作爲規制客體的——構成事實中分離出若干要素，並將此等要素一般化。由此等要素可形成類別概念，而藉著增、減若干——規定類別的——要素，可以形成不同抽象程度的概念，並因此構成體系。藉著將抽象程度較低的概念涵攝於「較高等者」之下，最後可以將大量的法律素材歸結到少數「最高」概念上。此種體系不僅可以保障最大可能的概觀性，同時亦可保障法安定性，因爲設使這種體系是「完整的」，則於體系範疇內，法律問題僅藉邏輯的思考操作即可解決。它可以保障，由之推演出來的所有結論，其彼此不相矛盾，因此可以使法學具有——純粹科學之學術概念意義下的——「學術性」。然而它同樣也有其缺陷，質言之，只要在此等體系界限內，如何爲適切評價的問題將被如何爲適當涵攝的問題所排斥；形式邏輯將取代目的論及法倫理學的地位。在連續幾個法學世代中，此種體系有非常的魅力。

自從耶林轉變，乃至利益法學派創建以來，就不乏批評此種體系者。特別，而且愈來愈被質疑的是這種體系所主張的完整性、邏輯上的封閉性，以及其適於獲取法律知識及裁判的性質。然而批評很少達到下述程度：僅就該體系的功能及其不足之處做判斷，質言之，逕自探究學術中「抽象」概念的角色，特別當其不僅用以描述、整理事實，並涉及價值標準及與之相應的評價時。法學中除抽象概念外，這幾十年來才開始應用其他思考型態，例如，類型、主導思想、須具體化的原則以及規定功能的概念，由之可以產生建構他種體系的根據。法律類型中包含若干——基於特定指導觀點——彼此相維的要素。它們可以組成「類型系列」，建構成「可變的部分體系」。於既存的規制中多少已具體化，但仍須進一步精確化的主導原則，足以作爲「內部」體系之基石，其負有顯示並表達規範基本評價的任務。幾乎可以說是原則及（仍屬不可完全放棄的）「抽象」概念的連結者是：於此所謂之「規定功能的」概念。

的特別是親屬法（以其之區分婚姻法、子女法及監護法）、勞動法及商業團體法。然而，概念式的區分於此亦扮演重要角色，例如法人與公同共有、處分行爲及債權行爲乃至「內部關係」及「外部關係」的責任等區別均屬之。

　　由是透露出，不（僅）是藉「抽象」概念以及屬此之抽象化及涵攝的邏輯程序，來從事體系建構，毋寧更利用其他思考方式以形成體系之可能性，其於法學中的實現，迄今僅處於開始階段。許多法學家仍然傾向將體系等同抽象觀點式的體系[3]。即使在今天，也只有少數法學家（即使「評價法學」的追隨者亦無不同）能不目眩於抽象概念式體系的魅力。在純粹科學之學術概念的軌跡中，很多人深恐法學因放棄抽象概念式的體系，亦須放棄其學術性的主張。他們忽略了，法學屬於狹義的「理解性」學術，因此唯有發展出適於其客體的，詮釋學上確實有據的思考方式，如是始能正當化其學術性主張，而不是無謂地嘗試配合本適用於「精確之」學術的方法。事實上許多法律家今天──在未有充分意識的情況下──不僅應用抽象概念式的體系，同時也應用規定功能的概念及原則，換言之，其亦慮及「內部的」體系，雖然後者現在才處於開始發展的階段。

第二項　抽象概念及藉其建構之「外部的」體系

　　我們將外部體系的基石稱爲「抽象」概念。所以被稱爲「抽象」，因其係由下述要素組成：自其所由顯現的客體分離、抽象化，以其一般化的形式，個別孤立於其他要素及客體（於此，這些要素以一定的方式組合在一起）之外的諸要素。將抽象概念及具體概念對立以觀（就此請參閱第四項中的旁論）的黑格爾稱[4]：抽象化乃是「由具體事物中分離出來，將規定具體事物的諸要素個別化」的過程；藉抽象化，吾人能掌握的只是個別的特性或觀點。此意指：抽象化思考不是以所有的構成部分，及其組合而成之「具體的」豐盈來掌握感官認識的客體（例如，特定植物、動物或建築物），質言之，並非以其爲獨一無二的整體來理解，毋寧在掌握出現其中的個別特性或「要素」，確認一般的──由其結合分離，因此被「個別

3　這種等視齊觀並不是像卡納里斯所認爲的（Systemdenken und Systembegriff in der Jurisprudenz, S. 41），只出現在「概念法學」的追隨者，同時也出現在其反對者中，彼等之經常對體系思考持反對態度，亦正是以此種等視齊觀爲基礎。

4　HEGELS sämtliche Werke, Ausg. GLOCKNER, Bd. 5 (Logik), S. 61.

化」的——附加因素[5]。由這些孤立的要素可以組成概念，而只要具備定
義該概念之全部要素的事物，均可涵攝於此概念下，要素之具體組合情況
如何，在所不問。藉著略去若干要素可以形成抽象程度較高的概念，所有
較下位的概念均可涵攝其下。依邏輯法則，「最高」概念可以包含大部分
其他（添加了不同要素的）概念，前者的內涵最小，因其僅藉少數要素被
描述，反之，其外延最大，擁有最寬廣的適用領域，最低概念之內涵最為
豐盈，因其具有大部分的要素。

　　要選擇何種要素以定義抽象概念，其主要取決於該當學術形成概念時
擬追求的目的。因此，描述某類客體的法學概念，與其他學科乃至日常生
活用語中的相應概念所指涉者，未必相同。例如，民法典第833條關於動
物占有人的規制，其「動物」的概念雖然也取向於日常生活中動物一詞所
指涉之事物。然而，由該法律規制之意義及目的可知，細菌並非此法學概
念意義下的「動物」，至於其於動物學上如何分類，則非所問。在形成下
位概念時，亦無不同。法律家並不關心動物在動物學上的種屬劃分，哺乳
動物、魚類、鳥類等區分亦非其興趣所在。他們將動物分為家畜、野生動
物及馴養的動物，這種動物學家不感興趣的分類是由動物與人類的關係推
得的。法律家考量外部體系的概念，他們不會把「動物」一詞涵攝於「生
物」的概念下，毋寧將之歸屬動產之下，這點又可以讓法律的門外漢驚訝
不已了。這種做法的理由是：法律就動產所為之諸多規定，例如，所有權
之取得與喪失，立法者亦擬將之適用於動物。為達此目的，將動物涵攝於
動產概念之下是最簡便的途徑。

　　藉此，此種概念形成之目的及其重大作用應已明瞭。將大量彼此不
同，而且本身極度複雜的生活事件，以明瞭的方式予以歸類，用清晰易

5　藉抽象化形成概念始終有這兩個面向：「消極性的抽象化」（Vgl. Engisch, Die idee der
　　Konkretisierung, S. 24 f），質言之，忽視具體標的之全部附加性質及其獨一性；「積極性的抽象
　　化」，此意指：「堅執在經驗中存在的一般性質」。參見：HEGELS Werke, Bd. 5, S. 48（理解賦
　　予特殊性質堅實性的方式是抽象的普遍性，因後者，此特殊性質不復可變動）und Bd. 8 (System
　　der Philosophie, 1, Teil), S. 185（在確定的特殊性質及其彼此間的分歧性上，作為理解的思考屹立
　　不動；這種有限的普遍性對它來說是存在的）。

辨的要素加以描述，並賦予其中法律意義上「相同」者同樣的法律效果，此正是法律的任務所在。爲達成此項任務，立即會想到的方式似乎是：由抽象概念來形成構成要件，只要法律事件具備概念的要素，即可毫不費力地將之涵攝於構成要件之下。藉抽象概念描述的不僅是被規制的案件事實，其法律效果及規制之內容亦同。因此就建構出請求權及物權的概念，物權之下有所有權及限制物權，後者之下更可以有用益物權及不動產（抵押權、土地債務）與動產之變價物權的概念。藉著形成更一般的概念（例如，法律主體、法律客體及法律行爲等概念），我們可以提出一些──對這些概念的整個適用範圍均有效力的──規則，換言之，我們可以建構出「原則」。避免對多種──法律也不能窮盡列舉的──契約類型，重複規定其契約的生效要件，法律僅須於「總則」中做一次規定，其即得適用於任何型態的契約。債法總則中同樣也包含一些──只要並無其他應優先適用的特別規定存在，其即得適用於任何一種債權契約，或至少任何一種「有償契約」的──規則。藉此固然可以省去大量繁瑣的──引述理論、習俗、慣例的──決疑工作，但另一方面，因一般及特殊規定並存，也產生許多困難。只要想到民法典中一般及特殊規定交錯重疊的情形，就可以瞭解[5a]，此等建構方式並不如初視乍觀那樣的一目了然。

第三項 作爲體系化手段之法的「建構」

所謂法的「建構」，其任務在於：藉著已經屬於（外部的）體系，或可以毫不困難地植入體系中的概念，來掌握規範或契約模式的規制內容。長久以來，它是法學努力的中心，並且是法學學術性的證據；耶林早期的方法論可爲明證。今日大家提到它時，多少帶有貶義；但它仍然廣泛被應用，假使大家想堅守以概念形成廣泛體系的要求，它也是不可或缺的，因其可保障無矛盾性，並使推論變得可能。有疑義的是：構想對於發現法規範這一項任務的價值如何[6]；同樣有疑問的是：此處是否眞的──像長久

5a 就此參見：*mein* Lehrb. des Allgemeinen Teils, § 1 IVc。

6 就此參見：Hassold, AcP 181, 131。

以來認爲的──只涉及（藉特定邏輯操作而獲得的）價值中立的認識，或者，評價觀點於此亦有一定的影響。

在對於案件事實做法律性處理時，換言之，第三章描述的操作方式得以適用的場合，有時亦被稱爲「建構」。於此稱之爲法學上的「定性」或更恰當[7]。「建構」一詞只用以描述下述活動：將法律中發現的一項規制，或交易中發展出來的一種契約模式（而不是某具體個別的契約），如此地安排入（部分）體系[8]中，藉以產生一種無矛盾的脈絡關聯，並使之能與其他規制相互比較，以清楚顯示其同異之處。於此，追尋案件解答反居於次要地位，建構首先關心的倒不是個案的解決，毋寧更關切促成此脈絡的思想綱領，因此，僅因藉此獲致的規範適用結論，其亦可以其他方式取得，這並不足以使一種「成功的」建構喪失價值。爲了更清楚顯示吾人的想法，最好先藉若干例子來說明。

且先以先買權的建構爲例。法律規定：「先買權以向義務人爲意思表示之方式行使之」（民法典第505條第1項第1句）。同條第2項又進一步規定：「權利人與義務人間之買賣，因先買權之行使而成立，其條款與義務人及第三人間所約定者同」。此效果無疑正是行使先買權之權利人，藉意思表示所擬獲致者。因此，自然會聯想到，將表示解爲取向於成立買賣契約的意思表示，將先買權解爲可以藉意思表示創設此法效果的權利。藉單方的意思表示創設法律關係（此處即買賣關係）的權利，通常可歸屬「形成權」一類。因此，先買權就被界定爲一種形成權，然而，僅此尚不能推得其他結論，因爲並無可一般地適用於全部形成權的法條。具體言之，於此涉及的是附條件的形成權；其行使的條件是：義務人與第三人就先買權的客體締結買賣契約（民法典第504條）。如此視之爲一種附條件的形成權，並無任何可慮之處。

然而，部分學說拒絕將先買權歸入形成權中，而將約定有先買權條

7　亦採此見：Pawlowski, Methodenlehre für Juristen, Rdz. 481 ff；部分不同：Hassold, a. a. O., S. 139 ff。

8　Vgl. Pawlowski, a.a.O., Rdz. 455.

款的契約解爲附雙重條件的買賣契約[9]。第一個條件是與第三人締結買賣契約，其二是權利人表示其行使權利。然而，其所行使者究爲何種權利，畢竟仍渺茫不明。此種建構方式在一般法時期即已有之；第一次立法委員會已將之列爲一種可能的選擇[10]。但是大家正確地認爲，就建構的問題做決定並非立法者的任務。可以想像的是，當時形成權的概念並不如今日的普遍[11]。另一種可能的建構則是對起初內容並不確定的（長期並且附條件的）買賣要約之承諾，換言之，先買權利人藉行使其先買權的表示，對要約爲承諾。此種建構與形成權的建構已相當接近，因爲某些人認爲，受領有長期拘束力之契約要約者，其地位相當於形成權人[12]。此種建構方式避免了「意願條件」之類不清晰的觀念，而後者正是附雙重條件的理論操作所必要者。我們所理解的——法律行爲論之下的——「條件」是：已作成之法律行爲效力所繫的——起初並不確定其是否發生的——情境。所謂的意願條件（此處爲權利人表示行使此項權利），事實上即是使買賣契約成立生效的法律行爲本身。就買賣契約而言，權利人在之前根本就未爲任何足使自己受拘束的表示，因此，其與要約受領人之地位無異。以法律行爲爲條件的想法，質言之，迳以（使法律效果產生的）法律行爲之採行爲條件，本身是矛盾的[13]，因此亦應儘量避免。

　　我們反對——附雙重條件之買賣契約，以及具長期拘束力並且附條件的買賣要約——這兩種建構的另一項理由是：這兩種建構方式都只能適用在以法律行爲爲基礎，而不能應用在以公法規定爲基礎的先買權，在

9　就此參見：die Angaben in *meinem* Lehrb. des Schuldrechts, 13. Aufl., Bd. II, 1, § 44 II u. III。

10　藉由參照（稍後被刪除之）第一次草案第79條。就此參見：Mugdan, Die gesamten Materialien zum BGB, Bd. 2, S. 192。

11　就此有重大影響的一篇文章（Seckel, in der Festgabe der Berliner Jurustischen Gesellschaft, 1903）；深入論述：v. Tuhr, Der Allgemeine Teil des Deutschen bürgerlichen Rechts, Bd. I, 1910, S. 161 ff。

12　So v. Thur, a.a.O., Bd. II, 1, S. 468. Vgl. aber *mein* Lehrbuch des Allgemeinen Teils, 7 Aufl., § 27 I。

13　就此參見：*mein* Lehrbuch des Allgemeinen Teils, 7. Aufl., § 25 I, *mein* Lehrb. des Schuldrechts, 13. Aufl., Bd. II, 1, § 44 I。關於「意願條件」的批判性見解，亦見：Flume, Allgemeiner Teil, Bd. II, § 38 II。

後者，只須行使此法定先買權，即可使一種受買賣規則規範的法律關係
成立，之前不須有先買權義務人之參與。巴勒斯泰特（對於以法律行爲爲
基礎的先買權，其亦主附雙重條件理論）也承認，這種理論並不適宜法
定的先買權；他認爲將後者解爲形成權較爲適當[14]。然而，對於同一種權
利，其作用在兩種情況下又復相同（藉其行使，使一買賣關係發生），卻
應用兩種不同的建構方式，無論如何是一種糟糕的情況。其無論如何均與
體系化追求之單純化作用相牴觸。巴勒斯泰特反對形成權理論的主要論據
是：僅藉單方表示即可創設一種債之關係，是「一種體系上不能維持的權
限」[15]。然而，在法定先買權的情形，他卻也認可這種權限，因此，其只
能意指：此種權限在私法中是「不能維持」的，因其牴觸私法自治原則。
然而，在私法中只能透過契約，質言之，透過義務人的認可，才能賦予先
買權，因此可以認爲，如是已滿足此原則的要求。任何人藉契約賦予他人
先買權，其因此須受他人未來決定的拘束，此與其受自己契約要約的約束
並無不同，與爲他人設定選擇權或解約權之情形亦無差異。因此，巴勒斯
泰特的疑慮並無根據。依前所述，則將先買權建構爲一種形成權，殆係最
能配合事物情況者。

在契約中，一方賦予他方「選擇權」，例如，選擇是否購買一宗股
票，此種情形在交易中亦不乏其例。此種契約可以有不同的解釋。它可能
只是——發生下述法效果之——買賣契約的預約：一方當事人負有義務，
因他方當事人之請求而與之締結買賣契約（主契約），惟主契約之具體內
容尚須進一步磋商。它也可能是有長期拘束力的契約要約，或是形成權的
賦予，或者在一種特殊的契約（選擇權契約）中賦予「選擇權」。權利人
藉此種選擇權取得如下的權限：藉單方表示，使一件——具有選擇權契約
所定內容的——買賣契約成立[16]。假使引進「選擇權」的概念，視之爲形

---

[14] Im Kommentar von SOERGEL, 10. Aufl., Bd. II, Rdz. 6 vor § 504.

[15] a.a.O., Rdz, 8 vor § 497.

[16] 就此參見：*mein* Lehrbuch des Allgemeinen Teils 7. Aufl., § 27 I c und das dort angegebene Schrifttum zu den Optionsrechten。

成權的下位概念，則亦可將先買權及買回權歸屬於選擇權概念之下[17]，藉類推適用的方式，亦可將原本適用於先買權的個別規定（諸如民法典第505條第1項第2句），轉用於選擇權契約中的選擇權上。而因將之歸屬為形成權（而非由買賣契約所生的，附條件的請求權），因此它就不適用時效的規定（其僅適用於請求權）。然而契約多已明定其得行使權利的期間。當其指明同異之處，並防止錯誤的推論時，前述建構主要固多涉及如何適當地歸屬於概念體系中，但其對於法的發現，亦非全無意義。

我們選擇瑕疵擔保中解約權的建構作第二個例子。就此有三種理論相互對立：（較老的）契約說、回復說及「修正契約說」。依契約說，解約（＝將買賣契約轉換為返還給付的債之關係）係藉買受人與出賣人間的契約來實現，民法典第462條的條件具足時，出賣人有應買受人之請求締結此契約之義務。契約說之追隨者求其根據於民法典第465條（依此：解約或減價，於出賣人因買受人之請求而表示其同意時，即屬實現），以及民法典第467條中獨獨未提及第349條（後者規定：因解除契約權利人片面的表示，即生解除契約之效果），而關於解約應如何實行，第467條仍指示應參照其他關於解除契約的規則。第一次委員會亦採此見，其認為：法律「必須對法律適用者清楚指出，作為法律基礎的建構為何」。其提及，法律「並未將解約權（及與之相應之減價權）想像為僅藉單方表示即可廢棄契約的權利，毋寧係將之解為買受人的請求權，藉此其得請求出賣人同意廢棄買賣契約，請求出賣人對其——以此為目標所提的——契約要約表示承諾。因此，藉出賣人的同意表示或代替此表示的判決，解約即已實現」[18]。該委員會的見解亦表現於法律本文中，此點恐難以置疑。

然而，大家還是很快地要尋找其他建構，唯一的原因是：契約說對於涉及解約的訴訟將產生不利的後果。嚴格說來，依此說買受人必須先請求判決出賣人應為同意解約之表示，而直至判決確定後，其始得（依民事訴訟法第894條第1項）代替出賣人之表示使解約生效，已給付買賣現金

---

[17] 明確採此見：ESSER, Schuldrecht, 4. Aufl., Bd. II, § 66 II u. III。

[18] MUGDAN, a.a.O., S. 666.

的買受人自此始得起訴請求，爲返還買賣價金及返還買賣標的物之對待給付判決。此種操作方式違背訴訟經濟的要求，使買受人之權利行使備感困難。大家嘗試以下述方式減輕此後果：在一件訴訟程式中得合併爲兩項請求——爲同意之表示及返還價金。剩下必須留意的就只是訴之聲明及判決主文應如何寫法的問題。但司法實務仍放棄此種做法，爲滿足其需要，其提出「回復說」。於此，請求解約的權利不是締結解約契約的請求權，其被解釋爲直接請求買受人藉解約所擬追求者，質言之，（通常係）請求返還價金及／或請求免除其尚未履行之給付義務。依此說，則出賣人同意解約之表示僅具下述意義：此後，買受人即受其解約請求之拘束，質言之，其喪失請求減價之權。

然而，回復說在法律規定上有其困難。它必須賦予買受人請求解約（或減價）之表示以轉換法律關係的效力。如若不然，轉換的作用又從何而來呢？然而，此項結論與第467條之獨未提及第349條幾乎不能相容。再者，此說對「請求解約或減價」的消滅時效（民法典第477條第1項）亦將產生不合理的結論。假使如回復說所認，其直接請求解約或減價之效果，質言之，請求返還（部分）價金，則即使出賣人已爲同意解約或減價之表示，此請求權仍然適用短期時效。反之，如「解約」之請求不過請求出賣人爲同意之表示，則一旦有此表示，權利即已實現，嗣後「由」（已實現的）解約而生之諸請求權即適用普通時效的規定。下述考量將指出，後說（依法律目的而言）是合理的：短期時效是爲了保護出賣人，使其免於在經過長時間之後，尚須面對其並未預期的瑕疵擔保請求權。假使其已對解約或減價的要求表示同意，則其已瞭解其法律地位，並知道應如何安排。反之，一旦出賣人爲同意之表示，買受人不會覺得有在短期時效消滅前起訴的必要。藉賦予解約或減價請求權短期時效，法律希望盡快澄清事物及法律的關係，此目的已藉同意的表示達成；對於效果請求權，可仍舊適用普通時效。契約說能夠符合這項要求。

爲同時避免上述兩說的缺點，貝蒂徹（Bötticher）於1938年發展出修

正契約說[19]。依此說，解約（及因此所致的債之關係的變換）或者（如民法典第465條所定的）藉契約，或者藉判決而實現（假使出賣人拒絕同意的話）；假使買受人已正當地請求解約，則法官或者判決出賣人應返還買賣價金，或者駁回出賣人買賣價金之請求（透過法官的契約變換而實現之解約）。因此，雖然並未明言，解約藉此判決已然實現；依貝蒂徹之見，此判決不僅是一種給付判決，毋寧同時爲一種「隱藏的形成判決」。於此姑且不論，「隱藏的形成判決」如何與訴訟法的規定配合。無論如何，「修正契約說」既能與民法典的規定（特別在消滅時效的問題上）配合，又使實務界能行其所行，其能符合回復說的希望而無其缺憾。因此，其於學界漸獲支持[20]。

　　這個例子清楚指出：建構的「成果」常以其於實務上的後果如何爲準。於此涉及的不僅是邏輯操作，毋寧常涉及法律的目的、交易需要，或法目的及訴訟經濟；此與法解釋及法官之法的續造，並無不同。於此，具代表性的還有：發展出兩種彼此排斥的理論，以及嘗試找出能避免雙方缺點的「折衷說」；本件是藉著將問題移轉到訴訟法中而成功地發展出折衷說。

　　最後我們要舉契約承受爲例。契約承受意指：將債之關係中一方當事人的整個法律地位（例如，承租人或出租人，或特定貨物之長期供貨契約中的供貨者或訂購者）轉讓與第三人，其因此而受讓與此相連結的所有權利、義務及權限。就此，其必須獲得另一方當事人（將與承受人繼續債之關係之人）的同意，依支配契約法的私法自治原則，此殆屬自明之理。問題是：藉助至少有三方面人參與始能成立的一項法律行爲，來轉讓整個契

---

[19] Bötticher, Die Wandlung als Gestaltungsakt, 1938. Dazu auch *meine* Abhandlung in NJW 51, 500.

[20] Vgl. *mein* Lehrbuch des Schuldrechts, Bd. II, 1, § 41 II a; Fikentscher, Schuldrecht, § 70 IV 2b; Staudinger/Honsell 4 zu § 465; Münch. Komm/Westermann 5 zu § 462 BGB.

約上法律地位的做法，是否能與現行債權契約法配合[21]。因爲民法典並不認識此等法律行爲；其僅就個別請求權的讓與以及個別債權義務的承受有所規定。其通常將「債之關係」理解爲個別的請求權及相應的義務。與此不同的是將債之關係理解爲複數法律關係的整體，它是個別要素縱有變更仍不影響其存在而具有一定延續性的「構造物」[22]，對此，民法典的撰稿者根本未予或僅予極少的注意。在概念體系中，其全無地位，因該體系的中心概念是主觀權利，而不是結合權利與義務[23]的法律關係。因此，在轉讓（作爲一種法律關係的）整個法律地位上，會遭遇到相當多的困難。另一方面也不容忽視，在法律交易生活中，此類約定並不罕見，事實上亦確有其需要[24]。

在這種困境中，大家起初以下述方式來解決問題：同時讓與所有（當下及未來的）請求權及承擔所有（包括未來由債之關係所生的）義務，質言之，將兩類被法律規制之法律行爲結合起來（＝結合說）。但有人指出，僅是讓與個別請求權，尚不能使（諸如解約權之類）涉及整個債之關係的形成權發生移轉效果[25]；後者能否個別移轉至少是不無可疑。而透過此等個別讓與，能否使受領——諸如解除整個債之關係的——意思表示的權限移轉於受讓人，更屬可疑。其亦非個別請求權之「從權利」。所有此類以整體債之關係爲標的之權利或權限，如果希望發生當事人追求的移轉效果，則只有承認契約承受方可，契約承受正是以此效果爲目標之法律行爲。此種見解（＝一體說）至少已經在學界[26]貫徹。這是因爲大家認識到，作爲複數法律關係之整體（構造物）的特定債之關係，其與個別請求

----

[21] Dazu Preper, Vertragsübernahme und Vertragsbeitritt, 1963.

[22] Vgl. *mein* Lehrbuch des Schuldrechts, Bd. 1, § 2 V.

[23] Vgl. Pieper, a.a.O., S. 137 ff. 關於法律關係此核心概念：*mein* Lehrbuch des Allgemeinen Teils, § 12。

[24] Vgl. Pieper, a.a.O., S. 16 ff.

[25] v. Tuhr, Der allgemeine Teil des Deutschen bürgerlichen Rechts, Bd. 1, S. 226; Pieper, a.a.O., S. 166 ff.

[26] Vgl. die Angaben im Münch/Komm. Roth 4, Palandt/Heinrichs 10 zu § 398 BGB; *mein* Lehrbuch des Schuldrechts, Bd. I, § 35 I.

權及義務的總合仍有所不同，質言之，其係個別獨立之法律標的。

　　支持一體說者通常會指出：我們的私法反正已經藉法律規定，承認整體債之關係的移轉。這些規定包括：民法典第571條第1項、第1251條第2項，1972年以後還有民法典第613a條第1項以及保險契約法（VVG）第69條第1項。他們認為，如果法律可以這樣規定，則在──原則上支配債法領域之──契約自由的範圍內，也可以契約做相同的約定。就此需要另一方當事人的同意，前亦已明白提及。今日大家一致認為，契約承受的完成可以經由三方面的契約，或者藉讓與人與承受人之間的契約，再加上他方契約當事人的同意（類推適用第415條第1項）。在缺乏法律規定的情況下，契約承受之個別作用依各該契約之所定。因此，當事人可以約定，就個別請求權，或向未付清的債務不生移轉效果；亦可約定，除承受人外，讓與人對他方契約當事人，就特定或全部義務仍應負責（參考民法典第571條第2項、第613a條第2項）。在承認契約承受後，對於──法律所未明定的──民法合夥的合夥人地位（作為合夥人的法律地位及其全部權義）能否依法律行為而移轉的問題，大家也給予肯定的答覆[27]。於此，大家起初也認為，可能可以將一合夥人之退夥（民法典第736條）與另一人之入夥結合起來。由是，釋義學在某處的進步（指：將某一債之關係中的法律地位，解為一整體，且在一定程度上可任意支配的法律位置）可以擴及影響於他處。其可以將之前被忽略、被誤置的現象，或新生事件納入體系中，因而導致體系的擴充[28]。假使涉及契約模式（例如契約承受及合夥人資格移轉的問題），則建構的價值在於：以容易理解，避免不必要的迂迴及無益的輔助建構（如前述之結合說）的方式，來描述當事人追求的目的。

第四項　法之理論及其可審查性

　　許多法之建構具有「理論」的型態；例如，對瑕疵擔保的解約提出的

---

[27] Vgl. FLUME, Allgemeiner Teil des bürgerlichen Rechts, Bd. I, Die Personengesellschaft, § 17 II; *mein* Lehrbuch des Schuldrechts, Bd. II, § 66 c.

[28] Dazu PAWLOWSKI, a.a.O., Rdz. 404.

「回復說」及「修正契約說」。然而，只有當「正確的」建構有爭議時，才會用「理論」一詞，如其不然，亦不須有「理論」。另一方面，「理論」的提出也不只是用來解決建構的問題。在契約承受的「理論」中，首先涉及的是它與法律是否相符，其次要檢討的是：這究竟是一種三方面的契約，抑或應類推適用民法典第415條第1項。然而，也有些理論涉及法律原則，證實其效力，指出其適用領域及其「典型的」適用實例，其具體化及其界限，例如卡納里斯關於信賴責任的理論。於此關切的不（那麼）是「外部的」概念體系，毋寧比較是法的「內部」體系及其之演繹成部分體系（＝信賴責任的體系）。還有一些理論涉及兩種法律領域（例如公法及私法）的區分，探討違法性等概念，概念於規範組織體中的作用，這又取決於體系上的脈絡關聯及規制的目的。因此，實在很難詳細說明法律「理論」意指為何；可以確定的是：理論之建構、批評及防衛乃是法學的主要工作，也總是涉及體系的構成。德雷爾[29]對法學理論做了不下七種的區分，但我認為，假使其只涉及個別法條或用語應如何（適切）解釋之建議的話，則其所謂的「解釋性的理論」宜可放棄。此外，以下的說明，主要是針對涉及建構、概念形成及外部體系等問題之理論而發。

　　不導論式地介紹語言的用法，我直接援用德雷爾對學術理論的定義[30]。學術理論是由多數——彼此具有推論關係，而此關係本身又可滿足起碼的一致性及可檢驗性的要求之——陳述構成的體系。法學理論涉及具規範性適用效力的陳述，因此，由此推論出來的語句，除主張其陳述的正確性外，亦將主張其具有規範性之適用效力。陳述之間應有一致性（無矛盾性），殆不須多言。德雷爾正確地指出[31]，在規範性理論中不僅要求邏輯上無矛盾存在，尚要求無評價矛盾存在。至少在涉及法律原則的發展，質言之，涉及法之內部體系的理論時，確係如此。有問題的是另一要求：

---

[29] Dreier, Zur Theoriebildung in der Jurisprudenz in: Recht-Moral-Ideologie, 1981, S. 70 ff. 關於法學理論之種類，參見：S. 73 ff., aber auch S. 93 f。

[30] a.a.O., S. 82.

[31] a.a.O., S. 83.

「可檢驗性」。法學理論是否一如自然科學理論，可以審查其正確性，質言之，其是否可確證或證偽，若然，應如何證明？由是，我們又必須重新面對下述問題：就其陳述，法學究竟能否主張其正確性（其為適切的認識）？如是，其根據何在？於此先假定：不論何種法律理論，其均非由確定的公理所做的邏輯推論（如果是這樣，就不需要有可檢驗性的要求，只需要有邏輯上的一致性就夠了），反之，其與自然科學相同，其陳述均非僅以演繹方式而得者。

　　於此最好先瞭解一下自然科學的理論，就此波普（Popper）可能是最有資格的作者。依其見解，（自然科學的）理論起初不過是一個「發想」、一種揣測；就此而論，理論的最初構想「既不適宜，也不需要做邏輯分析」[32]。回想耶林對其締約上過失理論發展的陳述，我們必須同意，波普所述亦適用於法學理論，要補充的只是，「發想」發生的前提是：事先對有關問題做長時間的探討，「發想」是源於對迄今解答的不足之感。然而，「發想」還不是學術上確實可靠的認識。首先必須將它表現為陳述語句的體系（理論），然後必須對之為審查（在自然科學中係依經驗、觀察及實驗來進行）。依波普之見，進行的程序如次：由理論中推出特定結論語句，其指涉依理論應可預期的反應，例如特定物質在特定條件下的反應；針對此結論，又可依經驗來證實或將之推翻。其縱經證實，仍不足以作為理論正確性的終局證據，因未來的經驗可能獲致不同的結論。依其見解，正因此種歸納推論的缺陷，自然科學的理論根本不能確證[33]。然而，藉經驗與其結論語句的牴觸，其可以被證偽，除非藉其他未被證偽的輔助假定，可以充分地說明與理論相悖的經驗[34]。愈能經得起所有證偽嘗試的考驗，理論便愈可靠[35]。

　　回到法學的理論上。因其指涉者係具規範性效力的事物，因此，其

---

[32] POPPER, Logik der Forschung; zitiert wird noch die 6. Aufl. 1976, S. 31.

[33] a.a.O., S. l4.

[34] a.a.O., S. 8 u. 45.

[35] 對波普此一立場的批判性意見：KELLMANN in RTh 1975, S. 88 f。

結果語句不能藉事實證偽，遑論藉之來確證。於此須留意不同學術在目標上的差異：自然科學的理論要澄清自然界的事物，其意欲追溯最一般的自然法則；法學理論則不擬「澄清」何等事實，毋寧希望指明法秩序中的脈絡關聯，特別是希望將法條以及更廣泛的規制內涵結合成一種——邏輯上及評價上均——無矛盾的（部分）體系。對之不能藉何種事實來審查，毋寧須以現行法規範、被承認的法律原則，以及——至少起初被認定確實存在，因此係理論應配合的——部分體系為準據。必須審查的是：結果語句（例如，在瑕疵擔保之解約的例子，關於「由」——已實現之——解約而生的請求權之消滅時效的結論）與其他規範、法律目的是否相符，或其是否「適宜事理」。

　　為繼續維持與自然科學理論的對比，可以將依據其他現行規範（制定法或被認可的法官法）所為之審查，與依據「事實」的審查等視同觀。但於此極可能會忽略，我們在此考量的不是單純既存的規範，毋寧是藉解釋探求而得其規範性意義內涵的規範。法之建構的問題經常也是解釋的問題。解約的理論也涉及民法典第465條應如何適切解釋的問題。在認可契約承受的問題上，指出租賃關係的法定移轉以及民法典第571條第1項的適切解釋亦有一席之地。用來審查理論的法規範本身也需要解釋，該解釋亦須受審查，這些都還不至於使其不堪為理論的審查標準。它只是使檢驗的過程更困難、更複雜而已。若干專論可以提供令人印象深刻的例子。

　　另一個困難點是：在檢驗的過程中，有時必須對（作為檢驗基準的）部分體系做擴充、改造或其他修正。形成權及期待權的「發現」意味著主觀權利體系擴充；在研擬「修正契約說」時，貝蒂徹採納「隱藏的形成判決」，則意味著體系的修正。由此顯示，即使外部（概念式）的體系也未必是邏輯的、封閉的體系；它必須對新的法律發展，新的法律認識「開放」，因此，即使是理論的檢驗標準，其本身亦須受審查，假使不如是即不能獲致「協調的」解答，其亦須被修正。至於結果語句的審查，主要涉及合目的性的考量（例如，在解約理論中，訴訟經濟的考量），如何最能實現當事人的意願（契約承受以及關於契約解除之效果的新理論）、如何獲致「明瞭」、「均衡」或「正當」的解答等問題。必須承認，前述標準

都難以確定，依此所做的審查也不能達到像測量或其他自然科學的實驗結果那樣無可置疑的程度。然而，在所有人文科學都是這種情況。

　　假使法學理論是可審查的，原則上它就可以被證僞。依我之見，解約的回復說之可以被證實是不正確、「不協調」的，因爲它不能說明，假使不是透過買受人單方解約的表示，原買賣關係是如何被廢棄或被變換的；而表示之具有此等效力又正是法律（藉第467條之排斥第349條）所明白排除的。再加上它在消滅時效上糟糕的結論。反之，不能認爲固有型態的「契約說」是「錯」的，因其本身並無矛盾之處，並且也符合法律的規定；之所以優先採納「修正契約說」，不過因其能避免訴訟上不便的後果。在「契約承受」的許否上，鑑於法釋義學及立法上的新發展，我認爲，承認由契約所生的整個法律地位可以移轉，這項理論已獲證實。因此，法學理論絕不只是單純意見的表達，對之可以任意選擇（然而，很多實務家確係如是看法，他們將理論視爲一種採石場，由此他們只選擇大小合適的石塊），其毋寧如同自然科學的理論（陳述語句構成的體系），亦主張其係正確並有適切根據者。雖然在審查（其作爲陳述語句體系的正確性）時，不能用與審查自然科學陳述語句相同的方式，但仍應以適宜法學的獨特方式來檢驗[36]。於此，除邏輯性考量外，目的性考慮亦扮演一定角色；最終具決定性的是，由理論中獲得的——與規範性效力有關的——結果語句在事理上是否恰當。

　　假使理論處理的是如何將一項規制安排入體系之中，則其將有助於涵攝的進行，如藉涵攝已足以獲致決定，則其因此亦有助於個案的決定。假使理論探討的是「內部的」體系，則其主要在指明決定性的價值判斷，並使之歸於一致。用菲肯徹的話來說，這兩方面主要都在追求「平等的正義」。

第五項　內含於抽象化思考之意義空洞化的趨勢

　　假使外部體系可以充分實現，則所有法律事件均可涵攝於體系之概

---

[36]　結論同此：Dreier, a.a.O., S. 89。

念下，並因此歸屬於法律提供之規則下的理想就可以達成了。這項理想無疑根本不可能實現。一方面，體系在任何時候都不可能如此圓滿封閉，以致所有法律關係及重要的法律構成事實，均可於體系中發現其被精確規制的所在，通行於19世紀的「準契約」或「準侵權行為」可以證明此點。此外，下述想法也不正確：所有（或大部分）的法定構成要件是由一些（生活事件可以簡單涵攝其下的）概念所組成。就此，請參見之前的說明（第二章第五節第二項、第三章第三節）。法律家經常——邏輯上不正確地——名之為「涵攝」者，被證實大多是基於社會經驗或須填補的評價標準所作的判斷，或是類型的歸屬，或是解釋人類行止（尤其是意思表示）在法律上的標準意涵。在法律適用中，嚴格邏輯意義的涵攝所占比例，遠少於大家起初所想像的。將各種多樣法律上重要的生活事件，逐一分配到一個——被精細思考出來，由彼此相互排斥而且不會變更的抽屜所構成的——體系上，而只要將該當的抽屜抽出，就可以發現該當的事件，這種構想是不可能實現的。一方面，生活事件之間並不具有概念體系要求的僵硬界限，毋寧常有過渡階段、混合形式及以新型態出現的變化。另一方面，生活本身經常帶來新的創構，它不是已終結的體系能預見的。之所以不可能的最後原因在於：立法者必須應用一種語言，它很少能夠達到概念主義要求的精確程度，這點我們已一再強調。因此，藉抽象概念建構一個封閉、無漏洞體系的理想，即使在「概念法學」鼎盛的時期也從未完全實現，斯亦無足為怪。

　　一項理想不能完全實現，這還不足以反對盡可能接近此理想的努力。我們對於之前描述的形成概念及體系的方法表示疑慮，主因也不在於：它不能在所有的事件中保證，必然可以獲得期待的結論，毋寧可能獲得其他結果。依前述的邏輯法則，抽象概念的外延（＝適用範圍）愈寬，則內涵（＝陳述的意涵）愈少，如是，抽象概念抽象化程度愈高，則其由法規範、法規範所生之規制、法制度能採納的意義內涵愈少。被抽象化的（＝被略而不顧的）不僅是該當生活現象中的諸多個別特徵及與此等特徵有關的規制部分，被忽略的還包括用以結合當下個別特徵者，而此正是該生活事實的法律重要性及規制之意義脈絡的基礎所在。強調的始終是個別、彼

此孤立的要素；此自不足以窮盡探討被指涉的生活類型、行止類型或法律上的意義脈絡。如將其視爲「概念上必要的」要素，因此係不可或缺的前提要件時，其重要性常被過分誇大。如是，則概念能否適用於某案件事實即取決於該要素之存否。此要素（至少在「中間地帶」）是否在其程度上能代之以另一要素，這種想法在此種思考方式並無存在的空間。在抽象概念的思考中沒有「或多或少」，只有「非此即彼」可言。然而，此種「擇一式的思考」[37]與法官所受的裁判強制不能相符。其經常忽略不同程度的重要性、精細的層次劃分，而待判個案則常取決於此。

如是建構的體系爲儘量求其實現，其要求：最抽象的概念都只容許有兩個——彼此處於矛盾對立關係的——導出概念，唯如是始能保障其所要求的圓滿性。事實上，作爲民法典基礎的學術體系中，的確有相當多此類對偶概念，其不容有第三者參與其中。法律上「有意義者」，若非權利主體即爲權利客體，一物若非不動產即爲動產，主觀權利若非「相對的」即爲「絕對的」權利，物權若非「完全權利」（所有權）即爲「限制物權」。以此種思考方式而論，人的集合若非單一人格者（法人）即爲複數人格者（合夥）。權利與義務相互排斥，因此，像格恩胡伯[38]針對親屬法所說的「義務權」，根本就「與概念相牴觸」，換言之，在概念體系範疇中，它是不能想像的。因此，只要碰到「既如此亦如此」以及中間形式的情況，這種體系就讓人淪於無法克服的困難中。特別顯著的適例是：債權的物權化[39]（不動產租賃的轉讓、預告登記、基於債權關係而生的占有權利，以及基於之前實際擁有，或善意誤認擁有的占有權利而提起之訴）。同樣適當的例子：公同共有、有限公司的中間形式，以及不能配合民法典體系的物權（例如，住屋所有權、擔保性所有權）。依嚴格的概念區分，主觀權利只能分爲「相對的」及「絕對的」權利；依內容區分的權利種

---

[37] Rödig, Die Denkform der Alternative in der Jurisprudenz, S. 1 認爲，法律家「不斷地在作擇一式」的思考。

[38] GERNHUBER, Lehrbuch des Familienrechts, 3. Aufl., § 2 II 6.

[39] Vgl. DULCKEIT, Die Verdinglichung obligatorischer Rechte, 1951.

類，例如：人格權、屬人性的親屬權、對於物及其他財貨的支配權、參與權、形成權及期待權，其均屬類型，而非概念[40]。因此，此等法律類型並無一定的數量；再進一步形成這些類型是絕對可能的。此時特別清楚顯示出，今日的法學不能僅憑藉抽象概念式的體系，反之，形成他種體系的契機於此也顯露出來。

外部體系中最一般的概念，其意義空洞化極為嚴重，這特別顯現在——在今日仍屬通說見解之——人的概念上。通說將人與權利主體等視同觀，因此將人解為能享受權利擔義務者[41]。藉此等廣義概念，人可以包含人類（自然人）及法人。於此，人在倫理意義上的關聯就完全被切斷了。法人不是倫理意義上的人，只有在若干關係上兩者可以做相同處理[42]。只有倫理意義上的人才有「尊嚴」，才可以對其他——同樣是倫理意義上的——人請求尊重及承認其權利，也才能承擔相應的責任。由法律意義上的、單純形式的人的概念出發，就不能理解人的概念與從事法律活動的能力（＝行為能力），以及使自己承擔責任的能力之間有何關聯。人類之具有此等能力，正因其係倫理意義上的人。大家當然也瞭解，只有人類才具有此等能力；但看來這比較是基於實證法上偶然的規定，而非求其根據於人類——作為倫理意義上之人——的本質。法律行為的一般定義（即：包含單一或多數的——以獲致法效果為目標的——意思表示之構成事實）固然不是不正確，但憑此實在無從認識，法律行為是人類自己參與形成自身法律關係的手段，藉此，人才能在法律關係的層次上自我實現。為了顯現法律行為包含的這項意義，就必須回歸以倫理考量為基礎之人的概念[43]。

形成抽象概念，特別是那些抽象程度日益升高的概念，雖可以幫助提

---

[40] Vgl. *mein* Lehrbuch des Allgemeinen Teils, 7. Aufl., § 13 II.

[41] Vgl. Enneccerus-Nipperdey, Allgemeiner Teil des bürgerlichen Rechts, § 83.

[42] Vgl. dazu *mein* Lehrbuch des Allgemeinen Teils des Deutschen bürgerlichen Rechts, 7. Aufl., § 9 I.

[43] Dazu *meine* Schrift über "Richtiges Recht" S. 45 ff. (Prinzip des Achtens) und S. 57 ff. (zum Rechtsgeschäft, insbesondere zum Vertrag).

綱挈領（因為藉助它們可以賦予大量極度不同的現象相同的名稱，並做相同形式的規制），然而這些概念的抽象程度愈高，內容就愈空洞。為提綱挈領付出的代價是：由——作為規制之基礎的——價值標準及法律原則所生的意義脈絡不復可見，而其正係理解規制所必要者。基於形式觀點，法律行為可分為單方行為及雙方行為（契約）。然而，只有認識到，在個人生活關係的形成層次上，法律行為是人格自我發展的手段，才能瞭解，何以通常都需要雙方當事人合致的意思表示（契約），單方的法律行為只在特殊要件下始能生效。在法律行為的部分，民法典就意思表示的瑕疵做了糾結複雜的規制，因此，只有在認識到對此等規制發生影響的諸原則（有意識地自我形成、對客觀可得認識的表示意義負責以及信賴保護等原則）及其各自在該當規制中的分量，才能真正理解此等規制。然而，這已經超越了抽象概念式體系的界限，其只認識概念間的上下位階關係，諸原則之間的「協力」則否。於此必須再次指出，抽象概念式的思考不足以掌握中間形式及「混合體」，因其未能完全配合既有的模式。事實上，所謂無漏洞的抽象概念式的體系，這種帳單根本無法清償。所謂的矛盾對立，被證實只是反對關係；概念上被嚴格劃分者，實際上常以各種方式相互結合；極端的抽象化經常切斷意義關聯，因最高概念的空洞性，其常不復能表達出根本的意義脈絡，因此，抽象化常導致荒謬的結論[44]。因此，對單純化法律的建構而言，以形成抽象概念為基礎的外部體系僅具有限的價值，它算是第一個方針，如涵攝可行，其對之亦有一定程度的幫助；然而，就認識法的意義脈絡而言，其助益極為有限，毋寧常發生阻礙的效果。

第六項　旁論：黑格爾對抽象與具體概念的區分

以下要詳細探討，在法學中——除抽象概念外——亦日益被應用的思考形式，即：類型、須具體化的法律原則，以及規定功能的概念等思考形

---

[44] 此外，為使其他事物能涵攝其下，概念成為極端精確的人工語言，而與其所利用之語詞的日常涵義相去甚遠。考夫曼適切地指出（Analogie und Natur der Sache, 2. Aufl., S. 73）：「語言的極端精確常以內容意義之極端空洞為其代價。」

式；可預期其將遭逢如下的反對意見：這些思考形式是「不科學的」，其不能滿足邏輯上的基本要求。相對地，似乎值得指出：黑格爾在其邏輯學中固然並未錯認「抽象概念」在思想上不可抹滅的角色，但他也提出「具體的」或「具體一般的」概念與之對立；後者爲其哲學（包括法哲學）的中心思考形式。於此所以要對之做短暫的探討，因爲黑格爾也嘗試，以適宜事物關聯之豐盈性，來思考有意義的事物。之後將會顯示：類型及規定功能的概念，這兩種思考形式與黑格爾的「具體概念」有若干共通的特徵，然非謂兩者爲一物。它們同樣都關切——因形成抽象概念採取之孤立化方法而被切斷之——意義脈絡的掌握。於此要探討的僅限於「具體概念」的思考形式，黑格爾其餘的思考形式則非所論；雖然如此，我們也充分意識到：黑格爾的所有想法彼此緊密相關，因此，他理解的「具體概念」也不能應用到他的哲學之外。然而，與其他想法類似之處仍不可掩，同時，其亦尚未獲致最終的結論。

我們在黑格爾的著作中讀到[45]：「說到概念，我們通常聯想到的，只是我們留意到的抽象之一般性，於是乎概念便常被界定爲一種一般的觀念。我們正是如是言說諸如顏色、植物、動物等概念；此等概念之形成係：在放棄那些——足以區別不同的顏色、植物、動物等之——特殊部分的同時，又維持其共同之處而生者，這就是知性理解的概念。當我們的感性覺得這種概念是空疏的，認其只是幻象及陰影，它是對的。但概念的一般性不只代表一種——與獨立自存的特殊部分相對立的——共同之點，其毋寧是本身亦日益分殊者，在個別特殊的事物中仍明朗地保持自身者。無論在認識或是在實踐的行止上，不將眞正的一般性或共相與單純的共同之點混爲一談，實至關重要」。「眞正的一般性或共相」意指具體一般的概念，它表現在思想中的，並非孤立思考之諸要素的總合，毋寧是有意義的彼此相關之「因素」的整體，惟以其相互的結合始能構成概念。就此，我們可以藉「人」的概念來說明。以動物學的觀察方式，我們可以將人類定

----

[45] In der "Kleinen Logik" im Rahmen des "Systems der Philosophie", Sämtliche Werke (Ausg. GLOCKNER), Bd. 8, S. 358 f. (§ 163 Zusatz 1).

義成具有一系列要素的生物，部分要素係其與相近的動物種屬所共有者，其藉其他要素而得以與後者相區分。如是我們即獲得——「抽象概念」。如果要「具體地」理解人類（於此非指理解某特定個人，而是由其所具有之全部可能來理解「人」這個類型），那麼我們可以將其解為同時具有肉體、心靈及精神層面的生物，在這三種面向上，他以不同的方式來實現自我，並一直開展出新的可能出來。當我們賦予人類特殊的價值（尊嚴），鑑於其於法秩序中之地位賦予其特定能力（例如，權利能力、行為能力及責任能力）時，我們意指的正是此種具體之人的概念。於此，如僅憑藉動物學上的概念，勢將一無所得。

　　黑格爾進一步提及[46]，與抽象概念不同，不能任意形成具體的概念，概念「毋寧才是真正的先存者」，「事物之所以是如斯之事物，乃是由於內在於事物，並藉事物而顯示其自身的概念之活動」。在黑格爾的意義上，概念不僅是思想的產物，毋寧是一種發生影響的、建構中的、形成中的原則；黑格爾稱[47]概念乃是「一切生命的原則，因之同時也是澈底具體之事物」。這種以黑格爾「觀念論的」世界觀為基礎之見解——因此當然也不為將黑格爾的體系轉作唯物論解釋者採納——在自然的領域常有扞格不合的情形，也的確不能證實。然而在精神創作的領域中（法學亦屬此），此見解則極為恰當；於此，理念、建構、主導思想常先於其個別實現而存在，但唯於後者才能完全清楚顯示出來，變得可以確實掌握，此對從事創作者亦然。

　　此外，在黑格爾「具體概念」意義下的概念還意味著：「概念的各因素彼此是不可分離的」，「概念的每一因素只有從其他因素，並且與其他因素合併以觀，才能被掌握」[48]。由此更可以推得，只有採取下述方式，這種概念的思考才確實可靠：一方面應於其諸多因素中來開展概念，另一方面應由此等因素出發，而一再反省每項因素與其餘全部因素的脈絡

---

[46] a.a.O., S. 360 (§ 163 Zusatz 2).

[47] a.a.O., S. 353 (§ 160 Zusatz 2).

[48] a.a.O., S. 361 (§ 164).

關聯。黑格爾[49]說，「概念的本質是：在自我發展的過程中證實自我」。在思想的運動中，諸多——被認爲原本暗含於概念中的——因素被區分開來，因而變得清晰；概念的「開展」則屬適相反對的運動，其往返於（尚未充分發展，而）在思想中預擬的概念以及（正係以其之相互結合始克）形成概念的諸因素兩者間。於此涉及的有類於，先前在所謂的「詮釋學意義的循環」上一再遭逢的「思想之循環運動」。

　　爲證實「具體概念」的思考「對一般語言用法而言，並不像初睹乍觀那樣陌生」，黑格爾舉了一個法學上的例子[50]。「大家經常提及內容的派生，例如，由所有權的概念派生出與所有權有關的法律規定；同樣地，也會反過來說，將此等內容歸結回該概念。如是，事實上已承認概念絕非缺乏內容的形式，因爲由此等形式不能派生出什麼東西出來，另一方面，將既有的內容歸結回其所屬概念的空洞形式上，僅能剝奪，而不能幫助認識其明確性」。我們再詳細考察這個例子，在（作爲民法典之基礎的）抽象概念式體系中，大家把所有權界定爲：依現行法秩序可能之最廣泛的對物支配權。此定義之根據爲民法典第903條，依此，物之所有人於不牴觸法律或第三人權利之限度內，得自由處置其物，並排除他人之一切干涉。此種所有權的概念，對於所有權的法律意義，其於法秩序之整體脈絡中的功能，未有任何說明。未於觀念中置入的內容，自然也不能由之派生出來。所有權是對物可能的「最廣泛的」權利，這個說明只有助於與「限制物權」相區別，此外並未包含什麼內容。然而，前項定義確已指出因法律與第三人權利而生的限制。然而，這些限制看來多少有偶然及任意的性質；因此，所有權有可能會被貶抑成「空洞的集合」。假使要處理基本法第14條所有權保障的問題，這種權利觀念是不濟事的。基本法的創制者想像的顯然不是民法典的抽象概念，毋寧是包含意義內容豐盈的觀念，對此目下不能詳述。假使嘗試以黑格爾的方式，視吾人物權法中的所有權爲一種包含意義的概念，即須以其下述的法律意義爲出發點：它使人能夠在物質的

---

[49]　a.a.O., S. 356 (§ 161 Zusatz).

[50]　a.a.O., S. 355 (§ 160 Zusatz am Ende).

環境中自由發展，依黑格爾的說法[51]，它在法律上賦予人類「外部的自由空間」。由此出發，我們可以將此具體概念的個別因素或個別規定演繹出來，它們也或多或少，或隱或顯地出現在實證法的規定中。屬乎此者，首先是將物持續性地劃歸某人，其因此擁有直接的物之支配（＝占有）、處置所有物以及對所有權爲法律處分的權限；與此相對的是排除任何第三人的干涉，賦予起訴的可能以提供法律保護，在有侵害的情事時，並賦予損害賠償請求權；最後基於共同生活及相互考量的必要，或者因所有權人的自我設限，爲第三人的利益而限制所有權人的權限。將所有這些規定，回頭與「具體概念」的意義整體相連結，就可以擺脫這些規定的孤立性，實證法中——與物的所有權有關之——不同規範間的協作，就變得可解。

如果以此種方式來理解今日物權法的教科書，在（其中）討論基本法財產權保障的脈絡中，的確可以發現一些反映此種考察方式的觀點。對今日的法學而言，黑格爾的主張的確是對的，此種思考方式確實「不是那樣陌生」。今日的法學絕不僅應用抽象一般的概念，它也運用包含意義的概念或類型，後者無論如何與黑格爾的「具體概念」在下述一點上是相同的：其均非類別或種屬的概念。只是大家沒有充分意識到這個現象而已。

第二節　類型及類型系列

第一項　「類型」思考形式的一般說明

當抽象一般概念及其邏輯體系不足以掌握某生活現象或意義脈絡的多樣表現型態時，大家首先會想到的輔助性思考形式是「類型」。今日許多學科都利用此種思考形式，雖然對它的理解未必相同[52]。將之引入社會

---

[51] Rechtsphilosophie, § 41.

[52] 〈Studium Generale〉雜誌分別在1951年及1953年的其中兩期討論，「類型」此種思考形式在不同學科之應用。於此要特別強調的文章有：就「類型」概念本身的討論（J. E. Heyde, Bd. 5, S. 235）、對類型在認識論上的問題之探討（E. Kretschmer, Bd. 4, S. 399）、就類型在法學中的應

學的是韋伯，將之引入一般國家學的則是耶林內克（Georg Jellinek）、沃
爾夫（H. J. Wolff）[53]。法學中「至少有四種類型的應用型態」，亦即：
一、「一般國家學、歷史性及比較性法學中的類型」；二、「一般法秩
序的、狹義的法的類型」；三、刑法的類型；四、稅法的類型。此外尚有
「用以幫助體系化的、狹義的法學的類型」。除最後一種外，我們感興趣
的主要是「一般法秩序的、狹義的法的類型」。恩吉斯於其《具體化的理
念》一書中，特別增關一章「法秩序及法學之轉向於類型」[54]。他認為：
雖然在細節上彼此有極大的差異，「現代關於類型的所有見解」以及「所
有將類型與一般概念對立以觀的想法」，其均以下述想法為基礎：「類型
或者以此種方式，或者以彼種方式，或者同時以此種及彼種方式，較概念
為具體」[55]。

　　在「類型」一語的不同意義中，我們可以作如下的區分，應明言者，
於此並不主張此種區分是窮盡的[56]：

　　一、一方面是恩吉斯所謂的「平均類型或經常性類型」，另一方面
則是「整體性類型或型態類型」。當提及某人或某一群人在特定情境下
的典型反應時，或者當我們說，對某地域及季節而言，這種氣候狀態是典
型的，我們意指的是第一種類型。於此，「典型的」所意指者，與「依
通常的發展可以期待」以及「通常」並無不同。反之，當我們說「典型的
中型山脈」、「典型的荷蘭農舍」〔海德（Heyde）的例子〕時，我們意

用（Hans Julius Wolff, Bd. 5, S. 195），以及就其於社會學科中之應用（J. v. Kempski, Bd. 5, S.
205）的探討。其他文章則討論類型在生物學、心理學、語言學及歷史學中的應用。關於類型概念
之邏輯結構的探討，Hempel und Oppenheim, "Der Typusbegriff im Lichte der neuen Logik",
1936。其餘文獻見：ENGISCH, Die Idee der Konkretisierung im Recht und Rechtswissenschaft
unserer Zeit, 2. Aufl., S. 308 f. (Nachtrag zum 8. Kapitel); LEENEN, Typus und Rechtsfindung,
Schriftumsverzeichnis, S. 194 ff。

[53]　Im Studium Generale, Bd. 5, S. 195.

[54]　a.a.O., S. 237 ff.

[55]　a.a.O., S. 262.

[56]　Schieder im Studium Generale, Bd. 5, S. 228 ff. 對「結構類型」及「過程類型」的劃分，對於歷
史學特為重要，於此則省略不論。

指的則是或多或少，以其整體足以表現此等山脈特色的特徵，然而，這些特徵並不是在任何情況下都必須同時存在。在可以歸屬此種類型的個別山脈上，這些「特徵」可以不同的強度、以不同的變化及混合型態出現；這些特徵彼此緊密相關，而且是以其彼此之相互結合，才建構出被理解爲類型的，此等山脈的型態。照克雷斯默（Kretschmer）[57]的說法，這種意義的類型是「一種比較生動明白的一般形象」。海德[58]說得更清楚：於此涉及的是「要素整體，質言之，以整體來掌握的一般性」。這兩件類型都是經驗的類型，蓋該當的山脈，或事件的進行，均可藉經驗以證實之。此等——以不同強度——具備各該特徵的山脈，我們在實際世界中多可遭逢其不同的範例。

　　二、僅是**被想像出來**的，在思想上被掌握，以其特殊性**被認識的**類型。對經驗的型態類型可以作生動的想像，於此，特別彰顯其特徵的樣本多少也可以作爲範例。強調類型可以生動地掌握者，他們想像的不是概念而是一種「形象」。因此，直觀只能將感官印象統合成一個整體形象；它不區分個別的特徵，或者根本未意識其差異。因此不僅應觀察類型，而將之複製成內在的直觀，反之，亦應認識足以區分其與其他類型的特徵，質言之，必須由直觀的類型進展到由思想來掌握的類型。於此必須強調，類型思考進展的第一個步驟與抽象化思考並無不同。由有關的具體事物中區分出一般的特徵、關係及比例，並個別賦予其名稱。然而，在抽象概念的思考中，這些特徵就此被確定爲孤立的要素，而藉著一再地放棄這些要素，構建出愈來愈一般的概念；類型思考則不然，它讓類型的構成要素維持其結合的狀態，僅係利用這些要素來描述（作爲要素整體的）類型。藉著這種方式，它嘗試在思想掌握的階段，也還能夠維持類型（藉直觀取得之）形象上的整體性。此何以大家常會聽到下述說法：類型幾乎處於個別直觀及具體的掌握與「抽象概念」兩者之間[59]；「它比概念更具體」。

----

[57] a.a.O., S. 400.

[58] a.a.O., S. 238.

[59] Vgl. KRETSCHMER, a.a.O., S. 400（在個別事物及概念的中間）；ENGISCH, Konkretisierung, S. 238

　　三、經驗性類型、邏輯的理念類型及規範的理念類型。之前考察過的經驗性形象類型，其同時也算是平均類型，因為它們——以「荷蘭農舍」為例——會有或多或少多數的樣本，（雖然其各自會有若干差異）實際上亦會遭遇到它們。韋伯所謂之「邏輯的理念類型」雖然也是由經驗得來，但以其「純粹」的型態而言，經驗現象中未必有其適例。較諸迄今考察過的類型，此種類型比較是思考的創作，於此涉及的是一種模型的觀念，其係藉強調個別的——實際觀察而得的——特徵，以及摒棄其他的特徵而得者，其目的在於供作比較的標準。韋伯自己也把它稱為一種「思想的作品」[60]，其係藉單方面地強調一種或若干種觀點，藉結合多數「（能配合這些觀點的）或多或少存在，有時甚至根本不存在的個別現象」而取得者。諸如「自由的市場經濟」及「澈底的控制經濟」等理念類型，其目的在於：藉助模型使其各該「典型」流程更為清晰，藉著與「純粹的」類型相比較，更能理解現實生活中遭遇到的混合形式。假使有些人——無論如何不包括韋伯本人[61]——將此等「理念類型」與下述想法相結合，則此種邏輯的理念類型已包含公理性的理念類型，質言之，規範的理念類型的特徵：此種理念類型，相較於其他理念類型以及不同的混合形式，具有價值上的優越性。

　　此種規範的理念類型並非現實的「反映型」，毋寧為其「模範型」或亦為其「原型」。例如柏拉圖式的國家即屬此種意義的「規範的理念類型」。同屬於此者尚有：被提升為模範型的雅典式民主（於此，若干歷史事實上的特徵則被忽略，例如，奴隸制）、「真正」能完全符合其任務要求的政治家、法官、醫生、教育家、基督徒等等。此處涉及的是：以其純

　　　（取向於具體事物的中間位置），S. 251（在抽象的一般性及個別性之間的，類型的中間地位），S. 260（類型的中等抽象程度）。

60　MAX WEBER, Gesammelte Aufsätze zur Wissenschaftslehre, S. 191; vgl. auch Wirtschaft und Gesellschaft, 4. Aufl., Bd. 1, S. 9 ff.

61　韋伯明白地強調，實應如此、典範性的，應與純粹邏輯意義上之「理想的」思想形象「審慎區分」（Gesammelte Aufsätze zur Wissenschaftslehre, S. 192）。恩吉斯適當地強調（a.a.O., S. 253），韋伯的理念型「作為邏輯的理念類型，與公理式的理念類型不同」。

粹性或者不能完全實現，但應努力追求的模範型或目標型。為使其行為有所取法，人類顯然需要此等標準型；然而，假使此等類型過分遠離現實，而未慮及「典型之」人類狀況的話，則其具有烏托邦的性質。

以下要考察法學運用的「類型」，其意義為何。

第二項　類型在法學中的意義

法規範指示應參照交易倫理或商業習慣時，其涉及者係經驗性的經常性類型。交易倫理是指：某特定社會族群的成員，就直接或間接與其業務有關的事務，一般會有的「社會典型的行止形式」[62]。如法律或個別案件中的契約指示應參照它們，它們便變為「規範」。反之，在定「善良風俗」（善良倫理）的內容時應予援引的「支配性社會倫理」[63]，於其遵從者或以其為判斷基準者的意識中，其本已具有規範性質。然而，也只有當法規範加以援引，而且並未牴觸現行法的原則及評價基礎時，它才能成為法規範。由是，對於法律家而言，交易倫理、商業習慣及「社會倫理」才取得「標準」的意義，質言之，才算是「在社會現實中被接受為正當社會行止的通常標準」[64]。一如斯特拉赫（Strache）[65]適切地評述，此等「標準」並非可依三段論程序單純涵攝的，以概念形式表現的規則；毋寧是一些「可變動的」，由「典型的」行止中解明而得的，適用於待判個案時須一再重新具體化的標準。依斯特拉赫[66]之見，此等「標準」「固然是真實的類型，但其同時也總是公理性的理念類型」。這指的當然不是整體性類型或型態類型，毋寧是被提升為規範的經常性的或平均的類型。

此外，在所謂的表面證據上，平均的或經常性的類型也扮演重要角色。其意指：假使某個因果歷程符合「典型的事件發展」，即可認定就此

---

[62] Vgl. Sonnenberger, Verkehrssitten im Schuldvertrag, S. 107.

[63] Vgl. *meine* Abhandlung "Grundsätzliches zu § 138 BGB" im Juristen-Jahrbuch, Bd. 7, S. 98 ff 及上文第三章第三節第四項。

[64] So Strache, Das Denken in Standards, S. 16.

[65] a.a.O., S. 17 f.

[66] a.a.O., S. 94.

因果歷程已提出證據，只要沒有其他足以使人聯想到會有他種非典型的事件發展之——被證實的——情事存在的話。法院由「經驗法則」中獲得這些「典型的事件發展」，前者則得之於「一般的生活經驗」[67]。然而，這種經驗法則只能作爲程度不等的概然性根據，因爲在形成經驗法則時，不可能將所有——在個案中會產生影響的——情事都考量進來。因此，在具體個案中提出事情恰有不同發展的證據，這個機會必須始終開放。假使在具體個案中，並無任何情事顯示有不尋常的發展時，就應該假定，該當個案中的事實發展就恰如「典型的」事物發展所預期者。

　　對於法及法學而言，更重要的是那些自始就包含規範性因素的類型。法律一方面用它來描述某類人——不能藉概念來確定——的社會角色。例如，我們之前（第一章第四節第一項）提及的「動物占有人」、「事務輔助人」、「占有輔助人」，「商業代理人」以及「經理人」。於此涉及者均屬類型描述而非概念，因爲用以描述其特徵而被提出的要素——例如指示的拘束性或「社會的從屬性」等——可以不同強度出現，而其一般非取決於個別的要素，毋寧著重其整個「表現形象」[68]。此種「表現形象」得之於經驗，因此以經驗性的類型爲基礎。然而，在選擇標準的「表現形象」及詳細地界分類型時，規範目的及規制背後的法律思想亦有其決定性的影響；質言之，必須基於規範性的觀點來選擇及界分。由是，在形成類型及從事類型歸屬時，均同時有經驗性及規範性因素參與其中；此兩類因素的結合正係此種類型的本質，我因此名之爲**規範性的眞實類型**。

　　法學中，類型這種思考形式又可以用來詳細描述某些型態的法律關係；特別是主觀權利以及契約性債之關係的特徵。然而，民法典承認並予規制的物權「類型」，則是抽象概念式地被特定下來；嚴格地說，它們是「種類」而非「類型」。我們用「類型」來指涉的主觀權利包括不能做嚴格定義的人格權、支配權、形成權、參與權及期待權。法律明白規定的債

---

[67] Vgl. J. PRÖLSS, Beweiserleichterungen im Schadensersatzprozeβ, S. 14 ff.

[68] Peter Ulmer, Der Vertragshändler, 1969, S. 187 ff 區分在契約性商賣總是會遇到的要素，以及可能以不同強度出現的要素，前者名爲概念性要素，後者則名爲類型要素。

權契約類型，其──如前（於第三章第五節第三項）所述──大多是眞正的類型，雖然法律對某些債權契約類型亦做概念式的定義。然而，前亦已指出，概念式的區分終將歸於失敗，當某一具體的契約結合複數契約類型因素時，無論它是偶一爲之或經常出現，均無不同。於此可以想到的例子有：「混合贈與」、「分紅契約」、「租賣」以及不同型態的分期付款買賣。此種無所不在之「類型混合」，其特色在於：於此，不同基本類型的要素，以特定方式結合成一種有意義的、彼此關聯的規制。在經濟及商業交易做精密區分的階段，「混合類型」殆屬不可避免的現象；反之，在比較不做精密區分的生活關係上，一些基本類型（諸如買賣、交易、租賃、借貸）仍可見及，有適應變化能力的基本類型，仍可長期維持不墜。

　　法律關係的類型（特別是契約類型）是發生在法現實中之「**法的結構類型**」，因爲它涉及的正是法律性創作的特殊結構。此種類型有些是法學的產物，例如主觀權利的類型；然而，它們大部分是由法律交易中產生的，全部的債權契約的類型均屬此。如立法者加以規制，他常是在法律生活中先發現它們，掌握其類型特徵，然後再賦予適合此等契約類型的規則。只要不是直接取之於法律傳統，立法者就不是「發明」，而毋寧是「發現」此等契約類型；即使是取之於法律傳統，類型最初仍是發生在法律生活中[69]。然而，立法者不需要原封不動地襲取法律生活中的類型；他可以藉規制來增添新的特徵並排斥其他特色。對於法律意指的類型而言，具決定性的是法律對它的規制。在個案中，當事人約定的契約規制則可以多少偏離法律的規制；由這些約定可以在法律生活中發展出新的、法律外的契約類型。法律內的也好，法律外的也罷，這些契約類型都是**類型性的規制**；此種法的結構類型也因此有別於前述規範性的眞實類型。於此，憑以構建類型者乃是結構，質言之，（於其諸要素「協作」下的）規制之有

---

[69] 同此見者：ENGISCH, a.a.O., S. 269 und 272. KOLLER, Grundfragen einer Typuslehre im Gesellschaftsrecht, FREIBURG/SCHWEIZ, 1967, S. 63 ff 認爲，在瑞士，只有有限責任的合夥才是立法者人爲的創造：所有其他類型的合夥，都不是由立法者「所發明，毋寧是由他在法律事實中發現而納入法律之中」。

意義的脈絡關聯。

第三項　法之結構類型的掌握

　　在前述各種——對法學而言——重要的類型中，法之結構類型值得特予重視，因爲在發現法律的意義脈絡，以及在理解特定部分規制上，它都具有重要的認識價值。首先要澄清，應該以何種方式來掌握此種類型。讓我們以——顯然是民法典立法者想像的——「合夥契約」之「通常類型」爲例。民法典第705條只對合夥契約作極端模糊，因此絕不宜視爲定義的刻劃，其不過是初步的指示。依此，合夥契約是多數人爲達成共同目的的結合。必須進一步考量法律對它的規制，才能看出這種結合的詳細情況。由關於事務執行的規定，以及因一合夥人死亡即導致合夥終止及解散的規定可以發現，此處涉及的是相當少數之人的結合，其彼此間應相互熟識、相互信賴。因此，這些規定對無權利能力的社團並不適合。它們規定，合夥之存續繫諸個別合夥人對此團體的屬性，通常合夥業務應由合夥人全體共同執行，因此，其要求彼等應緊密合作。這所有種種都指向屬人信賴關係的必要性。由此發生——遠遠超乎法律規定的出資義務之外的——屬人性的行爲義務。藉著規定因合夥關係所生請求權不得轉讓（民法典第717條），更進一步強調了合夥人資格的屬人性。此亦與公同共有原則相符：合夥人不得處分其股份，亦無權請求合夥財產之分析（民法典第719條）。然而，幾乎所有上述規定均可以特約排除，因此，此種類型具有極大的可變性；但對「通常類型」而言，具決定性的仍舊是由此等規定的整體可以發現的形象。假使嘗試依據這個形象來界定其主要特徵的話，則除促成共同目的實現之義務外，其尙有以下特色：合夥人之間的信賴關係、所有成員均承擔共同的事務及其結果、合夥之存續取決於所有該當合夥人對此團體的屬性，以及享有合夥的權利（尤其是與合夥財產有關的權利）均以具有合夥人資格爲前提。不應忽略的是，在以其整體始構成類型的諸特徵之間，具有下述有意義的關係：在某種程度上，其彼此互爲條件，或者其彼此至少可以共存不悖。

　　這個例子教導我們，掌握法的結構類型應以法律或該當契約（假使

涉及的是法律外的契約類型）對此類型的整體規制爲出發點[70]。法律開頭表明特色的規定，其通常均非終局且足夠精確的定義，還需要許多──由法律規制推論出來的──特徵。做此種「推論」的前提是：法定規則必須適宜其意指的類型，換言之，前者能「配合」後者。萊南（Leenen）[71]適切地指出，由其規定的法效果在事理上的適當性出發，來規定構成要件要素，這是「一種──爲評價性歸類預做準備之──類型取得的正當程序」。於此應謹記勿忘，具體的契約規制可以**強弱不同的型態**來展現合夥契約的典型特徵，有時甚至可以欠缺其中若干特徵。例如，合夥並不是非要有共同財產不可，可以排斥個別合夥人不得執行合夥事務，也可以約定，如有合夥人退夥情事，在剩餘的合夥人之間合夥仍繼續存續。然而，在描述類型的整體形象時，將所有在個別事件中可得欠缺的特徵一律摒棄，這又是一種錯誤的做法，因爲由此我們又將得到若干孤立，不包含許多內容，因此對於規制的理解沒有多大幫助的要素。與前述相應，在將特定契約歸屬其契約類型時，重要的倒不是個別特徵的逐一吻合，具決定性的毋寧是「整體形象」。如整體形象嚴重偏離「通常類型」的話，大家一般將之歸爲特殊類型，或稱其爲「非典型的形塑」。仍可歸屬該類型的終極界限何在，不能一概而論；而舉凡其界限具流動性者（在類型的情況通常如此），就只能憑藉整體評價來作歸屬。

與掌握及詳細地規定法的結構類型不同，爲探求前述諸如交易倫理或商業習慣等標準，法律家必須與對社會從事經驗性研究者合作，假使他不能由專業單位處（例如：商業同業公會）獲得必要的材料的話。其任務在於審查，有關的社會規則是否確爲法律所指示參照，因此被提升爲法規則。在理解諸如商業代理人或「經理人」等「規範性的眞實類型」時，法律家的眼光自始就應該同時取向於──屬於法律所指類型的──社會現實，以及提供詳細確定法定類型之「選擇標準之規制目的」。法社會學家

---

[70] Vgl. LEENEN, Typus und Rechtsfindung, S. 171, 179 ff.; HARM PETER WESTERMANN, Vertragsfreiheit und Typengesetzlichkeit im Recht der Personalgesellschaften, 1970, S. 105 f.

[71] a.a.O., S. 181.

也多方利用建構類型的方法[72]。然而，諸如公務員、商人或手工業者之類社會學上的類型，其不須與相應的法定類型相互重疊、毫釐不爽。在他們的一些類型上，社會學家可能會突出一些對法律家而言沒有任何重要性的特徵，忽略其他法律家會賦予重大意義者。在選擇標準特徵時，始終取決於建構類型的主導觀點。法律憑以建構類型的主導觀點始終具有規範性，因此，只有同時考量規範性觀點，才能真正瞭解法定類型。

法的結構類型及其相應的規制，都是社會現實的一部分。掌握它們則單屬法學的義務。於此，法學只能以下述方式來進行：先探求——由多數法規範有意義之結合狀況顯現之——類型的「主導形象」，然後以此為基準來解釋個別規範。於此歷經的思想過程，又是「詮釋學循環」的另一表現形式：類型本身得之於——有意義之相互結合的——個別規定，而類型又能幫助更理解、更適切地判斷這些規定、其適用範圍及其對類型歸屬的意義[73]。假使涉及的是法律交易中發展出來的，法律外的契約類型，則逐漸通用的契約模式將取代前述法定規則的地位。在研究這些契約類型時，同時必須留意——隱蔽其後的——當事人追求之經濟目的、當事人「典型的」利益狀態，以及當事人於此將考量的危險負擔。依此才能突顯契約規制的特徵，並適當評價其重要性。而藉著與其他類型相比較，其同異得以確定，由此亦可以獲得法律評價上的結論[74]。

第四項　法之結構類型對形成體系的意義（類型系列）

最後的陳述已經顯示，建構法的結構類型，其可以何種方式幫助形成法學體系。這些類型是彼此相關之多數規制的集合體，其構成要素包含規範內容及其意指的生活關係。在不同的個案中，至少其中若干要素可以變更，或甚至可以欠缺，卻不至影響其類型屬性。大家可以將此等要素整

---

[72] Vgl. Ernst E. Hirsch, Das Recht als soziales Ordnungsgefüge, S. 323 ff.; Ryffe, Rechtssoziologie, S. 215 f.

[73] 同此：Leenen, a.a.O., S. 181。

[74] 若干在法律交易中發展出來的契約類型，我在我的債法教科書中予以介紹（12. Aufl., § 63）。

體理解爲一種——威爾伯格（Wilburg）將之引入法學時理解之——「可變的體系」[75]。然而，在1941年發表之關於奧國及德國損害賠償法的研究中，威爾伯格所想像的並非——用以表明特定規制類型之特徵的——彼此相關之規制要素的協作，毋寧是一種複數的原則或正當化事由等「要素」的協作，由此——依事物的情況——可以產生損害賠償的義務。他認爲，損害賠償責任「可歸結到多數因素上，它們以不同的方式及強度相互結合而構成賠償義務的根據」[76]。以類似的方式，萊南[77]將類型解爲「有彈性的複數因素之組織」，恩吉斯[78]則強調「多數因素的可變性及其程度上之差別的性質」，再者，萊南[79]也強調「類型等特徵之相互依存性」及下述可能性：在具體個案中，若干此等特徵的表現可以較弱，甚至也可以欠缺。假使將「有彈性的」換作「可變的」，將「因素」換作「要素」，並且將「組織」換作「體系」，就可以認識到，就思想形式而言，兩者的問題顯然具有廣泛的一致性。卡納里斯提出下述問題[80]：威爾伯格的「可變的體系」是否還配稱作「體系」，因爲威爾伯格根本就放棄提出確定的要素目錄，而代之以——以其各種不同變化型態顯現出來的——諸要素的「協作」。卡納里斯本身做出肯定的答覆；因此種體系仍可將「多數要素的一體性」顯現出來。相較於抽象概念式的體系，此種體系或者還更能顯現此一體性，因爲——一如威爾伯格的「具體概念」——它並不將構成此多數要素一體性的因素孤立起來思考。因此，將威爾伯格「可變體系」的概念以及——隱含於此概念之中——以不同的強度及結合方式顯現出來的諸「要素」間的「協作」，轉用於作爲思考形式的法的結構類型並無不

----

[75] WILBURG, Die Elemente des Schadensrechts, S. 26 ff.; Entwicklung eines beweglichen Systerms im bürgerlichen Recht, 1950; Zusammenspiel der Kräft in Aufbau des Schuldrechts, in AcP Bd. 163, S. 346. Dazu BYDLINSKI u.a. (Hrsg.), Das Bewegliche System im geltenden und künftigen Recht, 1986.

[76] Die Elemente des Schadensrechts, S. 28.

[77] LEENEN, Typus und Rechtsfindung, S. 34.

[78] ENGISCH, Die Idee der Konkretisierung, S. 242.

[79] a.a.O., S. 47.

[80] CANARIS, Systemdenken und Systembegriff in der Jurisprudenz, S. 76 ff.

當。

　　擴充結構類型中已開始的體系形成工作，這是藉建構「類型系列」來達成的。其植基於：因其要素的可變性，藉著若干要素的全然消退、新的要素的加入或居於重要地位，一類型可以交錯地過渡到另一種類型，而類型間的過渡又是「流動的」[81]。在類型系列中，幾乎併存但仍應予以區分的類型，其順序之安排應足以彰顯其同、異及其過渡現象。

　　類型系列可以用不同的觀點來建構，例如，可以如下觀點來建構一個關於人的結合之類型系列：在各種人的結合上，在何種程度上，社團的結構（由此可以形成一獨立於個別意志之外的「整體意志」，以及與成員的權利範圍不同之團體的權利範圍）超越了特定個別多數人的法律聯繫之因素。此系列的一端是——依合夥契約，所有共同事務的決議均以所有合夥人的一致同意為必要之——民法典上的合夥。緊接著是另一種合夥類型，於此，決議以成員多數決為已足（因為多數決原則已經是社團結構的第一要素），或者若干合夥人可以被排斥於合夥事務執行之外，而僅有若干檢查權。假使再加上公同共有原則及其之要求分享合夥股份以具有合夥人資格為前提，則「團體」的要素又得以進一步加強。在無限公司（OHG），此種團體要素——在團體與第三人的關係上——又進一步強化。社團結構之顯然超越民法典上之合夥的「個人性」特徵，清楚地表現在無權利能力的社團，於此已有獨立於個別成員之外的機關，並且能形成團體的意志。在此系列的另一端則是有權利能力的社團以及具有法人資格的商業公司，後者又可區分為人合及資合公司。假使系列建構的標準是：在何種程度上，此種結合在對外關係上是相互聯繫的多數成員，在何種程度上其已然是獨立的個體，那麼緊接民法典上的合夥之後的應該是無權利能力的社團（其有一致的名稱，至少有消極的當事人能力），然後是無限公司，最後是法人。在這個系列中，「內部結社」是結社的一種

---

[81] 建構類型系列的準則是：類型中之特定要素「愈強」（或愈弱），則該類型就愈接近系列的兩極。於此涉及的是「比較」語句式的陳述。關於此類語句的意義參見：Otte in RTh 1, 183; JbRSozRth 2, 30 f。

臨界現象，其根本不擬顯現於外。其他的編排可能也應存在，例如一方面是——具有一定財產後果的——屬人性的成員資格因素（人合團體），另一方面則是藉財產出資而取得，並與此部分資本相結合的成員資格因素（資合團體）。於此，有權利能力及無權利能力的社團、合夥及無限公司屬於人合性的結合，兩合公司則構成向資合公司的過渡，有限公司是資合公司而有若干屬人性要素，股份有限公司則屬純粹的資合公司。布雷歇爾（Brecher）[82]曾提及包含下述漸進的「階梯」：「對待給付的契約——合夥——無權利能力的社團——法人」，他並且強調，在各階層之間存在有——已經被承認的——過渡及混合形式。他特別將無限公司視爲此種過渡類型來處理；他認爲無限公司是「多於公同共有少於法人」的結合。這種「或多或少」的用語清楚顯現其類型學的考察方式；因爲概念式的分類沒有「或多或少」，而只有「非此即彼」可言。

　　依今日關於債之關係的學說，可以考慮將債之關係分成下述一系列類型：作爲臨界情況之一端的是：僅有單一給付關係的債之關係（例如票款請求權）；接著是在某種程度上屬於債之關係的「通常類型」——在今日普受承認的，由原始及從屬的給付義務、保護義務、其他行爲義務以及各種不同種類的權限及限制構成之集合體的債之關係；其次是具有比較強的屬人性拘束之持續性的債之關係，而在若干此種債之關係中（勞僱關係、合夥），前述屬人性拘束更可升高爲「忠誠義務」，於此，合夥關係又可以聯繫一系列之人的結合。於此，各該界限也是流動的——例如具有合夥特徵的長期分紅土地租賃契約。

　　這種系列建構的價值首先在於：使過渡及混合類型的掌握成爲可能。藉著指定某類型在類型系列中的適當位置，表明該類型特色之特徵，以及使其與毗鄰類型相連的特徵可以更清楚顯示出來。舉例來說，鑑於其內含的合夥特徵，對分紅的僱傭契約或土地租賃契約亦可適用合夥法的若干規則。然而，類型建構的價值於此比較不是在個案中的法發現，建構類型及類型系列的價值毋寧比較是在認識不同規制整體「內在」有意義的脈絡關

82　In der Festschrift für ALFRED HUECK, S. 244.

係。與抽象概念相反，作爲思考形式的類型之認識價值在於：其能夠清楚顯現——並維持彼此有意義地相互結合的——包含於類型中的豐盈的個別特徵。「事物本質」正反映在豐盈的個別特徵之中，因其亦不過是法律生活現實中會一再出現的，具體的人際關係中之特殊法律層面。因此，正如考夫曼[83]強調的，「事物本質的思考是一種類型學的思考」。

　　至少德國民事法學今日的特徵是一種獨有的抽象概念及類型混合並存的情形。（相對的）請求權及（絕對的）物權之區分無疑是抽象概念式的。「相對」及「絕對」這種概念要素彼此相互排斥。反之，假使將「請求權」及「支配權」視爲法的類型，那麼受預告登記保障，因此也可以對抗第三人的請求權之類的中間形式，就比較可以理解。受保障的權利仍然只針對債務人請求其爲特定給付；其並未賦予債權人對物本身有直接支配之權。然而，其已然限制債務人的處分權，質言之，已限制其物權性的法律權力，此限制亦可對抗第三人，在債務人破產時，對於其他債務人，預告登記權利人並享有排除權。權利人並可藉此阻止第三人取得該當物之權利，以免阻礙其請求權的實現。大家將此種排除權限稱爲「消極的支配權」。然而，其亦非獨立於請求權外之獨立的物權，毋寧只是藉著——通常屬於物權的——一種特徵來強化請求權。不能配合抽象概念模式的另一種權利是由債之關係所生的，相對的占有權利，其得以對抗所有權人的返還請求權，因此限制其物權性的法律權力[84]。作爲「相對的支配權」，其同時具有請求權及對物權的特徵。

　　然而，對認識法秩序的內在脈絡，類型建構的價值仍屬有限。此與之前一再強調的，類型與具體事物的趨近有關。諸如主觀權利、債之關係、合夥類型等法的結構類型，其總是指涉彼此相關的部分規制。部分規制必須與更廣泛的規制（諸如契約法或整個私法）配合，而至少這些廣泛規制的基礎原則又必須與整個法秩序的原則及評價標準協調。僅是建構類型尙

---

[83] ARTHUR KAUFMANN, Analogie und "Natur der Sache" S. 37 (= Rechtsphilosophie im Wandel, S. 310). 關於考夫曼的主張參見上文第一篇第五章第三節。

[84] Vgl. DIEDERICHSEN, Das Recht zum Besitz aus Schuldverhältnissen.

不足以掌握此等脈絡關聯。抽象概念式的思考對此亦少有助益，因為——如前已述——愈「高層的」，質言之，愈一般的概念，意義內涵愈空洞。使超越個別規制整體之法律思想及評價標準顯現出來，這乃是「內部體系」的任務。為答覆形成此等體系是否可能的問題，我們現在必須再次轉而探討法律原則。

第三節　「內部的」體系

第一項　法律原則對形成體系的意義

在其作為客觀之目的論的解釋標準，以及在有鑑於彼而從事法之續造的脈絡中，我們都探討過「法倫理性的原則」。將之描述為「從事法之規範時指示方向的標準，依憑其固有的信服力，可以正當化法律決定」。作為「實質的法律思想」，其係法理念在該當歷史發展階段中的特殊表現，並藉助立法及司法（特別是司法）而不斷具體化。若干法律原則明白規定於憲法或其他法律中，有些則可由法定規制、其意義脈絡，藉「整體類推」或回歸法律理由的方式得之；若干法律原則係針對特定——以其他方式無從解決的——事件，而於法學或司法裁判中首次「被發現」或被宣示，並因其內存的信服力而於「一般的法意識」中得以貫徹。具決定性的仍是其與法理念的意義關聯[85]。以上種種我們在他處都已經討論過，於此要探討的是此等原則是否適宜形成體系。

法律原則不是一種——一般性的案件事實可涵攝其下的，同樣——非常一般的規則。毋寧其無例外地須被具體化。然而，於此須區分不同的具體化階段。最高層的原則根本尚不區分構成要件及法效果，其毋寧只是——作為進一步具體化工作指標的——「一般法律思想」。此類法律原則有：法治國原則、社會國原則、尊重人性尊嚴的原則及自主決定與個人

---

[85]　Hierzu *meine* Schrift über Richtiges Recht, S. 33 ff., 174 ff.

負責的原則。區分構成要件及法效果的第一步，同時也是建構規則的開始則是：相同案件事實在法律上應予相同處置的命令，以及各種不同方向的信賴原則，例如負擔性法律溯及既往之禁止，以及——作爲私法中「信賴責任」之基礎的——在所有法律上的特別關係均應遵循「誠信」的要求。即使是此等「下位原則」[86]，它們距離——可直接供作具體個案裁判基準的——規則還甚遠。其毋寧仍須進一步的具體化，此工作首先多由立法者來承擔。最終的具體化則多由司法裁判針對該當個案爲之。爲使司法裁判中的價值判斷能取向於源自原則及其具體化的價值標準，法官應如何進行，我們先前已討論過（第三章第三節第四項及第五項）。

諸多原則之間可能彼此矛盾。因此，與規則的適用不同，原則只能以或多或少的程度被實現。依阿列克西之見（就此，德雷爾亦從之）[86a]，法律原則要求，「應於事實及法律可能的範圍內盡可能實現之」。因此，在諸原則相互矛盾的情形，每一原則應向其他原則讓步，直到兩者都可以得到「最佳的」實現（最佳化命令）。如何可認已符合此項要求，則又繫諸各該關涉法益的階層，於此又要求爲法益衡量。最終則取決於：個別原則在由此等原則構成的體系中價值如何。

假使應以這類原則及下位原則作體系的基石，則其將構成演繹式的體系。在演繹式的體系中，藉著增添進一步的謂語，比較一般性的陳述可以發展爲比較特定的陳述。此處則不然。以法治國原則爲例，其無疑包含一系列的下位原則，諸如依法律行政、立法者受一定基本權之拘束、法官獨立、法律聽證的權利、恣意侵害個人權利地位之禁止，以及負擔性法律溯及既往之禁止。然而，這些下位原則（以及進一步由之推得的法條）並未包含一些——藉其增添於法治國原則之上，足以使該原則作種與亞種區分的——陳述謂語。法治國原則毋寧是主導性的思想，是所有下位原

----

[86] CANARIS, Systemdenken und Systembegriff, S. 57.

[86a] ALEXY, ARSP, Beiheft 25 (1985), S. 19; ders. Theorie der Grundrechte, 1985, S. 75 ff.; RTh 1987, S. 407; DREIER, NJW 1986, S. 892; RTh 18 (1987), S. 379; ders. Festschr. für Maihofer, 1988, S. 87. 類此，其行爲只能合於或悖於義務，而不能是比較合於，比較不合於義務。於此參見：Eckhoff und Sundby in ihrer Schrift "Rechtssysteme", 1988, S. 64。

則的基礎，指示後者以方向；然而，也只有藉著將其具體化的下位原則和一般法條，及其憑藉法治國思想完成之有意義的聯繫，此主導思想才能清楚顯示出來。於此重要的又是：此處的思考不是「直線式的」，質言之，單向的，毋寧總是對流的：原則唯藉其具體化階段，後者又唯與前者作有意義的聯繫始能明瞭。內部體系的形成必須以一種「交互澄清」的程序來達成，這種程序我們在狹義的詮釋學「理解程序」之基本結構中已經認識過。

此種體系的特徵一方面是有某種內在的階層秩序存在，另一方面則是——在不同具體化階段的，同等重要的——不同原則間未被窮盡「規劃」的協作。關於「內在的階層秩序」，相較於財產法益，顯然基本法賦予生命、自由、人性尊嚴較高的位階。反之，在私法的領域中，自主決定、自我負責以及信賴責任諸原則，相較於有責性原則及其他損害責任的歸責標準，彼此間並無一定階層秩序，法律對此的規制應被理解為前述諸原則——以相互補充，在若干部分領域亦相互限制——的協作，於此，自何處起某原則應將其主導地位讓與他原則，法律常未做最後的規定。卡納里斯[87]適切地評述：「唯有藉交互補充及相互限制的協作方式，才能得到原則本來的意義內涵」。只有透過這種協作，個別原則的效力範圍及其意義才能清楚顯現。

就多種原則及下位原則如何協作而具體化**信賴責任**的構成要件一事，卡納里斯[88]曾做深入的描述。他先是將信賴責任（指：以信賴的構成要件為依據，課予履行義務或損害賠償義務）之事件與因法律行為所生責任的情事，對照以觀。後者係以自主決定及自我負責等私法上的根本原則為基礎。依此等原則，法律上個人可以藉意思表示使某項法律效果發生，並使

---

[87] CANARIS, a.a.O., S. 55. 於此，阿列克西（RTh Beiheft 1, 1979, 63 ff）亦參照美國學者德沃金（Ronald Dworkin）的說明。

[88] CANARIS, Die Vertrauenshaftung im deutschen Privatrecht. Vgl. insbesondere S. 411 f., 491 ff., 525 ff. Dazu auch CANARIS, Bewegliches System und Vertrauensschutz im rechtsgeschäftlichen Verkehr, in: BYDLINSKI, u.a., Das Bewegliche System im geltenden und künftigen Recht, 1986, S. 103.

自己受意思表示相對人之拘束，以此自主地規制自己與他人的關係。然而也有一系列下述情況：雖然只有一種造成意思表示表象的構成事實，或者只是一種不具法律行為性質的陳述（例如通知某種內容）存在，只因為對方當事人可以信賴此表象（或陳述），並確予信賴，依法律規定即產生拘束者。由是，信賴原則就成為一種——因法律行為而生的責任之外的，並且對之有補充作用之——獨立的責任基礎。卡納里斯並指出，只有當信賴的構成事實屬於義務人的負責範圍時，才能正當化基於信賴的構成事實所生之責任。關於歸責原則主要有兩種：有責原則及危險原則。依據後者，可否歸責取決於：較諸信賴者，造成信賴的構成事實之人是否「更宜於」承擔因誤導或——在持有證件的情況——濫用所生的危險。當後者明知其通知或表示不正確時，則自宜由其承擔危險。詳論之，則須考量信賴構成事實的種類，以及此信賴之值得保護的程度如何等前提要件。因此等原則及下位原則的協作，乃產生各種不同的信賴責任之構成要件及法律效果，於此，其構成要件及法律效果部分已規定於法律中，部分則係由司法裁判藉續造及補充法律規制而發現的。對卡納里斯來說，他詳細而深入細節的探討之「最終結果」，乃是「一種雖則分殊，然而整體看來仍相當單純，並且能免於矛盾的體系」[89]。於此，「免於矛盾」不僅是指無邏輯上的矛盾，特別還意指無評價矛盾的情形。

　　作為「信賴責任」的基礎，這不過是信賴原則的可能型態之一。它同時也是「誠信」原則的要素，並包含於後者之中；誠信原則本身在學說上亦有其特殊表現型態：「權利失效」理論與「禁反言」。假使涉及的是負擔性法律溯及既往的禁止，那麼信賴原則就又有另一種不同的表現型態。乍視初觀，此種——聯邦憲法法院由法治國原則推論出來的——禁止命令，與私法中的信賴責任似乎並無何等關聯。然而。同一原則的所有表現型態最終都以同一法律思想為基礎。只有當必不可少的信賴被保護時，人類才有可能在保障每個人各得其應得者的法律下和平共處。全面絕對的不信賴，要麼就導致全面的隔絕，要麼就導致強者支配，質言之，導致與

----

[89] a.a.O., Vorwort, S. VIII.

「法狀態」適相反對的情況。因此，促成信賴並保護正當的信賴，即屬法秩序必須滿足的最根本要求之一。然而，這不是說整個法秩序可以由此發展出來。我們已經提過了，在民事法中「信賴責任」原則與私法自治原則（指：在法律行為領域個人自我形成及自我拘束的原則）並存。在法律行為的交易中，無完全行為能力人保護的原則優先於信賴原則，於此對於他方當事人有行為能力一事的「善意信賴」不受保護。此原則亦轉用於因法律表象而生的信賴責任。如前已述，法律溯及既往的禁止也不是全無限制的。原則之間的「協作」意指，在一規制整體中，其彼此間不僅相互補充亦且互相限制。至於補充及限制到何種程度，開始是內在階層秩序的問題（假使此種階層秩序可由法定規制中解讀出來的話），然後是透過個別規制或司法裁判的具體化。於此，在每個具體化階段都需要再做價值判斷，其最初由立法者為之，立法者評價之後殘留的判斷餘地範圍內，則由法官為之。

在不同的具體化階段中，諸不同原則間的「協作」，其與威爾伯格「可變的體系」之模型觀念的想法相近。威爾伯格認為構成契約以外的損害責任有四項「要素」，在每個個案中它們可各自以不同的強度出現。通常它們一起合作，然而如其中之一的強度特別高，其亦得代替其他要素。威爾伯格[90]認為的，構成責任的要素是：「侵害或危及他人權利領域的」行為、「造成損害事件發生的情事屬於負責任者的範圍、在負責任者的範圍中有應予責難的瑕疵存在」，以及「負責任的經濟實力，或者可預期其應保險」。稍後[91]他又增添另一要素——「利益與危險共同集中於同一營業者的理念」，並認為考量負責任者的財產狀況是一種可疑的觀點。在對各要素做評價時，威爾伯格認為應賦予法官「較裁量更廣的空間」。依其見解，為構成法定損害賠償義務，立法者只應提出若干一般性準則，具體案件中的權衡應大量地讓諸法官的裁判。雖然依威爾伯格的想法，法官不應作不能被控制的衡平性裁判，反之，法官應依據其所提原則來裁判，並

---

[90] WILBURG, Die Elemente des Schadensrechts, S. 26 ff.

[91] In AcP 163, 346 ff.

於個別案件中說明理由。法官應該想清楚，於各該案件中，哪些構成責任的要素以何種強度出現，並應對其爲如何之評價。然而，現行的損害賠償法並不適合此種模型觀念。對於侵權行爲責任，特別是就危險責任，立法者並未放棄就其賦予損害賠償義務法效果的構成要件加以規定。我們的法律只在侵權行爲法中規定了一項概括條款，即便在此，界限也相當狹隘。雖然藉一般人格權以及就已成立的商業營業的權利，司法裁判也承認若干「開放的」構成事實，其是否存在，只能依憑個案中的法益衡量及評價才能決定。關於危險責任則仍舊適用列舉原則。

　　但是也無容忽視，法定規制各有其——作爲立法者主導思想的——特定原則爲基礎：在民法典中的侵權責任有有責原則，對「主觀權利」加強保護的原則，間接性法益則透過「保護性法律」來保護的原則；在危險責任則適用：損害危險如來自危險的設施或危險的營業，則該損害危險應由爲自己的利益而設置此等設施或從事此等營業者來承擔的原則。在依民法典第254條權衡應承擔責任的比例時，卡納里斯[92]指出，在各該原則中所提及的，有責、草率的程度、依危險責任原則應考量的危險，以及通常與因特殊情況而提高的營業危險諸要素，其彼此應以類似威爾伯格——在構成賠償義務時——建議的方式來作權衡。然而只要立法者已將此等原則具體化爲詳細的規制，將之轉化爲可直接適用的規制，由此已足以顯示各該原則的效力範圍及其協作的種類，則威爾伯格的模型觀念就不再適宜[92a]。因此，（應由法學發展之）由原則構成的體系就不是威爾伯格意義下之「可變的」體系，因法律的規制，毋寧在很大的範圍上已經被「確定」。然而「確定」的程度則各各不同；無論如何，原則仍能在解釋，特別在漏

---

[92] CANARIS, Systemdenken und Systembegriff, S. 78.

[92a] 比德林斯基則採不同見解（Das bewegliche System im geltender und künftigen Recht, S. 36）（前註76）。他認爲，假使只剩下訴諸判斷者個人的價值判斷一途的話，那麼即使處理的是通常（而非「可變的」）法定構成要件，其之爲「可變的體系」仍是可能且可容許的。各種法定標準（假定其係有階段性的）之一的缺點，在做總體評價的範圍內，可藉由他種標準得以平衡。然而，依此見解，立法者追求的清晰、易於確定的規制優點，就被犧牲了。我認爲，只有當法律定有「開放的」（逐案加以具體化的）構成要件時，才有「可變的體系」可言。

洞填補上發生調節作用。舉例來說，透過危險責任的原則，可以要求在下述情況對民法典第833條做規範的目的論限縮：動物危險的受害人明知其危險，而在可以避免的情況下仍將自己置於危險之中[93]。即使是大半已藉由法律而「確定的」，由主導性原則構成的體系，在個案情況時仍須被修正[94]。

　　雖然法律原則通常具有主導性法律思想的特質，其不能直接適用以裁判個案，毋寧只能藉其於法律或者司法裁判的具體化才能獲得裁判基準；然而也有一些原則已經凝聚成可直接適用的規則，其不僅是法律理由，毋寧已經是法律本身。我將之名為「法條形式的原則」[95]。相反地，可以將不具規範特質的原則稱為「開放式」原則。然而不應將此種差異理解為生硬的區分；「開放式的」及「法條形式的」原則毋寧是流動的。不能精確指出由哪一點開始，原則已經藉法律被具體化到可以視為法條形式的原則。

　　屬於法條形式原則的情形，首先是法律雖未明白言及，但因法律就其例外特為明定，可見其乃包含於法律之中者。立法者所以不明白言及，因其認為該原則係如此「理所當然」之事，因此根本不須提及原則，而只須表明其例外情況。假使法律中未為例外規定，而且也不應將此種情形視為法律的漏洞，該原則即可直接適用。此類原則有契約自由以及債權契約形式自由原則；這些原則本身又別以一開放式的原則為基礎：私法自治原則。屬於法條形式原則的還有一些憲法原則：「無法律則無刑罰」、「一罪不二罰」（基本法第103條第2項、第3項）、基本法第104條規定之人身自由的保障、法官獨立的原則（基本法則第97條第1項）以及特別法庭

---

[93]　Vgl. hierzu *mein* Lebrbuch des Schuldrechts, Bd. I, 14. Aufl., § 31 Ib, sowie die Entscheidung des BGH in JZ 74, S. 184.

[94]　Vgl. Canaris, a.a.O., S. 86 ff.

[95]　之前（in *meiner* Abhandlung über "Wegweiser zu richterlicher Rechtsschöpfung" in der Festschrift für Arthur Nikisch, S. 275 ff., 299 ff）我將它稱為「準則」（Grundsätze），以與「原則」（Prinzipien）相區分。然而通常都將「法律準則」（Rechtsgrundsatz）及「法律原則」（Rechtsprinzipien）視為同義語，例如埃瑟的書名即是如此（"Grundsatz und Norm"）。因此，我在此將之分為開放的及法條形式的原則。

之禁止（基本法第101條）。它們都是法治國原則的具體化。法條形式的
原則幾乎是處於開放式的原則（後者藉助前者得以向特定方向具體化）以
及——具有不太嚴格的構成要件之——法規範之間。其與後者主要不同點
在於：在規制的整體脈絡中，其具有顯著重大的，質言之，原則性的意
義。其意義內涵已超越依法條形式被規定的內容而指向基本的原則，例
如私法自治或法治國原則，基本原則亦唯藉助它才能向特定方向具體化、
明朗化及標準化。貝蒂（Betti）[96]稱此種關係爲「評價性意義內涵的盈
餘」，此正是法律原則與個別法規範相比時，其特徵之所在。

　　法條形式的原則還包括「最輕微的手段」以及「盡可能最小限制的」
原則，如前已述，它們是法院在從事「法益衡量」時經常應用的標準。只
要在具體案件中只有一種「最輕微的」手段，只有一種——能對優先法益
作充分保障的——對應讓步法益的「盡可能最小的」限制，該標準就不需
要作進一步的具體化，它們就可以算是「法條形式的」原則[97]。如以其比
較一般的表現形式，質言之，只是要求目的與手段之間應維持「適度的比
例」，或是要求，所發生的損害對於擬避免的危險而言並非不成比例（民
法典第228條），那麼涉及的就是質屬「開放式」原則的比例原則，因爲
於此不做額外的評價是不夠的。此處涉及的究其實乃是適切程度乃至均衡
性的思想，其與正義的思想密不可分[98]。

　　勒切[99]將比例原則與必要性原則加以區分。他認爲，前者意指「爲達
成特定目的而採取某項手段時，相對於此目的，手段不可失衡」。後者則
意謂，在同樣可以達成目的多數手段中，應該選擇造成侵害後果最輕微
者。勒切接著強調，兩項原則具有不同的內涵，這是對的，但這並不排
除，必要性原則可以是比例原則比較特定的表現型態，事實上必要性原

---

[96]　BETTI, Allgemeine Auslegungslehre, S. 625.

[97]　So auch HIRSCHBERG, Der Grundsatz der Verhältnismaßigkeit, 1981, S. 37, 58, 246.

[98]　So auch HIRSCHBERG, a.a.O., S. 37, 246.

[99]　LERCHE, Übermaß und Verfassungsrecht, 1961, S. 19.

則自己又可以區分爲最輕微的手段及盡可能最小限制的要求[100]。勒切自己則是以「越量禁止」來統合比例及必要性原則。然而，其選擇的用語亦顯示，兩者涉及的都是「節制」、「適度」的思想[101]。勒切更認爲[102]，這兩項原則都具有「直接的法條性質」，因爲僅依憑它們就可能取得個別的結論，「通常中間並不需要插入獨立的、具體化的語句」；依我們的見解，勒切此項說法只有對勒切的「必要性原則」而言是正確的。事實上他運用其他法條，例如關於正當防衛、自助行爲的界限之規定（民法典第230條第1項），或者關於通行權的規定（民法典第917條）作爲部分要素，再將之與法條的其他要素結合，藉此來獲致一項可靠的決定。反之，如果問題存在於損害對危險而言是否並非不成比例（民法典第228條），或者相對於因干涉行爲而生的損害，迫切的危害是否「顯然過鉅」（民法典第904條），尤其在從事基本權之間的權衡時，在個案就需要額外的評價行爲，有鑑於此，也還有判斷餘地存在。然而，在只有這種「最輕微的手段」，只有這種「盡可能最小的限制」是合法的情況，也就沒有判斷餘地存在可言。最輕微的手段及盡可能最少限制的原則，其只有在下述情形才有其適用：爲了其他同等重要，或者更爲重要的法益，某人必須接受對其權利所加的限制，換言之，對某人要求爲權利犧牲時；反之，比例原則的意義更爲廣泛，在契約法中亦有其適用餘地。

　　無論是價值導向的法學，或體系性操作的法學都企圖闡明「內部體系」，該體系中心的基準點則在於「開放的原則」以及原則中顯現的評價基礎。只有在考慮其不同程度的具體化形式，並且使這些形式彼此間具有一定的關係，如是才能由之建構出「體系」。仍有疑問的是，僅是藉原則的說明及發展（無論其係「開放的」抑或是「法條形式的」）是否確能滿足學術上的體系要求，或者，這種體系還是需要一種概念，其幾乎就可以

---

[100] Vgl. auch HIRSCHBERG, a.a.O., S. 150, 247, So wie LERCHE, ArchöR 104, 415.

[101] 關於與正義的意義關聯見：*meine* Schrift über Richtiges Recht, S. 40 f., 130 ff。

[102] a.a.O., S. 316.

作為此種體系與——為掌握整個法律素材反正已不可或缺的——「外部體系」之間的聯繫橋梁[102a]。

第二項　規定功能的法概念

假使這些被追尋的概念要足資應用，它們就不能僅僅是抽象程度愈高就愈沒有內涵的，抽象一般的概念。反之，這些概念的內容必須可以將——作為規制基礎之——其與決定性原則間的意義關聯，以濃縮但仍可辨識的方式表達出來。事實上，今日的法學也廣泛應用此類概念。我們可以將之名為「規定功能的概念」。例如，至少從弗魯姆（Flume）發表他的大作以後[103]，今日的私法學就應用一種規定功能的法律行為概念，它主要被解為私法自治的手段，並且應基此觀點來理解與其有關的問題，並由法律中尋求其解答。而當我們說到危險責任的構成要件時，我們意指的是：契約以外，以危險責任原則為基礎之損害賠償責任的構成要件。假使說到「人格權」，我們意指，其功能在對外保障人的固有範圍的權利，在新近的法學中，「人格權」的概念並不是藉省略不同的人格權間的差異，確認其共同處而獲得的，毋寧是藉找出人格權的特殊意義內涵及其功能而得者。卡納里斯雖然稱「內部體系」為由一般法律原則構成的體系，但仍然認為，應該有「相應的法概念體系歸屬於原則之下」[104]。然而大家「可不能忘記，這些概念具有目的論的特質，因此，在有疑義時即應回歸到隱含其中的評價上，質言之，回歸到相應的原則上去」。但是這樣做的前提是：這些概念正是針對此等原則，而不是以抽象化的方式建構的，因此，回歸此等原則本就包含於其內容中。

此外，規定功能的概念尚有下述作用，在特定的規制脈絡中，保障——以此等概念為其構成要件或法律效果之要素的——法規範之同等適

102a 只願將「內部體系」侷限在法律原則上：Hönn, Kompensation gestörter Vertragsparität, 1982, S. 62 f。

103　FLUME, Allgemeiner Teil des bürgerlichen Rechts, Bd. 2, Das Rechisgeschäft.

104　CANARIS, Systemdenken und Systembegriff, S. 50.

用。此等概念包括：「違法性」、「過失」、「善意」或「惡意」。對此等**純粹規範性概念**，應配合其於各該規制脈絡中的功能來確定其內涵，這點我們要藉違法性概念來說明[105]。

我們稱一行為係「違法的」，即：姑不論行為人內心的態度，行為的外觀牴觸了法秩序的行為或禁止命令，其不應被施行。然而，在尚未同時考量行為人內心的態度前，對於一項行為之有無價值尚不能做終局的判斷，因此，關於違法性的判斷只是暫時性的無價值判斷；由是，雖然是違法的，但仍有可能是可免責的行為。刑罰以及民法上的損害賠償義務（依侵權行為責任的規則）通常以兩者為前提：既要求行為的違法性，也要求有責性。此外，對於「違法的」侵害可以為正當防衛；在民法，某些防衛權限及起訴可能性僅以對占有，或對所有權人的權利範圍違法侵害為前提（民法典第858條以下、第1004條）。因此，在民法典的法益保護體系中，違法性的概念就具有一定的功能。有鑑於這些功能，大家長期以來比較不將此概念繫諸於行為，毋寧更繫諸其結果，質言之，傾向於將之理解為：招致法秩序所不認可的狀態。然而，純粹結果取向的違法性概念，將導致在侵權行為法上「違法」但未必「有責」之行為的過度擴張。因此，在因果關係上已經極為遠離，但尚非「不宜」導致法秩序不認可之結果的行為，亦將被認係「違法的」，例如交付依規定應標示為「有毒的」植物防護藥品，假使受領人之後因與他種藥品混淆，以致毒害自己或他人時。汽車、電器用品、危險的工具及藥品的製造商會從事過無數的違法行為，只要——其依規定而生產、標示的——產品流入其他造成損害之人的手中。因為這種結果並不適當，因此新近的學說傾向於只將下述行為名為「違法」：不考慮其之後造成的結果，行為本身未滿足法秩序要求的審慎程度時。藉此，該學說使違法性的概念與——依通說認為表現於民法典第276條中的——「客觀的」過失標準相近[105a]。

---

[105] Vgl. dazu *meinen* Aufsatz in der Festschrift für DÖLLE, Bd. 1, S. 169 ff. und *mein* Lehrbuch des Schuldrechls, 12. Aufl., Bd. II, S. 607 ff.

[105a] Vgl. *mein* Lehrb. des Schuldrechts, Bd. I, 14. Aufl., S. 285.

　　嚴格行為取向的違法性概念雖然能夠滿足這個概念在侵權行為法脈絡中的功能，卻不能滿足其於正當防衛權限及民法典第858條、第904條脈絡中的作用。在後者，違法性概念的功能在於劃分，對於哪些侵害可以為正當防衛或為防衛的主張，哪些侵害在法律上則須接受。由是，違法性的概念於此係用以界定法益保護的範圍。然而，當我們考慮到，對侵害權利或法益的行為課予損害賠償義務的處分，這或許是一種最有效的法益保障手段時，就可以理解，違法性概念在此種與在彼種規制脈絡中應實現的兩種功能，其彼此間實有一定的關聯。被侵害者或行使其所有權受到干涉者，假使在法律上不須接受此等侵害，質言之，對此等侵害被賦予防衛權限的話，那麼侵害者或干涉者在有責的情況下，就應該負損害賠償的義務。將防衛權限與損害賠償義務的前提要件相連結實有其意義。但這並不意謂，大家應該回歸純粹結果取向的違法性概念。為保障此等功能上的關聯性，毋寧只須一方面將違法性判斷取向於不被認可的外部行為本身，此外亦以法律上不予認可的結果為基礎，假使結果還在行為一般發展範圍之中，而不僅是其因果上極為遠離的後果的話[106]。如果誰不同意這種做法，其仍無可避免地要在考量——法律賦予違法性概念的——這兩種功能中的一種之下，來確定該概念的內涵，或者同時考量兩者，然後再分別處理。

　　依萬克（Wank）[106a]之見，所有在法條中被應用的概念最終都是規定功能的概念。它們全都為一特定規制目的服務；該目的將決定各該概念的內容及形式[106b]。但是在大多數的法條中，為其基礎之「目的性綱領」將被「條件式綱領」取代。顯然地，萬克將後者理解為：對某法律明確規定的要件事實賦予法律效果。萬克認為，「條件式綱領」的優點在於：於此，將以「易於確定」的方式來規定概念的要素，質言之，就要素存在與否將較無疑義[106c]。反對應用一些直接將法律目的表達出來的概念，其理

---

[106]　Vgl. dazu Deutsch, Fahrlässigkeit und erforderliche Sorgfalt, 1963, S. 227 ff.

[106a] Wank, die juristische Begriffsbildung, 1985, S. 79.

[106b] a.a.O., S. 123.

[106c] a.a.O., S. 101.

由還在於可能有複數的法律目的存在，而且其重要性各不相同。然而——
依萬克之見——將（作爲法律之基礎的）目的性綱領轉換爲條件式綱領的
形式時，將有如下的危險：「表現單一規制綱領之構成要件與法律效果，
有可能被割裂」。因此，「將此等脈絡再次重建，並將每個法律概念理
解爲規制綱領的下位概念」，正是法學的任務[106d]。在解釋法律中的概念
時，必須「顯現其作爲規制綱領的部分」之意義，在從事法學概念的建構
時，必須「使構成要件與法律效果之間的脈絡關係表達出來，並且一直貫
串到下位概念的最深處」[106e]。然而，萬克也同意，從目的性綱領到條件
式綱領的轉換（它在法律中實現）非可任意逆轉[106f]。如是，他又將他的
主張——所有在法條中被應用的概念最終都是規定功能的概念——做了重
大的限制。

在法律爲可供涵攝的目的而建構抽象一般的概念，後者並被用爲構
成要件要素時，此等抽象一般的構成要件概念和與之相應的規定功能的概
念，兩者間關係如何的問題便會發生。我們可以藉蒂勒（Thiele）所處理
的[107]，彼此相屬的兩種「法律行爲」概念爲例來說明此一問題。蒂勒將
（我們稱爲）規定功能的法律行爲概念稱爲「基礎或結構概念」，其係
「自決的法形塑的工具」。他正確地指出，此種概念對於涵攝或者根本沒
有，或者只有極爲有限的價值。抽象一般的法律行爲概念＝以獲致某種
法律效果爲目標之私人的意思表示，則被其稱爲「法律行爲的技術性概
念」[108]。他說到：「每個具有法律行爲性質之作爲的本質內涵」——自
決的因素，被排斥於該定義之外。假使有人將法律行爲界定爲當事人間自
決的一種行動，那麼他的法律行爲概念與應用於法律技術及法律適用中的
法律行爲概念便不相同。依蒂勒之見，這兩種概念都「指涉同樣的，質

[106d] a.a.O., S. 82.

[106e] a.a.O., S. 87.

[106f] a.a.O., S. 83.

[107] Thiele, Die Zustimmungen in der Lehre vom Rechtsgeschäft, 1966, S. 6 ff., 78 ff.

[108] a.a.O., S. 82 ff.

言之，人類行為的某種類型」[109]。它們只是「各依其服務的目的，而以
不同的要素說明此標的」。基礎或結構概念在於答覆：承認法律行為係私
法自治之手段的意義何在。然而，在大量「出現在法律行為交易過程中的
個別問題上」，並不能由原則就可以一般地獲得有拘束力的答案。此何以
需要將實質的法律原則轉譯成釋義學上可掌握的法條及概念[110]。就此，
法律技術上的手段是：「將法秩序初步的正義判斷分解為彼此相關，互相
協調的個別問題及其答案」。然而，法律技術「始終都只是基本評價原則
的一種功能而已」。依其見解，「眼光始終要能超越實證的規定之外，而
及於包含其中，藉其表現的理念、法制度的意義核心」。藉此他想表達的
不外乎是：規範性的法學如果想理解作為實證法規制基礎的評價決定，以
及由此產生的各種問題，它就不能停留在法律技術性的概念上，毋寧須進
一步探究一方面隱藏於法律技術性的概念之後，另一方面亦可由之「透
視」的功能規定的概念。之所以可以由法律技術性的概念透視功能規定的
概念，因為——舉例來說——由「意思表示」此法律技術性的概念仍可以
認識到，於此原則上涉及私人的法形塑之行動。法律技術性概念使法律適
用者在個案中不須逐次審查，於此，事實上是否僅是「自決」，抑或尚有
「他人的規定」參與其間。而也只有當「他人的規定」符合法律所定的構
成要件（諸如詐欺、脅迫或違反善良風俗的暴利行為）時，才會導致該行
動的不生效力。

　　為提供涵攝的目的而建構的，法律行為的抽象一般概念之外，還可
以提出——將基本的法律原則包含於內容之中，亦因此而不適宜直接涵攝
的——規定功能的法律行為概念，同樣的情況也可以適用於契約、所有權
及主觀權利等概念。而將規定功能的概念作進一步的區分時，亦不是採取
增添——用以建構類別之——要素的方式，毋寧是應用建構類型的方法。
多利斯（Philipos Doris）曾指出[111]，規定功能的代理概念，其對於認識基

---

[109] a.a.O., S. 85.

[110] a.a.O., S. 78 f.

[111] In Festschrift für Karl Larenz zum 80. Geburtstag, 1983, S. 161 ff.

本結構類型之不同表現型態可以有如何的貢獻。規定功能的概念及類型，它們在內容上都比該當的抽象概念豐盈。而原則及規定功能的概念都指向自身的超越：原則指向——發展其意義的——具體化，規定功能的概念則回歸於原則。

第三項　「內部」體系之「開放」及「不完全」的特質

從前面的說明可知，內部體系絕非封閉的，而毋寧是一種「開放」的體系，一方面在諸原則的協作（指：其各自之效力範圍如何的界定及其相互的限制）上可能會有所改變，另一方面也有可能會發現新原則；此種演變或來自立法上的轉變，或源於法學上的認識，或因司法裁判的修正所致。最後一種原因是卡納里斯[112]所說的：「作爲具體法秩序的一個意義整體，體系亦分享其存在的方式，質言之，一如法秩序，體系亦非靜態，而係動態的，換言之，其亦具有歷史性的結構」。若然，則法學上關於此體系所做的全部陳述均有雙重限制保留：一方面就如同任何科學，其受將來較佳認識的限制，另一方面受到基本評價標準之穩定性的限制，這些標準在法律文化的歷史發展中逐漸顯現、演變。藉著這種「開放性」，此種賦予法學的「內部」體系得以與任何自然法，或擬似自然法的體系（如普赫塔之概念法學的體系）相區別。

但是也不該過分強調原則的可演變性。今日適用於民法及訴訟法中的若干原則（例如私法自治、契約的拘束力、法律交易中的信賴原則、訴訟程序中的當事人對等及法律聽證的權利），它們從數百年來就已經是我國，也是他國法秩序的構成部分；而若干其他原則（諸如法官獨立、行政受法律拘束、所有課予人民負擔的行政處分均應受法院審查）則是艱困爭取而得，而且需要一再防衛。除了這些原則，仍需要一再被具體化之維持「誠信」的要求、「無視個人」同等事物應做同等處理的要求，它們都是具超越時代效力之法律思想的表現[113]。因此，可演變性毋寧比較是指

---

[112] CANARIS, Systemdenken und Systembegriff in der Jurisprudenz, S. 63.

[113] 如果想這麼做的話，我們也可以說，它們構成「自然法」，雖則是片段的，而且必須在該當歷史

這些原則的從屬價值決定，它們的具體化，它們重點的轉移及其協作。就此而論，則相應於一般生活關係改變的加速，近幾十年來的演變事實上極大。未來預期也將如是。因此，對於——藉助規定功能的概念，得於其中認識原則的具體化，並由其而回歸原則的——個別規制的內涵作體系建構的工作愈是向前推進，就愈必須意識到此種體系的暫時性。然而，不論是在法學，抑或在其他科學，認識上的暫時性，並不是放棄努力取得此項認識的理由。

學術性體系的任務在於：將內存於——作為意義整體的——法秩序中的意義脈絡顯現出來，並予描述。發現主導性的原則及其於規制內涵中的具體化，建構規定功能的概念並將之整理為體系，此均有助於前述任務的達成。前提是：法律規則及不同的規制組合，其彼此之間事實上確有此種關聯存在，質言之，彼此不僅是——以立法者的「恣意」或其他偶然的因素為基礎的——個別規範的積累。此前提要件之存在，質言之，姑不論其歷史上的侷限性，其個別規定有若干是出於偶然者，既存的法秩序中之仍隱含有一合理的意義，此點固不能精確地予以「證實」，然而，其仍然顯示出來，因為大家可於其中發現意義脈絡。當然，於此不容忽視，前述前提要件只在一定程度上符合。無疑仍有一大堆「偶然」的規定，大家對之可以做不同的規定，而不至因此產生不協調，乃至評價矛盾的情況。法律要將表明解除或表示異議的期間規定為兩週或一個月，對於特定意思表示是否要求以書面為之，必須滿18歲或者滿21歲才算成年，立法者都可以提出各該合理的根據，但是由法律原則看來，選擇何者並無差別。然而，有效的解除表示是否必須於一定期間為之，契約的締結一般不須依特定形式，在到達一定年齡之後，成年人應可自己獨立規制其法律事務，這些決定對於法律原則而言，就不是無關緊要了。由原則看來，不同的規制同樣都是「可接受」的，於此領域，只要規制的要求已經被滿足的話，如何規

情境予以具體化。然而，自然法一詞包含過多不利的聯想因素，我傾向於將之稱為理念上有效的（因此不完全從屬於實證法，亦不完全繫諸於其存在方式的）正法原則。就此等原則的適用方式請參見：*meine* Schrift Über Richtiges Recht, S. 174 ff。

定不至影響內部體系。

　　即使觸及法秩序的基本評價，不論是在規範層次，或是在法院裁判的層次，評價矛盾都不能全然避免。所有規範及裁判在評價上全然一致的理想不可能實現，因為法定規則源自不同的歷史發展階段，而且法秩序部分領域的他種評價不能立即「貫穿」到另一個部分領域上。當然，有時一個規範領域的改變，對於其他領域也可以有「遠程影響」[114]：例如，憲法上基本權部分的評價，其對於若干概括條款的解釋就發生重大影響（特別是關於「善良風俗」的解釋），其對於關於人格權的司法裁判亦有顯著的作用。比例原則在法秩序中的適用範圍愈來愈廣。然而，鑑於其字義及其自身的目的規定，若干法條則根本排斥此種遠程影響；如是，則在尚未立法改變此狀態前，就只能暫時接受此種評價矛盾的狀況，除非其牴觸具憲法位階的法原則，而此項矛盾又不能藉「合憲性解釋」來解決。若係後者的情況，則牴觸原則的規範即應因其違憲而退讓。最後尚有卡納里斯[115]所說的，與體系無關的規範，它們是一些「雖然與其他法秩序的規定或基本原則不生評價矛盾的問題，但其本身不能回歸到某種一般的法律思想上，因此，它們是評價上在法秩序的整體中被孤立的法條」。當立法者利用規範作為控制社會，特別是經濟進程的工具，我們就可以發現前述那種法條。「措置性法律」首先即在協助相當特定的任務及目的之實現；其或者根本不是，或者僅於極少的程度上取向於特定法律原則。然而，其仍然必須遵守憲法及被提升具有憲法位階的原則劃定的界限。只有在基本法第19條容許的範圍內，它才能限制基本權。然而，憲法的原則及基本權對於立法者，於此只能發生界限的功能，而非——規制在內容上應取向之——指導思想的作用。因此，就內部體系的發現及繼續發展而言，此等法定規制居於次要的地位。

　　作為「開放的」體系，它總是未完成，也是不能完成的。於此只能請讀者參閱前述說明（第一篇第五章第七節）。此外，因內部體系不能將

---

[114] Vgl. dazu CANARIS, a.a.O., S. 67.

[115] CANARIS, a.a.O., S. 131.

所有規範或規制集合成一體，就此意義來說，它也是「不完全的」。至少大部分的「法律技術性的」規制，例如，形式的土地登記法、公證事務、警察的秩序規定，以及「措置性的法律」都不能納入其中。爲了使大量這類規制構成一種外部的秩序，而且爲了能處理它們，我們就需要「外部」體系，它仍是不可缺的，只是大家不可期待由這個體系獲得法律問題的解答，也不能相信，僅藉助於它就能發現法秩序內在的意義關聯——然而，如果不能認識這些意義關聯，那麼整個法素材就都變成大量的死物，對之大家可以任意「操作」。

再者，單純將抽象概念的體系要素（或遺跡殘片）以及「類觀點的」思考方式並列，也還不足以取代體系的建構，雖然有些人確是作如此想法。或許可以將「類觀點的」思考和「內部體系」結合起來，認爲只有可以被「內部體系」正當化的法律觀點才可適用。但這與一般對類觀點學的理解不合。因此，不管是形式邏輯的、概念式的，乃至「類觀點學的」論證都不能發現「內部體系」。就此只能憑藉法律原則的發現及具體化，以及建構類型、類型系列及規定功能的概念，始能濟事。它們都是法學的特殊思考形式：既是「價值導向」，也是體系性的思考。

簡寫表

a.a.O.	am angeführten Ort
AcP	Archiv für zivilistische Praxis
AG	Aktiengesellschaft
ALR	(preußisches) Allegmeines Landrecht von 1794
Anm.	Anmerkung
ArchöR	Archiv für öffentliches Recht
ARSP	Archiv für Rechts- und Sozialphilosophie
BAG	Bundesarbeitsgericht (auch: Entscheidungen des Bundesarbeitsgerichts)
BFH	Bundesfinanzhof (auch: Entscheidungen des Bundesfinanzhofs)
BGB	Bürgerliches Gesetzbuch
BGH	Bundesgerichtshof
BGHSt	Entscheidungen des Bundesgerichtshofs in Strafsachen
BGHZ	Entscheidungen des Bundesgerichtshofs in Zivilsachen
BSG	Bundessozialgericht (auch: Entscheidungen des Bundessozialgerichts)
BStBl.	Bundessteuerblatt
BVerfG	Bundesverfassungsgericht
BVerfGE	Entscheidungen des Bundesverfassungsgerichts
BVerwG	Bundesverwaltungsgericht
DJZ	Deutsche Juristen-Zeitung
DRiz	Deutsche Richterzeitung
DVerwBl.	Deutsches Verwaltungsblatt
DRWiss.	Deutsche Rechtswissenschaft
EGBGB	Einführungsgesetz zum Bürgerlichen Gesetzbuch

FamRz	Ehe und Familie (Zeitschrift für Familienrecht)
G	Gesetz
GG	Grundgesetz für die Bundesrepublik Deutschland
GmbH	Gesellschaft mit beschränkter Haftung
GoltdArch.	Goltdammers Archiv für Strafrecht
GVG	Gerichtsverfassungsgesetz
GWB	Gesetz gegen Wettbewerbsbeschränkungen
HaftpflG	Reichshaftpflichtgesetz vom 7. 6. 1871
HGB	Handelsgesetzbuch
h.L.	herrschende Lehre
JbRSozRTh	Jahrbuch für Rechtssoziologie und Rechtsheorie
JherJb.	Jherings Jahrbücher für die Dogmatik des Bürgerlichen Rechts
JGG	Jugendgerichtsgesetz vom 4. 8. 1953.
JuS	Juristische Schulung (Zeitschrift)
JW	Juristische Wochenschrift
JZ	Juristenzeitung
KG	Kommanditgesellschaft
LAG	Gesetz über den Lastenausgleich vom 14. 8. 1952
LeipzZ	Leipziger Zeitschrift für Deutsches Recht
LG	Landgericht
LindMöhr. (LM)	Nachschlagwerk des Bundesgerichtshofs, herausgeg. von Lindenmaier und Möhring
LitUrhG	Gesetz, betr. das Urheberrecht an Werken der Literatur und der Tonkunst vom 19. 6. 1901
MDR	Monatsschrift für Deutsches Recht
NJW	Neue Juristische Wochenschrift
OHG	Offene Handelsgesellschaft
ÖJZ	Österreichische Juristen-Zeitung

OLG	Oberlandesgericht
OVG	Oberverwaltungsgericht
RdA	Recht der Arbeit
Rdz.	Randziffer
RG	Reichsgericht
RGZ	Entscheidungen des Reichsgerichts in Zivilsachen
RTh	Zeitschrift <Rechtstheorie>
SavZKanA	Zeitschrift der Savigny-Stiftung für Rechtsgeschichte, Kanonistische Abteilung
SavZRomA	Zeitschrift der Savigny-Stiftung für Rechtsgeschichte, Romanistische Abteilung
SeuffA	Seufferts Archiv für Entscheidungen
SJZ	Süddeutsche Juristenzeitung
StGB	Strafgesetzbuch vom 15. 5. 1871
StVG	Straßenverkehrsgesetz vom 19. 2. 1952
Ufita	Archiv für Urheber-, Film-, Funk- und Theaterrecht
ZGB	Schweizerisches Zivilgesetzbuch
ZHR	Zeitschrift für das gesamte Handelsrecht
ZPO	Zivilprozeßordnung
ZZP	Zeitschrift für Zivilprozeß

ADOMEIT, KLAUS: Rechtstheorie für Studenten, 1979, -Normlogik-Methodenlehre-Rechtspolitologie, 1986.

ALEXY, ROBERT: Theorie der juristischen Argumentation, 1978.

BADURA, PETER: Grenzen und Möglichkeiten des Richterrechts, 1973.

BARTHOLOMEYCZIK, HORST: Die Kunst der Gesetzesauslegung, 4. Aufl. 1967.

BAUMGARTEN, ARTHUR: Die Wissenschaft vom Recht und ihre Methode, 2 Bde., 1920 u. 22. - Grundzüge der juristischen Methodenlehre, 1939.

BECKER, WALTER: Rechtsvergleichende Notizen zur Auslegung, Festschrift f. H. LEHMANN, 1959, Bd. I.

BETTI, EMILION: Teoria generale della Interpretazione, 1955 (Deutsche Ausgabe unter dem Titel "Allgemeine Auslegungslehre als Methodik der Geisteswissenschaften", 1967); - Ergänzende Rechtsfortbildung als Aufgabe der richterlichen Gesetzesauslegung, Festschr. f. RAAPE, 1948. - Zur Grundlegung einer allgemeinen Auslegungslehre, Festschr. f. E. RABEL, Bd. 2, 1954.

BIERLING, ERNST RUDOLF: Juristische Prinzipienlehre, Bd. I, 1894; II, 1898; III, 1905; IV, 1911; V, 1917 (Neudruck des gesamten Werkes 1961).

BIHLER, MICHAEL: Rechtsgefühl, System und Wertung, 1979.

BINDER, JULIUS: Philosophie des Rechts, 1925. -Der Methodenstreit in der heutigen Privatrechtswissenschaft, ZHR 100, S. 4.

BOEHMER, GUSTAV: Grundlagen der bürgerlichen Rechtsordnung, Bd. II, 2. Halbband: Praxis der richterlichen Rechtsschöpfung, 1952.

BRECHER, FRITZ: Scheinbegründungen und Methodenehrlichkeit im Zivilrecht, Festschr. f. A. NIKISCH, 1958.

BRUSIIN, OTTO: Über die Objektivität der Rechtsprechung, 1949. - Über das Juristische Denken, 1951.

BÜLOW, OSKAR: Gesetz und Richteramt, 1885.

BURCKHARDT, WALTER: Die Lücken des Gesetzes und die Gesetzesauslegung, 1925. - Methode und System des Rechts, 1936.

BYDLINSKI, FRANZ: Juristische Methodenlehre und Rechtsbegriff, 1982. -Fundamentale Rechtsgrundsätze, 1988. - Rechtsethik und Rechtspraxis, 1990.

CANARIS, CLAUS-WILHELM: Die Feststellung von Lücken im Gesetz, 2. Aufl. 1983. - Systemdenken und Systembegriff in der Jurisprudenz, 2. Aufl. 1983.

CHRISTENSEN, RALPH: Was heißt Gesetzesbindung? 1989.

COING, HELMUT: Grundzüge der Rechtsphilosophie, 4. Aufl. 1986. - Die juristischen Auslegungsmethoden und die Lehren der allgemeinen Hermeneutik, 1959. - Juristische Methodenlehre, 1972.

DE GIORGI, RAFFAELE: Wahrheit und Legitimation im Recht, 1980.

DIEDERICHSEN, UWE: Juristische Methodenlehre und praktische Jurisprudenz, in: Rechtswissenschaft und Rechtsentwicklung, Göttinger Studien, 1980.

DREIER, RALF: Recht-Moral-Ideologie, 1981. - Neues Naturrecht oder Rechtspositivismus? RTh 1987, 368.

DREIER, RALF, SCHWEGMANN, FRIEDRICH (Hrsg.): Probleme der Verfassungsinterpretation, 1976.

ECKHOFF, TORSTEN, SUNDBY, NILS KRISTIAN: Rechtssysteme, 1988.

EHRLICH, EUGEN: Rechtssoziologie, 1913. - Die juristische Logik, 1918.

EMGE, CARL AUGUST: Philosophie der Rechtswissenschaft, 1961.

ENGISCH, KARL: Die Einheit der Rechtsordnung, 1935. - Logische Studien zur Gesetzesanwendung, 1942, 2. Aufl. 1960. - Der Begriff der Rechtslücke, Feslschr. f. W. SAUER, 1949. - Vom Weltbild des Juristen, 1950, 2. Aufl. 1965. - Die Idee der Konkretisierung in Recht und Rechtswissenschaft unserer Zeit, 1953. 2. Aufl. 1968. - Einführung in das juristische Denken, 8. Aufl. 1983. - Auf der Suche nach der Gerechtigkeit, 1971.

ENNECCERUS-NIPPERDEY: Allgemeiner Teil des Bürgeriichen Rechts, 15. Aufl. 1.

Halbbd., 1959, §§ 30, 51-60.

ESSER, JOSEF: Wert und Bedeutung der Rechtsfiktionen, 1940. - Einführung in die Grundbegriffe des Rechts und Staates, 1949. - Grundsatz und Norm in der richterlichen Fortbildung des Privatrechts, 1956, 4. Aufl. 1990. - Wertung, Konstruktion und Argument im Zivilurteil, 1965. - Richterrecht, Gerichtsgebrauch und Gewohnheitsrecht, in Festschr. f. FRITZ VON HIPPEL, 1967. - Vorverständnis und Methodenwahl in der Rechtslindung, 1970, 2. Aufl. 1972.

ESSER-STEIN: Werte und Wertewandel in der Gesetzesanwendung, 1966.

FECHNER, ERICH: Rechtsphilospophie, 1956.

FIKENTSCHER, WOLFGANG: Methoden des Rechts in vergleichender Darstellung, 5 Bände, 1975-1977.

FORSTHOFF, ERNST: Recht und Sprache, Prolegomena zu einer richterlichen Hermeneutik, 1940. - Zur Problematik der Verfassungsauslegung, 1961.

GADAMER, HANS-GEORG: Wahrheit und Methode, Grundzüge einer philosophischen Hermeneutik, 5. Aufl. 1986.

GENY, FRANCOIS: Méthode d'Interprétation et Sources en Droit Privé Positif, 2 Bde., 2. Aufl. 1919. - Science et Technique en droit privé positif, 4 Bde., 1922-1924.

GERMANN O. A.: Methodische Grundfragen, 1946. - Präjudizien als Rechtsquelle, 1960. - Probleme und Methoden der Rechtsfindung 1965.

GÖLDNER, Verfassungsprinzip und Privatrechtsnorm, 1969.

HASSEMER, WINFRIED: Tatbestand und Typus, 1968.

HAVERKATE, GÖRG: Gewissheitsverluste im juristischen Denken, 1977.

HECK, PHILIPP: Gesetzesauslegung und Interessenjurisprudenz, AcP, Bd. 112. -Das Problem der Rechtsgewinnung, 1912. -Begriffsbildung und Interessenjurisprudenz, 1932.

HENKEL, HEINRICH: Recht und Individualität, 1958. - Einführung in die Rechtsphilosophie 1964, 2. Aufl. 1977. - Ideologie und Recht, 1973. - Das

Problem der Rechtsgeltung, in: Dimensionen des Rechts, Gedächtnisschrift für RÉNE MARCIC, 1974.

HEUSINGER, BRUNO: Rechtsfindung und Rechtsfortbildung im Spiegel richterlicher Erfahrung, 1975.

v. HIPPEL, ERNST: Einführung in die Rechtstheorie, 1947, 4. Aufl. 1955. -Mechanisches und moralisches Rechtsdenken, 1959.

v. HIPPEL, FRITZ: Zur Gesetzmaßigkeit juristischer Systembildung, 1936. - Richtlinien und Kasuistik im Aufbau von Rechtsordnungen, 1942. - Rechtstheorie und Rechtsdogmatik, 1964.

HRUSCHKA, JOACHIM: Die Konstitution des Rechtsfalles, 1965. -Das Verstehen von Rechtstexten, 1972.

HUBER, EUGEN: Recht und Rechtsverwirklichung, 1921.

HUBMANN, ERICH: Wertung und Abwäung im Recht, 1977.

HUSSERL, GERHART: Recht und Zeit, 1955. - Recht und Welt, 1964.

ISAY, HERMANN: Rechtsnorm und Entscheidung, 1929.

JELLINEK, WALTER: Gesetz, Gesetzesanwendung und Zweckmäßigkeitserwägung, 1913. - Schöpferische Rechtswissenschaft, 1928.

JERUSALEM, FRANZ: Kritik der Rechtswissenschaft, 1949. - Die Zersetzung im Rechtsdenken, 1968.

JOERGENSEN, STIG: Recht und Gesellschaft, 1970.

KANTOROWICZ, HERMANN ("GNAEUS FLAVIUS"): Der Kampf um die Rechtswissenschaft, 1906. - Rechtswissenschaft und Soziologie (Ausgewählte Schriften zur Wissenschaftslehre, herausgeg. von THOMAS WÜRTENBERGER) 1962.

KAUFMANN, ARTHUR: Gesetz und Recht, in: Festschr. für ERIK WOLF, 1962. - Analogie und Natur der Sache, 1965, 2. Aufl. 1982. - Rechtsphilosophie im Wandel (Stationen eines Weges), 2. Aufl. 1984. - Richterpersönlichkeit und richterliche Unabhängigkeit, in: Festschrift für KARL PETERS, 1974. - Beiträge zur juristischen Hermeneutik, 1984. - Rechtsphilosophie in der

Nach-Neuzeit, 1990. - Fünfundvierzig Jahre erlebter Rechtsphilosophie, in: ARSP, Beiheft 44, 1991, S. 144 ff.

KAUFMANN, ARTHUR und HASSEMER, WINFRIED (Hrsg.): Einführung in Rechtsphilosophie und Rechtstheorie der Gegenwart, 5. Aufl. 1989.

KELSEN, HANS: Rechtslehre, 1934, 2. Aufl. 1960. - Was ist die Reine Rechtslehre, in: Festschr. f. GIACOMETTI, 1953,

KLUG, ULRICH: juristische Logik, 1951, 4. Aufl. 1982.

KOCH, HANS-JOACHIM, RÜSSMANN, HELMUT: Juristische Begründungslehre, 1982.

KRAWIETZ, WERNER: Recht als Regelsystem, 1984.

KRAWIETZ, WERNER u. a. (Hrsg.): Argumentation und Hermeneutik in der Jurisprudenz, RTh Beiheft 1, 1979.

KRETSCHMAR, PAUT: Über die Methode der Privatrechtswissenschaft, 1914.

KRIELE, MARTIN: Theorie der Rechtsgewinnung. 1967, 2. Aufl. 1976. - Rech tund praktische Verunft, 1979.

KRONSTEIN, HEINRICH: Rechtsauslegung im wertgebundenen Recht, 1957.

KUYPERS, K.: Human Sciences and the Problem of Values, The Hague 1974.

LARENZ, KARL: Das Problem der Rechtsgeltung, 1929, 2. Aufl. 1967. - Wegweiser zu richterlicher Rechtsschöpfung, Festschr. f. A. NIKISCH, 1958. - Kennzeichen geglückter richterlicher Rechtsfortbildung, 1965. - Über die Unentbehrlichkeit der Jurisprudenz als Wissenschaft, 1966. - Fall, Norm, Typus, in: Rationalität, Phänomentalität, Individualität, Festschr. f. HERMANN und MARIE GLOCKNER, 1966. - Über die Bindungswirkung von Präjudizien, Festschr. f. HANS SCHIMA, 1969. - Die Bindung des Richters an das Gesetz als hermeneutisches Problem, in: Festschr. f. ERNST RUDOLF HUBER, 1973. - Die Sinnfrage in der Rechtswissenschaft, in Festschr. f. FRANZ WIEACKER, 1978. - Richtiges Recht, Grundzüge einer Rechtsethik, 1979.

LEENEN, DETLEF: Typus und Rechtsfindung, 1971.

LESS, GÜNTHER: Vom Wesen und Wert des Richterrechts, 1954.

LIVER, PETER: Der Wille des Gesetzes, 1954. - Der Begriff der Rechtsquelle, (Berner Festgabe für den Schweizerischen Juristenverein) 1955.

MACCORMICK, DONALD NEILL u. WEINBERGER, OTA: Grundlagen des institutionalistischen Rechtspositivismus, 1985.

MAYER-MALY, THEO: Rechtswissenschaft, 3. Aufl. 1989.

MEIER-HAYOZ, ARTHUR: Der Richter als Gesetzgeber, 1951.

MÜLLER, FRIEDRICH: Normstruktur und Normativität, 1966. - Juristische Methodik, 1971. 3 Aufl. 1989. - Juristische Methodik und politisches System, 1976. - Die Einheit der Verfassung, 1979.

MÜLLER-ERZBACH, RUDOLF: Wohin führt die Interessenjurisprudenz? 1932. - Die Rechtswissenschaft im Umbau, 1950.

NAWIASKY, HANS: Allgemeine Rechtslehre, 2. Aufl. 1948.

OERTMANN, PAUL: Interesse und Begriff in der Rechtswissenschaft, 1931.

OGOREK, REGINA: Richterecht oder Subsumtionsautomat, 1986.

OTT, WALTER: Der Rechtspositivismus, 1976.

PAWLOWSKI, HANS-MARTIN: Methodenlehre für Juristen, 1981. - Einführung in die Juristische Methodenlehre, 1986.

PEINE, FRANZ-JOSEPH: Das Recht als System, 1983.

PERELMANN, CHAIM: Über die Gerechtigkeit, 1967. - La Justification des Normes, in: K. KUYPERS, Human Sciences and the Problem of Values. The Hague 1974. - Logique Juridique. Nouvelle rhétorique, 1976, - Das Reich der Rhetorik, 1980.

RADBRUCH, GUSTAV: Rechtsphilosophie, 1914. 8. Aufl. herausgeg. von HANS PETER SCHNEIDER und ERIK WOLF, 1973. - Vorschule der Rechtsphilosophie, 1948, 2. Aufl. 1959.

RAISCH, PETER: Vom Nutzen der überkommenen Auslegungskanones für die praktische Rechtsanwendung, 1988.

REICHEL, HANS: Gesetz und Richterspruch, 1915.

REINHARDT-KÖNIG: Richter und Rechtsfindung, 1957.

RITTNER, FRITZ: Verstehen und Auslegen als Probleme der Rechtswissenschaft, in: Verstehen und Auslegen (Freiburger Dies Universitatis Bd. 14), 1968.

RÖDIG, JÜRGEN: Die Denkform der Alternative in der Jurisprudenz, 1969.

RÜMELIN, GUSTAV: Werturteile und Willensentscheidungen, 1891.

RYFFEL, HANS: Grundprobleme der Rechts- und Staatsphilosophie, 1969; Rechtssoziologie, 1974.

SAUER, WILHELM: Das juristische Grundgesetz, 1923. -Juristische Methodenlehre, 1940. - Grundlagen der Wissenschaft und der Wissenschaften, 1926, 2. Aufl. 1949.

v. SAVIGNY, FRIEDRICH K.: Juristische Methodenlehre, herausgeg. von G. WESENBERG, 1951. - Vom Beruf unserer Zeit für Gesetzgebung und Rechtswissenschaft, 1814. - System des heutigen Römischen Rechts, Bd. 1, 1840.

SCHAPP, JAN: Hauptprobleme der Juristischen Methodenlehre, 1983.

SCHEUERLE, WILHELM: Rechtsanwendung, 1952.

SCHIFFAUER, PETER: Wortbedeutung und Rechtserkenntnis, 1979.

SCHMITT, CARL: Gesetz und Urteil, 1912. - Die Lage der europäischen Rechtswissenschaft, 1950.

SCHÖNFELD, WALTHER: Die logische Struktur der Rechtsordnung, 1927. - Über den Begriff einer dialektischen Jurisprudenz, 1929. - Von der Rechtserkenntnis, 1931. - Grundlegung der Rechtswissenschaft, 1951.

SCHREIER, FRITZ: Die Interpretation der Gesetze und Rechtsgeschäfte, 1927.

SCHREINER, HELMUT: Die Intersubjektivität von Wertungen, 1980.

SCHWINGE, ERICH: Teleologische Begriffsbildung im Strafrecht, 1930. - Der Methodenstreit in der heutigen Rechtswissenschaft, 1930.

SEBALDESCHI, J.: Rechtswissenschaft als Modellwissenschaft, 1979.

SIEBERT, WOLFGANG: Die Methode der Gesetzesauslegung, 1958.

SOMLO, FELIX: Juristische Grundlehre, 1917.

STAMMLER, RUDOLF: Theorie der Rechtswissenschaft, 1911, 2. Aufl. 1923.

- Die Lehre von dem Richtigen Rechte, 1902, 2. Aufl. 1926. - Lehrbuch der Rechtsphilosophie, 1921, 3. Aufl. 1928.

STOLL, HEINRICH: Begriff und Konstruktion in der Lehre des Interessenjurisprudenz, Festschr. f. HECK, RÜMELIN u. A. B. SCHMIDT, 1931.

TROLLER, ALOIS: Überall gültige Prinzipien der Rechtswissenschaft, 1965.

VIEHWEG, THEODOR: Topik und Jurisprudenz, 1953, 5. Aufl. 1974.

WANK, ROLF: Grenzen richterlicher Rechtsfortbildung, 1978. - Die juristische Begriffsbildung, 1985.

WEINBERGER, OTA: Rechtslogik, 2. Aufl. 1989. - Norm und Institution, 1988. - Recht, Institution und Rechtspolitik, 1987. - Logische Analyse in der Jurisprudenz, 1979. - Normentheorie als Grundlage der Jurisprudenz und Ethik, 1981.

WELZEL, HANS: Naturalismus und Wertphilosophie im Strafrecht, 1935.

WESTERMANN, HARRY: Wesen und Grenzen der richterlichen Streitentscheidung im Zivilrecht, 1955.

WIEACKER, FRANZ: Privatrechtsgeschichte der Neuzeit, 1952, 2. Aufl. 1967. - Zur rechtstheoretischen Präzisierung des 242 BGB, 1956. - Gesetz und Richterkunst, 1958. - Über strengere und unstrenge Verfahren der Rechtsfindung, in: Festschr. f. WERNER WEBER, 1974, S. 421.

WILHELM, W.: Zur juristischen Methodenlehre im 19. Jahrhundert, 1958.

WOLF, ERIK: Große Rechtsdenker, 1939, 4. Aufl. 1963 (zu SAVIGNY, JEHRING und WINDSCHEID). - Fragwürdigkeit und Notwendigkeit der Rechtswissenschaft, 1953.

ZELLER, ERNST: Auslegung von Gesetz und Vertrag, 1989.

ZIPPELIUS, REINHOLD: Wertungsprobleme im System der Grundrechte, 1962. - Das Wesen des Rechts, 1965, 4. Aufl. 1978. - Juristische Methodenlehre, 1971, 5. Aufl. 1990. - Rechtsphilosophie, 2. Aufl. 1989.

ZITELMANN, ERNST: Lücken im Recht, 1903.

中德詞彙對照表

人（倫理意義上的，法律意義上的）　Person im ethischen Sinne und im juristischen Sinne

（一般）人格權　Persönlichkeitsrecht, allgemeines

人性尊嚴　Menschenwürde, Würde des Menschen

人類行為的解釋　Deutung menschlichen Verhaltens

反面推論　Umkehrschluβ

不完全法條　unvollständige Rechtssätze

比例原則　Verhältnismäβigkeit, Grundsatz der

內部體系　inneres System

立法者的意志　Wille des Gesetzgebers

外部體系　äeuβeres System

可階段化的要素　abstufbare Merkmale

可變的體系　bewegliches System (Wilburg)

司法裁判的持續性　Kontinuität der Rechtsprechung

正義　Cerechtigkeit

主觀的權利　subjektives Recht

未成年人的中性行為　indifferentes Geschäft eines Minderjährigen

未成年人的保護　Minderjährigenschutz

目的論的　teleologische

解釋　Auslegung

概念形成　Begriffsbildung

擴張　Extension

限縮　Reduktion

先買權（建構）　Vorkaufsrecht (Konstruktion)

交互澄清　wechselseitige Erhellung

交易倫理　Verkehrssitte

自由的表達意見　Meinungsäuβerung, freie (Lüth-Urteil）

自然法　Naturrecht

危險責任　Gefährdungshaftung

效力（規範的）　Geltung (der Norm)

同類事物應做相同處理　Gleichbehandlung des Gleichartigen

字義　Wortsinn

私法自治　Privatautonomie

利益法學　Interessenjurisprudenz

例外規定　Ausnahmevorschriften

判例　Präjudizien

判斷餘地　Beurteilungsspielraum

形成權　Gestaltungsrechte

社會科學　Sozialwissenschaften

法官的法律拘束　Bindung des Richters an das Gesetz

法官之法的續造　Richterliche Rechtsfortbildung

　法律內之法的續造　gesetzesimmanente

　超越法律之法的續造　gesetzesübersteigende

法官法　Richterrecht

法院的裁判要旨　Leitsätze gerichtlicher Entscheidungen

法　Rechts-

　法外空間　freier Raum

　法律問題（與事實問題）　frage (und Tatfrage）

　法律原則　prinzipien

　法倫理性原則　ethische Prinzipien

　法的理念　idee

　法的時代（歷史）拘束性　zeitbedingtheit des Rechts

　法釋義學　dogmatik

　法感　gefühl

　違法性　widrigkeit

法的構造類型　Strukturtypus, rechtlicher

法律與法　Gesetz und Recht

法律的目的　Zweck des Gesetzes

法律的理由　ratio legis

法律有意義的沉默　beredtes Schweigen des Gesetzes

法律理由停止之處，法律也停止　cessante ratione legis cessat lex ipsa

法律的建構　Konstruktion, juristische

法律的漏洞　Lücken des Gesetzes

法律的溯及既往　Rückwirkung von Gesetzen

法學陳述的可證偽性　Falsifizierbarkeit rechtswissenschaftlicher Aussagen

表面證據　Prima-facie-Beweis

事物本質　Natur der Sache

事實問題（與法律問題）　Tatfrage (und Rechtsfrage)

具體化　Konkretisierung

具體的概念　konkreter Begriff (Hegel)

抽象化的程序，抽象概念　abstrahierendes Verfahren, abstrakter Begriff

命令說　Imperativentheorie

牴觸法律的裁判　contra legem Entscheidung

客觀的解釋　objektive Auslegung

契約　Vertrags-

　類型　typen

　承受　üebernahme

信賴　Vertrauens-

　責任　haftung

　原則　prinzip

建築契約　Architektenvertrag

限制性的法條　einschränkende Rechtssätze

限縮解釋　einschränkende Auslegung

重大事由　wichtiger Grund

脈絡　Kontext

原則　Prinzipien

諸原則的協作　Zusammenspiel der Prinzipien

倫理與法　Ethik und Recht

指示參照性的法條　verweisende Rechtssäze

消極性的適用命令　negative Geltungsanordnung

案件事實　Sachverhalte

　　作爲陳述的案件事實　als Aussage

　　作爲事件的案件事實　als Geschehener

純科學論的學術概念　scientistischer Wissenschaftsbegriff

財產權的概念　Eigentumsbegriff

個別類推　Einzelanalogie

個案規範　Fallnorm (Fikentscher)

個案中之法益衡量　Güterabwägung im Einzelfall

流動的標準　gleitender Maßstab

習慣法　Gewohnheitsrecht

推論　argumentum

舉重以明輕的推論　a majore ad minus

反面推論　e contrario

理解　Verstehen

理解的循環結構　Zirkelstruktur des Verstehens

前理解　Vorverständnis

解釋者的前理解　Vorverständnis des Interpreten

規定功能的概念　funktionsbestimmte Begriffe

規制　Regelung

規制的目的　Regelungszwecke

規制的漏洞　Regelungslücken

規範　Normen

規範的適用　Anwendung der Normen

規範的漏洞　Normlücken

規範競合　Konkurrenz von Normen, Normenkonkurrenz

裁判的可接受性　Vertretbarkeit einer Entscheidung

評價　Wertungs-

　評價法學　jurisprudenz

　評價矛盾　widersprüche

動物占有人（類型）　Tierhalter (Typus)

無權利能力的社團　nichtrechtsfähiger Verein

須填補的標準　ausfüllungsbedürftige Maßstäbe

補充性的契約規範　ergänzende Vertragsnormen

透過程序的正當化　Legitimation durch Verfahren (Luhmann)

越量禁止　übermaßverbot

期待可能性　Zumutbarkeit

減縮　Restriktion

債權的物權化　Verdinglichung obligatorischer Rechte

債權契約（類型）　Schuldverträge　(Typen)

債務人主觀的給付不能（自始的）　Unvermögen des Schuldners,
　anfängliches

意思表示　Willenserklärung

意義　Sinn-

　意義的問題　frage

　意義的盈餘　übermaß

　法律的意義脈絡　zusammenhang des Gesetzes

開放性的原則　offene Prinzipien

開放性的體系　offene Systeme

間接證據　Indizienbeweis

過失的標準　Fahrlässigkeitsmaßstab

解釋　Auslegung

經常性類型　Häufigkeitstypus

新物的性質　Neuheit einer Sache

誠信原則　Treu und Glauben

涵攝　Subsumtion

語言　Sprache

　法律的語言　der Gesetze

　規範性的語言　des Normativen

語言遊戲　Sprachspiel (im Sinne Wittgensteins）

漏洞　Lücken

　開放的漏洞　offene Lücken

　隱藏的漏洞　verdeckte Lücken

演繹的程序　deduktives Verfahren

演變　Wandel

　被規制之關係的演變　der normierter Verhältnisse

　一般價值意識的演變　des allgemeinen Wertbewußtseins

　法秩序之整體結構的演變　im Gesamtbau der Rechtsordnung

選擇權　Optionsrechte

構成要件（作爲法條的構成部分）　Tatbestand (als Teil des Rechtssatzes）

說明性的法條　erläuternde Rechtssätze

價值導向思考　wertorientiertes Denken

價值判斷　Werturteile

標準　Standards

概括條款　Generalklausel

概念法學　Begriffsjurisprudenz

請求權競合，請求權規範競合　Anspruchs-, Anspruchsnormenkonkurrenz

締約上的過失　culpa in contrahendo, Verschulden beim Vertragsschluß

適用命令　Geltungsanordnung

詮釋學　Hermeneutik

詮釋學上的循環　hermeneutischer Zirkel

實證主義的學術概念　positivistischer Wissenschaftsbegriff

確定法效果的三段論法　Syllogismus der Rechtsfolgebestimmung

整體類推　Gesamtanalogie

憲法　Verfassungs-

　　憲法解釋　interpretation

　　普通規範的合憲性解釋　konforme Auslegung einfacher Normen

　　憲法原則　prinzipien

擬制　Fiktionen

歸納　Induktion

類型　Typus

　　與概念　und Begriff

經常性類型　Häufigkeitstypus

型態類型　Gestaltstypus

構造類型　Strukturtypus

類型系列　Typenreihen

類推適用　Analogie

類推適用的禁止　Analogieverbot

類觀點學　Topik

類觀點的思考方式　topische Denkweise

礦井擁有者　Bergwerkbesitzer

體系　System

體系解釋　systematische Auslegung

內部的開放體系　inneres offenes System

外部體系　äußeres System

國家圖書館出版品預行編目資料

法學方法論/Karl Larenz著；陳愛娥譯.--二
版.--臺北市：五南圖書出版股份有限公司，
2022.09
　　面；　公分
譯自：Methodenlehre der Rechtswissenschaft.

ISBN 978-626-343-306-9(平裝)

1.CST: 法學 2.CST: 方法論

580.1　　　　　　　　　111013844

1Q26

法學方法論
Methodenlehre der Rechtswissenschaft

作　　者 ― Karl Larenz
譯　　者 ― 陳愛娥
編輯主編 ― 劉靜芬
責任編輯 ― 呂伊真　石曉蓉　李孝怡
封面設計 ― 王麗娟
出 版 者 ― 五南圖書出版股份有限公司
發 行 人 ― 楊榮川
總 經 理 ― 楊士清
總 編 輯 ― 楊秀麗
地　　址：106台北市大安區和平東路二段339號4樓
電　　話：(02)2705-5066　　傳　　真：(02)2706-6100
網　　址：https://www.wunan.com.tw
電子郵件：wunan@wunan.com.tw
劃撥帳號：01068953
戶　　名：五南圖書出版股份有限公司
法律顧問　林勝安律師
出版日期　1996年12月初版一刷（共十二刷）
　　　　　2022年 9 月二版一刷
　　　　　2024年12月二版二刷
定　　價　新臺幣680元

First published in German under the title
Methodenlehre der Rechtswissenschaft
by Karl Larenz, edition: 6
Copyright © Springer-Verlag Berlin Heidelberg, 1991 *
This edition has been translated and published under
licence from
Springer-Verlag GmbH, DE, part of Springer Nature.
Springer-Verlag GmbH, DE, part of Springer Nature takes
no responsibility and shall not be made liable for the
accuracy of the translation.

經典永恆・名著常在

五十週年的獻禮——經典名著文庫

五南，五十年了，半個世紀，人生旅程的一大半，走過來了。

思索著，邁向百年的未來歷程，能為知識界、文化學術界作些什麼？

在速食文化的生態下，有什麼值得讓人雋永品味的？

歷代經典・當今名著，經過時間的洗禮，千錘百鍊，流傳至今，光芒耀人；

不僅使我們能領悟前人的智慧，同時也增深加廣我們思考的深度與視野。

我們決心投入巨資，有計畫的系統梳選，成立「經典名著文庫」，

希望收入古今中外思想性的、充滿睿智與獨見的經典、名著。

這是一項理想性的、永續性的巨大出版工程。

不在意讀者的眾寡，只考慮它的學術價值，力求完整展現先哲思想的軌跡；

為知識界開啟一片智慧之窗，營造一座百花綻放的世界文明公園，

任君遨遊、取菁吸蜜、嘉惠學子！